SÉBASTIEN
CASTELLION

SA VIE ET SON ŒUVRE

(1515 — 1563)

ETUDE

SUR LES ORIGINES DU PROTESTANTISME LIBÉRAL FRANÇAIS

PAR

FERDINAND BUISSON

Un pauvre prote d'imprimerie, Sébastien Chateillon, posa pour tout l'avenir la grande loi de la tolérance.

(MICHELET, *Renaissance*.)

TOME SECOND

PARIS
LIBRAIRIE HACHETTE ET Cie
79, BOULEVARD SAINT-GERMAIN, 79

1892

COULOMMIERS. — IMPRIMERIE PAUL BRODARD.

SÉBASTIEN CASTELLION

SÉBASTIEN CASTELLION

CHAPITRE XIII

LES AUTEURS DU « DE HÆRETICIS ». — L' « ANTI-BELLIUS » DE THÉODORE DE BÈZE

I. Lieu d'impression du *de Hæreticis*. — II-VI. Auteurs : 1° Castellion. — 2° Lelio Socin. — 3° Celio Secundo Curione. — 4° Martin Borrhée. — VII. Rôle du marquis d'Oria, Bernardino Bonifazio. — VIII. Analyse sommaire de la réponse de Théodore de Bèze : *Traitté de l'authorité du magistrat* (1554).

Après l'analyse que nous venons de faire du premier manifeste protestant en faveur de la liberté de conscience — analyse trop longue mais indispensable, puisque le livre, rarissime en latin, est à peu près introuvable en français, — il nous sera plus facile de rendre compte très rapidement des polémiques qu'il va engendrer.

I

Une première question se posait pour les contemporains : D'où venait ce livre? Le nom de Magdebourg avait été choisi sans doute pour rappeler une ville qui s'était révoltée contre la tyrannie religieuse lors de l'*Interim*. Mais que le volume vînt de Bâle, on n'en pouvait douter, du moins pour l'édition latine. Calvin et Th. de Bèze l'attribuèrent sans hésiter à l'imprimeur dont ils avaient eu déjà tant de fois à se plaindre, sans réussir à réprimer ses licences.

Leurs soupçons étaient fondés : le premier catalogue des livres d'Oporin qui parut après sa mort note sans détour au nombre des ouvrages sortis de ses presses : *De hæreticis, an sint persequendi, diversorum tam veterum quam recentiorum doctorum sententiæ* [1].

On était moins fixé sur l'édition française ; le bruit commun est qu'elle a été imprimée non pas à Rouen bien entendu [2], mais à Lyon, où Castellion avait un frère imprimeur [3].

Nous ne pouvons résoudre la question. Tout ce qu'un minutieux examen du livre permet de conjecturer d'après certaines particularités d'orthographe, c'est que l'impression a dû être faite par des compositeurs allemands [4].

II

Le nom des auteurs était plus difficile à découvrir que celui de l'imprimeur.

Calvin et Théodore de Bèze, sans doute sur les renseignements de Grataroli, tiennent pour certain qu'il y a trois auteurs principaux : le premier, celui dont l'initiative est jugée de beaucoup la plus certaine et la plus importante, c'est l'auteur de la *Préface à Édouard VI.* Ni Calvin ni Bèze n'hésitent à le nommer dans leur correspondance d'abord [5], plus tard dans leurs écrits [6].

1. Sous la lettre H dans le *Catalogus librorum per Joannem Oporinum excusorum* à la suite de *Oratio de ortu, vita et obitu J. Oporini*, par André Jociscus. Strasbourg, 1569, in-8. (Réimprimé dans le *Vitæ selectæ quorundam eruditissimorum virorum*, 1711, in-8.)

2. Parmi les 87 libraires de la ville aux XVe et XVIe siècles, il n'en est pas un qui porte le nom de Fresneau, pas un non plus qui réside « près les Cordeliers » (renseignement communiqué par M. A. Lefort, auteur de la plus récente *Histoire de Rouen*).

3. Ou du moins associé à un des imprimeurs de Lyon. Car son nom, Michel Châtillon, ne figure dans aucun des documents sur l'imprimerie lyonnaise. On sait qu'il fut soupçonné à diverses reprises d'avoir voulu réimprimer les ouvrages de Servet et mourut en prison, peut-être sous cette inculpation. (Voir ci-après, chap. XVII.)

4. La plus significative de ces particularités est l'emploi constant de la virgule entre *celui* et *que*, comme il s'est perpétué en allemand : « Il s'ensuyt que celuy, qui veut que les hérétiques », etc. (p. 103) ; « laissez vivre ceux, lesquelz vous ne pouvez », etc. (p. 118) ; « si ceux, qui souffrent persécution », etc. (p. 105). On pourrait aussi voir un indice d'impression non française dans le fait général que l'orthographe varie assez souvent dans le même volume et pour les mêmes mots : on écrit tantôt *ils*, tantôt *ilz* ; tantôt *pourroyent*, tantôt *pourroient*, *lesquels* ou *lesquelz*, *fait* et *faict*. Mais il suffit que l'impression ait été clandestine même en France, pour expliquer beaucoup de ces négligences.

5. Bèze à Bullinger, 29 mars et 14 juin 1554 (*Opp. Calv.*, XV, 97 et 166) ; — Calvin à l'Eglise de Poitiers, 20 fév. 1555 (*ibid.*, p. 440 et 441).

6. Bèze dans sa *Responsio ad defensiones et reprehensiones S. Castellionis*, 1563, p. 4, 67, 68 ; — *Vita Calvini*, anno 1554 (*Opp. Calv.*, XXI, 149).

Même dans son *Traitté de l'authorité du magistrat* où il s'était fait une loi de renoncer à tous les noms propres, Bèze, à plusieurs reprises, désigne clairement Castellion comme « le galant qui se desguise sous le nom de Bellie » : il fait plusieurs allusions à sa Bible, lui reproche à satiété d'avoir traduit *baptême* par *lotio* et les *anges* par *genii* [1]; il l'appelle « vostre beau rhetoricien de translateur de la Bible » [2]; ailleurs il s'explique le dédain de Bellius pour la « cognoissance de l'estat des âmes après cette vie, veu que cest homme de bien n'ha point de honte en ses belles *Annotations* d'affirmer qu'il ne sçait que c'est du siècle à venir » [3], allusion à un passage des *Annotationes in Vetus Testamentum* [4]; enfin, p. 183, il raconte une anecdote relative à « l'un des principaux de vostre ligue », qui prétend que « la cognoissance des langues n'est pas fort nécessaire aux chrétiens »; il lui demande « pourquoy c'est qu'un peu auparavant il avoit esté si aise d'accepter la charge de lire en public des autheurs grecs » [5].

Ainsi sur ce premier nom du moins, pas d'hésitation. Bèze dans son traité, en citant un passage de la *Préface à Édouard VI*, ajoute à bon droit : en parlant de « l'élégant translateur » il est « l'un des vostres ou plustost le Prince de votre ligue » (p. 142).

III

Le second auteur, suivant Bèze, doit être Lelio Socin. Il fallait de graves motifs pour que Bèze livrât à Bullinger ce nom qu'il savait lui être cher [6]. Lui-même, il l'avoue, avait été

1. P. 138.
2. P. 376.
3. P. 86 de l'édition française, p. 57 de l'édition latine. — Dans l'exemplaire du *De hæreticis a civili magistrate puniendis* de la bibliothèque de l'Arsenal qui porte un certain nombre de notes marginales manuscrites d'une main contemporaine, on lit en regard de ce passage : « *Castalionem puta* ».
4. Ce passage lui est souvent reproché par les calvinistes.
5. P. 10; il y revient p. 183, en citant un prétendu propos de Castellion.
6. « Ex iis unus quos a te magnopere diligi puto. » Si la conjecture de Simler et des éditeurs de Calvin était exacte, c'est-à-dire si la lettre où se trouve cette dénonciation contre Socin était portée à Bullinger par Socin lui-même, il y aurait quelque chose de piquant dans ce qu'ajoute Bèze à la désignation du personnage : « Ejus nomen intelliges ex es qui has tibi

fort surpris de cette révélation, mais il se rappelle combien l'avait alarmé cette curiosité d'esprit, ce goût des questions subtiles, cette humeur inquiète (πολυπραγμοσύνη) que Calvin même avait essayé vainement de réprimer chez le jeune et brillant Italien [1]. Après Th. de Bèze, Calvin confie à Bullinger les mêmes graves soupçons : il a refusé à Socin, partant pour Zurich, les lettres de recommandation qu'il lui avait promises. Ce n'est plus seulement son défaut ordinaire (*inexplebilis curiositas*) qu'il lui reproche, il ajoute : *utinam non simul accederet phrenetica quædam protervia!* On devine quel est le coup de tête audacieux dont il le croit coupable.

Avait-il réellement trempé dans le complot? Il était difficile au moins de supposer qu'il l'eût ignoré. Nous savons quelles avaient été ses relations avec Curione et Castellion dans son premier séjour à Bâle [2]. Or il venait précisément de retourner à Bâle pendant les deux premiers mois de 1554, au moment où s'élaborait la *farrago Bellii.* Bien que devenu plus réservé, il n'avait pas renoncé à s'occuper de la controverse sur Servet : nous en avons la preuve par une de ses lettres à Bullinger [3]. Il avoue dans les mêmes lettres qu'il est resté à Bâle plus longtemps qu'il ne se l'était d'abord proposé. Comment n'aurait-il rien su de ce qui s'y tramait?

D'ailleurs sur le point particulier du supplice de Servet, on lui doit cette justice qu'il n'avait pas caché, qu'il ne cacha pas dans la suite son sentiment personnel. Est-il exact, comme l'affirmera plus tard un écrit dont nous aurons à parler [4], que, cédant à un premier mouvement, il avait dit dans une lettre intime adressée à un ami à Genève : « Le sang d'Abel crie à Dieu, Caïn ne trouvera pas de repos sur la terre »? Nous n'en avons pas la preuve. Mais ce qui est bien suffisant, c'est ce

litteras reddet ». Que les choses se soient passées ainsi, ce n'est pas absolument impossible, mais c'est peu probable, surtout quand on voit Calvin annoncer seulement le 7 août suivant le prochain départ de Socin pour Zurich. (*Opp. Calv.*, XV, 208.)

1. Voir la lettre d'une rude franchise qu'il adressait à Socin en janvier 1552 pour l'inviter à se corriger de ce défaut, qu'il appelle « quærendi pruritum ».

2. D'après M. Mæhly, p. 132, note n° 135, il aurait habité en 1545 (faut-il lire 1554?) dans la maison même de Castellion.

3. « Caspar ille Pomeranus, qui nuper ex Italia redibat *et cui tu scriptum Serveti ostendere te posse dicebas....* » 5 février 1554. (Trechsel, *Lelio Sozini und die Antitrinatrier*, p. 436.)

4. Le *Contra libellum Calvini*, p. 23 (voir ci-après, chap. XIV).

qu'il écrira lui-même quelques mois plus tard, dans une circonstance que nous devons rappeler ici. Les ministres de l'Église de Rhétie, c'est-à-dire des Grisons et de la Valteline, et notamment Jules de Milan, pasteur à Poschiavo, ne cessaient de répéter à Bullinger que Socin nourrissait les plus noires hérésies, qu'il partageait les erreurs de Servet sur la Trinité. Bullinger, las tout ensemble et inquiet de ces attaques, voulut enfin éclaircir la situation : il fait venir Lelio, lui lit quelques passages des lettres qui l'incriminent. Socin s'explique sans embarras. Laissons de côté ses réponses sur les questions théologiques où la plus merveilleuse souplesse d'esprit[1] se concilie avec une adhésion sincère sans doute à la saine doctrine, au moins sur les points essentiels. Mais sur celui qui nous occupe, voici textuellement ce qu'il répond à Bullinger : « Je ne sache pas avoir jamais rien dit qui pût me faire prendre pour sectateur de Servet ou de l'anabaptisme, à moins que ce ne soit ceci : étant à Genève, j'ai dit que je n'approuvais pas l'exécution si rapide de Servet. Ce n'est pas que je voulusse absolument interdire la répression des hérétiques et des blasphémateurs. Ce n'est pas non plus que j'approuve la doctrine de Servet, je la voudrais voir disparue : mais, justement parce que je la blâme, j'aurais mieux aimé voir Servet guéri de cette doctrine que cette doctrine brûlée dans Servet. » L'entretien ou l'interrogatoire se continue, puis pour plus de sûreté et de précision, Lelio, sur l'invitation de Bullinger, écrit de sa main toute une confession de foi où l'emploi des passages de l'Écriture joue un grand rôle, et dont nous n'avons à relever qu'une phrase. Il y est question de la Bête de l'Apocalypse et de ses faux prophètes qui sont jetés dans l'étang de soufre. Les autres seront tués par le glaive du cavalier divin, « glaive qui sort de sa bouche ». Ici l'on voit, ajoute Socin, « la triste fin de ces méchants, et aussi de quel glaive très acéré doivent être poursuivis tous les rebelles à l'agneau. Pourquoi donc, nous aujourd'hui, nous servirions-nous d'un autre glaive et d'un autre droit que celui de Christ et des apôtres contre ceux qui violent seule-

1. « Incredibiliter ad contradicendum et varios nectendos nodos comparatus », dit de lui Bèze. (*Præfat. Hist. Val. Gentilis*, p. 14.)

ment les droits propres et les préceptes de Christ et des apôtres [1]? » Cette phrase, dans son allure un peu enveloppée, rappelle presque littéralement certains passages du recueil de Bellius. Elle ne paraît pas pourtant avoir éveillé chez Bullinger les soupçons que Bèze et Calvin lui suggéraient. Il est à noter, au contraire, que Bullinger, à peu près satisfait des autres articles de la confession de foi de Socin, s'efforce paternellement de l'éclairer sur celui-ci. Il lui adresse de longues explications qui peuvent se résumer ainsi : sans doute c'est le glaive de l'esprit qu'il faut employer d'abord, mais il faut bien recourir à l'autre quand le mal s'étend, surtout sous la forme de blasphème public, quand il y a enfin scandale, trouble et péril grave pour l'Église. Il lui en parle avec la douceur d'un vieillard qui veut que son expérience profite au jeune homme :

.... Vous-même, Lelio, si, comme beaucoup d'autres, vous ne voyez pas encore le droit du magistrat de punir l'hérétique, vous le verrez peut-être un jour. Saint Augustin aussi trouvait d'abord inique de contraindre l'hérétique par la force et non par la seule parole de Dieu. Mais à la fin, instruit par diverses expériences, il apprit, lui aussi, à appliquer salutairement la violence ! Les luthériens non plus, au début, ne croyaient pas qu'on dût punir les sectaires. Mais après le désastre de Munster et la mort de plusieurs mille hommes malheureusement séduits, et aussi hélas! de tant d'autres attachés à la vraie foi, alors ils furent forcés d'avouer qu'il est plus sage d'enjoindre au magistrat non seulement de réprimer les esprits indisciplinés, mais de recourir à l'exemple d'un ou deux supplices pour prévenir la perte de milliers d'hommes [2].

Lelio se rendit-il? laissa-t-il croire à Bullinger qu'il était convaincu? Rien ne nous autorise à le supposer. Ce qui est certain, c'est que Bullinger, tout en le surveillant de près — il le dit lui-même à plusieurs reprises, — ne lui retire ni son amitié ni sa confiance. Il paraît même qu'il réussit à ébranler sinon à détruire chez Calvin et chez Théodore de Bèze la certitude qu'ils croyaient avoir de la complicité de Socin. Car après l'avoir d'abord si catégoriquement désigné dans ses lettres à Bullinger, Bèze dans son livre est beaucoup plus réservé : il ne paraît même plus voir à ce moment de quelle

1. J.-H. Hottinguer, *Histor. eccl.*, t. IX, p. 417-427.
2. *Ibidem.*

partie du traité Socin pouvait bien être l'auteur, puisqu'il attribue la préface de Bellie à Castellion et l'épilogue de Montfort à Curione. Ce n'est que plusieurs années plus tard, qu'il reviendra à son assertion primitive et répétera dans la *Vie de Calvin* que Lelio Socin avait été avec Castellion, mais en se cachant mieux, l'un des deux principaux auteurs du recueil, ce qui ne fut découvert, dit-il, qu'après la mort de Socin [1].

IV

Le troisième complice, Bèze le désigne à Bullinger par un jeu de mots transparent : « *Tertius est Secundus* ». Il ajoute : « d'ailleurs bien connu et trop connu de notre collège ». On sait que Curione (Cœlius Secundus Curio) avait quitté le collège de Lausanne sous une grave inculpation [2]. *Homo prorsus profanus*, dit-il de lui pour tout jugement. Il croit pouvoir affirmer à Bullinger que c'est Curione qui signe « Basile Montfort », et qui a pris à tâche de réfuter précisément le passage des *Décades* de Bullinger.

Bèze a-t-il persisté dans cette attribution? Une phrase de son *Traitté de l'authorité du magistrat* permet de le supposer, mais elle est loin d'être décisive.

Curione jusqu'alors, en dépit de la défiance ou des préventions instinctives de Calvin, ne lui était pas encore suspect. Calvin lui avait envoyé en 1550 avec une dédicace manuscrite son appendice sur l'Intérim ; il avait mis une préface à l'écrit de Curione sur Spiera [3].

1. *Opp. Calv.*, XXI, 142 et 149. — Cf. le portrait de ce génie vraiment italien tracé en quelques lignes par un autre Italien : il donne bien l'impression de ce qu'il y avait dans Socin d'inquiétant et de rassurant tour à tour : « Fuit is Lælius nobili honestaque familia natus : bene græce et hebraïce doctus, vitæque externæ inculpatæ, quarum rerum causa mihi quoque intercesserat cum illo non vulgaris amicitia. Sed homo fuit plenus diversarum hæresium, quas tamen mihi nunquam proponebat nisi disputandi causa, et semper interrogans quasi cuperet doceri..... » (Zanchi, in præfatione libri *de Tribus Elohim*, cité par Sand, p. 19.)

2. Il s'agissait d'une affaire de mœurs : on l'accusait d'avoir abusé d'une jeune fille confiée à ses soins : *quacum humanitus ludebam*, répond-il, sans avoir réussi à se disculper absolument.

3. Voir la belle étude de M. Ch. Schmidt, *Celio Secundo Curioni* dans la *Rev. de théol. hist.* (en allem.), 1860, p. 571-634.

C'est seulement à la suite du procès de Servet que les soupçons éclatent, en partie suggérés par Grataroli. Curione sut, dès la fin de mars 1554, qu'il était dénoncé. Rodolphe Gwalther lui-même lui aurait, paraît-il, attribué la paternité d'une pièce de vers apportée d'Italie par Perna et blâmant le supplice de Servet. Il prend les devants, écrit à Bullinger une longue lettre justificative. Il proteste avec son luxe ordinaire d'amplification, d'abord de son orthodoxie [1], ensuite et surtout du rôle modeste, de la réserve, du silence même où il se renferme : il ne pense qu'à ses études et à ses leçons. Tout entier à son humble tâche, il ne se permet pas de juger ce qui se passe dans des sphères plus élevées [2]. Bullinger lui répond quelques jours après : il est allé demander à Gwalther des explications, Gwalther ne savait pas ce qu'il voulait dire, n'ayant jamais entendu parler de ces vers ni de la part que Curione y aurait prise (9 avril). Le 27 mai, Curione, rassuré, se confond en remerciements à Bullinger et en nouvelles mais vagues protestations d'orthodoxie.

Est-il bien certain qu'au moment même où il se défendait de toute intervention et presque de toute opinion à cet égard Curione ne venait pas de collaborer à l'écrit de Bellius? Il n'y était nominativement représenté que par le maigre extrait que nous avons cité [3]. Mais voici un bien plus grave indice : parmi les manuscrits jadis déposés à l'Antistitium de Bâle, à côté d'un long fragment autographe de Castellion dont nous aurons à reparler, se trouvent deux pièces : l'une tout entière de la main de Curione, en latin, avec les marges remplies de notes en italien, de la même main, est une étude comparative sur les diverses opinions relatives à la Trinité, y compris celles de Servet et de Calvin. Ce n'est pas ici le lieu d'analyser cette étude; disons seulement qu'elle décèle un esprit à la fois libre et beaucoup plus curieux que ne le laisserait supposer la lettre à Bullinger. Au bas de la dernière page, Curione a écrit ces deux vers où il est bien malaisé de

1. Il insiste sur sa foi « au fils éternel de Dieu » (et non pas comme Servet au « fils du Dieu éternel »).

2. « Nihil ego quid publice a summis, quid privatim ab aliis fiat moror, in meum scopum semper intentus. »

3. Voir t. I, p. 399.

ne pas voir une allusion aux deux personnages dont il vient de discuter les opinions :

> Meglio è torto ed injuria patire che fare :
> Meglio esse creditore del danno che debitore.

La seconde pièce est plus grave. Elle n'est pas écrite par Curione, mais elle porte de nombreuses et minutieuses corrections de sa main. Or ce n'est autre chose que le manuscrit d'une longue apologie de Servet en forme de déclamation oratoire adressée aux Genevois. Ce factum a pour titre : *Alphonsi Lyncurii Tarraconensis Apologia pro M. Serveto.* Cette pièce a été imprimée intégralement dans l'édition de Brunswick des *Opera Calvini.* C'est de beaucoup ce qui a été écrit de plus complet et de plus hardi, soit pour la défense de Servet, soit pour la condamnation de ses juges. Malgré l'emphase oratoire, malgré les citations de Juvénal et de Virgile, les comparaisons de Calvin avec Marc-Antoine ou avec Phalaris et tout ce qui trahit les habitudes de langage d'un cicéronien professeur de rhétorique, l'écrit n'en a pas moins une solidité réelle : il repose sur un récit exact des faits et sur une critique judicieuse de la procédure; il dégage nettement le principe de la liberté des opinions théologiques; il montre bien que le protestantisme se renierait lui-même s'il prétendait maintenir l'uniformité de l'Eglise romaine dont il est déjà si loin.

Quel est ce prétendu compatriote de Servet, qui signe Alphonsus Lyncurius Tarraconensis? Serait-ce un étudiant, un élève de Curione? Mais nous ne trouvons nulle part son nom à cette époque ni dans le livre du recteur à Bâle, ni dans les recueils de correspondance de Bâle, de Genève ou de Zurich. Au premier abord, on serait bien tenté de tenir ce nom pour un pseudonyme inventé par Curione et déjà inscrit par lui en tête d'un manuscrit tout prêt pour l'impression, qu'il allait peut-être livrer au moment où nous venons de le voir vivement soupçonné et où la prudence l'avertit de se taire.

Mais, d'autre part, la *Bibliotheca Antitrinitariorum* de Sand paraît citer, d'après un témoignage plus ancien, un ouvrage sur ou plutôt contre la Trinité signé de ce même nom [1]. Nous n'avons trouvé ni cet ouvrage ni aucun autre indice sur l'existence de l'auteur.

Quoi qu'il en soit, la participation de Curione au pamphlet de Lyncurius n'est pas douteuse, et elle suffit pour démontrer sinon qu'il a pris part à la publication de Bellius, du moins qu'il appartenait au groupe d'où elle est partie [2].

V

Aux trois noms indiqués par Bèze, on ne tarde pas à en ajouter un qui peu à peu semble se substituer à celui de Socin, à mesure que la complicité de Socin paraît moins probable. C'est celui d'un autre professeur de l'Université de Bâle, Martin Borrhaus (en français Borrhée), de Stuttgart, longtemps connu sous le nom de Cellarius [3].

Que Martin Borrhée eût conservé une assez grande indépendance d'esprit, qu'il fût partisan de la douceur envers les hérétiques, rien n'était plus certain, ni plus explicable. L'histoire de ses opinions était célèbre. Tout jeune et alors fervent disciple de Luther, il avait entrepris de combattre un des chefs de l'anabaptisme naissant; au lieu de le convaincre, il fut convaincu lui-même et entra dans la secte. Il n'en était sorti que grâce à l'influence d'Œcolampade et par le progrès de ses propres études, qui l'avaient ramené du mysticisme à la logique, aux mathématiques, à l'hébreu et aux livres d'Aristote. D'abord suspect, longtemps réduit à vivre d'un travail manuel, il avait réussi à forcer l'estime publique. Il avait publié plusieurs volumes de savants commentaires sur diverses parties de l'œuvre du Stagirite; Boniface Amerbach

1. *Biblioth. Antitrin.*, p. 40.

2. Ajoutons que Curione était le beau-père de Zanchi. Comme Pierre Martyr (p. 350), Zanchi avait eu l'idée de descendre dans l'arène après Calvin et contre Bellius. Il envoie même son manuscrit à Bullinger (12 juillet 1554). Mais au bout de quelques semaines il écrit que, sur les instances de personnages considérables de Strasbourg en particulier, il renonce à cette publication dont on lui a démontré le caractère intempestif : il ne faut pas fournir des prétextes aux tyrans déjà si féroces en France et en Angleterre. Est-il téméraire de supposer que Curione n'est pas étranger à ce soudain changement de résolution de son gendre?

3. Il avait pris ce dernier nom sans doute en mémoire du sénateur Simon Cellarius, son premier protecteur, auquel il paraît redevable de ses études à Tubingue. (Voir sa préface au *de Censura veri et falsi*, 1541 : elle contient de touchants détails sur ses débuts, sur ses principaux professeurs.)

avait encouragé ses débuts, il se plaisait à l'entendre parler d'Aristote comme « d'un organe choisi de Dieu »[1], et réclamer après Erasme tout le respect des chrétiens pour ces génies païens « éclairés, osait-il dire, de quelques étincelles de la lumière divine[2] ». Enfin son évolution religieuse s'était si bien terminée à la satisfaction de l'Église qu'il avait fini par échanger ses fonctions de professeur de rhétorique contre la chaire d'Ancien Testament à l'Université (1544); il était « *doctor theologiæ* » depuis 1549[3] et le premier professeur de théologie de l'Université, *professor theologiæ summus.*

Nous aurons occasion de revenir plus loin sur ses opinions dogmatiques, sur son rôle dans le grand débat de la prédestination. Pour ne parler ici que de la question des hérétiques, Borrhée était bien signalé comme un de leurs défenseurs, non pas au point de vue des doctrines, mais au nom de la charité. Bucer et Capiton y font plus d'une fois allusion[4]. Il nous reste à citer un document plus précis encore et qui résume en quelques lignes l'opinion régnante en 1554. Il est tiré d'un manuscrit autographe de Castellion que nous étudierons plus loin. Voici la traduction du passage, qui a été déjà plusieurs fois partiellement cité :

A Bâle même, il y a trois professeurs que les calvinistes traitent ouvertement de servetistes : ce sont Martin Cellarius ou Borrhée, principal professeur de théologie, Cœlius Secundus et Sébastien Castalion, tous deux professeurs de lettres. Ces deux derniers, nous l'avons rappelé[5], ont écrit contre la persécution. Pour ce qui est de Borrhaus, Servet lui avait envoyé son livre manuscrit pour le soumettre à son jugement avant de le faire imprimer. Borrhaus lui répondit amicalement qu'il approu-

1. .... « Numen hunc in selectum organum tradendarum disciplinarum amanter instruxisse, et Aristotelem tacitum numinis instinctum secutum esse.... » (Préface du *de Censura veri et falsi.*)

2. « Igniculos et scintillas divinæ lucis in eo exarsisse.... Quæ cum ego mecum reputo, nostris hominibus lubentius autor esse studeo ut in illis Dominum quemadmodum in reliqua creatura revereantur », etc. (Même préface.)

3. Thommem, *Geschichte der Universität Basel*, p. 108. — Il fut au nombre des victimes de la grande épidémie de 1564.

4. Capiton écrivait à Zwingle, dès 1526, en parlant de Cellarius : .... « Habet tamen sua dogmata.... Interim ad caritatem appositissimus est. Totus huc spectat ut, summâ Christianismi salvâ, mutuo nos feramus, daturum Dominum in posterum majorem lucem. » (*Herm.*, I, p. 466.) Bucer, d'abord charmé par son caractère, son esprit (« Bone Deus, quantum et quam pium ingenium! » 13 déc. 1526), ne tarda pas à découvrir en lui des vestiges d'anabaptisme (on sait que le plus apparent était l'idée qu'il ne faut pas persécuter les hérétiques) et il craint que Capiton ne se laisse peu à peu gagner. (10 mai 1529. Herminjard, II, 178.)

5. Allusion aux extraits de Curione et de Castellion, insérés dans le recueil de Bellius.

vait certaines parties, comme le montraient ses annotations, qu'il en blâmait d'autres et qu'il y en avait même qu'il ne comprenait pas. Que ce même Borrhaus se rapprochât sur beaucoup de points de l'opinion de Servet, il suffit pour s'en convaincre de lire attentivement son livre *de Operibus Dei*.

Quant à la persécution, il a dit à plusieurs personnes qu'à son avis, nul ne doit être persécuté pour sa foi, qu'il n'avait pour sa part jamais acquiescé à la mort de Servet, que même, et il en rendait grâces à Dieu, il ne lui était jamais arrivé de porter de sentence contre qui que ce fût. Il y a plus. Il recueillit longtemps chez lui un piémontais, Léonard [1], que Calvin tient pour hérétique au point qu'il lui avait interdit la cène et l'avait déclaré digne de la potence [2].

VI

Sommes-nous, trois siècles plus tard, mieux renseignés que les contemporains? Pouvons-nous déterminer avec la certitude qui leur a manqué les noms des auteurs et la part de chacun deux? Il serait téméraire de le prétendre.

Deux points nous semblent aujourd'hui hors de discussion. Le premier c'est que l'ouvrage est le produit sinon d'une conspiration comme disaient les Calvinistes, du moins d'une collaboration étroite et prolongée. Ce n'est pas l'œuvre d'un homme, mais d'un groupe : le groupe des réfugiés italiens et français de Bâle.

Le second, c'est que le principal rédacteur a été Castellion. C'est lui qui a écrit la préface de Martinus Bellius. C'est lui qui a traduit tant en latin qu'en français les morceaux de Luther et les autres textes allemands. C'est lui encore qui a résumé, arrangé ou retouché tous les autres morceaux du livre : ce qui nous le fait supposer, c'est avant tout l'air de ressemblance, l'unité de ton qui les rapproche, l'emploi presque constant des mêmes formes, soit de raisonnement, soit de style. Trois ou quatre auteurs différents, écrivant indépendamment l'un de l'autre, se distingueraient davantage. Ils ont dû mettre en commun leurs idées, peut-être leurs notes, mais ils les ont fait passer par la plume d'un seul. N'est-ce pas précisé-

1. Sur ce personnage, qui était un illuminé pour ne rien dire de plus, voir *Opp. Calv.*, XV, 6; XX, 611. Il y a quelques manuscrits de lui à la Bibliothèque de Bâle.

2. Traduit du manuscrit latin dont nous donnons le texte et un *fac-similé* dans notre Appendice, 2e partie.

ment cette intention que trahissent les deux pseudonymes restés impénétrables, « Georges Kleinberg, Basile Montfort »? Sans doute leur quasi-synonymie ou leur parenté de sens entre eux ainsi qu'avec les nom et prénom de Castellion pouvait n'être qu'une coïncidence deux fois répétée. Mais n'est-il pas au moins aussi vraisemblable que ces noms forgés ne l'ont pas été absolument au hasard, qu'ils rappelaient à la fois deux auteurs différents qui ont fourni les matériaux et un même metteur en ordre qui les a disposés?

Un seul argument grave pourrait ébranler tous ceux qui s'accumulent pour faire de Castellion le véritable Martinus Bellius. Dans un écrit postérieur de plusieurs années [1], Théodore de Bèze donne à entendre que Castellion, sommé de comparaître devant le conseil de Bâle, aurait déclaré par serment qu'il n'était pas l'auteur de la *farrago Belliana*. Mais il s'est passé ici quelque chose d'analogue à ce que nous avons constaté à propos d'autres légendes calomnieuses [2]. Bèze lance cette assertion à plusieurs reprises, il est vrai, mais sous forme oratoire et par allusion; dans le seul passage où le tour de la phrase l'amenait à être plus précis, il se borne expressément à un « on dit » : *Bellianam farraginem aiunt ab eo esse ejuratam.*

Cet on dit même, nous avons la preuve qu'à son grand regret, il ne pouvait y faire fond. Dans un recueil de ses lettres publié à la suite de son gros in-folio *Tractatus theologici*, il s'en trouve une du 11 août (1563) adressée à Grataroli, son fournisseur attitré de renseignements confidentiels. Il lui demande s'il peut se risquer à affirmer, dans sa *Responsio* en cours d'impression, que Castellion est bien l'auteur de la préface de Bellius ainsi que de la *Théologie germanique*. Il ne doute pas du fait, qui est de notoriété publique, mais il demande si l'on pourrait au besoin produire des témoins et des preuves, dans le cas où Castellion le nierait, *ut non tantum detegatur iste, verum etiam convincatur, ut tandem omnes norint quæ sit istius sancti viri conscientia* [3]*!*

1. *Responsio ad defensiones et reprehensiones Seb. Castellionis*, 1563, p. 4, 31, 68 et 197.
2. Voir t. I, p. 192, 216, 249.
3. *Tract. theol.*, in-fol., t. III, p. 257.

Nous n'avons pas la réponse de Grataroli, mais il faut bien qu'elle n'ait pas contenu les preuves formelles que demandait Bèze puisqu'il évite avec soin dans sa *Responsio* d'être trop catégorique. Ce que Grataroli lui aura dit, c'est que Castellion avait été au moins deux fois cité devant les autorités bâloises, qu'il avait été accusé d'être l'auteur de certains écrits contre Calvin et en avait décliné la paternité. Tout cela était vrai et pouvait bien s'appliquer à la *farrago Bellii*. Mais nous avons aujourd'hui toutes les pièces que le médecin italien ne connaissait pas et on verra plus loin qu'il s'agissait d'une autre polémique relative à la prédestination [1].

Quant au recueil de Bellius, non seulement il n'y a pas trace d'un serment, ni même d'une dénégation quelconque, mais dans plusieurs de ses écrits où il répond aux diverses attaques de ses adversaires, Castellion ne relève jamais celle-là : il lui arrive de faire allusion sans aucun embarras à cette collection de témoignages qu'il juge accablants pour le parti des persécuteurs; il n'ajoute nulle part un mot d'où l'on puisse inférer qu'il nie sa participation, et ne pas la nier quand elle lui était publiquement reprochée, n'était-ce pas en convenir? Tous ses correspondants intimes y font ouvertement allusion [2]. La vérité est qu'à Bâle ce n'était un mystère pour personne, et aussi que personne ne songeait à lui faire un crime d'avoir trempé dans ce louable complot.

VII

Aux renseignements et aux conjectures qui précèdent nous devons ajouter un dernier fait qui jusqu'ici n'a pas été relevé.

La Bibliothèque de Bâle a conservé un précieux exemplaire du *de Hæreticis*, c'est celui d'Amerbach. Il y a lui-même écrit les mots : *Bonifacii Amerbachii*, sur la page du titre. Cette page est précédée d'un feuillet blanc qui porte

1. Voir ci-après, chap. XVII.
2. Voir par exemple à l'Appendice la lettre d'Hum. Cœsareus, 4 août 1562.

l'inscription manuscrite suivante dont nous donnons le fac-similé ci-dessous :

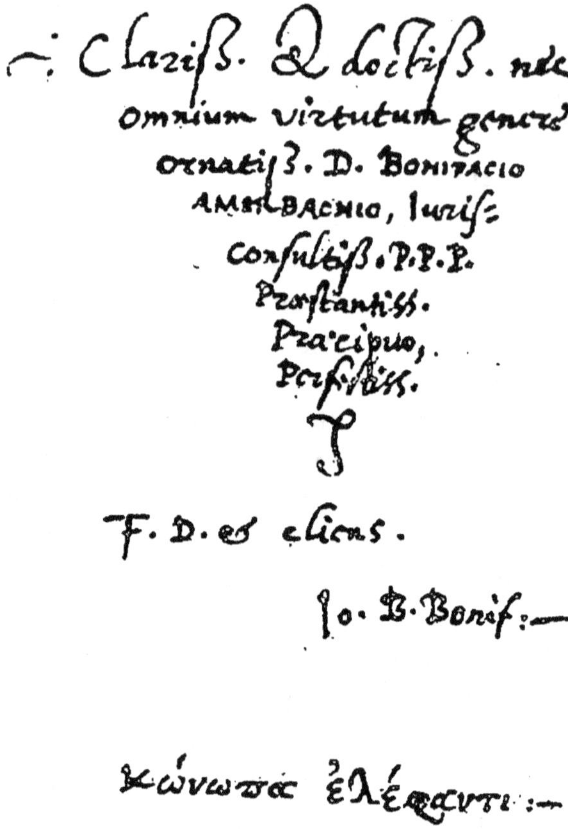

Clariss[imo] et doctiss[imo] necnon omnium virtutum genere ornatiss[imo] D. Bonifacio Amerbachio, jurisconsulto p. p. p., præstantiss[imo] præcipuo, perfectiss[imo].

F. D. et cliens

Jo. B. Bonif.

κώνωπα ἐλέφαντι.

Évidemment celui qui faisait en ces termes l'envoi de ce volume devait avoir quelques titres à l'offrir. Il n'y a généralement que l'auteur ou l'éditeur qui puisse écrire à la première page du volume des lignes comme celles-ci, surtout quand elles s'adressent à un personnage aussi grave que Amerbach. S'il s'agissait d'un livre rare, découvert dans quelque voyage à l'étranger, on peut admettre qu'une personne absolument étrangère à la publication, avait pu l'acheter et en faire cadeau à un ami. Mais il s'agit là d'un opuscule des plus modestes, qui sort de l'imprimerie voisine, qui n'a pas la moindre prétention à la rareté bibliographique.

D'ailleurs, les deux mots grecs qui terminent la dédicace semblent bien en préciser l'intention : « C'est le moucheron contre l'éléphant ». Et il est clair que cette inégalité même dans la lutte est comme l'excuse invoquée pour offrir un objet si mince au savant jurisconsulte [1].

Il y a bien là un hommage personnel, un envoi d'auteur, une dédicace.

Le personnage qui signe abréviativement : « Jo. Bern. Bonif. » est facile à découvrir. Il s'appelait Johannes Bernardinus Bonifacius, Neapolitanus. Il était marquis d'Oria et de plusieurs autres fiefs dans le royaume de Naples. Tout jeune, il avait témoigné des dispositions sérieuses et une gravité au-dessus de son âge : il était de ceux que les questions religieuses devaient attirer de bonne heure. Soit qu'il eût fait partie tout jeune du cercle aristocratique de Naples où les Valdès et les Ochino préludaient à la Réforme, soit que la seule lecture des écrits de Mélanchthon l'eût converti et qu'ensuite, comme le dit son biographe, il se fût décidé de même que beaucoup d'autres Italiens sous l'impression tragique du désespoir du malheureux François Spiera, qui se punit par le suicide d'avoir reculé devant le martyre, il emprunta sur ses biens, qui étaient considérables, plusieurs milliers de ducats, se rendit à Venise où il espérait encore trouver quelque sécurité, découvrit à temps qu'il était poursuivi et parvint à passer les monts. C'est à Bâle qu'il se rendit d'abord, probablement vers 1550. Boniface Amerbach l'accueillit comme un personnage de la plus haute distinction [2] et resta jusqu'à sa mort en

1. A moins qu'on ne préfère entendre : « Le moucheron offert à l'éléphant ». Mais même en adoptant ce sens, l'auteur de la dédicace s'excuse du peu qu'il offre : il est donc pour quelque chose dans l'ouvrage dont la modestie l'oblige à souligner le peu de portée.

2. On lit dans une lettre inédite de Basile Amerbach (16 cal. Aug. 1566), adressée à Philippe Gender à Nurenberg : « Cæterum cum hoc tempore *illustrissimum Principem D. Jo. Bernardinum Bonifacium* apud vos esse, paucis ut puto notum et peregrinum, cognovissem, facere non potui quin ejus gratia scriberem ad te, fretus tua in me singulari benevolentia illiusque eximiis virtutibus et humanitate motus. Cum enim sit *nobilissimus et principum Italiæ longe doctissimus*, faciendum quoque sibi putavit ut optimus et religiosissimus merito possit nuncupari. Itaque *ante aliquot annos* Marchionatu Oriæ ac terrarum Casalis Novi et Villæ Francæ

relation constante et affectueuse avec lui. Le marquis d'Oria s'établit quelque temps à Bâle, puis près de Bâle à Lorrach, mais nous le voyons coup sur coup faire des séjours de quelques semaines ou de quelques mois à Zurich, à Strasbourg, à Worms, à Augsbourg, à Vienne, lier amitié et correspondance avec les principaux chefs de la Réforme, en particulier avec Mélanchthon et avec le jurisconsulte Philippe Camerarius [1]. Les dernières années de sa vie, qui fut longue, se passèrent dans de perpétuels voyages [2] en Pologne, en Lithuanie, en Danemark, à Constantinople, en Angleterre, et après un naufrage il ira s'éteindre à l'âge de quatre-vingts ans à Dantzig en 1597, laissant à la ville tout ce qui lui restait de ses biens, c'est-à-dire les débris de sa bibliothèque [3].

Il reste à se demander quelle part avait prise en 1554 le marquis d'Oria à la publication de l'opuscule qu'il offre à Boniface Amerbach. La réponse est facile quand on constate que le marquis est en relations constantes et des plus affectueuses avec Castellion [4], avec Curione [5], avec tous les Italiens suspects. Sans nul doute il était du petit groupe qui conçut l'idée de la publication et qui en rassembla les éléments, sans nul doute non plus ce fut lui qui couvrit les frais de la double édition simultanée. Aucun des autres collaborateurs n'était vraisemblablement en mesure de s'en charger, et cette intervention effective du noble Italien suffit à expliquer qu'il ait cru pouvoir faire hommage du livre à Amerbach. A-t-il lui-

dominio in Salentinis, ubi imperitabat, relicto purioris ergo religionis in Germaniam venit habitavitque aliquamdiu hic Basileæ, ubi primum parentem meum in amicitiam suam recepit eamque adeo constanter tutatus est, ut me quoque, quamvis nunquam visum, paternæ familiaritatis heredem esse pro sua singulari humanitate patiatur. » (Bibliothèque de l'Université, Cod. Basil. G., II, 31.)

1. Voir la préface du volume de Camerarius *Horæ subcisivæ* (1599, in-4).

2. Pour ne parler que de sa correspondance avec les Amerbach qui ne commence qu'en 1557 et qui contient une centaine de pièces, M. Sieber signale de nombreuses lettres datées de Coire, Venise, Trieste, Villesium (?) Casimierz, Brunn, Cracovie, Nuremberg, Paris, Lyon, Vienne, Strasbourg, Ostrau et Hadrisch en Moravie (Adriscua), Presualca Sarmatiæ, Austerlitz. Il est assez singulier que la seule ville où on ne le voie pas séjourner ou passer soit précisément Genève. Son nom ne se trouve pas dans le *Refuge italien de Genève* de M. Galiffe.

3. Consulter la notice biographique consacrée à ce personnage, par André Welsius en tête du volume intitulé *Miscellanea hymnorum, epigrammatum et paradoxorum quorundam D. Johannis Bernardini Bonifacii Neapolitani*. Dantzici, 1599, in-4, 98 p. Il s'y trouve deux portraits du marquis en 1549 et en 1567. Voir aussi D. Gerdes, *Specimen Italiæ reformatæ*.

4. Il est le parrain d'un de ses enfants. Nous voyons plus tard Castellion s'occuper avec Zerchintes de la vente des biens du marquis. (Voir notre Appendice, 2e partie, pièces IX et X.)

5. Avec qui il a plus tard une grande querelle : « *dum nimium ciceronianus videri cupit. christianum se esse penitus oblitus est* », 9 cal. dec. 1559. (Bibliothèque de Bâle, G. II, 31.)

même tenu la plume? Rien ne le prouve, quoiqu'il en fût capable si nous en jugeons par ses poésies latines et par sa correspondance [1]. Il est même probable que les auteurs de ce manifeste collectif et anonyme ont tenu — comme plus tard ceux de la *Satire Ménippée*, — pour l'effet même de leur œuvre, à s'effacer le plus possible pour laisser la parole d'abord aux autorités derrière lesquelles ils s'abritaient, ensuite à l'éditeur-traducteur qui s'était chargé d'exprimer la pensée de tous dans la préface et l'épilogue.

VIII

Ne quittons pas le *Traicté des hérétiques* sans jeter un coup d'œil sur la réfutation que Théodore de Bèze va lui infliger. L'*Anti-Bellius* ne nous arrêtera pas aussi longtemps que son mystérieux antagoniste. Mais l'équité veut que nous entendions les deux parties.

Ce livre de renfort ne parut qu'en septembre 1554 [2], c'est-à-dire cinq mois après le libelle de Bellius, six mois après celui de Calvin. Comme il le remarque lui-même, cette réfutation lui coûta plus de temps et plus de peine qu'il ne l'avait prévu. Aussi bien était-ce son premier écrit théologique, on peut même dire son premier écrit sérieux. Th. de Bèze, âgé déjà de trente-cinq ans, n'avait encore publié que ses *Poemata* (1548), sa *Zoographie* (1549), sa tragédie *Abraham sacrifiant* (1550); et l'année précédente (1553), il venait de faire paraître cette « belle drôlerie », la célèbre satire de *Passavant*. Ces précédents d'humeur satirique et légère ne pouvaient pas faire prévoir le genre nouveau où il allait s'exercer, ils ne semblaient même pas lui donner qualité pour s'y engager [3].

1. Camerarius publie à la suite de sa préface (*Hor. subcis.*) une très intéressante lettre du marquis sur la réforme des études historiques.

2. Bèze écrit à Rod. Gwalther, le 11 août 1554 : « Bellii farragini respondi (sic enim se appellat qui eam consarcinavit, quem tibi ex vero nomine notum esse opinor) et libellus Genevæ excuditur. Eum autem omnino constitueram prius istuc mittere quam prælo committeretur, sed instantibus nundinis nobis est pæne e manibus extortus. » (Autographe dans la collect. Simler à Zurich.) Cinq semaines plus tard, Bèze envoie à Bullinger deux exemplaires sortant de presse, le 18 sept. 1554, de Genève, où il était pour quelques jours chez Calvin. (*Opp. Calv.*, XV, 234.)

3. Baudouin dit de lui avec sa malignité ordinaire, qu'on excuse ici : « elegantissimus poeta, sed qui ex lepido obscœnoque poeta factus est repente sævus theologus ». (*Responsio altera ad Calvinum*, p. 77.)

Le livre a pour titre : *De hæreticis a civili magistratu puniendis libellus, adversus Martini Belli farraginem et novorum Academicorum sectam, Theodoro Beza Vezelio auctore*[1]. Colladon en publia plus tard une édition française, sous ce titre : *Traitté de l'authorité du magistrat en la punition des hérétiques et du moyen d'y procéder*[2]. C'est de beaucoup la moins connue des deux et, comme elle a une vigueur que nous essaierions en vain de donner à une traduction, c'est dans ce texte que nous prendrons nos citations.

On n'attend pas de nous une analyse régulière de l'ouvrage[3]. Il serait difficile d'astreindre le lecteur à la suivre. A vrai dire, ce n'est pas un livre, c'est la réponse à un livre, à celui que nous venons d'analyser. A la différence du fier et magistral traité de Calvin — que nous allons retrouver dans le chapitre suivant, et qui restera le document capital dans la question, — celui de Bèze n'est que la contre-partie, article par article, du recueil de Bellius.

Mais cette différence même de ton à quelques mois d'intervalle, entre Calvin et Bèze, n'est pas seulement imputable à l'inégalité des deux génies. Calvin ne se défendait pas, il attaquait. Il ne songeait pas à plaider sa cause, mais à venger l'honneur de Dieu. C'était bien le même homme qui révélait aux peuples les mystères redoutables de l'éternelle Providence et qui du même accent, avec la même hauteur et sans plus de détours, leur déclarait le jugement de Dieu sur l'hérétique. La voix intérieure couvrait pour lui toutes les autres : les doutes, les scrupules de ses plus fidèles amis n'étaient à ses yeux que des faiblesses. Bèze est moins fermé aux impressions du dehors, qui sont devenues assez fortes

1. Oliva Roberti Stephani, MDLIIII; in-8, 271 p.

2. *Fait en latin par Theodore de Besze, contre l'opinion de certains Académiques, qui par leurs escrits soustiennent l'impunité de ceux qui sèment des erreurs, et les veulent exempter de la sujection des loix. Nouvellement traduit de Latin en François par Nicolas Colladon.* — Imprimé par Conrad Badius, MDLX. In-8; préface, 15 feuillets non chiffrés; 428 pages chiffrées; 2 non ch. et un feuillet blanc portant au milieu : « *Acheve d'imprimer par Conrad Badius, MDLIX* ». Le volume a pour titre courant : *Du devoir à punir les hérétiques*, abréviation du titre primitif de Bèze ainsi traduit par Colladon (p. 1) : *Traité du devoir des magistrats terriens à punir les hérétiques.* Le seul exemplaire que nous en connaissions à Paris appartient à la Bibliothèque Mazarine.

3. Nous pouvons d'autant mieux abréger cette analyse qu'on en trouvera une très étendue dans le livre de M. Paul Janet, *Hist. de la science politique*, II, p. 17-25.

pour forcer son attention. Il a entendu les critiques, et il veut y répondre, car la réponse est devenue une nécessité. Il n'affirme pas, il argumente; il explique et il réplique; il oppose autorités à autorités, il discute et il distingue : il concède certains points pour en sauver d'autres. Il lutte pied à pied sur le terrain de l'exégèse, de la tradition, de la jurisprudence. Il ne foudroie plus du haut de la chaire, il est à la barre du tribunal de l'opinion publique.

Il suffira d'esquisser l'économie générale de ce traité qui n'a plus de défenseurs, qui n'en a peut-être jamais eu, mais qui a le triste mérite de fixer un moment heureusement fugitif dans l'histoire du protestantisme français : nous n'avons pas le droit de faire abstraction d'un état d'esprit que Bèze et Calvin ont essayé de perpétuer.

Un court préambule historique rappelle par quelle dispensation providentielle Dieu avait « arraché aux satellites du pape ce vilain et détestable hérétique Servet pour le livrer comme promptement entre les mains de la Seigneurie de Genève[1] ». Bèze distingue deux périodes et deux tactiques dans les « machinations de certains suppots de Satan » qui — c'est lui qui le dit — ont « incontinent » protesté. Au premier moment, ils prirent « apertement » la défense personnelle de Servet : ils « commencèrent à crier que c'estoit grande honte et chose bien inique que cet homme de bien et scavant (lequel ils n'avoyent point de honte de nommer leur bon frère) fust detenu prisonnier ». Mais « voyant que leurs cris n'esmouvoyent personne sinon quelque peu de gens qui leur ressembloyent », ils prirent le parti de traiter la question de principe et de se faire les « advocats des hérétiques sans faire aucune mention de l'affaire de Servet[2] ». Bèze voit de leur part un premier artifice dans cette manière de diviser la question : ils voulaient pouvoir défendre les hérétiques sans oser défendre leurs hérésies.

Il leur reproche ensuite — et cela de la première à la

1. P. 2. Colladon, dans la préface, a même soin d'insister sur ce qu'il a « esté prins en ceste ville *où il pensoit passer comme un homme incognu* » (f. XXIII verso); déclaration qu'il n'est pas inutile de rappeler aux historiens trop ingénieux qui ont voulu présenter Servet comme l'organisateur d'un grand complot contre Calvin.

2. P. 5.

dernière page avec une insistance dont la naïveté nous confond — de n'avoir pas signé de leurs noms « le meslinge de pièces » qu'ils ont fait imprimer. Il remarque avec étonnement que Martin Bellie, « en toutes autres choses tant audacieux et téméraire, toutesfois en ce livre qui ne parle que de miséricorde et clémence, a esté si craintif et paoureux qu'il n'a osé mettre la teste hors, sinon déguisé et masqué [1] ». A lire ce reproche, ne croirait-on pas que Bèze va se déclarer prêt à leur assurer la vie sauve s'ils veulent engager un débat public avec lui?

Il ne nous laisse pas longtemps dans cette erreur : dès la page suivante, s'indignant qu'ils aient osé « publier ces blasphèmes-là », les adresser au prince de Wurtemberg et supposer comme lieu d'impression « la noble et vertueuse ville de Magdebourg », il exhorte ce prince et cette ville à exercer des poursuites; il ajoute avec une pointe d'ironie qui n'a rien de rassurant : « Ces galans sont bien dignes qu'en leurs personnes on prattique le poinct de doctrine que je veux yci soustenir, à scavoir que les blasphémateurs et hérétiques doivent estre réprimés, et punis par les magistrats [2] ». Il revient maintes fois à cette sommation de les « réprimer comme ennemis mortels de la religion chrétienne [3] »; arrivé au terme, il s'adresse dans une véhémente apostrophe « aux saints et fidèles magistrats des Églises et nommément à vous très illustre prince de Wirtemberg », leur dénonce pathétiquement « ces perturbateurs et cruels brigans en l'Église de Dieu », et conclut : « Je vous exhorte, dis-je, et requiers au nom de Dieu, moy le plus petit de tous les fidèles, de vous employer

1. P. 6.
2. P. 7.
3. P. 118. Voici quelques autres passages non moins expressifs : « Ceux qui ne veulent que le magistrat... touche sur les hérétiques,... veu qu'ils s'opposent à l'ordre que Dieu a establi,... méritent bien d'estre punis à bon escient par le magistrat, afin qu'en les punissant justement, la discipline qu'ils taschent d'abattre soit conformée en leurs propres personnes et à leurs dépens, comme on dit » (p. 193). Ailleurs il prie Dieu de « donner aux princes chrestiens magnanimité et constance pour exterminer tous ces malicieux-là » (p. 278). Ce souci de la répression l'obsède tellement que dans une sorte de prosopopée il suppose « la secte de Bellie » s'adressant à David et lui présentant ses arguments : « Que pensons-nous qu'il eust fait » pour répondre à « ceste racaille de gens? n'est-ce pas qu'il eust fait bonne punition d'eux? » (P. 302.) Une sommation beaucoup plus pratique est celle-ci contre Basile Montfort : « Puisque tu as osé accuser quasi par nous la très fidèle Église de Zurich, en tant que c'est contre un très savant pasteur d'icelle que tu as composé cette tienne défense, ses magistrats et pasteurs ne feront que bien et très justement en maintenant leur bonne réputation contre toy et à tes despens » (p. 394).

soigneusement, diligemment à repousser par tous les moyens que Dieu vous a mis entre mains les loups blancs qui font leurs apprests pour se jetter sur le troupeau que le Seigneur vous a baillé à garder[1]. » — « Tous les moyens », dit-il : or à cet endroit du livre on vient de les passer en revue, ils vont jusqu'à la peine de mort inclusivement. Bèze prend soin d'ajouter que la précaution même de dissimuler leurs noms et celui « de la ville où ce beau livret a esté imprimé » ne les sauvera pas, car, dit-il, « chacun entend bien qui vous êtes et à quoy vous prétendez.... Je vous en advertis de bonne heure, toy, dis-je, Bellie, et toy, Montfort, ensemble toute vostre ligue. » Et cette menace nominative est le dernier mot du livre.

Veut-on maintenant prendre un aperçu du plan de l'ouvrage? Bèze lui-même l'a très nettement tracé.

Avant de s'engager dans le détail de l'argumentation, il tient à faire une sorte d'exposé de principes, et il le fait, nous devons le dire, avec une parfaite loyauté. Il y a là une trentaine de pages qu'il suffit de lire pour voir aussi clair que possible dans sa pensée. C'est ce qu'il appelle la *définition de l'hérétique* (p. 10-31) et la *définition de l'office du magistrat* (p. 31-34).

L'hérétique est celui qui, ayant une fausse doctrine, dûment admonesté d'y renoncer, persiste à vouloir propager son erreur et « rompt ainsi la paix et consentement de l'Église ». Sa culpabilité, son « crime », comme l'appelle Bèze, dépend donc et de la gravité de son erreur et de l'ardeur qu'il met à la répandre.

D'autre part, qu'est-ce que le magistrat? Quel est son office dans la société en général, dans la société chrétienne en particulier?

L'office du magistrat est de faire sa république la meilleure qu'il sera possible,... et la meilleure est celle en laquelle il y a le plus de bons citoyens ou de gens de bien.

Or celuy est homme de bien qui s'acquitte de son devoir; et le devoir d'un chacun consiste principalement en deux choses, à scavoir à servir Dieu et s'employer envers les hommes.

1. P. 427.

.... L'office du magistrat étant donc de faire que chacun s'acquitte de son devoir, peut-on douter que ce ne soit bien une principale partie de cet office d'avoir soin de la religion et crainte de Dieu [1]?

Après ce syllogisme, le raisonnement s'obscurcit un peu, parce qu'il faut bien arriver à la distinction des deux domaines et pourtant ne pas la consacrer comme le faisait Bellius. Voici comment Bèze y parvient. Il y a deux juridictions, celle du pasteur et celle du magistrat. Si le magistrat entend commander aux consciences, il usurpe l'office du prédicateur, il devient tyran. Il ne faut pas que les magistrats « imposent aucunement autres lois sur les âmes » que le droit civil divin, à savoir la sainte Écriture [2], « mais il faut que par toutes aides convenables ils maintiennent et défendent tant les ministres de la parole que tous autres fidèles, et qu'ils donnent ordre que la doctrine de la parole soit déclarée fidèlement et, estant déclarée, soit aussi observée de tous leurs sujets;... que s'il se trouve de mauvais citoyens contrevenants à la discipline ecclésiastique et troublants la concorde et paix de l'Église, ils les répriment et punissent selon l'exigence du crime [3],... vu qu'ils sont gardes et protecteurs non seulement de la seconde table de la loy, mais aussi voire et principalement de la pure religion, *en tant que concerne la discipline externe* [4]. » Ces derniers mots donnent la clef du système.

Ces quelques principes bien compris, on peut dire qu'on a lu le livre. Les trois ou quatre cents pages qui vont suivre n'y ajouteront guère que l'argumentation à coups de textes.

Bèze divise la matière en trois questions [5] :

1° « S'il faut punir les hérétiques;

2° « Si cette punition appartient au magistrat qui a l'administration de la justice;

3° « Si on les peut mesmes condamner à mort. »

Sur chacun de ces trois points il s'engage à suivre Bellius, dont il « réfutera les arguments non pas en confus et pellemesle, mais par ordre et l'un après l'autre [6] ».

1. P. 33.
2. P. 37.
3. P. 41.
4. P. 41.
5. P. 44.
6. P. 44.

Ce plan très méthodique est scrupuleusement suivi.

Sur le premier point — que les hérétiques doivent être punis, — la réfutation en règle des douze arguments qu'il a trouvés dans Bellius remplit près de cent vingt pages [1]. Bèze, comme il est naturel, s'élève surtout contre la prétention de faire bon marché des questions purement dogmatiques, de faire consister la religion dans un « cœur net », dans la « correction et réformation de la vie »; il s'écrie : « O quel blasphème! quelle impiété! quel sacrilège! »

Il a d'ailleurs de la peine à contenir son irritation contre cette « charité diabolique et non pas chrétienne [2] » qui respire dans tout l'ouvrage et dont il redoute la séduction pour les esprits simples : « Fi donc, fi de ceste non pas charité, ains cruauté extrême, qui pour espargner je ne scay combien de loups, veut mettre en proye tout le troupeau de Jésus-Christ! Or avisez plutôt, vous tous magistrats fidèles, afin de bien servir Dieu qui vous a mis le glaive en main pour maintenir l'honneur et la gloire de sa majesté, frappez vertueusement de ce glaive pour le salut du troupeau sur ces monstres desguisez en hommes [3]! » Il n'est pas moins catégorique contre les prétendus droits de la conscience. « Le Sei-

1. P. 58-176. Voici l'énumération de ces arguments, dont il suffira de donner les titres avec le renvoi aux passages qui y correspondent dans notre chapitre précédent :

1er ARGUMENT (p. 58-95). — « Qu'il n'est point fort nécessaire de scavoir toutes ces choses desquelles on a accoustumé de disputer; et n'y a que ceux qui sont nets de cœur qui les puissent scavoir; et estant sceues, elles ne rendent point l'homme meilleur »; c'est la réponse à la préface de Bellius, notamment aux passages que nous avons cités, t. I, p. 360 à 364 et 367.

2e (p. 95-118). — « Que les differens qui ont desja par si longtemps esté débatus en l'Église ne peuvent estre décidés par la parole de Dieu escrite, c'est-à-dire contenue en l'Escriture »; c'est la réfutation de la Préface à Édouard VI dont il prend à partie le passage analysé dans notre chapitre x, t. I, p. 304 et suiv.

3e et 4e (p. 118-123). — « Prins de l'exemple de Judas Machabée et de l'exemple de Moyse » (voir ci-dessus, même passage de la Préface à Édouard VI).

5e (124-125). — « Prins de l'authorité de Gamaliel (voir ci-dessus, même passage).

6e et 7e (125-131). — « Prins d'une authorité de saint Paul, Rom., XIV, 1 et 4 et de la description de charité », I Cor., XIII.

8e (132-142). — « Que les chrestiens doyvent estre doux et débonnaires » : contre Cleberge, (voir t. I, p. 402 et 403).

9e (142-150). — « Qu'il faut laisser vivre les hérétiques pour ce qu'il n'y a gens moins à craindre », contre « Cleberge » (voir ci-dessus, t. I, p. 403 : la brebis égarée) et contre Castellion (voir t. I, p. 307).

10e (151-163). — « Prins de l'exemple de la douceur et bénignité du Christ », réponse à la péroraison de la Préface de Bellius (voir ci-dessus, t. I, p. 368-369).

11e (163-168). — « Qu'il y a plusieurs autres manières de gens qu'on n'a pas accoustumé de punir, quoiqu'ils soient bien méchants, contre Castellion (voir ci-dessus, t. I, p. 306-307).

12e (163-176). — « Qu'on ne peut ou doit contraindre personne à la foy », contre Éleuthère (voir ci-dessus, t. I, p. 391).

2. P. 129.

3. P. 131.

gneur, dit-il, ne requiert pas seulement que nous ayons quelque conscience, mais bonne conscience [1]. » Autrement il s'ensuivrait cette conséquence qu'on pourrait être sauvé même en dehors de la foi orthodoxe. Et soutenir « que chacun est sauvé en sa religion, cela est un article de la doctrine de Mahomet [2] ».

Sur le second point — que la punition des hérétiques appartient au magistrat terrien, — il y a six arguments à réfuter [3].

Sur le troisième — que la répression peut aller jusqu'à la peine de mort, — Bèze sent que le terrain devient singulièrement périlleux. « En cest endroit, dit-il, je voy que j'ai affaire non seulement avec ces impudents qui veulent qu'il n'y ait rien de certain en la religion, mais avec certains bons personnages et de grand sçavoir » qui accordent le droit de punir les hérétiques, mais non pas de les mettre à mort. Il éprouve le besoin de protester de ses intentions clémentes. Il prend le ton le plus doux que comporte une pareille thèse, il se fait presque suppliant au nom de l'Église : « Nous demandons que cette bénignité ait quelques limites;... nous demandons qu'on ait plus d'égard aux brebis qu'aux loups;... que pour le moins nous soyons emeus des injures faites à la majesté de Dieu par meschanceté et malice [4] ». Et il prie qu'on lise cette partie du traité « comme une conférence amiable et fraternelle ».

Comme dans les deux parties qui précèdent, il énumère les arguments de l'adversaire au nombre de neuf [5] et y répond point par point. Il dépense des trésors de subtilité exégétique dans l'explication de la fameuse parabole des ivraies et n'échappe aux arguments qu'on en tirait à bon droit depuis saint Jean Chrysostome, que par cette distinction : il s'agit là « de la moisson universelle, c'est-à-dire du jugement dernier. Mais la résurrection universelle qui se fera au jugement dernier par le ministère des anges

1. P. 147.
2. P. 145.
3. P. 176-286, surtout contre Kleinberg et Éleuthère.
4. P. 218-219.
5. P. 220-286. Nous ne les reproduisons pas, même en note, de peur d'abuser de la patience du lecteur. Ils se rapportent principalement aux passages cités ci-dessus. Voir au chapitre précédent, p. 390 et 395.

n'empesche point les resurrections particulières de chaque Église faites deuement par autorité ou civile ou ecclésiastique[1]. » En d'autres termes, pour rester dans la métaphore, le maître du champ a toujours le droit, même avant la moisson « d'oster une zizanie qui est ici ou là, comme de faire une cueillette particulière du bon blé : tous les jours il coupe et moissonne ainsi quelques zizanies particulières ». — Est-ce assez ingénieux?

Arrivé au terme de la *réfutation*, Bèze passe, suivant les règles de l'école, à la *confirmation* des trois parties de sa thèse (p. 286-417). On ne nous permettrait pas de l'y suivre une fois de plus[2].

Citons seulement le syllogisme où il résume son argumentation :

La principale fin de la société humaine est que Dieu soit honoré par les hommes comme il appartient.

Or le magistrat est establi pour garde et gouverneur d'icelle société.

Donc il doit en l'administration et conduite d'icelle avoir surtout esgard à cette principale fin (p. 292).

et joignons-y le tableau des dangers que courrait l'Église si elle n'avait que ses ministres pour la défendre. La page est piquante. Il prend trois exemples. Voilà, dit-il, un anabaptiste, puis un disciple de Servet ou d'Osiander : « les pasteurs s'assembleront, le condamneront; il n'en tiendra nul compte » ; enfin un troisième, que l'on n'aura pas de peine à reconnaître :

Finalement il y aura quelque Académique (comme sont nos adversaires qui disent que les points de la religion ne sont pas certains) faisant de l'homme de bien et modeste. Étant appelé, il dira qu'il ne demande que d'apprendre et pourtant sa coustume est de lire tous livres et prester l'aureille à tous propos. Si sur cela l'Église le veut enseigner et luy remonstrer, il dira qu'il prie qu'on ne luy force point sa conscience, mais

1. P. 242.

2. P. 291-327. Voici l'un des quatre arguments du 2e point :

« La gloire de Dieu est la principale fin de toute la société humaine et de chacun membre et de chacun office d'icelle. Ceux desquels la charge est publique doivent servir à la gloire de Dieu en public. Le roy doit y contribuer non seulement en tant qu'homme, mais en tant que roy, c'est-à-dire en establissant avec sévérité convenable loix qui commandent choses justes, ... notamment en ce qui concerne la discipline externe de l'Église ». Il passe en revue les passages de la Bible prescrivant ce devoir aux rois d'Israël, et il conclut : « Quiconque ayant le pouvoir d'avancer la gloire de Dieu y est nonchalant,... cestuy-là nie Dieu plus impudemment que celuy qui pour crainte de la mort renonce, par feintise, la religion. Car il a trahi au diable la république que Dieu luy avoit baillée en garde. »

qu'on la laisse en liberté. A la parfin si on poursuit de luy monstrer son impudence à corrompre les passages de l'Escriture, il fera tout autrement que ne porte la maxime des anciens Académiques (qui ne sçavoyent qu'une seule chose à sçavoir qu'ils ne sçavoyent rien), et dira que tous les autres ne sçavent rien sinon luy seul et toutesfois protestera qu'il ne condamne ne blasme personne.... Estant excommunié de l'Église, petit à petit il assemblera troupe de disciples, fera sa synagogue à part et tiendra eschole de ses resveries. Là-dessus, que fera l'Eglise? Qu'elle crie au Seigneur, diras-tu, et il l'exaucera. Ouy certes elle criera au Seigneur.... Mais celuy aussi qui a faim criera bien au Seigneur et toutes fois il n'attendra pas qu'un ange luy apporte à manger, mais prendra comme de la main de Dieu la viande qu'un autre luy donnera ou qu'il aura luymesme acquise par moyens honnestes et licites [1]....

Bèze ne recule pas devant une déclaration expresse, c'est que l'erreur des nouveaux Académiques est « quelque chose de pis que la tyrannie papistique : vaut mieux avoir un tyran, voire bien cruel, que d'avoir une licence telle que chacun face à sa fantaisie. Ceux qui ne veulent point que le magistrat se mesle des affaires de la religion et principalement de punir les hérétiques, méprisent la Parole de Dieu expresse et machinent une ruine et destruction extrême à l'Église. Prétendre qu'il ne faut punir les hérétiques, c'est comme s'ils disoyent qu'il ne faut punir les meurtriers de père et de mère, veu que les hérétiques sont infiniment pires [2]. »

Cette « énormité du crime d'hérésie [3] » lui fait perdre toute mesure; ici nous retombons en plein moyen âge :

Si avec le blasphème et l'impiété il y a aussi hérésie, c'est-à-dire qu'un homme soit possédé d'un mespris obstiné de la Parole de Dieu et de la discipline ecclesiastique et de desborder en une rage forcenée d'infecter mesme les autres, quel crime scaurait-on trouver entre les hommes plus grand et plus outrageux? Tellement certes que si on voulait là ordonner punition selon la grandeur du crime, il ne me semble point qu'on peust trouver torment correspondant à l'énormité d'un tel forfait [4].

1. P. 294-295.
2. P. 312 et 287.
3. P. 335.
4. P. 339. On peut lire le reste du développement. qu'on pourrait croire du XIIIe siècle plutôt que du XVIe. La vivacité en est telle qu'on peut se demander si le Petit Conseil de Genève n'en a pas été ému. Le manuscrit de Bèze lui fut soumis en effet, suivant la règle. Mais Calvin qui le présenta, insista tellement sur l'urgence qu'il obtint que le rapport fût fait en deux jours : le manuscrit n'était pas même terminé; aussi, en donnant le permis d'imprimer, le Conseil prévient-il l'auteur que si la fin (que le rapporteur n'a pu voir) « ne se trouvait permettable », l'auteur en serait pour ses frais d'impression. (Reg. du P. Cons., 17, 19 et 20 août 1554.)

Puis viennent (p. 342-379) les textes trop célèbres de l'Ancien Testament et une longue mais pitoyable réplique aux arguments de Montfort, dont la modération calculée l'exaspère particulièrement; des railleries qui trahissent une affectation d'assurance superbe, puis encore « neuf répliques » pour confondre « ce Montfort desguisé »[1], enfin, après une citation du fameux sermon de Bullinger, un long résumé de tous les mensonges de « ce livre venimeux » et la péroraison comminatoire que nous avons déjà citée[2].

1. Ces répliques sont la réfutation détaillée du morceau de B. Montfort dont nous avons donné les parties essentielles (voir t. I, p. 404-410).

2. « C'est avec ces tristes dispositions qu'il cherche à justifier le Conseil de Genève du supplice de Servet. *Dans la suite, Bèze éprouva de vifs regrets de la publication de cet ouvrage : il aurait voulu l'anéantir* » (Gindroz, *Histoire de l'instruction publique dans le pays de Vaud*, p. 47). Nous avons en vain cherché, en vain demandé à de plus versés que nous dans la biographie de Théodore de Bèze la confirmation historique de cette assertion. Rien de plus plausible en soi, rien de plus vraisemblable, quand on cherche à se représenter le grand lutteur au déclin de sa vie, reportant ses regards sur l'épouvantable série de calamités qu'avait engendrées la persécution. Nous aurions voulu trouver une lettre, une phrase de Théodore de Bèze appuyant cette conjecture et permettant d'établir que la nature généreuse de l'homme l'avait enfin emporté sur la malheureuse passion du théologien.

CHAPITRE XIV

ESSAI D'ORGANISATION DE LA RÉSISTANCE. LE « CONTRA LIBELLUM CALVINI »

(1554)

I. Le « livre des blasmes » adressé au conseil de Genève, remis par P. Vandel.
II. Le *Contra libellum Calvini* : analyse et extraits.

La publication du livre de Martin Bellie ne devait pas être dans la pensée de ses auteurs une manifestation isolée. C'était une entrée en campagne. Le petit groupe de rédacteurs du *de Hæreticis* se transforme en comité de propagande et d'action. Ces quelques hommes, Italiens, Français, Suisses, rapprochés par le « bellianisme » (c'est ainsi que s'appela quelque temps la tolérance), eurent certainement, pendant plusieurs mois, l'intention et l'espoir d'organiser la résistance.

Pour cela, il ne suffisait pas de créer l'opposition autour de Genève, il fallait l'installer dans Genève même. Nous allons les voir à l'œuvre.

I

Sans doute à Genève l'autorité de Calvin avait bien grandi. Mais, dans ces toutes petites démocraties, il suffisait qu'il restât une minorité pour qu'il restât un doute sur l'issue finale. Deux ou trois « patriotes » obstinés : il n'en fallait pas plus pour tenir en échec un homme de génie. Et c'était la situation de Genève en 1554.

La querelle sur le droit d'excommunication était toujours en suspens; le conseil populaire, « le Deux-Cents » avait réservé les droits souverains du gouvernement. Le gouvernement, c'est-à-dire le Petit Conseil, pressé par Calvin, n'osait prendre fait et cause pour Berthelier, mais ne se hâtait pas de donner raison aux ministres. On en avait référé aux églises suisses, mais les théologiens des cantons allemands hésitèrent à revendiquer pour le clergé genevois une telle autonomie.

Un indice grave venait pourtant de préjuger le triomphe de Calvin : les élections de février 1554 donnèrent pour la première fois la majorité à ses partisans; trois syndics sur quatre lui étaient dévoués. Il s'en suivit une sorte de trêve. Perrin et Calvin furent officiellement réconciliés, sans que personne se fît illusion sur leurs sentiments.

C'est dans ces circonstances qu'au commencement de juin 1554, un conseiller bien connu par son animosité contre Calvin, — qu'il accusait de vouloir « se faire évêque [1] », — Pierre Vandel, déposait sur le bureau en pleine séance un écrit assez volumineux qui lui avait été adressé, dit-il, sans qu'il sût par qui ni comment, pour être remis au Conseil. C'était une longue épître en français au Conseil de Genève, ayant pour objet principal, sinon unique, « de se porter pour avocat de Servet, Hiérosme (Bolsec) et autres hérétiques, condamnant la puissance qui exerçoit punition corporelle sur iceulx, y taxant aussi les églises et seigneuries de Zurich et Neufchastel et surtout chargeant de plusieurs fausses et meschantes calomnies Me Jehan Calvin [2] ». Calvin affecta de s'émouvoir de cette nouvelle attaque, il déclara au Conseil que « sans estre purgé de cela il ne seroit suffisant ni capable pour servir à l'Esglise ». Le Conseil examina le « livre des blasmes », déclara qu'on « le tenait pour faux et Calvin pour bon ministre », et décida de conserver le manuscrit sous clef [3]

1. Am. Roget, IV, 155.

2. Reg. de la Vénér. Compagnie, mois de juillet 1554. Tous les textes essentiels se trouvent aussi dans Am. Roget, *Histoire du peuple de Genève*, IV, p. 167-169.

3. Ce dossier n'existe plus aux archives de Genève, où toutes les procédures jusqu'en 1660 sont classées et inventoriées avec soin.

« pour agir contre l'auteur » s'il venait à être découvert.

L'auteur ou plutôt les auteurs, il ne fallait pas les chercher bien loin. Suivant Viret et Farel, c'est Bolsec, c'est M. de Falais, c'est peut-être Vandel lui-même[1]. Théodore de Bèze est surtout frappé de la ressemblance avec certains passages de Bellius, il transcrit pour Bullinger une phrase qui est textuellement la même, c'est celle qui est relative à Zwingle[2].

Que pensait Calvin lui-même de l'origine du pamphlet? Tout bien pesé, il l'attribue à Castellion. Dès le commencement de juillet il s'en explique avec son amertume ordinaire à son plus sûr ami de Bâle, le pasteur Simon Sulzer, et lui demande d'intervenir officiellement. Comme toujours, Sulzer, très dévoué à Calvin, reste incorrigiblement modéré (*blandum Sulzeri ingenium*, dit Calvin avec amertume)[3]. Il répond que cette nouvelle l'étonne singulièrement. Castellion affecte de ne rêver que paix et charité : comment se fait-il qu'il continue à attaquer violemment le ministère de Calvin? Espère-t-il attirer l'attention sur lui par ce duel avec un homme illustre? Mais il ne signe pas. Aucun éclat ne peut donc en rejaillir sur son nom. Au contraire les attaques anonymes emportent toujours une prévention défavorable. Pourtant, dit Sulzer, il faut bien qu'il y ait quelque chose, puisque des personnes dignes de foi vous ont donné ces renseignements. On avertira donc Castellion de nouveau et plus sérieusement[4] (allusion à la mesure récemment prise par les censeurs, qui avaient fait supprimer un passage de ses Annotations sur l'Épître aux Romains)[5].

Calvin revient à la charge. Il répond à Sulzer :

Croyez-moi, Castalion est un monstre qui a autant de venin qu'il a d'audace, d'acharnement. Il simule la charité, oui, comme il simule la

1. *Opp. Calv.*, XV, 154 et 156. C'est ce qui inspire à Farel cette plaisanterie macabre : « Voilà ou peu s'en faut, leur nouveau Christ, Servet, crucifié entre les deux larrons : je voudrais savoir lequel des deux régnera avec lui dans les enfers, Bolsec ou de Fallais? »

2. Voir ci-dessus, t. I, p. 400. — Cette phrase se trouve dans le morceau de Georges Kleinberg, et elle permet de supposer que l'écrit anonyme envoyé à Genève vient du même personnage désigné par ce pseudonyme. Nous inclinons à croire qu'il n'est autre que David Georges. (Voir ci-après, chap. XVIII.)

3. *Opp. Calv.*, XV, 298.

4. 14 juillet 1554. *Opp. Calv.*, XV, 189.

5. Voir ci-après, chap. XVII.

modestie, tandis qu'il ne se peut rien rêver de plus orgueilleux. Ce pamphlet qui m'accable de critiques violentes, lui et d'autres l'avaient compilé dans l'espoir de faire éclater contre moi une soudaine attaque. Ils ont été bien déçus, car le sénat a décidé de me donner à lire leur écrit. Et il m'a été facile non pas seulement de dissiper leurs nuées de calomnies, mais de tourner à mon éloge tout ce qu'on alléguait pour me rendre odieux [1].

Castellion était-il en effet pour quelque chose dans le pamphlet? Nous n'en savons rien [2]. Mais ceux qui avaient renseigné Calvin, si même ils se trompaient sur ce point particulier, n'en étaient pas moins bien informés : ce n'était pas un vain bruit qui dénonçait Castellion comme travaillant à cette heure même contre Calvin. Il venait d'achever le manuscrit d'une réponse (en latin) à l'apologie de Calvin, qui d'un jour à l'autre pouvait paraître, si la vigilance des autorités n'y mettait obstacle.

Un homme qui connaissait bien les partis à force de glisser entre eux tous, un des esprits les plus déliés de ce temps, Vergerio, résumait très bien la situation dans ce jugement : *Res certa est conspirationem esse aliquorum Basiliensium cum nonnullis Italis quæ, nisi comprimatur, pariet nobis aliquod magnum malum* [3].

C'est à cette conspiration que le nouvel écrit de Castellion devait donner une arme redoutable. L'ouvrage n'était encore connu que par des indiscrétions et par des copies manuscrites, sorte de demi-publicité encore fréquente au XVIe siècle [4]. Avant de voir ce qui adviendra de cette tentative, donnons ici une brève analyse de ce petit volume : nous osons dire qu'il est peu de livres qui aient mieux mérité de vivre.

Nous n'aurons pas ici, comme pour le pamphlet de Bellius, à discuter la paternité de Castellion. Nous avons eu la bonne fortune de retrouver dans les papiers de l'Antistitium à Bâle [5]

1. Trad. du latin, *Opp. Calv.*, XV, 209, 7 août 1554. Il y a peut-être quelque optimisme dans ce compte rendu; Calvin écrivant à Viret ne se montrait ni aussi satisfait du résultat, ni si convaincu des bonnes dispositions du conseil. « Volunt improbos sepultum esse (libellum), ego fortiter intercedendo nihil profeci. » (23 juin, *Opp. Calv.*, XV, 176.)

2. Voir plus loin, chap. XVIII *in fine*, nos conjectures à ce sujet.

3 *Opp. Calv.*, XV, 216, 6 septembre 1554.

4. Une de ces copies, faite beaucoup plus tard (1581), se trouve à la Bibliothèque Nationale.

5. Voir *le Lien*, journal des Églises réformées, numéro du 7 novembre 1868, où j'ai rendu compte de cette petite trouvaille et expliqué comment M. Jules Bonnet, qui avait vu le

une partie du manuscrit, qui est de sa main, avec l'indication de passages à supprimer dans la copie pour l'impression.

II

Une courte préface explique en termes très simples l'origine et l'objet de cet opuscule. Nous en traduisons le passage essentiel :

Jean Calvin jouit aujourd'hui d'une très grande autorité, et je la lui souhaiterais plus grande encore si je le voyais animé de sentiments plus doux. Mais son dernier acte est une exécution sanglante, son dernier écrit est une menace directe pour la vie de beaucoup d'hommes pieux. C'est pourquoi moi qui ai horreur du sang (et tout le monde ne devrait-il pas l'avoir?), j'ai entrepris de dévoiler ses desseins, s'il plaît à Dieu, aux yeux de l'univers, et de tirer d'erreur, s'il se peut, quelques-uns de ceux qu'il égare.

Le 26 octobre de l'an dernier, qui était l'an 1553, on a brûlé à Genève, pour des opinions religieuses, l'espagnol Michel Servet à l'instigation et sur la poursuite de Calvin pasteur de cette église. Ce supplice a soulevé de nombreuses protestations surtout chez les Italiens et les Français (leurs sept principaux griefs seront énumérés plus loin [1]). En réponse à ces critiques, Calvin vient de publier un livre habilement coloré de toutes les apparences de la piété et qui a pour objet de justifier Calvin, de réfuter Servet et en outre de démontrer qu'on devait lui appliquer la peine de mort. C'est ce livre dont j'entreprends l'examen critique.... Que le lecteur ne commence pas par s'emporter contre moi, qu'il pèse les raisons, qu'il oublie les titres des personnes pour ne songer qu'à chercher le vrai.

Calvin va peut-être dire selon sa coutume que je suis un disciple de Servet. Que personne ne s'en émeuve. Ce n'est pas la doctrine de Servet que je défends, c'est celle de Calvin que j'attaque. Je laisserai complètement de côté le débat sur la Trinité, le baptême et autres questions ardues : je n'ai pas les livres de Servet pour savoir au juste ce qu'il soutenait. Et quand son adversaire, après avoir fait brûler les livres avec l'auteur, a l'aplomb de nous y renvoyer en citant les pages, c'est comme si, après avoir réduit en cendres une maison, l'incendiaire nous enjoignait d'y aller chercher les meubles et de retrouver la place de chaque chambre. Nous ne brûlerons nous ni auteur, ni ouvrage. Le livre que nous combattons, tout le monde peut le lire, il existe en deux éditions,

manuscrit et en avait même cité des fragments, ne s'est pas aperçu que c'était le dernier cahier du *Contra libellum Calvini*, avec un long morceau qui a été retranché pour l'impression (reproduit en fac-similé dans notre Appendice, part. II, sect. III). Voir aussi Barbier, *Anonymes latins*, col. 1203.

1. Ils sont sommairement indiqués dans la préface, et développés à la fin du volume dans une longue note que nous ne croyons pas nécessaire d'analyser.

l'une latine, l'autre française [1]. Et pour qu'il n'y ait pas de contestation possible, je citerai chaque fois textuellement le paragraphe que je veux réfuter, et j'inscrirai ma réponse au-dessous avec un numéro correspondant.

C'est en effet à cette forme un peu bizarre et, semble-t-il, médiocrement littéraire dans sa concision rigide que s'astreindra notre auteur jusqu'au terme du volume : il prend scrupuleusement article par article, quelquefois mot par mot le texte de Calvin et y répond. Cette marche saccadée ne serait pas applicable à une discussion abstraite de matières complexes. Mais ici une seule question est en jeu : faut-il oui ou non punir l'hérétique? Et comme on se propose d'enlever tout d'une fois l'adhésion du cœur et de l'esprit à l'une ou à l'autre de ces deux opinions, le dialogue perpétuel qui les met aux prises produit des effets imprévus et parfois saisissants. Cette lutte corps à corps des deux textes qui se heurtent et se hachent donne l'illusion d'une sorte de duel entre deux esprits : les ripostes s'échangent, alertes, mordantes, âpres; chaque argument se croise avec sa réplique; le ton est aussi grave, mais l'accent est plus vif et l'argumentation plus nerveuse que si chacun parlait seul. L'intérêt se soutient jusqu'au bout, la raison de l'un ne le cède pas à l'éloquence de l'autre. Il y a des répétitions, mais pas de longueurs : les adversaires se mesurant de si près se resserrent pour se mieux étreindre, et le juge du camp redouble d'attention pour marquer les coups.

Quelques citations feront connaître l'ouvrage qui, on le comprend, ne se laisse pas résumer.

Sur le titre même du livre de Calvin, Castellion fait cette remarque :

Voilà un titre terriblement significatif! C'est comme s'il disait : je vais écrire contre les erreurs de Servet et prouver que ceux qui errent, c'est-à-dire les hérétiques, doivent être mis à mort comme lui. Quiconque est entaché d'hérésie — c'est-à-dire d'erreur, c'est-à-dire de désaccord avec Calvin — peut s'attendre à aller rejoindre Servet.

Le dialogue commence entre Calvin et son interlocuteur, qui prend le nom de *Vaticanus*, peut-être, ainsi que le sug-

1. Nous avons donné ci-dessus les titres complets, t. I, p. 351.

gère M. H. Bordier, pour montrer que ses objections auraient pu être mises dans la bouche d'un catholique.

Calvin. — Parmi les abominables erreurs sous lesquelles Satan a cherché à étouffer l'Evangile renaissant, nulle ne l'est plus que l'amas d'impiétés que Michel Servet a vomies dans ses livres. Pourtant je n'avais pas cru devoir refuter ces « délires ».

Vaticanus. — Voilà des *erreurs* qui deviennent des *impiétés* et puis des *délires* dans la même phrase. Tout cela ne s'accorde pas. Une *erreur* n'est pas nécessairement une *impiété*.... Et puis appeler l'impiété un *délire* n'est-ce pas délirer soi-même? Un fou n'est pas capable d'impiété, ne l'étant pas de piété.

Calvin. — Je pensais que ces folles rêveries s'en iraient d'elles-mêmes en fumée.

Vaticanus. — Elles ne se sont pas évanouies? Elles n'étaient donc pas si folles!

Calvin. — « Depuis, j'ay entendu par le récit de gens de bien que je m'estoye abusé en cela. »

Vaticanus. — Calvin avoue qu'il s'est trompé! Si quelqu'un le lui eût dit d'avance, qui sait si on ne l'aurait pas traité de blasphémateur?

Et Calvin, continuant, explique ce débordement de mauvaises doctrines par l'insatiable besoin de nouveautés qui travaille les esprits :

« La plus grande part ayant perdu toute honte humaine se jettent d'une audace desbordée pour fouler les saincts mystères, tout ainsi que des porceaux jettans leurs groins sur des thrésors bien agensez mettroyent tout en confusion [1]. »

La réponse de Castellion est facile à prévoir :

Se plaindre des nouveautés, lui qui a plus innové en dix ans que l'Église en six siècles! Accuser les autres d'audace à pénétrer les mystères impénétrables, lui qui a tant écrit sur les parties les plus abstruses du dogme!

Des trois parties de l'ouvrage de Calvin (démonstration du droit qu'a le magistrat de punir l'hérétique, — récit des faits de la *tragœdia Servetana*, — et discussion théologique sur la Trinité et autres questions de dogme) Castellion passe résolument sous silence la dernière, celle qui occupait plus

1. Nous donnons de préférence, partout où il est possible de le faire sans allonger la discussion, le texte de l'édition *française* de Calvin. Toutes les fois que nous avons pu conserver le texte français original de Calvin, nous le citons *entre guillemets*; l'absence de guillemets indique les passages dans lesquels nous traduisons ou résumons le texte latin.

des trois quarts du volume de Calvin. Il consacre tout son petit livre à disséquer ligne par ligne les soixante pages où Calvin a condensé son réquisitoire contre les hérétiques en général, contre Servet en particulier.

La question de principe nous est familière, après les chapitres qui précèdent. Il faut pourtant entendre Calvin :

« En cette dispute, j'ay affaire à deux sortes d'hommes... : il y a d'abord plusieurs fantastiques et mutins ausquels s'il était permis de desgorger ce qu'ils ont conceu en leur cerveau, il n'y a rien qu'ils ne renversassent dessus dessous.... Leur désir serait qu'en ne punissant point les opinions meschantes on donnast liberté à chacun de dire ce qu'il voudrait; à cela s'accordent aisément tous épicuriens, athéistes et contempteurs de Dieu [1]. »

Castellion l'arrête [2] : « Et Luther, est-ce un épicurien, un athéiste, un contempteur? Et pourtant c'est lui-même qui a le plus énergiquement revendiqué cette liberté. » Pour preuve il transcrit *in extenso* la belle page sur Math., XIII, que nous avons lue plus haut, et il reprend :

Mais pourquoi citer Luther tout seul? il a été imprimé un livre ayant pour titre *De hæreticis an sint persequendi*, où sont cités plusieurs auteurs que tu condamnes en masse. On y cite Augustin, Jérome, Hilaire, Chrysostome, Théophilacte, Pellican, Luther, Brentz, Otto Brunfels, Urb. Regius, Cœlius Secundus, S. Castellio, Georges Kleinberg [3] et Jean Calvin lui-même et plusieurs autres qui combattent Calvin et que Calvin jette tous en un faisceau dans le bucher de Servet. Et il ose dire que ce sont tous ces hommes-là qui murmurent tout bas des sacrilèges, comme s'il n'était pas plus vraisemblable que celui-là médite sacrilèges et forfaits qui réclame pour lui et pour les siens le droit de parler seul.... Voyons, seigneur Calvin, si tu avais un procès pour héritage et si ton adversaire exigeait que le juge le laissât parler et te fît taire, ne crierais-tu pas à l'injustice? Pourquoi fais-tu aux autres ce que tu ne voudrais pas supporter? Nous sommes en procès sur la religion; pourquoi nous fermes-tu la bouche, si tu n'as pas peur d'être démasqué ou vaincu? (Art. 22.)

Parmi les adversaires qu'il range dans cette classe des ennemis avérés de la religion, Calvin en distingue un des plus dangereux qu'il ne nomme pas, mais qu'il désigne en

1. Nous citons toujours le texte français de Calvin.
2. Art. 22.
3. Nous avons déjà fait remarquer qu'il cite Kleinberg comme un personnage réel et ne nomme ni Bellius ni Montfort. Plusieurs copies manuscrites portent Rheinberg.

termes clairs, c'est précisément l'auteur de la préface de la Bible à Édouard VI; la réponse pourrait n'être que piquante; on va voir à quelle hauteur elle s'élève :

Calvin. — « Il y a un autre fantastique qui contrefait le philosophe en sa tanière; lequel appelant Servet son bon frère, dit qu'il ne faut pas punir les hérétiques pour ce que chacun ameine telle exposition que bon luy semble sur l'Escriture et que la vérité certaine est comme cachée dedans nuées obscures. »

Vaticanus. — Il s'indigne qu'on dise que les saintes lettres sont obscures. Il les juge claires, et cependant c'est pour les éclaircir qu'il a écrit tant de volumes de commentaires. Et lui-même intitule son *Institution* un « instrument nécessaire à l'intelligence des Ecritures ». (Art. 26.)

Calvin. — « Ainsy ce bon théologien [1] aime mieux effacer la foi du cœur des hommes que de souffrir qu'on punisse ceux qui la renversent? »

Vaticanus. — Ce n'est pas effacer la foi du cœur des hommes que de laisser la punition des hérétiques au Juste Juge, qui se la réserve.

Calvin. — « Quelle religion demourera plus au monde? »

Vaticanus. — La religion fondée sur la foi aux choses qu'on espère et qu'on ne voit pas, la foi qui produit une obéissance comme celle d'Abraham.

Calvin. — « Quelle marque y aura-t-il pour discerner la vraye Eglise? »

Vaticanus. — La Charité, qui, elle, n'est pas une prescription douteuse : « A ceci tous vous reconnaîtront pour mes disciples si vous vous « aimez les uns les autres ».

Calvin. — « Brief, que sera-ce de Dieu et de Jésus-Christ si la doctrine de la piété est incertaine et comme mise en suspens? »

Vaticanus. — La doctrine de la piété c'est d'aimer ses ennemis, de faire du bien à qui nous fait du mal, d'avoir faim et soif de la justice. C'est celle qui dit : « Heureux ceux qui souffrent persécution pour la justice! Malheur à vous quand les hommes disent du bien de vous comme ils en disaient des faux prophètes! »... Ces préceptes et d'autres semblables, voilà ce qui est certain et clair, quand bien même on ignorerait toutes ces obscures questions sur la Trinité, la prédestination, l'élection et autres qui font taxer les gens d'hérésies et que tant d'hommes pieux ont ignorées!

Calvin. — « Et quelle opprobre fait-on à Dieu en disant qu'il a tellement entortillé son langage en l'Escriture Saincte qu'il ne s'est faict que jouer des hommes, leur tenant le bec dans l'eau? Si nous n'avons religion certaine et résolue en l'Escriture, il s'ensuyvra que Dieu nous a voulu occuper en vain par je ne say quelles fallaces, comme s'il nous parlait de coquecigrues » (p. 17).

L'objection était hardie, et la rudesse de l'image fait ressortir la vigueur de la pensée. La réplique a la même franchise et n'a pas moins de portée. C'est le développement sans

1. L'édition latine porte « bonus interpres », qui rend plus transparente l'allusion au traducteur de la Bible.

détour d'une théorie chère à la vieille théologie mystique, mais que notre auteur rajeunit en lui donnant une trempe morale toute nouvelle. Il prend pour l'exposer un verset célèbre dans le dernier discours de Moïse à son peuple : « Les choses cachées sont à notre Dieu, les choses révélées sont pour nous et pour nos enfants, afin que nous observions tous les préceptes de cette loi » (Deutér., XXIX, 29), et voici comme il l'explique :

C'est comme si Moïse disait : il y a, dans cette loi, des mystères cachés sous les cérémonies et autres parties qui nous sont obscures; c'est là ce que Dieu se réserve. Mais il y a aussi les commandements qu'il nous donne : l'aimer, aimer notre prochain, ne pas tuer, ne pas voler, etc.; tout ce qui nous est prescrit, tout ce que nous avons à faire, tout cela est la clarté même, et nous pouvons le faire tout en ignorant ce qui nous demeure interdit. C'est là précisément la vraie foi, d'être assez soumis à Dieu pour obéir à ses ordres sans avoir besoin de savoir quelle en est la raison dernière.

Il y a beaucoup d'énigmes dans les oracles divins, et si Calvin le nie, les prophètes le disent sans cesse : « C'est un oracle, dit Daniel, que les impies ne déchiffreront pas »; « c'est un livre scellé, dit l'Apocalypse, que l'Agneau seul peut ouvrir ». Tout l'Évangile se donne comme n'étant vraiment compris que des vrais disciples de Christ, c'est-à-dire de ceux qui lui obéissent et qui ont la charité. Aux autres, si savants qu'ils soient, il restera lettre close.

.... Est-ce à dire que Dieu se joue des hommes, parce qu'il se glorifie d'être un Dieu caché? Est-ce à dire qu'il n'y ait rien de certain? Au contraire, nous avons la pleine et entière certitude pour tout ce qui importe à notre salut, nous l'avons pour tout ce qui regarde nos devoirs, c'est-à-dire pour tout ce que nous avons besoin de connaître. Il est certain que tout ce que contient l'Écriture est vrai; certain encore que Jésus est le Christ, le fils de Dieu et qu'il a fait ce que raconte l'Écriture; certain, que de nos jours ont été dévoilées beaucoup d'erreurs grossières; certains encore, les préceptes de la piété : amour de Dieu et du prochain, pardon des injures, patience, miséricorde, bénignité, et autres devoirs semblables. Mais nous autres, négligeant ce qui est notre office, nous nous inquiétons de ce qui est de l'office de Dieu, absolument comme si nous étions dans ses conseils : nous disputons sur l'éternelle élection, sur la prédestination, sur la Trinité, affirmant ce que nous n'avons jamais vu et dédaignant ce que nous avons sous la main. De là ces monceaux de volumes de théologie qu'on ne parviendrait pas à lire en trois âges d'homme (art. 26).

Arrivons à la seconde classe d'adversaires prévue par Calvin : ce sont « les gens simples et de bonne sorte qui, voyant la papauté se maintenir par la tyrannie et la persécution, prennent en horreur toutes punitions sans discerner si elles sont justes ou non ». Calvin ne néglige rien pour les ramener. Changeant de ton, il proteste avec plus d'éloquence que personne contre l'abus de la force en matière de conscience :

« Non seulement nous gémissons en secret, mais nous crions à haute voix que c'est chose insupportable de voir le povre monde réduict en telle servitude qu'il ne soit licite de cognoistre par moyens bons et légitimes du faict de la religion; que ceux qui se nomment prélats et dominent sous ce titre ne souffrent qu'on mette un mot en avant qui ne s'accorde à ce qu'ils ont déterminé. »

Castellion applaudit à cette déclaration, mais il demande aussitôt raison de la contradiction que dissimule mal un mouvement oratoire. Cette « servitude insupportable » où pèse-t-elle plus lourdement qu'à Genève? Et viennent à l'appui, comme autant d'arguments *ad hominem*, les menus faits précis et poignants qui peignent le régime appliqué à Genève par Calvin : souvenirs personnels, confidences des proscrits, allusions aux incidents de cette histoire locale si orageuse dans un si petit théâtre. Nous retrouvons l'ancien directeur du collège, qui est resté en relations suivies avec les adversaires de Calvin. Ne laissons pas de remarquer que ces anecdotes, qui ne sauraient trouver place ici, sont d'une exactitude scrupuleuse : pour la plupart nous avons pu en trouver la confirmation expresse dans les registres du Conseil et du Consistoire [1].

« Mais ne nous arrêtons pas à ces détails », se hâte de dire Castellion : « nous n'en sommes plus à reprocher à Calvin de se faire appeler *Seigneur*, d'exiler ceux qui le contredisent, de faire respecter ses opinions comme des dogmes et ses règlements comme loi d'État; nous en sommes arrivés aux exécutions sanglantes et à leur apologie. Écoutons comment il va nous prouver que le même acte, répréhensible chez les catholiques, est chez lui légitime et louable :

« Dieu ne commande pas, dit Calvin, de maintenir toute « religion, mais seulement celle qu'il a ordonnée de sa propre « bouche.... On n'a pas le droit (et c'est ce que font les

1. Ainsi pour ce qui concerne Trolliet, Gruet, Vandel, Berthelier, etc.

papistes) de défendre à feu et à sang une religion formée à l'appétit des hommes » (p. 45).

C'est le bon sens même, mais le bon sens de notre siècle plutôt que du XVIe, qui lui répond :

Toutes les sectes se fondent sur la parole de Dieu, toutes déclarent leur religion parfaitement certaine. Calvin dit que la sienne est la seule vraie; les autres disent que c'est la leur. Il dit qu'elles se trompent, elles prétendent que c'est lui. Calvin veut être juge, elles le veulent aussi. Qui donc a constitué Calvin arbitre souverain entre toutes les sectes? Il a pour lui, dit-il, la Parole de Dieu, — les autres aussi. Il a pour lui l'évidence? Alors pourquoi écrit-il tant de livres sur une vérité démontrée? Pourquoi n'a-t-il jamais écrit pour démontrer que l'homicide ou l'adultère est un crime? C'est que la chose est certaine. Pourquoi personne ne se fait-il brûler pour nier la vérité de l'Ecriture? C'est que tout le monde y croit. S'il y a des gens au contraire qui se laissent tuer pour le second baptême et d'autres questions de doctrine, n'est-ce pas la preuve que ce sont des questions controversées? Si tout cela est clair et évident pour Calvin, qu'il attende un peu, qu'il laisse aux autres le temps d'arriver au même point que lui. S'il les tue, ils ne pourront plus s'instruire; il y a douze heures au jour, tel ne s'instruira peut-être qu'à la onzième (art. 119).

Quand de cette page et de dix autres semblables on retourne au texte de Calvin, on est confondu de voir avec quelle naïveté un logicien incomparable s'enfonce dans la plus grossière pétition de principe : les papistes n'ont pas le droit de persécuter parce qu'ils sont dans l'erreur, et nous l'avons parce que notre religion est la vraie religion. La ligne de démarcation ainsi tracée le satisfait si bien qu'il ne croit pas que les fauteurs de l'Inquisition aient rien à dire pour leur défense. Son adversaire dissipe sans peine cette illusion :

Eh, ne vois-tu pas que ton livre ne fait qu'ouvrir la porte à l'universelle persécution? Il faudra d'abord leur persuader qu'ils sont dans l'erreur pour qu'ils t'accordent que les Genevois seuls ont le droit de persécuter. Ils s'imaginent, eux aussi, rendre hommage au vrai Dieu en tuant des chrétiens, et tu viens par surcroît les y exhorter, les y pousser. Ils ne suivront que ton exemple : ils verseront le sang comme toi, ils mettront à mort quiconque leur résiste, comme toi. Et ils feront si bien que les Néron et les Caracalla n'auront pas répandu autant de sang que vous en aurez fait verser, Zwingle et toi, par vos sauvages appels à la persécution, à moins que Dieu n'ait pitié du genre humain et que les princes et les magistrats que vous avez abusés n'ouvrent enfin les yeux et ne vous refusent leur ministère pour cette œuvre sanglante (art. 20).

Calvin, qui croit avoir bien posé le principe, passe à l'application : il est entendu qu'on ne doit persécuter que pour le compte de la vraie religion. Mais il y faut mettre dans la pratique « bonne prudence et bonne mesure ». Deux règles lui paraissent suffire à prévenir tous les abus [1]. La première est : « que les princes ne s'escarmouchent point à la volée pour défendre une cause qui leur sera incognue ». Réponse :

— Ce ne sont donc pas des « causes inconnues » que celles pour lesquelles Servet a péri, ces questions sur la Trinité que le monde scrute en vain depuis des siècles?

Calvin. — Seconde règle : « Et aussi qu'ils ne se jettent point hors des gons pour espandre le sang humain sans attrempance [2]. Le proverbe dit que l'ignorance est toujours hardie : mais surtout la superstition est hardie et cruelle à merveille » (p. 24).

Vaticanus. — Brûler à petit feu un homme qui invoque le nom de Christ et qui n'est convaincu, qui n'est pas même accusé du moindre méfait, n'est-ce pas un acte insigne de cette superstition hardie et cruelle à merveille? (Art. 44.)

Calvin. — Les papistes violent la première de ces deux règles : le juge condamne sans pouvoir connaître par lui-même; il s'en rapporte à l'avis des prêtres.

Vaticanus. — Et les magistrats de Genève, qu'ont-ils fait d'autre que de s'en rapporter à l'avis de Calvin? Ce ne sont pas des théologiens, pas même des lettrés (art. 53). Ils ne pouvaient pas plus juger de la question en litige qu'un aveugle des couleurs (art. 120).

Calvin. — Les papistes violent aussi la seconde règle : ils ne permettent pas aux martyrs de se défendre par la parole de Dieu.

Vaticanus. — Si fait! on le leur permet, comme tu l'as permis à Servet, c'est-à-dire en les prévenant qu'ils périront s'ils ne se rétractent.

Calvin. — « On commence par ne leur octroier nulle défense, ne les recevoir à aucune dispute. »

Vaticanus. — Tu as commencé par emprisonner Servet et par refuser la parole non pas seulement à tout ami de Servet, mais à quiconque n'était pas son ennemi : témoin Gribaldi que tu as repoussé avec tant de hauteur (art. 54) [3].

Calvin. — Ils les condamnent sans les entendre.

Vaticanus. — N'être pas entendu ou l'être comme Servet, qu'importe quand on est aux mains de ses ennemis et que, quoi qu'on dise, bien ou mal, on n'a que la mort à attendre.

Calvin. — « Ils traînent les povres gens à la torture. »

Vaticanus. — Si je suis bien renseigné on avait apporté la géhenne,

1. P. 24-25.
2. Le texte latin porte : « Ne ad severitatem intemperanter ferantur ».
3. (Voir t. I, p. 344.) Là encore on voit qu'il est bien renseigné, sans doute par Gribaldi lui-même, peut-être aussi par Ochino qui passa à Genève la fin de l'année 1553.

et c'est grâce à l'intervention de Pierre Vandal, un conseiller, le plus grand ennemi de Calvin, que Servet fut épargné [1].

Calvin. — « Enfin les bruslent à petit feu et n'oublient nul tourment pour leur faire sentir leur mort à bon escient comme disait un ancien tyran. »

Vaticanus. — Mais c'est le supplice de Servet qu'il décrit là ! Et il ose parler de tyrans ! (Art. 55.)

Plus Calvin s'efforce de mettre un abîme entre la persécution romaine et la persécution genevoise, plus son adversaire s'applique à les rapprocher en laissant douter laquelle est la plus odieuse. « C'est une barbarie par trop exorbitante », répète Calvin, s'adressant toujours aux catholiques. « Devant que de juger il faut cognoistre amiablement de la question en toute sollicitude et crainte de Dieu. »

Vaticanus. — C'est bien ce qu'on a fait pour Servet : on le reconnaît au temple, le dimanche, on l'arrache du sermon, pour le traîner en prison, et il en est sorti pour aller au bûcher. C'est là sans doute ce qu'on appelle cognoistre amiablement de la question? (Art. 61.) Est-ce là votre « crainte de Dieu », de saisir pour les envoyer au supplice des étrangers qui passent par votre ville sans bruit ni scandale? Cite-moi donc chez les papistes un seul luthérien ou calviniste qui ait été arrêté à la messe comme Servet le fut au sermon (art. 41).

Calvin. — « Et les brusleurs du pape n'ont d'autre cause de faire ainsi les enragez, sinon qu'ils ne peuvent souffrir qu'on dérogue rien à leurs folles inventions » (p. 26).

Vaticanus. — Ils ont mis longtemps pour en venir là : c'est après plusieurs siècles de domination qu'ils ont appliqué à Jean Huss leurs lois sanguinaires contre l'hérésie. Lui, il les applique à peine arrivé au pouvoir. Que sera-ce, quand nous en serons au dixième successeur de Calvin? (Art. 58.)

Laissant de côté son parallèle avec le catholicisme, Calvin entreprend la démonstration directe de sa thèse. Sans l'y suivre, recueillons-en du moins quelques traits; aussi bien ne pouvons-nous négliger une bonne fortune doublement précieuse : nous trouvons ici sous la plume d'un des grands penseurs du siècle l'exposé franc et authentique d'une doctrine que nous ne pouvons plus comprendre; et nous en trouvons en même temps dans la bouche d'un obscur con-

1. Les registres ne donnent naturellement pas de renseignements sur cet incident, qui même s'il s'était produit n'y pouvait pas laisser de trace. Castellion tenait sans doute l'assertion de Vandel ou de Trolliet.

temporain la réfutation si complète et si moderne que de ces deux anachronismes nous ne savons lequel nous étonne le plus, tant ces deux hommes nous reportent loin, l'un en arrière de notre temps, l'autre en avant du sien.

Calvin. — « Ces bonnes gens tiennent pour grande absurdité que le royaume de J.-C. soit appuyé sur le bras de la chair. » On pourrait dire tout aussi bien que c'est chose absurde que la foi soit fondée sur l'éloquence humaine. La religion peut s'appuyer sur l'autorité du magistrat, la prédication de l'Évangile sur la parole humaine sans en dépendre.

Vaticanus. — Ce qui est absurde, c'est la comparaison; car le glaive n'est pas à la religion ce qu'est la parole à la prédication. La prédication ne peut exister sans la parole, tandis que la religion peut et doit exister sans le glaive (art. 71).

Un des grands artifices dialectiques de Calvin — et Castellion le remarque à plusieurs reprises — c'est quand il rencontre une idée trop simple et trop claire à son gré, de se refuser à la prendre isolément : il la rattache aux amples développements de quelque magnifique théorie générale, dont la généralité même subjugue l'esprit; il nous élève aux plus hautes considérations théologiques, et peu à peu le point lumineux se perd et s'éteint dans cette vue d'ensemble qui prétend être une vue supérieure. C'est une de ces habiles conceptions, c'est une esquisse de la philosophie de l'histoire du christianisme qui lui sert ici à justifier la persécution : L'Évangile a commencé, il est vrai, par des pauvres, des ignorants, des persécutés. Est-ce une raison pour croire que le christianisme dût être voué à la pauvreté, à l'ignorance, à la persécution. Non. Jésus-Christ a voulu commencer par le plus bas, pour mieux montrer sa grandeur, mais non pour s'arrêter là. Si la voix de l'ange a convié les bergers à Bethléem, les rayons de l'étoile y ont conduit les mages. « Après les pêcheurs, Christ a choisi depuis d'autres ministres, lesquels n'étaient pas aussi rudes et idiots que les premiers : nous savons quels successeurs sont depuis survenus, à savoir gens lettrés et polis en doctrines humaines. » De même — et voilà où l'analogie fait merveille — « le menu populaire duquel J.-C. a commencé à bastir son Église n'a point bouché le chemin aux rois, princes et magistrats ». Eux aussi sont appelés à entrer dans l'Église, et Calvin n'hésite pas à les y faire entrer avec leurs attributs professionnels : « la puissance de leur glaive fut aussi bien une offerte sacrée pour honorer la majesté de Dieu. En même temps qu'il commande à ses ministres d'estre prêts à porter la croix,... il commande aux rois et princes d'employer leur pouvoir à défendre la vraie religion » (p. 30-31).

De cette suite de métaphores aboutissant à cette conclusion : « défendre la vraie religion », Castellion ne retient que ce dernier mot, et voici, littéralement traduite, sa réponse (art. 77) :

Tuer un homme, ce n'est pas défendre une doctrine, c'est tuer un homme. Quand les Genevois ont tué Servet, ils n'ont pas défendu une doctrine, ils ont tué un homme.

Défendre une doctrine, ce n'est pas l'affaire du magistrat. Qu'a le glaive de commun avec la doctrine? C'est l'affaire du docteur.

Protéger le docteur, oui, c'est le rôle du magistrat, comme de protéger l'artisan, le laboureur, le médecin, tous les citoyens si on leur fait tort.

Si Servet avait voulu tuer Calvin, le magistrat aurait bien fait de défendre Calvin. Mais Servet ayant combattu par des écrits et des raisons, c'était par des raisons et des écrits qu'il fallait le repousser.

Un historien du protestantisme n'a-t-il pas raison de dire, après avoir cité ces lignes, qu'elles font à trente-sept ans de distance le digne pendant des thèses de Wittemberg [1]?

Mais Calvin s'indigne : on laissera donc gâter tout le corps de Christ plutôt que de retrancher un membre pourri! Et son adversaire, toujours avec la même phrase impitoyable en sa brièveté nerveuse :

Tuer un homme ce n'est pas retrancher un membre de l'Église. Retrancher un membre indigne du corps du Christ, cela veut dire exclure l'hérétique de l'Église (ce qui est l'office du pasteur), cela ne veut pas dire l'exclure de la vie (art. 94).

Calvin. — Mais c'est un zèle louable que celui de maintenir la foi.

Vaticanus. — On ne maintient pas sa foi en brûlant un homme, mais plutôt en se faisant brûler pour elle (art. 46).

— « Eh quoi! » reprend Calvin par un élan qui nous transporte sous les voûtes de Saint-Pierre et nous rend comme un écho de ses vibrantes prédications d'où syndics et conseillers devaient sortir effrayés sinon convaincus :

« Eh quoi! un homme privé, combien qu'il n'ait point le glaive au poing pour corriger les blasphemes, toutes fois sera coulpable s'il souffre que

1. Lutteroth, *la Réformation en France*, p. 63.

sa maison soit souillée d'idolâtrie et qu'aucun de sa famille s'eslève contre Dieu : combien ceste lascheté sera elle plus vilaine en un prince s'il ferme lès yeux et fait semblant de rien quand la religion sera violée! Il fera beau voir qu'un homme mortel soit assis sur un haut trosne et magnifique, et qu'il dissimule que la majesté de Jésus Christ son souverain soit foulée aux pieds! Item, qu'il punisse bien ceux qui le vouldroient troubler ou amoindrir et qu'il donne licence aux meschants de ruiner ou dissiper l'Evangile (p. 32).

— « Pure rhétorique », répond sans hésiter le champion de la tolérance. Et se mettant par la pensée en présence du magistrat genevois que cet éclat d'éloquence a dû ébranler, il va droit au grief qui touchait le plus l'autorité civile, l'opinion anabaptiste imputée à Servet, et il ne craint pas d'appliquer à ce grief même ce hardi moyen de défense :

Quand est-ce que la « religion est violée »? comme le dit Calvin. C'est quand un homme pèche sciemment et volontairement. Si Servet nie le baptême des enfants, il pèche sans le savoir ni le vouloir. Car enfin — oui ou non — Servet pense-t-il comme il dit? Si tu le tues parce qu'il dit ce qu'il pense, tu le tues pour la vérité, car la vérité consiste à dire ce qu'on pense quand même on se tromperait [1]. Ou bien tu le tues parce qu'il pense ainsi? Enseigne-lui donc à penser autrement. Ou montre nous par les Ecritures qu'il faut tuer ceux qui ne pensent pas juste » (art. 80).

Après la discussion directe, on passe aux arguments d'autorité qui consistent essentiellement, pour les protestants du XVIe siècle, dans les textes de l'Ancien et du Nouveau Testament. Calvin veut bien examiner ceux qu'on lui oppose. Il les passe en revue presque dédaigneusement, d'un ton qui trahit le théologien impatienté d'avoir à prendre au sérieux des adversaires indignes de lui. La parabole de l'ivraie? Mais « ceux qui font bouclier de ce passage » le prennent trop à la lettre : il prouve simplement que Jésus-Christ a prévu qu'il restera toujours de l'ivraie mêlée au blé dans le champ de l'Eglise et « qu'on aura beau en arracher, jamais on ne viendra à bout d'un tel ouvrage qu'il n'y demeure toujours du résidu » (p. 38). Les préceptes de charité, de mansuétude?

1. C'est presque littéralement, deux siècles et demi à l'avance, la formule de Rabaut Saint-Étienne à la Constituante : « L'erreur, messieurs, n'est pas un crime; celui qui la professe la prend pour la vérité, elle est la vérité pour lui, il est obligé de la professer, et nul homme, nulle société n'a le droit de le lui défendre ».

Mais ce sont des recommandations générales qui n'excluent pas l'application des lois. Le conseil prudent de Gamaliel? Ici Calvin n'y tient plus : « il fallait regarder la personne qui parle » : ce Gamaliel est « un sceptique, un aveugle qui tâtonne en ténèbres ; il demeure en suspend quant à son advis, qui est pour dissiper tout ordre de police et pour casser la discipline de l'Eglise » (p. 38). Castellion en appelle de ce jugement sévère. On sait quel rôle avait joué dans les polémiques du début de la Réforme cet exemple du sage docteur juif, qu'avaient tour à tour invoqué les ardents comme Luther, parce qu'ils comptaient sur Dieu pour vaincre, et les modérés comme Erasme, qui comptaient sur le temps pour adoucir les mœurs. Castellion saisit cette occasion de mettre aux prises Bullinger et Calvin, « ces théologiens qui ne sont d'accord ensemble que pour tuer quiconque ne l'est pas avec eux » :

Bullinger écrivait naguères : « On reconnaît bien dans ce conseil la « sagesse et le calme d'un homme d'études, qui a passé sa vie dans le « commerce de la loi de Dieu, où il a puisé l'horreur de la cruauté, tandis « que les prêtres, accoutumés à égorger des animaux, ne rêvent que sang « et boucherie... ». Supposons Calvin à la place de Gamaliel : qu'aurait-il pu dire et faire de mieux? Voyons, Calvin : si quelqu'un avait donné le conseil de Gamaliel au cardinal de Tournon dans l'affaire des cinq prisonniers de Lyon qu'il a brûlés presque en même temps que tu brûlais Servet [1], le trouverais-tu si aveugle? Toi-même, que lui aurais-tu conseillé? De les relâcher? Pourquoi? Parce qu'ils suivaient la vraie religion? Mais le cardinal ne le croyait pas, et comment le forcer à le croire? Par une discussion en règle? Il ne te l'aurait pas accordée. Et puis les discussions, voilà plus de trente ans qu'elles durent [2], et le péril des captifs était imminent. Dis enfin, qu'aurais-tu trouvé de mieux à dire pour sauver leur vie? Le conseil de Gamaliel, à tout prendre, est ce qu'il y a de plus sage dans les questions douteuses comme sont celles de la religion. Plût à Dieu qu'il eût toujours été suivi par les Juifs, par les catholiques et aujourd'hui par les zwingliens et les calvinistes qui, en fait de persécutions, marchent sur leurs traces! Mais Calvin déclare Gamaliel aveugle, les catholiques se serviront de son propre témoignage pour ne pas suivre ce conseil d'aveugle, et c'est sur l'autorité de Calvin même qu'ils répandront le sang des calvinistes [3]. » (Art. 101.)

1. Paulo ante. Il s'agit des *cinq étudiants de Lausanne*, cinq jeunes Français dont le martyre eut dans toute l'Europe protestante un grand retentissement (mai 1553). Comment un si récent et si cruel exemple ne suffit-il pas à avertir Calvin de son erreur?

2. Les disputations ou controverses publiques.

3. Cet argument déjà présenté avec force (voir ci-dessus, p. 40) est d'une telle évidence qu'il semble inutile d'y insister. En veut-on voir pourtant la confirmation pour ainsi dire

Il ne nous reste plus qu'à voir Calvin maniant à son tour les textes bibliques qui servent sa thèse et Castellion essayant de parer ce dernier coup.

Calvin invoque une autorité assez inattendue, Nabuchodonosor [1] :

« Daniel nous rapporte un édit de ce roi condamnant à mort quiconque aurait blasphémé contre le Dieu d'Israël. Certes Dieu fait un honneur qui n'est pas petit à ce cruel tyran de luy ordonner son prophète comme crieur publique pour publier les lois par lui faictes : il veut qu'elles soient omologuées en ses registres et comme canoniquées avec sa Parolle. Je vous prie, que dirons-nous icy? Est-il vraysemblable que Nabuchodonosor en ce qu'il s'est employé à maintenir la gloire du Dieu vivant soit loué par le témoignage du St Esprit,... afin que les magistrats fidèles dissimulent et facent semblant de rien quand ils la verront profaner? » (P. 43.)

Vaticanus. — Quel enthousiasme pour un tyran, chez un homme qui tout à l'heure était si dur pour Gamaliel! J'avoue que j'aimais mieux Gamaliel : il a quelque chose de plus doux; ce Nabuchodonosor sent le fer. Mais cet édit qu'on admire tant, il est du même roi qui peu de jours auparavant voulait mettre à mort ses sages pour n'avoir pu lui expliquer un songe, qui avait ensuite fait offrir un sacrifice à Daniel et qu'enfin nous voyons, dans le chapitre suivant, enflé d'un orgueil insensé et changé en bête brute. Quand bien même cet édit du tyran eût été aussi juste qu'il était téméraire, aurait-on le droit d'en conclure qu'il est encore applicable sous la nouvelle alliance? Mais allons jusqu'au bout, concédons à Calvin le plus de rigueurs possibles : il faut imiter ce tyran. Que s'en suivra-t-il? Qu'il faut tuer tous ceux qui « blasphèment contre le Dieu d'Israël »? Mais il n'y aurait personne à tuer : Tous le confessent, ce Dieu. — Il faut transférer à Christ ce qui est dit de Dieu? — Soit. Il faudra tuer les Juifs qui blasphèment Christ, mais

officielle? Sept ans après, l'un des arguments qu'invoque le Parlement de France dans ses *Remontrances au Roy* pour ne pas consentir à l'édit de janvier est textuellement celui-ci : « Ceux qui blasment la rigueur des édicts des feux rois François Ier et Henry second offensent à tort leurs honorables mémoires : car leurs édicts sont justifiez par ceux mesmes qui les accusent, aucuns desquels — estans personnes privées sans juridiction, usurpateurs de la seigneurie d'autruy — *ont usé de peines rigoureuses contre ceux qu'ils ont jugés hérétiques comme les anabaptistes, Servet et autres* » (A. III, verso, exemplaire de la Biblioth. Mazarine). — Au siècle suivant on sait trop le parti terrible qu'a tiré Bossuet de la même argumentation. Un contemporain de Bossuet, théologien catholique aussi, mais qui, lui, avait connu la persécution et n'en parlait pas avec l'enthousiasme de Bossuet, — Dupin, dans sa *Bibliothèque des auteurs séparés* (I, 177) ne peut s'empêcher de dire à propos du livre de Th. de Bèze : « C'est un problème auquel il est impossible aux prétendus réformés de répondre : si vous avez été en droit de punir de mort des hommes que vous avez crus hérétiques, pourquoi les princes catholiques n'auront-ils pas le même droit contre ceux qu'ils croient aussi hérétiques? Vous fournissez des armes contre vous! Et si Calvin et Bèze avaient été sages, ils n'auraient pas autorisé ni soutenu des maximes qui leur ont été si préjudiciables dans la suite. »

1. Que l'on ne se hâte pas trop de sourire : Bossuet s'est approprié l'argument, et il faut voir avec quelle hauteur de dédain il raille, il flagelle le ministre Basnage qui s'est permis de ne se rendre ni à l'autorité de Calvin ni à celle de Bossuet (*Défense de l'histoire des variations*, art. III).

cela n'atteint pas encore les hérétiques qui sont coupables, non de blasphème, mais d'erreur; tous confessent Christ : errer, ce n'est pas blasphémer.

Non : si l'on veut absolument imiter des édits royaux, imitons celui de Cyrus, qu'Esdras loue en termes magnifiques, ce que ne fait pas Daniel pour Nabuchodonosor. Celui-là est inspiré du St Esprit, il décide que les Juifs pourront retourner à Jérusalem, mais que personne n'y sera forcé. Faisons de même pour la piété. Nul ne devient pieux malgré lui (116).

Mais Calvin comptait tirer un argument bien plus grave d'un autre texte que nous avons déjà vu alléguer et réfuter bien des fois : c'est le trop fameux passage du Deutéronome, XIII. Calvin lui donne tout le relief qu'il comporte et il y a là encore une citation que nous ne saurions nous dispenser de faire, quelque pénible qu'elle soit.

« Escoutons, quelle loy Dieu en a faict en son Eglise. Après qu'il a commandé de mettre à mort tout prophète ou songeur qui aura tenté le peuple pour le desbaucher du droit chemin de la religion, il estend cette peine à tous en disant : « Quand ton frère ou ton fils ou ta femme « qui est en ton sein ou ton prochain, lequel t'est comme ton âme, le « voudra imiter, disant en secret, allons et servons aux autres dieux »,... « ne luy consens point,... que ton œil ne lui pardonne point; et ne luy « fay miséricorde, et si ne le cache point, mais tu l'occiras, ta main sera « sur luy la première pour le mettre à mort, et après, la main de tout le « peuple, et le lapideras jusqu'à ce qu'il meure ». Maintenant que ceux qui tiennent pour un péché véniel qu'on se révolte de la foy et du service de Dieu aillent accuser de cruauté celui qui a fait une telle loy! » (P. 42-44.)

« Ainsi quiconque soutiendra qu'on fait tort aux hérétiques et blasphémateurs les punissant, se rendra à son escient coupable et complice d'un même crime. On ne nous propose point ici l'authorité des hommes, *c'est Dieu qui parle* [1], et voit-on clairement ce qu'il veut qu'on garde en son Église jusques en la fin du monde. Ce n'est point sans cause qu'il abbat toutes affections humaines dont les cœurs ont accoutumé d'estre amollis. Ce n'est point sans cause qu'il chasse loin l'amour du père envers ses enfants et tout ce qu'il y a d'amitié entre les frères et prochains, qu'il retire les maris de toutes les flatteries dont ils pourroyent estre amadouez par leurs femmes; brief qu'il despouille quasi les hommes de leur nature afin que rien ne refroidisse leur zèle. Pourquoi requiert-il une si extrême rigueur et qui ne fléchisse point, sinon pour monstrer qu'on ne lui fait point l'honneur qu'on luy doit si on ne préfère son service à tout regard humain pour n'espargner ne parentage, ne sang, ne vie qui soit, et qu'on mette en oubli toute humanité quand il est question de combatre pour sa gloire? » (P. 46.)

1. Ne croirait-on pas entendre le : *Dieu le veut!* des croisés?

« L'oubli de toute humanité! » Le fanatisme chrétien, juif ou musulman a-t-il jamais trouvé mieux sa formule? En lisant cette page, en songeant qu'elle sera lue, commentée en chaire longtemps après Calvin, aux heures sinistres des guerres de religion, on pressent la redoutable influence que le commerce familier de l'Ancien Testament pourra un jour exercer sur des imaginations exaltées; on devine tout ce qui se commettra d'inhumain pour la gloire de Dieu et, quelque sympathie qu'on ait pour la Réforme, on est tout près de reconnaître qu'elle laissait beaucoup à faire à la philosophie du XVIIIe siècle.

Mais ce jugement est-il aussi juste qu'il est naturel à l'esprit et communément répété?

Est-ce bien la Réforme qui a inspiré des pages comme celle qu'on vient de lire? Ne faisons-nous pas trop d'honneur aux aberrations d'un homme? et par trop de respect pour les chefs, n'en manquons-nous pas pour tout le peuple des fidèles, pour tout ce protestantisme primitif que nous ne savons plus voir qu'à travers Calvin? — Qui voudra en juger sans système et sans parti pris se doit à lui-même d'entendre Castellion après avoir entendu Calvin :

Quel homme en son bon sens accordera à Calvin que la loi hébraïque subsiste encore pour les chrétiens? Qui consentira à se laisser enlever Christ pour retourner sous la loi de Moïse? Que Calvin y retourne s'il veut. Pour nous, le Messie est venu et c'est lui qui est notre législateur, lui seul à qui nous voulons obéir. Nous disons avec l'apôtre : « La loi a « été notre conducteur pour nous mener à Christ, mais Christ venu, le « conducteur disparaît ».

Et il faut voir tout ce qu'il tire de cette distinction fondamentale, à laquelle il ne se lasse pas de revenir. Qu'on veuille bien le remarquer, ce n'est ni Erasme ni Rabelais qui parle, c'est un ferme croyant; ce sont des arguments théologiques, exégétiques qu'il accumule, excellents, judicieux, patiemment déduits, pris au cœur même des idées et des doctrines religieuses de la Réforme :

Ce n'est pas telle ou telle disposition de la loi de Moïse qui est abrogée par le christianisme, c'est toute cette loi qui est transformée : le sacerdoce d'Aaron est remplacé par le sacerdoce spirituel du Christ, la circoncision des corps par celle du cœur, les sacrifices d'animaux par le sacrifice de Jésus, les cérémonies, images matérielles, par le culte en esprit et en vérité. Comment donc de toute la vieille loi la seule partie qui subsisterait, ce serait précisément les pénalités! Mais les péchés eux-mêmes ont changé de nature, comment la peine ne changerait-elle pas? Sous la loi de Moïse, c'était un péché de travailler le jour du sabbat; péché du corps, il entraînait la mort du corps. Aujourd'hui le sabbat est spirituel; spirituelle aussi la violation du sabbat et spirituelle, par conséquent, la peine qui en résulte.

J'en dis autant du reste. Sous le régime de la circoncision charnelle, les incirconcis étaient mis à mort; sous le régime de la circoncision du cœur, c'est le cœur seul qui peut être frappé. « Qui n'obéira pas au pro- « phète que j'aurai suscité, disait le livre de Josué, qu'il soit mis à mort! » — « Combien plus, répond l'épître aux Hébreux, celui-là mérite-t-il con- « damnation qui foule aux pieds le fils de Dieu. » Mais l'Epître ajoute : « c'est le Seigneur qui le jugera ». (Heb., X, 28, 31.) Vous l'entendez, ce n'est pas au magistrat, c'est au Dieu vivant qu'est expressément réservée la punition de l'incrédulité! »

En matière religieuse, il n'y a pas d'autre magistrat que Christ et ceux que Christ a envoyés lui-même armés, non du fer, mais de la parole. (Art. 125.)

Et un peu plus loin, ce jugement si libre et si protestant sur Moïse et sur ses lois, suivi d'un aveu touchant, qu'il faut recueillir à l'honneur de l'âme humaine :

Quand le magistrat punit les criminels, il les punit, non parce que Moïse l'a ordonné, mais parce que la loi de nature et d'équité l'ordonne, cette loi qui fut avant Moïse et en dehors de son peuple et au nom de laquelle on punit encore aujourd'hui comme autrefois l'homicide, l'adultère et tous les crimes.... Si le magistrat suit la législation de Moïse sur quelques points (et en cela, il fera bien), il le fera non parce que Moïse l'a dit, mais parce que cela est juste. Moïse a ordonné aux Israélites de mettre un garde-fou au bord des terrasses de leurs maisons, de peur d'accident. Est-ce une raison pour les chrétiens d'aujourd'hui de tendre une corde au sommet des toits? Pas plus que de se faire circoncire. Et cependant si quelqu'un bâtit une maison à toit plat comme en Orient, il fera sagement d'y mettre une balustrade, et il le fera sans être esclave pour cela de la loi de Moïse.

J'en dis autant du magistrat : en suivant la législation criminelle de Moïse, la plus juste de toutes, il n'en sera pas esclave; il l'appliquera non pour obéir à Moïse, mais par respect pour ce qui est juste et l'a toujours été. Encore voudrais-je que cela se fit sans superstition. Je préférerais qu'on penchât du côté de la clémence plutôt que de l'autre, de peur que trop de zèle pour Moïse ne nous fit manquer à la clémence du Christ. Ainsi cette fameuse loi du talion « œil pour œil et dent pour dent », n'est appliquée nulle part à la lettre, pas même à Genève sous les magistrats calvinistes, et cela ne me déplaît pas. J'avoue que si j'étais magistrat ayant à juger la femme adultère à qui Jésus sauva la vie ou la courtisane qui lui répandit des parfums sur les pieds, je n'oserais pas la condamner; tant m'effraye cette parole : ceux que Christ a absous, que l'homme ne les condamne pas. Je songe au larron qui, sur la croix, a cru en Jésus-Christ, à l'esclave Onésime pour qui Paul écrit à Philémon, à David qui avait été adultère et homicide.

Ne semble-t-il pas qu'on recule de plusieurs siècles en passant d'un interlocuteur à l'autre? Tandis que l'un, après avoir démontré qu'il a le droit d'être tolérant parce qu'il est chrétien, confesse qu'il l'est aussi parce qu'il est homme, l'autre reprend, s'armant d'un grand exemple contre cette faiblesse humaine :

« Moïse, qui était d'un esprit fort bénin et débonnaire, a pourtant ordonné de tuer sans rémission ceux qui ont violé le service de Dieu, et il a commandé aux prêtres et aux lévites de se baigner et tremper au sang de ceux qui ont idolâtré » (p. 49).

Castellion. — Nous n'avons plus de prêtres et de lévites que Christ seul; et ce que les prêtres de l'ancienne alliance ont fait corporellement, il le fait spirituellement.

Et il revient à son dilemme. Encore une fois, choisissons, ou retenons toute l'ancienne alliance à la lettre sans y rien changer, et alors nous ne sommes que des Juifs, ou laissons ces figures s'évanouir pour n'en garder que le sens spirituel, si nous sommes des chrétiens.

Si ce zèle farouche était sincère, au moins faudrait-il l'appliquer à tous les violateurs de la loi et non aux seuls hérétiques. Si Calvin était réellement dévoré de ce zèle, il aurait commencé par les siens (il me comprendra bien en lisant ceci [1]). Pourquoi commence-t-il par les hérétiques, les seuls coupables que la loi ne nomme pas? Pourquoi pas plutôt par les adultères, qui sont nombreux à Genève et dont la punition est nommément prescrite dans la loi? Comment obtient-il plus aisément les rigueurs du magistrat contre les hérétiques pour des erreurs incertaines que contre les adultères pour des méfaits certains? Je ne dis pas cela pour demander que les adultères soient punis de la peine mosaïque, j'aime mieux voir les autres pénalités adoucies que celle-là aggravée par le retour à la législation de Moïse. Je sais quels hommes nous sommes aujourd'hui : s'il fallait appliquer la peine de mort à tous ceux qui l'encourraient d'après les lois de Moïse, juste ciel, qui en réchapperait? Mais lorsque Calvin nous rappelle avec tant de rigueur à cette loi, c'est

1. On pourrait voir ici une allusion discrète aux désordres de la belle-sœur de Calvin, mais ils se rapportent à une époque un peu postérieure, 1557 (voir *Opp. Calv.*, XVI, 379; XXI, 658, etc.). Nous ne voyons pas à qui Castellion faisait ici particulièrement allusion.

une indignité qu'il ferme les yeux sur les crimes les plus avérés et qu'il abuse de la complaisance du magistrat pour faire périr ceux que cette loi même ne commande nulle part de tuer [1] (art. 122).

Mais Calvin n'a pas été encore à son gré assez expressif; il reprend :

« Qui plus est : un petit après, Dieu enclost en une mesme punition les villes entières avec leurs habitants : « Si tu entens dire qu'en l'une de tes « villes, il y ait quelques méchants qui aient desbauché les habitans et les « aient faict révolter,... tu desconfiras a la poincte de l'espée les hommes « de ceste ville et la raseras, tu ramasseras aussi le bestial et le meuble « qui est en icelle et brusleras tout en signe d'exécration ». Nos miséricordieux qui prennent si grand plaisir à laisser les hérésies impunies, voyent maintenant que leur fantaisie s'accorde trop mal au commandement de Dieu (p. 47).

A son tour, Castellion ne peut plus se contenir, et l'indignation éclate en sarcasmes :

Mais au nom de Dieu, que veut-il dire avec ce massacre de toute une ville? Alors quand il aura réuni les forces nécessaires, Calvin envahira la France et les autres nations qu'il répute idolâtres, il ira, renversera les cités, passera tous les hommes au fil de l'épée, n'épargnera ni femmes ni enfants, il égorgera ensuite les troupeaux, ramassera, comme il dit, tous les meubles sur la place publique et brûlera le tout avec Servet. Est-ce là qu'il en veut venir? Est-ce là qu'il nous ramène, ce juif qui lit Moïse avec un voile sur le visage, qui ne comprend pas que la loi de Moïse a pour fin la loi de Christ, qui oublie cette parole : *le fils ne portera point l'iniquité du père!* Ne sortirons-nous donc jamais des ombres de la loi pour passer à la lumière de l'Évangile? (Art. 121.)

Ce qui achève d'indigner Castellion, c'est l'art imprévu avec lequel Calvin tire du même texte, avec le droit d'exterminer les hérétiques, le droit de ménager les Juifs, les Turcs, les catholiques : en effet, dit-il, Moïse n'exigeait pas qu'on punit les « étrangers », mais seulement « ceux qui, ayant reçu la loi, sont devenus apostats » (p. 45-46). Castellion s'emporte contre cette exégèse trop habile, et, suivant sa coutume, il éclaire le fait général par un fait particulier et contemporain :

« Si Calvin est trop jaloux de la gloire de Dieu pour laisser passer à Genève impunément un hérétique, comment n'a-t-il pas fait arrêter le

1. Je pourrais ajouter, dit-il en revenant à une idée juste que nous connaissons déjà (voir ci-dessus, t. I, p. 298), qu'il laisse mettre à mort contrairement à cette loi les faux monnayeurs et les voleurs, tandis qu'elle punit le vol d'une amende et non de la mort. (art. 122).

cardinal de Tournon qui passa par Genève [1] peu avant la mort de Servet se rendant à Lyon, tout le monde le savait, pour brûler les cinq prisonniers pour l'Évangile [2] qu'il brûla en effet peu de temps après. C'était là le cas d'employer ce cuisinier de Calvin [3], ou Calvin lui-même à se porter accusateur contre le cardinal bourreau : il eût sauvé la vie des prisonniers. Mais il aime mieux *conspirer avec les papistes* » [4] (art. 121).

Dans la dernière partie de cette discussion, celle qui porte sur les textes du Nouveau Testament les deux antagonistes redoublent de précision, chacun dans son sens. Calvin croit tirer un grand parti de l'acte de saint Pierre frappant de mort soudaine Ananias et Saphira. Castellion lui répond :

Il n'y a pas de glaive là dedans, si ce n'est celui de la Parole. Pierre n'a pas tué Ananias, il l'a réprimandé avec véhémence; que si Ananias saisi de terreur est tombé mort, c'est le fait non de celui qui l'a réprimandé, mais de Dieu qui l'a puni. — Que n'as-tu frappé Servet de la même façon? (Art. 87.) Comparez Calvin et Saint Pierre : Pierre tance Ananias, mettons pour complaire à Calvin qu'il l'a tué. C'est du moins par sa seule parole. Calvin tue Servet par la seule puissance du glaive, avec l'aide du magistrat. Pierre le frappe pour avoir menti, Calvin frappe Servet pour n'avoir pas voulu mentir : s'il avait voulu se rétracter, c'est-à-dire mentir à sa conscience, il était sauvé. Pierre par cet acte a fait que désormais on tremble de mentir, Calvin fait qu'on tremble de dire sa pensée. Pierre a montré la puissance de sa parole, à la gloire de Dieu.

1. Le 19 septembre 1552 (*Opp. Calv.*, XIV, 355, n° 6).
2. Les mêmes dont il a été question ci-dessus, p. 46.
3. « Cuisinier » est une exagération. C'était son *famulus* ou son secrétaire. « La loi exigeait alors pour intenter une poursuite criminelle qu'il se présentât un dénonciateur et que ce dernier se constituât prisonnier en même temps que l'accusé. L'accusateur se trouva dans la personne de Nicolas de la Fontaine, réfugié français de l'entourage de Calvin. « Je ne « dissimule point, dit Calvin, que ç'a esté à mon adveu qu'il [Servet] a esté appréhendé..... « Que les malveillans jargonnent contre moy ce qu'ils voudront : si est-ce que je déclare « franchement, pour ce que selon les lois et coustumes de la ville, nul ne peut estre empri- « sonné sans partie [dénonciateur],... je fis qu'il se trouva partie pour l'accuser » (Am. Roget, IV, 45).
4. Ce grief est infiniment plus grave que le précédent, et Castellion lui-même n'a jamais su à quel point il disait vrai. C'est à l'aide de dix-sept lettres intimes de Servet « adressées par Jean Calvin prescheur de Genève », comme le dit la sentence du tribunal de Vienne, que Servet avait été mis en prison et condamné au feu en France, quelques mois avant de l'être à Genève. Le plus triste peut-être de cette triste histoire est que Calvin, qui a bien eu le courage de revendiquer l'initiative des poursuites à Genève, n'eut pas celui d'avouer le reste. Un trop habile mouvement oratoire lui permet d'éluder l'accusation. Voici sa propre phrase : « Le bruit volle çà et là que j'ai pratiqué que Servet fust prins en la papauté, à savoir à Vienne. Sur cela plusieurs disent que je ne me suis pas honestement comporté, en l'exposant aux ennemis mortels de la foy, comme si je l'eusse jetté en la gueule des loups. Mais, je vous prie, d'où me seroit venue soudain une telle privauté avec les satellites du Pape? Voilà une chose bien croyable que nous communiquions ensemble par lettres et que ceux qui s'accordent avec moy aussi bien comme Belial avec Christ complotent avec un ennemy si mortel comme avec leurs compaignons! Parquoy, il n'est jà besoin d'insister plus longuement à rembarrer une calomnie si frivole, laquelle tombe bas *quand j'auray dict en un mot qu'il en est rien.* » — Hélas! les lettres sont là, et cette dénégation, avec son grand air de fierté, n'était — le mot fait peine à écrire, mais la conscience le réclame — qu'un hardi mensonge. (Voir tout le détail dans Am. Roget, IV, p. 17-30.)

Calvin a montré l'impuissance de sa parole à la gloire du glaive, qui est son Dieu, à lui. Enfin après cette exécution, Pierre n'a plus rien fait de semblable que nous sachions. Calvin s'acharne et écrit ce livre tout exprès pour exciter dans le monde entier de semblables exécutions (art. 91).

Et alors qu'on fouillait l'Ancien Testament pour en tirer des ordres d'extermination, Castellion en tire ingénieusement cette belle comparaison :

Le roi d'Israël demandait à Elisée s'il devait tuer les Syriens qu'Elisée lui amenait prisonniers : « Non, dit le prophète, tu ne les as pas pris « par ton arc et ton épée pour avoir le droit de les tuer ». Ainsi dit le vrai pasteur au magistrat : non, tu ne tueras pas les hypocrites, les hérétiques, les menteurs, car tu n'as pas d'arme qui les atteigne. C'est au Seigneur de les atteindre du souffle de sa bouche : tue les homicides, les ravisseurs, les malfaiteurs que ton glaive peut saisir.

Terminons par un texte à propos duquel les deux adversaires si inégaux livrent le fond de leur pensée :

Calvin. — « Il y a un témoignage de Saint Paul si exprès qu'il servira encore mieux pour tout décider. Il commande qu'on fasse prières à l'Église pour les rois et tous ceux qui sont en dignité. Pourquoy, et à quelle intention? Il adjouste que c'est « *à fin que nous menions vie paisible sous eux* ». Ne dit-il que cela? Il met quand et quand : « *en toute piété et honesteté* ». S'il eust faict mention seulement d'honesteté ou de modestie, ceux qui ne veulent point que les princes se meslent ou s'empeschent de la religion auroyent possible quelque couleur, mais puisque sainct Paul nommément assigne cest office aux princes de procurer et mettre ordre que Dieu soit deuement honoré et servi, quelle témérité serait-ce de les despouiller de la puissance qui leur est ainsi donnée de Dieu » (p. 52).

Castellion rétablit ainsi le sens de ce passage (I Tim., II, 2) :

Il faut prier Dieu pour tous les hommes; il faut lui demander — la suite du passage l'explique — d'ouvrir les cœurs et de les amener à la connaissance de la vérité; il faut, en particulier, prier pour les rois et magistrats qui nous persécutent : s'ils étaient, eux aussi, amenés à la connaissance de la vérité, ils nous laisseraient vivre en toute honnêteté et piété, au lieu de nous persécuter. Voilà le sens de St Paul. Bien loin de demander aux princes de défendre la saine doctrine par les armes (contre qui en effet, si ce n'est contre eux-mêmes?) il ne leur demande que de cesser de la combattre. Il leur souhaite de se corriger, de mettre un terme à leurs méfaits, rien de plus. C'est comme si les marchands disaient qu'ils souhaitent de voir les voleurs s'amender, afin de pouvoir aller et vivre tranquillement. Cela ne voudrait pas dire qu'ils demandent aux voleurs de protéger leur tranquillité, mais simplement de ne pas la troubler.

— « Dont il s'ensuit », reprend imperturbablement Calvin, « que le glaive leur est donné en main pour en défendre la saine doctrine quand besoin sera, punissant les hérétiques qui la renversent. » Castellion réplique :

— La saine doctrine, St Paul la définit (I Tim., I, 10). C'est celle qui rend les hommes sains, c'est-à-dire doués de charité, d'une foi vraie, et d'une bonne conscience; la doctrine malsaine au contraire est celle qui les rend curieux, querelleurs, rebelles, impies, irréligieux, profanes, etc. Nos docteurs l'entendent autrement : ils appellent *sains* ceux qui s'accordent avec eux sur le baptême, la cène, la prédestination, etc. Ceux-là, qu'ils soient avares, envieux, calomniateurs, hypocrites, menteurs, usuriers et le reste, on le supporte; on ne parle pas de mettre à mort les gens pour leurs vices, à moins d'homicide ou de vol (ou à moins qu'ils n'aient offensé les ministres, car c'est là chez eux, le péché contre le St Esprit, et il y a un proverbe qui le dit). Mais que quelqu'un s'écarte de leur opinion sur le baptême, la cène, la justification, la foi, etc., celui-là est un hérétique, un diable, il faut le poursuivre sur terre et sur mer, comme un ennemi éternel de l'Église, comme un épouvantable profanateur de la saine doctrine, quand bien même il aurait une vie irréprochable, serait clément, doux, patient, miséricordieux, libéral, religieux, et craignant Dieu, d'une moralité irréprochable de l'aveu de tous, amis et ennemis. Toutes ces vertus, toute l'innocence de la vie — (que St Paul estimait assez pour la revendiquer pour lui-même, Actes, 26), — tout cela ne les empêchera pas de tenir pour hérétique et blasphémateur l'homme qui a quelque opinion religieuse différente de la leur.

Cette infamie de la persécution religieuse sévissait déjà au temps de Daniel : n'ayant rien trouvé de répréhensible dans sa vie, ses ennemis se dirent : il nous faut l'attaquer sur sa religion (Dan., VI, 5). On ne fait pas autre chose aujourd'hui : quand on ne peut mordre sur les mœurs, on s'en prend à la doctrine, ce qui est fort habile, car le magistrat, ne pouvant juger de la doctrine comme il le pourrait des mœurs, il est bien plus facile de lui en imposer. Et c'est ainsi qu'on écrase les faibles en faisant sonner bien haut la « saine doctrine ». Ah, leur saine doctrine! comme Christ la répudiera au jour du jugement! C'est des mœurs qu'il demandera compte. Quand ils lui diront : « Seigneur, nous avons été avec toi, tu as enseigné dans nos places », il leur répondra : « Je ne sais d'où vous êtes. Retirez-vous, méchants! »

O aveugles, ô aveuglement! ô incorrigible et sanguinaire hypocrisie! Quand donc seras-tu découverte et quand cesseront les magistrats de verser aveuglément à ton gré le sang des hommes! (Fin de l'art. 129.)

CHAPITRE XV

NOUVELLE CAMPAGNE CONTRE CALVIN. LE 16 MAI. DÉFAITE FINALE

(1555)

I. L'*annotation sur l'Épître aux Romains* supprimée par la censure (juillet 1554). — II. Changement de tactique des adversaires de Calvin; ils passent à l'offensive : Bolsec, M. de Fallais, Zébédée, Jean Colinet. — III. Berne. Instances de Calvin pour obtenir le désaveu ou l'expulsion de ses adversaires. Son échec. L'Amiable Prononciation du 3 avril. — IV. Revanche de Calvin. La bagarre du 16 mai (1555) à Genève. Ses suites. Procédure. Défaite du parti des Libertins. Exécution de Fr.-Dan. Berthelier.

L'admirable pamphlet dont nous venons de reproduire quelques pages était déjà destiné à paraître en 1554. Le manuscrit était prêt pour l'impression, et nul doute que les éditeurs du *de Hæreticis* ne fussent disposés à tout mettre en œuvre pour publier ce nouveau manifeste.

Ils n'y parvinrent pas. Le *Contra libellum Calvini* devait rester manuscrit jusqu'au jour où, dans un autre pays, une autre minorité protestante tira de l'oubli pour sa propre défense ce merveilleux réquisitoire contre la persécution [1].

Quelles furent les raisons qui entravèrent la publication projetée? Quelques-unes au moins nous sont connues.

1. Voir à l'Appendice : Bibliographie, n° 16.

I

En même temps qu'il travaillait aux libelles de Martin Bellie, Castellion préparait une nouvelle édition de sa Bible latine : il avait rédigé sur le chapitre IX de l'Épître aux Romains une longue note qui était toute une réfutation de la doctrine calviniste de la prédestination, doctrine qui commençait à sortir du petit monde des théologiens pour se répandre dans le grand public et, il faut bien le dire, le passionnait. Nous aurons à revenir sur cette *Annotatio in Rom. IX*. Pour le moment, constatons que Calvin s'émut de l'annonce d'une telle publication, mit en mouvement Martin Borrhée qui, sur ce point particulier, était d'accord avec lui, en appela au premier pasteur de la ville, Simon Sulzer, et fit enfin requérir énergiquement par ses partisans l'intervention de l'autorité civile. A cette époque, aucun livre ne pouvait s'imprimer sans le visa d'une commission de trois délégués du conseil qu'on appelait les *censeurs* [1]. Martin Borrhée était précisément l'un des censeurs : il opina pour la suppression; les autorités bâloises crurent sans doute devoir au moins cette satisfaction à Calvin. La Bible de Castellion était déjà imprimée avec cette Annotation et elle allait être mise en vente : on saisit les exemplaires chez Oporin et on exigea qu'il fît disparaître la malencontreuse *Annotation*. Oporin s'y résigna, non sans laisser dans le livre même comme une trace typographique de cette mutilation [2]. Un ancien pensionnaire de Castellion lui écrit de Lausanne (10 août 1554) :

« J'ay entendu qu'on avoit arraché une feuille de votre Bible là où il y avoit de bien estranges opinions. On disoit même qu'il ne s'en estoit guayre fallu qu'on n'avoit du

1. La censure des livres s'exerçait à Bâle dans ces conditions depuis la Réforme en vertu d'un édit du 12 décembre 1524. Cette réglementation fut modifiée en 1558; le Conseil remit l'examen des livres au Sénat académique.

2. Dans l'édition de 1556, dans celle de Perna, 1572, à Rom., IX, 12, on lit comme pour toutes les autres annotations le texte du verset que celle-ci devait suivre, *major serviet minori*. Et au lieu du texte de l'Annotation ce signe *, sans autre explication, signe qui a embarrassé plus d'un bibliophile. L'Annotation en question n'a été rétablie dans le corps du volume que dans les éditions du XVIIe siècle.

tout rejecté vostre Bible, mais que vous y procedâtes de telle doulceur qu'on se contenta d'arracher ce feuillet-là [1]. »

C'était pour Castellion un premier avertissement, pour les calvinistes un premier succès dont ils ne manquèrent pas de faire grand bruit. Il est bien vrai que l'*Annotation* ainsi supprimée d'autorité n'en fut pas moins connue, peut-être même le fut-elle davantage. Les feuillets déjà imprimés échappèrent à la destruction, et Théodore de Bèze se plaint à diverses reprises que les « disciples de Castellion les fassent circuler dans toutes les églises » [2]; lui-même en avait un exemplaire sous les yeux [3], et nous savons qu'il en fut fait un grand nombre de copies clandestines.

Néanmoins on comprend qu'après ce petit scandale les autorités bâloises aient signifié nettement leurs intentions au nouveau professeur de l'Université : il ne pouvait leur convenir de laisser continuer la polémique violente inaugurée par le *de Hæreticis*. On avait pu fermer les yeux sur un écrit qui avait paru inopinément sans nom d'auteur ni de lieu; mais maintenant que les Genevois dénonçaient expressément au monde protestant l'Université de Bâle comme le foyer de la nouvelle hérésie, le « Bellianisme », il y allait sinon de l'honneur au moins de la paix de l'Église : il fallait couper court aux querelles et, pour avoir le droit de réprimer l'intempérance des théologiens de Genève, imposer d'abord silence à leurs adversaires.

D'ailleurs ce second écrit de Castellion ne pouvait être officiellement approuvé ni même toléré : il faisait cette fois le procès de toutes les Églises suisses puisqu'elles s'étaient rendues solidaires de la condamnation de Servet. Il ne se bornait pas à un exposé général de la question, il s'en prenait à la législation en vigueur, législation surannée, il est

1. Hugues Caviot (*Opp. Calv.*, XV, 210). Calvin avait demandé des renseignements à Sulzer, qui lui répondit le 14 juillet. Nous aurions donc le récit complet de l'affaire si Sulzer n'avait chargé le porteur de le faire de vive voix à Calvin : « Cæterum de Annotationibus Castalionis in Ep. ad Rom., cap. IX, ex præsentium latore omnia cognosces ». (*Opp. Calv.*, XV, 190.)

2. Ex impuro illo quaternione annotationum tuarum in Ep. Pauli ad Romanos quem a Basiliensi Ecclesia optimo jure damnatum *tui tamen per omnes Ecclesias spargere non destiterunt*. (Bèze, *De æterna Dei prædestinatione contra lib. Cast.*, dans l'édition in-folio *Tractationum theologicarum*, 1582, I, p. 385.)

3. Il cite textuellement plusieurs passages dans son *de Æterna Dei prædestinatione*, 1557.

vrai, et réprouvée par une grande partie de l'opinion protestante, mais qu'il n'appartenait pas à un des gouvernements confédérés de laisser publiquement attaquer.

II

Est-ce ce veto rigoureusement opposé à toute nouvelle publication contre Calvin qui força ses adversaires à modifier leurs plans? ou bien reconnurent-ils la nécessité de changer de tactique, de mieux entrer dans les idées de leur temps pour avoir plus de prise sur les esprits? Fut-ce même de leur part une évolution tout instinctive et spontanée? Quoi qu'il en soit, nous voyons ce groupe d'hommes que Farel nomme tour à tour les Bellianistes et les Castalionistes faire en 1554 ce qu'avait fait Servet lui-même dans sa prison; ils passent soudain de la défense à l'attaque. Au lieu d'implorer la conscience publique en faveur des victimes de Calvin, ils vont essayer de la retourner contre Calvin en lui appliquant son propre système d'accusation. C'est crime capital, prétend-il, que l'hérésie : or l'hérétique c'est lui. On va le dire dans les « congrégations », bientôt même du haut de la chaire dans tous ces territoires qu'à ce moment Berne possède sur les deux rives du lac et jusqu'aux portes de Genève : il suffira, pour créer ce courant d'opinion, d'exposer sa doctrine de la prédestination.

Cette nouvelle campagne déplaçait le terrain de la lutte. Le débat, au lieu de porter sur une question préalable, celle de la liberté de conscience, redevenait théologique, ce qui n'était pas une raison pour qu'il intéressât moins les contemporains; au contraire. Par là même ce ne sera plus Castellion, au début du moins, qui sera le principal porte-parole. Il le redeviendra malgré lui, car sur le dogme, comme sur la discipline, il a eu cette fortune dangereuse d'être le premier à bien poser les questions et à engager la lutte corps à corps avec Calvin. Mais pour le moment, nous venons de l'entendre dire et redire qu'il ne mettra pas même le pied sur le terrain dogmatique, voulant s'en tenir à l'idée claire de la tolérance. Ce n'est plus de Bâle que partiront les attaques, c'est de Berne, et surtout de la partie romande du canton, c'est-à-dire de tout le pays limitrophe de Genève. C'est un autre petit noyau d'opposants qui prend la direction de l'attaque, mais nous n'allons pas tarder à les voir appeler à la rescousse ceux de Bâle et tout d'abord Castellion, et bientôt les deux groupes rapprochés par la force des choses n'en faire qu'un aux yeux des calvinistes.

Du moment que la prédestination devenait le centre ou le prétexte du débat, un nom se présentait aussitôt comme celui du chef désigné. Il y avait un homme en effet qui, deux ans avant Servet, avait couru risque de la vie et avait préoccupé plus que ne fit Servet lui-même l'opinion publique helvétique : il représentait l'anti-prédestination en personne. Plus tard, le reste de sa vie devait le déconsidérer à tel point qu'il nous est difficile de nous le représenter jouant un rôle si important. A l'époque où nous sommes (1555), le médecin Jérôme Bolsec, ancien aumônier de Renée de Ferrare, n'était encore connu que par ses véhémentes protestations [1] contre le dogme calviniste, sa longue détention, ses répliques courageuses, et sa condamnation qui avait nécessité une consultation en règle des Églises suisses. De ces Églises et de la sienne même, tout ce qu'avait pu obtenir Calvin, c'était une sentence de bannissement [2].

Depuis lors, Bolsec résidait sur les terres de Berne, il venait de s'établir aux portes de Genève, à Veigy, « sur le fief » de M. de Falais, dont il était le médecin. Ce seigneur de Falais en Brabant — qui signe Jacques de Bourgogne en sa qualité d'arrière-petit-fils naturel de Philippe le Beau — était

1. Aussitôt après la publication du petit traité de Calvin, *de Prædestinatione et providentia Dei* (1551), Bolsec, comme jadis Castellion, avait tenu dans plusieurs « congrégations » (réunions intimes des pasteurs et des anciens) « des propos égarés », disant « avec grande protestation : ceux qui mettent une volonté éternelle en Dieu par laquelle il ait ordonné les uns à vie, les autres à mort, en font un tyran, voire une idole comme les païens ont fait Jupiter :

Sic volo, sic jubeo : sit pro ratione voluntas ! »

2. Dans les Registres de la Vénérable Compagnie (16 octobre 1551). On trouvera classés et reproduits *in extenso* tous les documents du procès et tous les textes s'y rapportant dans le volume VIII des *Opp. Calv.* Mais il est juste de rappeler la publication très fidèle qu'avait déjà faite M. Henri Fazy, archiviste du canton de Genève, sous le titre : *Procès de Jérôme Bolsec d'après les documents originaux* (Genève, 1865, p. 74, in-4. Extrait du tome X des *Mémoires de l'Institut national genevois*).

un personnage considérable qui avait quitté la cour de Charles-Quint pour suivre la Réforme et qui jusqu'à cette époque avait été lié avec Calvin de la plus étroite amitié [1]. Le procès de Bolsec avait porté à cette amitié un coup irréparable. M. de Falais, après avoir tout fait pour amener Calvin à la clémence, n'avait pas hésité à intercéder auprès du conseil de Genève, « attendu mesmement que la cause de sa détention n'est que pour advoyr parlé librement de sa doctrine, *ce qui doibt estre permys à tous chrestiens sans pour cela estre emprisonné* ». Il avait écrit de même aux autorités bernoises [2], à Bullinger et Haller; et enfin, la sentence prononcée, quand il sut que les calvinistes tentaient d'obtenir l'expulsion de Bolsec du territoire bernois, il n'avait pas dissimulé à Calvin lui-même son indignation.

Pourtant, avant de se séparer pour toujours d'un homme qu'il avait si fort vénéré, il voulut le revoir une dernière fois; il alla le trouver à Genève. Cette entrevue ne fit que consommer la rupture. Quelques heures après, Calvin apprenait une nouvelle qui lui faisait regretter tout haut d'avoir revu cet homme et de n'avoir pas été informé à temps pour « lui faire entendre ce qu'il en avait sur le cœur ». Quelqu'un de sûr venait de lui rapporter que, non content de défendre Bolsec, M. de Falais était en relations suivies et affectueuses avec un autre et pire ennemi, Castellion. Calvin éclate en termes tels que M. de Falais, à qui le bruit en revient, juge à propos de demander à Calvin lui-même s'il les maintient. On a souvent cité la réponse de Calvin. Nous n'en détachons que ce qui a trait à Castellion :

> Oy, j'ai dit que si vous passiés cent fois, j'aurois moins d'accointance avec vous qu'avec tous ennemis mortels, puisque vous estiés prescheur des louanges de *Castalio*, lequel est si pervers en toute impiété que j'aimerais cent fois mieux estre papiste, comme la vérité est....

1. C'est Calvin qui avait rédigé son *Apologie* pour l'Empereur imprimée en latin et en français, 1548. Leur correspondance (publiée à part : *Lettres de Calvin à Jacques de Bourgogne et à son épouse Jolande de Brederode*, Amsterdam, 1744) prouve de part et d'autre une confiance qui va jusqu'à l'intimité : Calvin s'ouvre à lui de tout ce qu'il y a de plus confidentiel, par exemple de ses plaintes ou de ses inquiétudes au sujet de ses collègues dans le ministère.

2. 23 décembre 1551. — Dans sa réponse, le gouvernement de Berne n'avait pas négligé d'insister pour « qu'il fût procédé avec le dit Hiéronyme non par rigueur, ains par fraternelles et chrestiennes admonitions, car certes s'il dût souffrir à cause de son erreur punition de corps ou de vie, est à craindre que en ce pays et aussi en France l'on en prendra occasion de plus grande malivolence contre vous et les vostres ».

Le reste de la lettre est très caractéristique. Ce n'est que par l'idée de la tolérance et sur ce point seulement que l'accord s'est fait entre M. de Falais et Castellion. Et c'est là ce qui irrite le plus Calvin. Il est sûr que son ancien ami « ne partage pas les erreurs de ce monstre », mais c'est pour cela même, dit-il, que « j'estois encore plus fasché de vous voir adhérer, ne sçachant pourquoy, à celuy qui est plus détestable que tous les papistes du monde ». Il voit bien que c'est là un effet de « cette humanité et mansuétude d'esprit » qu'il lui connaît, et c'est précisément sur ce reproche qu'il rompt définitivement avec lui [1].

A l'appréciation près, Calvin disait vrai. Une lettre trouvée dans les papiers de Castellion, signée Jean Colinet et datée du 6 août 1553 [2], nous met par le détail au courant de ces relations que Calvin ne pardonne pas à M. de Falais.

Jean Colinet (*Colinæus*), maître du collège de Genève récemment destitué [3], avait promis à Castellion de lui faire part des critiques qu'il aurait recueillies sur la préface de la Bible française : elle n'était pas encore imprimée, comme on l'a vu, mais un certain « maître Légier » en avait fait des copies qui circulaient dès 1552. Colinet, rendant compte en effet de ces critiques [4], ajoute :

> Voylà en quoy j'ay entendu qu'il y ait faute. Et mesme est de cette opinion M. Zébédée, lequel a leu vostre epistre en la présence de M. de Phalaise, lequel M. de Phalaise prend fort grand plaisir à vostre escripture. Il a veu deux lettres lesquelles vous m'avés austrefoys envoyées, et d'autant qu'elles estoient pleines d'exhortation à patience il en a voulu avoir le double. C'est un homme à qui Dieu a bien ouvert les yeux. Il a esté autrefois qu'il estimoit celuy-là que vous savés un S. Paul; il s'est tenu chez luy et a entretenu sa cuisine un long espace de temps et

1. « Puisqu'encor à ceste heure vous aimés de suivre une leçon toute contraire à celle que j'ai appris en l'eschole de mon maistre, car vous dictes que vous êtes bien ayse d'oublier le mal qui pourroit estre en luy, et il est dit : *Videte canes, observate, notate, cavete*, je vous laisse vos délices. » (*Opp. Calv.*, XV, 449.)

2. *Opp. Calv.*, XIV, p. 587.

3. Le reg. des séances du Conseil (29 et 30 sept. 1552. — *Opp. Calv.*, XXI, 519) mentionne la décision. La lettre de Colinet l'explique. Il prétend que le vrai motif était le mécontentement du nouveau principal Enoch dont il avait blâmé l'admiration hyperbolique pour les Commentaires de Calvin. Mais il convient qu'il avait donné prise à la mesure par une faute réelle : il avait eu la coupable faiblesse d'adresser à un ami en France une procuration signée « *Jehan Colinet prestre* ». dans l'espoir de se faire ainsi délivrer le bien de sa mère. — Par la même décision, il était autorisé néanmoins à « tenir en chambre une dizaine de pensionnaires et escholiers ».

4. Relatives à l'opinion de Castellion sur l'obéissance parfaite.

maintenant il sçoit et cognoit l'hipocrisie qui règne aujourd'hui. Pour revenir à nostre propos, plusieurs avec moy prions Dieu qu'il nous face la grâce d'avoir bientôt la jouissance de vostre dite epistre et de la *Bible françoyse*.

Nous avons déjà vu [1] ce même Colinet censuré, le jour même de la condamnation de Servet, pour avoir fait lire la Préface à Édouard VI, qui n'avait ce jour-là que trop d'à-propos. Quelques semaines après (21 novembre), le pauvre régent demandait à quitter Genève où l'on comprend qu'il ne devait pas se sentir en sûreté : il demande au Conseil une « attestation de sa loyauté ». Calvin la lui fait refuser. « Il a remonstré », nous dit le procès-verbal, « que ledit Colinet a plusieurs opinions non portables, *mesmement que l'on ne doibt punir les gens pour les oppinions.* »

On lui reproche en outre d'avoir écrit aux cinq prisonniers de Lyon une lettre où il leur parlait de Calvin et de Genève dans des termes analogues à ceux que nous venons de citer [2]; « item » — et ce dernier grief n'est peut-être pas le moindre, — « qu'il a receupt et monstré certaine préface de Bastian Chastillion à plusieurs, combien qu'elle contenusse choses de maulvaise doctrine [3] ».

III

Quand le supplice de Servet eut démontré que l'exil de Bolsec n'était qu'un prélude, le château de Veigy devint tout naturellement le rendez-vous des proscrits : les calvinistes y voient — non sans raison, comme nous venons de le prouver par quelques indices — le foyer de tous les complots qui vont se tramer contre eux. Farel s'écrie avec douleur : « qu'il est puissant, le venin de Satan, insinué par ce Jérôme! » La liaison que Castellion vient de nouer avec M. de Falais ne tarde pas à s'affermir, puisque dès 1554 il est en relations

1. Voir ci-dessus, t. I, p. 341.

2. *Opp. Calv.*, XIV, 492 et 500. Calvin écrivait à Pelloquin le 7 mars pour avoir des détails plus précis sur cette lettre. Pelloquin les lui donne le 15. Ce sont des plaintes contre l'intolérance du maître, l'obséquiosité des disciples, l'hypocrisie qui fleurit, etc.

3. *Opp. Calv.*, XXI, 562. Il est singulier qu'il ne soit plus question du seul grief qu'on pouvait sérieusement alléguer : sa procuration.

assez directes avec le baron pour lui adresser un de ses anciens élèves, le Frison Hessel Aysma, qui se loue fort des effets de la recommandation[1].

Les autres « conspirateurs de Veigy », nous les connaissons déjà pour la plupart. C'est d'abord l'ardent Zébédée, devenu pasteur de Nyon; puis un autre ministre d'une petite paroisse voisine, Bursin, qui s'appelle Jean Lange; puis viennent des personnages obscurs, dont nous ne nommerons qu'un certain Foncelet, réfugié sur les terres bernoises pour avoir adressé à sa femme une pièce de vers où il reprochait à Genève, cette « Jérusalem charnelle », sa soumission à Calvin :

Ton cruel Chauluin, homme de faux aloy,
Pire qu'un Cayphe ou prebstre de la loy,
Poursuit chrestiens sous ombre de bon zelle,
Et tu maintiens son injuste querelle!

Bolsec de son côté n'hésitait pas à dire que, dans l'affaire de Servet, « le bon droit avait été écrasé par la tyrannie de Calvin[2] ». Zébédée aurait écrit, suivant Calvin : « *Eloquentia gallica vicit hispanicam, Servetus tamen Servatorem sequutus est* », ou suivant d'autres : « *Ignis gallicus vicit ignem hispanicum : ignis Dei vincet gallicum*[3] ! » Nous ne rapportons ces propos que pour montrer le lien de cette seconde campagne avec la première. Il ne va plus être question que de la prédestination, mais çà et là un mot nous rappellera qu'il y a autre chose en jeu.

Le signal de l'attaque fut donné dans une congrégation de la classe des pasteurs de Morges tenue à Rolle en août 1554. On y dit, et on redit aussitôt au dehors, que ce dogme de la prédestination est gros « de terribles erreurs que le magistrat devrait bien réprimer[4] ». Coup sur coup Zébédée et Lange y font, même en chaire, de vives allusions; beaucoup de leurs collègues plus modérés conviennent du moins qu'il est de la dernière imprudence de jeter en pâture au commun peuple

1. Voir cette lettre dans notre Appendice, part. II.
2. *Opp. Calv.*, XV, 320 et 363.
3. *Ibid.*, XV, 565.
4. Déposition de maître Antoine Chabert sur le sermon de Zébédée, 22 mars 1555. (Archives de Genève, portef. des pièces historiq., n° 1567.)

des doctrines qui, mal entendues, peuvent être si dangereuses. Au bout de peu de semaines — c'est Calvin lui-même qui l'écrit, — « le bruict est commun par le pays qu'il est condamné comme hérétique [1] » parce qu'il fait « Dieu auteur du péché ». Cette formule courte et incisive a été si vite comprise qu'on la répète bientôt dans les échoppes de Genève [2]. Aujourd'hui tous ces menus propos nous semblent de peu de conséquence. Les documents prouvent que les contemporains en jugèrent autrement. Après avoir un instant affecté le dédain, Calvin crut nécessaire non seulement de se défendre, mais de faire intervenir le gouvernement de Genève. Une démarche officielle du Conseil, appuyant la plainte des pasteurs, sollicita des magistrats bernois l'expulsion de Bolsec et de Foncelet, et la déposition des deux pasteurs : on leur demande au moins, ajoute Calvin, car on connaissait l'esprit de Berne, « s'ils ne veulent chasser ces chiens une bonne fois, qu'ils répriment leur rage par un châtiment sévère [3] ».

L'affaire prit de si grandes proportions que nous ne saurions entreprendre de la raconter ici. M. Amédée Roget en a déroulé au jour le jour toutes les péripéties dans ce beau livre dont le charme est de n'être pas un livre. Allons tout de suite au terme : ce fut un échec éclatant pour Calvin, le plus grave qu'il eût essuyé depuis le commencement de son ministère. Après un long échange de lettres, après des enquêtes et des contre-enquêtes, après sept mois de laborieuses négociations, après un voyage de Calvin à Berne, où il comparut en personne devant le Conseil bernois, tout ce qu'accorda « l'*Amiable Prononciation* du 3 avril (1555) », ce fut l'expulsion de Foncelet, mais rien de plus, pas même un mot de blâme pour Lange ou pour Zébédée.

Et ce qui était autrement grave, le gouvernement bernois prit occasion de ces débats pour adopter une série de mesures dont la portée n'échappait à personne. D'abord il adresse à ses ministres du pays romand défense expresse, « sous peine de bannissement et autre plus griefve punition, de moul-

1. *Opp. Calv.*, XV, 350.
2. *Ibid.*, 363.
3. *Ibid.*, XV, 254.

voir questions et traiter certaines haultes et soubtiles doctrines, touchant la prédestination, chose que nous semble non estre nécessaire, ains plus servante à factions et sectes qu'à édification et consolation [1] ». Puis il enjoint à tous ses baillis d'interdire aux sujets bernois des bords du Léman d'aller prendre la cène à Genève « jouxte les rites calvinistes » (*sic*); mot nouveau, à remarquer dans un document officiel [2].

Enfin les seigneurs de Berne prient « leurs très chers conbourgeois de Genève de tenir la main que doresenavant leurs ministres... se desportent de composer livres contenant si haultes choses pour perscruter les secrets de Dieu ». Ils vont plus loin. Tout en se défendant « d'approuver ou reprouver la doctrine du souvent nommé maistre Jehan Calvin », ils ajoutent : « par les présentes advertissons expressément ledit Calvin et tous les ministres de Genève, cas advenant que nous trouvions aulcungs livres en noz pays par lui ou aultres composés, contrariants et repugnants » au texte officiel de la réformation bernoise (du 25 mars 1528), « que non seulement ne les souffrirons, ains aussy les bruslerons [3] ».

Nous n'en sommes pas réduits à deviner les impressions de Calvin. Nous en avons tout le détail dans sa correspondance intime [4]; nous savons d'autre part comment le jugèrent à Berne ces hommes d'État habitués à maintenir le clergé à sa place et très peu disposés à accepter une nouvelle théocratie [5].

Nous possédons en particulier sa correspondance avec le secrétaire d'État Nicolas Zurkinden, à qui, nous le savons [6], il avait pardonné ses réserves sur la question des hérétiques. Il lui demande cette fois d'intervenir pour défendre la prédestination. Et rien de plus touchant que la loyale franchise avec laquelle Zurkinden se déclare prêt à tout faire pour aider Calvin à triompher des préventions qui règnent contre

1. Lettre du 26 janvier 1555. *Opp. Calv.*, XV, 405.
2. *Ibid.*, 406.
3. *Ibid.*, 545.
4. *Opp. Calv.*, XV, 564, 572, etc.
5. Voir notamment l'intéressante lettre de Haller à Bullinger, 15 avril 1555.
6. Voir ci-dessus, t. I, p. 354.

lui à Berne, ce n'est que trop vrai, mais se récuse quant à la doctrine, sur laquelle il partage la manière de voir de ses compatriotes.

Enfin nous voyons le dernier effort de Calvin dans la fière remontrance qu'il adresse au sénat de Berne pour obtenir la revision de la Prononciation du 3 avril, une des plus belles pages qu'il ait écrites :

> Je vous prie qu'il vous plaise de pourveoir que la foy qu'on vous presche tous les jours ne soit point vilipendée et moquée soubs mon nom. Je croy que ce n'est pas raison, quand je travaille jour et nuit au service de l'Eglise, que j'en aie une si pauvre récompense. Vray est que pour l'ingratitude du monde je ne désisterai jamais de faire ce que Dieu me commande. Mais c'est à vous d'empescher que je ne sois ainsi opprimé à tort.... Aussi est-ce le devoir de tous princes chrétiens de me tendre la main plustost que de me grever. De faict, on ne sçauroit faire plus grand plaisir aux papistes que de mettre quelque blasme sur mes livres [1].

Ni cette éloquence ni une dernière intervention « des sindicques et Conseil de Genève [2] » n'obtint rien. Zébédée en particulier gardait ses fonctions, grandi par ce duel avec un tel adversaire.

Quelle avait été, pendant la lutte, l'attitude de Castellion? Pouvait-il y être indifférent, y rester étranger? Personne ne le supposait. Et au moment où la crise devint décisive, il fut sollicité d'entrer dans l'arène et de prêter appui à son ami. Nous le savons par une charmante lettre (inédite) [3] de ce même Zurkinden qui, selon sa promesse, fait tout pour apaiser les esprits. Il écrit à Castellion tout exprès pour lui recommander de ne pas intervenir : et il lui en donne de bonnes raisons. Il déplore cette querelle entre Calvin et Zébédée, deux personnages qu'il semble mettre sur un pied d'égalité : « *insignes alioquin Christi ministros, si abessent affectus humani!* » Il lui redit avec sa franchise accoutumée ce qu'il a dit à l'un et à l'autre : il blâme la logique à outrance de Calvin et l'humeur batailleuse de Zébédée. Bien loin d'alimenter la querelle, il s'applique à l'éteindre. Aussi

1. 4 mai 1555. *Opp. Calv.*, XV, 601 et 550.
2. Adjurant les Bernois de ne pas « permettre qu'on blasphème contre la saincte prédestination jusqu'à l'appeler maudicte ».
3. Nous la donnons dans l'Appendice : *Commerc. epistol. int. Cast. et Zerch.*, lettre I.

croit-il devoir supplier le professeur de Bâle de ne pas venir aggraver le conflit. Il lui donne le conseil de « faire, comme Atticus, un petit séjour à Athènes pendant que César et Pompée font rage ». Et par une association d'idées qu'appelle ce souvenir cicéronien, il lui cite l'exemple de son collègue Curione : « Il a su, tant de lui-même que par mes conseils, éviter de se mêler à la bagarre : ne voyez-vous pas comme il s'en trouve bien, de quelle paix il jouit? » (15 avril 1555.)

Ces affectueuses instances eussent-elles longtemps retenu Castellion loin de la lutte? Et malgré son intention arrêtée de ne pas laisser dégénérer en une controverse de dogme le débat sur la liberté religieuse, qui était à ses yeux la grande question, pouvait-il se défendre d'intervenir? Que n'eût-on pas donné pour avoir quelques exemplaires de cette fameuse Annotation sur l'Épître aux Romains, résumé si clair et si vif de la question? Pouvait-il se refuser à jeter dans le débat un document d'une si vive « actualité »? L'ensemble de sa vie ne nous permet guère de le supposer. Et il nous semble très probable que si la querelle s'était continuée seulement quelques semaines, Castellion, malgré tout, y eût pris part. Mais les événements allaient faire plus que les conseils du sage Zurkinden pour lui fermer la bouche.

C'est au moment même où le prestige de Calvin subissait cette atteinte, au moment où sa doctrine et sa personne étaient traitées avec si peu d'égards par la plus haute autorité civile de la Suisse, et où « c'est un bruit commun parmi le peuple qu'il vient d'être condamné comme hérétique [1] », au moment où sa correspondance intime témoigne un accablement qui alterne avec l'exaspération, où il écrit avec amertume : « *Undique me canes allatrant, hæreticus passim vocitor* », c'est à ce moment même qu'il touchait à la victoire définitive.

Pourquoi faut-il que cette victoire ne soit pas imputable à la toute-puissance du génie et que nous soyons obligés de convenir que le dernier mot allait rester à la force!

C'est la dernière page de l'histoire de Genève qui entre dans le cadre de notre sujet. Nous serions heureux de n'avoir

1. Expression de Calvin lui-même dans sa lettre au gouvernement bernois (*Opp. Calv.*, XV, 601).

pas à la retracer. Mais il nous faut pourtant bien expliquer comment un mouvement d'opinion dont nous avons montré l'étendue et la force croissante a pu cesser net, précisément à l'heure où il allait, semble-t-il, triompher. Hier nous voyions le « parti castalioniste » s'organiser, faire des recrues, marcher à l'assaut, mettre en péril Calvin lui-même. Demain il n'y en aura plus trace : ce sera un effondrement soudain et complet. Que s'est-il donc passé entre deux moments si proches ?

IV

Le plus grave danger pour Calvin de la décision bernoise, c'est qu'elle rendait courage à ses adversaires dans Genève. « Déjà, dit-il lui-même, on parle publiquement ici de faire proscrire mes livres [1]. » Calvin avait besoin de répliquer à l'*Amiable Prononciation* par un acte qui fût pour lui une revanche éclatante. Il était perdu s'il ne renforçait immédiatement son autorité. Le succès de ses partisans aux élections de 1554 venait de lui révéler l'importance de ces petites affaires locales de Genève qu'il avait longtemps dédaignées. Il avait maintenant la majorité, mais cette majorité, si faible encore et si chancelante, il dépendait de lui de la fortifier, d'en faire un sérieux instrument de règne. Lui-même explique à ses amis le plan qu'il a conçu et qui est des plus simples : c'est de faire donner le droit de bourgeoisie au plus grand nombre possible de réfugiés français soigneusement choisis, et de grossir ainsi le chiffre des suffrages sur lesquels il pourra compter.

En quelques semaines, en moins d'un mois (avril-mai 1555), soixante admissions de nouveaux bourgeois, tous Français, furent ainsi prononcées, c'est-à-dire dix fois plus qu'on n'en avait fait jusque-là en toute une année. Le parti genevois et anti-calviniste s'émut, s'agita, tenta d'adresser des représentations au Conseil ; puis, comme le Conseil n'y eut point égard, le mécontentement s'exprima dans les réunions populaires ;

1. *Opp. Calv.*, XV, 617.

enfin, dans la soirée du 16 mai, une bagarre, sans aucune gravité d'ailleurs, mit les deux partis aux prises, chacun prêtant à l'autre l'intention de faire un coup de force. Tous deux avaient tort : il n'y avait d'aucun côté ni complot organisé ni massacre prémédité. Mais les esprits étaient échauffés et dans cette disposition fiévreuse où le moindre incident peut faire éclater l'émeute. Cette fois il n'y eut même pas d'incident : une rixe entre un batelier genevois et un domestique français fut la seule voie de fait de la nuit, encore se borna-t-elle à une pierre lancée par le « navatier » et à une contusion sans gravité. Les cris du domestique attirèrent la foule, des bourgeois réveillés par le bruit arrivèrent avec leurs hallebardes. Dans la mêlée et dans les ténèbres, on échangea des cris et des altercations; le syndic, qui était calviniste, voulait arrêter le batelier coupable; le frère de celui-ci et d'autres gens de métier, bons Genevois, prirent parti pour lui et essayèrent de le faire échapper. Le capitaine général Perrin, le grand adversaire de Calvin, rencontrant le syndic, qui était de très petite taille, fit mine de lui prendre des mains le bâton syndical pour l'élever plus haut et le faire mieux voir de la foule. Le Conseil se réunit à l'hôtel de ville, décida de mettre en prison le navatier Comparet et son frère; il invita les quatre syndics à faire disperser la foule. Ils n'y parvinrent qu'avec l'aide d'un des principaux chefs du parti anti-calviniste, Pierre Vandel, beau-frère de Perrin.

Eût-on pu croire qu'une si misérable échauffourée déciderait à jamais des destinées de Genève et du calvinisme?

Après quelques jours d'hésitations, pendant lesquels Perrin, Vandel et les autres opposants à Calvin assistent encore au Conseil et semblent se croire en parfaite sécurité, la majorité calviniste frappe un coup décisif : elle décrète d'arrestation Perrin et quelques autres de ses partisans pour participation aux désordres du 16 mai. Perrin mesura immédiatement jusqu'où irait la victoire de Calvin : à l'heure même où le Conseil ordonnait son arrestation, accompagné de sa femme et de deux de ses coaccusés, il franchissait la porte de Cornavin. Et sa femme, se retournant, disait aux guets de la ville : « Adieu, enfans, nous nous en allons, gardez bien vos

François ». Alors commence une procédure qu'il ne faut pas juger sans doute d'après les règles du droit moderne, mais sur laquelle il est permis de recueillir tout au moins les appréciations des contemporains, celles des Bernois en particulier, chez qui Perrin et les autres fugitifs trouvent un asile.

Dès le 3 juin, le Conseil les condamne à mort par contumace. Stupéfaits d'une pareille rigueur, les Bernois envoient à plusieurs reprises le chef du gouvernement, l'avoyer Nægeli, et d'autres délégués pour intercéder en faveur des fugitifs. Ces délégués n'hésitent pas à signaler « comme chose estrange que les tesmoings et rapporteurs sont en mesme temps juges »; ils supplient qu'on accorde aux accusés un sauf-conduit; ils demandent eux-mêmes à être entendus par le Conseil général, c'est-à-dire par le peuple en ses comices; enfin, repoussés sur tous les points, ils se bornent à recommander à la commisération des juges les deux frères Comparet toujours en prison : « qu'il vous plaise lascher pour amour de nous les prisonniers que vous avez là, qui sont gens povres et ignorans ». Mais ces deux pauvres diables devaient servir aux desseins du parti calviniste, et, il est pénible de l'avouer, aux desseins de Calvin lui-même. On comptait sur les témoignages que la torture leur arracherait pour faire de la bagarre du 16 mai d'abord un complot en règle, et bientôt un attentat contre la sûreté de l'État, un crime de lèse-majesté. Tout ce que l'on peut tirer d'eux, « en suyvant tout de frais à la corde », comme dit le protocole, c'est-à-dire en entremêlant l'interrogatoire et l'estrapade, ce fut de les amener à « quelquement commencer à confesser », mais à confesser si peu de chose que Calvin lui-même convient le 24 juillet que l'on ne tient pas encore la preuve tant cherchée de la conspiration [1].

Calvin en personne va les visiter en prison et il leur fait à son tour — du moins c'est lui qui l'affirme [2] — compléter leurs aveux; il est vrai qu'ils les rétractèrent énergiquement — c'est encore lui qui le raconte — au moment du supplice. Le Conseil fut sans pitié : les deux malheureux bateliers furent condamnés à avoir la tête tranchée en

1. Lettre à Farel, 24 juillet 1555. *Opp. Calv.*, XV, 693.
2. *Ibid.*, XV, 870.

Champel, et leur corps mis en quatre quartiers. Pour ajouter à l'horreur de l'exécution, qui eut lieu pour l'un le 28 juin, pour l'autre le 3 juillet, la maladresse du bourreau prolongea cruellement leurs souffrances. Le Conseil, cédant au mouvement de répulsion que ne put réprimer la population genevoise, décida que les membres du second ne seraient pas exposés, et de plus il « priva de son office le maître exéquuteur qui fit beaucoup languir les deux Comparet ». Il est douloureux de lire à la même date la réflexion que cet incident suggère à Calvin. Il ne pardonne pas à ces deux hommes d'avoir, sur l'échafaud même, « tenté d'obscurcir la vérité », c'est-à-dire rétracter « ce que la corde leur avait fait dire [1] »; il craint qu'on ne le sache au dehors, et il ajoute : « Pour moi, je suis persuadé que ce n'est pas sans un dessein arrêté de Dieu que l'un et l'autre ont eu à subir, en dehors de la sentence des juges, un tourment sous la main du bourreau [2] ».

On voudrait ignorer de telles paroles, on voudrait avoir le droit de les effacer, mais elles restent malheureusement pour témoigner à jamais contre tous les fanatismes.

Abrégeons la suite : un mot de l'interrogatoire de ces deux malheureux permit enfin d'impliquer dans les poursuites, sinon Perrin qui était hors d'atteinte, au moins d'autres chefs du même parti : un certain Claude Genève, qui tenait de très près à Perrin, et surtout un des deux frères Berthelier, le plus jeune, François-Daniel, grand adversaire, comme son frère Philibert, du droit d'excommunication, plusieurs fois tancé, lui aussi, par le Consistoire pour avoir « mal parlé de la prédestination et de la justice qu'on avoit faicte de *Servetus* [3] ». Ce Fr.-D. Berthelier était « maître de la monnaie »; il revenait d'une mission en Franche-Comté pour les affaires de son office, il n'avait cessé d'aller et venir sans inquiétude depuis le 16 mai, il se laissa arrêter sans méfiance le 14 juillet. Plus prudent, son frère venait de passer la frontière. Leur ami, dont Castellion nous a plusieurs fois parlé, le conseiller

1. Am. Roget, IV, 287, note.
2. 24 juillet 1555, *Opp. Calv.*, XV, 693.
3. Am. Roget, IV, 291, note.

Pierre Vandel, le dernier chef du parti perriniste, fit de même quelques jours après.

Ni de Claude Genève ni de Berthelier jeune on ne tira des aveux propres à établir un complot : Berthelier ne nie pas avoir jeté une pierre à un inconnu qu'il prenait pour un Français, mais il se défend avec acharnement de toute préméditation et de tout projet de complot. « Seulement, ajoute Calvin qui suit très minutieusement l'instruction, nous verrons, j'espère, avant deux jours ce que la question leur arrachera [1]. » Et Calvin s'excuse auprès de Farel de la lenteur du magistrat : « Le temps passe, dit-il, et j'ai honte d'écrire qu'il n'y a encore rien de fait ».

Il avait tort vraiment, car l'instruction se poursuivait avec activité, mais on avait beau ramasser pêle-mêle les témoignages les plus douteux, on ne relevait contre les Berthelier et contre Vandel que des propos, toujours exclusivement des propos plus ou moins anciens.

Ce qui retarda un peu la procédure, ce fut une nouvelle intervention du gouvernement bernois qui, à la requête de Philibert Berthelier, écrivait en faveur de François-Daniel, rappelait les services rendus à la cité par leur père, « qui a souffert la mort pour la maintenance des franchises et libertés de la ville », demandait qu'on lui permît tout au moins « de présenter sa défense hors de prison » (27 juillet). A cette intercession on essaya d'opposer un prétendu projet de conspiration avec l'étranger, tramé par Perrin et Berthelier pour livrer Genève aux troupes espagnoles ; mais, bien que la lettre de dénonciation adressée à Berne soit de la main même de Calvin, il faut convenir que personne, même à Genève, ne prit la chose au sérieux [2]. Berne revint encore à la charge deux ou trois fois en faveur des bannis, mais cette insistance des Magnifiques Seigneurs devait à un certain moment produire une impression qu'il était facile de prévoir : elle finit par froisser le sentiment d'autonomie, toujours si ombrageux chez les petits.

Le 6 août fut rendue la sentence condamnant à mort par

1. *Opp. Calv.*, XV, 693.
2. Pour les détails, voir Am. Roget, IV, 295.

contumace Berthelier aîné, Vandel et un troisième conseiller en fuite, prononçant le bannissement perpétuel pour les autres. Le 27 août, Claude Genève était exécuté. Il restait à statuer sur Berthelier jeune, toujours détenu. Sa mère adresse au Conseil le 6 septembre une supplique déchirante.

Les chefs du parti étaient décidés à frapper le dernier coup. Leurs véritables raisons, ils les avaient dites avec une franchise qu'on ne peut pas louer, puisque c'est une forme du cynisme. Jusque dans l'acte d'accusation, le premier grief expressément allégué contre les Berthelier et leurs complices est leur opposition à la « discipline ecclésiastique », leur résistance « à l'ordre de l'excommunication fondé sur la Sainte Ecriture » et leur secrète intention « d'abattre le Consistoire ». Mais même à ce moment et même sous cette sorte de terreur, il fallait plus pour légitimer une répression sanglante : il fallait que le populaire pût croire ou sembler croire à un danger national, à un acte de haute trahison. Il y avait trois longs mois qu'à défaut de preuves on répétait l'assertion « d'une sédition nocturne grandement dangereuse ». Comment n'eût-on pas à peu près réussi à l'accréditer? Qui pouvait contredire la version du parti vainqueur? Tous les chefs de l'autre parti étaient en fuite, leurs adhérents restés à Genève étaient traqués comme des suspects qu'un seul mot faisait jeter en prison. Les exécutions des deux Comparet et de Claude Genève, outre la terreur salutaire qu'elles inspiraient, avaient fait disparaître les témoins à décharge tout en laissant subsister la charge.

L'heure était venue de songer au plébiscite de ratification qu'il est de règle de solliciter et d'obtenir au lendemain des coups d'État qui réussissent. On réunit donc le Conseil général; Messieurs du Petit Conseil y font lire solennellement un « édit » qui dut faire sur l'assemblée une impression profonde. L'édit rappelait en une langue nerveuse et véhémente comment « se sont trovez en ceste cité aucuns membres detestables et ingratz contre Dieu et leur propre patrie; lesquels après avoir quelques ans, par leur ambition, bataillé contre Dieu,... et mesprisé l'honneur de Dieu,... se sont finalement par leur orgueil... voulu eslever contre le magistrat de ceste cité et anciennes ordonnances, franchises et libertés d'ycelle jusques à attenter aux bastons sindicaux, chose horrible, et faire violence à la justice ».

L'édit sanctionne ensuite les mesures prises par le magistrat contre « lesdits seditieux et fugitifs », mais « pour ce qu'ils sont toujours vivans et ennemys de ceste nostre republique et que les hommes sont subjectz à estre cauteleusement deceus et circonvenuz, par pratiques sinistres, afin de prévenir toute subornation... », l'autorité propose à l'Assemblée générale d'interdire « par édit exprès, que nul quel qu'il soit n'ayt à parler de remettre ny laisser venir dedans ceste cité lesdits fugitifs et seditieux, à poyne que celuy qui en parlera, avancera ou procurera, aura la teste coupée ».

Lecture faite, « trètous unanimement ont accepté et ratifié lesdits édicts sans contredite ». C'était l'arrêt de mort de Berthelier. Le surlendemain (10 septembre), par un surcroît de précaution et d'irrégularité qu'inspirait la peur de laisser à la victime une dernière chance de salut, le Petit Conseil se fait d'avance autoriser par les Deux Cents, qui avaient le droit de grâce, à « faire bonne justice »; et, dès le 11, la sentence était rendue et exécutée sans retard. Berthelier, comme tous les autres, protesta en mourant que son seul crime était d'avoir voulu « garder la ville des estrangiers et empescher qu'on ne fist plus de bourgeois ».

Cette série d'actes de vigueur assurait le triomphe de Calvin. Il n'était plus seulement l'inspirateur et l'arbitre spirituel, désormais il était le maître de Genève : il avait fait abattre les têtes qu'il n'avait pas réussi à courber, et par une étrange ironie, la ville ouverte aux proscrits de toute l'Europe proscrivait elle-même quelques-uns de ses premiers citoyens : pour mieux faire place à tant d'enfants adoptifs, elle se montrait sans pitié pour ses propres enfants.

Le premier mouvement de l'opinion publique en Suisse, on ne peut plus le nier aujourd'hui, ce fut un mouvement de réprobation contre Calvin. Ses meilleurs amis dans le clergé bernois renoncent à le défendre : « On ne rencontre plus, dit Haller, un homme sur cent qui dise du bien de Calvin »

(7 octobre). « On ne parle pas mieux de lui à Bâle qu'à Paris », écrit Hotman (9 octobre). « La haine qu'on porte ici à notre bien-aimé Calvin grandit de jour en jour », écrit le bon Musculus dont nous avons tant de fois apprécié l'esprit de mesure (8 septembre). On s'indigne de son intervention dans ces luttes politiques, de son acharnement à prendre part à la procédure, des conseils qu'il a donnés pour l'emploi de la torture, de l'abus qu'il a fait des aveux ainsi obtenus [1]. Calvin le sait si bien qu'il adresse à ses amis apologie sur apologie et finit par faire envoyer à Zurich et à Bâle le secrétaire du Conseil, Michel Roset, pour porter une relation officielle de la « sédition du 16 mai ».

Mais il en devait être de cet obscur épisode des annales d'une petite ville libre comme des plus grands événements de l'histoire. Presque toujours, le succès se fait pardonner. On oublie vite les torts de celui qui a triomphé, on se lasse du moins de les lui entendre éternellement reprocher par le vaincu. Rien n'est monotone, aigre et fatigant comme la voix du proscrit. Les années passent, les intérêts changent, les vieilles passions s'émoussent, d'autres s'avivent : seul le proscrit ne s'en aperçoit pas. L'horloge du monde s'est arrêtée pour lui le jour où il a franchi le ruisseau ou la montagne qui le sépare de la patrie. C'est à ce point précis qu'il en revient toujours. On l'avait écouté d'abord avec sympathie, mais à la longue il faut bien prendre son parti du fait accompli, et on lui sait mauvais gré de s'entêter à le nier.

Telle a été dans tous les temps l'histoire des exilés et des émigrés. Il ne faut pas s'étonner si ce fut celle des vaincus de Genève, de ceux qu'on nomma plus tard les *Libertins*.

Il s'agissait, en somme, de faits bien minces appartenant presque à la politique locale. Genève avait dès lors une certaine réputation de ville fiévreuse en matière électorale. La révolution qui avait suivi l'émeute manquée du 16 mai n'était que le triomphe d'un des deux partis, de celui qui, depuis le début, soutenait Calvin et les grands intérêts liés à son

1. Voir Am. Roget, IV, 320-325.

nom. Que Calvin lui-même eût préparé et assuré ce résultat avec plus de hardiesse que de scrupule, en faisant entrer en masse ses partisans dans la bourgeoisie, qu'il eût profité sans merci des fautes de ses adversaires pour les terrasser, c'était possible, mais qu'importait au reste du monde? Ce qui importait, au contraire, et à Berne, et à la Suisse, et à la Réforme, c'était de décider si le puissant foyer allumé à Genève allait redoubler d'éclat ou s'éteindre, si la frêle petite république du Léman allait devenir la citadelle du protestantisme français, ou bien si Berne, épousant la cause des proscrits, cédant à de vieux sentiments de méfiance, refuserait de renouveler la combourgeoisie, qui expirait précisément alors, et du coup remettrait en question l'existence même de Genève. Avec leur rude, mais sûr bon sens, les Bernois ne pouvaient hésiter. L'intérêt général, soit au point de vue national, soit au point de vue religieux, leur commandait de tout supporter plutôt que de rompre. Ils mirent cependant une gravité, une obstination qui les honore, à maintenir le droit des proscrits et l'irrégularité fondamentale de la procédure suivie contre eux, à leur donner publiquement asile non comme à des coupables, mais comme à des vaincus, à intercéder sans relâche en leur faveur jusqu'au moment où il fut évident que l'amour-propre genevois s'était fait un point d'honneur de ne plus rien entendre et verrait dans toute démarche nouvelle une atteinte à sa souveraineté.

Mais après de pareils événements, que pouvait devenir la timide campagne commencée en faveur de la tolérance? Qu'était-ce que le drame de Servet auprès de celui-là? Le *Contra libellum Calvini*, qui eût semblé naguère un livre hardi, n'était plus qu'un libelle anodin et presque rétrospectif. Castellion pouvait le remettre au rang des manuscrits sans emploi.

Pour les modérés comme lui, pour les partisans de la liberté religieuse, il n'y avait plus rien à faire que d'en appeler à Dieu et à la postérité.

CHAPITRE XVI

CASTELLION PROFESSEUR A L'UNIVERSITÉ

(1553-1563)

I. Castellion lecteur de grec à l'Université de Bâle. — II. Ses éditions d'Homère. — III. Ses éditions des historiens grecs. — IV. Ses cours et ses élèves. — V. Ses relations à Bâle. — VI. Sa correspondance.

Si Castellion avait eu le tempérament d'un pur humaniste, le moment était venu pour lui de se replier sur lui-même et de retrouver dans les lettres cette paix sereine que l'Église ne voulait pas connaître.

Après tant d'efforts et tant de périls, maintenant que la victoire appartenait aux violents, il pouvait sans faillir à sa conscience oublier Calvin et retourner à Homère.

L'essaya-t-il? On peut le croire avec quelque vraisemblance. Pendant les deux ou trois premières années qui suivent l'achèvement de sa Bible française et le triomphe de Calvin à Genève, il semble traverser une période de repos forcé, que remplissent seuls ses travaux de professeur et d'érudit. Groupons autour de ces quelques années heureuses — elles n'ont pas d'histoire — le peu que nous savons sur Castellion « lecteur de grec à l'Université de Bâle ».

I

La faculté des arts ou de philosophie était la dernière des quatre dont se composait l'Université (*Academia basiliensis*), ou, comme on aimait à la nommer, la *Hochschule* de Bâle. Tandis que les trois autres (théologie, droit et médecine) étaient constituées d'après le type des établissements d'enseignement supérieur, celle-ci (*Artistenfakultät*, *facultas artistica*) avait encore, à l'époque de l'entrée de Castellion, le caractère mixte : elle ne datait en réalité que de 1544, époque où elle avait été organisée sous le nom de *Pædagogium* [1]. Herzog, dans son précieux volume, *Athenæ rauricæ*, dit très bien : *Pædagogium erat inter Academiam ludumque trivialem medium.* Une réglementation nouvelle du 1er septembre 1551 [2], due à Boniface Amerbach, venait de donner plus de précision aux programmes et plus de régularité aux cadres du personnel; mais il suffit de parcourir ce règlement pour voir que les étudiants étaient encore à demi des élèves et traités comme tels, soit pour la discipline, soit pour l'enseignement.

C'était une sorte de « rhétorique supérieure », très prolongée, il est vrai, qu'ils venaient faire là avant d'entrer dans une des facultés proprement dites. Ce stage, intermédiaire entre le Gymnase et l'Université, durait de trois à quatre années. Il y avait trois classes à franchir, à chacune desquelles étaient attachés quatre professeurs [3]. On recevait les élèves après un examen dont les cérémonies rappellent le moyen âge et qui s'appelait *depositio rudimentorum*; le recteur immatriculait le nouvel étudiant et, par un touchant usage local, le plaçait sous le patronage d'un camarade plus âgé qui lui servait de parrain ou d'ancien : c'était son *præceptor*. La première année se terminait par les modestes examens du *tirocinium*; la seconde devait conduire au baccalauréat, et la troisième à la maîtrise ès arts (*magisterium*).

C'est à la seconde classe de la faculté des arts — celle des « *Laureandi* » — que Castellion était attaché; il y resta jusqu'à la fin de sa vie, c'est-à-dire plus que n'y restaient en général ses collègues. La plupart en effet aspiraient, un peu comme les élèves, à sortir de cette faculté préparatoire.

1. Thommen, *Geschichte der Universität Basel*, p. 340.
2. *Ibid.*, p. 342.
3. On en trouve le tableau, avec de très intéressants détails pédagogiques, dans le chapitre VI de M. Thommen et dans son Appendice IX.

La chaire que venait occuper Castellion en 1553 avec un traitement relativement élevé [1] avait eu pour titulaires à sa fondation Simon Grynée, et, depuis 1544, un jurisconsulte bâlois, Marc Hopper, pendant six ans, puis Sébastien Lepusculus (Häslein), qui, après trois ans, venait de passer comme professeur d'hébreu à la faculté de théologie.

Cette chaire de grec était à peu près exclusivement une classe de lecture et d'explication d'Homère. Encore le règlement de 1551 ne nous laisse-t-il aucune illusion sur ce qu'on y faisait : c'est l'explication littérale, grammaticale, syntaxique et prosodique qui est recommandée [2].

Il n'était pas défendu d'y mettre quelque chose de plus, si le professeur avait le don d'animer les textes et d'enflammer les jeunes imaginations. C'est bien ce que paraît avoir fait quelquefois le nouveau lecteur en grec. Une jolie lettre d'un de ses anciens étudiants, le Frison Hessel Aysma, qui avait suivi un de ses premiers cours et qui en avait gardé le plus vif souvenir, nous montre Castellion lisant Homère et entraînant l'auditoire à cette occasion dans une grande discussion, plus religieuse, semble-t-il, que littéraire, puis, rentré chez lui, la reprenant avec feu au milieu de ses pensionnaires et se plaisant à leur donner force explications [3].

Pour avoir quelques détails de plus sur la vie intérieure de l'Université et notamment sur les cours de Castellion, il faudrait fouiller dans les précieux débris de correspondances privées que possèdent notamment les Bibliothèques de Bâle et de Saint-Gall. A titre de spécimen, nous donnons en note un ou deux fragments qui, nous laissant entrevoir dans l'intimité maîtres et élèves, permettent d'apprécier tout ce que l'on faisait pour l'éducation en même temps que pour l'enseignement dans cette organisation scolaire aux allures patriarcales [4].

1. 60 florins ; c'était le taux le plus élevé, celui qu'avaient seuls Curione et Hopper. Il correspondait sans doute au nombre d'heures.

2. Ne multa carmina simul, verum pauca eaque diligenter explicentur. Hoc modo indicanda sunt genuine verborum significatio, item schemata, rationes syllaborum, carminum ac pedum cum constructione seu syntaxi. (Thommen, p. 343.)

3. Voir cette lettre à sa date (8 cal. sept. 1555) dans notre Appendice.

4. Dans la collection de lettres manuscrites de la Bibliothèque de Saint-Gall se trouve, entre autres, la volumineuse correspondance de la famille Blaarer, véritable trésor pour qui eut se transporter en plein XVIe siècle et au cœur de la société protestante. Détachons-en deux passages relatifs aux études des jeunes gens à Bâle.

Le premier fait partie d'une lettre du pasteur Joannes Jung de Bâle à Thomas Blaarer, du

II

Si nous n'avons aucun document précis ni sur la forme de l'enseignement dans les cours, ni sur les conférences du samedi où alternaient les *disputationes* et les *declamationes*, nous pouvons du moins nous rendre compte de ce que valaient les instruments de travail de ces jeunes gens.

Ils avaient pour expliquer Homère une traduction latine juxtalinéaire, d'un mot à mot servile jusqu'à l'incorrection, que venait de publier un des imprimeurs attitrés de livres classiques, Nicolas Brylinger, en 1551 [1], ouvrage destiné, dit la préface, à enlever toute excuse à la paresse des

30 novembre 1554 (ms., t. VII, p. 344). Il s'agit du fils d'un de leurs amis communs que Jung consent à recevoir chez lui avec le fils de Blaarer, Diethelm, qu'il avait déjà en pension; il saisit l'occasion pour parler à Blaarer du jeune Diethelm et de son cousin Gervicus; ces deux portraits d'étudiants bâlois sont achevés en quelques traits :

« Misit ad me filium suum Georgium Uldricum D. Conradus Zuiccius, amicus noster, postulans per literas uxoris ut ipsum suscipiam in ædes meas et fidem meam. Ego igitur suscepi eum ac una cum Diethelmo ipsum apud me in meo museo suis studiis incumbere permitto, quod sane ne fratri quidem meo permitterem. Vult pater ut *Institutiones juris* audiat ac reliquas, puto, lectionesquas quidem ei profuturas judicare possumus. Denique ut scribere ac ratiocinari discat expedite. Conductus ergo a me est M. Marcus jurisperitus (consilio Amerbachii et rectoris) qui seorsim ei quotidie perlegit *Institutiones*, adhibitis versionibus germanicis. Idem præterea audit Cœlium et Castalionem, ab illo orationes Ciceronis, ab isto vero Homerum, quibus accedit Dialectica per Bechinum licentiatum nostrum qui super Lipsia huc venit. Hora quarta est qui docet et ipsum et Diethelmum arithmeticum et scribere.

« Hactenus bene se habet uterque, Diethelmus inprimis : dignus quem tibi commendem ut adolescentem pium, modestum ac studiosissime incumbentem in ea quæ agit, ut mihi bona spes sit de eo. — De Uldricho posthac, ubi plus salis simul consumpserimus.

« Gervicus noster, super à meis illis ac me invitatus, nobiscum cœnavit ac pernoctavit consensu Domini sui, sed ex eo tempore ut et antea rarus est apud me. Velim ut scriberes ei ut caveat sodalitia mala, bonas horas bene collocet (id quod et herus ipsius solicite urget) neque putet vel Deum se fallere, etiamsi nos omnes falleret.... Tuas vehementes admonitiones et ceu stimulos adhibeas aliquando utile fuerit.... »

L'autre fragment, page 345, est précisément une lettre du jeune Diethelm adressée, non à son père, mais à son frère aîné Albert qui était en pension à Strasbourg chez le Dr Andernacus; elle est datée : idibus decembris 1554. Voici le passage relatif à ses études :

« Septima itaque et nona (hora) audio Castalionem ac D. Bechium, hunc in Cæsarii dialectica, illum vero in libro tertio Iliados Homeri. Post meridiem autem Ciceronis orationes a D. Cœlio. Et a Bechio primum *Officiorum* librum. Ideoque nullas adhuc in jure lectiones frequento. Patris enim certum ea in re consilium expecto.

« Ne vero interea male tempus collocarem, visum erat mihi cum consanguineo meo Huldar. Zwick (qui plurimam tibi salutem ascribit) accedere scribam qui in bene pingendi et arithmetices ratione erudit. Et pro doctrina et institutione unius mensis semicoronatum a singulis petit, quod ego pretium libenter de meo impendam.... » Suivent des détails et des nouvelles de famille. Il donne, quelques jours après, les mêmes renseignements à son père Thomas (lettre du 21 décembre).

1. *Homeri omnia quæ quidem extant opera græce*, adjecta versione latina ad verbum, ex diversis doctissimorum virorum translationibus concinnata, et difficiliorum thematum explicatione marginibus hinc inde ubi opus videbatur adspersa, ut græcæ linguæ tironibus vel citra vivam præceptoris vocem, cognoscere jam atque conferre doctissima poetæ hujus scripta liceat.

étudiants. Loin d'être une édition savante, c'était pour le texte la reproduction, avec les scholies en moins et quelques fautes en plus, d'une édition d'Hervage de 1535 [1]. Quant à la traduction, si celle de l'*Iliade* (empruntée à Laurent Valla) n'était que médiocre, celle de l'*Odyssée*, par Raphaël de Volaterre [2], était remplie de fautes grossières, la plupart mais non pas toutes imputables à l'imprimeur. Quel qu'en fût l'auteur responsable, on comprend le dépit du maître à voir aux mains de ses élèves une traduction qui dès le 3e vers rendait καὶ νόον ἔγνω, par : *et muros cognovit* [3].

Oporin eut honte pour l'imprimerie bâloise de n'avoir pas mieux à offrir à la jeunesse. Il pressa son ami Castellion d'entreprendre, ne fût-ce que dans l'intérêt de sa classe, une nouvelle édition, digne de lui, et qui pût paraître sous son nom. Castellion, c'est lui-même qui nous l'apprend, ne s'y prêta qu'à contre-cœur, ἑκὼν ἀέκοντι γε θύμῳ, dit-il : « j'aurais préféré employer mon travail à un meilleur objet ». Il ne s'y décida qu'en 1561. Dans l'intervalle, Jean Crespin de Genève venait de publier un nouvel Homère gréco-latin, supérieur à celui de Laurent Valla [4]. Castellion, dans sa préface même, s'empresse d'y rendre hommage et de déclarer qu'il n'a eu pour le texte qu'à suivre l'éditeur genevois. Quant à la traduction, Castellion le dit tout haut dans cette préface qui est même, à cet égard, un modèle de sincérité : « je n'ai pas fait, dit-il, autant que la chose réclamait : aussi bien il aurait fallu écrire à nouveau une traduction complète ». Il s'est donc borné au rôle ingrat de reviseur du grec souvent corrompu et de correcteur du latin plus souvent encore émaillé de contre-sens et de non-sens. A certaines pages de l'*Odyssée*, par exemple, il est obligé de renoncer à corriger : là du moins il fait œuvre de traducteur et de bon traducteur [5].

1. Dont le texte reproduisait celui de la seconde Aldine (Venise, 1517).
2. Auteur dans le Xénophon de 1545 d'une traduction si mauvaise que Brylinger la remplaça par une autre dans les éditions postérieures.
3. C'est sans doute une simple faute d'impression : *muros* pour *mores*.
4. Voir à l'Appendice : Bibliographie, n° 25. C'est seulement en 1566 que Henri Estienne publia un texte décidément supérieur en s'aidant d'un précieux manuscrit de Genève. Ce manuscrit disparut après lui, il vient d'être retrouvé et publié il y a quelques semaines par les soins de M. Nicole, professeur à la Faculté des lettres de Genève : *Les scolies genevoises de l'Iliade*, 2 vol. in-8, Genève, Georg, 1891.
5. Heyne, le grand philologue allemand du siècle passé, qui fut le maître de Wolf et de tant d'autres, a porté un jugement très favorable sur la version latine de l'Homère de Cas-

III

Pour réunir ici tous les travaux de notre helléniste, nous avons à relever ses éditions et ses traductions partielles des principaux historiens grecs.

Une première fois, tout au début de son séjour à Bâle, il avait eu à s'occuper de Xénophon. A cette époque (1545), le grand imprimeur Isengrin avait entrepris de publier une traduction latine des œuvres complètes de Xénophon, ou plutôt de rééditer, en les enrichissant de quelques fragments de plus, les deux grandes publications des Aldes (1503) et des Juntes (1516 et 1527). Il se proposait de leur emprunter, bien entendu, les traductions de François Philelphe, de l'Arétin et de Leonicenus (Nicolas de Lunigo) réunies dans un premier recueil dès 1467, d'y joindre celles de Bessarion, d'Amasée, de Pirkheimer, de Camerarius et enfin d'Érasme. Il restait quatre petits traités que l'on n'avait pas encore traduits en latin. Isengrin en demanda la traduction à Conrad Gesner, qui ne trouva pas le temps de l'écrire et en fit charger son ami Jean Ribit. Celui-ci, pressé par l'impatience de l'éditeur, en fit une version hâtive et ne donna même qu'un fragment du dernier de ces quatre opuscules, la *République des Athéniens* [1]. Ce fut Castellion sans doute qui signala les parties manquantes et qui se chargea de les publier à la prochaine occasion. L'occasion ne se fit pas attendre : Brylinger se décida à lancer une nouvelle édition qui suivit de près celle

tellion. Il en juge « l'exactitude presque parfaite », et lui-même en a tiré le plus grand parti dans son édition en deux langues de 1802. Il est regrettable que Castellion n'ait pas pu imprimer (empêché, dit-il dans sa préface, par une circonstance qu'il ne précise pas) les *annotationes* et *animadversiones* qu'il avait rédigées jusqu'au livre XIX de l'*Odyssée*. Ce fut sans doute une raison d'économie qui arrêta ou l'éditeur Oporin ou le typographe Brylinger : en effet les deux éditions de 1551 et 1561 ont exactement la même pagination, ce qui permet de supposer que l'imprimeur avait conservé les *formes*; l'insertion de notes ou de commentaires aurait tout bouleversé. Quant au texte grec, que M. A. de Molin (voir ci-après, p. 84, n. 4) a bien voulu prendre la peine de collationner, comme pour le Xénophon : « Là aussi, dit-il, les corrections sont trop à fleur de texte pour que cette édition figure avec des titres sérieux dans l'histoire de la critique homérique ».

1. Tous ces détails résultent de l'épître dédicatoire de l'*Hipparque*, adressée par Ribit à noble Jean de Cojonay, sire de Montricher, son protecteur et ami. — Dans sa préface générale Albanus Torinus se borne à faire l'éloge de Brylinger : « qui officinam suam haud mediocri sumptu recens denuo instructam iis potissimum auctoribus excudendis posthac ornare contendit qui lectorem non solum eruditiorem, sed longe etiam meliorem dimittunt ».

d'Isengrin : elle parut à la fin de la même année (1545). La traduction de Castellion y remplaçait celle de Ribit pour le dernier traité [1]. C'est ainsi qu'un helléniste à ses débuts prenait place comme traducteur d'un des plus fins écrits de Xénophon à la suite des Philelphe et des Érasme. La collection était précédée d'une dédicace dans le goût du temps, adressée à l'ambassadeur de France Morelet du Museau, par un ancien professeur de Bâle, traducteur de Vesale, le médecin Albanus Torinus [2].

Castellion ne s'en tint pas là. Sans nier l'utilité de cette traduction latine, il en fit voir les lacunes à l'éditeur lui-même en lui signalant comme un service à rendre aux lettres grecques la publication d'un texte de Xénophon plus complet et plus correct. On avait fait des progrès depuis les Juntes et les Aldes. Sur un de leurs vieux exemplaires dont il se servait avec ses élèves, Castellion avait fait le même travail de revision qu'il appliqua l'année suivante aux Oracles Sibyllins, et, en le montrant à Isengrin, il finit par le déterminer à faire les frais d'une nouvelle édition. La principale objection de l'éditeur bâlois dut être qu'il venait d'en paraître une à Halle en 1540 avec une préface de Mélanchthon. Il se laissa pourtant convaincre : *vix tandem amici precibus, expugnati, acquievimus*, dit-il lui-même dans la courte préface où il confesse qu'il n'a pas fallu moins pour le décider que le rare savoir du jeune helléniste [3]. Cette petite édition grecque destinée aux étudiants parut à peu près en même temps que la traduction latine in-folio, et il ne semble pas qu'elle ait été mal accueillie, puisque, dès 1551, Isengrin en fit une nouvelle édition, cette fois accompagnée des traductions latines et revue de nouveau en entier par Castellion ; ce qui n'empêcha pas l'in-folio de Brylinger d'avoir de son côté plusieurs rééditions [4].

1. Il y a là un petit point obscur dans la bibliographie bâloise. Nous avions d'abord supposé que l'édition de Brylinger 1545 était la même que celle d'Isengrin qui, accablé d'ouvrage, aurait emprunté, comme il arrivait souvent, les presses d'un confrère. Mais nous avons trouvé à Vienne la première édition d'Isengrin qui est bien de 1545 (2 vol. in-8, 820 et 421 pages) et contient bien, pour l'*Atheniensium politia*, la traduction de Ribit, différente de celle de Castellion.

2. Voir sur Alban zum Tor des détails intéressants dans Thommen, p. 218-220.

3. « Seb. Castalio, vir hac nostra tempestate in utriusque linguæ solida atque exacta cognitione cum paucis conferendus. »

4. Sur la valeur de cette édition, dont le savant bibliographe anglais Édouard Arwood dit « qu'elle se distingue par sa correction », voici le jugement d'un philologue de nos

Pour les trois autres historiens grecs, c'est coup sur coup, sans doute dans une période d'accalmie et de loisir, que Castellion avait accepté d'en surveiller la publication.

En mars 1559 paraît un Hérodote [1] gréco-latin que lui a demandé un autre typographe, devenu l'un des premiers de Bâle, Henricus Petri (Henricpetri). Castellion revit d'un bout à l'autre texte et traduction, la traduction surtout : c'était encore une œuvre de Laurent Valla qui demandait et qui reçut en effet de nombreuses retouches; la plupart relèvent plutôt du prote que du critique, sauf bon nombre de passages qu'il avait bien fallu traduire à nouveau.

Le Diodore [2], qui parut en août de la même année, lui demanda plus de peine. Il y corrigea dans les mêmes conditions la traduction du Pogge pour les cinq premiers livres, celle de son collègue et prédécesseur Marc Hopper pour le quinzième, celles de l'interprète inconnu pour les livres intermédiaires, et d'Angelus Cossus pour les livres XVI et XVII. Il restait trois livres à traduire en entier, il s'en chargea, d'où le titre du volume : *Castalione totius operis correctore, partim interprete.*

Enfin, dès 1560, et toujours pour le compte d'Henricpetri, il s'attaquait au Thucydide de Laurent Valla, presque aussitôt après la publication des deux autres historiens grecs [3]. Cette nouvelle traduction, retardée par on ne sait quelles circonstances, ne vit le jour qu'à la première foire de 1564, c'est-à-

jours : « Certainement la recension de Castellion constitue un progrès sur les éditions de Florence, de Venise, de Hal'e, mais elle ne marque pas une étape dans l'histoire de la critique des textes. Il n'avait pas en main de manuscrits plus anciens, et la collation de trois éditions médiocres ne pouvait en produire une excellente. Son principal mérite est d'avoir corrigé, la grammaire en main, les formes étranges résultant d'une lecture négligée des copies byzantines riches en abréviations difficiles. Quant à celles qui avaient une origine plus ancienne, plus compliquée, on ne peut dire qu'il y ait notablement remédié. Dans la *Cyropédie*, par exemple, sur une quinzaine de conjectures originales, il n'en est que trois ou quatre qui méritent d'être prises en considération (VI, 2, 37, ἐλλείπηται pour ἐλλίπηται; — VII, 5, 83, ἐπιπρέπειν pour ἐπιτρέπειν; — VII, 4, 3, ταὐτὰ pour ταῦτα). La plupart sont insignifiantes au point de vue d'une constitution définitive du texte. Il y a loin de là à la prodigieuse initiative d'un Henri Estienne, dont le nom se rencontre à chaque pas dans nos éditions critiques à côté de ceux des Cobet, des Dindorf, des Sauppe. D'ailleurs au XVIe siècle ni les uns ni les autres, faute d'avoir l'arbre généalogique des manuscrits, ne pouvaient faire œuvre durable. » (Note obligeamment communiquée par M. Aloys de Molin, professeur à Lausanne.) — Voir à l'Appendice : Bibliographie, n° 24.

1. Voir notre Bibliographie, n° 26.

2. *Ibidem*, n° 27.

3. Il dit dans la préface imprimée au revers du titre : « Igitur utriusque generis errata correxi sane innumera, quemadmodum superiore anno feceram etiam in Herodoto ».

dire quelques semaines après la mort de Castellion. Quoique supérieure en bien des points à celle de Valla, elle ne dépasse pas le niveau des publications courantes et ne mérite pas plus que les précédentes une étude à part.

Il faut considérer en effet tous ces volumes, malgré leur beau format in-folio et la belle impression de quelques-uns, comme des éditions quasi scolaires, et nullement comme des monuments de critique philologique ou littéraire. Bâle fournissait alors de livres classiques, de livres grecs surtout, le tiers ou la moitié de l'Allemagne protestante. Tout ce que demandaient les éditeurs les plus soucieux de leur bon renom, depuis Hervage jusqu'à Henricpetri, c'était un texte un peu plus châtié qu'on pût mettre aux mains des étudiants, non pas encore à bas prix, mais à un prix accessible. Castellion s'y prêta pour les œuvres d'Homère et des historiens, comme ses collègues, Hopper pour Lucien, Lepusculus et Hospinianus pour Aristote, Curione pour Cicéron. A ce travail un peu sommaire il ne laissait mettre son nom qu'à contre-cœur, sentant bien ce qui y manquait. N'insistons pas contre son gré sur ces publications, qui ont eu leur moment d'utilité pratique, mais qui tombent à une heure ingrate, après que s'était clos l'âge héroïque de la Renaissance et avant que se fût levée cette seconde génération d'hellénistes que devaient guider dans des voies nouvelles les Estienne, les Joseph Scaliger et les Casaubon.

IV

Est-ce le souvenir encore vivant des cours de Castellion à l'Université? est-ce l'appréciation, plus équitable que nous ne pouvons la faire aujourd'hui, de ses travaux d'helléniste, qui inspirait quelques années après à un juge compétent et impartial entre tous ce mot d'éloge et de regret : « *Utinam tanti ingenii tamque bonis artibus ac literis eruditi vis illa in hoc unico græcæ professionis argumento versari maluisset! Nihil mea quidem sententia, in isto genere laudis, Basilea comparandum habuisset*[1]. »

1. Dans son célèbre opuscule *Basilea*, p. 52. — Bayle exprime le même regret.

Ce jugement de Ramus mérite d'être recueilli et parce qu'il vient de lui et parce qu'il donne le reflet de l'opinion que l'illustre voyageur trouvait établie à Bâle peu après la mort de Castellion. Et quelle belle inconséquence que ce conseil rétrospectif de sagesse donné par un homme qui précisément alors voyageait pour échapper aux persécutions, qui trouvait dans ce voyage et dans cette ville même l'occasion de se donner tout entier, lui, le lettré par excellence, à l'étude de la théologie protestante, qui enfin n'allait rentrer en France que pour être une des glorieuses victimes de la Saint-Barthélemy!

On n'est pas maître de sa conscience, et, comme ce sera l'honneur de Ramus d'y avoir obéi, c'est celui de Castellion de n'avoir pas su prendre le parti de la sagesse. Il est parfaitement vrai, l'hellénisme ne lui suffit pas longtemps. Le mouvement intérieur de sa pensée, que nous avons pu suivre ou deviner depuis ses débuts à Lyon, s'était continué et accentué. Non seulement l'auteur du *Moses latinus* est revenu de ses innocentes exagérations cicéroniennes; non seulement il met désormais tout le prix de la vie dans la vie morale, tout le sérieux de la pensée dans la pensée religieuse, mais les événements, en l'instruisant, l'ont attristé : le triomphe de Calvin est pour lui la preuve que la Réforme va nécessairement ou s'arrêter ou dévier, dans tous les cas démentir ses principes. Il sent l'inutilité de la résistance, et il lui arrive comme à tous ceux que le présent trahit : ils se rejettent vers l'avenir. Le besoin de progrès qui ne peut se traduire en actes s'épanche en mélancolie.

L'âme froissée et meurtrie se reploie dans le mysticisme, le seul asile qui lui reste, et elle ouvre en elle-même un secret sanctuaire au culte que les temples ont répudié. C'est une erreur de voir une disposition morbide dans ce qui n'est, à vrai dire, que la dernière consolation des natures nobles; ce fut celle des âmes tendres rudoyées par la barbarie à tous les âges de l'histoire. Faut-il s'étonner de la retrouver chez un homme qui avait entrevu l'idéal du monde nouveau, et qui voyait l'Église s'en détourner avec aversion pour chercher son salut dans un redoublement de persécutions?

D'année en année, Castellion a plus besoin de croire à l'impossible, d'espérer contre toute espérance et d'opposer à la réalité le rêve, cette réalité de demain. C'est de plus en plus, on le remarque autour de lui, l'homme de la prière et de la méditation. Nous avons vu de quel accent il écrivait dès 1554 à son élève de cœur, Basile Amerbach [1]; la même note est plus pénétrante encore dans tel autre rapide billet à un autre étudiant qu'il aimait tendrement, Félix Platter [2]. Bientôt cette soif de piété intime et tendre lui fera trouver aride tout ce qui ne va pas droit à l'âme.

C'est sous l'empire de ces sentiments qu'il écrivit sa préface de la traduction d'Homère. On y lit une page dont la ferveur étonne et inquiète :

« Il y a vingt-deux ans environ [3], j'étais tout jeune, séduit par l'éclat du nom d'Homère et plus encore par la beauté de ses chants, je me suis adonné à cette lecture avec plus de passion que je n'aurais dû; les saintes lettres au contraire, tout en m'attirant, me rebutaient alors par leur défaut d'élégance, et je ne m'y appliquais pas autant qu'il convenait. Et maintenant que mon âme, éclairée par Christ d'une lumière plus haute, voudrait se consacrer tout entière à ces études meilleures, la nécessité veut que j'exerce dans l'âge mûr l'art trop aimé de ma jeunesse. Il m'arrive comme aux Israélites qui, après avoir volontairement servi les Chaldéens, les servirent ensuite de force. C'est un trait de la justice divine, que chacun soit puni par où il a péché. Je rappelle ceci afin que par mon exemple les jeunes gens apprennent à traiter l'accessoire comme accessoire, l'essentiel comme essentiel, à ne pas faire de la maîtresse la servante et de la servante la maîtresse, c'est-à-dire à ne pas s'attacher essentiellement aux sciences humaines en ne donnant aux sciences divines qu'une attention passagère, car il est juste que les sciences divines aient le pas sur les sciences humaines [4]. »

Le contre-coup de ces dispositions se marque jusque dans son enseignement : le maître de lettres anciennes semble craindre que ses élèves ne s'y attachent trop. Le bruit ne tarde pas à se répandre que sa piété déborde sur ses cours.

1. Voir ci-dessus, t. I, p. 259.
2. Surtout dans celui du 10 décembre 1554. Voir à l'Appendice.
3. La préface étant de 1561, cette indication nous reporte bien à 1539, c'est-à-dire à la fin de son séjour à Lyon.
4. M. Mähly (p. 33) fait très judicieusement observer, à l'aide du texte même des règlements scolaires, que cette préoccupation de subordonner tout l'enseignement et tous les enseignements à un but religieux n'était pas spéciale à Castellion, mais animait et pénétrait toutes les Universités protestantes.

Nous en avons un curieux témoignage dans une lettre intime de Thomas Platter à son ami Utenhovius [1] (1555).

Jean Utenhovius, issu d'une famille noble de Gand, après avoir été pasteur en Angleterre, s'était réfugié à Bâle lors des persécutions, et allait continuer sa militante carrière dans les Pays-Bas et en Pologne, où il devait être l'actif auxiliaire de Jean de Lasco. Il avait laissé ses trois fils à Bâle, les deux aînés chez Castellion, le troisième, Charles, chez Thomas Platter. Un peu plus tard le père, jugeant le jeune Charles assez avancé en grec et même en hébreu, voulut qu'il allât rejoindre ses frères chez Castellion. Platter raconte au père en grand détail avec sa fine bonhomie la petite scène qui s'est passée. Charles, en apprenant l'ordre de son père, éclate en sanglots : « Ah ! si mon père savait, il ne m'enverrait pas chez maître Castalio, il ferait plutôt revenir mes frères avec moi. Ils n'ont rien fait chez lui que désapprendre, et je ferai comme eux. Il ne leur permet pas de rien lire d'autre que l'Écriture sainte. Sans doute c'est un homme pieux et savant, mais avec tant de piété nous n'oserons pas même vivre. Que deviendrons-nous dans le monde si nous n'avons que la piété ? » Et tous les discours qu'on devine, avec la mesure qu'on peut attendre d'un garçon de vingt ans.

Le bon Platter fut touché, il alla s'expliquer avec Castellion, garda son pensionnaire, écrivit au père, qui était alors à Paris, et lui fit entendre confidentiellement que ces jeunes gens n'avaient peut-être pas tout à fait tort, qu'ils n'osaient pas se plaindre, sachant en quelle estime particulière leur père tenait Castellion, mais que selon toute apparence ce poignant souci des choses de l'âme, surtout de l'effort moral qui était pour lui toute la religion, pouvait bien détourner le maître et les élèves de l'étude des poètes, des rhéteurs et des historiens [2]. Ces impressions sont intéres-

1. Cette pièce, que nous n'avons pas encore vue reproduite *in extenso*, se trouve à la suite des lettres de Thomas Platter à son fils (t. XIX *Epistolarum latinarum*), dans les riches archives du Frey-Grynäisches Institut de Bâle.

2. Ita sentit (Castalio) nihil esse magis pium et animabus nostris salutarius quam ut divinarum literarum lectioni nos unice demus, meditemur et ad legem voluntatemque Dei totis viribus tendamus, missa faciamus reliqua omnia, ut poetas, historiographos, rhetores, linguas et quicquid unquam ab hominibus inventum est et quæ magis ad fastum humanum quam animi pietatem conciliandam conducant.

santes à recueillir. Ajoutons cependant qu'il ne faudrait pas les accepter sans contrôle : tel que nous connaissons le jeune Charles Utenhovius, peut-être eût-ce été un insigne bonheur pour lui de passer par la discipline qu'il redoutait si fort ; et peut-être est-ce précisément parce qu'il le voyait porté aux plus vaines futilités littéraires que Castellion lui en avait sévèrement prêché le dédain au lieu de le traiter comme d'autres de ses professeurs en enfant gâté [1]. Nous avons de ce jeune homme tout un volume de poésies latines et françaises bien fait, malgré les éloges de Joachim du Bellay, pour justifier cette conjecture : il aurait eu vraiment besoin qu'on lui apprît à faire des vers difficiles, qu'on le guérît du goût des acrostiches et des anagrammes [2], et c'est grand dommage que Castellion n'ait pas réussi à lui faire préférer à ces sornettes les lectures sérieuses.

Il s'en faut de beaucoup que la majorité des étudiants ait partagé cette terreur du jeune Utenhovius soit pour la sévérité de l'intérieur de Castellion, soit pour la teinte religieuse de son enseignement. Nous trouvons au contraire un certain nombre de lettres et de billets — dont nous reproduisons quelques-uns dans notre Appendice — qui confirment au contraire et expliquent le témoignage formel de François Hotman. Le futur auteur de la *Franco-Gallia* séjournait alors à Bâle, il voyait de près la jeunesse (il avait lui-même trente et un ans). En rendant compte à Bullinger de l'état des esprits, il ne lui dissimule pas la popularité de Castellion [3], l'autorité qu'on lui prête en matière religieuse, la faveur même qui vient d'accueillir la préface de sa Bible française, contre laquelle Hotman au contraire se propose d'écrire vigoureusement.

1. On peut lire à la Bibliothèque nationale (fonds latin, 8588) une touchante lettre signée « Philippus Bechius, basil. acad. professor », adressée à Charles et lui apprenant la mort d'Isengrin (typographorum basiliensium τὸ ἄλφα) (31 mars 1557). Bech était le collègue de Castellion dans la 2ᵉ classe de la Faculté des arts.

2. Caroli Utenhovii F(ilii) patricii Gandavensis *Xenia seu Allusionum* liber primus. Basilæ, 1568, cal. jan.; in-8, 144 p. Un de ses jeux de mots familiers, roule sur la décomposition de son nom qu'il dispose ainsi : Κ'ΑΡ-"ΟΛΟΣ, Θεῷ ξυν, ΟΥΘΕΝ-'Ο-ΒΙ ΟΣ πέλω θεοῖο. Il multiplie les *anagrammatismos* sur « Madame Elisabeth Royne » (où il lit : « La rosée de may m'ha bénit »), les *odelettes*, *estrenes*, *sonnets* à Élisabeth et à Marie Stuart, à Catherine de Médicis, à Ronsard, à Théodore de Bèze, etc.

3. « Castalionis ita sunt studiosi et amantes plerique ut hoc, quasi Atlante cœlum, fulciri religio et pietas existimetur. » (*Opp. Calv.*, XV, 803, 3 cal. oct. 1555.)

Pendant ses neuf années de professorat à l'Université, nous voyons Castellion rester en relations très affectueuses avec plusieurs de ses anciens pensionnaires. Nous pourrions y distinguer plusieurs groupes. D'abord celui des Français venus de Lyon ou de la Savoie : le fils de son ancien camarade de Lyon, George Argentier [1], accompagné ou précédé à Bâle par son frère, Antoine Argentier, aussi de Chieri [2] en Piémont [3]; — Jean Perraton, neveu d'un conseiller au parlement de Chambéry [4]; — trois jeunes Lyonnais de la famille des Fournier et de Jean des Gouttes [5]. Il y faut ajouter ce Petrus de Villate, jeune Toulousain dont nous reproduisons une lettre pleine d'entrain juvénile [6] : il raconte comment à Strasbourg on l'a traité de Castalioniste; son premier mouvement a été de mettre la main à l'épée, mais il s'est souvenu du conseil tant de fois donné d'user d'autres armes, et il s'est mis à défendre par des arguments en règle son maître, que Farel et Bèze, passant par la ville, avaient traité de « mauvais garson ». Il est vrai qu'il finit par demander l'explication d'un passage de l'Apocalypse qu'on lui a objecté et qu'il n'a pu rétorquer.

Un autre groupe comprendrait les Flamands et Frisons, ce Hessel Aysma que nous avons déjà cité [7] et plusieurs autres que nous aurons l'occasion de revoir formant comme le clan néerlandais à l'Université.

Donnons une place à part à une famille française, trois étudiants, deux frères sans doute et un cousin, Jean et Élie de la Boyssière et Isaac Tregouet, qui sont et qui restent non seulement ses amis, mais ses confidents. On en peut juger soit par la lettre que Tregouet lui écrit de Francfort (16 septembre 1558) et qui le tient au courant des propos répandus

1. Immatriculé à l'Université en 1555 (fol. 193).
2. Immatriculé en 1553 (fol. 190).
3. George Argentier récrit à Castellion pour le presser de s'occuper de la vente de ses livres, « res non tam parvi momenti », dont il avait chargé Pierre Perna. La lettre est datée « Taurini 4 Aug. 1558 », et signée : « Tuus tanquam frater, Geo. Argenterius ». (Bâle, K. A., C. 2, p. 301.)
4. Voir notre Appendice (lettres de Jean Trémule et de l'avocat Ballandi, 26 avril 1554).
5. Immatriculés en 1553 : Bermundus Fornerus, Gallus; Hieronymus Gutanus, Joanne Gutanus, Galli (fol. 188).
6. Voir notre Appendice, 2e partie, lettre datée de Heidelberg, 4 non. dec. 1557.
7. Voir ci-dessus, p. 64 et 80, et à l'Appendice sa lettre du 25 août 1555.

contre Martinus Bellius [1] et des lettres de Calvin, soit par la lettre de Castellion que nous reproduisons en fac-similé [2] : c'est la seule que possède la Bibliothèque nationale. Elle permet de juger du degré d'intimité entre le maître et les élèves, devenus étudiants à Wittemberg et qu'il charge de ses commissions pour Hubert Languet et Mélanchthon.

Une dernière mention est bien due au groupe polonais qui, nous le verrons plus loin, se chargera non seulement d'élever un tombeau au maître vénéré, mais de défendre sa mémoire [3].

V

Mais, malgré toutes ces preuves du vif attrait qui a groupé et retenu autour de lui une partie au moins de l'élite de la jeunesse, il faut bien convenir que Castellion est enclin à l'isolement. On ne se le représente pas très répandu dans la société bâloise, même dans le petit monde universitaire. Il y avait entre eux et lui trop de points délicats à réserver. Avant tout et plus qu'un autre il a besoin de sûreté dans l'amitié; il se sait suspect, et il a la fierté un peu ombrageuse des vaincus ou des incompris. De ses trois collègues dans la seconde classe de la faculté des arts, Curione, qui, en 1553, était le doyen, paraît bien celui de qui il devait le plus se rapprocher; mais quelle différence de tempérament entre ces deux hommes : l'un qui reste cicéronien, orateur et rhéteur, l'autre qui, creusant de plus en plus sa propre pensée, se détache peu à peu et des superstitions humanistes et des superstitions bibliques [4].

Parmi les autres professeurs de la Faculté, Pantaléon, Marc Hopper et Hospinianus paraissent seuls avoir été liés avec lui, sans aller pourtant jusqu'à l'intimité. Il ne faut pas oublier d'ailleurs que Castellion parlait très imparfaitement l'allemand, et cette raison eût suffi à restreindre singulièrement ses relations dans une ville comme Bâle.

1. *Opp. Calv.*, XVII, 340.
2. Voir Appendice, 2e partie, 1er septembre 1559.
3. Voir ci-après, chap. XXI.
4. Nous ne savons rien de ses relations avec ses deux autres collègues, Philippe Bech (grec et logique) et Nysæus (*Rhetorica ad Herennium*), non plus qu'avec leurs successeurs.

S'il a peu d'amis, ceux qu'il a choisis et qui lui restent fidèles sont pour lui plus que des frères. Nous en avons eu déjà la preuve par ses relations avec Amerbach, avec Platter, avec Oporin [1]. Ces trois hommes, qui dans des situations si différentes avaient été ses premiers protecteurs à Bâle, lui restent jusqu'à son dernier jour étroitement attachés. Les deux premiers, nous l'avons vu [2], recherchaient pour leurs fils comme une faveur ses lettres courtes mais viriles et pénétrantes. Le troisième, Oporin, n'avait pas de fils, mais Castellion rencontra dans sa famille un jeune homme, presque un enfant, à qui il s'attacha et qui, dans la suite, ne l'oublia pas. C'était le propre neveu d'Oporin, le fils de sa sœur Christine : il s'appelait Théodore Zwinger. Il avait perdu son père à l'âge de cinq ans, et, avec sa générosité naturelle, Oporin avait recueilli la veuve et l'orphelin. La veuve se remaria quelque temps après avec un des premiers professeurs de l'Académie, le théologien, helléniste et géographe Conrad Lycosthènes, qui fut pour le jeune Théodore un second père.

Théodore n'avait pas seize ans qu'il brûlait de voyager pour s'instruire. Son maître, Thomas Platter, l'avait nourri de l'exemple des grands humanistes de la Renaissance, qui étaient tous de grands voyageurs, et l'enfant écrivait à ses parents : « Le lettré qui n'a pas voyagé est comme un pain qui n'est pas cuit ». Il partit pour Lyon, entra chez l'imprimeur Beringer comme correcteur, et y resta assez pour amasser de quoi aller reprendre ses études à Paris; là il suivit les leçons de Ramus, qui l'accueillit comme de tels professeurs accueillaient alors de tels élèves. Il venait de rentrer à Bâle, n'ayant guère plus de vingt ans, au moment où Castellion entra comme professeur à l'Université (1553). Il eût pu y continuer ses études, notamment les études grecques où il s'était déjà distingué; mais un autre imprimeur, le Lucquois Pierre Perna, réfugié à Bâle pour cause de religion, l'engagea sans peine dans une autre voie : il connaissait la France, il fallait connaître l'Italie. Théodore

1. Voir ci-dessus, t. I, p. 240-245, 253-258.
2. Voir t. I, p. 259 et à l'Appendice.

Zwinger partit pour Padoue, y étudia la médecine et n'en revint que cinq ans après, avec le laurier doctoral (1558).

Une brillante « disputation » publique suivant l'usage lui permit de donner avec éclat la preuve de sa science et de son talent. Une jeune et riche veuve que demandait alors en mariage un des premiers négociants de la ville, aidée peut-être des conseils d'Amerbach, donna la préférence au jeune et pauvre docteur : ainsi fut fondée une famille qui devait, pendant trois siècles, donner à Bâle une de ses plus belles dynasties de savants. Quelques années après, Théodore Zwinger publiait le *Theatrum vitæ humanæ*, et c'est lui qui succédera à Castellion dans la chaire de grec (1564).

VI

Il nous reste à parler des deux hommes avec qui l'amitié de Castellion fut vraiment profonde et intime : Jean Bauhin et Nicolas Zurkinden.

Jean Bauhin d'Amiens était un chirurgien français qui avait fait ses études ou une partie de ses études à la Faculté de médecine de Paris, où son nom figure dans les comptes annuels de la Faculté aux années 1533-1537 [1].

Jean Bauhin paraît avoir de bonne heure embrassé la Réforme. Il fut porté sur une des premières listes de suspects soumis à comparaître pour se purger du soupçon d'hérésie. Il fut même ou condamné ou même, suivant certains témoignages, emprisonné. Il paraît avéré qu'il courut les plus graves dangers et n'y échappa que grâce à l'intervention de celle qui fut pendant quelques années la providence des hérétiques, la sœur du roi, encore assez puissante alors

1. *Commentarii Facultatis Medicinæ parisiensis*, t. V (ms. in-f°, Archives de la Faculté de médecine). On lit sous la rubrique des Recettes (*Recepta alia a tondentibus chirurgis*) :

En 1532-33 (f° 15) a Joanne Bouyn — 11 s. VI d.
En 1533-34 (f° 37) a Joanne Bouyn — 11 s. VI d.
En 1534-35 (f° 52) a Joanne Bauyn — 11 s. VI d.
En 1535-36 (f° 69), le compte est donné sans détail.
En 1536-37 (f° 85) a Joanne Bauyn — 11 s. VI d.

Il n'est pas impossible, il n'est même pas invraisemblable que Bauhin ait connu à cette époque à Paris Michel Servet, notamment au moment où celui-ci eut avec la Faculté sa vive discussion à propos de l'astrologie judiciaire (même registre ms., f° 97).

pour les sauver provisoirement. Mais pour ceux que la ferveur de leur zèle ou la décision de leur caractère rendait incapables de certaines précautions, il n'y avait de salut définitif que dans l'exil : Bauhin quitta la France sans esprit de retour. Nous le trouvons établi à Bâle dès 1541, date de la naissance de son fils Jean, celui qui devait faire l'illustration de la famille [1].

La situation de Jean Bauhin à Bâle pendant ces premières années n'a pas encore été parfaitement éclaircie. Chirurgien de la Faculté de Paris, attaché très jeune en cette qualité à Marguerite de Navarre, peut-être même au roi de France, il n'était cependant pas docteur : au début de son séjour il eut surtout pour moyens d'existence ses travaux de correcteur chez Jérôme Froben. Plus tard, voulant sans doute exercer la médecine et faire partie du *collegium medicorum*, il dut pour se conformer aux nouveaux règlements académiques, se faire inscrire à l'Université, de sorte que le nom du père s'y trouve quelques années après celui du fils [2]. En 1558, toujours pour achever de se mettre en règle, il publie la dissertation requise pour être admis à pratiquer [3].

Plus tard, en raison de sa grande notoriété, peut-être aussi de la situation considérable de son fils aîné devenu de bonne heure un des princes de la science, l'Université de Bâle appellera Jean Bauhin dans le conseil de la Faculté de médecine [4] et l'en nommera même doyen, peut-être seulement *honoris causa*, à un âge avancé [5]; mais pendant la période qui nous occupe, Jean Bauhin, bien que connu dans la ville

1. Jean Bauhin (1541-1613) fit ses études à l'Université de Bâle, puis à celle de Tubingue, parcourut les Alpes avec Conrad Gesner et se fit recevoir docteur à Montpellier en 1562. Il était établi à Lyon à l'époque de la mort de Castellion, et il fut déféré au consistoire, principalement comme étant, ainsi que son père, un sectateur fervent de Castellion.

2. Le père immatriculé le 20 décembre 1557 : « *Joannes Boinus medicus* ». Le fils est inscrit comme étudiant en l'année 1554-55 « *Joannes Bohinnus* » (avec cette addition explicative d'une autre main : « *Bauhinus, Johannis filius* ».

3. C'est son seul écrit imprimé : « *Quæstiones medicæ tres totidemque conclusiones* ». Basileæ, 1558, in-f. (note de M. Bernus).

4. 1574-75. Hic tempore Basileae discessit D. Er. Osvaldus Schreckenfuchsius, Mulhusium publico stipendio evocatus. Ejus loco paulo post receptus est in consilium facultatis medicæ Dominus Johannes Bauhinus senior (*Histor. colleg. med.*, p. 29). Son fils en était déjà membre depuis 1572 (note de M. Bernus).

5. Le 2 juin 1580. Enfin sa mort est relatée en ces termes dans le même document manuscrit, *Historia collegii medicorum* : « Anno 1582, die 23 januarii, media duodecima meridiana, placide in Domino obdormivit D. [Dominus] Johannes Bauhinus senior sive pater, anno ætatis suæ 72, postquam per annos 40 civis Basiliensis fuisset ». (Idem.)

sous le nom de *doctor gallus*, n'avait ni titre ni emploi officiel.

Dès 1550, nous trouvons Jean Bauhin et Castellion très liés : ils habitent la même maison et vivent presque ensemble : les correspondants de l'un ne manquent jamais de saluer l'autre. Il en est ainsi surtout dans les lettres provenant de parents, d'anciens élèves et d'amis qui ont vécu dans la familiarité de Castellion.

Malgré le peu que nous savons de Bauhin, la raison principale de son intimité avec Castellion semble bien avoir été l'affinité de leurs idées ou plutôt de leurs sentiments religieux. Herzog rapporte un trait significatif : chez lui le praticien était doublé de l'homme de cœur et ne s'en séparait pas; il savait les miracles que peut faire un accent de sympathie. « J'ai souvent, disait-il, fait plus de bien aux malades par mes prières que par les médecines les plus efficaces [1]. »

La correspondance des calvinistes, celle de Farel surtout — qui, nous ne savons comment, était merveilleusement au courant de tout ce qui concernait Bauhin [2] — nous présente à maintes reprises « le médecin picard » comme le plus chaleureux partisan de Castellion [3], le complice de toutes ses menées [4], le propagateur de sa doctrine sur la tolérance [5], de ses critiques contre la prédestination, de ses opinions sur la Bible et la valeur non absolue des Ecritures [6], enfin et surtout le confident de son mysticisme et de ses rêveries à demi anabaptistes [7] : nous aurons à revenir sur ce dernier point.

L'autre ami intime de Castellion, nous le connaissons déjà [8], c'est l'ancien bailli de Nyon, le chancelier ou secrétaire du gouvernement bernois, Nicolas Zurkinden [9].

1. Ipsemet confessus se apud ægrotantes precibus suis plus efficere quam efficacissimis medicamentis. (*Adumbratio eruditorum Basiliensium*, 1780, p. 8.)

2. Voir notamment ses lettres de 1555-1557. (*Opp. Calv.*, XV, 513, 596, 633, et XVI, 549.)

3. « Ex intimis semper Castellionis amicis et illius quasi juratus discipulis », expression des pasteurs de Lyon, lors des démêlés de Jean Bauhin fils avec le consistoire de cette église, au printemps 1565.

4. Surtout pour introduire le *bellianisme* dans le pays de Montbéliard (voir ci-après chapitre XXI).

5. *Opp. Calv.*, XV, 634.

6. *Ibid.*, XV, 513 : Boinum insignem certitudinis Verbi damnatorem.

7. *Ibid.*, XV, 633; XVI, 549. Farel le soupçonne d'avoir coopéré à la *Théologie Germanique*. — (Sur ses relations avec David Georges, voir plus loin notre chapitre XVIII.)

8. Voir ci-dessus, t. I, p. 351 et suiv. et dans le présent tome II, p. 66.

9. En dialecte bernois Zerkinden, quelquefois francisé sous le nom de « Sr des Enfants ».

Si l'on veut voir dans sa plénitude la véritable amitié rapprochant des hommes que tout sépare, la langue, la nationalité, les occupations, la fortune, le caractère et le tempérament; si l'on veut surtout apprécier jusqu'où peut aller dans de telles conditions la confiance fondée sur l'estime mutuelle, il faut lire ce que nous possédons de la correspondance entre l'homme d'État bernois et le professeur de Bâle.

Nous ne croyons pas qu'on nous reproche comme un luxe superflu d'avoir reproduit *in extenso* dans notre Appendice le *commercium epistolicum* heureusement conservé de ces deux hommes de bien. Et il nous semble qu'à le parcourir on se pénétrera, mieux que par toutes les considérations générales, de cette vérité qu'il y avait dès cette époque des esprits libres, ouverts à toutes les idées modernes, prenant en pitié toutes les mesquineries du jour et tous les préjugés de leur entourge. Cette hauteur d'indépendance et d'impartialité est même, nous semble-t-il, le premier trait qui frappe dans cette belle physionomie de Zerchintes telle que nous la fait entrevoir sa correspondance, et c'est bien par là qu'il a dû tout d'abord attirer Castellion. On a déjà vu comment il parlait à Calvin [1] et de Calvin [2]; il faut voir ici à quel point il se garde des jugements tout faits, des antipathies de parti ou de secte : sans rien diminuer de ce qu'il croit devoir au réformateur de Genève, il accueille tous ses adversaires sans la moindre prévention ou plutôt avec une nuance marquée de bienveillance, comme s'il se défiait de la calomnie inconsciente, la plus féroce de toutes. Il est très lié avec Béat Comte [3] qui appelle couramment Calvin « l'archevêque de Genève », avec Zébédée [4] dont il connaissait pourtant les défauts [5], avec le Sicilien Jules César Pasquale [6] si suspect à Genève, plus tard avec le jurisconsulte Baudouin [7] alors même qu'il écrit ses violentes diatribes contre Calvin, avec

1. Voir t. I, p. 354.
2. Voir ci-dessus, p. 66.
3. Appendice, lettres XI et XIV.
4. Appendice, lettre I.
5. Voir ci-dessus, p. 67.
6. Appendice, lettre XIX. Voir ci-après, chap. XVII, § 4.
7. Appendice, lettre XXV.

Teglio [1] dont il n'ignore pas la réputation d'hétérodoxie, enfin avec Gribaldi, accusé des plus graves hérésies [2]. La lettre où il s'explique sur le compte de Gribaldi le peint tout entier : il a vu que cet Italien comme tant d'autres avait la passion des controverses métaphysiques; accusé d'opinions antitrinitaires, Gribaldi tient absolument à se défendre, il veut qu'on l'expulse s'il a tort, au lieu de consentir à se retirer sans bruit. Zerchintes, qui a entendu son interprétation de la Trinité, juge qu'elle revient à admettre trois dieux, dont un suprême et les deux autres inférieurs. Cette doctrine lui paraît inacceptable. « Néanmoins, dit-il simplement à Castellion, je n'ai pas manqué de secourir un homme en péril et en péril extrême, j'ai tâché de l'en arracher malgré lui [3] non sans m'être attiré bien des reproches et des soupçons », à commencer par ceux de Calvin, auxquels le chancelier répondit lui-même une lettre touchante de droiture, de mansuétude et de fermeté [4].

A Bâle ses relations de prédilection sont bien du même ordre : Calvin les eût toutes stigmatisées du mot dont il résume ordinairement ses impressions sur Zerchintes, *nimia mansuetudinis affectatione* [5]. Les amis qu'il salue dans toutes ses lettres à Castellion sont les moderés de tous les partis : Simon Sulzer [6] dont la souplesse mérita dans la suite d'être jugée plus sévèrement, Martin Borrhée [7], le pasteur Brandmuller [8], enfin Oporin [9] et Curione [10]; il y ajoute Bauhin à

1. Appendice, lettre XXIII.
2. Lettre IX.
3. On sait qu'en effet Gribaldi en fut quitte pour l'exil.
4. Lettre datée idibus junii 1558 (*Opp. Calv.*, XVII, 204). C'est là qu'il dit que des trois ennemis de Calvin avec lesquels on lui reproche d'être lié — Gribaldi, le médecin Georges Blandrata et Castellion, — il a bien vu à différentes reprises les deux premiers, mais jamais le troisième qu'il ne connaît que par sa correspondance. Et il offre de la montrer à Calvin qui n'y trouvera pas un mot offensant pour lui. Il a d'ailleurs, ajoute-t-il, écrit à Castellion pour l'engager à ne pas épouser la querelle de Zébédée, et Castellion a suivi son conseil. Enfin il vient de lui écrire pour lui reprocher d'avoir envoyé en France clandestinement les *Articles* contre la Prédestination, au lieu de les adresser à Calvin lui-même. (Voir ci-après, chap. XVII, § 2.) Il n'a pas encore la réponse de Castellion.
Cette lettre ne désarma pas Calvin, et les démarches de Zerchintes pour faire placer son ami à Lausanne paraissent avoir consommé la rupture qui pourtant coûta à Calvin. (Voir ses dernières lettres, *Opp. Calv.*, XVII, 235 et 465.)
5. *Opp. Calv.*, XVI, 609.
6. App., lettres I, VI, XI, XIII, XVII, XIX.
7. Lettres XI, VI, XIII.
8. Lettres XII, XIII.
9. Lettres XVII, XXIV.
10. Lettres I, VI, XIII, XVII, XIX, XX, XXII, XXIV.

partir du moment où il a fait sa connaissance à Bâle en 1559 [1].

Mais ce qui plus profondément encore que l'affection personnelle attirait ces deux hommes l'un vers l'autre, c'était une intime communauté d'aspirations religieuses. Castellion trouvait en Zerchintes un homme qui avait autant que lui la soif de la vie religieuse et presque plus que lui la défiance ou le dédain des formules scolastiques qu'il se permettait d'appeler tour à tour des « subtilités » [2] et des « inepties [3] » : c'est dans l'action, dans la vie morale qu'il mettait tout le sérieux de la religion [4].

Un incident de leur correspondance nous fait pénétrer dans l'intimité de ces entretiens qui leur étaient si chers. Castellion insistait auprès de son ami sur le vrai caractère de la foi : confiance en Dieu sans doute avant tout, mais aussi confiance en nous-mêmes, *fides* synonyme de *fiducia*. Et à ce sujet il veut lui faire lire un livre qui l'a frappé. C'est la *Théologie Germanique*, ce livre anonyme attribué à un prêtre ou *custos* de Francfort du XVe siècle, que Luther avait découvert et publié avec une préface enthousiaste tout au début de sa carrière. Castellion a le projet d'en faire une traduction latine. Et il envoie le texte allemand à son ami de Berne, avec cette appréciation sommaire : *Liber obscurus, sed magno spiritu* [5].

« Oui, lui répond Zerchintes [6], *magno spiritu*, mais que de paradoxes, que d'hyperboles, quelles hardiesses, quel besoin de vie extatique! » Et il faut lire toutes les remarques judicieuses que lui suggère, chapitre après chapitre, ce manuel du parfait mystique. Tantôt l'auteur veut que Dieu ne s'aime pas en tant que Dieu, mais en tant que Bien. Tantôt sa charité va jusqu'à croire qu'il y a quelque chose de Dieu même dans les démons ou que Dieu ne pouvait pas ne pas faire grâce à Judas. Tant d'audace alarme ou la piété ou

1. Lettre XVI.
2. Voir par exemple Appendice, lettre XXV : Relinquo Calvino suas speculationes argutas, ipsi authori tenebras offundentes.
3. Herminjard, IV, 407.
4. Quando *actio* debet esse vita christiani hominis potius quam *speculatio*.
5. Appendice, lettre II.
6. Lettres III et IV.

le solide bon sens de Zerchintes. Plus loin, l'auteur exige du chrétien un désintéressement absolu : ce n'est pas le salut, c'est le bien en soi qu'il faut poursuivre. Zerchintes convient que cela passe la mesure. « Décidément, dit-il, cet homme veut nous déifier. C'est plus que du stoïcisme. Je n'en suis pas là. Je m'en tiens humblement aux rudiments, à cette piété plus humaine et moins idéale dont heureusement le Christ et les apôtres se sont contentés au moins pour les novices : *malo tirocinium Christi et apostolorum.* » Enfin l'auteur du livret s'exaltant lui-même, comme il arrive aux mystiques, veut que le chrétien soit assez détaché de lui-même pour qu'il lui devienne en quelque sorte indifférent d'être damné ou de jouir de la félicité éternelle. Là Zerchintes n'y tient plus. Il reprend la plume pour dire à son ami : « Non, c'est vraiment trop de perfection. Je ne serai jamais de cette force-là. Il me faut le lait des faibles. »

La réponse de Castellion est intéressante. Il a visiblement quelque indulgence pour ces exagérations mystiques. Il réfute d'abord et avec beaucoup d'exactitude [1] les objections de son ami sur l'authenticité du traité et de la préface attribuée à Luther. Puis, abordant le fond, il s'applique à inspirer quelques doutes à son ami sur ces prétendus droits du bon sens que nous sommes toujours tentés d'opposer à toute doctrine un peu profonde. Ce que l'on ne comprend pas du premier coup n'est pas nécessairement faux. Il lui cite plusieurs exemples de textes sacrés que nous n'aurions jamais admis s'ils n'étaient dans l'Écriture. Et il donne lui-même l'exemple de la réserve qui convient en ces matières : « Après tout, c'est peut-être moi qui me trompe ».

Zerchintes réplique [2] : « Il nous faut en rester là. Cette perfection est trop haute pour moi, mais n'importe : je n'aurai pas de querelles pour cela avec ceux qui s'en croiraient capables, pourvu qu'ils supportent ma faiblesse » ; à quoi il ajoute, se corrigeant d'une manière touchante : « et même

1. App., lettre V. Il cite cinq éditions qu'il a vues. Il y en avait eu déjà beaucoup d'autres, on en compte plus de soixante-dix. (Cf. Plitt, *Deutsche Theologie* dans les *Zeitschr. f. d. Luther. Theol.*, 1865, I.)
2. App., lettre VI.

s'ils ne la supportent pas! *Redibo ad illos etiam si me ejecerint.* »

Castellion ferme le débat par une dernière lettre ou plutôt comme toujours par un billet de quelques lignes[1] : lui non plus il ne se met pas au rang des forts, mais bien des faibles, surtout quand il relit le portrait qu'a tracé saint Paul de la vraie charité. En somme, il y a dans ces élans de mysticisme et dans ces résistances du sens pratique deux tendances légitimes qui se retrouvent tour à tour dans les écrits mêmes de saint Paul[2]. Seulement, conclut-il brusquement, tout cela est trop difficile : il faudrait non écrire, mais causer à cœur ouvert : *literæ carent spiritu.*

C'est pour trop sentir ce qui manque à la correspondance comme liberté d'épanchement que Castellion en vient à écrire très peu. Presque toutes les lettres de Zerchintes lui reprochent, quelquefois avec une ironie sans amertume, et la rareté des siennes et leur laconisme[3]. Il ne paraît pas avoir corrigé son ami : il avait sans doute pris le parti de l'excuser en ne l'imitant pas.

Parmi plusieurs autres exemples de ces confidences mutuelles vraiment intimes et par là intéressantes, signalons-en une seule encore. C'est une sorte de consultation que se communiquent les deux amis sans doute à la suite d'une des visites du secrétaire d'État à Bâle chez Castellion[4], où le sujet les avait tous deux passionnés. Il s'agissait de l'usage encore universel alors de la *question*, c'est-à-dire de la torture comme moyen de procédure pénale. Nous avons eu la bonne fortune de trouver[5] le texte des propositions dans lesquelles

1. App., lettre VII.

2. Il n'est pas sans intérêt de retrouver entre deux simples fidèles lisant la *Théologie Germanique* la même divergence qu'entre Luther s'écriant : « Quel livre précieux! Je rends grâce à Dieu de pouvoir lire en langue allemande de si belles paroles », et Calvin plus perspicace écrivant aux fidèles de l'Église de Francfort (précisément à l'occasion de la traduction de Castellion) : « Encore qu'il n'y ait point d'erreurs notables ce sont badinages forgez par l'astuce de Satan pour embrouiller toute la simplicité de l'Évangile. Et si vous y regardez de plus près, vous trouverez qu'il y a du venin caché. » (23 fév. 1559, *Opp. Calv.*, XVII, 442.)

3. Voir par exemple la fin de la lettre XVII.

4. Zerchintes parlait et écrivait très bien le français (comme le prouvent plusieurs lettres de lui), ce qui était absolument nécessaire dans ses fonctions officielles à Berne, et plus tard dans son importante mission de commissaire général pour le pays de Vaud et de négociateur avec la Savoie, pour la restitution d'une partie des conquêtes bernoises après le traité de Çateau-Cambrésis.

5. Bibliothèque des Remontrants à Rotterdam, ms. n° 505, fol. 22 et 23.

Castellion avait résumé ses critiques et ses conclusions : il distinguait deux cas, celui où l'accusé est déjà convaincu du crime et celui où il n'est que soupçonné.

Dans le premier, la torture est inutile.

Dans le second, elle est à redouter comme moyen d'instruction : la souffrance ou la peur de la souffrance ou le désir de l'abréger suffit à arracher des aveux.

Viennent les objections : — Nombre de coupables échapperont si la torture est abolie. — Eh bien, répond-il, aucune loi n'ordonne de punir les crimes inconnus : contentez-vous de punir ceux que vous connaissez. — Mais quelquefois la torture a fait découvrir des coupables. — C'est possible, comme il peut arriver à un charlatan de guérir par hasard, ce qui ne prouve rien en faveur de sa méthode.

Reste l'utilité de la torture pour provoquer des dénonciations, pour découvrir des complices. Castellion la répudie absolument.

C'est à cette note [1] que Zerchintès répond dans une lettre que nous reproduisons en Appendice [2]. Il l'approuve en somme, mais comme toujours avec les réserves inhérentes à son caractère d'abord et aussi à la situation. Il y a un seul point où il est ferme, catégorique, et d'accord avec la note de son ami : c'est qu'il n'est pas concevable que des ministres du Dieu de paix encouragent sous un prétexte quelconque non pas même l'abus mais l'usage de ces supplices [3].

1. Elle est intitulée : « Contra quæstionem, hoc est tormenta quæ ad extorquendam confessionem veritatis adhibentur disputatio. »

2. Lettre XVII.

3. Castellion ajoutait en terminant sa note : « Atque hæc omnia extra religionem dicta volo. Nam religio longe aliis armis tractanda est. »

CHAPITRE XVII

PREMIÈRES POURSUITES. ÉCHEC DES CALVINISTES. APPUI DE MÉLANCHTHON

(1557-1559)

I. Castellion demande en vain de publier la *Defensio suarum translationum* en réponse aux *Annotationes* de Th. de Bèze (1557). Deux écrits contre la prédestination attribués à Castellion. — II. Voyage de Th. de Bèze et de Farel à Bâle (septembre); Castellion cité devant le Conseil pour ses propos contre la prédestination et défendu par ses collègues (novembre 1557). — III. Lettre de Mélanchthon à Castellion (novembre 1557); effet qu'elle produit. — IV. Calvin publie son traité *Calumniæ nebulonis* (janvier 1558) en réponse aux nouveaux *Articles sur la prédestination*, qu'il attribue encore à Castellion. Apologie de Castellion, *Harpago, sive defensio ad authorem libri « Calumniæ nebulonis »* (mai 1558). — V. Nouvel écrit de Th. de Bèze : *Ad sycophantarum calumnias responsio* (août 1558).

Occupé de ses cours, de ses livres grecs et de ses élèves, aussi convaincu de l'inanité de la dogmatique d'école que sincèrement absorbé par la recherche d'une théologie intérieure, faite d'amour et de foi vivante, Castellion semblait en avoir fini avec les polémiques.

La haine de ses adversaires devait l'y ramener malgré lui, bientôt même changer la nature de la controverse.

Jusqu'ici c'était seulement à la doctrine qu'on s'en prenait; désormais, ce sera à l'homme même. Qu'il se taise ou qu'il parle, c'est un homme dangereux; le cercle de la suspicion se resserre étroitement sur lui, les attaques s'enveniment. Plus il évite de donner prise par des écrits ou par des actes, plus on sent la nécessité de le forcer jusque dans son silence. Il faut à tout prix obtenir que l'autorité intervienne en quelque sorte d'office. Théodore de Bèze l'avait dit depuis longtemps : on n'en aura raison que par des poursuites judiciaires en bonne forme. C'est en ce sens que nous allons voir en effet les démarches se succéder et se préciser.

I

Cette nouvelle série d'attaques avait commencé dès 1557, mais en apparence sans rien de grave. Théodore de Bèze, en publiant, à la fin de 1556, sa traduction latine du Nouveau Testament, y avait joint des notes critiques (*Annotationes*) : sur tous les passages difficiles, ou diversement traduits, il rendait compte de son interprétation et critiquait celle ou de la Vulgate, ou d'Érasme, ou du « nouveau traducteur ». Il ne nommait nulle part Castellion; le plus souvent, il se bornait à dire : *Quidam nuper convertit....* Si parfois il lui adressait des reproches un peu vifs, l'accusait d'audace sacrilège[1], ou de blasphème[2], la critique en général ne passait pas la mesure permise, au xvie siècle surtout.

C'est peut-être cette modération inusitée qui fit sentir à Castellion la nécessité de répondre. Il ne s'agissait plus là de polémiques de circonstance, d'allusions plus ou moins désobligeantes. Un juge dont il ne pouvait récuser la compétence le prenait publiquement à partie; on signalait au public chrétien, comme entaché des plus graves erreurs, le livre même dont il avait fait l'œuvre de sa vie. L'honneur de son nom y était engagé et, plus encore, sa conscience de savant et de chrétien. Il fallait s'expliquer.

Aussi, dès le mois de mai 1557, avait-il écrit un projet de réponse. Il commençait par un exposé général de ses vues, justifiant sa méthode de traduction; puis il abordait passage après passage toutes les critiques de détail qu'il avait rele-

1. Par exemple pour sa traduction de Luc, II, 34, ou de Hébr., III, 14.
2. Éphés., I, 8.

vées dans les *Annotationes* du théologien de Lausanne. Mais un obstacle imprévu l'attendait : il avait compté sans le *veto* des « censeurs ». On s'occupait précisément à ce moment de renforcer la censure en en transférant l'exercice et la responsabilité à la « Régence » de l'Université : tout livre en préparation serait désormais soumis au doyen et examiné par un professeur que le doyen désignerait [1].

Bien que le nouveau régime ne fonctionnât pas encore, on avait prévenu Castellion que son projet de publication rencontrerait des difficultés. Aussi, dès la première page du manuscrit, avait-il inséré tout un plaidoyer où il réclamait le droit de se défendre publiquement : s'adressant aux censeurs, il leur représentait que le refus d'autorisation de leur part serait un déni de justice, un acte d'arbitraire en opposition avec leur office de *censores renovatæ religionis* [2]. Ce passage ne toucha pas les censeurs ou les toucha trop : ils commencèrent par le supprimer avec quelques autres; et puis, ces sacrifices faits, ils ne se décidèrent pas à donner la licence d'imprimer. La refusèrent-ils expressément? rien ne le prouve. Il est plus probable qu'ils se bornèrent à l'ajourner, sans prévoir que l'ajournement durerait plu-

1. Thommen, p. 37-40.

2. Voici le texte inédit des principales phrases de ce passage intéressant supprimé par la censure. (Il nous a été conservé en manuscrit dans un exemplaire de la *S. Castellionis Defensio* de 1562 à la suite du texte imprimé; un ami de Castellion avait copié ou fait copier les parties supprimées par la censure, sous ce titre : *Quæ fuerunt sublata ex hoc responso*, en indiquant la page et la ligne où elles devaient être rétablies.)

« Nullus est tam facinorosus reus quin ei permittat humanarum divinarumque legum æquitas, antequam damnetur, causam dicere, idque apud eosdem apud quos ipse accusatur. Hanc ego reus legum æquitatem imploro;... postulo ut quantum latronibus hactenus etiam a tyrannis est permissum, tantumdem et mihi a vobis qui *Censuræ renovatæ religionis* dicimini præesse permittatur.... Quid aliud est, proh Deûm atque hominum fidem, contra me virulentissime scripta pati in omnium conspectum spargi, meam vero defensionem ne audire quidem velle, nedum scriptis invulgari, quam me inermem vinctis manibus ac pedibus adversario tradi ad jugulandum?... Hoccine *Censorum restauratæ religionis* officium?...

« Judices autem postulo non eos qui sunt adversarii accusatoresque mei.... Dentur mihi judices nec amore nec odio cæcati, hoc est pii, et qui adhuc alteram aurem ad audiendum reum apertam habeant....

« Accusor autem non privatim neque in aliquo urbis alicujus concessu aut senatu, sed publice, non solum multorum verbis, sed impressis et publicatis toto pene terrarum orbe libris; idque non a quibusvis, sed ab iis qui se christianæ gentis, si diis placet, arbitros esse volunt... quorumque judicio tantum vulgo a plerisque tribuitur ut quos ipsi damnaverint eos nec visos nec auditos illorum discipuli audacissimè damnent non minus quam si Deus ipse pronunciasset. Et accusor non leniter aut semel, sed ita acriter itaque multis jam, ut facile appareat quænam illos sitis exagitet. Quod cum ita sit, peto ut hanc meam tam necessariam ac pene extortam *Defensionem* in publicum prodire atque extare liceat.... » (Manuscrit relié à la suite du volume *Sebastiani Castellionis Defensio suarum translationum*, au British Museum, 1017, C, 14; ce passage doit, suivant l'annotation marginale, être replacé p. 7, l. 12, c'est-à-dire immédiatement après la première phrase du texte imprimé.)

sieurs années par suite d'un concours de circonstances qu'il nous reste à retracer.

Fallait-il voir dans ce refus ou dans ce sursis une marque de défaveur pour Castellion, un parti pris contre sa doctrine? Ce serait plutôt le contraire. Peut-être ses meilleurs amis n'étaient-ils pas étrangers à cette décision; elle répondait d'ailleurs à la ligne de conduite des autorités bâloises. Nulle part en Suisse le pouvoir civil n'était plus soigneux d'éteindre les querelles théologiques, qu'ailleurs on laissait s'aviver. La politique de Bâle était tout entière dans ce souci du calme, dans cette réserve que les uns appelaient timidité, d'autres habileté, d'autres encore indifférence, et qui n'était que le fait d'un haut et ferme bon sens déjà tout pénétré de l'esprit laïque.

Cependant ces raisons générales de prudence n'auraient pas déterminé les censeurs à mettre le *veto*, s'il ne s'était agi que d'un débat entre deux savants traducteurs sur le sens de certains passages. Mais des incidents plus graves venaient de se produire, qui justifiaient un redoublement de précautions.

Ce n'était rien moins que la vieille querelle de la prédestination qui menaçait de renaître et de s'étendre, cette fois, de Berne à Bâle. Zébédée, qui s'était tenu tranquille depuis le désastre des perrinistes, recommençait à faire parler de lui [1]. Gribaldi, mis en prison à Berne pour un écrit anti-trinitaire qui eût dû lui valoir le bûcher, en était quitte pour un simple bannissement. Dans la même semaine, le chef de l'Église de Lausanne, Viret lui-même, était cité à Berne pour se justifier devant le Conseil comme le moindre pasteur [2], et l'on pouvait déjà pressentir les résolutions viriles qu'allait prendre le gouvernement bernois à l'égard du « Calvin de Lausanne » [3]. Théodore de Bèze, dont la situation n'était guère moins critique [4], venait de l'aggraver par une malencontreuse confession de foi sur la Cène [5]. Enfin — et ce fut là sans nul

1. *Opp. Calv.*, XVI, 75, 450, 624.

2. Voir les lettres de Haller à Bullinger des 14, 17 et 20 septembre 1557, et la confession de foi signée par Gribaldi (*Opp. Calv.*, XVI, 636).

3. Voir plus loin, chap. XXI.

4. « Video me istis magis ac magis suspectum esse », écrit-il à Calvin (XVI, 719).

5. Voir les lettres de Bullinger, 20 août 1557, de Musculus, 20 août, et la longue apologie de Bèze, 25 août (*Opp. Calv.*, XVI, 575).

doute la circonstance déterminante pour les censeurs de Bâle, — il venait de paraître sans nom de lieu ni d'auteur, mais probablement à Bâle même ou à Lyon [1], — un nouvel écrit contre la prédestination, très court, mais très vif, en français. L'opuscule n'est pas venu jusqu'à nous, mais nous le connaissons assez par la réponse qu'y fit Calvin.

L'auteur, sans même nommer Calvin, attaquait de fond en comble la doctrine calviniste. Il soutenait que Dieu n'a pas une volonté cachée différente de celle que nous font connaître ses préceptes; qu'en aucun sens il n'est vrai de dire : ou que Dieu veut le mal, ou que le mal qui arrive réalise les plans de la Providence; autrement Dieu serait l'auteur du péché, etc. L'auteur essayait ensuite d'expliquer les passages qui, pris à la lettre, semblent montrer Dieu voulant le mal : non, Dieu ne le veut pas, mais il le permet, parce qu'ayant créé l'homme libre, il doit lui permettre d'agir librement. Il veut le salut de tous, et il ne veut rien d'autre, mais il le veut par le seul moyen digne du Créateur et de la créature, par l'exercice du libre arbitre, ce qui suppose que Dieu n'intervienne pas pour l'entraver.

Le bruit se répandit que l'auteur du libelle n'était autre que Castellion. De preuve à l'appui, aucune; personne ne prétendit fournir même le moindre indice. Mais l'analogie était frappante entre les opinions; des phrases entières de l'opuscule rappelaient celles du fameux commentaire sur le chapitre IX de l'Épître aux Romains. Les censeurs ne pouvaient l'avoir oublié, eux qui avaient fait supprimer ces feuillets dans la Bible latine en 1554. Il est naturel que dans ces circonstances ils ne se soient pas souciés de fournir un nouvel aliment à la querelle, en autorisant la réponse de Castellion à Bèze, si inoffensive qu'elle fût.

Malgré cette précaution, ils n'évitèrent pas l'éclat : Calvin avait sur-le-champ pris la plume. Pourquoi ce tout petit écrit l'avait-il ému? peut-être par sa forme résumée, simple et populaire. Il y répondit sur le même ton, en français, par

1. Probablement dans les premiers mois de 1557.

un très bref opuscule aujourd'hui introuvable [1]. Nous n'en connaissons que le titre : *Responses à certaines calomnies et blasphèmes*. Dès les premières lignes se trouvaient ces mots : « *Celuy qui a composé l'escrit, soit Sébastien Castellion ou quelque semblable* ». Il en fut fait, quelques semaines après [2], non pas une traduction latine, mais un remaniement qui parut chez Crespin sous ce titre : *Brevis responsio ad diluendas nebulonis cujusdam calumnias quibus doctrinam de æterna Dei prædestinatione fœdare conatus est.* MDLVII [3] (pet. in-8, 27 p.) [4].

Cette nouvelle rédaction paraît avoir été allégée d'un certain nombre d'injures que Calvin avait prodiguées dans son premier jet en français. Le nom de Castellion ne s'y trouve plus : « On m'a présenté, dit l'auteur de l'opuscule (nous citons d'après la traduction française de 1566), un escrit par trop sot de quelque certain brouillon ». On pourrait même croire que ce n'est pas Calvin qui tient la plume, car il parle de lui-même à la troisième personne : on dirait un résumé écrit par un de ses auxiliaires, mais l'allure nerveuse de l'argumentation, la vigueur concise de la phrase décèle bien la main du maître. Musculus, à qui Blaarer avait communiqué la *Brevis responsio*, s'étonne un peu de cette bizarrerie de rédaction, et il ajoute : « J'y voudrais d'ailleurs plus de modération que n'en témoignent ces mots : *nebulo*, *canis*, *latrator*. Il y a bien des chrétiens et des plus estimables qui pensent exactement comme celui qu'il traite ainsi de *latrator* [5]. »

Le 2 août 1557, Théodore de Bèze, écrivant à Farel, ajoute ce post-scriptum : « Le frère de Castellion a été pris à Lyon et jeté en prison avec un abominable libelle de son frère sur la Prédestination qu'il venait d'imprimer là-bas. On dit qu'il avait l'intention en outre de réimprimer Servet avec des notes de son frère [6]. »

1. Deux feuilles in-8 minuscule. Tous ces renseignements précis nous sont fournis par l'écrit de Castellion : *Defensio ad authorem libri cui titulus est Calumniæ nebulonis*, p. 312 de l'édition de Gouda, 1613.
2. Probablement vers le milieu de l'année 1557.
3. On en trouve une traduction française, rédigée plus tard, dans le *Recueil des opuscules* de 1566 : *Briefve response aux calomnies d'un certain brouillon par lesquelles il s'est efforcé de diffamer la doctrine de la prédestination éternelle de Dieu.*
4. Un exemplaire de cet opuscule en latin est décrit par les éditeurs de Calvin. (*Opp. Calv.*, IX, XXX.)
5. *Ibid.*, XVII, 29 janvier 1558.
6. *Ibid.*, XVI, 555.

Sauf ce dernier point que rien ne permet de vérifier, le reste des informations de Bèze paraît avoir été très exact. Nous retrouvons dans les papiers de Castellion une lettre de sa belle-sœur, en date du 25 janvier 1558, qui signe « relaise [1] de feu Michiel Chatillon », et qui lui apprend que son frère Michel est mort après quatre mois de maladie et un assez long emprisonnement [2]. Quant au contenu de « l'abominable libelle », nous n'en savons rien, mais nous allons en retrouver l'équivalent.

II

Au mois de septembre 1557, Théodore de Bèze passa trois ou quatre jours à Bâle, et cet événement ne fut pas sans conséquence sur la suite de l'histoire que nous avons à raconter.

Théodore de Bèze, accompagné de Farel, de Budé, le fils du grand helléniste, et de Gaspard Carmel (alors pasteur de l'Église de Paris), avait entrepris ce voyage pour solliciter une nouvelle intervention des villes suisses et des princes allemands auprès du roi de France en faveur de ses sujets protestants. Une première démarche semblable avait sauvé, quelques mois auparavant, les Vaudois du Piémont menacés d'être traités par le fils comme l'avaient été par le père ceux du Dauphiné. Cette fois il s'agissait de détourner un coup plus grave encore : l'exécution en masse des protestants ou *christaudins* de Paris. La découverte d'une de leurs réunions dans la rue Saint-Jacques, aux portes du collège du Plessis, avait failli amener un massacre dans la nuit du 4 septembre 1557. On était au lendemain du désastre de Saint-Quentin qui avait, comme jadis celui de Pavie, affolé les esprits : les chaires retentissaient d'appels furieux à la persécution ou pour mieux dire à l'extermination des hérétiques, seul moyen d'apaiser la colère divine. Cent cinquante personnes, parmi lesquelles beaucoup de « dames et demoi-

1. Relaissée (*relicta*), c'est-à-dire veuve.
2. A la bibliothèque de Bâle, G^2,I, 23.

selles de grandes maisons », n'avaient cette nuit-là échappé aux mains de la populace ameutée par les moines que pour être entassées dans les cachots du Châtelet. Sept ou huit avaient déjà péri sur le bûcher, ou allaient y monter avec un héroïsme qui troublait leurs bourreaux mêmes. On comprend l'élan généreux qui sur-le-champ fit partir Théodore de Bèze au secours des survivants.

Ce que nous comprenons moins, c'est qu'en un pareil moment, au cours même de cette protestation contre l'intolérance, Bèze et Farel n'aient pas appris à tempérer la leur. Dans leur passage à Bâle, vers le 27 septembre [1], à l'hôtel du *Sauvage*, on vint à parler devant eux d'Érasme; à quel propos, nous l'ignorons. Le vieux Farel, toujours bouillant, s'emporte en injures contre la mémoire du grand humaniste : « Érasme, s'écriait-il, comment ose-t-on l'opposer à Luther, à Zwingle, à Calvin? C'était le pire des brouillons, un homme qui a fait beaucoup de mal, un très mauvais esprit et sans piété. » La discussion s'anima, Bèze intervint, précisa les griefs théologiques : il se fit fort de démontrer, au besoin devant l'Église et le magistrat, qu'Érasme avait nié le principe essentiel de la réforme, la justification par la foi, et que sa doctrine n'était rien moins qu'orthodoxe : « Érasme, au fond, c'était un arien! »

Tenir de tels propos, à Bâle, c'était manquer tout au moins de ménagement. L'incident eût peut-être pris d'autres proportions si les voyageurs n'étaient repartis presque aussitôt pour Strasbourg. Quelques jours après on se montrait dans la ville une lettre ouverte, adressée aux deux pasteurs français, leur reprochant ces propos et ajoutant : « Si vous avez de sang-froid déchiré par de telles injures une mémoire sacrée, nous soussignés nous déclarons votre action malhonnête et votre assertion une pure calomnie; Érasme a mérité selon nous que son nom soit respecté de tous les honnêtes gens. Nous lui devions de ne pas garder le silence, et les lois civiles elles-mêmes nous y invitent. » Signé : Boniface Amerbach, Jérôme Froben et Nicolas Bischoff (Episcopius).

1. C'est le 27 qu'ils parurent devant le Conseil de Bâle et obtinrent la lettre pour le Conseil de Strasbourg.

Il ne paraît pas que ni Bèze ni même Farel aient jamais relevé le gant.

Mais s'il restait à Bâle des esprits de la trempe d'Amerbach, il y avait aussi d'âpres théologiens, des calvinistes ou, qui pis est, des crypto-calvinistes dont le voyage des deux pasteurs devait réchauffer le zèle. Un de ceux-là nous est connu depuis longtemps [1], c'est le médecin Grataroli, établi à Bâle depuis 1549 et qui, déjà connu par plusieurs savants ouvrages [2], allait être officiellement agrégé à la Faculté de médecine [3]. Nous savons déjà que son collègue Castellion lui inspirait une antipathie particulière. Ses lettres en font foi : c'est une suite de rapports, nous allions dire de dénonciations propres à entretenir chez Calvin des sentiments qui ne lui étaient que trop naturels.

Au lendemain du départ de Bèze, éclatent deux incidents qui raniment la lutte.

Le premier est un « heureux hasard, un hasard providentiel » (c'est tout ce que Bèze a jamais consenti à en dire) [4] qui fit tomber entre ses mains — probablement à Bâle même, peut-être à Montbéliard ou à Strasbourg — un manuscrit envoyé, paraît-il, à Paris où l'on devait l'imprimer clandes-

1. Voir ci-dessus, t. I, p. 346 et t. II, p. 14.

2. On trouve la plupart de ces écrits réunis en un seul volume in-8, Coloniæ, P. Horst, 1571, 912 pages et un index. Le recueil commence par l'*Opus..... de vini natura* et contient en outre le *De memoria reparanda,* un très curieux et piquant traité *De physiognomia sive de prædictione morum naturarumque hominum tum ex inspectione vultus, tum aliis modis,* et quatre autres : *De temporum mutatione* (*Prognostica tempestatum*), — *De tuenda sanitate,* — *De literatorum conservanda valetudine* (imprimé pour la première fois à Bâle chez Henri Petri, mars 1555; souvent réimprimé), enfin *Pestis descriptio* et *Theses de Peste.* On voit quelquefois passer dans les ventes un tout petit in-8 sous ce titre : *G. Gratarol, des préceptes et moyens de recouvrer et contregarder la mémoire avec un Euvre singulier qui démontre à facilement prédire et juger des meurs et natures des hommes selon la considération des parties du corps, le tout traduit en françoys par Esti. Coppé à Lyon chez Baltazar Arnoullet, MDLV* (préface en cursive, 16 pages, et 223 pages chiffrées). Grataroli avait aussi traduit en latin une collection de traités de chimie dont il fit un volume in-folio : *Veræ alchemiæ artisque metallicæ citra enigmata, doctrina certusque modus scriptis tum novis tum veteribus comprehensus.* Basileæ, H. Petri et P. Perna, 1561, 300 pages. Il publiait la même année avec préface du 1er juin son petit traité *De regimine iter agentium,* 150 pages, in-8, suivi d'un index détaillé des distances pour un grand nombre de voyages en Allemagne, en Flandre, en France, en Italie, etc.

3. Le même jour que Henri Pantaléon, JJ. Huggeli et Adam de Bodenstein, 10 novembre 1558 (Thommen, p. 238).

4. « Missi sunt etiam a nescio quo Lutetiam excudendi *articuli* adversus J. Calvinum, qui tamen maturè ad nos pervenerunt. Missi quoque aliquot libelli Antverpiam ejusdem argumenti et itidem excusi. » *Th. Bez. responsio ad Def. Castal.*, 1563, p. 68. Nous ne savons rien de ces opuscules « ejusdem argumenti » imprimés à Anvers. — Dans son précédent ouvrage, *Ad Sycophantarum calumnias de Prædestinatione responsio* (1558), Th. de Bèze en disait moins encore : « Nobis constat per te non stetisse quominus istæ calumniæ prius per omnes regiones editæ circumferrentur quam de eis quicquam audiremus » (p. 3).

tinement. Ce manuscrit, Bèze ne douta pas un instant qu'il fût de Castellion. C'était un *Recueil de certains articles sur la prédestination*, extraits littéralement ou en substance des livres de Calvin, et que l'anonyme lui envoyait avec les objections qu'il avait entendu faire à chaque article, en lui demandant le moyen de les réfuter.

Cette fois encore, aucune certitude que Castellion fût l'auteur de l'écrit. Si Bèze affecte de n'en pas douter [1], Calvin, plus réservé, tout en reconnaissant que « cela sent bien son Castellion [2] », demande des preuves et n'en obtient pas. Il paraît même avoir découvert que le *Recueil* était l'œuvre d'un ancien élève de Castellion; il admet en effet deux hypothèses, entre lesquelles il dédaigne d'opter :

> « Je ne m'empesche pas fort de savoir si tu l'as escrit de ta main, ou bien si cest Escossais qui fait estat d'esventer tes resveries si tost que tu les as enfantées l'a escrit sous toy pour porter à Paris, d'autant qu'il ne t'eust pas esté permis de le publier au lieu de ta demeure [3]. »

Mais en attendant que Calvin se défende — et c'est là le second incident que nous rattachions tout à l'heure au voyage de Bâle, — ses amis trouvent qu'il est temps d'agir. Théodore de Bèze a trop de fois adjuré dans ses écrits les fidèles à Bâle de prendre une attitude énergique, pour qu'il soit permis de douter qu'il leur eût de vive voix chaleureusement renouvelé ses exhortations. Aussi ne sommes-nous pas étonnés de les voir, aussitôt après son voyage, intervenir auprès de l'autorité civile en lui demandant d'étouffer enfin ce foyer d'hérésie qui couve sous ses yeux. Si l'on avait eu la preuve que le professeur de grec de l'Université fût l'auteur des *articles* envoyés, disait-on, à Paris, les poursuites

1. Encore n'ose-t-il pas nommer Castellion dans son écrit de 1558 : *Responsio ad Sycophantas*.

2. *Opp. Calv.*, XVI, 609. A son retour de Strasbourg et Worms, Bèze avait porté le manuscrit à Calvin dans les premiers jours de novembre (voir les lettres du 7 et du 11, XVI, 683 et 690). Calvin, pressé par Bèze de réfuter cet écrit, hésite d'abord, veut savoir comment on s'est procuré l'exemplaire, demande des renseignements.

3. Edit. de 1566, p. 1777. Cet « Écossais » nous est inconnu. On pourrait conjecturer qu'il s'agit de Florent Wilson dont nous avons parlé ailleurs (t. I, p. 35), et qu'il ne serait pas invraisemblable de considérer comme partageant sur bien des points les vues religieuses et le genre de mysticisme de Castellion; mais il était trop âgé, à cette date, pour ce rôle de disciple, et d'ailleurs il ne résidait pas à Bâle. Il est plus probable qu'il s'agit de quelque jeune Écossais, alors étudiant à l'université de Bâle.

auraient pu prendre corps. Mais on n'avait absolument rien à produire. Il fallait donc recourir à un autre moyen, qui semblait sûr : c'était d'amener Castellion à se prononcer sur le fond même de la question, et de le faire alors condamner, non pour tel ou tel écrit qu'il pourrait nier, mais pour ses opinions, qu'il serait obligé d'avouer.

La tactique était habile, et le danger évident. Il y eut là une assez curieuse petite cabale dont quelques fragments inédits nous ont fait retrouver la trace.

C'était l'époque de la rentrée d'automne (1557). Le professeur de théologie de l'Université, Martin Borrhée, était depuis quelques années très préoccupé des questions relatives à la prédestination. Il y avait consacré, dès 1555, dans ses Commentaires sur Moïse, de si longs développements [1], que c'était presque un traité dans un traité. Il y avait suivi point par point pour la réfuter l'*Annotation* de Castellion sur Romains, IX, celle-là même que, comme censeur, il avait fait supprimer dans l'édition de 1554. Après quoi, avec la singulière logique des gens trop convaincus, il aurait absolument voulu savoir ce que Castellion pensait de sa réfutation. Il le pressait de mettre par écrit ses répliques. « Je le veux bien, avait dit enfin Castellion : seulement me permettrez-vous d'imprimer ma réponse? — Non, lui répondit loyalement Borrhée, mais je voudrais connaître vos arguments. — En d'autres termes, vous demandez à l'adversaire de vous livrer ses armes pour le terrasser plus aisément. Vous vous réservez le droit de publier l'attaque, et vous supprimez la réponse : c'est un peu la procédure qu'en d'autres pays on applique aux hérétiques : leurs accusateurs ont la parole, et eux, le bâillon [2]. »

Mais Martin Borrhée n'avait pas abandonné son idée. Possédé du besoin d'argumenter, il venait de résumer en quarante-neuf propositions sa doctrine sur ce point difficile;

1. Martini Borrhai in Mosem, divinum legislatorem, pædagogum ad Messiam Commentarii, in-f°, Basileæ per Lud. Lucium sumptibus Oporini, 1555. Les trois principaux passages contenant cette réfutation se trouvent p. 144-249 (sur l'élection et la prédestination), p. 444 et suiv (sur le passage de l'Exode : *indurabo cor ejus*), p. 920 et suiv. (sur ou plutôt contre le libre arbitre).

2. P. 254-255 de l'édition de Gouda, 1613.

il provoqua une réunion de professeurs et de pasteurs pour une *disputation* ; le mot et la chose étaient familiers aux théologiens de la Réforme. Il insista pour que son collègue Castellion ne manquât pas d'y prendre part.

Castellion finit par céder aux instances d'un collègue qu'il savait sincère, et qui lui avait donné des gages d'amitié personnelle, sans parler même de son ancienne collaboration au *de Hæreticis*. Il promit donc, quoiqu'il ne fût pas sans méfiance [1], d'aller à la conférence. Elle dura toute la matinée : la cloche du dîner sonna avant que ce fût le tour de Castellion de prendre la parole. Borrhée insista pour qu'il la prît. Castellion, pour n'y pas mettre de mauvaise grâce, dit quelques mots où il se bornait à maintenir son opinion déjà connue de Borrhée. Il s'agissait du fameux passage du prophète : « j'ai aimé Jacob, haï Esaü », et de l'interprétation qu'en a donnée Paul. « Nous avons deux textes, disait Castellion, l'un clair, l'autre obscur : le texte clair est celui de Malachie, où il est manifestement question non pas des deux individus Jacob et Ésaü, mais des deux peuples. C'est celui-là qui doit nous aider à comprendre celui de saint Paul, et non l'inverse [2]. » Quelqu'un de l'assistance reconnut aussitôt la reproduction des doctrines émises dans l'*Annotation* supprimée et cria au blasphème. Castellion s'arrêta net, refusa de dire un mot de plus, et la séance fut levée. . . . .

Quelques jours après, il était cité devant le recteur et informé qu'une plainte venait d'être déposée contre lui au conseil de Bâle. L'accusation portait sur deux chefs également graves. D'une part on lui reprochait d'avoir nié l'inspiration d'un passage de saint Paul, d'autre part d'avoir nié la prédestination. . . . .

Le recteur de cette année-là était le vieux compagnon d'Œcolampade, Wolfgang Wissembourg, appelé pour la troi-

1. C'est lui-même qui le dit dans le fragment inédit que nous imprimons dans l'Appendice (3e partie, seconde pièce).

2. Dans les pages 309-321 de son *de Prædestinatione ad Borrhaum*, Castellion a repris et développé cette explication avec une grande force de raisonnement, et toujours avec la même hardiesse. Il est facile de comprendre, en lisant son argumentation, que cette libre discussion des deux textes sacrés devait soulever les plus vives protestations de la part de théologiens orthodoxes.

sième fois à ces fonctions quoiqu'il eût renoncé à sa chaire. Avec le calme de son âge et la gravité de son caractère, Wissembourg voulut procéder à une enquête régulière : il réunit le conseil des professeurs, donna connaissance à Castellion des griefs articulés contre lui, lui demanda ses explications, et les lui fit consigner par écrit pour les transmettre au Conseil. Le texte de cette déclaration, écrite en allemand, a été conservé : outre l'original qui se trouve aux archives de Bâle, Amerbach en fit de sa main une copie dont nous reproduisons le texte dans notre *Appendice* [1]. Cette *Castalionis excusatio*, comme l'intitule Amerbach, est très précise, et on y remarquera autant de fermeté que de modération et de modestie.

Sur le premier point, il répond qu'il n'a jamais douté de l'inspiration des Épîtres de saint Paul : même en ce qui touche l'accord de l'apôtre avec Malachie, bien loin de le nier, il a soutenu que si nous voyons entre eux une divergence, ce n'est pas leur faute, c'est la nôtre, c'est la preuve que nous ne les comprenons pas bien.

Sur le second point, il vaut la peine de traduire littéralement sa déclaration, qui peint bien son attitude :

> Je reconnais maintenant comme toujours que les hommes pieux, les vrais enfants de Dieu sont sauvés par Jésus-Christ et reçus en grâce, par le seul effet de la grâce et de la miséricorde du Père Céleste, sans aucun mérite de leur part et sans qu'ils aient satisfait (à la loi). Cela, je l'ai toujours cru et professé, je le crois et professe encore, d'accord avec les termes mêmes de la confession de foi de nos Églises à Bâle, à savoir que « Dieu dès avant la création du monde avait choisi tous ceux auxquels il veut accorder l'héritage de la félicité éternelle ».
>
> Mais *quant aux méchants et aux impies, qu'ils aient été haïs de Dieu et réprouvés par lui, sans et avant qu'il y ait eu péché de leur part, c'est ce que je ne puis comprendre; et je demande qu'on me supporte en cela* pour l'amour du Christ. Car si un autre pense autrement, je ne prétends pas le condamner; je ne me suis d'ailleurs pas permis de troubler les Églises, mais je suis disposé à vivre en parfaite union avec elles, et en paix avec tous, comme il convient à des chrétiens....

La déposition fut recueillie, contresignée par le recteur et datée du 5 novembre 1557. Deux membres de la régence ou du corps académique, Sulzer et Amerbach, furent chargés

1. 3e partie.

de la remettre au bourgmestre, Bernard Meyer, et au besoin de porter devant le Conseil, au nom de l'Université, la défense du professeur incriminé. Castellion nous apprend lui-même qu'en effet tous ceux de ses collègues qui avaient assisté à la discussion se portèrent garants de son innocence et le défendirent avec une énergie qui n'était pas inutile [1].

Ainsi échoua la première tentative de poursuites contre le professeur hétérodoxe. Cet échec des calvinistes équivalait pour lui à un notable triomphe. Les circonstances, on va le voir, en accrurent encore la portée.

III

Dans la semaine même des poursuites que nous venons de retracer et par une des plus heureuses coïncidences arrivait à Bâle à l'adresse de Castellion une lettre qui valait mieux pour lui que tous les témoignages. Elle venait de Mélanchthon. En voici d'abord la traduction tout entière :

Jusqu'ici je ne vous ai rien écrit : c'est qu'au milieu d'affaires dont la multitude et la barbarie m'accablent il me reste bien peu de temps pour ce genre de correspondance qui me plairait davantage. Et puis souvent aussi, ce qui m'arrête, c'est qu'en voyant les horribles malentendus entre ceux qui se donnent pour les amis de la sagesse et de la vertu [2], je me sens gagné par une immense tristesse. Pourtant, à voir votre manière d'écrire, je vous ai toujours estimé. Car, vous le savez, l'esprit, la sagesse, le jugement, la vraie vertu même se décèle par la rectitude et la bonne forme du langage. Vous savez bien ce que chantent les Muses : ὅττι καλὸν φίλον ἐστι. Aussi en considérant la beauté de votre diction, il m'a été impossible de ne pas vous aimer, sans même que nous ayons eu aucunes relations. Plusieurs me sont témoins, et entre autres votre ami Hubert, des éloges que j'ai souvent faits de vous dans nos conversations entre amis.

J'ai lu aussi avec plaisir les vers de Hieronymus Lycius [3].

Vous m'avez donc été agréable en m'invitant à vous écrire et, en

1. « Et nisi vos omnes qui interfueratis et quibus erat innocentia mea notissima eam apud senatum constanter testati fuissetis, quid futurum fuisset, tute nosti. »

2. Le sens de cette phrase volontairement vague nous paraît être celui-ci : il a vu par la lettre de Castellion, un exemple de plus des querelles, des haines théologiques. Son premier mouvement est de céder à la tristesse que ce spectacle lui inspire et de ne pas prendre parti pour ou contre son nouveau correspondant. Pourtant, la lecture de ses ouvrages et son style seul lui donnent confiance, le décident à répondre, etc.

3. Nous n'avons pu découvrir aucun renseignement sur ce personnage.

réponse, je veux que cette lettre soit auprès de vous un témoignage de mon jugement et un gage de véritable sympathie : je souhaite qu'une amitié éternelle nous unisse.

En déplorant je ne dirai pas les discordes, mais les haines cruelles dont quelques-uns poursuivent les amis de la vérité et de la science prise à ses sources, vous augmentez une douleur que je porte partout avec moi. La fable raconte que du sang des Titans naquirent les géants : c'est à peu près de même que de la semence des moines sont sortis ces nouveaux sophistes qui, dans les cours, dans les familles, dans le peuple, cherchent à régner et se croient gênés par la lumière des lettres. Mais Dieu saura bien préserver quelques restes de son troupeau.

En attendant, nous n'avons qu'à supporter avec sagesse ce que nous ne pouvons changer. Pour moi, la vieillesse même est un adoucissement à ma douleur. J'espère partir bientôt pour l'Église céleste, bien loin des fureurs qui agitent si horriblement l'Église d'ici-bas.

Je m'arrête, mon papier est rempli; et puis, si je vis, je causerai avec vous de vive voix de bien des choses, car les frémissements des pays de la Baltique [1] me menacent de nouveaux exils.

Adieu.

PHILIPPE MÉLANCHTHON.

1er novembre 1557.

Cette lettre était écrite de Worms, où Mélanchthon venait de rentrer la veille, après avoir passé quelques jours à Heidelberg pour y étudier, à la demande de l'électeur palatin, la réforme projetée de l'Université [2]. C'est ce qui explique qu'à la lettre de Mélanchthon se trouvât joint un mot de salutation affectueuse [3] de la part du jurisconsulte Baudouin, qui venait précisément de s'établir à Heidelberg [4] et que Mélanchthon y avait vu.

Les circonstances dans lesquelles cette lettre avait été écrite ne permettaient pas la moindre équivoque sur sa signification : Mélanchthon était à Worms depuis plusieurs semaines, prenant part à ce fameux colloque des théologiens luthériens qui, après tant d'espérances, devait donner si peu de résultats. C'est là que Théodore de Bèze et ses compagnons de mission étaient venus le trouver au commen-

1. Allusion aux désordres provoqués par Illyricus, à Wittenberg même.

2. « Hodie enim rursus Heidelbergâ discedimus, quo ad deliberationem de academia vocatus eram... prid. cal. nov. » *Corpus Reformatorum*, IX, 358. Voir aussi Baum, *Theodor Beza*, I, 309-310; Nisard, *Renaissance et Réforme*, II, 366.

3. « Adde quod a Balduino adscribitur salutatio ad nebulonem illum », dit Calvin à Duquesnoy dans sa lettre du 21 juin 1558; et c'est à ce propos qu'il ajoute ironiquement : « Balduino si quando scribas, rogandus erit ut nobis placare velit Castalionem, amicum suum ».

4. *La France protestante*, 2e édition, I, 926.

cement d'octobre pour réclamer son intercession en faveur des « évangéliques » de Paris. Mélanchthon n'avait pas eu de peine à distinguer Théodore de Bèze, et à l'apprécier : dans l'intervalle de deux séances, comme pour se reposer de l'aridité ou de l'amertune des débats, il lui adressait une petite pièce de vers latins [1]. Quant à l'objet même de la mission, il avait donné un conseil que les quatre délégués avaient suivi avec une louable déférence, c'était de rédiger, au nom de l'Eglise de Paris, une confession de foi que l'on pût montrer aux princes allemands pour couper court à toutes les calomnies contre l'orthodoxie des protestants français [2].

C'est donc au moment où il venait de faire la connaissance de Théodore de Bèze, de travailler avec lui, au moment où l'excès de rigueur dogmatique des théologiens allemands le rejetait en quelque sorte vers ceux de Genève, c'est au lendemain même du départ de Bèze que Mélanchthon écrivait à Castellion ce que l'on vient de lire. Nous avons à cet égard quelques détails de plus qui méritent d'être recueillis, malgré la source dont ils viennent. Ils se trouvent dans la *Seconde Réponse de Baudouin à Calvin* (1562). Calvin, avec son assurance ordinaire, avait allégué le témoignage de Mélanchthon, son adhésion publique dans l'affaire de Servet [3]. Baudouin lui répond que, dans ses dernières années, Mélanchthon avait bien changé d'avis; qu'il ne cessait de se plaindre de l'intolérance de Calvin, et redoutait par-dessus tout ces esprits inquiets et querelleurs, ἐριστικὰ καὶ αὐθάδη.

Moi aussi, ajoute Baudouin, je l'ai vu au colloque de Worms en 1557. Je n'ai pas à raconter ce qu'il m'a dit [4]. Mais ce qu'il a répondu à ton envoyé, au sujet des troubles qui commençaient alors en France, beaucoup le savent qui étaient là. Cassander aussi y est venu [5], il fut accueilli comme un savant et un modéré peut l'être par un savant et un modéré. On entendit de bons conseils. Ils plurent aux honnêtes gens; tu as pu

1. Baum, *Theodor Beza*, I, 307.
2. Baum, *Theodor Beza*, I, p. 409-411 et p. 306.
3. *Responsio ad Balduini convicia*, p. 29 de l'édition de 1562.
4. Nous savons du moins en quels termes affectueux Mélanchthon écrivait à Baudouin de Worms même en lui recommandant les délégués qui venaient plaider la cause des Parisiens : « Etsi ferrea pectora sunt in hypocritis qui regum iracundiam inflammant, tamen regem nobilissimum pectus habere mitius spero.... » (8 octobre 1557, *Corp. Reform.*, IX, 328.)
5. L'auteur du livre *de Officio pii... viri in hoc religionis dissidio* que Calvin avait attribué à Baudouin.

en avoir connaissance par ton libraire [1] qui était présent. Enfin c'est dans cette réunion que l'on donna en quelque sorte le signal de la protestation contre ton intempérance.

C'est de cette même assemblée, tu le sais, que Mélanchthon écrivit à Castellion une lettre très affectueuse où il lui donnait à entendre qu'il partageait son opinion, je ne sais laquelle, sur la prédestination et le libre arbitre. Par là tu as pu savoir d'abord combien il condamnait ton acharnement à poursuivre cet homme, ensuite combien il était loin d'approuver, même alors, tous tes paradoxes. Est-ce donc de la droiture de traiter Castellion comme un second Satan et en même temps d'adorer Mélanchthon comme un ange? Remarque bien que je ne discute pas cette vieille et ténébreuse question, περὶ ἀνάγκης; que d'ailleurs je n'ai jamais vu ni entendu Castellion (pour que tu ne répètes pas [2] que c'est sa cause que je plaide). Je n'ai même jamais correspondu avec lui (quoique, suivant ta coutume, tu affirmes ce mensonge que j'ai contracté avec lui l'alliance la plus étroite) [3]. Je n'ai même pas lu ce qu'il a écrit sur cette question (car tu l'as fait supprimer d'autorité). Et ce que tu as écrit toi-même sur ce dogme de la fatalité, je ne l'ai pas trouvé clair [4].

C'est donc à la suite de ces diverses conférences avec les calvinistes d'une part, avec leurs adversaires de l'autre, que Mélanchthon avait pris la plume. Et nous le retrouvons dans cette controverse, comme en tant d'autres, à la place qui fut toujours sienne, celle du milieu. Il ne demande aux uns et aux autres qu'une seule concession, mais la plus difficile de toutes, renoncer à leur intolérance. Cet homme qu'on accusait de manquer de courage avait le plus rare de tous, celui de souffrir pour la cause de la modération autant et peut-être plus que les autres pour leurs dogmes [5].

Il ne nous reste donc plus qu'à rechercher par qui avaient pu être nouées les relations entre le modeste professeur de Bâle et le *Præceptor Germaniæ*. Il est facile de le découvrir, et les contemporains n'hésitèrent pas.

L'intime ami de Mélanchthon, Hubert Languet, qui passait tous les hivers à travailler auprès de lui à Wittenberg et tous les étés à voyager d'un bout de l'Europe à l'autre, avait fait

1. Nous ne savons de qui il s'agit.
2. Voir la note 3 de la page 117.
3. Dans sa *Responsio ad Balduini convicia*, Calvin disait (p. 29) : « Forte id ab ipso impetravit Castalio, tanquam firmum amicitiæ pignus, ut patrocinium causæ Serveti susciperet ».
4. *Responsio altera Balduini ad Jo. Calvinum*, 1562, p. 109-110.
5. Voir, entre d'innombrables exemples pour juger son attitude à ce moment même entre les luthériens d'Allemagne et les étrangers, les détails que donne la belle lettre de Hubert Languet à Calvin, 15 mars 1558.

au printemps et dans l'été de 1557 un assez long séjour à Bâle [1], et soit qu'il connût déjà Castellion, soit qu'il l'eût cette année rencontré pour la première fois, il lui voua une estime qui ne se démentit jamais.

Il était impossible que ces deux hommes, malgré toutes les différences de fortune qui les séparaient, ne fussent pas attirés l'un vers l'autre : presque originaires de la même province, et presque du même âge, tous deux épris de l'amour des lettres, ils se rapprochaient plus encore par l'esprit qu'ils apportaient à la question religieuse : c'était, en somme, l'esprit même de Mélanchthon. Les lettres de Languet sont pleines de mots qui rappellent les beaux passages de Castellion sur la tolérance : on y sent le même besoin de largeur, de liberté et de dignité, la même élévation morale, la même désapprobation pour les étroitesses d'idées et les violences de langage : « Autrefois, dit quelque part Languet, quand je lisais pêle-mêle les écrits de controverse des théologiens, j'ai lu bien des inepties, mais rien ne me blessait autant que leur âcreté dans la discussion [2] ».

Peut-être est-ce en allant retrouver Mélanchthon à Worms [3] que Hubert Languet lui avait porté lui-même la lettre de Castellion. Quoi qu'il en soit, c'est à son instigation que la correspondance avait commencé : on vient de voir que la réponse fut telle qu'il l'avait bien prévue. Doublement significative, cette lettre de Mélanchthon contenait à la fois un témoignage public d'estime pour le professeur suspect, et un blâme à peine voilé pour des adversaires qu'il était impossible de ne pas reconnaître.

De quel secours fut pour Castellion une telle intervention dans un tel moment, nous n'avons pas besoin de l'expliquer. Calvin n'en eut pas immédiatement connaissance. Il l'apprit quelques mois plus tard par son ami François Hotman, dont nous connaissons déjà les sentiments à l'égard de Castellion [4].

1. Albert Waddington, *de Huberti Langueti vita*, Paris, 1888, in-8, p. 21, d'après quelques lettres d'Hubert Languet qui se trouvent à la bibliothèque Sainte-Geneviève.
2. Lettre à Camerarius citée par M. A. Waddington, p. 6.
3. « Ibi enim (Wormatiæ) diu apud D. Philippum vixi et cum omnibus familiariter sum versatus ». (Lettre de Languet à Calvin, 15 mars 1558.)
4. Nous avons cité, p. 90, la lettre à Calvin, 3 cal. octobre 1555, où il se montre effrayé de la popularité de Castellion. (*Opp. Calv.*, XV, 803.)

Hotman, que nous avons laissé à Lausanne, était depuis 1556 à Strasbourg où il avait été appelé sur la chaleureuse recommandation de Calvin [1], et nommé professeur de droit au départ de Baudouin pour Heidelberg [2]. Ce fut Hotman qui lui envoya copie (11 avril 1558) de la lettre de Mélanchthon à Castellion, « gage, dit-il, d'une amitié qu'a nouée entre eux, il y a quelques mois, un certain Hubert (de Bourgogne), qui n'est pas inconnu à Théodore de Bèze ». Il ajoute avec tristesse qu'il prévoit que cette dispute de la prédestination ne sera pas moins funeste à l'Eglise que l'a été celle des sacrements : « Votre dernier écrit », dit-il sans détour à Calvin (c'est précisément celui contre Castellion [3]), « a été accueilli ici de telle façon que je m'attends à un nouvel assaut[4] ».

Au reçu de ces nouvelles, Calvin éclata. Une lettre de lui, écrite pourtant plusieurs semaines plus tard (21 juin 1558), nous le montre encore tout indigné [5]. Ce n'est pas à Mélanchthon qu'il s'en prend, au premier moment du moins. Il veut croire que le grand réformateur s'est laissé abuser. Le véritable coupable, celui qui l'a trompé, c'est Hubert Languet. Aussi Calvin écrit-il à l'ami qui lui avait recommandé Languet quelques années auparavant (c'était le médecin flamand Eustache Duquesnoy, établi depuis à Francfort) : « Eussiés-vous cuidé Hubert Languet, qui par votre recommandation vint à ma cognoissance, estre tant méchant et déloyal? » Voici les deux « trahisons » qu'il lui reproche :

Premièrement par ses flateries et practiques frauduleuses il a tiré de Philippe certaines lettres desquelles Castallio non seulement en fait monstre, pour tant qu'en icelles il est merveilleusement loué, mais aussi les envoie çà et là, affin que soubs l'ombre d'un tel personnage soient à couvert ses méchantes et exécrables resveries.

1. Adressée à Sturm dès juillet 1555. (*Opp. Calv.*, XV, 688.)
2. *Opp. Calv.*, XV, 788; XVI, 197, 261.
3. Les éditeurs de Calvin pensent qu'il s'agit de la *Brevis responsio ad calumnias nebulonis*. Il est plus probable qu'il s'agit du second traité, *Calumniæ nebulonis*, qui avait paru en janvier 1558.
4. Il fait allusion à un conflit qui venait d'être plus long et plus grave qu'on ne l'avait prévu : un des nouveaux pasteurs luthériens, ultra-luthériens, de Strasbourg, Melchior Specker, avait écrit tout un traité contre la Prédestination et contre Th. de Bèze. A force d'instances, Hotman et Jean Sturm avaient obtenu d'en faire interdire l'impression; mais Melchior, se disant attaqué par le nouvel écrit de Calvin, prétendait reprendre la parole. — Voir la lettre d'Hotman à Calvin en mars 1558 : « Vix credas quantum laboravit (Sturmius) : liber est a senatu ter permissus, ter prohibitus. Historia longissima. Tandem vicimus, ita tamen ut mihi victoria magnas invidias conciliarit. » (*Opp. Calv.*, XVII, 72.)
5. *Opp. Calv.*, XVII, 218 et 311.

Il s'agit de la lettre de Mélanchthon que nous venons de citer. Le second grief est une lettre qui ne nous est connue que par l'analyse qu'en fait Calvin : c'était Hubert Languet lui-même qui, se faisant, dit Calvin, « l'interprète d'Apollon », c'est-à-dire commentant la pensée du maître, « affermait rien n'estre mis en lumière par ce chien-là (Castellion), qui ne soit accordant à la doctrine reçue à Wittemberg ». Calvin a appris que « les deux epistres ont volé en Paris,... et sont aussi espars par les autres villes de France, afin que l'approbation de Philippe esbranle les legiers espritz et ignorans ». Il charge Duquesnoy de dire à Languet « à la première occasion » combien il déteste « son esprit ainsi traistre ». Et il insiste encore en finissant, comme s'il venait de relire la lettre, sur l'énormité de pareils éloges décernés publiquement à cet homme [1]. Quelle honte à Languet d'avoir ainsi compromis le nom si respectable de Mélanchthon !

Cette impression persista chez Calvin. Il l'exprima lui-même à Mélanchthon, six mois plus tard (19 novembre 1558). C'était à un moment grave, où l'excès des souffrances lui faisait croire sa fin prochaine en même temps que lui arrivaient les plus alarmantes nouvelles sur l'intention des deux rois de France et d'Espagne, réconciliés, d'en finir avec ce nid d'hérésie, Genève. Calvin veut encore adresser au grand réformateur de Wittenberg un témoignage, le dernier peut-être, d'affection filiale et de respect. Avec sa franchise ordinaire, il convient qu'il n'a pas trouvé Mélanchthon assez décidé et assez clair dans la controverse sur la cène, « mais quoi qu'il arrive, ajouta-t-il, conservons entre nous le lien de l'amour fraternel et qu'aucun artifice de Satan ne le brise jamais ! » Puis il ajoute : « J'avoue qu'en lisant, il y a six mois, une lettre de votre compagnon Hubert Languet, j'ai été blessé de la manière peu amicale, et même injurieuse, dont il racontait que vous parlez de ma doctrine. Son projet était de flatter Castalion et d'appuyer de votre suffrage les délires de cet homme, la pire des pestes qui soit aujourd'hui. » On aura remarqué que Calvin ne parle que de Languet : il a oublié à dessein la lettre de Mélanchthon lui-même. Il ne semble pas

1. « Putidas adulationes quibus canem demulcet. »

d'ailleurs qu'il ait pardonné à Hubert Languet comme il pardonnait à Mélanchthon. Nous ne trouvons plus trace de correspondance entre Calvin et Languet à partir de ce moment.

IV

Avant même de savoir le rôle joué par Mélanchthon dans cette circonstance, Calvin avait appris l'échec de la démarche tentée par ses amis. Et ce fut peut-être ce qui le décida, suivant son habitude en pareil cas, à reprendre l'offensive [1].

L'écrit qu'on lui avait demandé pour la réfutation des prétendus *Articles* tombés aux mains de Bèze parut au commencement de 1558 chez Conrad Bade. Il avait pour titre : *Calumniæ nebulonis cujusdam, quibus odio et invidia gravare conatus est doctrinam Johannis Calvini de occulta Dei providentia. Johannis Calvini ad easdem responsio* [2].

Nous ne dirons rien ici de la discussion des quatorze articles que l'inconnu soumettait à Calvin en lui demandant non sans malice « des arguments clairs à la portée des simples ». C'est la question de la prédestination dans son ensemble ; nous y consacrerons plus loin tout un chapitre [3]. Pour clore celui-ci, relevons simplement ce qui donnait au traité *Calumniæ nebulonis* un tout autre caractère qu'aux écrits précédents. Ici l'injure ne suffit plus; on n'en est plus à compter les épithètes que déplorait Musculus : dans la trame de l'argumentation dogmatique viennent s'insérer les plus graves, les plus directes accusations personnelles, notamment l'inculpation de vol, que nous connaissons déjà [4].

Cette fois il y allait de l'honneur même. Dès qu'il eut connaissance de l'écrit de Calvin, Castellion prit la plume. Il voulait donner à son apologie le titre ironique : *la Gaffe*

1. On peut conjecturer que sans l'échec des poursuites de novembre 1557, Calvin eût peut-être laissé dormir les prétendus *articles* qu'il semble d'abord peu soucieux de relever. Averti en novembre, il ne rédige son manuscrit que dans les premiers jours de janvier.

2. MDLVIII, ex officina Conradi Badii (avec le *prælum ascensianum*), in-8, 120 p. Le volume se termine par ces mots : « *Compescat te Deus, Satan. Amen!* Genevæ nonis januarii. »

3. Voir ci-après, chap. XIX.

4. Voir ci-dessus, t. I, p. 249.

(*Harpago*). Le manuscrit préparé pour l'impression portait : *Harpago, sive defensio ad autorem libri cui titulus est « Calumniæ nebulonis »* [1]. C'est sous le nom abrégé d'*Harpagonem* qu'il désigne l'écrit dans ses lettres à ses amis [2].

Il avait fini son manuscrit au mois de mai (1558). C'était une apologie écrite avec une simplicité de bon sens et de bonne foi à désarmer les adversaires les plus prévenus. Il est difficile de répondre avec plus de calme et en même temps d'une manière plus péremptoire à des imputations injurieuses. Pas une accusation qu'il ne serre de près et ne réduise à néant. C'est un chef-d'œuvre de netteté. Les écrits qu'on lui attribue? Il déclare formellement qu'il n'y est pour rien : les deux premiers, il ne les a même pas encore vus à ce jour; le troisième, le *Recueil des articles*, il ne les a ni écrits, ni envoyés à Paris. Il se garde bien d'en désavouer l'esprit, qui est le sien. Les autres griefs, le vol à la gaffe [3], l'ingratitude pour l'hospitalité de Strasbourg? Nous avons déjà vu comment il en fait justice. Quant aux gros mots dont son adversaire a jugé bon de le gratifier en latin et en français :

> « J'entendais l'autre jour quelqu'un dire qu'on devrait te demander si l'auteur du *Calumniæ nebulonis* est bien le même qui écrivit autrefois le *De vita hominis christiani*. Ne pourrait-on pas répondre que dans cet ancien traité tu faisais le portrait de l'homme chrétien, et que dans celui-ci tu fais le tien [4]? »

Restait l'accusation de légèreté que Calvin présentait de manière à faire croire à bien pis que de la légèreté. Heureusement Castellion lui oppose son certificat de Genève [5], lui fait l'aveu de ses péchés de jeunesse de Lyon dont le plus grave est son nom de « Castalion. » [6]. Mais, cet aveu fait :

1. Liasse conservée à la bibliothèque de Bâle, avec les papiers de David Joris. Ce manuscrit avait été copié sur l'original en 1571. A la dernière page, après ces mots du texte imprimé : *Hæc scribebam mense septembri anno MDLVIII, Basileæ*, le manuscrit ajoute : *Transcripta vero sunt hæc mense maii anno MDLXXI, 1571*. Nous donnons cette indication pour le cas où elle aiderait un érudit bâlois à déterminer l'auteur de cette transcription en mai 1571.
2. Lettre du 1er septembre 1559 aux frères de la Boyssière et à Tregouet.
3. Voir dans la lettre de Sulzer à Calvin (*Opp. Calv.*, XIX, 280) combien cette stupide accusation avait indigné même les amis de Calvin.
4. *Seb. Cast. defensio*, à l'article *de Conviciis* (9 février 1562).
5. Voir t. I, p. 198.
6. Voir t. I, p. 26 et suiv.

Est-ce une raison, dit-il, pour pousser l'exaspération jusqu'à me traiter de cynique, de bouffon et d'impie? Je n'ai jamais plaisanté les choses saintes. Mes jeux d'esprit n'ont porté que sur des sujets profanes. Bien loin d'aimer la raillerie en matière de religion, il m'est souvent arrivé de reprendre ceux qui s'y plaisaient : j'en puis citer comme exemple deux de tes amis intimes; l'un, je l'ai fait avertir (n'ayant pû le rencontrer moi-même chez lui) au sujet d'un petit écrit bouffon intitulé *Zoographie*. Il s'est si peu corrigé qu'il en a écrit dans la suite un autre intitulé *Passavant* [1], et depuis lors il m'a voué une haine capitale, et il me prodigue les outrages dans ses discours et dans ses écrits [2].

L'autre est un homme qui m'a rendu des services [3] (il m'a, lui, vraiment et non pas comme toi, nourri dans sa maison [4], et j'ai pu ainsi reconnaître sa piété); je lui ai écrit au sujet de certains ouvrages légers pour l'avertir de ne pas traiter les choses saintes avec légèreté. Il s'est montré beaucoup plus accessible que l'autre à mes exhortations.

Ton équité laisse donc à désirer, puisque tu te montres si peu rigoureux envers ces deux hommes, l'un que tu appelles ton frère, l'autre à qui tu

1. La *Zoographie* étant de 1549, le *Passavant* de 1553, c'est entre ces deux dates que se place la démarche que Castellion dit avoir faite auprès de Bèze, ce qui suppose un voyage à Lausanne dont nous ne savons rien.

2. Etait-ce pour développer cette allusion à Th. de Bèze que Castellion avait écrit toute une tirade que lui-même, la jugeant déplacée, biffa pour l'impression : « Comment as-tu bien toléré, disait-il en substance à Calvin, un homme à qui tu aurais pu appliquer toutes tes épithètes ordinaires, canem latrantem, plenum impudentia, sacrarum litterarum impurum corruptorem, etc.? Comment as-tu pu voir ce loup entrer dans le troupeau et ne pas pousser le cri d'alarme? Diras-tu que ce n'est pas à toi de faire office d'accusateur? Pourquoi pas? N'est-ce pas de chez toi qu'est sorti l'accusateur de Michel Servet, et n'est-ce pas toi qui as mis la dernière main à cette tragédie? N'est-ce pas toi-même qui as intenté une accusation capitale contre un jeune homme noble, Nicolao Gallo de Sardaigne? Et toi encore qui as poursuivi Jules-César Paschal, pour ne pas parler de bien d'autres? » Ces deux dernières allusions se rapportent à des affaires récentes que Castellion avait dû connaître par le récit même des intéressés. Nicolao Gallo (qu'il ne faut pas confondre avec le pasteur de Ratisbonne Nicolaus Gallus [Niklaus Hahn], l'ami et collaborateur de Fl. Illyricus) était un des Italiens réfugiés à Genève qui, avec Jean Silvestre Teglio et Valentin Gentilis, avaient fini par signer la confession de foi trinitaire du 18 mai 1558. Mais Calvin n'en était pas plus rassuré à l'égard du « jeune Sarde » (voir sa lettre au marquis de Vico, 19 juillet 1558). Gallo habitait avec Silvestre Teglio (Telius) et celui-ci, au témoignage de Gerdes, avait séjourné à Bâle dès 1557.

Quant à Jules-César Pasquale, c'était un autre jeune Italien qui venait de traduire en italien et de faire imprimer à Genève même une traduction italienne de l'*Institution* de Calvin (1557). Avait-il été poursuivi à Genève ou inquiété pour ses opinions? nous n'en avons aucun indice. Le 3 mars 1560, il écrit de Bâle à Calvin pour se défendre des hérésies dont l'accusait un certain Rolet, son ancien *famulus*; il proteste de son attachement à Calvin et de son orthodoxie; il offre d'aller au besoin se justifier à Genève même. Un point particulier de cette apologie nous intéresse : « Je n'ai vu, dit-il, qu'une fois ici et je connais à peine celui qui passe à Genève pour l'ennemi déclaré de votre personne, de votre doctrine » (*Opp. Calv.*, XVIII, 23); ce qui n'empêche pas Grataroli d'écrire à Calvin un an après (28 fév. 1561), « qu'il ne faut pas se fier à toutes ces protestations : s'il a longtemps en effet sauvé les apparences, il n'en est pas moins devenu l'intime ami de vos ennemis, je veux dire de *Stellion* et de Curion, pour omettre les autres, et je ne doute pas qu'il ne soit de leur avis sur la religion. Il a entrepris il y a déjà longtemps une traduction de la Bible en italien, en se servant de la seule version de Castalion. Lui qui ne sait pas seulement l'alphabet hébreu ni grec et qui n'est pas fort en latin, il se vante d'expliquer les hébraïsmes!... De hoc animalculo fastuoso satis. » (*Opp. Calv.*, XVIII, 382.)

3. Il s'agit de Pierre Viret.

4. Probablement lors de l'arrivée de Castellion à Genève en 1542.

as fait l'honneur d'une préface précisément à un ouvrage de ce genre [1], et, moi, tu me traites avec la dernière rigueur [2].

Notons, en passant, pour voir une fois de plus comment on écrivait l'histoire à Genève, cette allusion de Calvin à l'incident de novembre : « Encore si l'on avait refusé de t'entendre, tu aurais quelque excuse; mais dans une conférence publique où l'on t'avait donné toute liberté de déblatérer, bien plus, où tu avais été convoqué et presque traîné de force, tu as été vaincu et tu as dû battre en retraite. Faut-il donc qu'on te laisse à satiété parler contre Dieu », etc.? (P. 119.)

Castellion lui répond : « Sur la conférence tenue ici ton récit n'est pas exact. On ne m'a jamais accordé la liberté de déblatérer, mais bien de dire avec modération ce que je pensais. Et l'issue de la réunion a été telle que je n'en rougis pas et qu'il n'y a pas à en rougir. J'en atteste tous mes collègues d'ici qui y étaient en personne : ces témoins oculaires et d'ailleurs de sang-froid méritent peut-être plus créance que toi qui ne le sais que par ouï-dire et qui n'es pas calme. Il en est sans doute de cette conférence comme de l'histoire de la gaffe : tu as tout cru [3]. »

Il venait de finir cet écrit, quand il reçut une lettre de Zurkinden qui venait de lire le petit volume de Calvin. Sans épouser la cause de Calvin sur la prédestination, Zurkinden exprimait le regret de voir son ami engagé dans cette nouvelle et fâcheuse affaire. Il s'étonnait que le désaccord sur un seul dogme lui fît perdre de vue l'accord sur tout le reste; il lui représentait le tort que devait faire au développement du protestantisme en France un écrit attaquant Calvin avec cette vivacité; que tout au moins avant d'envoyer les trop

1. C'est cette dernière indication qui a permis aux éditeurs de Calvin de reconnaître dans ce second personnage Pierre Viret (voir *Opp Calv.*, IX, p. LXV et 863). C'est en tête des *Disputations chrestiennes en manière de devis* par Pierre Viret (1544) que se trouve la préface de Calvin à laquelle il est fait allusion et où Calvin ne dissimule pas le danger de ces sortes de facéties; il craint qu'on « ne décline à une jaserie dissolue laquelle en latin se nomme *scurrilité*, en nostre langage *plaisanterie* »; il convient que « les matières de la chrestienté se doyvent traicter avec une gravité correspondante à leur dignité et hautesse », mais il se rassure en pensant que « ce n'est pas vilipender la religion chrestienne quand on se moque des corruptions d'icelle ».

2. *Seb. Castell. Defensio*, p. 358, édition de Gouda, 1613.

3. *Ibid.*, p. 364.

fameux *Articles* à Paris, la loyauté l'obligeait à les adresser à Calvin [1].

On peut tenir pour certain que Castellion lui fit parvenir la réponse qu'il venait d'écrire en vue de l'impression. Et il faut bien qu'elle ait donné pleine satisfaction au magistrat bernois puisque c'est précisément de cette époque que leur amitié se resserre et jusqu'à la plus tendre intimité.

Les conseils de Zurkinden, bien loin de lui être importuns, comme le craignait le digne Bernois, le trouvaient tout gagné d'avance à cette attitude calme, résignée, modeste à la fois et modérée. C'est sans doute sous l'impression de ces sages avis qu'il écrivit quelques jours après [2] à Théodore de Bèze la belle lettre que l'on a souvent citée comme modèle de dignité, où il lui propose la publication intégrale et parallèle de leurs deux écrits sur la traduction de la Bible.

Pour toute réponse à ces avances, au lieu d'un témoignage d'apaisement, — peut-être, il faut le dire, sous le coup du très amer déplaisir que venait de causer à Calvin et à Bèze la lettre de Mélanchthon, — Castellion allait avoir à essuyer une nouvelle attaque.

V

La nouvelle attaque se produisit au mois d'août 1558.

Cette fois encore, comme dans la controverse sur les hérétiques, Bèze reprenait la plume après son maître, et, comme si Calvin n'avait pas mené à bonne fin la réfutation entreprise dans les *Calumniæ nebulonis*, il écrivit en latin une seconde, plus lourde et plus âpre *Réponse à certains Sycophantes* [3].

Le nom de Castellion n'y figurait pas, il ne fut rétabli que dans les éditions postérieures [4]. Dans celle-ci il est remplacé constamment par « le sycophante ».

1. C'est du moins ainsi que Zurkinden résume à Calvin la lettre qu'il vient d'écrire, dit-il, à Castellion; il n'avait pas encore la réponse (13 juin 1558). *Opp. Calv.*, XVII, 206.
2. *Opp. Calv.*, XVII, 210 (16 juin 1558).
3. Voici le titre : *Ad sycophantarum quorumdam calumnias quibus unicum salutis nostræ fundamentum, id est æternam Dei prædestinationem evertere nituntur responsio Theodori Bezæ Vezelii*: Excudebat Conradus Badius, MDLVIII (in-8, 268 p.).
4. Notamment dans les *Œuvres complètes de Bèze*, in-f°, 1582.

Mais la signification n'y perd rien en clarté[1]. Le vocabulaire des injures s'y est encore enrichi, la plus douce épithète est celle de monstre (*monstrum hominis*). Et il est tellement suffoqué par la colère qu'il s'interrompt pour s'écrier : « Je vous en conjure, ô vous chrétiens si éclairés de cette grande ville, ô vous savants modérateurs de l'Académie de Bâle, jusques à quand souffrirez-vous cette honte, cette fange, cette peste dans votre sein[2] ? »

Castellion pour toute réponse — car il ne songeait alors à relever que les accusations touchant à la personne et non à la doctrine — reprit son *Harpago* non encore imprimé et y ajouta un *Appendice* de quelques pages, où sans amertume, sans colère, il fait honte à ce nouvel adversaire de son avidité à recueillir de misérables commérages, de sa facilité à les croire et de son audace à les publier. Décidément, dit-il avec une pointe d'ironie, César avait raison dans sa description des Gaulois : curieux, crédules, prompts à inventer des nouvelles plutôt que de s'en passer, vous êtes encore les mêmes, vous Français d'aujourd'hui[3].

Il relève avec plus de calme encore que de dédain deux ou trois de ces propos accueillis par Bèze. Raillant sa théorie de la possibilité de l'obéissance parfaite, quelqu'un avait dit : « Castellion ne doit plus être qu'à deux mille pas de la borne de la perfection ». Bèze feint de croire que c'est Castellion lui-même qui l'a dit. Il faut lire avec quelle dignité Castellion relève cette sottise et en prend occasion pour con-

1. « Que tu te fasses appeler *Bellius*, ou bien *Théophile*, ou bien οὔτιν, quelque forme que tu revêtes, tes oreilles te trahiront toujours comme l'âne de Cumes.... Tu es toujours celui qui, le premier, as osé introduire dans les pays réformés l'ἀκαταληψίαν des Académiques, sous prétexte que la parole de Dieu ne suffit pas à trancher les controverses et qu'il faut attendre une nouvelle révélation. Tu t'en souviendras sans doute, car tu l'as écrit en toutes lettres » (allusion à la Préface de la Bible). P. 3 et 4. Plus loin, il cite avec indignation une page « extraite, dit-il, de cet impur cahier de tes *annotations sur l'épître aux Romains* que l'Église de Bâle a condamné à si bon droit ». P. 145. C'est le même passage qu'il citera plus tard dans sa *Responsio ad defensiones S. C.* de 1563, p. 69.

2. P. 146.

3. P. 367. Quelques écrivains ont relevé ce mot *vobis Gallis* comme indiquant que Castellion n'était pas Français, ce qui est en opposition avec la préface de la Bible française où il se nomme « sujet » de Henri II. Il suffit de se rappeler la situation particulière de la Bresse et du Bugey pour résoudre cette contradiction. A l'époque où Castellion écrivait (sept. 1558) ces territoires étaient encore nominalement sous l'autorité du roi de France ; le traité de Cateau-Cambrésis allait les restituer à la Savoie (avril 1559). Castellion, comme ses adversaires de Genève (qui le lui reprochent sans cesse et expliquent ainsi son incorrection en français), faisait une très grande différence entre les territoires « allobroges ou sabaudiques » et la France, même au point de vue de la langue.

fesser hautement qu'en effet il croit à la possibilité de l'obéissance et à la nécessité de poursuivre la perfection [1].

Une autre rumeur accueillie sans plus de discernement — que Castellion guette les étrangers et, à peine arrivés à l'hôtel, tâche de les attirer — nous vaut une petite confidence amusante :

Quelques jeunes étudiants français arrivent naguères ici de Strasbourg, les oreilles pleines de ce qu'on leur avait dit là-bas : on leur en avait tant dit qu'ils s'attendaient à trouver partout des émissaires de Castellion dans les hôtels, à la campagne, aux portes de la ville. A force d'entendre parler de mon influence, ils s'étaient représenté un personnage puissant autant que dangereux, entouré de partisans dont il serait difficile d'éviter les embûches. Quand ils virent un petit homme, pauvre, plus que simple, humble, très paisible, ne machinant quoi que ce soit, sans éclat, sans autorité, alors ils se sont étonnés de ces mensonges, puis ils en ont été outrés et, m'ayant enfin approché, ils ont fini par prendre les autres en horreur et s'attacher à moi. Juste châtiment de l'excès de la calomnie : mes ennemis sont tombés dans le piège qu'ils me tendaient [2].

Mauvais procédés, entraînements de polémique, violences de langage, Castellion dédaigne d'en faire un plus ample relevé. Il tient seulement à dire tout haut qu'il y a autre chose là-dessous : l'attaque est plus sérieuse qu'on ne le croirait. C'est à sa personne, c'est à sa vie qu'on en veut [3], il croit pouvoir dire qu'il le sait. Les apostrophes véhémentes de Bèze au magistrat ne sont pas figures de rhétorique, et l'on ne désespère pas d'arriver aux actes, comme chez les papistes. Comme eux aussi, en attendant, on cherche à le ruiner dans l'opinion, à le déshonorer, et pour mieux y parvenir, on commence par lui faire interdire la presse, et par requérir contre lui les rigueurs de la censure [4].

Mais laissons tout cela, dit-il en terminant, et il revient dans les dernières pages à son ton naturel : c'est celui d'un appel ému à d'autres sentiments, d'un nouvel appel à la charité ; c'est le cri d'un cœur aimant qui a soif de pardonner. Il adresse aux théologiens de Genève des exhortations vraiment pathétiques par leur candeur :

1. *Seb. Cast. Defensio*, p. 368-369.
2. *Ibid.*, p. 369-370.
3. *Ibid.*, p. 371.
4. *Ibid.*

Rentrez en vous-même.... Ne dit-il donc rien à votre conscience, ce passage de Paul que vous lisez souvent : « Tu es inexcusable, ô homme qui condamnes ton frère ». Vous prêchez qu'il ne faut pas médire du prochain : comment pouvez-vous publier des livres pleins des pires médisances? Vous écrivez contre les calomniateurs, et avec quelle vivacité : et vous-mêmes en écrivant cela, vous calomniez sans pudeur! Vous me taxez d'orgueil et avec quel orgueil ne me condamnez-vous pas, comme si vous étiez assis au tribunal de Dieu et pouviez lire au fond des cœurs.... Renoncez à cette intolérance. Souffrez que sur certaines opinions controversées entre théologiens je diffère avec vous, comme beaucoup d'hommes pieux; qu'au-dessus de ces dissentiments d'opinions survive le consentement des cœurs, et bientôt le Saint-Esprit fera disparaître l'ignorance là où régnera la charité. Tournons nos haines contre nous-mêmes, c'est-à-dire contre la chair, contre le péché [1]....

Par les entrailles du Christ, je vous en prie, je vous en conjure, laissez-moi en paix, cessez de me poursuivre. Accordez-moi la liberté de ma foi et la liberté de la professer, comme je vous laisse la vôtre. Si quelqu'un se sépare de vous, ne prononcez pas sur-le-champ qu'il se sépare de la vérité, ne le traitez pas aussitôt de blasphémateur. Sur l'ensemble de la religion, je ne suis pas en désaccord avec vous : c'est la même religion chrétienne que je veux comme vous servir pour ma part; sur certains points d'interprétation seulement je suis, avec plusieurs autres, d'un avis différent du vôtre. Quel que soit celui de nous qui se trompe, pourquoi ne pas nous aimer? Les uns et les autres nous savons bien quels sont les devoirs de la charité chrétienne; ceux-là du moins, remplissons-les en attendant, et fermons ainsi la bouche aux adversaires. Votre opinion vous semble la bonne, aux autres la leur. Eh bien, que les plus savants soient aussi les plus charitables! C'est devant Dieu et du fond du cœur que je vous convie à la charité [2].

L'écrit terminé, Castellion essaya-t-il d'obtenir pour son apologie comme homme ce qui lui avait été refusé un an avant pour sa justification comme traducteur? Nous l'ignorons. D'après une lettre ultérieure [3], on peut conjecturer qu'il préféra ne pas faire à nouveau une supplique inutile. Ce qui est certain, c'est que son *Harpago* d'une part, la *Defensio translationum* de l'autre, circulèrent en manuscrit, furent lus par ses amis et même par d'autres. Nous transcrivons dans l'Appendice, à la fin de ce volume, une lettre inédite de Jean Colinet [4], l'ancien maître du collège de Genève, qui donne à cet égard

1. *Seb. Cast. Defensio*, p. 381.
2. *Ibid.*, p. 382.
3. Lettre du 1er septembre 1559 aux frères de la Boyssière. Voir l'Appendice.
4. Malgré l'incorrection de la traduction et le peu de ressemblance apparente des écritures, il faut bien admettre que *Johannes Colinæus* est le Jehan Colinet que nous connaissons déjà (voir ci-dessus, p. 62). Nous retrouvons précisément dans cette lettre celui que Pelloquin appelait « son suppost *Odin*, libraire ». (*Opp. Calv.*, XIV, 502.)

quelques détails piquants [1] (4 novembre 1558). Elle nous montre l'état d'esprit haineux, injuste, d'une partie au moins du groupe anti-calviniste et nous fait mieux apprécier par contraste la justesse de jugement, la douceur et le tact de Castellion.

Après lui avoir annoncé à mots couverts que Calvin a envoyé Th. de Bèze en France avec mission de rendre obligatoire, comme article de foi, l'adhésion aux dogmes de la prédestination, de l'élection et par suite de la réprobation divine, il ajoute : « Beaucoup de gens ont lu votre *Defensio*, et il n'en manque pas qui déjà vous jugent plus favorablement qu'auparavant. Si vous voulez que nous envoyions un exemplaire de cette *Defensio* à Jean Ribit et à Viret, voire même à Cal[vin], vous me le ferez savoir par ces messagers [2]. »

Castellion donna suite à cette proposition, du moins en ce qui concerne Calvin [3]. Se souvenant du conseil que lui avait donné Zurkinden quelques mois auparavant, il accepta les bons offices de Colinet et essaya de faire lire par Calvin

1. Voir notre Appendice, 2e partie.

2. Il est à noter que Colinet connaissait aussi l'existence de quelques opuscules théologiques de Castellion qui ne furent imprimés qu'en 1578 : « Nous n'avons pas encore (desideramus), dit-il, les petits écrits que vous avez composés, dit-on, sur le *Libre arbitre, etc.* ». Il semble bien qu'il doit s'agir d'une première rédaction du *Dialogus de libero arbitrio* et peut-être des trois autres dialogues que Fauste Socin tira de l'oubli en 1578 (Voir notre chapitre XXIII).

3. Rien ne nous permet de dire si la même communication fut faite à Viret et à Ribit. A cette époque il ne semble pas que Castellion fût resté en correspondance ni avec l'un ni avec l'autre.

Cependant, nous devons transcrire ici, — ne fût-ce que pour laisser déchiffrer l'énigme à de plus heureux, — un mot qui se trouve dans un manuscrit de la Bibliothèque Nationale, fonds latin, 8641. C'est un précieux recueil de copies et surtout de brouillons de lettres de Jean Ribit « ab anno 1547 usque ad 1555 ». On y lit, à la date du 28 août 1550 ces lignes : « *Scripsi ad Sebastianum Castalionem de duce nemoroso, ut scribat ipse quid habeat* ». De qui et de quoi peut-il s'agir? Très vraisemblablement du duc de Nemours, Jacques de Savoie, dont on sait les longs et violents démêlés avec sa cousine Jacqueline de Rohan, la marquise de Rothelin, au sujet de l'héritage du comté de Neuchâtel. Mais ces débats ne commencèrent qu'à la fin de 1551. Comment Castellion pouvait-il avoir à fournir à Ribit un renseignement quelconque sur ce personnage, et quel genre de recherche pouvait faire à ce sujet Ribit lui-même, dont la correspondance est celle d'un humaniste et d'un helléniste? A ces questions nous n'avons pas la moindre réponse à proposer, et M. Vuilleumier consulté n'a rien pu nous apprendre.

D'autre part, la lettre insérée dans le *Journal helvétique* de mai 1776, qui fait l'analyse d'un manuscrit alors déposé à la Bibliothèque des Remontrants à Amsterdam, signale deux passages de ce manuscrit destiné à l'apologie de Castellion, où celui-ci parle d'un voyage qu'il fit à Lausanne en 1550, de l'accueil affectueux qu'il y reçut de Viret, des éloges de Viret pour le *Moses latinus*, etc., ainsi que de la visite de Castellion à Bèze avec l'intention de l'avertir au sujet de la *Zoographie* et du *Passavent* (dont nous avons parlé d'après un autre fragment inédit, voir ci-dessus, p. 125).

son apologie (*Harpagonem, cum appendice* [1]), avant de la publier. S'il en faut croire le récit qu'on en fit à Castellion, à la seule vue de son nom Calvin entra en courroux et renvoya le messager. Castellion ne reçut jamais de réponse [2].

Au surplus, le nouvel écrit de Théodore de Bèze ne paraît pas avoir fait grande impression sur les contemporains; à peine leur correspondance en fait-elle mention. Ainsi les attaques, en se multipliant, perdaient de leur gravité. A la fin de 1558 ou au commencement de 1559, Castellion pouvait se considérer comme tranquille; il avait gagné tout le terrain que les adversaires avaient perdu, et les tentatives de poursuites semblaient avoir peu de chance d'aboutir, — quand éclata une affaire auprès de laquelle toutes les précédentes étaient un jeu d'enfant et qui allait le jeter dans de bien autres périls!

1. Voir la lettre du 1er septembre 1559 aux frères de la Boyssière (Appendice, 2e partie).
2. Même lettre, confirmée par le manuscrit de Rotterdam *Pro Sebastiano Castellione defensio* (voir ci-après, chapitre XXI).

CHAPITRE XVIII

CASTELLION, DAVID GEORGES ET BLESDYK

(1545-1563)

I. Jean de Bruges au château de Binningen (1544-1556). — II. Divulgation graduelle du secret : Jean de Bruges était David Georges (Joris). — III. Nicolas Blesdyk, son gendre, se détache peu à peu de lui et revient à l'orthodoxie; scission dans la secte. — IV. Indiscrétions de Henri Schor. Emprisonnement des Davidiens (13 mars 1559). Instruction et procédure. Rapport d'Acronius. — V. Avis de l'Université (26 avril 1559). — VI. Exécution posthume de l'hérésiarque (13 mai). Réintégration publique, après amende honorable, de ses partisans. — VII. Inquiétude de Zurkinden pour Castellion; il n'est pas impliqué dans les poursuites. — VIII. Caractère et but principal de ses relations avec David Joris. Les deux lettres de David Joris; son intervention dans l'affaire de Servet. — IX. Relations de Castellion avec Blesdyk.

I

L'année même où Castellion fixait sa résidence à Bâle, il était arrivé dans cette ville, le 1er avril 1544, entre autres fugitifs pour cause de religion, un groupe de Flamands ou Néerlandais dont le chef se fit connaître sous le nom de Jean de Bruges. Il s'informa soigneusement des dispositions du magistrat et de la population à l'égard des étrangers. Il s'informa aussi des compatriotes qu'il pouvait avoir dans cette ville : rien de plus naturel, car il ne parlait que le hollandais. Il fut heureux de trouver, pour lui servir d'interprète au besoin, un jeune Frison, du nom d'Acronius [1],

1. Johannes Acronius, du nom de son village Akkrun en Frise. Inscrit le 10 octobre 1542 sur la matricule du recteur : « *Joannes Acorum* » (au-dessus, d'une autre main : « *Acronius phrysius* »). Cf. Thommen, p. 352.

encore étudiant, mais qui ne devait pas tarder à devenir lui-même un des professeurs de l'Université.

Jean de Bruges adressa une supplique au Sénat pour solliciter, « au nom du Christ et de son Évangile », non seulement l'autorisation de s'établir à Bâle, lui et tous les siens, et d'y apporter ce qui leur restait de leurs biens, mais même, faveur plus exceptionnelle, l'admission au droit de cité. Pour l'obtenir d'emblée, il fallait présenter, outre des garanties morales, la preuve d'un certain état de fortune. Jean de Bruges remplissait toutes les conditions que la sagesse du Conseil pouvait exiger. Personnellement, un extérieur imposant, un certain air de noblesse prévenait en sa faveur : c'était un homme de quarante-cinq à cinquante ans, paraissant plus mûr que son âge; si nous en jugeons par son portrait fait quelques années plus tard [1], il avait la physionomie intelligente et sympathique, un grand front, de beaux yeux gris dont le regard pénétrant donne l'impression tout ensemble d'une étonnante vivacité et d'une sorte de fixité voulue, un visage calme aux traits fins, au teint pâle, à l'expression profondément réfléchie, une longue barbe rousse à demi blanchissante, toute la personne digne, grave, n'affichant pas, mais laissant deviner une réserve hautaine [2].

D'ailleurs, son costume, son entourage, la tenue de ses compagnons, et de plus sa générosité, décelaient toutes les habitudes de la plus grande aisance. Le Sénat bâlois fit une réponse favorable [3]. L'étranger alla chercher le reste de

1. Voir une reproduction populaire de ce portrait en tête de l'étude de Trechsel dans le volume intitulé *Alpenrosen, ein Taschenbuch für das Jahr 1838*, Aarau et Thoune, petit in-8 carré (p. 20-48); c'est un petit récit animé de l'histoire de David Joris, mais presque exclusivement d'après l'*Historia basiliensis*.

2. La relation officielle confirme ces appréciations : « Erat homini dignitas quædam, et species liberalis, qualis esse probis viris solet : corpus quadratum, barba flava, oculi glauci et micantes, sermo gravis et sedatus, totius corporis motus, status, incessus decens et ad omnem videbatur probitatem compositus, in summâ magnum aliquem et honestum virum, apertum et candidum diceres. » (*Davidis Georgii holandi hæresiarchæ vita et doctrina.* Basileæ, 1559, in-4, p. 2.) Ce que l'édition française traduit ainsi : « Un port et un maintien honorable, une façon noble et telle que gens de bonne preudhommie ont accoustumé d'avoir.... Pour le faire court, on l'eust pris pour un personnage honneste, rond et ouvert. » (P. 12-13.)

3. Il ne pouvait songer à faire une enquête auprès des autorités du pays d'origine, non plus qu'à déterminer exactement les motifs de la condamnation qui amenait en foule les fugitifs des Pays-Bas. Hédion écrivait à Calvin (8 février 1546) : « In Belgio scribunt sævire persequutionem, nullo servato discrimine vel inter nostros, catabaptistas, libertinos et *nescio quos Davidicos*. Quare multi optimi viri subinde fuga sibi consulunt. » (*Opp. Calv.*, XII, 275.)

sa nombreuse famille, et, dès le 26 août, il revenait l'installer d'abord dans une maison achetée à Bâle, et bientôt après dans un domaine qu'il acquit aux environs de Bâle, à Binningen.

Jean de Bruges, que l'on appela bientôt Jean de Binningen, mena depuis lors un genre de vie simple en même temps que riche [1].

Il maria ses enfants, trois fils et trois filles, acheta pour lui et pour eux plusieurs propriétés en ville et sur le Jura, fit beaucoup de bien dans le pays (le peintre met dans son portrait un arrière-plan représentant le Bon Samaritain). Il se mêlait à la haute société bâloise autant que pouvait le faire un étranger qui ne savait pas la langue du pays et qui, d'ailleurs, était constamment entouré de parents et de compatriotes. « Les Néerlandais », comme on appelait les habitants du petit château, vivaient surtout entre eux, mais leurs manières aimables leur avaient gagné la considération et la confiance. Ils venaient à Bâle pour les offices du culte qu'ils suivaient régulièrement ; ils ne s'ingéraient pas dans les affaires locales, mais on les voyait à toutes les fêtes ; et si les étudiants jouaient une comédie en latin ou en allemand sur la place du Marché, ils étaient les premiers et souvent les seuls avec le bourgmestre et le recteur à donner à la quête un florin d'or [2].

Comment Castellion entra-t-il en relation avec cette petite et intéressante colonie de réfugiés?

Il y avait au moins deux personnes qui devaient tôt ou tard l'y introduire : l'une était son collègue de l'Université, le savant frison dont nous avons déjà parlé, Jean Acronius, professeur de mathématiques et de logique. L'autre était son ami intime, Jean Bauhin, qui était devenu le médecin et l'ami de la famille de Jean de Bruges [3].

1. « Rei familiaris magnifica quidem, sed composita et tranquilla administratio », dit la relation officielle.

2. *Mém. de Félix Platter*, anno 1553. — Lettre de Thomas Platter à son fils Félix du 14 novembre 1553. (*Thomas Platters Briefe an seinen Sohn Felix*. Herausg. von Ach. Burckhardt, Basel, 1890, p. 34.)

3. Entre autres témoignages, en voici un dont la précision confond si l'on remarque la date, antérieure de plusieurs mois à la découverte du mystérieux hérésiarque : « Johannem Bauhinum, pessimum hereticum, *qui medicus habetur Davidis Georgii* (qui sibi usurpat ea

Les premières relations ne s'établirent, selon toute apparence, qu'après 1551, lorsque Castellion, sa Bible latine finie, commença d'échapper tout ensemble à la misère et à l'espèce de séquestration qu'il s'était imposée. Il n'y a rien de téméraire à supposer que sa préface à Édouard VI fut l'occasion du rapprochement. On était trop heureux à Binningen d'entendre une voix courageuse s'élever contre la persécution. Castellion devait y être accueilli comme l'avocat des persécutés. Il y fut de plus bientôt retenu par des sympathies plus profondes encore. Il se trouva en présence d'une famille où régnait une piété fervente, d'un homme pour qui la vie religieuse était toute la vie.

Comme lui, Jean de Bruges avait en horreur les deux fléaux théologiques du temps, le fanatisme et le formalisme. Comme lui, il appelait du fond de l'âme l'ère nouvelle, où les sectes disparaîtraient pour faire place à l'Évangile éternel, où la foi se traduirait non pas par des confessions dogmatiques, mais par la sainteté de la vie, par la pleine et libre communion du Saint-Esprit.

Il était impossible d'entrer dans l'intimité de cet homme sans découvrir une âme éprise du divin, ayant, comme il disait, faim et soif de Dieu.

Réservé et correct avec les inconnus, rencontrait-il un esprit préoccupé des mêmes problèmes, il s'ouvrait : et alors coulaient à flots les effusions d'une piété tour à tour ardente et rêveuse, impérieuse et tendre, empreinte d'austérité et de poésie, tantôt tremblante devant Dieu, tantôt radieuse comme au sortir d'une extase, passant par tous les élans et tous les abandons que seuls ont connus les grands mystiques de tous les temps. Entendre parler cette langue au lieu de celle des théologiens acharnés sur les paragraphes de leurs divers *credo*, quelle surprise et quel charme pour un esprit las de dogmatique!

Jusque-là, Castellion n'avait connu qu'un autre homme qui eût ce don d'évoquer toutes les puissances de l'âme, de

uæ de Christo Hieremias et alii prophetæ vaticinati sunt nomine Davidis regis et se eum se Davidem affirmat). Illo Johanne nihil fucatius », etc. Lettre de Farel à Blaarer, 25 avril 1558 (collection Simler à la Bibliothèque de Zurich).

donner ainsi la vision de l'invisible, et d'enlever les esprits comme d'un coup d'aile à une infinie hauteur au-dessus des mesquineries d'école : c'était Ochino. Mais combien cet homme du Nord n'avait-il pas plus de profondeur que le grand orateur italien! Bien moins éloquente, sa parole était tout autrement pénétrante. Avec une égale puissance d'imagination, c'étaient deux manières d'improvisation différemment merveilleuses : l'une emportait l'admiration et l'enthousiasme; l'autre faisait naître dans le secret de la conscience une intime et poignante impression religieuse. Pour ce Flamand, plus ardent peut-être que l'Italien, mais d'un feu plus contenu, le drame — on le sentait à son accent — n'était pas dans la lutte entre l'Église et la Réforme, entre la Bible et le Pape, il se passait au fond de l'âme, dans une sorte de recueillement qui était tout ensemble un suprême effort moral et un commencement d'ineffable ravissement, le *raptus divinus* de Gerson. C'est à Gerson en effet, ou bien aux Victorins, ou, si l'on veut, à Tauler ou à Staupitz qu'il se serait rattaché, bien plus qu'à Luther, s'il s'était rattaché à une école. Mais il n'avait peut-être jamais entendu leurs noms, sûrement jamais lu leurs écrits.

Jusqu'où allèrent entre ces deux hommes les confidences et les épanchements? On ne le saura jamais peut-être complètement. Nous établirons plus loin les deux ou trois points précis sur lesquels il est avéré qu'ils s'entendirent.

II

Douze ans, jour pour jour, après son arrivée à Bâle, le châtelain de Binningen mourut en paix, dans sa maison de ville, peu de jours après sa femme (25 août 1556). Sa famille lui fit des funérailles magnifiques auxquelles toute la ville prit part; il fut enterré dans l'église de Saint-Léonard, au lieu réservé aux personnages de marque.

Près de trois années s'étaient écoulées depuis la mort de Jean; la petite colonie néerlandaise continuait son existence paisible et honorée, quand éclata, au printemps de 1559, la plus étonnante révélation.

Le bruit se répandit que Jean de Bruges n'avait été ni un grand seigneur ni un riche marchand. Ce mystérieux personnage n'était autre que le grand chef des Anabaptistes, celui-là même dont la tête était depuis longtemps mise à prix, dont les partisans avaient été exécutés par centaines aux Pays-Bas, qui avait disparu précipitamment depuis 1544, tout en continuant de remplir le monde de ses écrits et de sa propagande, l'auteur du *Wonderboek*, l'hérésiarque David Georges ou Joris [1].

On peut se représenter l'agitation que produisit une si extraordinaire aventure. Pour le peuple, c'était un coup de foudre. Pour l'Université et pour les autorités municipales, il n'en était pas tout à fait de même. Il paraît établi que plusieurs personnes graves savaient depuis longtemps à quoi s'en tenir. Acronius donne à ce sujet à son compatriote Thomas Gruter [2], dans une lettre écrite au lendemain même des événements (28 juillet 1559) [3], des détails circonstanciés:

1. Joris (Georgii) est le génitif flamand de Georges : c'était la forme usitée pour les noms patronymiques néerlandais.

2. Ce nom a été retrouvé et m'a été obligeamment communiqué par M. W.-B. Boeles, de Leeuwarden, bibliothécaire de la Société des antiquités de la Frise. M. Boeles a bien voulu à ma demande rechercher l'original de la lettre d'Acronius publiée par Gabbema avec l'indication *ad N. N. popularem*. Il a trouvé aux Archives Gabbema (conservées dans le grand Hospice-orphelinat de Leeuwarden) non pas l'original, mais une copie très ancienne d'après laquelle Gabbema a fait sa publication : il avait remplacé par N.N. les mots *Thomam Gruterum*. Il avait aussi modifié la dernière ligne qui dans le manuscrit porte ces mots : *Literæ missæ per Egbertum Schaller, descriptæ per Johannem Acronium Basileæ anno 1559 die 29 julii*. Acronius parle à cet ami d'un livre qu'il prépare en collaboration, semble-t-il, avec lui. Il s'excuse d'être en retard : « Spero tamen hanc moram neutri fore detrimento, nam augeo librum, usumque utilissimum et amplissimum explico : fere nunc ad finem perduxi ». Ce livre serait-il l'opuscule qui a pour titre *Miraculorum quorumdam et eorumdem effectuum descriptio per Johannem Acronium Frisium, mathematicum basiliensem;* Basileæ, per Jacobum Parcum, 1561 (in-8, 8 feuillets non chiffrés et 46 p.)? Au revers du titre une curieuse figure sur bois représente la salle de cours de l'Université, Acronius dans sa chaire et ses nombreux auditeurs de tout âge assis le long des murs de la salle. Une préface de douze pages datée du 12 avril dédie l'ouvrage : « Generis nobilitate et omni probitate ornatissimo juveni D. Hildebrando Rolïmanno Frisio Groningensi compatri clarissimo ». C'était le fils d'un des principaux personnages de la régence de Groningue. La préface, qui lui est adressée en témoignage d'une intime amitié (spirituali arctaque affinitate), explique les idées générales sur lesquelles repose l'ouvrage, et entre autres l'utilité de cette étude des phénomènes extraordinaires, de leurs causes physiques et astrologiques, et de leur signification qui est toujours d'avertir les hommes.

3. Ce document d'une si haute valeur historique se trouve inséré dans le recueil de S.-A. Gabbema, *Epistolarum clarorum virorum centuriæ tres*, 1669, in-8, aux pages 140-167. M. Nippold, tout en reconnaissant l'intérêt des renseignements que donne cette lettre, fait des réserves sur le degré de confiance qu'elle mérite. Il nous semble qu'il n'y a aucune difficulté à accorder toute confiance au récit d'Acronius; mais il y en a malheureusement à saisir le sens d'allusions et d'indications données rapidement avec les mots : *ut nosti*, à un corres-

Lui-même avait compris (*intellexerat*) depuis dix ans, dit-il, que Jean de Bruges n'était autre que David Georges : il en avait eu d'ailleurs la certitude absolue (*certissimè cognovi*), lors d'un voyage dans la Frise « il y a quatre ans », dit-il, par conséquent en 1555. Enfin, il en avait eu la confirmation, à Bâle même, « par le docteur de David », c'est-à-dire par le « médecin français », comme on appelait Jean Bauhin[1].

Acronius n'était pas seul instruit de la mystérieuse histoire. Il l'avait communiquée, nous dit-il, à deux personnes, mais à elles seules : l'une est le correspondant frison auquel il écrit; l'autre est, dit-il, « le docteur Adam ». Il n'y avait à Bâle à cette époque qu'un docteur Adam, c'était Adam de Bodenstein, fils du célèbre Carlostadt.

C'était un homme encore jeune, attaché comme professeur de grec au Pædagogium[2], médecin assez connu, mais diversement estimé, d'allures quelque peu bizarres : élève de Paracelse, il avait retenu quelque chose de ses façons de charlatan. C'était un singulier confident qu'avait choisi Acronius. Et comme nous verrons plus tard ce même Adam de Bodenstein se porter, avec un zèle extrême, accusateur contre Castellion pour des méfaits infiniment moindres[3], on ne peut s'empêcher de s'étonner qu'il ait gardé le secret sur une affaire aussi grave que celle de David Georges.

Mais comment Acronius lui-même le gardait-il? La seule raison qu'il en donne est que le magistrat n'aurait pas cru à la dénonciation, tant Jean de Bruges et sa famille avaient bon

pondant qui, au courant de tout par le détail, comprenait sans hésitation et même à demi-mot. Ajoutons que la latinité d'Acronius manque de sûreté et contient des germanismes (par exemple la confusion de l'imparfait avec le passé) qui ne permettent pas toujours de fixer le sens avec une parfaite précision.

1. La lettre explique comment il avait eu cette confirmation, mais nous ne comprenons guère l'explication. Il paraît que chez le Dr Bauhin demeurait un compatriote d'Acronius et de son correspondant, un autre Frison, nommé Léon Beyma. Celui-ci, sur le point de partir, vient dire à son hôte qu'Acronius savait où habitait David Georges, mais ne voulait pas le lui dire. Le même jour, ajoute Acronius, le docteur vient me trouver, me demandant de donner cette indication, avant que Léon fût en danger (antequam Leon periclitaretur). Mais Léon l'avait déjà facilement obtenue par les fils et les filles (de Bauhin?). Acronius refuse de rien dire, sauf aux deux personnes dont nous parlons ci-après.

2. De 1558 à 1564, d'après Miescher, *Universitätsprogramm zum Jubilæum*, p. 16. Exclu comme paracelsiste du Consilium medicorum sous le décanat de J.-J. Hüggeli en 1564 (cf. Thommen, p. 240).

3. Voir ci-après, chap. XXI.

renom et bonne conduite [1]; tant on s'attendait à voir la population prendre leur parti [2].

Le mystère s'ébruita pourtant peu à peu. Un troisième Hollandais, — qu'Acronius appelle « Dominus Franciscus Flandrus » — répéta (à qui? nous l'ignorons [3]) les divers détails qui se racontaient en Hollande depuis le départ de David Joris sur ses visions et ses extases.

Enfin un jour — c'était en 1556, — un voyageur de la basse Allemagne, se trouvant à Bâle à l'hôtel de la *Cigogne*, dit tout haut que ce Jean de Bruges n'était pas un noble, mais un hérétique fameux. Peut-être même le désigna-t-il nommément. La dame de la maison était précisément la cousine d'une Bâloise dont la fille avait épousé Georges de Bruges, le fils aîné du châtelain de Binningen. Elle rapporta aussitôt à sa cousine ce qu'elle venait d'entendre. La belle-mère court chez son gendre et de là chez la mère de Georges; elle éclate en injures, elle leur reproche violemment de s'être fait passer pour nobles, de cacher sous un air de piété une abominable hérésie. La femme de David Joris était au lit depuis plusieurs mois, d'une maladie de reins qui laissait peu d'espoir. La secousse fut trop forte, le saisissement détermina une crise qui l'emporta en peu de jours.

David Joris — nous le savons par ses lettres et par le récit de Blesdyk qui est très conciliable avec celui d'Acronius — était lui-même alité, si épuisé et si malade, qu'on voulut lui cacher la mort de sa femme. Il fallut cependant lui dire la vérité au moment des obsèques, et le coup lui fut terrible. Il continua de prier avec ferveur, d'exhorter les siens à la résignation, mais rapidement son état empira, et huit jours après il suivait sa femme au tombeau.

Acronius prétend savoir qu'il avait été aussi ébranlé qu'elle par la découverte de leur secret. S'il en a été réellement informé, il a pu sans faiblesse d'âme passer par un

1. Magistratus non credidisset ipsum talem esse qui tam religiose et pie cum tota familia videbatur vivere.

2. Senatus propter alia... et quod multi persuasi essent Davidicis injuriam fieri.

3. « Dominus Franciscus Flandrus tibi notissima de ipso narravit, de magicis ejus et orationibus. » Faudrait-il entendre « tibi narravit »? Nous interprétons « tibi notissima », qui nous semble équivalent à la formule souvent répétée dans cette lettre : « ut nosti ».

moment de terrible anxiété : après ces douze années de sa vie nouvelle, redevenir l'hérétique maudit, amoindri pour ne pas dire déshonoré par cette longue dissimulation, n'était-ce pas une perspective à faire souhaiter la mort, à l'aller chercher au besoin? Acronius dit qu'il en eut peur et la sentit venir avec regret [1]. On croirait plutôt le contraire, et l'on a même quelque peine à se représenter qu'il ne l'ait pas accueillie comme la délivrance pour lui et le salut pour les siens [2].

Qu'il l'ait prévu ou non, sa mort, suivant de près celle de sa femme, eut en effet ce résultat d'étouffer le scandale qui allait peut-être éclater. La belle-mère offensée se crut sans doute la première intéressée à se taire. Le silence continua de régner pendant deux années; il aurait pu durer plus longtemps sans deux incidents qui se produisirent, d'après Acronius, dans l'hiver de 1558-1559. Le premier vint d'un des gendres de David Joris; l'autre d'un de ses anciens secrétaires. Nous sommes obligé, pour comprendre ce qui suivra, et pour apprécier le rôle de Castellion, de donner quelques détails sur l'un et sur l'autre fait.

III

Le gendre dont il s'agit était le mari de la fille aînée de David Joris. Il s'appelait Nicolas Meynerts ou, plus communément, *Blesdykius*. Ce nom lui venait simplement, comme à Acronius et à beaucoup d'autres Frisons, de celui de son village natal [3], situé dans la Frise, au delà de l'Yssel (ce

1. Il est vrai qu'Acronius ne paraît fonder cette appréciation que sur un raisonnement *a priori* : il donne foi aux bruits populaires d'après lesquels David Georges aurait dit que la mort ne pouvait rien sur lui. Cette croyance, s'il l'a jamais eue, date d'une époque bien antérieure, et de son rôle militant de chef de secte.

2. Quoi qu'il en soit, un détail que donne Acronius montrerait qu'il était resté lui-même jusqu'à la fin. Sa famille avait fait venir selon l'usage le pasteur de la paroisse pour l'assister dans ses derniers moments (c'était le vieux Marc Bertschi de Rorschach, attaché à l'église Saint-Léonard depuis 1523). Le pasteur, qui connaissait sa piété, lui parlait du Sauveur et du salut comme à un chrétien fervent. Exhortations, consolations, le mourant paraissait tout entendre sans y attacher grande importance. Quelqu'un lui dit : « Ecoute l'homme de Dieu ! » Il se retourne et répond : « Dites, si vous voulez, l'envoyé de Dieu, mais homme de Dieu, non ».

3. Blesdijke, qui dépend aujourd'hui de la commune de West-Stellingwerf dans la province de Frise.

qui lui permettait de se nommer aussi *Nicolaus Transiselanus*) [1].

Blesdyk — pour nous en tenir à ce nom abrégé — n'est pas, croyons-nous, un personnage aussi énigmatique qu'il l'a semblé à plusieurs historiens de l'anabaptisme. Et c'est en grande partie, nous le verrons, l'influence de Castellion qui nous permettra de comprendre certains traits de sa physionomie, certaines contradictions de sa conduite.

Tout jeune, Blesdyk avait appartenu à ces sectes secrètes d'anabaptistes pacifiques qui, après l'extermination de Münster, s'étaient sans bruit répandues très profondément, surtout dans le peuple, aux Pays-Bas et notamment en Frise. Tandis que les débris du parti violent et révolutionnaire rêvaient en vain une reconstitution clandestine et quelque jour une reprise d'armes, le plus grand nombre des adeptes de l'anabaptisme populaire reprenaient la vieille tradition des « Amis de Dieu [2] », et s'absorbaient dans les diverses variétés de l'ascétisme : rêves millénaires, oubli du monde présent, communion tout invisible avec l'Église éternelle, possession intérieure et individuelle de l'Esprit, religion tout en esprit à l'entrée de laquelle se plaçait le second baptême, non plus comme sacrement, mais comme signe de reconnaissance et simple acte extérieur d'adhésion.

Cette forme nouvelle de l'anabaptisme eut pour initiateur le pieux et doux Menno Simonis : le mennonisme, qui existe encore aujourd'hui, est resté ce qu'il fut dès l'origine, une des expressions les plus respectables de la religion épurée jusqu'à n'être plus qu'une sorte d'exquise poésie morale.

C'est à Menno que Nicolas Blesdyk s'était d'abord attaché, jusqu'au jour où il rencontra David Joris qui s'annonçait comme un réformateur de l'anabaptisme.

David Joris était alors un jeune peintre sur verre qui, après avoir fait son tour d'Europe (vers 1530), était revenu à Delft, sa ville natale, dans cet état de vive exaltation religieuse alors si fréquent parmi les artisans et les ouvriers et d'où

1. Voir dans notre Appendice, 2e partie, les lettres où il se désigne et est désigné par ses amis sous le nom de Nicolaus B[lesdykius] Transiselanus.

2. Voir le beau travail du regretté Aug. Jundt.

naquit tout le mouvement anabaptiste. A vingt-huit ans David était banni de Delft, après avoir eu la langue percée pour insultes à une procession catholique. Naturellement il ne s'était pas arrêté à la réforme de Luther, il devait aller droit aux doctrines extrêmes. Après les événements de Münster, il se trouva un des chefs du parti, ou plutôt le chef d'un parti nouveau, intermédiaire, également éloigné des entreprises à main armée et de la théorie de la résignation mystique.

Peu à peu il en vint à critiquer par les meilleures raisons l'idéal religieux de Menno; il lui reprochait de donner trop d'importance à la lettre de la Bible, de reproduire sous d'autres formes l'ascétisme, ce reste de préjugé monacal, d'attacher, comme le papisme, la sainteté à des mortifications, au lieu de la faire résider dans la pureté parfaite du cœur, dans l'intime et joyeuse union avec Dieu.

Cette nouvelle conception de la piété, plus libre, plus spirituelle et plus virile, devait gagner un esprit comme Blesdyk, porté par tempérament à l'action plutôt qu'à la vie contemplative, d'ailleurs prémuni par une certaine culture classique et luthérienne contre les exagérations du mysticisme. Blesdyk, laissant Menno s'attarder timidement dans une sorte de demi-orthodoxie, se déclara pour la doctrine autrement large de David Joris. Il écrivit contre Menno plusieurs traités, que nous avons encore, qui sont pleins de flamme religieuse et qui peignent admirablement cet état d'âme où tout le christianisme traditionnel se fond pour ainsi dire en une quintessence d'idéalisme moral.

Blesdyk eut d'abord pour son nouveau maître la vénération d'un disciple pour un nouveau Messie. Il partagea tous ses dangers, risqua sa vie pour lui et avec lui sans compter [1].

Il nous est encore possible aujourd'hui, par les écrits qui nous restent de David Joris [2], de comprendre l'admiration

1. Cette assertion resterait vraie, quand bien même on ne jugerait pas absolument démontré, malgré toutes les vraisemblances, que Nicolas Meynerts de Blesdyk est le même que Nicolas Meynert d'Emden dont la tête fut mise à prix en même temps que celle de David Joris (26 février 1538). Voir Nippold, I, chap. IX, p. 81.

2. Pour ne parler que de ceux qui ont été traduits en français, signalons, puisqu'il s'en trouve un exemplaire à Paris (Bibl. de l'Arsenal, 9291 T.) : *Colloques chretiens de trois Personnes assavoir entre ung Apprins de Dieu, ung Apprins de la Bible et ung Apprins de Sophisterie.* Mis en lumière en l'an 1548. — In-8. Il s'y trouve des pages d'une rare éléva-

qu'il dut inspirer, l'influence qu'il exerça. Le dernier et le plus impartial de ses historiens dit de sa correspondance : « Une piété profonde, une touchante tendresse, une humilité vraie respirent dans ces lettres, et il est absolument impossible, après les avoir lues, de tenir Joris simplement pour un imposteur ou pour un hypocrite [1] ». Il n'était en effet ni l'un ni l'autre, mais il risquait de le devenir.

Il était sur une pente où fatalement il devait glisser, et Blesdyk fut le premier, paraît-il, à s'en apercevoir. Tant qu'avait duré la période d'exaltation, Joris et les joristes persécutés, traqués, tenus sans cesse en haleine par l'exemple ou par l'attente du martyre, avaient renouvelé l'histoire de toutes les sectes mystiques à leurs débuts : il n'est pas de doctrine que le baptême du sang n'anoblisse. Et celle-là en particulier faisait appel aux plus généreuses aspirations de l'homme, c'était un élan de l'âme vers Dieu, un cri d'émancipation d'une conscience qui ne doute plus ni de ses droits ni de ses forces, un acte de foi absolue dans la nature humaine qui dépassait en présomption le stoïcisme lui-même, un effort sans mesure pour créer dans chaque homme, par sa seule puissance, l'homme idéal, un essai, pourrait-on dire, de divinisation de l'homme. Mais nul homme ne se soutient longtemps à cette hauteur, en cet état de tension surnaturelle. Le prophète lui-même changea tout le premier : dans ses années de jeunesse, c'était un illuminé, non seulement sincère, mais irrésistible ; ses prières avec soupirs et pleurs se tournaient en crises nerveuses, il avait eu des visions, des extases de plus en plus apocalyptiques et bientôt, comme il arrive toujours, contagieuses pour son entourage. Peu à peu il s'était calmé. Et depuis son arrivée à Bâle, si sa piété ne s'était pas refroidie, elle avait pris un accent moins austère, exigeait moins d'efforts, moins de sacrifices, moins d'héroïsme. Jean de Bruges n'était plus qu'un David Georges voilé. Il avait gardé sa mer-

tion dans leur accent mystique et dans leur phraséologie un peu flottante. — On peut lire aussi, dans la précieuse bibliothèque particulière de M. Gaiffe, la traduction clandestine d'un autre traité clandestin : *Complaincte, doctrine, et instruction de sapience à manifestation des doctes*, 20 octobre 1544, in-8, avec cette épigraphe adoptée aussi par Castellion : *Ne iugez point à fin que vous ne soyez iugez.*

1. Nippold, p. 579.

veilleuse puissance communicative, sa parole émouvante, son inspiration d'apôtre. Mais Blesdyk commençait à s'inquiéter. Il s'inquiétait davantage à chaque voyage qu'il faisait de Flandre à Bâle. Il en vint à regretter Menno, et ses sévérités et ses étroitesses. Il craignait de voir poindre dans le petit troupeau naguère si fervent l'excès de la liberté en théorie, peut-être le relâchement dans la pratique. Au fond, c'était le principe même de ce mysticisme clandestin qui lui apparaissait, tout à coup, gros de dangers qu'il n'avait pas prévus. Donner à l'homme le droit ou lui imposer le devoir de se faire à lui-même une religion au lieu de la recevoir toute faite d'une autorité ecclésiastique, lui faire prendre sa conscience pour seul organe de la révélation divine et l'inviter à se mettre directement en contact avec le Saint-Esprit, c'est assurément une entreprise d'une effrayante hardiesse, et c'était celle de la Réforme sous tous ses noms. Mais si l'on y ajoute cet excès de témérité, ayant affranchi l'individu, de livrer l'individu lui-même à la merci de ses seules impressions, si l'on pousse la confiance en l'infaillibilité non pas de l'homme en général, mais de chaque homme en particulier, jusqu'à proclamer que nul ne sera tenu de rendre compte à personne par un acte public et collectif ni de sa foi ni de sa vie; si l'on professe par surcroît un dédain des formes extérieures du culte qui permette de les accepter toutes avec indifférence pour les remplacer, à huis clos, par une doctrine ésotérique, fût-ce la plus pure des philosophies, alors c'en est fait non seulement du bon sens, mais bientôt du sens moral; c'est un pur défi à la nature humaine ou plutôt c'est l'abdication graduelle de la raison au profit de toutes les passions. Comme toute autre société de mystiques, celle qui est clandestine doit sombrer vite, et de plus sombrer honteusement.

En peu d'années, deux grands courants s'y marqueront, et le départ se fera entre deux classes d'hommes qu'on s'étonnera ensuite d'avoir vues un instant se confondre : il y aura des âmes généreuses en qui le sentiment du divin s'exaltera jusqu'au sublime; et il y en aura d'autres plus grossières, qui ne faisant pas l'ange, feront la bête dont parle Pascal : la réhabilitation de la chair les entraînera aux bas-fonds.

C'est le double spectacle que devait donner, après tant d'autres sectes, la secte de David Georges. Elle avait fourni nombre de martyrs — à commencer par la propre mère de Joris — qui ont scellé de leur sang une foi vraiment évangélique, une piété d'une élévation et d'une force admirables. Est-il possible, par exemple, de lire deux pages d'une plus grande beauté religieuse et morale que le testament qu'adresse à ses enfants la veille de son exécution, le premier disciple et émissaire de David Georges, Georges Ketel de Deventer [1] (16 juin 1544)?

Mais à côté de ceux-là — il est difficile d'en douter, malgré toute la réserve qu'il faut mettre à recueillir les aveux arrachés par la torture [2], — d'autres paraissent avoir traduit la liberté du chrétien par des pratiques analogues à celles des Adamites, peut-être par un retour théorique ou pratique au communisme munstérien ou à la polygamie.

Ce double courant, Blesdyk, qui ne l'avait pas prévu, finit par le constater avec effroi. Le prophète lui-même, à supposer que son inspiration ait toujours résisté à de troublantes visions, lui paraissait maintenant se perdre tout au moins dans les égarements d'un orgueil plus dangereux que celui des théologiens. Un jour, enfin, Blesdyk s'en explique avec son beau-père : c'était deux ans avant la mort de Joris. Blesdyk sentait le besoin de reprendre pied sur un terrain solide. Il voulait couper court aux rêveries qui se donnaient carrière sous prétexte de révélation nouvelle : il affirme que décidément la seule et définitive révélation est celle des apôtres. Il blâme de plus vigoureusement la doctrine trop facile des accommodations qui deviennent des mensonges sous prétexte de dédain pour les formules et les cérémonies. Il signale enfin les dangers pour la morale et même pour la moralité de cette prétendue spiritualité à outrance.

La scène se termina-t-elle par une rupture? Tout ce qu'on peut dire, c'est que la rupture n'éclata pas au dehors. Une lettre de David à son gendre peu avant sa mort semble bien

1. Nippold, p. 502-506.
2. Voir la discussion de ce point dans le solide travail de M. Nippold (*Zeitschrift für histor. Theologie*, 1863, 1864, 1865) qui eût bien mérité de devenir un volume.

prouver que la discussion continuait entre eux et qu'il ne désespérait pas de le ramener à son idée d'un moderne et plus pur Évangile, libre développement de l'ancien.

Quoi qu'il en soit, Acronius affirme que Blesdyk, et avec lui, si nous entendons[1] bien son texte, le Dr Bauhin, furent, à partir de cette époque, « excommuniés », soit par David Georges, soit après sa mort par le reste de ses adhérents. Il affirme en outre — et ici se place l'incident décisif — que Blesdyk, dans l'hiver de 1558, prit sur lui d'aller porter aux pasteurs de Bâle un résumé en trois articles de la « doctrine de David », mais sous le sceau du secret. Cette fois encore, le secret fut promis et tenu : Acronius dit qu'il a demandé lui-même au pasteur Simon Sulzer de lui communiquer les trois articles; Sulzer répondit qu'il n'en avait pas le droit. D'où venait cette confidence, cette confession spontanée aux pasteurs? Nous l'ignorons, et Blesdyk ne s'en est jamais expliqué. Sa droiture paraît cependant avoir été entière. A cette époque, il était en lutte ouverte avec ses beaux-frères et les autres partisans de David Georges; il venait de faire imprimer (janvier-mai 1557) trois ou quatre traités contre eux[2] pour la défense des idées orthodoxes que nous venons de rappeler et auxquelles il se rattachait de plus en plus expressément. Il était impossible que cette polémique ne finît pas par faire tout découvrir.

1. Ici se place une conjecture qui se défend surtout par la difficulté d'en trouver une plus acceptable. Le texte de Gabbema porte : « excommunicarunt quoque *Doctorem Borigium quamvis non sit doctor* » (p. 146). Nous supposons que la prononciation bâloise de l'aspiration dans *Bohinum*, que d'autres ont rendue par le *ch* (*Bochinum*), a induit en erreur l'auteur de la lettre ou le copiste, qui a écrit comme il entendait prononcer : *Borhinum* (à peu près comme on prononce encore *irh* pour *ich*). Nous retrouvons cette orthographe dans la suscription d'une lettre d'Utenhove écrite par le copiste (10 sept. 1577) : « à M. Jean Baurein » (Bâle, K-A. C. I., 2, t. I, p. 402). — La terminaison du mot lui aura paru être *ing*, et tandis que d'autres écrivaient *Bochinnum*, il se sera tenu au plus près de la prononciation en écrivant *Borhignum* ou *Borignium*. Si ce n'est pas là l'origine de la défiguration du nom, il resterait à trouver à ce moment à Bâle un *Borigius* quelconque. M. Bernus, à qui j'ai tenu à soumettre mon hypothèse, a d'abord cru pouvoir reconnaître dans ce Borigius un certain « D. (dominus) Johannes *Buy*, Flandrus, qui eodem tempore (nov. 1558) publice disputavit in medicina licet in Facultate nunquam fuerit » (*Historia collegii medicorum*, p. 9). Mais après une de ces études critiques faites comme il sait les faire et dont le détail ne saurait trouver place ici, M. Bernus croit devoir abandonner cette conjecture pour se rallier à la mienne. Le *quamvis non sit doctor*, qui lui avait paru faire obstacle à la désignation de Jean Bauhin, la confirme au contraire. Voir ci-dessus, p. 95, et ci-après, p. 160, note 1, et aussi *Thomas und Felix Platters Autobiographie*, p. 328.

2. Nippold, p. 606-607.

IV.

La querelle, naturellement, ne resta pas confinée entre Blesdyk et ses beaux-frères. Acronius nous apprend que son ami Thomas Gruter lui avait dit, au retour même des funérailles de David Georges, ce mot qui prouve qu'ils étaient l'un et l'autre assez au courant des affaires de Binningen [1] : « Voilà un royaume de David qui ne tardera pas à se démembrer ! » Votre prophétie, lui écrit-il, s'est promptement réalisée, et voici comment.

David Georges avait eu longtemps pour *famulus* — au sens où Gilbert Cousin était le *famulus* d'Érasme — un ancien ouvrier graveur sur bois [2], Hendrik van Schor, de Ruremonde. Très intelligent et très laborieux, Schor avait pris goût à l'étude, avait appris le latin, était devenu le secrétaire de son maître et quelque chose de plus qu'un secrétaire. Après la mort de David, quand la brouille éclata entre les fils et les gendres, Schor, depuis quelque temps déjà désabusé lui aussi, prit parti pour Blesdyk, et finalement quitta la maison où il était depuis seize ou dix-huit ans. Il entra chez un humaniste fixé à Bâle, Ludovicus Carinus [3], en qui peu à peu, soit par ses récriminations

1. Nous savons en effet que Th. Gruter (appelé peu de temps après à professer la théologie à Duisbourg et qui devint en 1578 pasteur à Zieriksee) laissa à sa mort, entre autres ouvrages manuscrits, une volumineuse *Histoire de David Georges* et une *Réfutation des doctrines* de la secte (en latin).

2. D'autres disent imagier, dessinateur sur bois, d'après le témoignage de Ketel (décapité en 1544), domestique du sieur de Berchem. (Annales du bibliophile belge, nouv. sér., t. I, 1881, p. 5; Nippold, p. 526.) Platter le donne pour ébéniste ou menuisier (*Autobiographie*, trad. Fick, p. 97).

3. *Ludovicus Carinus*, en allemand *Kiel* (*carina*), issu d'une famille patricienne de Lucerne, renonça à un riche canonicat pour se vouer complètement à l'humanisme, qui le mena peu à peu à la Réforme, comme ses concitoyens Xylotectus, Collinus, Myconius. Il est enregistré dans la matricule des étudiants sous la désignation de « Ludovicus Kiel ex Lucerna », dans le semestre d'hiver de 1511 ; il passe en 1513 l'examen de bachelier avec Georges Kiel, sans doute son frère. Ce dernier est inscrit, en 1516, comme *magister artium* ; Louis au contraire ne figure pas dans le registre de la Faculté. Il se consacra à la médecine. Il fut à Bâle le disciple et l'ami d'Erasme, de B. Rhenanus, de Glareanus, mais surtout de l'humaniste hessois Guillaume Nesen, qui devint directeur de l'école latine de Francfort, tandis que Carinus devenait secrétaire de Capiton, alors prédicateur de l'archevêque de Mayence. Mélanchthon, qu'il vit à Francfort, lui dédia peu après sa traduction latine de la première Olynthienne (Hagenoæ. 1524). Nesen périt dans un accident de bateau sur l'Elbe (juillet 1524). Carinus lui conserva le plus tendre souvenir, et le défendit même contre Érasme (1529). Il voyage ensuite pendant plusieurs années, surtout comme précepteur de jeunes gens de grande famille, notamment des jeunes comtes de Limbourg qu'il accompagne à

contre les mauvais procédés de ses anciens maîtres, soit par le prix qu'il attachait à certains livres mystérieux, il finit par éveiller des soupçons.

Dans toute cette affaire, on doit le remarquer, il n'y eut pas de dénonciation, à proprement parler, mais une suite d'indiscrétions qui vinrent confirmer des bruits encore vagues. A la fin de 1558, Henri Schor quitte la maison de Carinus pour passer au service de l'évêque de Strasbourg[1],

Paris, et de quelques membres de la riche famille des Fugger d'Augsbourg. A Paris, où il loge chez Vascosan, il se lie avec Sturm (1533), et c'est même lui qui le met en rapport avec Bucer et qui réussit (1536) à persuader à son ancien élève Érasme de Limbourg, devenu chanoine, d'appeler Sturm à Strasbourg pour y organiser le collège. En 1546, Carinus lui-même est appelé à Strasbourg, toujours par le chanoine, devenu évêque et qui prend pour médecin son ancien précepteur, quoique protestant; il est vrai que naguère (1540) les cantons catholiques de la Suisse faisaient demander au même Carinus un homme compétent pour instruire leurs futurs prêtres. Cette situation, qui ne pouvait durer, prit fin sans doute à l'époque de l'*Interim*. Et c'est vers 1546 que Carinus aura dû venir se fixer à Bâle, où il retrouva une paix relative et la société d'hommes modérés. « Ludovicus Carinus medicus fuit singulari candore humanitateque præditus, Fuggerorum quorundam præceptor, multis magnatibus familiaris ac virtutum causa acceptissimus. Qui ut se Basiliensibus gratum declararet, tribus bonæ indolis adolescentibus liberalia stipendia constituit : quo nomine lege gratitudinis posteritati merito commendandus. » (Christ. Urstisii *Epitome historiæ Basiliensis*, p. 175.) Ludwig Kiel mourut le 17 janvier 1569; il fut enterré à l'église St-Pierre (voir son inscription tumulaire dans Toniola, *Basilea sepulta*, p. 123). — (Note rédigée d'après les documents obligeamment communiqués par M. le pasteur Bernus.)

Nous n'avons pas trouvé de trace directe de relations entre Carinus et notre Castellion. Ces relations ne manquent pourtant pas de vraisemblance : Carinus fut lié avec un certain nombre de Français, appartenant précisément aux petits groupes lyonnais que Castellion avait fréquentés. Nous avons fait allusion (voir t. I, p. 81) aux relations de Carinus avec Nicolas Bourbon. Dans la 1re édition des *Nugæ*, une petite pièce a trait au séjour de Carinus chez Vascosan :

Felix ille etiam nimisque felix
Vascosanus amicus ille noster
Cujus nunc agis in domo, Carine,
O lux Helveticæ, Carine, gentis!

Le même volume contient une longue et intéressante lettre de Carinus à N. Bourbon, datée « *Parisiis*, 5 cal. Mart. 1533 ». Cette lettre établit que c'est Carinus qui a fait les frais de la publication des *Epigrammata* de Bourbon. Il y félicite le poète d'avoir fait l'éloge de Simon Grynée, avec qui il veut le mettre en relation; il y parle avec admiration de Budé et d'Érasme, « le Démosthène et le Cicéron de nos jours ». Il prie Bourbon de saluer son élève « Joannem Ginoliacum », fils de Jacques Galeotti, et espère que, grâce à un tel patron, Bourbon obtiendra quelque bon office d'Église lui permettant de se consacrer aux Muses. Dans sa seconde édition, 1538, N. Bourbon signale à diverses reprises Carinus comme lui étant venu en aide pendant son emprisonnement, notamment (p. 107) par l'envoi de 3 écus soleil.

1. La note précédente explique assez qu'il n'y ait pas à s'étonner de voir Schor passer de Bâle et de la maison de Carinus au palais épiscopal de Strasbourg. C'est là qu'il fera la connaissance de Sturm et deviendra son admirateur. L'identité de cet Henri, *famulus* de David Georges, avec le pédagogue Henri Schor de Gueldre (nommé par l'évêque prévôt de Sourbourg, près de Wissembourg) avait été très judicieusement entrevue par Nippold (p. 613-614). On peut lire à la Nationale ou à la Mazarine, entre autres ouvrages de Schor, un petit traité d'une soixantaine de pages, imprimé à Strasbourg chez Joh. Rihel en 1572, réimprimé Londres à en 1585, qui a pour titre : *Specimen et forma legitime tradendi sermonis et rationis disciplinas* (sic) *ex P. Rami scriptis collecta et Tabernensi Scholæ accommodata, per Henricum Schorum, Surburgensem Præpositum*. En tête se trouve une lettre dont voici la suscription : *Bonarum disciplinarum professoribus novæ Scholæ, liberalitate reverendissimi ac illustrissimi principis et Domini Joannis Argentinensis episcopi.... Tabernis institutæ Henricus Schorus, Surburgensis præpositus, S. D.* Il y raconte que c'est aux écrits de Ramus qu'il a dû le

et confie la garde de ses précieux volumes à un certain Pierre de Malines (Mecheln), qui commit sans doute l'imprudence d'en parler. Amerbach et quelques autres jugèrent que la chose devenait assez grave pour motiver une enquête. Ils la firent d'abord officieusement, avec précaution; les aveux de Pierre, puis ceux de Henri Schor qu'on fit revenir tout exprès de Strasbourg, enfin la lecture des livres saisis, ne leur laissèrent aucun doute.

Le 13 mars 1559, on cite d'abord devant les pasteurs, puis devant le magistrat, tous les hommes de la famille de Jean de Bruges, au nombre de onze. En même temps, on fait une perquisition dans leurs demeures et l'on y découvre des caisses entières de livres et de manuscrits, que l'on apporte au Sénat. Une Commission de théologiens et de juristes est chargée d'en prendre lecture et d'en faire des extraits. Acronius en fait partie; il devait même y jouer un rôle essentiel, étant l'un des seuls, sinon le seul, en état de traduire couramment le hollandais. En attendant, les « joristes » sont retenus en prison. Les « septemvirs », magistrats chargés des enquêtes criminelles, leur arrachent sans peine des aveux qui semblent avoir aussitôt désarmé et presque embarrassé l'autorité. Les accusés appartiennent à deux riches familles hollandaises, dont une de la noblesse; ils reconnaissent qu'ils savaient l'ancien nom de guerre du chef de la famille, son

meilleur de son instruction, qu'il a commencé tard à l'étudier, « adulta jam ætate, *relicto mechanico opificio*, privata tantum lectione ». — C'est par reconnaissance pour les services que lui a rendus la méthode de Ramus qu'il propose aux maîtres de l'école nouvellement fondée de l'adopter officiellement. Il soumet son abrégé à Jean Sturm, qui lui répond par une charmante lettre, pleine de sympathie pour Ramus et concluant en substance que « tout chemin est bon qui mène à Rome, ou plutôt qui mène au Capitole de Rome et à l'Acropole d'Athènes » (1er mars 1572). Schor fut dans la suite considéré comme un des représentants authentiques du ramisme (voir en tête du volume de J. Thom. Frey (Freigius), *Rami professio regia*, Basileæ, 1576, in-f°, la lettre de Fréd. Beurhaus, recteur du gymnase de Dortmund, qui le mentionne : *clarissimum H. Schorum inter hujus studii principes*).

[1] Nous devons encore signaler sur le même personnage une autre particularité caractéristique. Il existe à la Bibliothèque de la Société d'histoire du protestantisme français une copie manuscrite du livre de Servet, *Restitutio Christianismi*, dont le premier feuillet porte la mention suivante : « Description d'un exemplaire imprimé qui appartient à un gentilhomme nommé Bauduin Jullié demeurant à Colongne. — M. Henri Schorus Flamen demeurant à Hagnau, ville distante de Strasbourg une demi-journée, descrivit tout ledit exemplaire et me le montra passant par cette ville-là, entour l'an 1586. J'ai esté adverty par un mien amy que ledit Schorus un peu devant que de mourir le donna à un Polonais nommé Andréas Widorius l'an 1600 ou environ. L'exemplaire dudit sieur Jullié estoit bruslé par le bas et l'avoit retiré du feu, lorsqu'on brusloit Servet, ainsy que me le dit le sieur Schorus qui avoit eu ledit livre de luy par emprunt pour le coppier. »

ancien rôle de chef d'anabaptistes, mais depuis qu'ils l'ont suivi à Bâle et sont entrés par alliance dans sa famille, ils n'ont vu en lui qu'un personnage très pieux, trop pieux peut-être, imbu sans doute d'idées particulières, mais ils n'ont rien remarqué de répréhensible ni dans ses actes ni dans ses paroles. Il ne les a jamais détournés de suivre les rites de l'Église de Bâle, au contraire. S'ils se sont trompés sur quelque point de doctrine ou s'ils se trompent encore, ils ne demandent qu'à être instruits, ils sont prêts à répudier expressément toute opinion erronée ou impie.

Cette attitude des onze détenus est confirmée par celle de leurs femmes laissées en liberté. Toutes répondent dans le même sens, avec la même absence d'opiniâtreté fanatique. Nulle trace d'exaltation, nul indice d'hypocrisie ou de mauvaise conscience. Sur ces entrefaites, Nicolas Blesdyk, en voyage depuis quelques semaines, rentra à Bâle, et, suivant toute apparence, se constitua prisonnier (6 avril)[1]. Acronius dit qu'on lui rendit presque aussitôt la liberté sur parole, ainsi qu'au « docteur français », à condition de ne pas s'éloigner de la ville[2]. De l'attitude du Français, c'est-à-dire de Bauhin, nous ne savons rien. Celle de Blesdyk était singulièrement difficile : elle n'échappait à l'odieux que parce qu'il lui était facile de prouver que depuis longtemps, sans avoir jamais dénoncé ses compagnons, il combattait de toutes ses forces leurs erreurs.

V

Ces erreurs mêmes, il fallait aujourd'hui les préciser, en donner la formule exacte; et, pour se tirer de ce travail plus que délicat, il paraît certain que la Commission fut heureuse de recueillir les indications de Blesdyk après celles de Henri Schor. David Georges n'avait fait nulle part un exposé de sa doctrine : il fallait la reconstituer par fragments, souvent

1. Lettres du pasteur Jo. Jungius à Bullinger, 7 avril 1559.
2. Ce qui fait supposer que Bauhin fut un instant emprisonné.

par induction, à travers nombre de citations bibliques plus ou moins détournées de leur sens orthodoxe.

David Georges croyait à une révélation continuée, progressive, se complétant à travers les siècles. Il distinguait dans le développement religieux de l'humanité au moins trois âges, correspondant le premier au judaïsme, le second au christianisme, et le troisième, naturellement le plus parfait, au règne définitif de l'Évangile. Traduite en langage biblique, cette théorie se présentait habituellement sous le couvert d'une doctrine alors très populaire, celle du second avènement du Christ : il y aura un nouveau Messie, un nouveau David, qui, parachevant la mission du Christ, consommera tout ce qui n'a pu être qu'ébauché dans les temps antérieurs par les symboles de l'Ancienne Alliance, par les promesses de la Nouvelle. Dans le royaume de Dieu qu'il inaugurera, la religion n'aura plus rien de grossier : tout ce qui est matériel et extérieur fera place à l'esprit et au culte en esprit, le seul parfait. Et ce culte lui-même semble pouvoir se résumer en une seule disposition de l'âme : être devant Dieu comme un petit enfant, n'avoir d'autre volonté que la sienne, être en quelque sorte anéanti en Dieu. Arrivés à cet état de perfection, les saints sont affranchis de toutes les formalités puériles, des prétendues lois faites par les hommes ; et cette nouvelle conception millénaire se termine à travers le nuage de métaphores nécessaire aux mystiques, dans le vague mirage d'un état indescriptible et indéfinissable dont on n'entrevoit guère que ceci : les hommes y seront comme des anges.

Tel était incontestablement le sens général de la doctrine davidique, mais il fallait la réduire en articles susceptibles de donner lieu chacun à un jugement de la Commission. Acronius fut le rapporteur, et nous avons la bonne fortune de posséder, outre le résumé officiel en onze articles que finalement la Commission s'appropria, deux éditions plus développées qu'il en rédigea lui-même : l'une en vingt-sept articles que Jo. Jung communique confidentiellement à Bullinger (20 mai); l'autre en quarante-cinq articles qu'Acronius écrit à l'intention de son ami Gruter dans sa lettre du 27 juillet.

Cette variété même de rédactions nous laisserait deviner, n'eussions-nous plus le texte des ouvrages de David Georges, que l'on n'avait pas trouvé à en faire des citations textuelles. Il a fallu rapprocher bien des passages épars, serrer le raisonnement, énoncer expressément ce que le texte donne à entendre sans le dire. Tous les écrits mystiques se sauvent par le vague de l'expression; presque tous, soumis à une opération semblable, dépouillés de la magie du style, ils se résoudraient en assertions d'une orthodoxie douteuse.

Combien plus devait-il en être ainsi quand on prenait pêle-mêle les innombrables écrits où pendant vingt ans ce génie inculte avait épanché pour ses seuls adeptes le trop-plein d'une âme débordante! Les examinateurs y pouvaient relever à leur gré les diverses hérésies correspondant aux phases diverses qu'avait traversées Joris, depuis l'illuminisme de son adolescence jusqu'au quiétisme indulgent de sa vieillesse : il semble bien certain qu'à un moment de sa période militante, hanté de visions apocalyptiques, plein de souvenirs de la Bible qu'alors il prenait encore à la lettre, il avait dû s'identifier plus ou moins nettement avec le nouveau David, initiateur de la religion des derniers temps; plus tard, et ses écrits le prouvent, il semble ou bien avoir renoncé à ce rôle personnel, ou bien en avoir tellement spiritualisé les prérogatives qu'elles dépassent à peine celles de tous les chrétiens.

Sa véritable hérésie n'était pas dans les quelques passages d'où l'on pouvait, à la rigueur et en pressant le texte, conclure qu'il s'était donné pour le nouveau Messie. Ce n'eût été, à vrai dire, qu'un indice de dérangement d'esprit. Mais, en négligeant ce point de détail que l'on ne pouvait guère prendre au sérieux — quoiqu'il fût le seul capital, puisqu'il était le seul tangible pour la foule des fidèles, — la doctrine qui ressortait de toutes les pages, c'est l'idée générale que nous avons exposée, à savoir que la révélation évangélique n'est pas le dernier mot de la vérité religieuse, qu'il y a lieu d'en prendre l'esprit, non la lettre, et que chacun doit en demander l'interprétation au Saint-Esprit.

A Bâle comme en toute autre ville de la chrétienté, les théologiens devaient être unanimes à voir dans cette déclaration non pas une hérésie, mais le principe et l'essence de toutes les hérésies. La Commission fit son rapport en ce sens, mêlant d'ailleurs dans ses onze articles l'accessoire à l'essentiel, visant les folles imaginations de David aussi bien que les griefs sérieux de doctrine.

Après la Commission, le Sénat voulut entendre l'Université tout entière. Les Facultés réunies de droit et de théologie furent invitées à donner leur avis sur deux questions : Ces articles sont-ils entachés d'hérésie? Si oui, comment convient-il de procéder contre l'auteur mort et ses complices vivants? L'Université répond affirmativement à la première question. Elle déclare sur la seconde qu'il y a lieu de sévir contre l'hérésiarque défunt, les lois impériales n'admettant la prescription, même en cas de mort, qu'après cinq ans; mais qu'il n'y a pas de poursuite à exercer contre les membres de la secte, s'ils reconnaissent leurs égarements et déclarent y renoncer [1].

A la séance du 26 avril où cette décision fut rendue, deux membres de l'Université étaient absents, Curione et Castellion. Le recteur jugea nécessaire de les mander le lendemain et de leur demander leur adhésion écrite à la condamnation qui venait d'être prononcée contre les articles extraits de David Georges. M. Sieber a retrouvé il y a peu d'années les deux notes qu'ils écrivirent [2] le 27 avril. Il faut les rapprocher l'une de l'autre.

Curione s'exprime avec son ampleur pour ne pas dire son emphase de cicéronien, à qui nulle épithète ne semble assez forte pour flétrir l'hérésie ou pour attester par son indignation son orthodoxie [3].

1. Voir les très intéressantes lettres de Sulzer à Bullinger, notamment celle du 20 mai 1559 (Archives de Zurich, B, 33, vol. 155).

2. Elles ont été publiées pour la première fois dans le volume de M. A. Jundt, *Histoire du panthéisme populaire au moyen âge et au* XVIe *siècle*, Paris, 1875, p. 182 et 183.

3. « Ego Cœlius Secundus Curio, publicus inclytæ Academiæ Basiliensis professor, auditis quibusdam articulis, ex nefandis cujusdam satanici hominis, qui se Georgium Davidem appellabat, scriptis collectis, ita totus cohorrui ut propter Domini nostri Jesu Christi veri Dei et Mariæ virginis filii gloriam mori millies maluissem, quam tam horrendam in Dominum nostrum contumeliam audire. Eos enim articulos magnificus D. Rector una cum prudentissimo atque optimo viro Domino Henricho Petri scholarcha legebat, eisque lectis, meam de eis sententiam requirebat. Itaque hoc scripto mea manu testor me hos articulos condemnare, detestari et ex animo execrari, tanquam doctrinæ nostri unius Servatoris contrarios, et ex inferis ad totam religionem evertendam excitatos. Id testor coram Jesu Christo teste fideli, et angelis ejus. Amen. Basileæ, 27 Aprilis 1559. — Ego idem C. S. »

Tout autre est la note de Castellion [1].

Il constate qu'on leur a demandé à tous deux, enjoint même, de donner leur avis par écrit. Sur quoi? sur des articles qu'on dit extraits des écrits de David Joris : « *qui dicuntur excerpti* ». On ne leur a pas demandé d'en certifier l'authenticité, il ne leur reste donc qu'à juger en elles-mêmes ces propositions. Castellion n'hésite pas à les condamner : qui ne les condamnerait? ces quelques phrases contiennent en germe, sans compter leur absurdité, toutes les conséquences impies et même immorales que l'on voudra en tirer. Il les déclare donc impies et antichrétiennes. Mais, on l'a remarqué, d'abord il n'entend pas garantir qu'elles se trouvent avec le sens et la portée qu'on leur prête dans les écrits de David Georges, et d'autre part il se refuse à proférer contre cet homme non pas seulement des outrages, comme le fait Curione, mais même un seul mot de blâme. Nous reconnaissons une fois de plus, dans cette circonstance critique, l'homme qui sait résister aux entraînements de l'opinion.

VI

Après cette réponse de l'Université [2], les détenus furent mis en liberté (11 mai), moyennant diverses promesses qu'ils firent, comme de ne plus recevoir d'étrangers à Binningen, mais de les envoyer aux hôtels; de faire instruire leurs enfants aux écoles de la ville; de renoncer à toute espèce de conventicule secret.

1. « Anno 1559 die 27 Aprilis, recitati fuerunt mihi Sebastiano Castalioni, nec non Cœlio Secundo, a Magnifico Rectore universitatis Basiliensis D. Phyracte, et D. Henricho Petri gymnasiarcha, aliquot articuli qui dicuntur excerpti ex libris Davidis Georgii (etiam Joris), una cum aliis, recitati fuerant in collegio, absentibus nobis (neque enim fuerat nobis indicatum), ac de iis articulis jussi sumus dicere, deinde scribere quod sentiremus. Igitur ego pro mea parte de eis scribo meam sententiam, eandem quam verbis dixi. Ego illos articulos esse credo hæreticos, impios, nefandos, eosque detestor, abominor, odi, et quantum in me est prorsus damno, eamque doctrinam plane antichristianam esse judico. — Sebastianus Castalio mea manu scripsi. »

2. Le Sénat lui demanda encore quelques jours après un avis complémentaire sur trois autres questions. L'Université fut d'avis que l'exécution posthume de David Georges eût la plus grande publicité; déclara qu'il n'y avait pas lieu d'exhumer les autres membres défunts de la famille; et enfin que tous les livres devraient être brûlés, sauf quelques ouvrages et quelques manuscrits destinés à servir au besoin ultérieurement de pièces justificatives. Est-ce à cette dernière disposition que l'on doit la conservation des pièces que M. Sieber a trouvées, il y a quelques années, dans une caisse reléguée au fond d'un grenier de la Bibliothèque?

Deux jours après (13 mai) eut lieu à Bâle une des plus étranges scènes dont un pays protestant ait été témoin. On en peut lire tous les détails dans le récit officiellement rédigé par l'ordre du magistrat [1]. D'abord, sur la grande place de Bâle, devant des milliers de spectateurs, on fit une sorte de répétition solennelle du procès. Les juges criminels siégeaient sur une estrade. Devant eux comparut l'accusateur public, qui lut l'acte d'accusation et les articles condamnés par l'Université. Il demanda successivement aux juges de prononcer sur ces écrits, puis sur le cadavre qui reposait en terre sainte au cimetière de Saint-Léonard, enfin sur le portrait de David Georges suspendu dans l'église au-dessus de son tombeau. Le tribunal rendit solennellement sa sentence; le héraut demanda, suivant l'usage, s'il se présentait quelqu'un pour la combattre en parole ou en acte.

Personne ne se présenta. Aussitôt la foule se transporta au lieu des exécutions capitales, à l'une des portes hors de l'enceinte de la ville. Sur un vaste bûcher, le bourreau dressa debout contre une sorte de potence le cercueil qu'on apportait de Saint-Léonard, il l'ouvrit, et la foule, qui, toujours prompte à accueillir le merveilleux, n'était pas éloignée de croire à la disparition du corps ou à quelque étrange substitution [2], la foule tout entière put reconnaître à sa barbe rousse encore intacte et à ses riches vêtements le même homme dont elle suivait trois années auparavant les magnifiques funérailles. Le feu dévora lentement le cadavre, le beau portrait suspendu à côté de lui et un énorme monceau de livres [3].

Castellion assista à ce lugubre spectacle, avec son ancien élève favori, Félix Platter, qui venait de rentrer à Bâle et de prendre son grade de docteur. Nous n'avons pas de peine à deviner les discours qu'ils échangèrent ni à comprendre que, de longues années après, Félix Platter n'eût pas oublié les impressions de cette journée et de cet entretien [4].

Quelques jours après cette scène qui nous reporte en plein

1. *Historia Davidis Georgii hæresiarchæ*, 1559; *la vie et doctrine de David George holandois et chef des hérétiques, escrite par le Recteur et Université de Bâle*, 1560 [Genève, Th. Courteau].
2. Voir les détails dans Nippold.
3. Placés, dit Acronius, dans une caisse de 9 pieds de long sur 5 de large et 6 de haut.
4. *Mém. de Félix Platter*, éd. Fick, p. 97.

moyen âge, une autre cérémonie non moins imposante, mais d'un caractère différent, réunissait tout ce que la cathédrale de Bâle pouvait contenir de fidèles. C'était le 6 juin, jour des prières publiques annuelles. Une trentaine de personnes, hommes et femmes, appartenant aux familles hollandaises jadis groupées autour de David Georges, comparaissaient devant l'autel; après le sermon (sur le bon berger) et le chant des psaumes, le pasteur, Simon Sulzer, descendit se placer devant la table sainte, assisté d'un des sénateurs; il appela « nom par nom » l'un après l'autre tous les « Davidiens »; il leur rappela les erreurs qu'avait répandues leur chef et dont eux-mêmes avaient été, presque tous, imbus à quelque degré; puis il les invita à déclarer « ouvertement et franchement, devant l'Église de Dieu », s'ils y persévéraient. Il insista à plusieurs reprises pour que « ni l'autorité des hommes ni la crainte de quelque chose que ce fust ne leur fissent rien répondre contre leur conscience », protestant que « s'il y avoit quelque scrupule en leurs cœurs, de tous ou d'aucuns d'entre eux, lui et ses autres frères (les ministres) escouteroyent paisiblement leurs raisons et les enseigneroyent en toute douceur ». Tous successivement répondirent qu'ils repoussaient de tout leur cœur les hérésies qu'on venait de rappeler. Quelques-uns même ajoutèrent qu'ils les avaient repoussées depuis longtemps. On leur lit ensuite tout le symbole, en le commentant, article par article, pour en bien montrer l'opposition avec les erreurs de David Georges. Ils y adhèrent expressément. Alors tous se mettent à genoux et l'un d'eux demande pardon en leur nom à Dieu et à l'Église pour le scandale auquel ils avaient donné lieu. En conséquence de ces déclarations, le ministre prononce leur réintégration dans l'Église : chacun d'eux vient donner la main au censeur ecclésiastique, c'est-à-dire au sénateur, et puis au ministre. Après quoi, Sulzer adresse encore deux allocutions, l'une aux pénitents : il leur rend un témoignage de parfaite honorabilité qu'on est heureux de recueillir et qui lui fait honneur à lui-même[1]; l'autre à l'assemblée, qu'il invite à les

1. Dans ces dernières recommandations, Sulzer les exhorte à redoubler de vigilance, à fuir les occasions de séduction qui peuvent mener à l'impureté de la vie comme on en a de nos

« embrasser, comme frères et sœurs, d'une dilection vrayement chrestienne », en leur appliquant la belle parole de saint Augustin : « c'est à faire aux anges à ne faillir jamais » [1]. Et cette réconciliation solennelle est scellée par la prière, le chant et la bénédiction pastorale.

VII

Nous avons dû retracer d'abord toute cette étrange histoire; voyons maintenant jusqu'à quel point Castellion risquait d'y être compromis.

A première vue, on a peine à comprendre qu'il n'ait pas été sur l'heure inquiété. Telle fut aussi la première impression de son grand ami de Berne dès qu'il sut les événements. Zurkinden était précisément en pourparlers avec Castellion chez qui il devait envoyer son fils en pension. — « Vous ne craignez donc pas de gagner ma maladie? lui écrit et lui répète Castellion : prenez garde à la contagion. Il paraît que je suis devenu bien noir, sans doute pour avoir regardé le soleil en face [2]. » Le digne magistrat s'excuse de ne pas comprendre l'allusion. Il ne se l'explique que trop quelques jours plus tard. Son premier mouvement en apprenant la tragédie des Davidiens avait été d'avoir pitié d'eux, « comme en général, ajoute-t-il, de tous ceux qui tombent dans le malheur pour avoir erré sans malice ». Mais le bruit s'est répandu qu'il s'agit de l'anabaptisme le plus exécrable quant aux doctrines, et peut-être quant aux mœurs.

jours beaucoup d'exemples : « Et quia hactenus in ipsis animadversum sit pacis studium, benignitas in pauperes, convictus ab ebrietate et sermo a dejerationibus et obscœnitate alienus, item ut deinceps præstare pergant sicut deceat eos qui Christum profitentur. » (*Historia Basiliensis*, feuillet G 3.)

1. On remarquera que la question qui plus tard deviendra le prétexte des plus graves accusations ne soulève à ce moment ni inquiétude ni soupçon, malgré toutes les facilités qu'offrait une enquête approfondie. Il est clair que Sulzer n'aurait pas rendu aux Davidiens le plein témoignage de confiance morale qu'il leur accorde spontanément, s'il avait cru que David ou sa famille, comme on l'a prétendu plus tard, eût prêché ou pratiqué l'union libre. De plus, quand il arrive au 11e article du résumé officiel, Sulzer lui-même explique et limite bien le sens, comme aussi le danger, des passages incriminés dans les écrits de David Georges. Il demande aux pénitents : « Annon credant conjugii vinculum quod ex duobus unum facit, divinitus in paradiso institutum, deinde Mosis lege, et Christi Jesus authoritate confirmatum, sacrosanctum esse; *idcirco perperam asseri in statu quodam perfectiori quem David Georgius somniavit ejus jura et religionem solutum iri.* » (Feuillet F 2 verso.)

2. C'est-à-dire pour avoir tenu tête à Calvin. (Voir notre Appendice, 2e partie, lettre XIV).

Zurkinden récrit à Castellion (25 juin) : il ne lui envoie pas encore son fils, qu'il va mettre, pour commencer, chez le pasteur Sulzer :

Je vous l'enverrai ensuite, si toutefois vous êtes encore à Bâle. En effet, un ministre d'ici, revenant de Zurich, a dit et soutenu que vous auriez été expulsé de Bâle pour des hérésies monstrueuses. Je n'ai pu y ajouter foi, connaissant et votre piété singulière et la modération par laquelle se distinguent les jugements du magistrat à Bâle. En effet, cette secte des Néerlandais est abominable et scélérate si ce qu'on raconte est vrai ; je pense ou plutôt je sais que vous seriez le dernier qu'on y pût trouver : vous ne voudriez avoir aucun rapport avec des gens menant une vie dissolue, quand même leur doctrine serait irréprochable.

Et avec un désordre épistolaire qui trahit son inquiétude en même temps que la noblesse de son premier mouvement :

Non, ajoute-t-il : dans votre querelle sur la prédestination et le libre arbitre je ne pense pas que vous ayez jamais couru un aussi grand danger. Mais quelle que soit la situation, je désire l'apprendre de vous, d'abord pour ne pas être plus longtemps en souci à votre sujet s'il n'y a pas lieu, et puis pour pouvoir non seulement vous promettre, mais vous donner effectivement aide et secours si, victime de quelque accident imprévu, vous êtes obligé de partir. Je sais en effet et ce que je vous dois en pareille circonstance et ce qu'il convient que vous acceptiez de moi. Adieu, et ne me laissez pas longtemps en suspens. Berne, 22 juin 1559.

Nous n'avons malheureusement pas la réponse. Peut-être même, Zurkinden, trop inquiet pour l'attendre, alla-t-il la chercher (sous prétexte de conduire son fils à Bâle) [1]. Toujours est-il que dès le 11 juillet un nouveau billet de lui nous le montre, rassuré non seulement sur l'innocence de son ami, mais même sur sa situation « qui jusqu'ici est intacte ». Il lui annonce une prochaine et cette fois une longue visite ; « nous causerons à loisir non seulement de notre état à tous deux dans cette vie, mais, hélas ! de la ruine qui menace le parti évangélique : tant est grande la rage des tyrans de ce monde qui viennent de faire la paix entre eux et que Dieu suscite pour châtier notre hypocrisie et notre impénitence ». Reflet des graves appréhensions qu'inspirait à l'homme

1. Dans son billet daté du 11 juillet il répond à une lettre où Castellion lui reproche de n'avoir fait à Bâle qu'une apparition.

d'État bernois et à toute la Suisse la paix de Cateau-Cambrésis, ce redoutable pacte d'alliance des deux rois de France et d'Espagne pour l'extermination de l'hérésie. Il ne savait pas que Henri II venait d'expirer la veille.

Le post-scriptum de la lettre contient un détail précis qui a son intérêt : « J'apprends, dit Zurkinden, que vous avez à Bâle un médecin picard, votre ami intime, qui est un homme pieux et fort instruit. Faites en sorte que je le voie quand je serai là; en attendant, saluez-le de ma part. » Il est remarquable que Zurkinden ait entendu parler de Bauhin pour la première fois[1] à propos du procès, et à ce moment même en termes élogieux. Ce n'est pas le seul indice[2] qui prouve qu'en dehors peut-être d'une portion militante du clergé, l'esprit public était plus porté à étouffer l'affaire des Néerlandais qu'à l'envenimer. Il semble y avoir un parti pris de modération. Justice a été faite de l'imposteur dans toute la rigueur du droit impérial, pleine satisfaction a été donnée par ses anciens adhérents : c'en est assez. Bien loin de chercher curieusement les ramifications du complot comme on eût fait à Genève, on a hâte de n'en plus entendre parler. Aussi bien il y avait à Bâle tant de gens et de si considérables dans l'Église et dans l'Université qui avaient fréquenté le château de Binningen et qui restaient en relations amicales avec ses habitants, qu'il fallait s'attendre à les voir, ne fût-ce que pour leur propre excuse, atténuer plutôt qu'exagérer les torts de ce petit groupe d'anabaptistes de bon ton et de bonne vie.

Castellion et Bauhin en avaient su sans doute un peu plus que d'autres, mais leur principal crime eût été de n'avoir pas dénoncé l'hérétique. Or, il faut le dire à l'honneur de la vieille cité, nous ne voyons pas que ce grief ait été relevé ni contre eux ni contre personne : on trouva tout naturel qu'un secret connu de tant de personnes n'eût été livré par aucune.

1. Il ne faut donc pas s'étonner non plus que Thomas Platter, écrivant à son fils (21 mars et 3 mai 1554), lui recommande d'écrire « ad doctorem der Niderlænder », qu'il appelle « doctor gallus » et dont il ne sait pas le nom, quoique ce docteur eût donné déjà une lettre de recommandation à Félix Platter (*Th. Platters Briefe*, p. 47 et 50).

2. Voir à l'Appendice la lettre de Castellion du 1er septembre 1559 annonçant aux trois étudiants et à Hubert Languet la publication de l'*Historia Davidis Georgii* et témoignant qu'il n'a eu à redouter aucune poursuite.

VIII

Il nous reste à rechercher quelles avaient été au juste les relations de Castellion avec David Joris.

Après sa mort, on ira jusqu'à dire qu'il avait été affilié à l'anabaptisme. Par un de ces commérages que nous avons vu trop souvent nos réformateurs accueillir avec une inconcevable crédulité, quelqu'un rapportera à Bullinger qu'on pourrait lui dire le nom de celui qui a « rebaptisé » Castellion. Rien de pareil n'a été ni écrit, ni insinué de son vivant. Il n'y a pas lieu de s'y arrêter [1].

Nous trouvons au contraire un document de la plus grande valeur dans la volumineuse correspondance clandestine de David Joris, qu'une main pieuse — celle d'un fils ou d'une fille sans doute, qui en aura pris copie au fur et à mesure — a soustraite on ne sait comment à la destruction [2] : c'est une lettre sans date de David lui-même à Castellion. Cette lettre est bien l'écrit d'un mystique s'adressant à un ami plus jeune et lui parlant à cœur ouvert [3], lui répétant sans jamais en être rassasié, comme il le dit lui-même, le bonheur de la vie en Dieu et pour Dieu seul.

On y retrouve l'idée qui reparaît sans cesse chez les mystiques du XVe et du XVIe siècle, celle que les Allemands expriment par ce terme intraduisible de « *Gelassenheit* » [4], où entre tout ensemble l'abandon de l'enfant, la naïve confiance du croyant, le laisser aller contemplatif, et aussi, sachons le reconnaître à travers la phraséologie biblique, la résignation mélancolique du penseur que la vision de l'avenir console du spectacle du présent. « Non, cher ami, quand on a une fois goûté ce que c'est que l'amitié de Dieu et de son

1. Bèze lui-même, qui n'était certes pas aveuglé par la tendresse, insiste deux ou trois fois avec une intention évidente de loyauté sur ce qu'il y aurait d'excessif à accuser Castellion d'anabaptisme (*Resp. ad Cast.*, p. 20, 31, 192).

2. M. Nippold en a élucidé la bibliographie assez compliquée. Voir aussi A. van der Linde, *David Joris Bibliographie*.

3. Nippold, p. 587. Texte incomplet en allemand. Original flamand dans le volume de la Bibliothèque de Deventer, 3e partie, fol. 57.

4. Nippold classe la théologie de David parmi les doctrines qu'il appelle : « pietisch = mystisch = chiliastich = allegorischen Lehren ».

Christ, quand on sait par expérience ce que c'est que d'être avec lui ou contre lui, d'en être près ou d'en être loin, alors il n'y a pas de danger qu'on désire aucune autre chose. » Et il semble qu'il l'exhorte en s'exhortant lui-même.

N'y a-t-il pas pourtant une nuance de reproche ou du moins le sentiment que son ami n'est pas absolument gagné, qu'il fait certaines réserves? « Avant d'entrer, dit-il, il faut être sorti [1]. » Et il semble douter si Castellion est bien décidé à *sortir*. « Vous ou moi nous pouvons ne pas savoir où Dieu nous mène par son Christ : mais il faut d'abord savoir d'où nous sortons et ce que nous quittons, et il faut le quitter d'un cœur allègre;... il faut avoir vu et senti son néant, être disposé à se laisser enseigner comme un petit enfant, avoir pris enfin l'esprit de candeur et de naïveté. Cela ne se fait pas aisément [2]. » Mais il a insisté si vivement qu'il lui en demande pardon, et il vient aux deux objets particuliers de sa lettre : c'est d'abord une allusion à la demande que Castellion paraît avoir faite de traduire quelque opuscule de David Georges : il y consent, si cela peut se faire « sans danger »; mais, ajoute-t-il en appliquant ici le mot de Jésus sur les Pharisiens, « je n'ai pas été envoyé pour les latinistes, et je ne m'en occupe pas. — Quant à ta préface pour la Bible, je l'ai examinée, elle m'a fort satisfait. Dieu veuille que de telles idées soient acceptées! Je me suis permis d'y retoucher moi-même çà et là un mot ou un demi-mot, quand l'expression me paraissait un peu trop forte. Tu en disposeras à ton gré. » Et il revient à ses recommandations : « Chemine en paix : c'est dans la paix et dans l'espérance que croîtra ta force! Laisse Dieu vouloir et agir en toi [3]! »

A laquelle des deux préfaces se rapporte cette lettre? C'est sans aucun doute à celle de la Bible française, que Castellion lui aura communiquée en même temps, nous l'avons vu, qu'à un assez grand nombre de correspondants.

1. Tout ce passage, supprimé par Nippold, se trouve dans l'original flamand. J'en dois la traduction à M. Jean Réville.

2. Suit une phrase enveloppée où il semble revenir à ce qui devait être, dans sa situation, son idée fixe et son ver rongeur : l'inutilité d'une profession publique de toutes ces vérités, qu'il suffit de garder dans le secret du cœur, dont Dieu se contente.

3. Il lui envoie un pfennig en manière de salut. D'après quelques mots de la fin, la correspondance paraît bien avoir été clandestine. (Nippold, p. 589.)

Une seconde lettre du même recueil, déjà signalée par Mosheim[1], achève d'éclairer la question. Le 1er octobre[2] 1553, David Joris, instruit de l'emprisonnement de Servet et de la consultation des Églises suisses, avait eu l'idée généreuse d'intervenir pour sauver « cet homme de bien », comme il n'hésite pas à l'appeler. Il avait donc adressé aux gouvernements des Quatre Villes une longue lettre (en allemand?) qui rappelle, à s'y méprendre, certaines pages du *de Hæreticis*. Sauf quelques mots de l'exorde et de la conclusion, rien du mystique et du rêveur. Ce sont tous les arguments de Bellius, depuis la parabole de l'ivraie et le *Nolite judicare*, jusqu'à la distinction des deux glaives et jusqu'au principe nettement posé de la délimitation du spirituel et du temporel : « C'est un incroyable aveuglement, c'est la plus étonnante absurdité en même temps que l'acte le plus antichrétien de condamner à mort pour cause d'hérésie ». Et ici, comme il s'agit de persuader les autorités, l'auteur fait toutes les concessions utiles au succès de sa cause : il admet que le magistrat pourra punir l'athée comme le malfaiteur; il invoque la peur de précipiter en enfer l'âme de l'hérétique; il fait appel à l'argument pratique qui doit toucher des hommes d'État : « admettre le droit de tuer l'hérétique, c'est se condamner à faire couler des flots de sang dans le monde entier »; suit, comme dans Bellius, l'énumération des sectes qui se taxent d'hérésie. Et il adjure les magistrats de ne pas encourir de telles responsabilités, en autorisant le supplice d'un chrétien, hérétique peut-être, mais de ce chef justiciable de Dieu seul.

A lire attentivement cette lettre, il est difficile de n'y pas reconnaître un effort de précision et de concision qui tranche avec la manière ordinaire de David Joris. Nous ne croyons pas risquer une conjecture hasardée en supposant que la main de Castellion y a passé, assez habile toutefois et assez légère pour conserver l'allure propre de l'auteur.

Quelle suite eut cette démarche? L'adresse parvint-elle aux destinataires? Nous n'avons pu le découvrir. Mais il nous

1. Mosheim, *Anderw. Ketzergeschichte*, II, 421-425.
2. Le copiste a écrit par erreur : *juillet*.

semble évident qu'après cet effort ni David Joris, ni Castellion ne s'en tinrent là.

D'abord en rapprochant la lettre aux Quatre Villes de celle qui, un peu plus tard, est remise au Petit Conseil de Genève par Vandel, on admettra certainement comme très vraisemblable que cette seconde démarche anonyme soit partie, comme la première, de Binningen. L'une et l'autre sont bien dans les habitudes et dans les procédés de David Georges.

Enfin, revenant au *de Hæreticis* où nous avons laissé un pseudonyme indéchiffré, nous demanderons si « Georges Kleinberg » n'a pas une ressemblance marquée avec cet autre Georges? Si ces allusions au massacre des anabaptistes, si ces métaphores bizarres, heurtées et pourtant arrêtées court, juste au point où elles dériveraient en élucubrations mystiques, ne rappellent pas étonnamment la lettre aux Quatre Villes? Si enfin le morceau donné comme extrait d'un *de Religione* publié ou inédit ne serait pas en effet un de ces fragments que Castellion demandait à David Joris l'autorisation de traduire et probablement de réduire?

Sans prétendre donner cette hypothèse pour une certitude, nous la croyons plausible et nous ne serions nullement surpris de la voir tôt ou tard confirmée directement par ce qui reste encore à explorer dans les écrits du prolixe hérésiarque [1].

IX

Les relations de Castellion avec Blesdyk sont beaucoup mieux connues, et nous aurons à peine besoin d'y insister.

Blesdyk était désabusé, il passait à l'orthodoxie. Dès le lendemain du procès, il projetait d'écrire une *Historia Davidis Georgii heresiarchæ*, qu'il rédigea provisoirement au mois de

1. La Bibliothèque de Bâle possède à cet égard des documents imprimés et manuscrits qui, comparés avec ceux des Bibliothèques de Hollande, permettent d'espérer plus d'une trouvaille importante pour cette curieuse histoire; il reste là, malgré tant de volumes écrits contre Joris et les joristes, un chapitre d'histoire ecclésiastique à refaire ou tout au moins à compléter.

mars 1560 [1]. Cette publication lui tenait à cœur. Castellion insista pour qu'il l'ajournât, et il l'obtint [2].

Un peu plus tard, Blesdyk était nommé pasteur dans le Palatinat, où le nouvel électeur Frédéric III venait d'introduire le calvinisme. Dans une de ses lettres à Castellion (22 octobre 1562) il lui parlait incidemment des persécutions qui sévissaient là comme ailleurs contre les anabaptistes. Aussitôt Castellion lui répond (25 novembre) par une pressante adjuration de ne pas participer à la responsabilité du sang versé. Il a appris que Blesdyk est chargé de réfuter les erreurs des anabaptistes : « Il y a, lui dit-il, une erreur plus grave et bien plus urgente à réfuter : c'est celle des princes qui font périr des hommes pour cause de religion. Commencez par là, persuadez-leur que c'est un crime et en les admonestant ainsi même au péril de votre vie vous ferez une œuvre plus agréable à Dieu qu'en vous prêtant à des « disputations » qui serviront malgré vous de prétexte à des répressions sanglantes... » Blesdyk lui répond par une longue lettre dont nous reproduisons en appendice les parties principales : elle nous semble du plus vif intérêt. Il y explique en détail son rôle et comment, sous prétexte de convertir les anabaptistes, il espère les arracher à leurs bourreaux. Son sentiment intime est exactement celui de Castellion, sa tactique est celle d'un pasteur orthodoxe doublé d'un homme de cœur, que son orthodoxie autorise à ne pas partager le fanatisme de son entourage et que son humanité rend ingénieux jusqu'à en être touchant. Tant il est vrai que le protestantisme sous toutes ses formes, même les plus rigides, même au XVIe siècle, pouvait et devait engendrer la tolérance [3].

1. Il le dit lui-même, p. 61 et 183 de son *Historia*. Son correspondant Thomas Gruter est aussi l'auteur d'une *Historia Davidis Georgii* restée manuscrite.

2. Elle ne parut qu'après sa mort; il l'avait récrite et remaniée à plusieurs reprises, en y ajoutant des appréciations de plus en plus sévères.

3. Voir Appendice, lettres XCVI, XCVII et XCVIII.

CHAPITRE XIX

CASTELLION THÉOLOGIEN ET MORALISTE

I. Critique de la prédestination. — II. Philosophie de la liberté. — III. La vraie « justification par la foi ». Conséquences morales et religieuses.

Après avoir été au premier rang des antagonistes de Calvin sur la question de la tolérance, il était réservé à Castellion de s'y trouver encore sur une question capitale de doctrine, la prédestination.

Pour ne pas mêler le détail des faits avec l'exposé des doctrines, et pour ne pas scinder l'histoire des dernières années de la vie de notre héros, nous avons raconté ailleurs par quelles péripéties il fut amené à intervenir dans ce grave débat, et en quel péril le jeta cette intervention, si discrète pourtant et si mesurée. Nous achèverons cette histoire dans nos derniers chapitres. Ici nous l'interrompons : laissant le récit des faits, c'est l'ensemble de la doctrine de Castellion que nous essayerons d'esquisser.

Nous ferons deux parts de cet exposé : l'une critique et négative, c'est sa réfutation de la prédestination calviniste; l'autre toute positive, au contraire, c'est la théorie religieuse qu'il oppose à celle de Calvin.

I

CRITIQUE DE LA PRÉDESTINATION

C'est du fond même de l'âme religieuse et non de la poussière de l'école que jaillit au début de la Réforme la doctrine de la *prédestination*.

Quand Luther, pénétrant de repli en repli jusqu'aux profondeurs de sa conscience, y eut découvert, avec une poignante évidence, qu'il n'était et ne serait jamais qu'un misérable pécheur, quand il eut savouré jusqu'au désespoir la certitude de ne pouvoir faire son salut ni par les prières, ni par les macérations, ni par aucun effort de volonté, d'intelligence ou de piété, il lui arriva comme à saint Paul de voir tout à coup apparaître au fond de son néant la toute-puissante miséricorde de Dieu, lui offrant, à titre de grâce pure, le salut qu'il désespérait de gagner, ne lui demandant plus nul mérite propre, mais seulement la foi.

Ce trait de lumière éclaira toute son âme. Il vit soudain ce qu'est l'homme et ce qu'est Dieu; il se vit petit enfant sous la main du Père; il connut les délices du sentiment de la dépendance absolue qui est le fond même du sentiment religieux. Qu'on ne lui parle plus de compter avec Dieu, d'acquérir des titres à sa faveur, ou de les demander à des médiateurs quelconques. Ni Dieu ne lui doit rien, ni lui-même, ni personne ne peut rien mériter. Mais Dieu est amour, et ce trésor d'un prix infini qui ne peut s'acheter par les œuvres, il le donne à la foi, directement, immédiatement, en pleine possession. Emportée par cet élan d'humilité et de confiance filiale, l'âme ardente de Luther devait repasser par les phases que tous les grands croyants avaient traversées. La grâce ne serait pas absolue, la toute-puissance et la toute bonté de Dieu ne seraient pas la dernière raison de tout, si l'homme entrait en quelque mesure dans l'œuvre du salut par un mérite, par un acte, par une initiative quelconque. Luther, n'eût-il pas lu et relu saint Augustin, aurait retrouvé d'instinct sa doctrine et affirmé comme lui, par les mêmes motifs, que l'homme n'est rien, ne vaut rien, ne peut rien. Car il faut qu'il soit néant pour que Dieu soit vraiment Dieu. L'Être, le vrai, le seul Être, c'est Dieu. Il a créé l'homme, mais l'homme a péché, l'homme est déchu, perdu, *massa perditionis*. Il faut une création à nouveau pour le rétablir en son état primitif : c'est le second acte de la Providence, la rédemption. Dans ce second acte comme dans le premier, Dieu crée souverainement, absolument, *ex nihilo*, sans coopération de la créature : *Gratia gratis dans, gratia gratis data*.

Jusque-là, cette doctrine n'est autre chose que le premier cri d'adoration, le cantique d'action de grâce, l'acte de foi de l'âme qui vient de saisir l'infini comme une réalité vivante.

S'il n'y avait qu'un homme sur la terre, il pourrait s'en tenir à cette profonde impression de la toute-puissance de Dieu, s'en remettre à Lui et tout résoudre par ce seul acte de foi, qui serait l'alpha et l'oméga de sa religion. Mais il y a et il y a eu des millions d'hommes. Comment en faire abstraction? Eux aussi, Dieu est leur Père. Eux aussi, Dieu les a créés. Les sauvera-t-il? Ici commencent les angoisses de Luther et de toutes les âmes religieuses. Oui, sans doute, Dieu veut leur salut, mais il y met une condition. Que cette condition consiste dans un ensemble d'actes méritoires, comme le voulait l'Église, ou simplement dans le fait unique de la foi, comme le voudra Luther, il est avéré qu'il y a une condition à remplir pour être sauvé; et il n'est pas moins avéré que des millions d'êtres humains ne l'ont pas remplie.

Que penser de leur sort? La réponse des simples est la plus sage : déclarer que c'est un mystère insondable, adorer et ne rien affirmer de plus. Mais au XVIe siècle, rares sont les esprits qui se résignent à cette ignorance. Luther lui-même ne s'y peut tenir longtemps. Fasciné comme saint Augustin par l'effrayant problème, il ne le résout pas, il le tranche.

Dieu n'est-il pas Dieu, l'Être absolu et par conséquent la règle absolue du bien? Il a décidé de toute éternité ce qui adviendrait de ses créatures. Qu'on ne dise pas qu'il l'a seulement prévu : rien ne se fait que par sa volonté. Il a donc voulu que les hommes ne pussent être sauvés que par la foi, et il a prédestiné certains hommes à croire, d'autres non. Pourquoi ceux-là et non ceux-ci? Mais plutôt : « Qui es-tu, ô homme, pour demander compte à ton Créateur de ce qu'il lui plaît de faire? Le vase d'argile s'élèvera-t-il contre le potier? » C'est, depuis saint Paul, la seule réponse des croyants. Luther à son tour la répète et s'y tient.

En vain de bons esprits, moins possédés que lui de l'idée de Dieu, s'inquiètent-ils de cette annihilation de l'homme; en vain Érasme, toujours inquiet de ce qui menace de rompre l'équilibre de la nature humaine, même dans le sens des plus nobles exagérations, essaie-t-il de tempérer ce zèle, de limiter raisonnablement cette proclamation du droit absolu du Créateur, du néant absolu de la créature. Qu'on lui accorde au moins ce que les païens eux-mêmes ont reconnu, quelque vestige de libre arbitre dans l'homme, assez tout au moins pour accepter et saisir la grâce. La grâce gardera son rôle prépondérant, et l'on évitera de dégrader l'homme.

On sait comment répondit Luther : par cet étonnant traité *De servo arbitrio* [1] où, sous une argumentation souvent digne de la vieille scolastique, bouillonne toute la sève d'une conviction religieuse qui ne souffre pas le partage, qui n'admet pas la discussion, qui accepte les pires énormités plutôt que de rien retrancher à la toute-puissance de Dieu. « Le libre arbitre n'est rien » : tel est le titre de l'ouvrage dans l'édition populaire qui parut aussitôt en allemand. Tout le traité est à l'unisson du titre : quand il a épuisé toutes les raisons bonnes ou mauvaises qu'il oppose au libre arbitre, Luther finit par un de ces traits qui le peignent : « Dieu lui-même voudrait me donner le libre arbitre, je le refuserais, parce que je ne trouverais jamais en moi de quoi apaiser ma conscience! »

Et pourtant ce fanatique violent, ce théologien qui sacrifie l'homme à Dieu, ce moraliste tragique qui ne voit dans la volonté humaine qu'une bête de somme que font marcher tour à tour Dieu et le Diable, au milieu de ses étourdissants « paradoxes », qui révolteraient si l'on pouvait les prendre à la lettre, il lui échappe çà et là un mot, un cri qui laisse

1. On en trouve deux analyses excellemment faites, l'une en allemand dans Schweizer, *Centraldogmen*, chap. I; l'autre dans F. Kuhn, *Luther*, II, p. 169-183.

deviner l'homme sous le théologien, qui trahit la protestation de la conscience mal étouffée par quelque héroïque sophisme de la foi. « J'en conviens, dit-il quelque part, cette doctrine réduit l'homme au désespoir, mais c'est celui qui désespère qui est sur le point d'être sauvé [1]. » Ou ailleurs, par un aveu plus touchant encore : « Oui, certes, il faut bien le suprême effort de la foi pour croire que c'est un Dieu clément, qui sauve si peu d'hommes, que c'est un Dieu juste, qui nous fait pécher fatalement. Si je pouvais comprendre comment un tel Dieu est juste et miséricordieux, je n'aurais pas besoin de la foi [2] ! »

Avec Luther, Mélanchthon d'abord, puis toute la Réforme sous l'impulsion du même sentiment religieux et moral, du même besoin « d'apaiser la conscience », souscrit à cette reconnaissance sans réserve du dogme de la grâce et implicitement de toutes ses conséquences. Le chef de la réforme helvétique, Zwingle lui-même n'en répudie rien : il y ajoute plutôt par son écrit *de Providentia*.

Toutefois, quel que soit l'accord des docteurs sur ce point dans la première phase de la Réforme [3], on ne peut se dissimuler que la doctrine garde quelque chose d'indécis jusqu'au milieu du siècle environ, jusqu'au moment où Calvin se l'approprie.

Avant lui, si tous se prosternent devant les insondables décrets de la Providence, si tous se refusent à écouter les réclamations du libre arbitre, les objections de la raison et de l'équité humaine, si tous déclarent que Dieu a librement prédestiné les élus, qu'il les sauve librement, et qu'il est souverainement juste en cela même qui serait chez l'homme une souveraine injustice, il n'y a là que des affirmations de la

1. « Quandiu persuasus fuerit sese vel tantulum posse pro salute sua, manet in fiducia sui nec de se penitus desperat.... Qui vero nihil dubitat totus in voluntate Dei pendere, is prorsus de se desperat... is proximus est gratiæ ut salvus fiat. »

2. « Hic est fidei summus gradus credere Deum esse clementem qui tam paucos salvat, tam multos damnat; credere justum qui sua voluntate nos necessario damnabiles facit, ut videatur (ut dictum ab Erasmo) delectari cruciatibus miserorum et odio potius quam amore dignus. Si igitur possem ulla ratione comprehendere quomodo is Deus sit misericors et justus qui tantam iram et iniquitatem ostendit, non esset opus fide ! »

3. La démonstration en est faite avec autant d'ampleur de vue que d'érudition précise dans les premiers chapitres de l'ouvrage classique de Schweizer, *Die protestantischen Centraldogmen*. Zurich, in-8, 1854.

conscience religieuse, des postulats de la foi; c'est un cri de l'âme, un acte d'abandon entre les mains de Dieu, plutôt qu'une doctrine positive.

Depuis de longs siècles, toutes les âmes déprises d'elles-mêmes et éprises de Dieu jusqu'à la passion avaient trouvé une source intarissable d'édification dans la majesté terrible des doctrines augustiniennes. Il était naturel que la Réforme y puisât à son tour une nouvelle ferveur religieuse. Mais ce qui l'était moins, et ce qui vraisemblablement ne se fût pas produit, à l'état du moins de fait ecclésiastique général, si Calvin n'eût pas existé, c'est l'inconcevable entreprise de faire de ce point culminant de l'exaltation religieuse le point de départ de tout le système théologique; c'est l'idée de populariser et de faire passer en doctrine courante dans le catéchisme, dans le sermon, des pensées qui ont divisé les plus grands esprits et troublé les plus nobles consciences. Calvin l'osa, et il y réussit.

Nous n'avons pas à raconter ici par quels développements successifs la doctrine de la prédestination, d'abord à peine indiquée dans les premières éditions de l'*Institution chrétienne* [1], devint dans la pensée et dans l'œuvre de Calvin le point central. Un génie fait de courage et de logique, chez qui la foi était autant une énergie de l'intelligence qu'une énergie de la conscience, en qui le besoin de clarté était comme une autre forme du besoin de sincérité, ne pouvait manquer d'arriver à ces conclusions.

Castellion entreprit de les combattre non pas seulement dans leurs exagérations de forme ou d'expression, mais jusque dans leur principe, au nom de l'esprit chrétien, nous pourrions même dire plus simplement au nom de la morale.

Voici, d'après de nombreux opuscules dont nous indiquons ailleurs la date et les titres [2], le plan général de cette critique de la prédestination.

D'abord qu'est-ce que la prédestination? Le mot s'explique

1. Schweizer, *Centraldogmen*, II, 150 et suiv.; *Encyclopédie des sciences religieuses*, article *Prédestination*, p. 717.

2. Voir notre chapitre XVII et la Bibliographie (les deux dernières sections).

de lui-même : prédestiner, c'est destiner d'avance un objet à une fin, c'est décider ce qu'on en veut faire. Le potier, en prenant son argile, la destine à être un vase, ce qui veut dire tout simplement qu'il se propose d'en faire un vase. Ne subtilisons donc pas : prédestiner un homme à la mort, ce serait simplement penser : je veux que cet homme meure [1].

Cette prédestination peut avoir lieu avec ou sans conditions. Par exemple, quand Dieu dit : « faisons l'homme à notre image », c'est une volonté absolue, une prédestination inconditionnelle. Elle est conditionnelle, au contraire, quand il place ce même homme dans le paradis avec promesse de vivre s'il obéit [2].

Toute la question est donc de savoir à quoi Dieu prédestinait l'homme en le créant. Qu'a-t-il voulu de toute éternité que cet homme devînt?

C'est ici, au sommet de tout le débat, qu'éclate, grâce à la franchise de Calvin, le dissentiment entre les deux théologies. L'une, celle de Calvin, répond expressément : « Nous appelons prédestination le conseil éternel de Dieu par lequel il a déterminé ce qu'il voulait faire d'un chacun homme. Car il ne les crée pas tous en pareille condition : mais ordonne les uns à vie éternelle, les autres à éternelle damnation. Ainsi, selon la fin à laquelle l'homme est créé, nous disons qu'il est prédestiné à mort ou à vie [3]. »

L'autre théologie, celle qu'avait esquissée Bolsec et que développe Castellion, se révolte contre cette dualité initiale dans les décrets de Dieu et soutient, au contraire, que le Créateur veut, suivant le mot de l'apôtre, que tous les hommes soient sauvés. Car, dit Castellion, il serait étrange de prétendre que le péché originel, qui n'est qu'un accident, ait pu entacher la race jusqu'au dernier homme et que le décret

1. *Ann. in Cap. IX Rom.*, p. 10. (Nous citons toujours l'édition de Gouda 1613.)

2. *Id.*, *ibid.*

3. *Institution chrétienne*, liv. III, chap. XXI, 5. — Que cette définition fût bien la définition courante et en quelque sorte officielle dans l'Eglise, nous en trouverions la preuve, s'il était besoin de preuve, dans le *Dictionnaire de théologie*, sorte de petit manuel populaire édité à Genève en 1560, in-8, par Jean Crespin. On y lit, au mot *Prédestination* : « C'est le décret éternel de Dieu, par lequel il a délibéré en soy-mesme ce qu'il vouloit estre fait de chacun homme. Car tous ne sont pas créez d'une pareille condition, mais la vie éternelle est ordonnée aux uns, la damnation éternelle aux autres. Pourquoy, selon qu'un chacun est créé ou à une fin ou autre, nous disons qu'il est ainsi prédestiné ou à la vie ou à la mort. »

primitif de Dieu ne l'embrasse pas tout entière [1]. D'ailleurs le Christ est venu sauver ce qui était perdu : si le péché et la mort, par le seul fait d'Adam, se sont étendus à tous ses descendants, le salut et la vie apportés par le second Adam doivent s'étendre au moins aussi loin [2] : « *Necesse est ut Christi beneficium non minus late pateat quam Adami maleficium* [3] ».

Castellion fait donc litière, comme le lui reproche si amèrement Calvin, du prétendu décret éternel d'inégalité entre les hommes; et à la fameuse formule de l'*Institution chrétienne : Non omnes pari conditione creati sunt*, il oppose incessamment la sienne : *Fuimus omnes eidem vitæ eadem conditione destinati* [4].

Pour soutenir l'axiome : *Non omnes pari conditione creantur*, il y aurait un premier moyen, radical il est vrai. Ce serait de fermer la bouche à l'homme en disant que Dieu ne lui doit rien, qu'il agit en vertu d'un droit suprême qui n'a en définitive avec notre raison et notre justice aucune commune mesure. C'est la fameuse apostrophe de saint Paul au vase de terre qui se dresse contre le potier.

Rendons cette justice à Calvin que, tout en présentant le dogme dans son effroyable nudité sans songer même à en émousser les angles, à en voiler les conséquences, il a senti l'impossibilité de s'en tenir à une proclamation, si éloquente fût-elle, de l'arbitraire divin. Les âmes les plus pieuses, même celles qui font leur nourriture de saint Augustin, ne méditeraient pas longtemps impunément sur cette divinisation du bon plaisir; elles finiraient par donner raison au cri de révolte de Bolsec. Calvin lui-même écrit cette phrase énergique : « Il est certain que la bonté de Dieu est tellement conjointe avec sa divinité qu'il ne lui est pas moins nécessaire d'estre bon que d'estre Dieu [5] ». Et ailleurs : « Nous n'approuvons point la réserve des théologiens papistes touchant la puissance absolue de Dieu.... Nous n'imaginons

1. *Ann. Rom.*, p. 11.
2. *Id.*, 17.
3. *Id.*, p. 71.
4. *Ann. Rom.*, 16 et suiv.; *Dialog. IV*, I, p. 17. Cette formule revient très fréquemment sous sa plume : « Omnes homines esse beatæ vitæ destinatos, idque esse Dei bonitate dignissimum » (*Ann. Rom.*, 12).
5. *Inst. chrét.*, II, III, 5.

point un Dieu qui n'ait nulle loy, veu qu'il est loy à luy-mesme [1]. » Mais malgré ces déclarations, force lui est d'en revenir finalement à l'aveu que « la volonté de Dieu est tellement la règle suprême et souveraine de la justice que tout ce qu'il veut, il le faut tenir pour juste d'autant qu'il le veut [2]. Pourquoi il l'a voulu, ce n'est pas à nous d'en demander la raison, veu que nous ne la pouvons comprendre; et d'autre part il ne convient pas que nous disputions si la volonté de Dieu est juste ou non : il faut entendre sous le nom d'icelle une règle infaillible de justice [3]. »

En d'autres termes, tout en disant qu'il nous doit suffire de savoir que tel est le décret de Dieu, Calvin tient à ce que nous puissions ajouter : il est souverainement juste. Et afin de nous y déterminer, il va construire autour de son dogme tout un échafaudage de subtilités qui ne semble fait que pour en atténuer l'insupportable clarté. Rétablir cette clarté malgré lui, c'est toute la perfidie de Castellion.

Donnons d'abord une idée de la partie critique de son argumentation contre les théologiens calvinistes, nous l'entendrons ensuite exposer la doctrine qu'il oppose à la leur.

Pour ôter le caractère d'arbitraire pur à la prédestination, les calvinistes ébauchent, d'un ton très affirmatif, deux ou trois pauvres essais d'explication.

Le premier consiste à dire que, prévu ou non, compris ou non dans le plan divin, le péché est toujours péché; le mal, même si Dieu en tire un bien, n'en est pas moins le mal, son auteur n'en est pas moins coupable, la punition qu'il encourt n'en est pas moins méritée [4].

— « Elle le serait sans doute », répond Castellion, dans son écrit à Martin Borrhée, « et l'homme serait responsable du mal, s'il en était vraiment l'auteur. Mais d'après la doctrine de la prédestination, l'homme peut-il ne pas pécher? Et plus particulièrement les réprouvés peuvent-ils échapper au péché? » Calvin et toute son école le nient énergiquement. Alors, pour

1. *Inst. chrét.*, 2. III, XXIII, 2.
2. III, XXIII, 2.
3. III, XXIII, 5.
4. *De Prædestinatione, scriptum adversus Borrhæum*, p. 259.

peu qu'on y regarde de plus près, ce n'est pas leur faute s'ils pèchent, puisqu'ils sont créés pécheurs, puisque Dieu a décidé de toute éternité qu'ils pécheraient. Ils naissent condamnés à pécher, comme le loup à être loup : *Habent improbitatem a Deo, sicut lupus lupinitatem* [1]. Dieu ne peut donc les punir d'avoir la nature que lui-même leur a donnée.

On se retranche dans le grand accident primitif du péché originel : cette fatalité de pécher est déjà une punition, c'est la suite nécessaire d'une première faute.

Il faut donc remonter à la première faute, et décider si l'on admettra que celle-là aussi était prévue par Dieu, et dès lors inévitable, ou qu'au contraire la prédestination ne s'applique qu'aux fautes ultérieures. C'est cette question qui donnera lieu à la fameuse querelle des *infralapsaires* et des *supralapsaires*. Calvin, qui n'emploie pas le mot, est pourtant le premier des supralapsaires : la chute de l'homme entrait dans le plan éternel de Dieu.

Castellion est donc fondé à reproduire, au sujet du péché originel, son dilemme : ou bien Adam a péché pour avoir agi contre sa nature, et alors il est coupable parce qu'il était libre ; ou bien il n'a fait qu'obéir à une nécessité inhérente à sa nature telle que Dieu l'avait faite, et alors ce n'est pas lui, c'est Dieu qui est l'auteur du mal, si tant est qu'il y ait mal [2].

Une autre explication, qui se retrouve souvent dans les sermons de Calvin, a non seulement satisfait, mais édifié la piété calviniste.

Les pécheurs, c'est-à-dire tous les hommes sans exception, ont mérité la mort. Tous également sont perdus et le sont par leur faute. Il a plu à Dieu, par un pur miracle de sa grâce, d'en arracher quelques-uns à la perdition, afin de faire éclater en eux sa miséricorde, comme dans les autres éclate sa justice. Ceux qui périssent n'avaient nul droit à la grâce. Dieu ne les accable pas, ne les poursuit pas d'une rigueur exceptionnelle, il ne leur fait porter que la peine qu'ils méritent. Il les laisse ce qu'ils sont ; et par conséquent il les laisse périr. S'il sauve les autres, c'est par une sorte d'intervention surna-

1. *De Prædest. adv. Borrh.*, p. 266.
2. P. 266.

turelle qui les arrache au péché, sans qu'ils l'aient en rien mérité. « C'est doncques faussement et meschamment, conclut Calvin, qu'aucuns accusent Dieu d'inégualité de justice, pour ce qu'en sa prédestination il ne fait pas tout un à tous hommes. « Si Dieu, disent-ils, trouve tous hommes colpables, « qu'il les punisse tous égualement : s'il les trouve innocents, « qu'il s'abstienne de rigueur envers tous. » Mais ils traittent Dieu comme s'il luy estoit interdit de faire miséricorde; ou bien, quand il la veut faire, qu'il fust contraint de renoncer, du tout, à son jugement.... Nous confessons l'offense estre universelle, mais nous disons que la miséricorde de Dieu subvient à d'aucuns. — Qu'elle subvienne donc à tous, disent-ils. — Mais nous répliquons que c'est bien raison qu'il se montre aussi juste juge, en punissant [1]. »

Cette distinction se trouve déjà indiquée dans saint Augustin : la grâce de Dieu agit dans le salut des uns comme *causa efficiens*, dans la perte des autres comme *causa deficiens*. On pense bien que Castellion ne s'arrête pas à cette puérilité scolastique. Si le secours du Saint-Esprit est indispensable au salut et si Dieu le refuse à quelques-uns, il ne faut pas dire qu'il laisse faire, c'est bien lui qui les damne, et il les damne pour les péchés qu'ils n'ont pas commis puisqu'ils n'existent pas encore. C'est toujours l'arbitraire, avec ses deux faces : pure faveur pour les uns, cruauté injustifiable pour les autres.

En vain Calvin, et à sa suite Martin Borrhée, recourent-ils à un autre *distinguo* : la volonté de Dieu en tant que *précepte*, et sa volonté en tant que *décret*. Dieu *veut*, c'est-à-dire *prescrit*, que tous les hommes lui obéissent; mais en même temps Dieu *veut*, c'est-à-dire *décide*, que tous les hommes pèchent. Pour qu'il n'y ait pas contradiction entre ces deux volontés, les théologiens ajoutent que Dieu veut en effet et sérieusement le salut de tous, mais à une condition, c'est qu'ils aient la foi. Or si tous sont appelés, peu sont élus, parce qu'il y en a peu qui remplissent la condition : il n'y en aurait pas un seul, sans la grâce particulière que Dieu accorde à quelques-uns.

1. *Inst. chr.*, III, XXIII, 11.

On prévoit la réplique indignée de Castellion. Il traite couramment de « monstruosité » ce système de la duplicité divine. Dieu, dit-il, d'après cette théorie, feindrait d'appeler à lui tous les hommes, mais réserverait la possibilité du salut à certains privilégiés. C'est ajouter la dérision à l'iniquité. Ce Dieu-là ressemble à l'enfant qui, tenant un oiseau attaché par un fil, lui montre la fenêtre ouverte et lui dit : Envole-toi. Il nous offre le salut, mais moyennant une condition qu'il ne dépend pas de nous de remplir, que lui-même ne nous permet pas de remplir [1].

N'est-ce pas faire outrage à Dieu que de le supposer capable d'avoir donné à l'homme un semblant de liberté qui ne serait qu'un prétexte à le condamner? Je te place dans le paradis, aurait-il dit à Adam, mais à condition que tu m'obéiras. Seulement, moi qui suis le Tout-Puissant, je sais et j'ai décidé d'avance que tu ne m'obéiras pas. Ainsi :

Toi, Adam	fatalement	tu pécheras	et fatalement	tu seras chassé du Paradis.
Vous élus		vous croirez et persévérerez		vous serez sauvés [2].

Quelle différence y aurait-il entre un tel Dieu et le Diable [3]?

En face d'un raisonnement si lumineux, on se demande s'il est bien possible que le calvinisme primitif ait sérieusement soutenu la doctrine que combat Castellion. Il n'est pas permis d'en douter. Calvin lui-même, répondant avec sa véhémence ordinaire aux « blasphèmes » qu'il attribue à Castellion, s'explique à maintes reprises de la manière la moins équivoque :

Tu mets en avant que « Dieu ne veut point la mort du pécheur ». Mais escoute ce que le prophète ajoute : à savoir que c'est « d'autant qu'il invite toutes personnes à repentance ». Par ainsi, pardon est offert à tous ceux qui se repentent. Maintenant, il faut voir si la repentance que Dieu

1. P. 268-269. Il ajoute des exemples tirés des usages de Bâle : on fait une distribution de blé pour les pauvres qui sont bourgeois de Bâle. Ne serait-ce pas une dérision de dire que les Français y peuvent participer, sous prétexte qu'ils n'ont qu'à remplir la condition? C'est l'histoire de Verrès qui feint de laisser le sort décider entre trois candidats et écrit trois fois le même nom sur les trois bulletins mis dans l'urne (p. 286).

2. P. 287. Cette disposition typographique est dans le texte de Castellion.

3. P. 12.

requiert est en la puissance et franc arbitre d'un chacun ; ou bien si c'est un don spécial de sa bénignité. En tant donc qu'il exhorte tous à pénitence, c'est à bon droit que le prophète nie qu'il veuille la mort du pécheur. Or pourquoi il ne convertit pas toute personne également, il en retient la raison cachée par devers soi [1].

Il ne fait point miséricorde à tous, pour ce qu'il ne veut point. Dieu n'est obligé par aucune loi de faire miséricorde à toutes personnes indifféremment, mais il est juge absolu en soi-même pour pardonner à qui bon lui semble et laisser les autres dans leurs péchés [2].

L'obstination et perversité est également naturelle à tous, tellement qu'il n'y en a pas un qui soit docile et traitable pour s'assujettir à Dieu volontairement. Or Dieu promet aux uns l'esprit d'obéissance et laisse les autres en leurs perversités ; car, quoi que tu gazouilles, ce n'est pas à tous indifféremment, mais à ses élus spécialement, que Dieu promet un cœur nouveau afin qu'ils cheminent en ses commandements. Que veux-tu dire maintenant, habile contrerolleur que tu es ? Pour ce que Dieu, conviant à soi toute la compagnie des hommes, de son su et vouloir n'élargit point son esprit à la plus grand'part, mais en amène à obéissance seulement un petit nombre, esquels il besogne par inspiration secrète, le faudra-t-il pourtant blâmer comme mensonger [3] ?

— « Assurément », répond Castellion au risque d'être une fois de plus traité de blasphémateur ; et après l'Évangile, il invoque la nature. « Quel est l'homme qui voudrait engendrer des enfants pour les détruire [4] ? Si vous, qui êtes mauvais, vous reculez d'horreur devant une pareille intention, quelle impiété n'est-ce pas de l'attribuer à Dieu, d'oser dire qu'il a créé nommément tel homme en vue de le damner [5] ! Et d'où vient à tous les êtres cet amour inné de leur progéniture, s'il ne dérive, comme d'un fleuve inépuisable, de l'amour de Dieu pour ses créatures ? Satan lui-même confesserait que Dieu n'a créé aucun être pour la perdition, *ad miseriam* [6]. Un Dieu bon ne peut avoir créé ni par ni pour la haine, *nec odio nec ad odium* [7]. La langue le dit assez : créer est une œuvre d'amour et non de haine [8]. Il faut à un père des raisons capitales pour haïr, il ne lui en faut aucune pour aimer : *gratis amat*,

1. *Calumniæ nebulonis*, art. 1er.
2. *Ib.*, art. 2.
3. Fin de la *Septième Calomnie*.
4. *Dial. IV*, p. 13, p. 60, et *Ann. in Rom.*, IX, p. 12.
5. « Quasi Deus hominem aliquem ad hoc nominatim creaverit ut eum perderet. » *Ann. in Rom.*, p. 8.
6. *Dial. IV*, p. 15, p. 111.
7. *Adv. Borrh.*, p. 336.
8. *De Præd. script. adv. Borr.*, p. 333.

non gratis odit[1]. Et l'on parle sans frémir, comme d'une chose toute naturelle, d'un Père qui spontanément, au rebours de tous les pères, haïrait comme les autres aiment! d'un Dieu qui aurait donné l'existence à des êtres, que dis-je, à l'immense majorité de ses créatures, par un arrêt de son bon plaisir, sans autre but que leur perdition, et qui s'appliquerait à la leur rendre inévitable[2]! Et l'on veut nous faire respecter ce prétendu « décret éternel de la Providence »! Et ce serait là le Dieu miséricordieux et lent à la colère : dites plutôt qu'il y est incroyablement prompt, puisqu'il condamne ses créatures non pas seulement avant qu'elles aient péché, mais avant qu'elles soient nées[3]! »

Il faut s'astreindre à lire la réponse de Calvin, sous peine de ne rien comprendre au débat. Qui n'aurait pas ces textes sous les yeux se défendrait difficilement de croire que Castellion avait, comme le dit le titre du livre de Calvin, « calomnié » la doctrine de son adversaire. A ce cri de la nature voici ce qu'oppose la théologie :

Or c'est bien trop lourdement fait à toi de redemander de Dieu, qui est autheur de la nature, tout ce que tu aperçois en un bœuf ou en un âne comme s'il était astreint aux mêmes lois qu'il a imposées à ses créatures.... Par exemple, vu que les bêtes brutes débattent pour leurs petits jusqu'à la mort, d'où vient que Dieu souffre que les petits enfants soient quelquefois déchirés et dévorés par les tigres, ours ou lions? Est-ce que sa main soit si courte qu'elle ne se puisse s'étendre jusqu'à eux pour les préserver? — Vois-tu que j'ai ample matière, si je veux poursuivre, à découvrir ta bêtise.

Il y a assez de témoignages de l'amour de Dieu envers le genre humain pour convaincre l'ingratitude de tous ceux qui périssent; toutefois cela n'empêche pas qu'il ne restreigne son amour spécial à un petit nombre, lequel il lui a plu choisir d'entre plusieurs. Certes, en ce qu'il adopta jadis la semence d'Abraham, il a rendu un clair témoignage qu'il n'aimait pas également tout le genre humain. De même, en ce qu'ayant rejeté Esaü il préféra à lui Jacob, qui était plus jeune, par un tel choix il a donné une enseigne manifeste de son amour libre, de laquelle il n'aime sinon ceux qu'il lui plaît. Moïse crie que Dieu ayant rejeté toutes nations, il en a aimé une seule. Les prophètes sont pleins de cette doctrine que les Juifs ne sont pas plus excellents que les autres, sinon d'autant que Dieu les a aimés gratuitement. Nieras-tu qu'il soit Dieu, pour ce que tu ne le trouves semblable à un tigre ou à une ourse?

1. *Dial. IV*, p. 92.
2. *Dial. IV*, p. 60.
3. *Dial. IV*, p. 60.

Que si tu as délibéré d'assujettir Dieu aux lois de nature, tu l'accuseras d'injustice de ce que, pour l'offense d'un seul homme, nous sommes tous enveloppés en la condamnation de mort éternelle : un seul a péché, tous en reçoivent punition; et non cela seulement, mais du vice d'un seul tous tirent contagion, tellement qu'ils naissent corrompus et infectés d'une souillure mortelle. Que diras-tu à cela, gentil censeur? Accuseras-tu Dieu de cruauté de ce qu'il a précipité en damnation tous ceux qu'il a produits, par la chute d'un seul homme? Car ja soit qu'Adam se soit perdu et tous les siens quant et lui, si faut-il nécessairement attribuer au jugement secret de Dieu la corruption et condamnation. Car la faute d'un homme ne nous attoucherait en rien sinon que le juge céleste ne nous condamnât à perdition éternelle.

On reconnaît là Calvin, avec son audace de logicien et sa ferveur de croyant, allant au-devant de l'objection, s'en emparant, s'en faisant gloire et l'étalant en pleine lumière avec une sorte de pieux cynisme. En voici un exemple, s'il se peut, plus saisissant encore. Peut-être a-t-on remarqué tout à l'heure un mot qui revient souvent sous la plume de Castellion : il n'est pas possible que Dieu ait créé les êtres pour leur malheur éternel, *ad miseriam*. Voici la réplique de Calvin :

Quant à ce que tu ajoutes, ce n'est point tant à moi de le réfuter par escrit qu'aux *juges de le punir rigoureusement par le glaive qu'ils ont en la main* [1]. Il est tout notoire que les hommes naissent pour la misère. D'où vient cette condition que nous ne sommes pas seulement asservis aux misères temporelles mais aussi à la mort éternelle, sinon qu'à cause du péché d'un homme Dieu nous a enveloppés en une condamnation commune. En cette misérable ruine du genre humain, on n'y lit pas mon opinion, mais on y voit l'œuvre manifeste de Dieu. Cependant tu ne crains pas de vomir ces mots pleins de sacrilège : que Dieu est pire qu'un loup, si ainsi est qu'il veut créer les hommes à la misère. Les uns naissent aveugles, les autres sourds, les autres laids et difformes outre mesure. Ainsi Dieu, si l'on s'en rapporte à ton jugement, serait cruel, s'il afflige les siens de telles incommodités, même avant qu'ils naissent au monde. Mais tu sentiras un jour combien il t'eût été meilleur de n'avoir jamais rien vu que d'avoir été si clairvoyant à éplucher les secrets de Dieu. Tu accuses Dieu d'injustice, voire tu dis qu'il est semblable à un monstre s'il dispose autrement des hommes qu'un chacun fait de ses enfants.... Pourquoi donc crée-t-il les uns lourds et grossiers, les autres stupides et les autres fols? Jugeras-tu que c'est d'autant que ses ouvrages lui écoulent des mains avant qu'ils soient achevés de faire, comme aucuns des Juifs forgeaient une fable touchant les faunes et les satyres, à savoir qu'ils sont tels pour ce que Dieu fut prévenu de surprise par le sabbat

1. On voit à quel point l'idée de poursuites sérieuses avec une sanction non moins sérieuse hantait l'esprit de Calvin aussi bien que celui de Bèze.

tellement qu'il ne les put achever. Certes il fallait plutôt que nous fussions instruits par des spectacles si pitoyables à crainte et à modestie que suivant la folle fantaisie de notre cerveau intenter procès contre le Créateur du ciel et de la terre. Quand je rencontre quelque fol, je suis admonesté en le regardant de considérer quel Dieu m'eût pu créer s'il lui eût plu. Autant qu'il y a de personnes stupides et hébétées au monde, ce sont autant de miroirs que Dieu me propose pour me faire contempler sa puissance non moins redoutable que merveilleuse [1].

Les citations qui précèdent suffisent à faire comprendre la vivacité du débat, à en faire revivre l'intérêt palpitant pour les contemporains, qui étaient des croyants. C'est que pour eux toute cette argumentation théologique avait non seulement un sens, mais une valeur spéculative et une signification pratique qui nous échappent aujourd'hui : cette terminologie surannée cache pour nous, mais exprimait clairement pour eux, des questions qui, sous des noms variant de siècle en siècle, font l'éternel désespoir de l'humaine sagesse.

Nous ne pénétrerons pas plus avant dans les dédales de cette controverse métaphysique. Un historien spécial de l'exégèse protestante trouverait seul quelque intérêt à suivre Calvin et Castellion de texte en texte, l'un et l'autre tirant du moindre mot de quelque prophète d'Israël toute une théorie sur l'origine des êtres ou sur les lois de l'univers. Mais nous ne pouvons nous dispenser d'aborder, après la partie critique et négative, l'exposé positif des doctrines que Castellion oppose à celles de Calvin.

II

PHILOSOPHIE DE LA LIBERTÉ

De très bons juges, et dont l'impartialité n'est pas douteuse, tout en approuvant ses attaques contre la prédestination, si vives, mais si sensées et si honnêtes, n'ont pu s'empêcher de laisser entendre qu'il était beaucoup plus faible lorsqu'il affirme lui-même sa foi et construit son système. Schweizer craint qu'il n'ait même pas bien compris le sens profond de Calvin, qu'il n'ait vu qu'à demi le problème, se

1. Réponse à la *première calomnie*.

contentant d'une solution superficielle et dans tous les cas peu originale[1].

Nous demandons à en appeler de ce jugement. Ce qui a pu y donner lieu, c'est l'extrême limpidité de pensée et d'expression de notre auteur. C'est que ce théologien, car il l'est, écarte résolument tous les prétendus termes techniques de la théologie, tout l'appareil des abstractions scolastiques. Il parle la langue des profanes et oblige ses contradicteurs à traduire ou à entendre traduire en cette langue les subtilités les plus raffinées, les formules les plus savantes[2].

Mais que cette parfaite simplicité, cet appel impitoyable au bon sens ne nous le fasse pas prendre pour un esprit sans profondeur. Ce n'est pas un dialecticien de surface : il a au même degré que les plus fervents parmi ses coreligionnaires la soif de la vérité absolue. Loin de se borner à détruire, il ne songe qu'à édifier. Et s'il attaque la prédestination, c'est au nom d'une conception philosophique, tout opposée il est vrai, mais aussi hardie, aussi complète, et au moins aussi originale.

Dieu n'a pu, en créant, se proposer qu'une fin, car il n'y en a qu'une qui soit digne à la fois de sa puissance, de sa sagesse, de sa bonté : c'est le bonheur final de ses créatures, de toutes ses créatures. Il n'y a pas d'autre prédestination[3]. Dieu a fait l'homme à son image. Or qu'est-ce qu'une créature faite à l'image de Dieu? C'est un être capable de se déterminer lui-même, doué d'une volonté libre.

Il y a, en effet, deux sortes de créatures : les unes, substances inertes et passives, subissent les lois de la matière : la pierre tombe, le ruisseau coule, l'herbe pousse d'une manière irrésistible et aveugle. Les autres sont des forces qui ont conscience d'elles-mêmes et se dirigent à leur gré : ce sont celles-là que Dieu a faites à son image, ce sont là ses enfants, fils libres du Dieu libre, créés pour obéir librement à leur père.

1. Schweizer, *Centraldogmen*, t. I, 3e période, chap. III.
2. *Ann. in Rom.*, p. 10 et 12.
3. Nous ne citons pas la page de chacune de ces assertions, d'abord pour ne pas multiplier les notes, et puis parce que les quatre ou cinq opuscules où la même matière est traitée répètent si souvent et parfois si littéralement les propositions que nous résumons ici, qu'il faudrait ajouter à chacune de nos citations : *et passim*.

Leur nature, leur devoir, leur bonheur ce serait de réaliser immédiatement et complètement cette obéissance. Se conformer au modèle parfait dont ils sont l'image imparfaite, voilà leur destination. Pour l'atteindre, il faut qu'ils soient et qu'ils restent libres, non pas en apparence, mais dans toute la réalité du mot. A moins de se contredire et de défaire son propre ouvrage, Dieu, qui les a faits libres pour qu'ils soient capables de bien et de mal, doit respecter absolument leur liberté. Il ne peut donc ni les empêcher de faillir ni les y contraindre.

Or, en fait, qu'est-il arrivé? Le premier homme a cédé, par sa propre faute, à l'attrait du mal; il s'est laissé gagner aux séductions grossières de l'égoïsme : les appétits de la chair l'ont emporté en lui sur les nobles instincts de l'esprit. L'histoire d'Adam se renouvelle en chacun de ses descendants. A mesure qu'on pèche, il est plus difficile de ne pas pécher. Un vice, en se perpétuant, s'accroît, s'enracine. L'habitude chez l'individu, l'hérédité dans l'espèce ancrent de plus en plus la disposition une fois contractée. C'est en ce sens qu'on peut dire que l'homme a perdu son libre arbitre : il est de plus en plus puissamment sollicité au mal, à mesure qu'il y persévère, comme l'ivrogne peut arriver à n'être plus capable même de vouloir se corriger.

C'est pour donner à l'humanité une force nouvelle, pour lui faire remonter le courant, pour combattre les effets de longs siècles d'iniquité que Jésus-Christ est venu. Il nous a apporté le salut en nous apprenant à obéir, en nous entraînant vers Dieu : il nous a communiqué son esprit, en déposant dans les profondeurs de notre âme un principe nouveau, la *foi*, c'est-à-dire une puissance intime qui nous transporte et nous transforme, qui nous fait croire et qui nous fait agir, qui institue dans chaque homme un homme nouveau. Régénérés par cette révolution intérieure de la conscience, nous nous attachons de toutes nos forces « à Dieu, c'est-à-dire au bien [1] »; et notre vie entière n'a plus d'autre but possible que celui que lui assigne Jésus : l'amour de Dieu et l'amour de nos semblables.

1. Formule familière à notre auteur.

Telle est, dans son esquisse générale, la théorie religieuse de Castellion. Elle soulève du premier coup de graves objections, les unes métaphysiques, les autres morales. Et c'est pour les réfuter qu'il avait écrit les *Dialogi quatuor*, le *de Prædestinatione scriptum*, le *de Obedientia*, le *de Justificatione*, et enfin un grand traité de théologie resté inédit et probablement inachevé.

Les objections métaphysiques se ramènent toutes à un même reproche : cette doctrine fait bon marché de la toute-puissance et de l'omniscience divine. Que reste-t-il de la toute-puissance de Dieu s'il n'a pas pu se faire obéir de sa créature ; de sa sagesse infinie, s'il n'a pas prévu cet accident, ou de sa bonté parfaite si, l'ayant prévu avec toutes ses suites, il y a consenti ?

Les réponses de Castellion sont surtout intéressantes par les déclarations de principes qu'elles amènent et par la méthode dont elles tracent les grandes lignes.

« Dieu peut tout » : entendons-nous. D'abord il ne peut pas ce qui implique une contradiction ou une absurdité, par exemple, que le jour soit la nuit, que le juste soit l'injuste, que dix et dix ne fassent pas vingt. Si l'on dit que Dieu entend tout, voit tout, il faut traduire : il voit tout ce qui se peut voir, il entend ce qui peut s'entendre. Voudriez-vous par hasard qu'il pût entendre des couleurs ou voir des sons ? Il peut tout ; ajoutez : tout ce qui est possible. Il ne peut ni les impossibilités mathématiques, ni les impossibilités logiques, ni même les impossibilités physiques, ni surtout les impossibilités morales. Il nous semble à la vérité que Dieu pourrait, s'il le voulait, faire le chat plus fort que l'éléphant, faire pousser la vigne au sommet des Alpes ou le raisin sur des chardons, mais cela est contraire à la nature, dont Dieu même est l'auteur. Posons donc cette grande loi : Dieu ne veut rien contre la nature. *Nihil vult contra naturam* [1].

— Mais les miracles ?

— Jusque dans les miracles, cette règle se justifie, car même alors il ne veut rien d'absurde. S'il fait parler l'ânesse

1. *Dial. IV*, p. 27, répété dans les autres traités.

de Balaam, c'est par la bouche et non par les oreilles ou par les pieds. Là même où il dépasse la portée ordinaire de la nature, il en respecte l'ordre, il en suit les lois. En résumé, Dieu peut tout ce qu'il veut, mais il ne veut rien qui soit contraire à la raison ou à la nature[1].

Ces principes s'appliquent à la nature humaine, comme à la nature matérielle. Dieu pouvait-il faire cette nature à la fois libre et impeccable, c'est-à-dire capable de se déterminer soit en bien, soit en mal, et en même temps incapable de se déterminer en mal? C'est demander si Dieu peut faire une même volonté à la fois libre et esclave. Une volonté libre qui serait forcée de vouloir le bien, ou une volonté libre qui ne le serait pas de mal faire, c'est le feu sans chaleur, c'est la glace sans froid, c'est un rapprochement de mots sous lequel il n'y a pas d'idée.

Dieu pouvait créer l'homme avec des instincts comme ceux de l'animal, ou bien le créer avec une volonté libre. Dans le premier cas, il n'y avait pas besoin de lui rien prescrire, de lui rien défendre : l'homme, mû par des ressorts irrésistibles, eût tout fait par nécessité. Doué au contraire d'une volonté libre, l'homme a une loi à observer, avec la possibilité de s'y conformer ou de s'y soustraire. Mais pour être capable d'obéir volontairement, il faut bien qu'il soit capable du contraire. Celui-là seul obéit qui aurait pu désobéir. Comme on n'est pas apte à percevoir le doux sans l'être à percevoir l'amer, comme on ne saurait voir le blanc si l'on est hors d'état de voir le noir, de même pour être capable de vertu il faut l'être de vice : qui n'a pas faculté de mal faire n'a pas celle de faire bien. Un saint, ou Jésus-Christ lui-même, n'est appelé saint que parce qu'il a pu pécher et ne l'a pas voulu. Il est sans tache parce qu'il a gardé sa pureté. La vertu du Christ est tout entière en ceci que, tandis que le premier Adam, pouvant ne pas pécher, a péché, lui, le second Adam, pouvant pécher n'a pas péché. S'il n'y avait pas de tentation possible, il n'y aurait pas de mérite. Qui s'aviserait de féliciter un homme de ce qu'il ne mange pas de fer ou de poison?

1. *Dial.* IV, p. 28.

On dira : Mais Dieu aurait bien pu, s'il l'eût voulu, empêcher l'homme de pécher.

— Oui, s'il avait créé une souche; non, s'il créait un homme[1]. Créer un homme, c'est-à-dire un être libre, et en même temps le forcer d'avance à bien faire ou le forcer à mal faire, ce serait créer un oiseau et lui ôter la faculté du vol, mais alors ce ne sera plus un oiseau, ce sera tout ce que vous voudrez. Dieu, en donnant à l'homme la liberté, lui donnait le pouvoir de pécher, sans lequel il n'y a pas de liberté. Ce n'était pas la volonté de Dieu qu'il péchât, mais bien qu'il pût pécher; car s'il n'avait pu désobéir, il n'aurait pu obéir. Si la mère veut voir son enfant marcher seul, elle doit vouloir qu'il puisse s'écarter d'elle; elle le retiendra par des paroles, non par des liens[2]. L'homme à qui l'on met dans les mains un glaive peut en faire un mauvais usage : il faut ou bien ne pas le lui donner, ou le lui donner avec ce danger[3].

Cette comparaison amène tout naturellement l'objection tirée de la prescience de Dieu : qui s'aviserait de remettre un glaive à un homme qu'on saurait de science certaine devoir s'en servir sur-le-champ pour se tuer ou pour tuer les autres? Or Dieu savait bien l'usage que l'homme ferait de cette liberté : pourquoi la lui a-t-il donnée?

C'est dans la réponse à cette objection que se marque bien l'originalité hardie de la thèse de Castellion. Il accepte dans toute sa plénitude et avec toutes ses conséquences le dogme de la liberté.

De tous les biens qui pouvaient être créés, de tous les objets qu'un Dieu souverainement bon pouvait se proposer, aucun n'était d'un prix égal à la création d'un être libre : aussi Dieu a-t-il tout subordonné à la réalisation véritable de cette liberté dans une créature faite à son image. Il a fait l'homme réellement libre, il attend réellement ses libres décisions, il suspend ou limite réellement son propre pouvoir pour respecter celui qu'il a donné à l'homme, il ne feint pas de le laisser libre en dominant du haut de l'éternité cette

1. *Ann. in Rom.*, 13.
2. *Ib.*, p. 12.
3. P. 14.

apparence de libre arbitre : ce serait un jeu indigne de la Providence. Il s'adresse à sa créature comme à une personne qu'il a voulu faire non pas indépendante, mais librement dépendante de lui. La véracité divine est la condition de la responsabilité humaine.

Mais Dieu sait-il, de toute éternité, comment se dénouera dans chacun de nous le drame moral? A-t-il prévu que tel succomberait, que tel autre se relèverait, que celui-là serait sauvé, celui-ci perdu? C'est là qu'il faut dire : *Deus scit, ego nescio.*

La curiosité que nous apportons à ces problèmes est indiscrète, téméraire, presque coupable. C'est vouloir sonder l'insondable, nous mettre au lieu et place de Dieu. Il n'y a qu'un parti à prendre, c'est d'adorer et d'attendre que Dieu nous révèle ces mystères quand le temps en sera venu.

Mais si pourtant on insiste, si l'on nous force à répondre, à indiquer au moins en quel sens nous entrevoyons la solution, nous dirons [1] :

Ou bien Dieu sait d'avance nos actions, mais alors cette prescience n'a aucun effet coercitif sur nous et ne pèse en rien sur nos déterminations.

Ou bien Dieu ne le sait pas, et cette non-prescience, bien loin d'être une imperfection, est le sceau de sa perfection : car s'il ne sait pas, c'est qu'il ne veut pas savoir, afin de laisser sa créature réellement libre : ce serait sa bonté infinie qui limiterait sa puissance infinie [2].

Il est difficile de se dissimuler l'extrême hardiesse de l'une et de l'autre alternative. Et l'on comprend que Castellion n'ait pas tenu à les développer *ex professo*, dogmatiquement. Mais pour les faire accepter, il se sert avec un art remarquable des textes bibliques.

A l'appui de la première hypothèse, il ne se lasse pas de rappeler qu'il faut juger des attributs divins par les facultés humaines, qu'il n'y a pas d'autre moyen pour nous d'en avoir l'idée. Ou n'en parlons pas, ou parlons-en par analogie

1. Quamvis nos pigeat ad frivola et contorta respondere (*Dial. IV*, p. 12).
2. Ce dilemme, indiqué dans plusieurs endroits, est explicitement énoncé dans le *Dialogue II*, p. 109-110.

avec notre nature [1]. Borrhée a beau dire : savoir et agir ne sont qu'un en Dieu, *Deus scientia agit* : Laurent Valla avait déjà réduit à néant cette confusion de mots, et Calvin lui-même en est à peu près convenu. Si cette formule était vraie, il faudrait ajouter : *Deus scit omnia, ergo agit omnia*, ce qui ne serait rien de moins que le fatalisme antique [2]. Et il cite de nombreux passages où Dieu prévoit, où ses envoyés prédisent des événements qui sont précisément le contraire de ce qu'il veut.

A l'appui de la seconde alternative, il multiplie les citations, et là surtout il tire un merveilleux parti des textes de l'Ancien Testament qui nous montrent Dieu tour à tour promettant, menaçant, semblant condamner irrévocablement, puis se laissant fléchir par le repentir de son peuple; ou l'inverse, lorsque la Bible fait dire à Dieu : « *Utinam* [3]! » et qu'elle nous le montre « espérant » que sa vigne portera du raisin et irrité de ce qu'elle retombe à l'état sauvage [4].

Christ lui-même n'exprime-t-il pas la pensée de Dieu quand il pleure sur Jérusalem et s'écrie : que de fois j'ai voulu rassembler tes enfants, et vous ne l'avez pas voulu [5]! Tant il est vrai qu'il laisse à la créature libre sa liberté et qu'il met sa gloire non pas à forcer cette liberté, mais à la solliciter. Parfois, à prendre l'Écriture à la lettre, il semblerait que Dieu change d'avis. Non, ce n'est pas lui qui change. Il veut toujours d'une seule et même volonté le salut de tous ceux qu'il a créés, mais leur salut n'est possible que par leur obéissance, et l'obéissance ne peut être que volontaire. « Dieu est patient » : qu'est-ce à dire sinon qu'il attend que cette volonté se détermine librement [6]? Jusqu'à ce que la créature ait choisi, le Créateur suspend expressément son jugement.

« Vous qui me reprochez » — dit Castellion à Borrhée,

1. De Dei scientia ut de cæteris, nihil scimus nisi quatenus ejus scientiæ imaginem cernimus in hominis scientiâ; itaque et de hoc et de cæteris quæ Deo tribuuntur debemus humano more judicare (*Dial. IV*, p. 23). De Dei justitiâ humano more judicandum (p. 45). De libertate disputemus ex sensu hominis, ut Christus communi sensu judicari vult et de rebus evangelicis et eas ad humanum judicium refert (p. 156-157), etc.

2. *Adv. Borr.*, p. 283; et *Dial. IV*, p. 22 et suiv.

3. *Dial. IV*, p. 115.

4. *Dial. IV*, p. 175; cf. p. 107, 108.

5. P. 176-178.

6. *Dial. IV*, p. 111-115.

— « d'enlever quelque chose à la prescience de Dieu, ne lui faites-vous pas un affront bien autrement grave? Christ dit aux Juifs qu'il veut leur salut, il les presse, il les supplie, il les exhorte, il pleure, et vous voulez me faire croire qu'au fond il a décidé tout le contraire! Qui dois-je croire, lui ou vous? Et quand il dit qu'il veut leur salut, puis-je croire qu'en effet il ne le veut pas, sans le taxer de mensonge? »

Si l'homme est libre, il peut arriver, il arrive des choses contraires aux desseins de Dieu, à ses préceptes qui ne sont que l'expression sincère de sa sincère volonté, *multa eveniunt contra consilium Dei*[1]. Cette formule, qui semble aux calvinistes un abominable blasphème, est, dans la pensée de Castellion, la conséquence à la fois et la condition de la véracité divine, de sa justice, de sa perfection. « Nous avons démontré, dit-il, qu'Adam a reçu de Dieu une volonté libre, c'est-à-dire une volonté dont le propre est de ne pouvoir être forcée. Dieu a fait ce qu'il a voulu : il a voulu qu'Adam eût une volonté libre. Donc il n'a pas voulu ensuite le forcer et en quelque sorte le violer lui-même : il eût, en effet, outragé sa propre image, il eût été contraire à lui-même en voulant quelque chose de contraire à la liberté de l'homme[2]. »

On objecte que c'est diminuer la puissance et par conséquent la gloire de Dieu; il répond : il y a plus de gloire à créer des hommes capables de pécher, mais capables aussi d'obéir volontairement, qu'à créer des forces inconscientes. Il y a plus de gloire à être père d'un homme doué de volonté que d'un animal mû par des instincts aveugles[3].

Et surtout il y a plus de gloire à créer un être libre et à le laisser libre, c'est-à-dire à lui demander d'obéir librement et à ne le punir que s'il a librement désobéi, qu'il n'y en

1. *Adv. Borrh.*, p. 292.
2. *Dial. IV*, p. 30 et 34.
3. Si te pater genuisset talem, ut semper in matris alvo, aut in ulnis infans gestareris neque quidquam libere velles, aut ageres, sed tantum patereris beneficia patris, utrum majus esset ejus meritum, aut gloria, quam quod te talem genuit ut libere ultro citroque ire, et venire, et agere possis? Sic et de Deo tibi persuade. Multo eum magis laudandum esse, quod hominem libera voluntate esse voluerit, quam si eum bestiarum similem creavisset, multoque splendidiorem Christi gloriam fulgere, si hominem in integrum restituit, ita ut sit homo genitoris sui similis, liberamque habeat voluntatem, sicuti Christus habebat; quam si eum sic servaret, quomodo ex creta fit vas aliquod ad mensam, ita ut homo non plus voluntatis haberet, quam creta. — *Dial. IV*, p. 190 et 191.

aurait à créer ce même être pour le péché et à le punir d'avoir péché, comme il y était prédestiné. Si c'était là une justice, elle serait inintelligible, et dès lors qui donc en rendrait gloire à Dieu? mais ce n'est pas même une justice cachée, c'est une injustice éclatante [1].

Ce serait l'acte monstrueux d'un père tout-puissant qui, résolu à tuer son enfant, se dirait : Je vais l'engendrer sans pieds et je lui ordonnerai de marcher sous peine de mort. Il ne marchera pas, je le tuerai, et je veux qu'on loue ma puissance et ma justice [2].

La fin du débat nous ramène donc au point de départ. Calvin soutient qu'à la différence des hommes, qui ont besoin de la loi « pour leur servir de bride », Dieu est à lui-même sa propre loi et que « sa volonté est la règle suprême de toute droiture » [3]. Castellion pose en principe que la règle suprême c'est la justice. La justice est une idée claire, sûre, qui détermine et nous fait comprendre la volonté de Dieu, laquelle autrement serait un mot susceptible de toutes les interprétations. *Debent obscura declarari, non autem clara obscurari.* Il faut donc juger de la volonté de Dieu, que nous ne connaissons pas, par la justice, que nous connaissons. D'où ces affirmations qui révoltent Calvin et Bèze : *Non est Dei voluntas regula justitiæ Dei, sed est Dei justitia regula voluntatis ejus. Neque quidquam est justum quia vult Deus, sed vult Deus quod justum est quia justum est* [4]. La justice est la loi, la règle, la mesure, d'après laquelle tout est et tout doit être ordonné. — Est-ce à dire que Dieu soit soumis à une loi étrangère? Non, il n'obéit pas à la justice; il est la justice, comme il est la charité, comme il est tout bien. *Deus, hoc est bonum*, dit et redit expressément Castellion. Supposer Dieu violant [5] la justice, ce serait le supposer se violant lui-même. Nous disons qu'il faut nous conformer à la volonté de Dieu, à peu près dans le même sens où l'on dit qu'il faut prendre pour règle la musique d'un artiste consommé, parce qu'elle

1. *Dial. IV*, p. 44.
2. P. 46.
3. Fin de l'art. 2.
4. *Dial. IV*, p. 47.
5. *Ib.*

est identique avec les règles mêmes de l'art[1]. Cela ne veut pas dire que ce musicien ait le pouvoir de changer la nature des notes; il aurait beau décider que *fa* et *mi* formeront une consonance, elles n'en continueraient pas moins de former une dissonance[2].

Voici une autre comparaison beaucoup plus fréquente et où les deux théories opposées trouvent moyen de s'exprimer très clairement.

Suivant Calvin, Dieu ressemblerait à un médecin qui, en présence d'un certain nombre de malades désespérés et ne devant rien à aucun d'eux, abandonne les uns à leur destinée et par une sorte de prodige sauve les autres.

Castellion trouve cette image irrévérencieuse pour la puissance comme pour la bonté divine. Pourquoi ce médecin ne guérit-il pas tous les malades? c'est ou qu'il ne le peut ou qu'il ne le veut pas; double supposition également inapplicable à Celui qui a dit : « Venez à moi, vous tous qui souffrez, « et je vous soulagerai ». Voici, dit-il, comment il faut rectifier la parabole. Le médecin est tout-puissant et tout bon. Il veut guérir tous les malades, et il en a le moyen. Ce moyen est un remède amer qu'il leur donne à prendre, mais qu'il ne peut les forcer à avaler sans leur faire une violence qui les tuerait. Que fait-il donc? il les exhorte tous et les presse de se laisser sauver. Les uns consentent, les autres refusent. Ceux qui refusent périssent non par la faute du médecin, mais par la leur. Quant à ceux qui guérissent, prétendrait-on qu'ils se sont guéris eux-mêmes? Non, car sans le médecin ils étaient perdus. Mais même avec l'aide du médecin, il a fallu leur coopération volontaire pour qu'ils fussent sauvés. Le médecin ne pouvait les sauver en dépit d'eux-mêmes. Ainsi se justifie le mot du prophète : *Pernicies tua a te, Israel; salus a me*[3].

Pour sauver l'homme il faut le concours de Dieu et de l'homme. Celui de Dieu ne manque jamais, celui de l'homme

1. *Dial. IV*, p. 48.
2. P. 49.
3. Voir aussi *Adv. Borrh.*, p. 383, où il explique très bien que, d'après la doctrine orthodoxe, Dieu aurait dû dire aux Israélites : Votre perte ou votre salut ont pour cause première ma réprobation ou mon élection.

manque souvent, et il n'y a pas d'autre raison de sa perte. D'où cette formule, assurément hétérodoxe : *Salutis prima causa Deus, exitii homo* [1]. Pour l'âme comme pour le corps, l'homme peut se perdre, c'est-à-dire ne pas se laisser sauver : à son âme comme à son corps il peut ôter la vie, il ne peut la donner [2].

Pour illustrer en quelque sorte sa doctrine par l'application à un cas extrême, il discute longuement avec Borrhée l'exemple de Judas. Borrhée croit devoir soutenir que Judas était prédestiné à la trahison et par suite à la damnation éternelle. Castellion, à l'aide de textes maniés avec une forte dialectique, prouve que Jésus l'avait appelé et que, dès lors, Dieu l'avait prédestiné à la même mission que les autres apôtres; il y a failli par sa faute. Il n'était pas moins élu que les onze autres. Son nom était, aussi bien que le leur, inscrit sur le livre de vie, et il en a été effacé. Est-ce Dieu, est-ce Christ qui a changé? c'est Judas seul. Il était présent quand Jésus dit : « Vous serez assis sur douze trônes »; il était choisi pour « être témoin de la résurrection du Seigneur [3] ». Cela ne s'est point réalisé; ce à quoi il était prédestiné n'est pas arrivé. Tant il est vrai que des êtres prédestinés à la vie peuvent périr s'ils le veulent : *multa equidem fieri possunt contra destinationem* [4]. On en citerait, dit-il, des exemples sans nombre [5].

En résumé, disait déjà Castellion dans son premier écrit sur la matière, les *Annotations sur le chapitre IX de l'Epître aux Romains*, voici notre doctrine en quelques propositions (on va voir que ce sont autant d'hérésies énoncées avec une parfaite clarté) :

Dieu veut que tous soient sauvés par Jésus-Christ. Tous ceux qui veu-

1. *Adv. Borrh.*, p. 337.
2. *Adv. Borrh.*
3. Nous donnons en appendice (*Pièces inédites*) le texte de cette discussion, tel qu'il se trouvait dans la rédaction primitive de Castellion. Fauste Socin l'a supprimé, soit comme formant une parenthèse un peu trop longue, soit comme pouvant porter ombrage à certains lecteurs, soit simplement parce qu'en substance les mêmes idées se retrouvent indiquées dans le *de Prædestinatione adversus Borrhæum* et dans les *Annot. in Rom.* (p. 19). Ce passage inédit nous semble bon à citer, outre son intérêt intrinsèque, comme spécimen de la dialectique de notre auteur dans ces minutieuses discussions à coups de textes scripturaires.
4. *Adv. Borrh.*, p. 303-309; et *Ann. in Rom.*, 18, 19.
5. *Ann. in Rom*, p. 16. « Qui putant res omnes non aliter fieri posse quam fiunt longe errant » (p. 14).

lent être sauvés par Jésus-Christ le peuvent, pourvu qu'ils veuillent faire ce qui est nécessaire pour obtenir le salut.

Ceux qui périssent périssent contre leur destination et contre la volonté de Dieu, par leur propre faute et par leur libre vouloir.

Ceux qui sont destinés à la vie peuvent périr s'ils le veulent, comme Judas.

Ceux qui sont destinés à la mort peuvent être sauvés, comme Ezéchias, s'ils s'amendent à temps.

Ceux qui sont sauvés le sont par l'élection et la miséricorde gratuite de Dieu.

Ceux qui sont condamnés le sont, non parce que Dieu aurait voulu leur condamnation sans cause à nous connue; mais Dieu a voulu leur condamnation parce qu'ils ont, le sachant et le voulant, répudié l'amour de la vérité, et cette raison de leur condamnation nous est connue et nous est manifestement indiquée par l'Ecriture [1].

Dans cette théorie antiprédestinatiste, il reste un dernier point à élucider.

Si Dieu ne violente pas sa créature, si Dieu veut l'attirer à lui et ne la contraindre qu'à force d'amour, si le *cogite intrare* signifie : pressez-les, persuadez-les, suppliez-les [2], traînez-les à nos pieds, enchaînés, suivant la belle image du prophète, par des liens d'amour, *loris amatoriis* [3], pourquoi l'Esprit Saint, qui produit dans l'être libre cette heureuse transformation, n'a-t-il pas d'abord et toujours soufflé sur l'homme et sur l'humanité avec une puissance décisive?

La réponse de Castellion repose sur une philosophie de l'histoire religieuse qui, même incomplètement connue de ses adversaires, leur a paru mettre le comble à ses hérésies. En voici le résumé, d'après son dialogue *De libero arbitrio* [4] et d'après quelques autres passages [5] :

Il y a une éducation divine du genre humain, qui passe par plusieurs phases, correspondant au développement naturel de l'élève.

Un premier âge est celui de la loi : c'est l'enfance de l'humanité. Dieu ne lui demande et ne lui commande, comme ferait un père à un tout jeune enfant, rien que de simple, d'élémentaire, d'enfantin : ce ne sont chez les Hébreux que des rites, des cérémonies, des actes d'obéissance externe et facile, chez les Gentils que les prescriptions rudimentaires de la loi naturelle, que tout homme a la force d'accomplir. Dieu a mesuré

1. *Annot. in Rom.*, p. 19-20.
2. P. 152 : « *Cogere* est vehementer invitare et urgere ».
3. P. 151.
4. P. 143. : « Tres ætates spiritûs. »
5. *Dial. IV*, p. 33-34.

ses ordres aux facultés frêles encore de sa créature : il n'exige d'elle que l'obéissance corporelle dont elle était capable, quoi qu'on en dise; les exemples de l'antiquité païenne et de l'antiquité biblique le prouvent.

.... C'est pour cela que Paul appelle la loi « *elementa sive rudimenta* » et la compare à un « pædagogus » préposé à l'éducation d'un jeune enfant.

A la loi succède Christ.

Christ a apporté à l'humanité adolescente une connaissance de Dieu beaucoup plus étendue mais non encore parfaite. Ce n'est pas que le Christ lui-même n'eût pu la donner, car en lui habitait la plénitude de la divinité, mais ses disciples n'étaient pas encore en état de la supporter. Aussi leur promet-il le Saint-Esprit pour achever de les instruire et de les mener à la pleine verité.

Voilà les trois âges par lesquels passe, par rapport à nous, l'esprit de Dieu : ce n'est pas lui qui varie, c'est notre capacité de connaissance qui grandit. On peut appeler ces trois âges, l'âge du Père qui gouverne l'enfant par la loi, l'âge du Fils qui instruit l'adolescent par l'Evangile, l'âge de l'Esprit qui dirige l'homme adulte par sa parfaite inspiration.

Et comme dans la vie corporelle c'est un même souffle vital qui anime successivement l'enfant, l'adolescent et l'homme, ainsi dans l'ordre spirituel c'est un seul et même esprit de Dieu qui commence au moyen de la loi, qui développe par l'Evangile et qui achève par l'Esprit l'institution de l'homme divin.

Chacun de ces âges, même les deux premiers qui sont imparfaits, est susceptible d'une obéissance parfaite pour cet âge, quoique imparfaite par rapport à un degré de développement supérieur [1].

C'est par cette théorie du progrès dans la révélation que s'expliquent les apparentes contradictions des auteurs sacrés et les fréquentes hyperboles dont ils usent pour peindre l'imperfection d'un de ces âges comparé à l'autre [2].

III

LA VRAIE « JUSTIFICATION PAR LA FOI »

Il nous reste à voir en quoi va consister et comment va se dérouler dans chaque chrétien l'œuvre du salut.

Comme tous les théologiens réformés, Castellion fonde la religion sur la *justification par la foi*, mais il donne à ce terme un sens que la plupart n'y attachent pas [3].

1. P. 144 et 145.
2. P. 146-148.
3. On peut s'en convaincre en parcourant, entre autres, deux opuscules qui venaient de paraître à Bâle, chez Oporin, et qui avaient pour objet de dégager des controverses contem-

Castellion tire son inspiration religieuse précisément de ce qui en est, aux yeux des contemporains, la négation formelle. Les réformateurs avaient été, presque autant que les mystiques du siècle précédent, préoccupés des problèmes éternels; ils s'abîment eux aussi dans la méditation sur la grâce, sur la prédestination, sur le péché originel, sur la damnation éternelle; c'est là qu'est pour eux le plus poignant du drame, car c'est en Dieu et non dans l'homme qu'ils mettent le problème et qu'ils cherchent la solution, c'est dans les conseils de Dieu qu'ils voudraient lire l'assurance de leur élection spéciale et de leur salut. Castellion répudie toutes ces « curiosités », il n'a pas besoin de les combattre; il les satisfait toutes d'un mot : « Dieu est amour », Dieu veut d'une volonté une et simple, éternelle, infaillible et immuable, le salut de tous [1]. De son fait, rien ne manque à ses créatures de ce qui leur est nécessaire. Il n'y a donc plus rien à demander, rien à chercher, rien à approfondir dans les desseins de la Providence, qui sont la lumière même. Tout l'intérêt du problème religieux passe de Dieu à l'homme. Incertitudes et inquiétudes, angoisses et tourments, terreurs et doutes porteront sur la question de savoir non plus ce que Dieu a voulu, mais ce que l'homme voudra. C'est la liberté de l'homme et de chaque homme qui décidera de son sort; Dieu a voulu que cette liberté eût ce pouvoir. Il a fait tout pour la tourner à bien, mais il ne l'y forcera pas : *nemo ad bonitatem cogitur*. Les discussions métaphysiques, les spéculations ontologiques perdent donc en valeur tout ce que gagnent les questions psychologiques et morales. Pleinement rassurée quant aux intentions de Dieu, l'âme humaine le sera d'autant moins sur elle-même et devra concentrer sur

poraines un certain nombre de formules populaires fixant la doctrine orthodoxe sur la *justification*. Ce sont : 1° *Testimonia sacræ scripturæ tum veterum ac recentium Doctorum, Christum esse nostram justitiam* (Basileæ, per Oporinum, 1555, in-8, 102 p.), et 2° *De sola fide justificante seu justificatione hominis*,... aliquot formulæ in usum eorum qui simpliciter ruri verbum Dei prædicant et Christum unicam nostram esse justitiam docent (Basileæ, s. d., in-8, 108 p.). Ces deux écrits sont d'un pasteur de Nuremberg, Leonhard Culmann, de Craylsheim. Le premier contient des extraits courts et précis des principaux réformateurs depuis Luther jusqu'à Calvin. Rien ne peut mieux donner le tableau exact de l'état de l'opinion contemporaine sur cette question.

1. Deus in præceptis suis nobis aperuit æternam et immutabilem voluntatem suam : nec hominibus illusit, sed vere et ab omni æternitate voluit quod præcepit. (*Ann. in. Rom.*, p. 25.)

ce point tout proche et tout clair les forces d'intelligence, d'imagination, de volonté qu'elle consumait en pure perte à poursuivre à tâtons le secret de la pensée infinie.

De là pour la théologie une orientation toute nouvelle.

D'abord et tout au rebours de l'orthodoxie calviniste, Castellion veut que l'homme se sache libre, si libre qu'il est impossible de concevoir une plus grande liberté [1]. Pour l'établir il en appelle résolument, exclusivement même [2], au sens intime, à la raison naturelle. Il sait bien ce qu'on va lui objecter : impuissance de la raison, incapacité de l'homme animal de juger l'homme spirituel, insuffisance de la lumière naturelle pour discerner les vérités de l'esprit, corruption de toutes les facultés humaines. Sa réponse est d'une admirable vigueur :

Ceux qui nous interdisent ainsi l'usage du sens commun réclament de nous un sacrifice que Jésus-Christ n'a jamais demandé. Bien loin de répudier le jugement naturel, il ordonnait sans cesse aux Juifs et même à ses disciples de juger des choses spirituelles par celles de la nature ; de là toutes ses paraboles. Sans cesse il fait appel au sens commun et ramène les choses évangéliques au jugement humain, *ad humanum judicium* [3]. Et pouvait-il en être autrement? Qui donc aurait pu croire en lui s'il avait enseigné des doctrines dont la nature aurait horreur ou qui révolteraient le sentiment intime de l'homme [4]? Vous représentez-vous le Maître répondant à la pécheresse en larmes à ses pieds : « Femme, tu as péché par le décret éternel de Dieu : tu l'as fait et tu « le feras de toute nécessité ». Ne faut-il pas, si Dieu veut nous instruire, qu'il nous instruise suivant la nature et qu'il nous mène de la connaissance des choses naturelles, que tous possèdent, à celle des choses célestes? Ne faut-il pas, s'il nous éclaire, que ce soit d'une lumière supportable à nos yeux; et s'il nous parle, qu'il parle notre langue [5]? Mais ces docteurs de la prédestination eux-mêmes, que font-ils sinon de recourir aux comparaisons et aux similitudes pour nous convaincre?... Nier ce qui tombe sous le sens, c'est supprimer tout jugement.... Pour connaître, pour sentir sa volonté libre, les facultés naturelles de l'homme naturel suffisent pleinement. Chrétien, tu ne sens pas mieux, ton libre arbitre que tu ne le sentais avant de croire en Christ [6]. Les hommes pieux ne jugent pas mieux du froid et du chaud que les impies. La liberté est un fait d'ordre tout aussi naturel : qui que tu sois, consulte ton sens intime,

1. Quid est enim tam liberum quam voluntas?... Consule ipse sensum tuum : ita esse comperies. Major certe voluntatis libertas ne cogitari quidem potest. (P. 160-161.)
2. P. 159.
3. P. 157.
4. P. 158.
5. P. 158.
6. P. 159.

et tu te sentiras libre, à n'en pouvoir douter [1].... Pour m'enlever ce sentiment de ma liberté, il faudrait m'enlever tout sentiment : il faudrait arriver à me persuader que je ne suis pas joyeux quand je me sens joyeux [2], etc.

Et, au risque de scandaliser le monde de la Réforme tout entier, il n'hésite pas à rappeler qu'Érasme avait déjà fait toutes ces objections à Luther, et que ni Luther, ni Borrhée, ni personne n'y a vraiment répondu [3].

L'objection du déterminisme ne l'arrête qu'un instant : dire que notre volonté obéit à des motifs (*movetur certis causis*), c'est simplement dire qu'elle n'agit pas sans cause, qu'elle ne flotte pas au hasard : elle n'en est que plus libre, puisqu'elle ne cède qu'à des attraits entre lesquels elle choisit [4].

Une objection plus grave est tirée de la doctrine orthodoxe de la corruption de l'homme. La liberté que nous avons dans le domaine des choses indifférentes, la conservons-nous dans l'ordre moral? Depuis la chute, disent Calvin et Borrhée, notre nature est si pervertie que nous sommes incapables de vouloir ou de faire aucun bien. Notre volonté n'est pas libre puisqu'elle est serve du péché.

Aux deux théologiens, Castellion oppose en substance la même réponse.

D'abord il y a là une exagération manifeste : « Prétendre que pas un homme n'a pu avoir un bon mouvement, une bonne pensée, c'est trop d'audace : *plus quam stoïca paradoxa* [5]! Combien de Juifs, combien de Gentils, dont l'Écriture même loue expressément les bonnes actions, sans compter le Samaritain de la parabole [6]. Faut-il dire que tous les inconvertis sont des scélérats parce qu'ils ne sont pas des saints? Parce que Camille n'est pas chrétien, faut-il le mettre au même rang que Catilina [7]? »

1. P. 160.
2. P. 162.
3. *Adv. Borrh.*, p. 292.
4. P. 162 et 160.
5. *Adv. Borrh.*, p. 275.
6. *Adv. Borrh.*, p. 274.
7. P. 165.

Et il réfute fortement par nombre d'exemples et d'arguments bibliques le pessimisme de la doctrine orthodoxe [1].

Il va plus loin et, dans une belle page, il n'hésite pas à affirmer qu'il y a deux disciplines, deux doctrines qui parallèlement « invitent l'homme à connaître, et par suite à vouloir et à aimer le Bien, c'est-à-dire Dieu [2] ». — « L'une, dit-il, c'est l'ouvrage visible de Dieu, le monde, dont la contemplation fait découvrir la bonté et la sagesse de Dieu. L'autre c'est la loi de Dieu, telle que la présentent les livres de Moïse, des prophètes et de l'Évangile, loi qui se résume dans le double commandement, l'amour de Dieu et l'amour du prochain. »

Eh bien! conclut-il, je soutiens que l'une et l'autre doctrine est efficace et qu'il se trouve des hommes qui, dans une certaine mesure, y obéissent.

Si l'homme n'avait pas conservé cette liberté de se déterminer dans les deux sens, *in utramque partem flexilis*, il ne serait plus un homme, il serait retombé de l'état d'homme à celui d'animal. Qu'on admette la chute tant qu'on voudra : « l'homme a dégénéré. Mais une vigne ne dégénère pas en chardon, un chêne ne dégénère pas en pin. De même, l'homme créé bon peut, en dégénérant, devenir l'homme mauvais, mais non pas cesser d'être homme, c'est-à-dire d'être libre [3]. »

Que faut-il donc reconnaître de vrai dans la théorie luthérienne et calviniste de la volonté serve? Un fait moral d'une très grande importance, et qui occupe une grande place dans la vie religieuse. C'est que la liberté elle-même, en s'exerçant, engendre la nécessité. Le péché commis librement, réitéré encore librement, passe en habitude et nous devient une seconde nature [4]. De là cet « endurcissement du cœur » dont parle quelquefois l'Écriture. C'est une grossière interprétation de prendre à la lettre, comme fait Calvin, le fameux passage : « Dieu endurcit le cœur de Pharaon ». Entendez que Dieu l'abandonne aux suites naturelles du péché, dont

1. *Dial. IV*, p. 164.
2. P. 161 : « Ad cognoscendum et porro volendum amandumque Bonum, hoc est Deum ».
3. *Dial. IV*, 171 et suiv.
4. P. 160.

la première est que, d'une chute à l'autre, son sens moral s'émousse davantage, sa conscience devient plus sourde à la voix de la justice.

Voyons, Louis — dit l'un des deux interlocuteurs du dialogue *De libero arbitrio*, — si tu te mets à boire, est-ce le voulant ou ne le voulant pas?

— C'est le voulant de mon plein gré.

— Mais n'y a-t-il pas une nécessité qui t'y force?

— Non, je ne sens aucune nécessité, je sens seulement l'attrait du plaisir et j'y cède.

— Et le mal de tête qui surviendra, quand tu auras trop bu, viendra-t-il parce que tu le veux ou malgré toi?

— Malgré moi [1].

— Ainsi le péché a été volontaire, la peine est fatale : *ut qui volens peccat, is nolens puniatur*. Mais ce n'est pas tout : l'homme peut en venir par l'habitude du péché à ne plus pouvoir s'en passer : cette nécessité de pécher, c'est lui-même qui l'a créée par sa volonté, en commençant par pécher librement. C'est le cas d'un homme qui se jette par la fenêtre : c'est volontairement qu'il s'est précipité, mais une fois lancé il ne peut plus arrêter sa chute....

En résumé,... les hommes, bons ou mauvais, ont une volonté libre, mais chez les méchants elle est méchante, et bonne chez les bons. Les méchants peuvent obtenir la volonté et avec elle la puissance de faire le bien, s'ils se laissent à temps instruire par Christ. Je dis à temps, parce qu'il viendra un moment où, même le voulant, ils ne pourraient plus entrer par la porte étroite; un moment où ils n'auront plus la puissance qu'ils auraient eue auparavant s'ils l'avaient voulu. Ainsi le salut des justes est tout gratuit, c'est un pur don de Dieu qu'ils n'ont eu qu'à accepter : la perte des méchants n'est que le prix de leur volonté mauvaise [2].

Si Castellion revient sans cesse sur cette plénitude de la liberté, c'est pour avoir le droit d'insister sur la responsabilité. La fin de ses annotations sur le chapitre IX de l'Épître aux Romains est un véhément appel à ce sentiment de la responsabilité, sentiment si naturel et si fort chez l'homme, que bien des criminels sur l'échafaud ont confessé qu'ils périssaient par leur faute. On n'a qu'à rentrer en soi-même pour en être pénétré, la conscience crie assez haut, et elle suffit amplement à réfuter le fatalisme de ces nouveaux stoïciens qui, sous le nom de prédestination, font revivre le *fatum* antique avec ses conséquences également désastreuses pour la piété et pour la vie morale [3].

1. *Ann. in Rom.*, p. 15.
2. *Ann. in Rom.*, p. 28.
3. *Ann. in Rom.*, p. 28-29. — Il est à remarquer qu'avec son esprit de mesure ordinaire

Véritablement libre et véritablement responsable, l'âme humaine se trouve placée en face du devoir; la loi morale se dresse devant elle, écrite d'abord dans la conscience par la nature elle-même, rendue plus lisible encore par l'Évangile. Que l'âme arrive à s'y soumettre pleinement par une obéissance volontaire, voilà l'essence de la vie morale et le but suprême de la religion.

Peut-on y parvenir? — Non, dit Calvin. — Oui, dit Castellion. Mais il faut à ce *oui* et à ce *non* bien des explications, que nous tâcherons de resserrer le plus possible.

Qu'il soit possible à l'homme d'obéir à la loi de Dieu, la théologie protestante le niait, nous le savons, premièrement en raison du péché originel. L'homme, perverti de nature, mériterait la mort. Dieu lui fait grâce, il lui *impute* les mérites de son Fils qui, à la place du pécheur, a satisfait par sa mort à la justice divine.

Dès lors, pourvu qu'il se soit approprié ces mérites par la foi, l'homme est tenu pour juste devant Dieu parce que celui-ci le veut ainsi (*gratiosa Dei æstimatione*). Cette absolution non méritée, mais gratuite, cet *actus forensis* qui transforme la destinée de l'homme, a son contre-coup dans sa vie intérieure : la foi engendre naturellement les œuvres, le chrétien sauvé se sanctifie, et la nouvelle existence spirituelle qui commence pour lui est la marque tout ensemble et l'effet du salut gratuitement obtenu par la foi. — Telle était en résumé, du moins pour l'orthodoxie populaire, la doctrine de la « justification par la foi », *non propter fidem sed solâ fide* [1].

tout en signalant les périls pratiques de cette doctrine pour la vie morale et même pour la moralité (voir la fin des *Annot. in Rom.*), Castellion ne tire nulle part argument contre la doctrine des imprudentes exagérations de ces enfants terribles qui, comme Amsdorf, soutenaient que les bonnes œuvres sont nuisibles au salut.

1. L'opuscule de Culmann, cité plus haut, est riche en formules qui ne laissent aucun doute sur cette acception populaire et générale de la justification par imputation, que Castellion combat; celles de Culmann lui-même se ramènent toutes à celle-ci (p. 58) : « Justificari est absolvi a peccatis et pronuntiari justum et hæredem Dei gratis, propter Christum mediatorem, quæ absolutio fide recipitur quam postea novitas vitæ sequi debet ». Jean Brenz dit : « Reputamur coram Deo justi, non quia nos justi ex nobis simus, sed quod alienam justitiam (id est justitiam Christi) fide possideamus » (p. 62). Urbanus Regius adopte la même définition, tout en essayant d'y faire entrer l'élément moral interne : « Justitia Dei, quam Deus in nobis operatur quum nos ipse per spiritum suum justos et innocentes reddit ». Bucer y insiste encore plus nettement : il définit la justice de Dieu la bonté infinie « qua nos justos et *censet* (peccata condonando) et *efficit* tandem (spiritu nos veræ justitiæ adflando) », et dans ses diverses formules il aboutit toujours à cette conclusion : « Ac ita bonos et justos

Castellion la répudie au nom du sens moral, qui est pour lui le véritable sens religieux. Il laisse dans l'ombre de l'arrière-plan ce prétendu drame entre Dieu, le Diable et l'homme, dont le premier acte est la création, sitôt suivie de la chute, et qui a pour tout dénouement, comme dans le théâtre du moyen âge, le Ciel et l'Enfer. Il nous ramène sur la terre, nous fait rentrer dans un domaine plus étroit, mais incomparablement plus sûr et plus clair, celui de la conscience, ne voulant pas, dit-il, aller chercher plus haut les causes de la justification, *alte causas justificationis repetere*.

Il remarque que l'idée de « justification » doit s'éclairer par celle de « justice ». Qu'est-ce donc que cette « justice », qu'il s'agit de donner à l'homme ou de lui rendre, quand le péché la lui a fait perdre?

Il faut prendre le mot au sens où l'emploient non les philosophes, mais les théologiens [1]. Les justes, dans la Bible, c'est ce que la langue classique appelle les hommes de bien, *boni*. Posséder la « justice » ainsi entendue, c'est avoir la santé de l'âme, c'est être dans son état normal, c'est avoir un ensemble de sentiments et de dispositions conformes à la saine nature, « *affectio secundum rectam naturam* [2] ».

Jésus-Christ est Celui qui nous donne, ou plus exactement encore, qui nous rend cette santé de l'âme. Il nous remet dans l'état de justice, c'est-à-dire d'intégrité morale, en nous guérissant du mal.

La seule question qui se pose entre les deux écoles se ramène donc à savoir s'il nous guérit *en réalité* ou s'il nous guérit *par imputation* [3].

Je soutiens, dit Castellion, que Christ nous guérit dans le sens sérieux du mot, dans le même sens où on dirait d'un médecin qu'il a guéri ses malades, c'est-à-dire qu'il a fait

reddit » (p. 79 et 80). — Les formules empruntées par Culmann à Calvin sont de toutes les plus catégoriques et celles qui mettent le plus en relief les aspérités de la doctrine : « Sumus justi in Christo non quia operibus propriis satisfaciamus judicio Dei, sed quoniam *censemur* justi Christi justitia quam fide induimus ut nostra fiat.... Postquam facti sumus Christi participes, non ipsi solum justi sumus, sed opera nostra justa reputantur coram Deo, propterea scilicet quia quidquid est in illis imperfectionis obliteratur Christi sanguine. » (P. 93 et 94.)

1. *De Justificatione*, p. 9.
2. P. 9.
3. P. 9.

cesser leurs maladies. C'est non moins réellement que Christ doit « enlever le péché » de nos âmes; il y supprime des vices qu'il remplace par autant de vertus : entendez que de l'envieux il fait un homme bienveillant, de l'avare un libéral, de l'orgueilleux un modeste. Il n'y a pas d'autre manière de guérir [1]. Celle qu'ont rêvée les théologiens est simplement une dérision. Que dirait-on du médecin qui, au lieu de rendre la santé aux malades, leur proposerait de les faire passer pour bien portants, ou de leur imputer sa propre santé? La justice du Christ imputée au croyant, qu'est-ce autre chose que le malade disant : « Mon médecin se porte bien pour moi »? Quand Jésus sur la terre guérissait l'aveugle et le paralytique, c'était bien en rendant effectivement la vue à l'un, le mouvement à l'autre. De même, s'il nous guérit de cette lèpre du péché, cela ne veut pas dire qu'il se borne à nous faire considérer comme nettoyés sans que nous le soyons; car ce serait le pire des dangers, la loi de Moïse le disait déjà [2]. Cela signifie qu'il nous nettoie en effet et nous rend véritablement sains [3]. « Voyez donc à quelles énormités on arriverait en voulant faire du Christ un médecin qui, au lieu de guérir à fond le mal, le couvrirait d'un emplâtre et dirait : Vous êtes guéris [4]. » S'il en était ainsi, les catholiques n'auraient pas tort de dire que, d'après Luther, le sang de Jésus-Christ n'ôte pas les péchés mais les couvre en les laissant « non lavés, ains adhérents à l'âme [5] ».

Et il conclut par un raisonnement, ou plutôt par un appel à l'évidence morale qui est son procédé familier : il demande s'il n'est pas manifestement plus digne de Dieu et plus conforme à sa gloire de restaurer son image dans la créature, de refaire l'homme moral dans toute son intégrité, que de se tenir satisfait par une sorte de substitution magique qui

1. P. 10.
2. P. 14.
3. *De Justificatione*, p. 12.
4. *De Obedientia*, p. 232.
5. Cet argument sérieux, perdu au milieu d'un fatras de grossières calomnies et d'ineptes commérages, se trouve (p. 40) dans le *Discours en forme de Dialogue ou histoire tragique des troubles... meus par Luther, Calvin et leurs conjurez contre l'Eglise*, tr. du latin de G. Lindan, par R. Benoist, docteur en théologie, à Paris, in-8, 1566.

permettrait d'imputer à l'homme pécheur la sainteté du Christ et au Christ saint le péché de l'homme [1].

Telle est pour lui la vraie « justification par la foi ». La foi nous fait devenir ou redevenir justes. Elle nous rend capables de piété, de sagesse, d'obéissance, de sainteté.

Il est intéressant d'examiner les objections que lui oppose la théologie, et aussi celles, plus profondes et plus délicates, qui jaillissent en quelque sorte involontairement du fond même de l'âme pieuse.

La théologie revient toujours à la divine épopée dont elle prétend avoir la clef. A ses yeux, la théorie tout humaine de Castellion omet le point capital et supprime précisément tout le tragique et tout le pathétique du poème religieux, c'est-à-dire le grand fait du pardon. Pour qu'il y ait religion, il faut qu'il y ait péché, que le péché entraîne la damnation éternelle, qu'un miracle nous y fasse échapper; et ce miracle, c'est le pardon que nous vaut la foi en Jésus-Christ.

Castellion n'attaque pas directement cette idée de pardon, qui est si simple, si naturelle à l'enfant et par conséquent à l'homme, mais il refuse de s'y enfermer. Le pardon est l'œuvre de Dieu [2], laissons-la-lui, et occupons-nous de celle qu'il nous impose, à nous. Le pardon et la justice ne sont pas la même chose [3], l'un ne dispense pas de l'autre. Une fois pardonnés, ce qui regarde Dieu, il nous faut encore devenir et rester justes, ce qui nous regarde. Notre pardon n'est pas putatif, il est réel; tâchons que notre justice ne le soit pas moins. Luther ne cessait de répéter que notre justice est *extra nos*; Castellion soutient, tout au contraire, qu'elle ne doit pas être quelque chose d'extérieur (*aliquid extra hominem*) comme l'est le pardon, mais une disposition d'âme tout intime, et produisant naturellement comme effets pratiques des actions précisément contraires à celles de l'injustice (*aliquid in homine, videlicet animi sanitas et habitus injus-*

1. P. 13 : « Nonne et verius et longe splendidius ac præclarius, et vero non putaticio aut imaginario medico dignius foret eos vere sanare atque ita in sanctum Dei regnum (in quod injustitiam intromitti nefas et profanum est) intromittere? » etc.
2. P. 24 : « Fides sive justitia est hominis, venia est Dei ».
3. P. 2.

titiæ contrarios et actiones pariens injustitiæ actionibus contrarias) [1].

Une autre objection de l'orthodoxie contre le système à ses yeux trop simple de Castellion, c'est qu'il revient par une autre voie au point de départ catholique, c'est-à-dire au salut par les œuvres. Nul reproche n'était plus grave aux yeux des contemporains, et à mainte reprise on le reproduisit contre Castellion [2].

Il s'en défend bien aisément : dans sa doctrine tout aussi bien que dans le protestantisme orthodoxe, le salut est un don gratuit de Dieu; seulement ce n'est pas un don conféré par une opération mystérieuse, par une sorte de caprice divin : c'est un don offert par Dieu à tous, qui peut être accepté, mais qui peut aussi ne l'être pas de chacun, puisque chacun est souverainement libre. Ceux qui l'acceptent sont sauvés *sine suo merito*, mais non pas *sine suo opere*. Nous sommes justifiés *gratuitement*, soit, mais entendez bien ce mot. Il signifie « sans que nous ayons rien mérité »; il ne signifie pas « sans que nous ayons rien à faire ». Ici encore s'engage une bataille de textes où nous retrouvons notre exégète également admirable par le bon sens lumineux qui le guide dans l'ensemble et par la justesse originale, souvent piquante, des explications de détail.

Saint Paul compare les chrétiens aux coureurs dans la carrière : sans doute le prix qui leur est offert est dû à la munificence du donateur, mais c'est aussi une récompense, car il n'est attribué qu'à celui qui a le mieux couru. La riche moisson qu'espère le laboureur est un pur don de Dieu, et le laboureur sait bien qu'il n'en a pas le mérite, mais encore faut-il qu'il sème, qu'il laboure, qu'il arrose, sous peine de ne rien recueillir. Et quand il aura bien travaillé, il rendra grâce à Dieu qui a bien voulu attacher ce prix à son travail [3]. *Non merenti, sed laboranti contingit salus.*

Mais n'insistons pas sur les objections purement théologiques, qui n'ont plus guère de prise sur nos esprits. Les objec-

1. P. 23.
2. Voir la comédie du *Pape malade*.
3. P. 73 et 74.

tions morales au contraire n'ont rien perdu de leur intérêt. Elles se trouvent déjà dans le traité *de Justificatione*, mais elles reparaissent sous une forme plus familière et plus pénétrante dans un autre fragment, que les éditeurs subséquents ont nommé le traité *de Obedientia*. C'est une simple note que Castellion avait intitulée : *An possit homo per spiritum sanctum perfecto obedire legi Dei?* Il l'avait écrite le 12 février 1562 pour un ami, qui lui communiqua presque aussitôt ses objections; il les transcrivit en y joignant ses réponses point par point huit jours après (20 février) [1]. Fauste Socin fit imprimer le tout en 1578.

Obéir à la loi, faire le bien, remplir la volonté de Dieu, atteindre la perfection morale, est-ce vraiment le but que le chrétien doit se proposer? Lui est-il possible de l'atteindre? Lui est-il même bon d'y prétendre?

Une telle question peut surprendre, car la poser c'est mettre en discussion notre nature même, c'est demander si l'homme est fait pour comprendre le vrai, pour aimer le bien, pour adorer le divin sous toutes ses formes.

C'est pourtant au nom d'une moralité supérieure que la piété protestante a élevé ce doute, et, en essayant de le dissiper, Castellion n'a pu se méprendre sur la portée de la révolution qu'il tentait. Il prend le contrepied de l'orthodoxie, qui croit l'homme désespérément mauvais; lui au contraire le croit non pas naturellement bon, mais naturellement capable de tout bien. Voici à cet égard sa propre déclaration : Dieu ne commande rien de plus à l'homme que de l'aimer de tout son cœur et d'aimer son prochain. Si cet amour est naturel à l'homme, l'homme est capable d'obéir parfaitement à la loi divine. Or il n'y a pas de doute possible : l'homme a, par sa nature, une affinité profonde avec Dieu, dont il est le fils, avec les autres hommes, dont il est le frère. C'est donc sa

1. Le manuscrit dont s'est servi Socin pour cette impression s'est trouvé à Bâle dans la même caisse que les opuscules et les papiers de David Joris. Il est exactement conforme au texte imprimé, sauf des variantes insignifiantes dans quelques mots du titre. Une seule mériterait peut-être examen. Au milieu de l'opuscule (p. 243 de l'édition de 1613) le manuscrit porte à la suite des mots : *Huic scripto fuerunt hæc objecta*, ceux-ci : « 1562, xx febr. per S. T. *Bas.* ». S'il n'y a pas là une erreur de copiste, on pourrait chercher dans les initiales S. T. le nom du correspondant de Castellion. Nous ne voyons pas à qui elles pourraient s'appliquer.

nature même qui le porte à aimer Dieu par-dessus tout et son prochain comme lui-même [1].

A cet axiome hardi, Castellion n'admet pas qu'on objecte la chute d'Adam. Si nous sommes tombés en Adam, dit-il, nous sommes relevés en Christ. La seconde création ne peut pas être inférieure à la première. Si Dieu nous avait primitivement créés pour être capables de l'aimer, la rédemption a consisté précisément à nous rendre dans toute sa plénitude cette capacité perdue ou compromise [2]. Il faut que nous redevenions justes, comme Adam devait l'être.

En passant, il écarte une fois de plus la *justice imputative*, puis la *justice inchoative* : celle-ci consisterait à supposer que nous ne faisons ici-bas qu'ébaucher cette œuvre d'amélioration et qu'elle se poursuivra au delà de la tombe. Singulière manière d'exalter la puissance d'un médecin que de dire : « Il n'a jamais guéri à fond un seul malade [3] » et d'ajouter : « Il leur laisse une bonne partie de leur mal, de peur qu'ils ne s'enorgueillissent ». Singulière foi en celui qui n'a cessé de redire que tout serait possible à qui croirait en lui [4].

Pour lui, le fait de la conversion n'est pas, comme il l'est pour l'orthodoxe, une sorte d'événement surnaturel qui éclate en quelque sorte entre Dieu et l'homme [5].

C'est un phénomène d'ordre moral, qui s'accomplit naturellement, et dès lors graduellement, dans les profondeurs de la conscience, c'est un devenir plutôt qu'un acte. Pour entrer plus avant dans l'analyse de ce phénomène et pour en tirer les conséquences sur lesquelles repose sa morale religieuse, Castellion revient à la célèbre métaphore de saint Paul sur l'olivier sauvage et l'olivier greffé. Mais il la manie

1. P. 229.
2. P. 230.
3. P. 234.
4. P. 236.
5. *Ib.*, p. 237. — Il paraît que Castellion, dans la première rédaction de sa préface de la Bible française, avait déjà inséré une critique de cette justice inchoative en se fondant sur un mot de saint Paul, que « ceux qui sont de Christ ont crucifié la chair avec ses convoitises ». Car un de ses correspondants de Genève, Jean Collinet (voir ci-dessus, p. 472), lui adresse ses objections et celles de Zébédée, et essaie de réfuter par d'autres passages l'assertion de Castellion (« sur ce que vous dites qu'il faut que les membres de Christ suyvent Jésus en ce qu'il a crucifié sa chair, devant sa mort »). *Opp. Calv.*, XIV, 586. Ce passage a disparu de la préface de la Bible, mais il se retrouve dans le *Quinque impedimentorum* (p. 15 de l'éd. de Gouda, 1613), avec un ample développement de la critique des deux fausses justices, l'*imputative* et l'*inchoative*.

avec une grande liberté et en fait une longue étude accompagnée pour plus de clarté d'une figure [1] gravée dans le texte représentant l'arbre avant, pendant et après l'opération.

Nous pouvons résumer sa pensée en quelques mots.

L'arbre sauvage, c'est l'homme avant l'éducation divine que lui apporte Jésus-Christ. Sa conversion commence par l'amputation des branches qui, jusqu'alors, absorbaient inutilement la sève. Après cet heureux sacrifice, l'arbre, qui semble mutilé, est apte à recevoir la greffe précieuse : ce n'est d'abord qu'un imperceptible rameau emprunté à un autre arbre et qu'une main habile insère et maintient en vif contact avec le cœur même de l'arbre sauvage. Bientôt la sève, en passant par cette tige nouvelle, s'y imprègne de qualités qu'elle n'avait pas : les jeunes pousses grandissent avec ces qualités, et bien que la racine ni le tronc n'aient été changés, l'arbre est un arbre nouveau, ses fruits d'amers sont devenus exquis. De même, l'homme régénéré par cette force naturelle (*vis sive natura*) que l'Écriture appelle l'*Esprit*, porte des fruits qui, sans doute, ne sont pas le produit de sa nature puisqu'ils sont l'effet de l'art divin, mais qui désormais lui sont devenus naturels. Il faut seulement remarquer que l'opération ne s'accomplit ni en un jour ni en une année : longtemps encore après la greffe, l'arbre sauvage pousse par le pied des rejetons sauvages qu'il faut impitoyablement extirper; au contraire, la partie supérieure et régénérée semble longtemps frêle et chétive : feuilles, fleurs et fruits y seront rares d'abord, ne viendront pas toujours à maturité. Ce n'est pas une raison pour désespérer de l'arbre greffé non plus que pour douter de l'homme régénéré. Lui aussi, il lui faudra du temps pour croître jusqu'à l'état adulte. Il passera lentement de l'un à l'autre de ces trois états : *irrenatus*, *renascens*, *renatus*. Il traversera toute une période où les deux natures, les deux sèves sembleront se combattre ou se mêler en lui. Il y a pis : la greffe peut échouer ou rester stérile si elle est maltraitée, ou si les rejetons sauvages non détruits attirent oute la sève. L'opération de l'Évangile peut aussi avorter

1. P. 79. — Cette figure se trouve déjà dans le manuscrit de Rotterdam.

dans l'homme qui néglige la culture de son âme; étant toujours libre, il peut retomber dans son ancien état. C'est le péché mortel dont parle un apôtre, mais cet accident n'est pas à craindre pour quiconque veut se surveiller : Dieu a mis en l'homme régénéré un germe nouveau qui ne demande qu'à s'épanouir [1]. A qui croit, rien n'est impossible [2], avec l'aide de Dieu et du temps. Beaucoup de foi, beaucoup de vigilance, beaucoup d'énergie et de persévérance, voilà donc le dernier mot de cette philosophie religieuse.

L'ami auquel Castellion adressait ces notes y oppose un certain nombre d'arguments et de passages de l'Écriture. Mais sa véritable objection n'est pas là. Ce qui l'inquiète, c'est de voir disparaître au fond de cette morale le sentiment de l'absolu moral. Il a peur d'une doctrine qui ne saurait plus dire : « Soyez parfaits comme votre Père est parfait ». Il ne se sent plus assez écrasé par l'infini de la tâche, par l'inaccessibilité du but, par la majesté de l'idéal. Il lui semble que, dans ce système, Dieu se contenterait de trop peu, et l'homme de moins encore. Ce qui lui paraît le critérium de la vraie piété, c'est qu'elle soit toujours inassouvie de perfection. Les vrais justes, ce sont ceux qui, ayant accompli toutes les bonnes œuvres, répondent sincèrement au Seigneur qui les en loue : « Quand donc, Seigneur, avons-nous fait cela » [3]? Enfin, pour se mieux faire comprendre, après avoir formulé ses douze arguments en règle, il termine par un exemple qui, à lui seul, les vaut tous. « Je veux vous transcrire, dit-il à Castellion, le texte de la prière que prononçait naguère David Hoper, le martyr anglais. Sur le bûcher il s'exprimait ainsi : « Seigneur, je suis un abîme d'enfer, et « toi tu es le ciel. Je suis une sentine et un cloaque de « péché, tu es le Dieu plus pur que la pureté même. Dieu « clément, rédempteur plein de compassion, aie pitié d'un « misérable pécheur : toi qui es monté au plus haut des « cieux, attire-moi à toi, du fond de l'enfer [4]! »

1. *De Justificatione*, p. 79 à 89.
2. *De Obedientia*, p. 234-276.
3. P. 246-247.
4. P. 247

Que répondre à de tels accents! Comparée à ces sublimes élans d'extase, quelle morale ne paraîtra froide, terne, mesquine! Pourtant ne nous hâtons pas de juger ainsi celle de Castellion.

Tout autant, pour le moins, que la piété orthodoxe, elle est capable de transporter l'homme à cette hauteur où le sacrifice le plus héroïque ne lui semble plus ni un mérite ni un effort. Loin de tarir dans l'âme la source du divin, elle l'élargit et lui creuse en quelque sorte un lit plus profond. Ce besoin d'infini et d'idéal, cette exaltation du sentiment religieux qui veut contempler un abîme entre Dieu et l'homme, c'est bien là ce qui a fait, toujours et partout et sous les noms les plus divers, la grandeur de la religion. C'est ce qui la distingue de toute science, de tout art, de toute philosophie. Adorer et prier, ce n'est ni penser, ni rêver, ni agir. C'est un élan qui meut tout ensemble l'intelligence et la volonté, le cœur et l'imagination, la réflexion et l'instinct, enfin l'âme tout entière. L'originalité de Castellion est de ne vouloir ni omettre ni amoindrir l'acte religieux, mais de le transporter dans le domaine de la conscience; d'en faire un acte moral, l'acte moral par excellence. Son dialogue *De Fide* n'est rien moins que le manifeste de cette admirable hérésie. Il explique avec la dernière clarté comment toute la religion se ramène à la foi, et la foi elle-même à l'effort moral. Citons-en seulement l'indispensable pour faire entendre qu'une telle morale est encore une religion ou plutôt la religion même.

Qu'est-ce que la foi? Est-ce le fait d'admettre telle doctrine ou tel récit? de croire, par exemple, qu'il y a un Dieu, ou que Jésus-Christ a vécu, est mort, est ressuscité dans telles circonstances? — Évidemment non, car une telle foi pourrait n'être qu'une adhésion de l'intelligence sans nul effet sur l'âme. Les démons mêmes peuvent avoir cette foi, et ils n'en sont pas meilleurs. Or tout l'Évangile parle de la foi comme d'une force qui transporte les montagnes, qui engendre des miracles, qui rend l'homme « participant de la nature divine ».

La seule vraie foi, c'est celle qui fait agir, celle qui donne à la fois le désir et la force de poursuivre le but qu'elle nous montre. Tout ce qui se fait de grand sur la terre se fait par la foi. Ne le voit-on pas tous les jours, même dans la vie ordinaire? Il suffit que l'homme ait foi en quelqu'un, en quelque chose, en lui-même, en autrui, en un bien, même imaginaire, en un devoir, même chimérique, en une règle, même arbitraire, pour que cette foi centuple sa puissance et lui fasse accomplir l'impossible? C'est parce qu'il a foi à la science que celui-ci consume les jours et les nuits en études acharnées. C'est parce qu'il a foi à l'honneur et à la gloire que celui-là donne sa vie sur le champ de bataille sans un instant d'hésitation [1]. C'est parce qu'ils avaient foi au mérite de leurs bonnes œuvres que les ascètes se macéraient cruellement, que de pauvres fanatiques s'épuisaient de privations ou ensanglantaient leur chair avec fureur, que certains hérétiques des premiers âges s'imposaient des mutilations et des martyres épouvantables [2]. Et sans aller jusqu'à ces excès, ne voit-on pas ce que peut, même sur le commun des hommes, une persuasion profondément enracinée? Il n'en faut pas davantage pour que le Turc se passe de vin, et le Juif de porc [3]. Il en faut moins encore pour que l'ouvrier italien nous étonne par des prodiges de sobriété, le mercenaire suisse par des prodiges de valeur [4]. Ainsi la foi, même la moins raisonnée ou la moins raisonnable, rend tout facile. Que sera-ce donc de la foi en Dieu et en Christ? Quelle vertu ne doit-elle pas engendrer en nous, suivant le mot de l'apôtre [5] : *Acquirite in fide vestra virtutem*?

Qu'est-ce que la foi, demande Frédéric, l'un des deux personnages du dialogue *De Fide*, si elle ne te donne pas la force

1. P. 204 et 205.
2. P. 209.
3. P. 203.
4. La rédaction originale de Castellion y insistait beaucoup plus que le texte imprimé. Fauste Socin a fait des corrections et suppressions destinées à adoucir l'expression de certaines vérités désagréables. Voici, d'après le manuscrit qui a servi à l'impression, le texte du passage de Castellion avant les retouches de son éditeur : « Credunt Itali turpem esse ebrietatem, ergo ab ea sic abstinent, ut Italum vidisse ebrium, sit rarissimum. At iidem aliis longe gravioribus vitiis laborant. Cur? Nempe quia non credunt esse turpia. Alioquin non minus abhorrerent, quam ab ebrietate. Credunt Helvetii turpe esse fugisse in prœlio. Itaque sese patiuntur potius universos discerpi et bombardarum glandibus conteri, quam ut terga vertant. Iidem tamen ab ebrietate obrui et in bruta se converti summa cum voluptate patiuntur. Cur? Nempe quod turpem esse non credunt. Si enim crederent, longe facilius esset sobrie vivere, quam in medios enses et bombardas ruere. » — (P. 104, *a*, du manuscrit de Bâle, p. 205 du texte imprimé des *Dial. IV*, éd. 1613.)
5. P. 204.

d'obéir? Une foi qui ne rendrait pas juste, c'est-à-dire chaste, soumis, bienfaisant, charitable et capable enfin de toutes les autres vertus analogues, ne mérite pas plus le nom de foi qu'un cadavre ne mérite le nom d'homme [1]. Jésus-Christ dit à ceux qui prétendent avoir cru en lui et qui n'ont rien fait pour le prouver par leurs actes : « Arrière, méchants! » C'est donc comme « méchants » qu'il les condamne et c'est aux « bons » qu'il réserve le salut. Les seuls vrais croyants, ce sont ceux qui ont, comme il est dit ailleurs, « gardé les préceptes de Dieu [2] ». Jésus veut que nous montrions notre foi par des miracles. Quels miracles? Non plus ceux qui étaient réservés aux débuts de l'Église, *ad rudimenta fidei*, mais d'autres plus décisifs. Chasser les démons de la luxure, de l'avarice, de la colère, cela veut dire : faire d'un débauché un homme chaste, d'un avare un libéral, d'un homme violent un homme doux [3]. La Pentecôte a donné aux apôtres des langues de feu. Ces langues, nous aussi nous les avons reçues, si nous savons consoler les affligés, encourager les hésitants, inspirer l'espoir aux désespérés, la force aux faibles, la résolution aux irrésolus! Voilà des miracles que je mets bien au-dessus de tous ceux qu'on pourrait accomplir sur les corps [4].

Pour enfanter ces prodiges, il faut avant tout le vouloir. La foi est une volonté bien plus qu'une pensée. On ne croit que ce que l'on veut ou du moins on ne croit jamais bien ce qu'on ne veut pas fermement : *nemo facile credit quod non vult* [5]. L'obstacle à la foi ne vient jamais de l'intelligence, il vient de la volonté; la seule résistance obstinée, au fond, c'est celle de la chair à l'esprit, de l'égoïsme au dévouement. En tout ordre et à tout degré, la foi est la force qui nous fait sortir de nous-mêmes, qui nous transporte au-dessus de nos propres intérêts, qui nous fait aimer quelque chose plus que notre propre être. Si c'est au contraire l'amour de soi qui l'emporte, la foi est entravée : *fides impeditur amore*

1. P. 207.
2. P. 207.
3. P. 208.
4. P. 208.
5. P. 210.

sui [1]. Il en est ainsi surtout de la foi religieuse : ce qui nous empêche de croire véritablement en Dieu ou en Christ, c'est que nous ne l'aimons pas assez et que nous nous aimons trop.

Il y a bien un genre de foi qui nous coûte peu et que nous sommes toujours prêts à offrir à la place de l'autre, c'est la foi historique, la foi dogmatique, la foi théorique. Celle que nous laissons dans l'ombre, c'est la foi aux préceptes divins. Or qu'est-ce que croire à ces préceptes, sinon d'abord croire de tout notre cœur à la possibilité de les accomplir? Quelle confiance pouvons-nous avoir, quel élan pouvons-nous mettre au service de notre cause, si nous commençons par nous bien pénétrer de l'impossibilité du succès? Quand on est si convaincu que l'homme ne peut rien faire de bon, que toutes ses tentatives d'amélioration sont vaines, qu'il est et restera foncièrement pécheur, comment entreprendre la lutte? N'est-on pas déjà plus d'à moitié vaincu?

Pour illustrer ce point, Castellion emprunte à la Bible une comparaison, sur laquelle il reviendra sans cesse dans ses livres, dans ses préfaces, dans ses lettres [2] : Dieu ordonne aux Israélites sortis d'Égypte d'envahir le pays de Canaan. Les Juifs ne doutent pas de l'ordre de Dieu, et pourtant ils n'y ont pas foi. Ils envoient reconnaître le pays, mais ils ne se décident pas à y entrer. Voilà le manque de foi. Ils ne croient pas possible de réussir. Ce n'est pas incrédulité théorique, c'est défiance pratique, *diffidentia* [3]. Il en est exactement de même des chrétiens par rapport aux ordres ou aux préceptes du Christ. Leur Maître a beau leur dire que tout leur est possible s'ils le suivent avec ardeur; ils ne le croient pas; ils veulent bien croire ce qui regarde Dieu, et, par exemple, que Dieu ne leur imputera pas leur péché, que Dieu leur réserve les trésors de la grâce, qu'il n'y a plus de damnation pour eux; mais la suite et la contre-partie de chacune de ces promesses, c'est-à-dire ce qui les regarde eux-mêmes, par exemple qu'il ne doit plus y avoir de fraude en eux, qu'ils doivent marcher selon l'esprit, non selon la chair, qu'ils doi-

1. P. 211-212.
2. Notamment dans le *Quinque impedimentorum* et dans la lettre qui sert de préface à cet opuscule.
3. P. 214.

vent dire adieu aux passions et vivre saintement en ce monde, tout cela ils n'y croient pas [1] : c'est, disent-ils, au-dessus de leurs forces. « Et pourtant, s'ils s'affranchissaient seulement de l'égoïsme, rien ne leur serait plus facile à croire que la vérité. Car ils sont nés pour la vérité, et ils la reconnaissent à l'instant comme par une parenté naturelle toutes les fois qu'un obstacle extérieur ne s'interpose pas. Cet obstacle, c'est l'amour de soi. Entends-le donc bien, Louis : si tu veux croire à la vérité, c'est-à-dire à Dieu, il faut commencer par déposer l'amour de toi-même ou plutôt concevoir la haine de toi-même [2]. »

Ce dernier mot nous indique comment cette doctrine, en apparence exclusivement humaine et morale, va s'achever en une véritable religion et s'élever jusqu'à une forme nouvelle du mysticisme. Le détachement de soi, le renoncement poussé au besoin jusqu'au sacrifice, la sainteté absolue poursuivie non plus dans l'ombre du couvent et dans les extases de la vie contemplative, mais au sein de la famille et de la société, tel est ce nouvel ascétisme. Il dérive d'une inspiration religieuse qui n'est celle ni du catholicisme ni du protestantisme. Dieu se révélant, — non plus par le prêtre comme l'affirmait l'Église, — non plus par le livre comme le croit la Réforme, — mais par la conscience morale, tel est le dernier fond de cette théologie. Quelle sorte de foi exige-t-elle? Celle qui consiste en un effort incessant pour se rapprocher de l'idéal de l'homme nouveau, pour triompher du mal, pour dompter la chair, pour extirper l'égoïsme : « Ton pire ennemi, Louis, ton ennemi capital, le seul qui puisse te nuire à mort, c'est toi-même, c'est-à-dire le vieil homme, l'homme charnel. C'est celui-là qu'il te faut tuer sous peine de périr [3]. »

Ces déclarations et d'autres semblables — qui rappellent l'*Imitation de Jésus-Christ* ou la *Théologie germanique* et qui font comprendre le plaisir qu'il put trouver à traduire ces deux ouvrages [4] — alternent sous la plume de Castellion avec des apostrophes pleines de verve et de bon sens pra-

1. P. 215.
2. P. 216.
3. P. 218 et 221-222.
4. Voir Appendice, 2e partie, les nos IV, V, VI et la lettre d'Haberius, mars 1563.

tique qu'on prendrait pour un écho de la sagesse antique : ce mélange fait précisément le trait distinctif de ses *Dialogues* théologiques.

Lui dit-on qu'il est impossible à l'homme d'arriver à ce renoncement sublime, il répond :

Impossible, dis-tu! Si l'on te présentait un mets délicieux, que tu saurais empoisonné, ne pourrais-tu pas résister à la tentation? Dirais-tu : c'est plus fort que moi? Persuade-toi donc que le péché engendre la mort, et tu trouveras bien la force d'y résister.

Mais, à quelques pages de cette sortie, le moraliste pratique fait place au chrétien avide de perfection, infatigable dans la poursuite du bien et du vrai, incapable de s'arrêter dans la vertu moyenne. L'âme de sa religion, c'est le désir d'avancer dans la vie morale. Il ne se représente le chrétien que luttant péniblement, gagnant pied à pied sur l'ennemi, c'est-à-dire sur lui-même. Cette théorie du progrès spirituel, continu, qui revient sans cesse sous sa plume, il la rattache au mot de saint Paul : *Progrediendum de fide in fidem* [1], et il distingue plusieurs états successifs dans ce développement de la foi, entendez dans le développement moral. Le premier degré est une simple intention de renoncer à soi-même; cette étincelle devient flamme, et la flamme va grandissant : l'homme se trouve bientôt capable d'actes et de sentiments qu'il avait crus impossibles. Mais il est bien loin d'atteindre aux derniers effets de cette force divine : ici-bas nous sommes en plein combat, nous n'avons pas encore la victoire. Ce que sera cette victoire et la couronne qui nous est réservée, nous l'ignorons, mais qu'importe! L'important, c'est de tenir bon dans la bataille. « Es-tu prêt, Louis, à t'y élancer avec moi? — Eh bien, oui, répond Louis, quoique ma chair frissonne et recule d'épouvante : mais ma conscience et ma raison me poussent à te suivre. Je le vois, en effet, il n'y a pas d'autre voie de salut pour l'homme que de sortir de sa nature et de revêtir la nature de Christ, de travailler à restaurer en lui-même l'image de Dieu, de s'y appliquer sans relâche, d'y consacrer ses veilles et ses sueurs [2]. »

1. P. 222-223.
2. P. 221.

On remarquera combien cette morale religieuse, qui fait de l'intime aspiration de l'âme la force décisive et en quelque sorte le ressort de toute la vie spirituelle, s'éloigne du quiétisme. Avec ce constant *sursum corda* appliqué aux efforts moraux de la vie quotidienne, nous voilà bien loin et du mysticisme accommodant de Briçonnet, et du mysticisme rêveur des anonymes strasbourgeois qu'a fait revivre M. Ch. Schmidt, et du mysticisme illuminé de David Georges, et du mysticisme quiétiste d'Osiander.

IV

Cette toute-puissance de la foi ainsi entendue s'applique, dans la pensée de Castellion, aussi bien à l'intelligence des Écritures qu'à la vie pratique. La préface de la *Bible française* roulait déjà tout entière sur cette seule idée : la parole de Dieu n'est intelligible qu'à ceux qui possèdent l'esprit de Dieu, c'est-à-dire à ceux qui ont cette foi dont nous venons de parler.

Car la foi par laquelle il nous faut être sauvés est de telle nature que non seulement elle obtient à l'homme, par le mérite de la mort de Christ, pardon de ses péchés, mais aussi par sa resurrexion le rend juste et, en lui moyennant un nouvel esprit, l'ôte de la sujexion du Diable et l'asservit à Dieu. La foi, déjà, purifie le cœur et fait l'homme participant de la divine nature : d'injuste, elle le rend juste; de désobéissant, obéissant; de charnel, spirituel; de terrestre, céleste, et de mauvais, bon. Brief, du vieil homme et enfant des ténèbres, elle fait un nouvel homme et enfant de lumière, lequel rejetant les œuvres de ténèbres se vêt des armes de lumière et emploie ses membres pour servir en justice comme paravant à injustice. Si quelqu'un donque, ayant une telle foi, courage et vouloir, s'adonne à la lecture des Saintes Écritures, soit savant ou idiot, povre ou riche, mâle ou femelle (Dieu n'a égard à personne), il les entendra vraiment et en aura du profit et deviendra de jour en jour meilleur et y trouvera de si grands trésors de sagesse céleste qu'il s'émerveillera comment ils y étaient cachés.

Et il concluait, sans se lasser de répéter le même paradoxe de l'intelligence qui vient du cœur :

Haissés et chassés de vous toute mauvaise affexion, croyés en Dieu; renoncés à votre volonté, sagesse et jugement, et d'un cœur humble, bas, menable, obéissant et totalement enfantif, c'est-à-dire enseignable, vous donnés et recommandés à Dieu pour être enseignés comme fait un enfant à un maître d'école. Par ce seul moyen vous comprendrés la volonté de Dieu [1].

Longtemps plus tard, l'année même de sa mort, nous le retrouvons exactement au même point et dans les mêmes convictions. Mais ce qui n'avait paru dans ses divers écrits que sous forme fragmentaire, il essaie de le constituer en corps de doctrine.

J.-J. Wetstein [2], qui au siècle dernier avait encore en sa possession quelques manuscrits de Castellion, avait déjà cité deux passages d'un *Systema theologicum* où Castellion avait déposé ses conclusions générales. Le manuscrit autographe presque entier de ce grand travail existe encore (à la Bibliothèque des Remontrants, à Rotterdam). Il a pour titre : *De arte dubitandi et confidendi, ignorandi et sciendi.* Sans en entreprendre l'analyse complète, indiquons-en le plan : ce sera le résumé naturel de tout ce chapitre, et le résumé fait par l'auteur lui-même.

Le titre même inspire à l'auteur un commentaire d'une rare vigueur, dont nous transcrivons le texte latin en appendice [3]. C'est en quelque sorte la préface d'un *Discours de la méthode* appliqué aux questions théologiques, la démonstration de la légitimité du doute et de sa nécessité. Les hommes, dit-il, pèchent aussi souvent en ne sachant pas douter quand il le faut qu'en ne croyant pas là où il faut croire [4].

L'ouvrage se partage en deux livres : le premier est un exposé général de la méthode, le second l'applique à quelques points pris parmi les plus importants.

1. Préface de la Bible française. — Cet ensemble de doctrines de Castellion sur la justification par la foi ne devait pas disparaître avec lui. Plusieurs continuateurs de la même tradition se retrouvent dans les Églises protestantes de France et de Suisse. Citons seulement sans sortir du XVIe siècle deux des principaux noms : le pasteur bernois Samuel Hubert, qui soutint contre Bèze et André Musculus des thèses relatives à l'universalité du salut, presque littéralement analogues à celle des *Annotationes in caput IX ad Romanos*; et le Champenois Claude Aubery (Alberius), professeur à Lausanne et auteur d'un très curieux traité *de Fide Catholica* (1588), où il insiste sur la coopération nécessaire de l'homme à sa justification. Tous deux furent condamnés par le colloque de Berne de 1588. Schweizer, I, 513 (cf. l'*Annotatio in cap. 9 ad Rom.*, p. 19) et 521-525.

2. *Novum Testamentum*, Amstel., 1751, t. II, p. 856 et 884.

3. Voir Appendice, 3e partie, pièces inédites.

4. Video non minus malorum ex non dubitando ubi dubitari debet quam ex non credendo ubi credi debet oriri (fol. 81).

L'auteur part de ces trois principes : Dieu existe; Dieu est l'auteur du monde; Dieu est juste. De ce dernier il déduit tout aussitôt que l'homme est créé pour pratiquer la justice, en d'autres termes pour suivre la loi qu'a mise en lui son créateur, ce qui sera en somme « suivre sa nature ».

En vain lui objecte-t-on que la nature de l'homme est vicieuse : il ne discute, il ne mentionne même pas le péché originel. Il se borne à affirmer que si la nature de l'homme n'est pas bonne, elle peut et doit le devenir par la culture; et il revient à sa comparaison de la greffe : *arbor, insita « contra naturam », crescit deinde et fert fructus « secundum naturam »* [1]. Le tout est donc de trouver une sorte de culture des âmes qui les rende capables de justice, et il conclut, devançant presque un mot de Bacon : *itaque statuo doctrinam justitiæ esse quamdam animorum quasi agriculturam.*

La meilleure de ces « disciplines de l'âme » (comprenant des moyens de culture et au besoin des moyens de correction), c'est la doctrine chrétienne. Pourquoi? Parce que c'est celle qui produit les meilleurs effets moraux [2]. Beaucoup de chrétiens croient en Christ comme les musulmans en Mahomet, par le hasard de la naissance, par routine et tradition. Ce n'est pas la vraie foi. De toutes les preuves de l'excellence du christianisme [3] — et il n'admet que des preuves internes, — la plus décisive est que les chrétiens sont effectivement rendus meilleurs par leur foi; dans l'histoire on les voit triompher sans armes, sans ressources extérieures, par la seule patience (« comparez ce qu'a fait dans le monde l'éloquence d'un saint Paul avec celle de Cicéron! »); et dans la vie privée on voit se renouveler tous les jours un miracle plus étonnant que le miracle historique : *animorum mutationem.*

Les titres du christianisme ainsi établis sur les « miracles » qu'il fait dans la vie morale, il reste à déterminer la valeur de la Bible, comme instrument de cette religion. Castellion

1. Cap. IV, fol. 61.

2. Christiana doctrina optima est, quippe quæ optima faciat opera (cap. VII, fol. 67).

3. Il en énumère quatre : *concordia et constantia*, c'est-à-dire le développement continu de la même doctrine (morale) depuis les patriarches; *naturæ convenientia* : aucune doctrine n'a mieux connu notre nature et ses maladies; *fidelitas* : les promesses de Dieu se réalisent, et aussi ses menaces; *effecta et experientia*, soit dans l'histoire, soit dans la vie individuelle (cap. VII-X).

va droit aux objections qu'on peut opposer à l'autorité de la Bible. Il en prévoit trois : on soutient qu'il y a dans la Bible : 1° des choses absurdes et choquantes, 2° des contradictions d'histoire ou de doctrine, 3° des erreurs ou des impossibilités d'interprétation.

Il ne nie aucun des trois faits. Au premier, il répond par une page hardie dans son étrangeté et assez vague : il se trouve dans la nature nombre de phénomènes qui choquent, qui répugnent, qui dégoûtent, et d'où jaillissent pourtant les merveilles de la vie, les grâces de la jeunesse, la poésie de l'amour : c'est du fumier que naissent les fleurs.

Les deux autres reproches donnent lieu au contraire à un développement théologique d'une grande précision, que Wetstein a justement cru digne d'être reproduit *in extenso* dans son *Histoire du Nouveau Testament*; nous ne pouvons qu'y renvoyer. Développant à loisir le passage de saint Paul qu'il a déjà cité dans sa préface de la Bible [1], il oppose à la théorie de l'inspiration littérale et quasi magique de la Bible, celle de l'inspiration spirituelle et morale, qu'il avait déjà esquissée à plusieurs reprises et dont il ne se dissimule pas la nouveauté, l'audace. Mais quoi, dit-il, il faut bien oser : *audendum aliquid!* Et il se console en s'appliquant un mot d'Isocrate : « dans tous les arts le progrès s'est fait non par ceux qui se sont contentés de la tradition, mais par ceux qui ont voulu la corriger ».

Voilà donc le christianisme reconnu « comme la meilleure des religions, parce que c'est celle qui fait les meilleurs des hommes », et la Bible reconnue comme le livre qui produit ces merveilles. Est-ce à dire que tout dans ce livre soit également précieux? Ou plutôt tout doit-il y être de même usage et de même autorité? Non. Il s'y trouve des choses douteuses dont il faut douter, des choses qu'il faut croire, d'autres qu'il faut savoir, et d'autres enfin qu'il faut se résoudre à ignorer. Suivent les exemples, choisis dans les deux Testaments avec beaucoup de mesure et d'art; ce serait affaire à un théologicien protestant de les discuter [2]. Pour

1. Voir ci-dessus, t. I, p. 314.
2. Cap. XVIII-XXV, fol. 83-93.

nous, bornons-nous à la conclusion générale; nous pouvons déjà la pressentir :

Tout ce qui est nécessaire à connaître pour le salut de l'homme lui est très facile à connaître. Tout ce qu'il nous importe de savoir est la clarté même.... Quant au reste, le fait même qu'il y a controverse prouve que Dieu n'y a pas attaché l'importance que nous y mettons. Car enfin, si Dieu l'avait voulu, il aurait écrit nettement quelque part dans la Bible : *Baptizentur pueri*, et il n'y aurait pas de débat sur le baptême des petits enfants. Celui qui a écrit en termes allégoriques et non sans obscurité : *Ut ovis in cædem actus est utque agnus ante suum tonsorem obmutescens*, aurait tout aussi bien pu écrire en toutes lettres: *Erit in Judæa, prætore Poncio-Pilato, Romano, quidam Bethleemæ natus, nomine Jesus, Mariæ filius, qui in crucem insons agetur et tanquam ovis mactabitur* [1].

Il reste donc dans la Bible des obscurités que Dieu a voulu laisser. Pourquoi ? Je l'ignore, mais Dieu ne veut pas l'absurde.

Pourquoi ne donne-t-il pas aux oiseaux leur nourriture toute faite dans leur nid, comme aux arbres dans leur sol ? C'est qu'il leur a donné des ailes pour l'aller chercher. Et cette pâture même, pourquoi les oiseaux pêcheurs ne la trouvent-ils pas à leur portée sur la terre? C'est qu'ils ont les organes nécessaires pour aller la pêcher dans les eaux. L'homme est créé nu, parce qu'il est capable de se vêtir, etc.

De toutes ces comparaisons que va-t-il tirer? C'est que, si Dieu a laissé l'homme aux prises avec des difficultés, il lui a donné le moyen de les résoudre en lui donnant l'intelligence. Que l'homme s'en serve et surtout qu'il n'hésite pas à apprendre à s'en bien servir. Qu'il commence par douter tant qu'il n'a pas de raisons d'affirmer. Qu'il ne s'imagine pas mal faire en usant de ses facultés. Qu'il ne se laisse pas imposer par le respect ou la peur de la lettre : la lettre tue, l'esprit vivifie. Et par l'esprit, il faut entendre l'ensemble de nos facultés intellectuelles, *sensus et intellectus*.

Je sais bien qu'il ne manque pas de gens qui veulent nous imposer leurs opinions, qui nous défendent de voir par nos yeux, qui veulent que nous croyions contre la raison. Mais c'est là la pire de toutes les erreurs, et puisqu'ils l'ont introduite et qu'ils la défendent avec tant d'obstination, c'est à nous de l'attaquer. Je n'exterminerai pas le monstre, mais au moins j'espère lui porter un coup sensible [2].

Ici viennent une ou deux belles pages que l'on voudrait pouvoir faire revivre et dont il faut au moins indiquer le sens et le ton.

1. Cap. XXII, fol. 87.
2. Et monstrum hoc si non conficiam, at, ut spero, certe non leviter vulnerabo (fol. 89, cap. XXIII).

Pour entendre la vérité, nous n'avons, suivant Castellion, d'autres instruments que nos facultés, et Jésus-Christ, bien loin d'être venu les abolir, s'en est servi et nous a montré à nous en servir.

« Croyez-vous par hasard qu'il a jugé des couleurs ou des sons autrement que nous ? Quand il disait à ses disciples : « Voyez les champs où jaunissent les moissons », il les voyait jaunir comme nous. Et de même pour le figuier.... Il jugeait par ses sens comme nous. Il usait de même des procédés intellectuels : ses raisonnements ressemblent de tout point aux nôtres. Bien loin de dédaigner ou de réprouver le raisonnement, il s'attache à le redresser, à le corriger chez ceux en qui il le trouve erroné ou vicié [1].

Puis, s'en prenant à ceux qui veulent qu'on croie — et surtout qu'on les croie — les yeux fermés :

« Qu'ils souffrent que, comme nous les laissons user de leur raison pour argumenter contre nous, nous usions de la nôtre dans toutes les questions qui tombent sous le jugement de la raison. Car la raison est pour ainsi dire la fille même de Dieu, celle qui a existé avant les Livres, avant les Rites, avant la fondation du monde, et qui existera après les Livres, après les Rites, après le monde disparu ou transformé; car elle ne peut pas plus que Dieu même être abolie. La raison, c'est une expression éternelle de Dieu, plus ancienne et plus sûre que les Livres, que les Rites, suivant laquelle Dieu nous a enseignés avant qu'il y eût ni livres, ni rites, et nous enseignera encore après, d'un enseignement vraiment divin. C'est en la suivant qu'ont vécu Abel, Noé, Abraham avant l'apparition des écrits de Moïse, et qu'après leur disparition vivent et vivront encore des milliers d'hommes. C'est en la suivant que Jésus-Christ, fils du Dieu vivant, qu'on appelle pour cela même le *Logos*, a vécu et nous a appris à vivre. C'est en son nom qu'il a réfuté les livres et les rites que les Juifs mettaient au-dessus de la raison ; qu'il a opposé l'esprit à la lettre de la loi (par exemple dans la question du sabbat),... qu'il dit à la Samaritaine : *On adorera Dieu en esprit et en vérité;* il n'y a pas de texte qui dise cela, et ce n'est pas sur un texte, c'est sur la raison qu'il s'appuie pour l'affirmer : « car, dit-il, Dieu est esprit ». C'est donc de la lettre des textes à la raison qu'il amène les hommes, comme plus tard Paul les renverra à la conscience, cette autre forme de la raison. C'est la raison enfin investigatrice et interprète de la vérité qui, s'il se trouve même dans les textes sacrés des parties obscures ou corrompues par le temps, les corrige, et si elle ne le peut, les révoque provisoirement en doute [2]. »

On comprend en lisant une telle page que le grand historien anglais du *Rationalisme en Europe* n'ait pas hésité à

1. Fol. 90. — Voir un fragment du texte latin dans notre Appendice, 3e partie.
2. Cap. XXV, fol. 91-92.

nommer Castellion « un des plus éminents précurseurs du rationalisme [1] ». Cette revendication des droits de la raison n'est pas d'ailleurs un élan isolé, une sorte d'explosion qui lui échappe. Les chapitres qui suivent [2] prennent une à une toutes les objections théologiques et en font bonne justice : la prétendue dégénérescence des facultés par suite de la chute, les textes bibliques condamnant l'intelligence humaine, d'autres semblant indiquer que l'homme animal ne peut comprendre les choses de Dieu, etc. Castellion distingue en outre très judicieusement *contra sensum* de *supra sensum* : il y a des vérités qui peuvent dépasser notre intelligence, il n'y en a pas qui la contredisent. La vérité peut être trop haute et trop complexe, *subtilior ac remotior*, pour être accessible à la raison; elle ne peut jamais en être la négation [3].

Quelle est donc la cause et quelle est la portée de l'impuissance si souvent reconnue de notre raison? La faute n'en est pas à la raison : sauf le cas pathologique de l'idiot et du fou qui sont hors du débat, chez tout homme sain la raison n'est entravée que par des obstacles qui viennent du dehors; ce qui l'obscurcit, ce qui la voile, ce qui peut la dépraver et l'éteindre, ce sont nos passions, *carnales affectiones*, c'est le péché « maladie de l'âme » que Christ seul peut guérir. En d'autres termes c'est l'égoïsme, *nimius amor sui*, qui aveugle l'homme raisonnable : le combattre est notre premier devoir et la condition *sine qua non* de la découverte de la vérité.

Le livre premier a donc bien pour but, comme le dit l'auteur en commençant le second, de « démontrer qu'il faut résoudre par les sens et par la raison, même en matière religieuse, toutes les questions qui tombent sous le jugement des sens et de la raison [4] ». Quelles sont ces questions? Le second livre va en traiter quelques-unes, à titre d'exemple.

La première est intitulée *De Trinitate* : Castellion ne dissimule pas que « c'est une question ardue sur laquelle il ne peut rien affirmer ». Mais pour justifier sa réserve, il transcrit

1. Lecky, *The rise and influence of Rationalism in Europa*, t. II, p. 46.
2. Cap. XXVI-XXXI, fol. 93-103.
3. Cap. XXX, fol. 99 et 100.
4. Fol. 105.

un fragment encore inédit rédigé par un auteur qu'il ne nomme pas [1] : c'est une sorte de dialogue avec Athanase, à peu près dans la forme du *Contra libellum Calvini*. A chaque phrase du symbole d'Athanase, l'auteur inconnu, *quidam*, oppose une réponse critique souvent d'une vivacité mordante [2]. Sans s'approprier ces répliques catégoriquement antitrinitaires, Castellion confesse qu'il n'a rien trouvé pour défendre Athanase et que quant à lui il s'en tient à l'énoncé sommaire de la foi des simples, c'est-à-dire à la phrase du symbole des apôtres qui n'a pas la prétention d'expliquer l'inexplicable, *illas nescio quas inexplicabilitates in Ecclesiam post apostolicæ simplicitatis tempora introductas* [3].

Le second point traité est la question de la foi, *De Fide*. Castellion y répète en les accentuant ces formules (qu'il appuie sur une longue discussion des textes) : la foi est chose de volonté, non d'intelligence, *voluntatis, non intellectûs* [4]; et encore : *fidem non esse notitiam, non esse scientiam* [5], ou bien : *Fides christiana virtus est*, mot juste et compréhensif qui fait entendre que si l'homme est sauvé par la foi et non par les œuvres, c'est que la foi elle-même est une œuvre, l'œuvre des œuvres.

La troisième section du livre a pour titre *De Justitia*. En la lisant nous n'avons pas tardé à découvrir que, sauf quelques lignes çà et là modifiées, cette section (chapitres VII à XXIX du manuscrit) est précisément le texte du *Tractatus de justificatione* publié en 1613 à Gouda dont nous avons rendu compte par avance en exposant la doctrine de notre auteur sur la justice imputative.

Un quatrième article, qui est comme l'appendice du précédent, traite *De Christi beneficio* : c'est une des parties les

1. La disposition de cette « *disputatiuncula* » est la même que dans un écrit de Valentin Gentilis reproduit en appendice par Trechsel (*Antitrinitar.*, II, 480). Le texte que cite Castellion serait-il une première ébauche de cet écrit, et faudrait-il en conséquence l'attribuer à Gentilis? Simple conjecture, le texte n'étant nulle part identique entre ces deux documents, quoique l'un et l'autre soient également antitrinitaires. — Même observation sur le rapport qu'on peut supposer entre cet écrit et les *Theses de Deo uno et trino* de 1562, attribuées à Lelio Socin (Sand, *Bibl. antitrin.*, p. 25).

2. Voir Bibliographie, nos 39 et 40.

3. Fol. 108.

4. Fol. 108.

5. Fol. 83.

plus originales au point de vue théologique, et aussi une des plus hardies, ce qui explique que les éditeurs de 1613 n'aient pas jugé à propos de la publier. Il s'y trouve une critique sommaire, mais vive de la théorie de la « satisfaction vicaire [1] » et des phrases comme celle-ci :

Certains chrétiens pensent que le sacrifice de Christ et ses prières doivent être interprétés autrement. Suivant eux, ce n'est pas Dieu qui a été apaisé et qui s'est réconcilié avec l'homme, par Christ. C'est l'homme qui est revenu à Dieu ; il s'était à tort représenté un Dieu en courroux, et par là même il s'en était détourné ; la doctrine de Christ l'a ramené à Dieu et l'a ainsi réconcilié avec lui. Cette manière de voir s'appuie et sur la raison et sur l'autorité.

Sans s'appesantir sur ces mystères, Castellion voit en Jésus le Sauveur, parce qu'il nous a apporté : « pour le passé la certitude du pardon à la condition de nous amender, et pour l'avenir l'impulsion et l'inspiration nécessaire pour pouvoir en effet nous amender en grandissant de plus en plus dans le bien [2] ».

Reste un dernier sujet, *De cœna Domini*, c'est la fameuse question des sacrements. Ce fragment non plus n'a pas été imprimé, et nous le comprenons sans peine. Qu'on se représente un homme de nos jours transporté par miracle au milieu des hommes du XVIe siècle et tombant subitement au plus fort de la bagarre sacramentaire : quel effort ne lui faudrait-il pour se placer à leur point de vue, rapprendre leur langage, prendre au sérieux leurs arguments, et comprendre la passion furieuse qu'ils y mettent ! C'est précisément l'effet que produit la lecture de ce merveilleux petit traité. On a peine à croire qu'on lit un contemporain de Luther et de Calvin. Nulle part il n'a été plus net et plus hardi. Il n'admet que le sens figuré, l'interprétation spirituelle du sacrement, la vertu morale et religieuse de la méditation par laquelle nous communions en esprit avec Jésus de Nazareth, nous nous pénétrons de la substance, c'est-à-dire de son esprit [3], et il le dit sans détour. Il saisit

1. Sed illud quidam percipere non possunt, qui conveniat à Deo missum fuisse aliquem ad ipsum Deum placandum. Si enim placari se volebat Deus, jam placatus fuisse videtur : quippe quum *placari velle* jam *placati* esse videatur, etc. (Fol. 151.)
2. Cap. XXXV-XXXVII, fol. 154-156.
3. Fol. 157.

même cette occasion pour donner cette règle : toutes les fois que pour avoir un sens conciliable avec la raison, il faut recourir au sens figuré, c'est le sens figuré qui est le bon et le seul vrai. « *Et omnino generalem hanc regulam teneamus : si quod dictum vel in profanis vel in sacris authoribus ejusmodi est ut nisi figurate accipiatur manifeste rationi aut sensibus repugnet, idem figurate accipiendum, atque ita interpretandum ut cum ratione aut sensibus concilietur.* » Et il ajoute presque naïvement : « *erit hujus regulæ ad multos nodos solvendos incredibilis utilitas* [1] ». L'appliquant donc ici sans un instant d'hésitation, il ne voit dans la cène qu'une commémoration et une image allégorique, il se reproche de s'attarder à faire justice des « absurdités » de la transsubstantiation, de la présence réelle sous ses diverses formes [2]; il y oppose l'interprétation évidente du bon sens [3], qui est ici le sens spirituel, et il ne peut s'empêcher de s'écrier : « Non, la postérité ne pourra pas croire que nous ayons vécu dans de si épaisses ténèbres [4]! » — Cet appel à la postérité ne fait-il pas penser à la belle apostrophe de Zwingle, précisément à la fin de son *Exégèse de l'Eucharistie*, avouant qu'il en sent l'imperfection et comptant sur l'avenir pour compléter sa doctrine, pour réformer la Réforme elle-même : « *Te ergo, o venturum sæculum, adpello, ut pro judicii tui integritate, de his nostris pronunties!* »

1. Fol. 160.

2. « Atque ita, remotis omnibus absurditatibus, finita erit omnis disputatio et clare videbit religiosa mens quo pacto Christum in spiritu et veritate, hoc est spiritualiter et vere comedat. » (Fol. 167.) — Il insiste en particulier sans raillerie inconvenante, mais avec une grande force, sur les impossibilités de la doctrine qui veut que le corps de Jésus-Christ soit au ciel et pourtant qu'on le mange réellement sur la terre.

3. « Quemadmodum hunc panem fractum vobis ad pastum porrigo, ita et corpus meum in cruce frangendum trado, quæ res vobis sit pastui, hoc est salutaris. Moriar ad impetrandam vobis peccatorum veniam sine qua salvi esse et vivere non potestis, quemadmodum corporaliter sine cibo vivi non potest. Quod idem et de vino dico, quæ imago est mei sanguinis. » (Fol. 164.) — *Christum comedere* esse aliud nihil quam *Christianitatem comedere*, hoc est *Christianum* sive *justum fieri*. (Fol. 160.)

4. « Hic ego me continere nequeo quin sæculorum et superiorum et nostri infelicitatem deplorem, quod tantæ et fuerint et etiam nunc hodie sint tenebræ ut ea res vulgo etiam doctissimis hominibus tot sæculis ignorata fuerit, quam ab ullo mortalium unquam ignorari potuisse vix credet orta luce posteritas! Sed ita est. Nulla est tanta cæcitas quæ non cadat in hominem, si et duce usus est cæco et *de duce dubitare religioni habuit!* » (Fol. 164.) — On voit que le dernier mot du traité nous ramène au premier.

CHAPITRE XX

LE « CONSEIL A LA FRANCE DÉSOLÉE »

(1562)

Poursuites à Genève contre le neveu et le beau-frère de Castellion pour avoir fait circuler le *Conseil à la France désolée.* — Analyse sommaire de l'ouvrage. — Ses rapports avec l'*Exhortation aux princes et seigneurs du Conseil privé* d'Étienne Pasquier (1561).

On peut lire dans le registre du Consistoire de Genève, année 1563, plusieurs procès-verbaux relatifs à une enquête ouverte contre deux libraires aux mains desquels on avait trouvé des exemplaires d'un petit ouvrage en français, intitulé : *Conseil à la France désolée.*

Les libraires, qui n'avaient l'ouvrage que pour le faire relier, sont invités à déclarer de qui ils le tiennent. C'était de Michel Chatillon, maréchal, bourgeois de Genève depuis 1562. On le fait comparaître, et il « confesse » que ces deux exemplaires lui ont été envoyés de Bâle par son cousin Ph. Chapuis, imprimeur, l'un pour lui-même, l'autre pour son oncle Mathieu Eyssautier, le ministre de Gex. C'est un ouvrage récent de son oncle « Sébastian Castalléo ». Le Consistoire examine les livres, les trouve « pleins d'erreur » et décide de « renvoyer à Messieurs », c'est-à-dire devant le Conseil, les délinquants pour être dûment admonestés et les volumes « pour estre condampnés comme meschants[1] ».

1. « Jeudi XIX d'aoust, Pierre Bordes, mercier, Anthoine de Marquet, libraire, et Michel Castalion ont comparus pour scavoir dou sont venus deux livrés trouvez es mains dudit Mar-

Huit jours après, un des ministres, Dagnon, rapporte que Michel Eyssautier s'est permis de recommander aux libraires de lui conserver soigneusement ces livres, où « il y avait de bonnes choses [1] ». Il n'en fallait pas davantage pour raviver la haine des pasteurs de Genève contre leur ancien collègue Eyssautier, qui s'était vanté d'avoir quitté Genève, devenue une autre Rome, plutôt que de consentir à « baiser la pantoufle ». On résolut de le faire comparaître une fois de plus. Eyssautier répond « qu'il est de la juridiction de Gex, rière Berne ». — « A quoi luy a esté remonstré, dit le registre, que le délit a esté faict en ceste ville », ce qui permet au Consistoire de renouveler toutes ses censures contre le ministre, de lui rappeler qu'il est excommunié et autres admonitions fraternelles, auxquelles il se borne à répondre fièrement que « Dieu en jugera » [2].

Essayons donc de nous rendre compte du « délit » en parcourant ce petit ouvrage devenu très vite, il n'est pas besoin de le dire, extraordinairement rare [3].

I

Le titre fait sommairement connaître l'objet du livre et les circonstances déterminantes de sa publication : « *Conseil à la France désolée*, auquel est montrée la cause de la guerre présente et le remède qui y pourrait être mis et principalement est avisé si on doit forcer les consciences, l'an 1562 ». Cette date est précisée au dérnier feuillet de

quet. Ledit Marquet et Bordes ont dict estre venuz des mains dudit Chastillon. Ledit Michel Chastillon le confesse, et quilz luy ont esté envoyés par son cousin Ph. Chapuis, imprimeur, demourant a Basle; et sont intitulés : *la Consolation de la France désolée*, composée par Sebastien Castalleo son oncle demourant a Basle. Interrogué pourquoy il en fyt venyr deux, respond : lun pour luy, et l'autre pour son oncle M. Mathieu Exsautier, qui luy en avoit donné charge. Lesdits livres veuz, se trouve que lautheur charge les ministres de ceste eglise davoir mis le glaive en la France et qu'ils doibvent laisser vivre chacung en paix sans forcer les consciences, etc. Ladvis est de les renvoyer a Messieurs a lungdy et lesdits livres pour estre condampnés comme meschants (*en marge* : après avoir esté visités), pour ce quils sont pleins d'erreur; aussi les avertir dudit Essautier, qui est excommunié et toutes foys il presche et administre a ceulx qui sont habitans a Lancy subjects de ceste ville ainsi que l'on a rapporté. » (*Registres du Consistoire de Genève*, ann. 1563.) — Le titre inexactement rapporté dans cette séance est rétabli par Eyssautier dans la séance suivante, le 9 sept. (« *Consolation* » au lieu de « *Conseil* »).

1. *Registres du Consistoire*, jeudi 26 août 1563.

2. *Registres du Consistoire*, jeudi 9 septembre 1563.

3. Voir à la Bibliographie l'indication des seuls exemplaires que nous en connaissions dans les Bibliothèques publiques d'Europe.

l'ouvrage : « faict en l'an 1562, le mois d'octobre ». Ni le lieu ni le nom de l'éditeur ne sont indiqués. Cependant au-dessous du titre on lit, en caractères cursifs, les deux initiales *A. V.*, que nous traduisons Antoine Vincent.

Ici encore plus que pour le recueil de Bellius et pour le *Contra libellum Calvini*, on reconnaîtra que nous ne pouvons nous dispenser de citations étendues. Le plus bel hommage que nous puissions rendre à l'auteur est certainement de reproduire simplement les parties principales de son écrit en en rappelant la date.

Nous retrouvons tout d'abord dans l'aspect même du livre le même besoin de netteté que dans les deux autres opuscules. On sent l'impatience d'être lu, d'être compris, d'atteindre le grand public. Le traité est comme découpé en courts articles dont chacun porte son titre, si apparent qu'il force l'attention. Le plan se voit du premier coup d'œil : le mal, — ses causes, — son remède, — les faux remèdes et le vrai; — conséquences de l'application des uns et de l'autre; — réfutation des objections de droit et de fait; — résumé et conclusion sous forme de conseil à ceux de qui dépend le sort de la France.

Parcourons rapidement ce cadre.

La maladie de la France.

Qu'une fiole du courroux de Dieu soit maintenant versée et espandue sur ton chef, ô désolée France, il est si manifeste et te touche de si près que pour te le faire croire il n'est besoing de tenir long propos.... [Dieu] te frappe d'une guerre si horrible et detestable que je ne sçay si depuys que le monde est monde il y en eut oncques une pire. Car ce ne sont pas estrangers qui te guerroyent comme bien autrefois a esté faict, lorsque par dehors estant affligée, pour le moins tu avois par dedens en l'amour et accord de tes enfants quelque soulas. Ains sont tes propres enfants qui te désolent et affligent... en s'entremeurtrissant et étranglant sans aucune miséricorde les uns les autres à belles épées toutes nues et pistolets et hallebardes dedans ton giron. Tu entends bien, ô jadis florissante et maintenant tempestée France, ce que je dis : tu sens bien les coups et playes que tu reçois, cependant que tes enfants s'entretuent si cruellement[1]....

« Voilà ton mal, ô France », dit l'auteur; et il passe à un second article qu'il intitule : « Chercher remède ». Ce n'est

1. P. 3.

plus, on va le voir, l'accent des premières heures de la Réforme. Nous sommes déjà loin du temps où l'on eut la belle illusion qu'il suffisait à la vérité de paraître pour triompher :

J'ai maintefois pensé et longtemps esté en doubte si je m'y devoye employer [à chercher ce remède], voyant la difficulté qui à moy se présentoit non pas quant à donner conseil bon et certain (car cela Dieu mercy, si je ne m'abuse bien lourdement, m'est assez facile), mais quant à le persuader à ceux sans le consentement desquels je ne voy pas comment il se puisse exécuter. Et de fait je me fusse pour le présent départi de cette entreprise, n'eust été la grandeur de ton mal qui est si grand et qui va de jour en jour tellement en empirant que mieux vaut à toutes aventures se hasarder et pour le moins faire mon debvoir que te regarder périr si misérablement.

Car qui sçait si le Seigneur par ce moyen te voudroit secourir?

Quand une maison brûle, chacun y court, que si on ne la peut toute sauver pour le moins on en retire quelque pièce qui vaut mieux que rien [1].

Commençons donc par chercher « LA CAUSE DE LA MALADIE ». Castellion la dit du premier mot en une formule énergique, qu'un coup d'œil sur l'histoire contemporaine va justifier :

Je trouve que la principale et efficiente cause de la maladie, c'est-à-dire de la sédition et guerre qui te tourmente, est *forcement de consciences*....

Pour tant qu'on a longtemps forcé et voulu forcer les consciences des Evangéliques, ils firent premièrement l'entreprise d'Amboise en laquelle ilz découvrirent leur vouloir et intension et par cela agacèrent fort l'adverse partie et se rendirent fort suspects. Depuis sont survenues diverses entrefaictes, notamment l'édit de janvier par lequel estoit arresté que les Evangéliques feroient leurs presches hors les villes et qu'on ne leur feroit nul desplaisir. Mais de cest édit ne se contenta ne l'une partie ne l'autre, et principalement les catholiques lesquels firent tant au massacre de Vassy et aultres que ceste soit sédition soit guerre mortelle s'en est ensuivie.

J'entend bien qu'aucuns Evangéliques vont disant quilz n'ont pas prins les armes pour la religion, mais pour faire maintenir ledit édit. Mais qu'on se couvre tant qu'on voudra; puisque l'édit mesme estoit faict à cause de la religion et que la tuerie de Vassy (à cause de laquelle les Evangéliques se sont levés) fut faicte à cause de la religion, et que depuis s'en sont ensuivies prinses et saccagemens d'églises et abattemens d'images, il vaut mieux sans aucune couverture confesser la vérité : c'est que, combien que d'autres choses s'y meslent, neanmoins la principale cause de ceste guerre est vouloir maintenir sa religion [2]....

1. P. 4.
2. P. 6.

FAULX REMÈDES.

Or le remède que tes enfans, ô France, cherchent, c'est premièrement de se guerroyer, tuer, meurtrir les uns les autres, et qui pis est d'aller quérir des nacions estranges argent et gens, affin de mieux résister, ou pour mieux dire affin de mieux se vanger de leurs frères. Secondement de forcer les consciences des ungs les autres.... Je ne me puis assés esbahir de la déraison et aveuglissement tant des ungs que des autres [1].

Il démontre sans peine que ces deux remèdes sont « les droits moyens de entièrement gaster et destruire tant corporellement que spirituellement » le pays qui les subit. Sur les périls et sur la honte de l'appel de l'étranger, il invoque les leçons de l'histoire; mais c'est sur le second qu'il veut surtout insister. Et pour cela il prend à part les deux partis : « ils sont, dit-il, par leurs adversaires appelés *papistes* et *huguenaux*; et eux-mêmes s'appellent les huguenaux *évangéliques*, et les papistes *catholiques*. Je les appellerai comme eux-mêmes s'appellent, afin de ne les offenser. »

AUX CATHOLIQUES.

Et premièrement pour parler à vous, ô catholiques, qui vous dites avoir l'ancienne, vraye et catholique foy et religion, souvienne vous comment vous avés par cy devant traitté les Evangéliques! Vous sçavés bien que vous les avés poursuivis, emprisonnés, crottonés, faict manger aux pous et aux pusses et pourrir en bourbier, en ténèbres hideuses et ombre de mort et finallement routis tout vifs à petit feu afin de les faire languir plus longtemps. Et pour quel crime? Pour ce qu'ils ne vouloient pas croire au Pape ou à la messe, ou au purgatoire et telles autres choses, lesquelles tant s'en faut qu'elles soyent fondées en l'Escriture que mesmes les noms ne s'y trouvent en lieu du monde.

Ne voila il pas une belle et juste cause de brusler les gens tout vifs? Vous vous appelés catholiques et faictes profession de maintenir la foy catholique contenue ès Saintes Escritures, et cependant tenés pour hérétiques et bruslés tout vifs ceux qui ne veulent croire que ce qui est contenu ès Escritures!

Arrestés vous un peu icy et pesés cecy à bon escient. C'est ung point qui vous est de grande importance. Dictes moy, et respondés icy : car aussi faudra-il, ribon ribaine, que vous en respondiés un jour devant le juste juge.... Voudriez vous qu'on vous fist ainsi? voudriez-vous que on vous persécutast pour n'avoir creu ou confessé quelque chose contre votre conscience [2]?...

1. P. 8.
2. P. 12.

Aux Évangéliques.

Je viens maintenant à vous, Évangéliques. Vous avés autresfois paciemment souffert persécution pour l'Évangile. Vous avés aymé vos ennemis et rendu bien pour mal et bénit ceux qui vous maudissoient, mais sans leur faire autre résistence que de vous enfuir, et tout cela faisiés vous selon le commandement du Seigneur. D'où vient maintenant un si grand changement en aucuns de vous? Les innocents ne s'offenseront point de mon dire, je ne parle pas à tous, je parle à ceux qui sont tels et leur dis ainsi : Le Seigneur a-t-il changé de commandement et avés vous nouvelle révélation que vous deviez faire tout au contraire que paravant? Vous aviés bien commencé en esprit : comment venés-vous à achever en chair? Celui qui autrefois vous avoit commandé d'endurer et rendre bien pour mal et auquel pour lors en endurant et rendant bien pour mal vous obéissiés, vous a-il maintenant commandé de rendre mal pour mal et au lieu d'endurer persécution la faire aux autres? Ou bien avés vous rejeté son commandement? Car que peut-on penser autre chose quand vous employés sac et bagues, voire le bien des povres, en halebardes et hacquebutes, et tués et massacrés et mettés à la pointe de l'épée vos ennemis et remplissés et souillés les chemins et les rues, voire les maisons et temples du sang de ceux pour lesquels Christ est mort comme pour vous et qui sont baptisés en son nom comme vous. Que diray plus, que vous les voulés contraindre à se trouver en vos sermons, voire qui pis est aucuns à prendre les armes contre leurs propres frères et ceux de leur religion contre leur conscience. — Et outre plus, [vous] examinés les gens sur votre doctrine, et ne vous contentés pas qu'on accorde aux principaux points de la religion lesquels sont clairs et évidents en la Sainte-Écriture, puis s'ils sont en tout point d'accord avec vous, ains leur baillés lettres par lesquelles partout où ils iront ils pourront être cogneus d'entre les infidèles.... — Voilà les trois remèdes dont vous usés, ascavoir : épandre sang, forcer consciences, condamner et tenir pour infidèle qui ne sera du tout d'accord avec votre doctrine. Je m'esbahi où est votre entendement et si vous ne voyés pas que vous ensuivés en ces trois points vos ennemis et celui que coutumièrement vous appelez Antéchrist [1].

Aux catholiques et aux Évangéliques touchant de forcer les consciences les ungs des autres.

Ici pourrais-je bien mettre fin à mon propos, étant la chose tant évidente et par le doigt de Dieu tellement escrite en la conscience et au cœur de chacun qu'il n'est possible qu'autre qu'opiniâtre et insensé y contre-dise. Mais pour ce que le même vous a autrefois par les écrits de quelques uns été remonstré en passant [2] et toutefois vous n'avés pas laissé de persévérer, je veux maintenant essayer, lorsque tous deux estes par la même cause venus en grande angoisse, s'il seroit possible de vous retirer finalement de votre opiniâtrise et vous faire un peu ouvrir les yeux [3].

1. P. 17.
2. Allusion bien modeste, et touchante par sa mélancolie même, à la *farrago Bellii*.
3. P. 25.

Pour « éplucher la matière un petit de plus près », c'est-à-dire pour réfuter les diverses objections que l'on peut opposer à ce magnifique exposé de principes, Castellion presse ses adversaires de déclarer s'ils se croient obligés de forcer les consciences, soit par le commandement de Dieu, soit par les exemples autorisés, soit par « bonne intention et cuider bien faire », car enfin si ce n'est une de ces trois causes, ce ne peut être que « par platte malice ».

Du commandement de Dieu.

Si vous dites que vous le faites par commandement de Dieu, je vous demande où c'est qu'il a commandé; car en toute la Bible je n'en trouve pas un seul mot, voyre en la loi de Moyse, laquelle est autrement assés rigoureuse, veu qu'elle vient jusques à commander en quelque endroit de meurtrir et massacrer hommes et bestes et villes des idolâtres, toutesfois il ne s'en trouve un seul mot qu'on doive contraindre les consciences....

Or considérez en quel état vous mettés les povres gens. Voilà un homme qui fait conscience d'aller à la messe, ou d'aller ouïr un sermon du prédicant qu'il tient pour héritique, ou d'ayder soit par argent soit de son corps et armes à une église qu'il ne tient pour catholique, et vous lui dites que s'il ne le fait il sera banni ou deshérité ou honteusement mis à mort. Que voulés vous qu'il fasse? Baillés lui conseil, car il est en angoisse extrême, comme une lesche de pain que l'on rostit à la poincte d'un couteau, laquelle si elle s'avance, elle se brusle et si elle se recule elle se picque. Ainsi ce povre homme s'il fait ce que vous voulés il se damne faisant contre sa conscience; sinon, il perd bien ou vie, chose pesante à toute créature. Que lui conseillés vous icy, au moins vous, enseigneurs et inquisiteurs de la foi tant anciens que nouveaux qui poussés les princes à ce faire?...

Ce sont, dites-vous, des opiniâtres, qui repoussent la vérité. Même alors qu'y feroit-on? La leur voulés vous faire recevoir par force ? Si un malade ne pouvoit manger une bonne viande que vous lui bailleriés, la lui voudriés vous fourrer au gosier par force [1]?...

Le chapitre Des Exemples, c'est-à-dire la discussion des autorités invoquées d'habitude en faveur de la persécution, est au point de vue de la dogmatique protestante un des plus hardis. L'auteur n'hésite pas à dire que, trouvât-on dans la Bible des exemples, il ne faudrait pas les suivre, et il en cite bon nombre, qui sont « dangereux » : Moyse qui tua un Égyptien sans forme de procès, Jacob qui mentit à son père, les

1. P. 31-33. — On remarquera une fois de plus cet usage des images populaires et plus que familières qui fit accuser son style de trivialité.

Israélites volant les Égyptiens, les exterminations de Canaan, etc., et il ajoute sans détour : « Tels exemples et autres semblables de saincts personnages — *soit que l'Écriture nommément les approuve*, soit qu'elle les raconte sans en faire jugement — ne doivent, quand il est question de délibérer, être tirés à conséquence et allégués pour règle, sinon comme dit est[1] », c'est-à-dire sinon dans les cas où ils sont conformes aux commandements de Dieu.

D'ailleurs la vraie raison d'écarter ces autorités même bibliques, c'est que nous sommes désormais sous la loi de Jésus-Christ, et il n'a pas de peine à résumer en quelques phrases la doctrine de Celui « de qui nous ne pouvons apprendre que débonnaireté et humilité ».

Après l'argument de la BONNE INTENTION, qui ne l'arrête qu'un instant, il reprend lui-même l'offensive. Il va démontrer : d'abord à quoi mène la persécution en général, ensuite et plus particulièrement ce que l'on en doit attendre pour l'avenir de la France.

LES FRUICTS DE CONTRAINTE DE CONSCIENCES.

Vous voulés faire des Chrétiens par force et par ainsi honorer Dieu, en quoi vous vous abusés grandement, car si cela se pouvoit ou devoit faire, Christ auroit été le beau premier qui l'auroit faict et enseigné.

Je dis ceci tout constamment et sans aucun doutte, car je m'en rapporte à l'experience qui ne m'en laissera mentir.

Gens contraints à la religion chrétienne, soyent peuples, soit personne particulière, ne sont jamais bons Chrétiens.

Ceux qui regardent ainsi au nombre et pour cela contraignent les gens ressemblent à un fol qui, moyennant un grand tonneau et un peu de vin dedans, le remplit tout d'eau pour en avoir davantage, en quoi faisant tant s'en faut qu'il accroisse son vin, que même il gaste ce qu'il avoit de bon. Par quoi il ne se faut pas esbahir si aujourd'hui le vin de Chrétien est tant soit petit et faible, puisque on y mesle tant d'eau.

Vous ne pouvés pas dire que ceux que vous contraignés croient vraiment de tout leur cœur; s'ils avoient la liberté, ils diroient : « je crois de tout mon cœur que vous estes des droits tyrans et que ce à quoi vous me contraignés ne vaut rien, comme le vin est mauvais quand on force les gens à le boire. » Vous faites comme autrefois vos devanciers, quand ils prirent Bourgogne et contraignoient les Bourguignons de dire Vive le Roi. Les Bourguignons le haïssoient d'autant plus. Ainsi vos Chrétiens faintifs et hypocrites.

Voyés-vous, catholiques, à quoi vous a servi la persécution contre

1. P. 40.

Luther : vous vous êtes rendus suspects, les gens ont voulu s'enquester que c'estoit, dont la chose a été tellement brassée que pour un que vous avés bruslé il en est venu cent, de sorte qu'il y en a aujourd'hui plus de milliers qu'il n'y en avoit alors de dizaines, tellement que comme vous voyés ils vous osent déjà faire la guerre.

Pareillement vous, Évangéliques, quand par ci devant vous combattiez des armes spirituelles que vous aviez apprinses et prinses de Christ et de ses apostres, Dieu vous bénissoit et fortifioit. Mais depuis que vous avés empoigné les charnelles, il vous va tout au rebours : les gens au lieu de s'avancer se reculent. Ce n'est pas cas de fortune, ains une providence et volonté de Dieu, lequel communément de telles causes fait sortir tels effets : ce qui vous avient est mesme de notre souvenance avenu à d'autres, soit à Zwingle et à l'empereur Charles cinquième[1].

Il explique ici que ni le tout-puissant monarque ni le vaillant champion de la Réforme n'ont rien gagné « finablement » à vouloir briser par la force des résistances qui de leur nature triomphent toujours de la force. Puis, revenant à la France, il aborde ce qu'il appelle « LA CONSIDÉRATION DE L'AVENIR ». Il prévoit, si les deux partis persévèrent, sept éventualités possibles. Les six premières sont plus détestables les unes que les autres. Ce serait : ou une guerre perpétuelle; et il les fait rougir de cette pensée :

Vous avés promis d'y consacrer le dernier denier de votre bourse, la dernière goutte de votre sang. — Que pleût or à Dieu que vous eussiés juré en la forme de chrétien, assavoir que vous emploiriés sac et bagues jusqu'à ce que vous ayés tué le vieil homme. Voilà, voilà qui seroit un complot saint et louable!

ou l'extermination d'un des deux partis par l'autre : mais alors renoncez tout de suite au nom de chrétien, « et vous portés ouvertement pour payens et tyrans »; ou le triomphe de l'un des deux, qui imposerait à l'autre une feinte obéissance, et il n'y aurait de triomphante que l'hypocrisie; ou une intervention étrangère, autre honteuse issue.

Il n'y a qu'une solution : « appointer et laisser les deux

1. P. 42. — On remarquera l'étonnante persistance de ce reproche à Zwingle (voir ci-dessus, t. I, p. 400). Cf. le passage suivant dans le 2e livre de l'écrit de Blandrata *De vera unius Dei uniusque Domini Nostri J.-C. quem misit filii natura et ambarum spiritu cognitione* (Albæ Juliæ, 1567, in-4, chap. I) : après avoir comparé les premiers réformateurs aux éclaireurs envoyés par Moïse dans le pays de Canaan, il ajoute qu'ils commencèrent à se disputer entre eux : « Lutherus enim Zwinglium damnavit, uterque anabaptistas, *quos et interfici Tiguri curarunt, cujus quoque tyrannidis Zwinglius similem pœnam luit.* Calvinus etiam Servetum postea Genevæ ob hanc causam combussit et horrendis conviciis lapidavit », etc.

religions libres, que chacun tienne sans contrainte celle des deux qu'il voudra ». A l'appui de cette formule il se réfère à « un petit livre imprimé l'an passé en françois dont le titre est *Exhortation aux princes et seigneurs du Conseil privé du Roi*, auquel livre est donné le même conseil que je veux donner, c'est de permettre en France deux Églises[1] ». Il fait l'éloge de ce livre et de son auteur, « homme prudent, quel qu'il soit[2] », et montre que si la France avait suivi ce conseil, « on eust jusques à présent (je me tay de l'avenir) évité la mort de cinquante mille personnes françaises pour le moins ». Il conjure qu'on l'adopte enfin, cet avis du bon sens :

Ne soyez point opiniastres comme alcumistes lesquels aiment mieux dépendre sac et bagues, corps et entendement et finablement ou mourir en soufflant le charbon ou aller mourir en l'hospital que de laisser leur forcenée entreprise.... Examinez bien le livret et conseil que dit est, et vous trouverez que ne sauriez mieux de faire que de le suivre.

Il ne craint plus qu'une dernière objection, c'est celle qu'on va tirer du prétendu devoir pour un État chrétien d'extirper l'hérésie, en exterminant les hérétiques. « Sur ceste question a ces ans passés été disputé et écrit des livres, les uns tenant que *oy*, les autres que *non*. » Il ne se dissimule pas que les *oui* ont eu la majorité et en ont profité pour mettre à mort leurs adversaires. Il reprend donc sommairement la discussion qui nous est bien connue et résume en quelques pages les conclusions qui lui sont chères. Remarquons-y seulement une belle parole qui contient un retour mélancolique sur le présent :

Et en notre temps nous qui avons pavé et orné les sépulcres des martirs occis par nos pères, je crains fort que nous n'ayons ensuivi nos pères et fait de nouveaux martirs qui seront honorés de nos enfants, car le plus souvent la vérité est publiquement plutôt passée que cogneue[3].

Arrivant à la SOMME, l'auteur admet que l'Église excommunie ceux qu'elle juge hérétiques. Mais il n'admet l'inter-

1. Ce même écrit (*Exhortatio quædam ad Regis Galliæ consiliarios*) sera cité quelques années après par Mino Celsi, qui en reproduit une page intéressante (*Mini Celsi senensis de hereticis capitali supplicio non afficiendis*, éd. de 1583, p. 67).
2. Il ne paraît pas avoir rien su de cet auteur, c'est-à-dire d'Estienne Pasquier.
3. P. 94.

vention du pouvoir séculier que dans le cas de sédition proprement dite. « Voilà les vrais moyens de résister aux hérétiques : par parole s'ils usent de parole, et par glaive s'ils usent de glaive. » Il termine par une apostrophe à la France : « Le conseil qui t'est donné, ô France, c'est que tu cesses de forcer consciences, ni tuer, ni persécuter, mais permettre qu'en ton pays il soit loisible à ceux qui croient en Christ et reçoivent le Vieux et le Nouveau Testament de servir Dieu selon la foi non d'autrui, mais la leur. »

Et après avoir adjuré « les princes, les magistrats, les prêcheurs » de se conformer à cette doctrine qui est « celle de l'enseignement céleste », il finit comme en désespoir de cause par s'adresser

AUX GENS PRIVÉS.

Et vous, gens privés, qui n'estes n'enseigneurs ne seigneurs, ne soyés pas si prompts à suivre ceux qui vous poussent à mettre la main aux armes pour tuer vos frères et ne gaigner autre chose que la male grâce de Dieu. Car certainement en cest endroit ceux qui nous conduisent nous séduisent.

Le Seigneur nous doint à tous la grâce de revenir en nostre bon sens plus tost [tard] que jamais : que s'il se fait, j'en louerai le Seigneur; s'il ne se fait, pour le moins j'auray fait mon devoir, et espère que au moins quelqu'un particulier apprendra quelque chose et cognoistra que j'ay dit la vérité, qui sera cause, quand bien il n'y en aurait qu'un, que je n'aurai pas perdu ma peine [1].

Ainsi se termine un écrit daté de 1562, — dix ans avant la Saint-Barthélemy.

L'accueil qu'il reçut chez les catholiques est facile à deviner. Quant aux calvinistes, voici la mention que lui consacre Théodore de Bèze; elle nous dispensera de tout commentaire :

Et mesmes de haine qu'il avoit contre moy (qui pour lors estois en France bien empesché à mon grand regret aux guerres civiles) ou pour le moins esmeu d'une ambition desmesurée, il inscrivit un livret intitulé *Conseil à la France desolee*, sans y mettre son nom ni le lieu de l'impression, combien qu'il fust en ville libre. Là il condamne de rebellion et sédition toutes les Églises françoises et conseille qu'un chacun croye ce

1. P. 96.

qu'il voudra, ouvrant la porte par mesme moyen à toutes hérésies et fausses doctrines. Je ne daignay lui respondre à ce beau conseil, qui sentoit par trop son homme bien fort lourd et ignorant de ce qu'il traitoit et très mal expérimenté en telles affaires [1].

Ce dédain que témoigne ici Théodore de Bèze n'est pas une simple affectation. Depuis le moment où nous avons vu Castellion tenter son dernier effort pour la cause de la tolérance, les choses avaient bien changé, en Suisse et en France. La Réforme française était entrée dans la seconde phase de son histoire : à l'âge héroïque pendant lequel elle n'opposait que le martyre à la persécution avait succédé la période de concentration et d'organisation d'abord ecclésiastique, puis politique, puis militaire. Les guerres de religion venaient de commencer. Et à cette époque s'était dégagée, avec un éclat inattendu, la personnalité jusqu'alors un peu effacée de Théodore de Bèze. Le colloque de Poissy, ses prêches à Paris, son long séjour en France, sa participation aux premiers synodes nationaux, avaient fait de lui tout ensemble l'avocat de la cause, le théologien du protestantisme français et son grand orateur, en même temps que le négociateur autorisé qui traitait de pair avec les évêques. Le massacre de Vassy et la prise d'armes de Condé l'avaient jeté dans d'autres luttes : depuis un an, il avait suivi dans les camps et sur les champs de bataille l'armée protestante du prince de Condé; il n'était rentré à Genève que la paix conclue.

Il faut tenir compte de ces événements pour comprendre avec quelle sincérité un homme qui venait de remplir un tel rôle jugeait absurde, puéril et indigne même d'une réponse l'appel lancé par un malheureux anonyme à deux partis déjà en pleine fièvre. Écho de la même pensée, le synode général de Lyon, en août 1563, introduisait dans ses protocoles l'avis suivant : « Les Églises seront averties d'un livre publié depuis peu qui a pour titre : *Conseil à la povre France*, dont Castalio passe pour l'auteur; c'est une pièce très dangereuse, c'est pourquoy on doit s'en donner de garde [2] ».

1. Vie de Calvin, 1564 (reproduit dans les *Opp. Calv.*, XXI, p. 85).
2. Aymon, *Tous les synodes nationaux*, I, p. 48.

Aujourd'hui encore, c'est à grand'peine si nous pouvons prendre au sérieux et nous représenter comme ayant eu la moindre chance de se faire entendre un *Conseil* tel que celui que nous venons de lire. Et de fait, l'histoire a parlé, les guerres de religion y remplissent une page si longue et si tragique qu'il nous est comme impossible de la supposer effacée, de rêver un autre cours des choses, dans lequel ces trente ans d'égarements n'auraient pas leur place nécessaire.

Pourtant et tout au moins, qu'il nous soit permis de faire la remarque que le pauvre visionnaire de Bâle n'était pas seul à souhaiter, à conseiller cette solution profondément équitable et si simple parce qu'elle était équitable. Qu'il fût impossible de la faire prévaloir, au milieu des intérêts, des appétits, des conflits politiques infiniment complexes dont la question religieuse était le masque, il faut bien le croire puisque l'événement l'a prouvé. Mais c'est déjà comme un soulagement pour la conscience humaine de constater que cette solution avait été du premier coup aperçue et comprise, que le fanatisme, dont nous ne prétendons nier ni la réalité ni la puissance, n'en avait pas assez cependant pour éteindre chez tous la lumière du sens commun.

On peut, on doit aller plus loin et soutenir, en s'appuyant sur l'histoire la plus exacte, que la solution du bon sens fut la première qui se présenta à l'esprit de tous.

Nous venons de voir que Castellion s'appuyait sur certaines propositions déjà faites l'année précédente. Sait-on de qui est ce « petit livret » auquel il renvoie : *Exhortation aux princes et seigneurs du conseil privé du Roy pour obvier aux séditions qui semblent nous menacer pour le faict de la Religion, MDLXI*? Un avis au lecteur nous informe qu'il y en a eu, à l'insu et contre le gré de l'auteur, trois éditions clandestines, ce qui semblerait prouver qu'il y avait un public pour se les arracher. Ce n'était pas l'ouvrage d'un utopiste ou d'un théologien. L'opuscule est signé : « *S. P. P. faciebat* », initiales sous lesquelles on savait déjà qu'il fallait lire : « Étienne Pasquier, de Paris ». Il avait alors trente-deux ans, il était déjà une des célébrités du barreau; autant notre pauvre Castellion était un petit personnage enfermé dans un humble cercle, loin de Paris, inconnu à l'un des partis, désavoué et honni dans l'autre, autant celui-ci connaissait le monde, les affaires, l'université, le parlement, l'Église.

Or cet homme, à qui un sens pratique si sûr devait valoir un grand rôle dans la seconde moitié du siècle, que dit-il à cette date de 1561? Exactement ce que dit Castellion dans son *Conseil à la France.*

Le ton est tout différent, les conclusions sont aussi nettes, aussi formelles. « Le moyen de pacifier tous les troubles? — Il n'y en a point, dit-il d'emblée, de plus prompt et expéditif que de permettre en vostre République deux Églises : l'une des Romains, l'autre des Protestants » (fol. 9). Et il faut l'entendre démontrer l'excellence, la nécessité de cette solution, non par des appels au sentiment, mais par des raisons d'homme d'État :

Elle est nécessaire, et n'en veux autre tesmoignage que celui de vos consciences.... Comment voulez-vous chasser les Protestants? Par bannissement? Vous rendriez vostre France toute désolée et déserte de la plus grande partie, voire des gens de grande marque et qualité et des premiers de tous estats.... Par la mort? Si c'est par forme de justice, vous avez déjà vu le résultat : la mort de l'un a esté renouvellement de vie à cent aultres.... Si vous en voulez vuyder le païs sans forme de procès, voyez quelle guerre et combustion vous mettrez parmi la France. Estimez-vous venir à chef de tant d'hommes qui ne sont point de petite estoffe? Car la vérité est que les Protestants surpassent les Romains en pesanteur sinon en nombre [1].

Et que l'on ne croie pas qu'il demande une simple tolérance, un *modus vivendi* consistant « à seulement endurer les protestants, leur permettant vivre librement entre nous, leur défendant néanmoins toutes assemblées » (fol. 15). Cela ne suffirait pas, dit-il, et il l'explique. Si, renonçant à me faire adorer Dieu à votre manière, vous m'empêchez de l'adorer à la mienne, « voulez-vous savoir qu'opérera à la longue cecy en moy? un contemnement et mespris tant de la foy romaine que de ma propre foy.... Il faut donc, il faut

1. Fol. 10.

que l'on leur permette d'adorer Dieu entre eux et dans leurs églises selon leurs instincts et dévotion : tout ainsi qu'il est permis aux Romains à leur mode de servir Dieu dans leur temple. » (Fol. 13.)

Et il fait justice, de haut, de tous les sophismes qu'on oppose à cette solution : l'argument de la longue possession, l'argument de la majorité, celui surtout de la politique : « la mutation des religions apporterait, quant et soy, changement de police ou renouvellement de couronne ». Il y oppose l'exemple de la tolérance du Grand Turc, de celle des Suisses « qui ont permis deux églises, voire jusques aux plus petits villages ». Tout ira bien, « pourvu que le prince tienne le glaive nud entre deux sans incliner çà ni là, sinon pour punir criminellement ceux qui donnent les premiers mouvements aux tumultes » (fol. 18).

Le seul parti qui ait à se plaindre de la paix religieuse, c'est celui des moines; et il trace de ces apôtres du fanatisme un portrait qui est d'avance une page détachée de la Satire Ménippée. Après quoi il conclut :

Pour Dieu, Messeigneurs, ne forcez à coups d'espées nos consciences. Nous sommes tous (et Romains et Protestants) chrestiens, unis en un, par le saint sacrement du baptesme; nous tous révérons et adorons un mesme Dieu, sinon de mesme façon, pour le moins d'un aussi grand zèle, aymons d'un mesme commandement nostre prochain, obéissons volontairement à tous les esdits de nostre prince. Quelle occasion auriez-vous de vous aigrir contre les uns plus que contre les autres [1]?

Vous voyez le sous-aage de nostre roy,... ne permettez qu'il soit dict à l'advenir que nostre petit prince à vostre instigation dès son enfance ayt appris à souiller et ensanglanter ses mains au sang de son peuple....

Pensez que l'estranger est tous les jours aux escoutes et n'espie que l'heure et le poinct qu'il voye les François bandés les uns contre les autres en armes.... Si soubz le prétexte de soustenir vostre opinion, vous veuillez venir à coups ruer,... le premier qui se fera conducteur de telles entreprinses « pour l'honneur de son Dieu » donnera à penser vrayement que son Dieu est une ambition particulière [2].

1. Fol. 25.

2. Fol. 27. — C'est exactement le même langage que répétera quinze ans plus tard, avec des formes qui sentent la rhétorique, l'auteur de la *Remonstrance aux François pour les induire à vivre en paix à l'advenir* (1576). Mais à la différence de Pasquier et de Castellion, il indique le mal sans indiquer le remède. Il se borne à ce conseil aussi vague que sage : « Vous estes frères, vous estes parens, vous estes voisins.... Accordez-vous, vuidez vos différends amiablement, puisque les armes depuis seize ans ne vous ont peu accorder. »

Ces conseils ne pouvaient-ils être entendus? On répond qu'ils ne l'ont pas été. Ce n'est que trop vrai. Mais ouvrons les *Mémoires* du temps, ceux de Castelnau par exemple. Nous ne trouverons plus ni Étienne Pasquier, ni Castellion, si étonnamment en avant de leur temps. C'est dans la première conférence des grands du royaume à Fontainebleau en août 1560 que Coligny propose « ce remède à la maladie du royaume », que plusieurs évêques l'admettent en principe, s'en référant à un prochain concile national. Un an plus tard, bien que la situation se fût singulièrement aggravée, que tout respirât déjà la guerre civile ou plutôt la guerre des deux grandes maisons rivales qui se disputaient la tutelle royale, néanmoins le Conseil privé reprend encore la requête de l'amiral, et la renvoie au Parlement. C'est à cette occasion qu'Étienne Pasquier avait pris la plume. Et au Parlement même — corps beaucoup moins ouvert que le Conseil privé aux idées de tolérance, — « ladicte requeste fut desbattue d'une part et d'autre par plusieurs jours, des mois de juin et juillet 1561, où les plus grands sçavants et grands esprits s'efforcèrent de bien dire [1] ». C'est de cette consultation solennelle, « où se trouvèrent, dit Castelnau, cinq ou six opinions différentes », que sortit, on le sait, l'édit de juillet, ce chef-d'œuvre de L'Hôpital, qui fermait pour ainsi dire avant qu'elle fût ouverte l'ère des guerres de religion [2].

Sans doute ce premier établissement de la semi-liberté religieuse n'avait pas de bases suffisantes; sans doute il était facile de prévoir qu'un équilibre si instable et que presque tous avaient intérêt à rompre, serait bientôt rompu; que pour imposer le respect d'un édit de pacification, quel qu'il fût, il aurait fallu la forte main d'un roi, l'autorité d'un ministre

1. Castelnau, *Mémoires*, édit. Poujoulat, p. 441.

2. Si c'était ici le lieu d'aborder l'examen de ce moment de notre histoire, moment critique entre tous, nous tirerions plusieurs de nos arguments les plus forts des pamphlets mêmes qu'écrit le parti opposé à la tolérance. Ce n'est pas, comme on le croit à tort, l'idée même de la coexistence de deux religions qu'ils attaquent de front : ils insistent sur les inconvénients et les dangers pratiques, administratifs, sociaux, politiques, financiers surtout de cette solution. Voir par exemple les *Remonstrances faictes au roy de France par les deputez des trois Estats de Bourgogne sur l'édit de pacification, par lesquels appert clairement que deux différentes religions ne se peuvent comporter en mesme république mesmement soubs un monarque chrestien sans la ruine des subjects de quelque religion qu'ils soient et sans la ruine du prince qui les tollère.* (1564, in-8, plusieurs éditions à Anvers, Angoulême, etc.)

maître de ses actes et sûr du lendemain ; il aurait fallu du moins pouvoir opposer à l'ambition des Guise et au fanatisme des moines d'autres digues que l'ondoyante et trompeuse politique de Catherine de Médicis, que les intrigues du roi de Navarre et l'épée du prince de Condé. Il n'était que trop certain que d'une année, que d'un mois à l'autre, l'autorité royale faiblissant, s'usant à force de mensonges, se prenant à ses propres pièges et ne sachant plus mériter ni le respect ni la confiance d'aucun d'eux, les partis en viendraient vite à se faire justice eux-mêmes, et leurs chefs à tirer avantage pour leurs intérêts propres de la confusion générale. Une fois les rênes lâchées, la rudesse des mœurs, la brutalité de la soldatesque, égale des deux parts, le fanatisme surexcité et surtout cette barbarie propre à la guerre civile qui dans tous les temps change l'homme en un fauve expliquent assez les horreurs qui ont suivi. Et c'est la seule fatalité qui se découvre en cette effroyable aventure : elle ne pouvait finir que sous des flots de sang. Mais elle aurait pu ne pas commencer. Car à l'heure même où elle éclate, il s'élève dans les deux partis des voix éloquentes pour adjurer le pays de résister aux misérables qui l'affolent.

Quand une idée réputée neuve parvient à s'exprimer dans la langue de tous avec la chaleur et la clarté, avec la puissance communicative et la force de persuasion dont témoignent les écrits de Castellion et d'Étienne Pasquier, sans parler de ceux de L'Hôpital et de plusieurs autres, il ne faut pas dire que cette idée n'est pas mûre. Il se peut qu'elle se brise à des résistances d'un autre ordre ; il ne se peut pas qu'elle n'ait pas eu de prise sur les esprits. Et de fait, l'histoire exacte de ces années critiques (1560-1568) telle qu'on peut enfin la faire aujourd'hui, nous révèle une situation des esprits et des choses beaucoup moins simple qu'on ne se l'imagine généralement. Avec leur différence de ton, les témoins opposés s'accordent sur un point : que l'on étudie les *Mémoires de Condé*, cette mine encore inépuisée de documents d'origine protestante ou les récits pleins de verve catholique de Claude Hatton, qu'on lise de Thou ou de Bèze, que l'on suive les relations des ambassadeurs vénitiens ou les *Lettres de Catherine de Médicis*, ou surtout les innombrables pièces d'archives qui, grâce à des érudits comme M. le baron de Ruble, nous permettent de pénétrer la pensée des chefs et le secret de tant de négociations les unes si graves, les autres entamées et rompues avec une si étonnante légèreté : de toutes parts on recueille la même impression. C'est qu'entre les deux doctrines d'État tendant à organiser, l'une la tolérance, l'autre la persécution, il y a eu une longue, une véritable lutte; qu'à vingt reprises il y a eu non seulement des possibilités mais des probabilités pour le triomphe d'une politique de paix; que si la politique contraire a prévalu, il n'est que trop facile de l'expliquer : en de telles crises ce sont les violents qui l'emportent.

Ils l'ont si bien emporté qu'ils ont fini par nous persuader que l'intolérance la plus féroce nous était innée, que nous étions faits pour elle et que nous n'avons jamais pu songer à nous passer d'elle. C'est là qu'est la calomnie que l'histoire démasque.

La grande folie des guerres de religion qui a mis dans notre sang un ferment de fanatisme étranger au tempérament français n'était pas un fait nécessaire, ce n'était pas même un fait naturel et normal : il pouvait être évité, il a failli l'être; c'est déjà trop qu'il ait été rendu possible par un désastreux concours de circonstances, et qu'il ait été rendu inévitable, peut-être irréparable, par la faiblesse des uns, par les crimes des autres.

CHAPITRE XXI

DERNIÈRES ANNÉES. NOUVELLES POURSUITES. MORT DE CASTELLION

(1560-1563)

Relations étendues de Castellion en Suisse, en Allemagne, en France. — Son influence dans le pays de Montbéliard : Pierre Toussaint, Jean Larcher. — Le Nouveau Testament de Genève (1558) le dénonce comme « l'instrument choisi de Satan ». — *La Comédie du pape malade* (1561). — Castellion obtient la permission de publier son écrit *Defensio suarum translationum* (1562). — Bèze publie son écrit *Responsio ad defensiones* (1563), dont Adam de Bodenstein tire une dénonciation en règle (9 novembre 1563). — Apologie de Castellion devant le Conseil (24 novembre). — Ochino banni de Zurich. — Mort de Castellion (29 décembre 1563).

Depuis que Castellion avait triomphé de leurs premières attaques, la haine dont les calvinistes le poursuivaient prenait d'année en année un caractère plus violent. Leurs griefs, il faut le dire, et même leurs raisons d'inquiétude se multipliaient. Si modeste que fût la situation personnelle de Castellion, précisément même parce qu'elle l'était, il n'était plus possible de se dissimuler les progrès de son influence.

A Bâle même on avait tenté en vain jusqu'ici d'ébranler sa position, et le dernier écrit de Calvin, *Calumniæ nebulonis* [1], l'avait sensiblement affermie.

Hors de Bâle — sauf à Genève, où l'ordre régnait désormais, — il avait presque partout des relations et des sympathies, celles d'abord que lui avait créées l'appui public de

1. Voir ci-dessus, p. 123. Titre français : *Response de Jean Calvin aux calomnies et argumens d'un qui s'efforce par tous moyens de renverser la doctrine de la providence secrète de Dieu* (édition de Stoer, 1566, in-f°), p. 1776 et suiv.

Mélanchthon, d'autres aussi plus spontanées, dont sa correspondance fait foi.

Il y avait d'abord tout un pays où sa doctrine en matière de tolérance était publiquement acceptée, le Wurtemberg, avec son annexe française dont la petite histoire est si intéressante, la principauté de Montbéliard. Il nous faudrait tout un chapitre pour suivre sur ce champ de bataille restreint la lutte qui s'engage et où le calvinisme est battu finalement par le « bellianisme ». L'homme qui occuperait la place d'honneur dans cette page d'histoire ecclésiastique est une de ces figures de second plan qu'on a toujours profit à étudier pour pénétrer dans le vif des idées morales d'une société, petite ou grande : l'administrateur en chef des églises de la principauté était Pierre Toussaint, un des premiers et des plus fervents disciples de Calvin. Rien de plus touchant que son évolution à partir de la condamnation, ou plutôt dès le jour de l'emprisonnement de Servet [1]. Il s'en explique franchement avec Calvin, qui essaye en vain de le ramener, qui lui donne ses raisons, celle-ci entre autres : « vous en jugez bien à l'aise, *in umbra judicas!* Peut-être, dans le feu de l'action comme moi, en eussiez-vous jugé autrement [2]. » Rien n'y fit : Toussaint était perdu. Farel et Calvin le déplorent d'abord avec tristesse, bientôt avec amertume, et ils ne tardent pas à le traiter de traître. En effet, Toussaint organise ouvertement le « bellianisme », il invite les pasteurs placés sous son autorité à vivre en paix avec tous leurs collègues et à respecter l'opinion d'autrui : quatre calvinistes intransigeants qui ne veulent pas se soumettre à cette règle aiment mieux s'en aller. Aussitôt, voilà Toussaint passé au rang des persécuteurs [3].

Pour en avoir raison, Calvin crut pouvoir frapper un grand coup : il réussit, à force d'instances, à faire porter plainte contre Toussaint auprès du comte Georges. Ce fut un homme d'ail-

1. Il écrit à Farel le 21 septembre 1553 : « On m'apprend, de Bâle, qu'un Espagnol a été jeté dans les fers à Genève pour cause de religion et que sa vie même est en danger. Est-ce vrai? Je ne pense pas que nous puissions poursuivre à mort qui que ce soit pour motif de religion, à moins qu'il ne s'y ajoute une sédition ou d'autres graves raisons de faire intervenir le magistrat. » (*Opp. Calv.*, XX, 416.)

2. *Ibid.*, XV, 202. Voir toute la correspondance entre les divers réformateurs et Toussaint, XV, p. 508, 512, 569, etc.

3. Cette misérable affaire occupe Calvin, Farel et leurs collègues pendant des années. Elle remplit des pages nombreuses dans les volumes XVI et XVII des *Opp. Calv.*

leurs très modéré, Blaarer, qui se chargea de la démarche. Le prince lui répondit sur-le-champ. Un passage de cette réponse nous intéresse directement :

On accuse Toussaint de n'avoir pas voulu condamner expressément le traité *De Hæreticis* de Martinus Bellius. En cela il n'a fait que se conformer à nos ordres : nos pasteurs sont là pour diriger et paître leur troupeau, ils ont assez affaire à s'occuper de cette tâche et n'ont pas mission de condamner les livres sans notre commandement [1].

Après de nouveaux incidents [2], qui font dire à Farel que Toussaint a entrepris de « *castalioniser* tout le comté » [3], Calvin lui-même prend la plume et par deux fois adresse ses protestations au comte Georges (19 mars 1558), qui mourut sur ces entrefaites, puis au landgrave Philippe de Hesse, tuteur du jeune comte héritier Frédéric (29 septembre 1559). Mais le landgrave n'était pas homme à épouser la querelle de Calvin. Rien n'est plus significatif que la longue lettre qu'il adresse au comte Christophe de Wurtemberg, le 19 juin 1560, pour expliquer l'impossibilité, l'inutilité d'un synode et d'un nouvel essai d'entente avec les intraitables théologiens de Genève. Les portraits qu'il trace, les jugements qu'il exprime, sont exactement ceux de Castellion [4]. Il leur reproche, avec nombre de preuves à l'appui, leur étroi-

1. 19 août 1555, *Opp. Calv.*, XV, 732.

2. Pierre Alexandre écrivait déjà à Jean Marbach, surintendant de l'Eglise de Strasbourg, le 3 juin 1555 : « Jamdudum tibi et magistratui vestro scripseram bona fide quæ nobis acciderant Monbelgardi per insidias *Bellianorum* et novorum Pelagianorum et per calumnias quorumdam falsorum fratrum ecclesiæ gallicanæ argentinensis », c'est-à-dire qu'il avait dû quitter les États du comte Georges « coactus importunitate adversariorum ».

3. Lettre de Farel, 4 avril 1558. Le grand promoteur du *bellianisme* dans le pays fut un certain Jacques Gète (Getheus), qui avait été ministre à Blamont et de qui nous connaissons un poème latin sur la prise d'Héricourt : *de Hericuriæ bello*, Jacobi Gethei Boloniensis Carmen (*de anno 1561*). On y peut remarquer ce trait sur la clémence du prince :

... O felix victoria, quæ absque cruore
Fuso facta fuit....
Sic Evangelicus princeps imitatus Jhesum est,
Perdere qui non vult homines, servare sed ipsos.

(Pièces justificatives du 4e volume de Sattler, *Gesch. des Herz. Würtemberg.*) Ce « maistre Jacques » soutient publiquement à plusieurs reprises, et particulièrement contre le ministre Pierre Alexandre, la plupart des thèses et autant qu'on en peut juger par les allusions, les phrases mêmes de la préface de Bellius, notamment l'allégorie de la « robe blanche » qui en forme le début. (*Opp. Calv.*, XVI, 461-466; et divers documents encore inédits conservés à la bibliothèque de Neuchâtel, correspondance de Farel, notamment une lettre de J. de Beaulieu, écrite de Blamont à Farel le 21 décembre 1554.)

4. Archives de Zurich (Archives ecclésiastiques, ancien B[a], vol. 106).

tesse, leur prétention à l'infaillibilité, leur facilité à prodiguer l'injure et la calomnie, leur incroyable acharnement contre quiconque les a blessés, leur oubli des règles élémentaires de la charité par excès de zèle dogmatique [1]. D'ailleurs à cette époque, bien loin de se rapprocher de Calvin, les princes wurtembergeois tournaient au pur luthéranisme et mettaient la prédestination à l'index : quelque temps après, seul entre deux intolérances contraires, ce même Toussaint, que Calvin accusait d'être vendu aux luthériens, allait être mis d'office à la retraite par les luthériens comme suspect d'un reste de calvinisme.

Un autre ami de Castellion allait occuper près de Montbéliard le poste de pasteur dans la petite seigneurie d'Héricourt (1562) et y propager, quoique avec précaution, les mêmes doctrines. C'était un réfugié de Bordeaux, Jean Larcher, *Arguerius*, longtemps pasteur à Valangin, aux portes mêmes de Neuchâtel, puis à Cortaillod. Sa correspondance constante avec Castellion prouve assez que les soupçons de Farel et de Bèze étaient bien fondés [2].

Dans le reste de l'Allemagne et dans les Pays-Bas, Castellion commence à être connu [3]. Il a des amis ardents à Francfort : son nom est souvent cité dans les querelles où

1. Equidem vereor ne Genevenses (quod non sine dolore et gemitu scribo) maximum sint ecclesiæ Dei damnum eo ipso daturi quod ipsam ecclesiam tam angustis limitibus circumscribunt ejusque nomen et existimationem sibi solis arrogant seque solos esse verum ecclesiam persuasum esse omnibus volunt.... Ac quum multas condemnationes prius edant quam ipsa sit audita atque cognita causa, quum tam strenui sint et proclives ad condemnationem aliorum... [leurs adversaires se diront] : « Quæ spes esse potest ab iis nos benigne auditum iri qui nos et iniquis præjudiciis jam antea condemnarunt et acerbis atque odiosis invectivis suis toto orbe infamarunt? » Les apôtres pardonnaient : Paul résista à Pierre, mais il ne lui en voulut pas éternellement. At Genevenses refricant ac torquent vulnera idque agunt ut quæ jam videbantur consanescere denuo recrudescant ac renoventur fiantque majora et magis cruenta.... In quo certe et caritatis legem et illam benignam ac facilem (qua reduci in viam errantes debent) admonendi rationem annon jure desideres?... Multa denique ab illis fieri video quæ eorum mentes turbulentas *ac quorumdam etiam optimorum virorum odio incredibili flagrantes* produnt atque indicant....

2. Voir dans *la France protestante*, 2e édition, t. 1, l'article *Archer*, auquel nous nous bornerons à renvoyer, ainsi qu'à l'excellent travail de M. Chénot : *Notice historique sur l'introduction de la Réforme dans la seigneurie d'Héricourt* (XIIIe volume des Mémoires de la Société d'émulation de Montbéliard). Pour ses lettres et les réponses de Castellion, voir notre Appendice.

3. Voir dans la correspondance de Basile Amerbach (ms., t. XVIII, p. 50) une lettre de Stephanus Mummius, conseiller aulique d'Ansbach, 1532-1601 (cf. Rotermund's *Fortsetz. von Jöcher's Gelehrt. Lexik.*, t. V). Dans cette lettre datée du 10 août 1591, Mummius rappelle ses relations avec Boniface Amerbach et Castellion : « patrem tuum *Sebastianumque Castalionem, literatum profecto et religiosum virum in cujus tunc disciplina eras*, aliquoties compellare mihi Galliam tunc petenti datum fuit ».

s'épuisait déjà l'Église française [1]. Il s'entremet activement en faveur du pasteur François Perrucel de la Rivière [2], lors de son grave conflit disciplinaire et doctrinaire avec son collègue, le ministre calviniste Guillaume Houbraque, et en réalité avec Calvin lui-même.

Il est en relation avec un certain nombre de disciples et d'amis de Mélanchthon; mais ses prédilections marquées sont pour un homme qui occupait alors une situation bien originale, George Cassandre (Cassander), l'auteur du fameux écrit : *De officio pii viri in hoc dissidio religionis* [3], le défenseur attardé, mais convaincu et presque persuasif d'une solution amiable entre les deux religions par la réforme sans schisme. On comprend que Castellion ait rendu justice à la piété profonde dont cet homme de bien donna tant de preuves, ne fût-ce que par la douceur évangélique de ses réponses aux attaques des deux partis qu'il rêvait encore de réconcilier; par une vue plus juste, Castellion ne leur demandait plus à cette heure que de renoncer à s'exterminer.

D'Angleterre, Castellion recevait aussi des lettres qui montrent qu'il n'y était plus un inconnu. Il n'est pas étonnant d'ailleurs qu'il y ait trouvé des points d'appui dans l'*Ecclesia peregrinorum* de Londres, où bientôt la tolérance allait trouver des défenseurs [4], dans le groupe des anciens amis de Dryander, d'Ochino, de John Hoper, enfin dans l'Université que sir John Cheke, le précepteur d'Édouard VI, avait animée d'un remarquable esprit de largeur. Le pasteur calviniste de Londres, Nicolas des Gallars, écrit à Calvin que les réfugiés flamands sont « imbus de l'esprit académique de Castellion et de Curione [5] ». A plusieurs reprises, il fut question d'y appeler Castellion et de l'y charger d'un emploi scolaire. Le projet ne se réalisa ni sous Édouard VI, ni sous Élisabeth [6]. Mais à défaut de documents plus précis, deux

1. Voir, à l'Appendice, lettres L, LIII, LV, LXX, etc.
2. Plus tard pasteur à Paris.
3. Voir à l'Appendice, notamment les lettres XXX et XXXVI.
4. Voir ci-après, chap. XXIII.
5. 14 février 1561, *Opp. Calv.*, XVIII, 367.
6. Voir, dans notre Appendice, les lettres L et LXXV.

lettres très significatives de Christophe Carleil [1] attestent que Bucer et Cheke étaient tout disposés à prendre publiquement à son égard la même attitude que Mélanchthon.

En Espagne même, nous voyons Castellion entretenir une correspondance qui ne manque pas d'intérêt. M. Jules Bonnet a reproduit les touchantes lettres d'un ami, peut-être d'un ancien élève, qui lui fait le tableau navrant des autodafés dont il a été témoin : « Les rages et cruautés ont partout la vogue. On brûle les luthériens en Espaigne tout ainsi qu'en France. J'en ai veu despescher a Valladolid quatorze pour un coup, entre lesquels il y avait quatre belles et fort jeunes filles. J'ai veu pareillement brusler des mores mahométistes obstinés en leur opinion, ryans au supplice et se mocquans de notre religion [2]. »

En France enfin, malgré la vigilance du clergé calviniste, nous trouvons par plusieurs exemples précis la preuve du crédit qu'obtenaient les écrits ou les lettres de Castellion, soit en ce qui touche la tolérance, principal objet de ses efforts, soit relativement à la prédestination. A Lyon, il a des adhérents nombreux d'après les témoignages réitérés que reçoivent Farel, Bèze et même Bullinger. A Paris, il a plusieurs correspondants [3]. Son ami, le pieux médecin Jean Bauhin, semble avoir été en France un des propagateurs les plus actifs de ses idées : son nom revient sans cesse dans les lettres des Français et des Flamands qui se disent les « disciples de Castellion [4] ».

Une très longue lettre de Calvin depuis longtemps connue [5], ce qui nous dispense de la reproduire ici, adressée à l'Église de Poitiers le 20 février 1555, contient les plus pressantes exhortations aux fidèles d'avoir à se garder d'un certain « frénétique », M. de la Vau, pasteur ou diacre [6], qui avait

1. Auteur lui-même d'une controverse pareille à celle de Castellion à Genève sur, c'est-à-dire contre la descente du Christ aux enfers.
2. De Tolède, 15 mars 1560.
3. Même Appendice, XXXII.
4. Appendice, LI, LIX, LXIX, LXXIX, etc.
5. Déjà publiée dans Ruchat, VII, 316, et dans les Lettres françaises de Calvin de M. Jules Bonnet, II, 10; *Opp. Calv.*, XV, 436 et suiv., 755; XVIII, 12.
6. C'était, dit M. Lièvre, un médecin distingué, qui s'appelait Saint-Vertunien, dit Lavau, et qui avait été en relation avec Servet. Il était de ceux qui se permettaient comme Castellion de « remuer les bornes des Réformateurs ». — Sur cette petite hérésie dans la grande,

jadis tenu tête à Calvin lui-même sur des questions de dogme et qui maintenant semait ouvertement les doctrines « de son *Castalio* ». Calvin le réfute en détail, et explique « les causes du divorce qu'a faict ceste beste sauvaige avec nous. Je l'appelle beste sauvaige affin que nous prions Dieu qu'il luy playse de l'apprivoiser ». C'est de La Vau qu'il s'agit, puisqu'il est encore question de prier pour lui. Quant à Castalio, « ce *fantastique*, auquel il en conjoinct deux aultres qu'il dit estre lecteurs publics à Basle [1], je vous diray en ung mot que les trois qu'il allègue s'accordent ensemble comme chiens et chatz.... Seulement ils ont conspiré en une chose : qu'on ne doit point punir les hérétiques. Voilà pourquoi ilz ont basty ce beau livre *De non comburendis hæreticis* », etc.

A Berne, la popularité de Castellion, grâce à Zurkinden, était incontestable. Un dernier incident qui l'attestait, acheva précisément d'outrer les calvinistes. Peu s'en fallut que Castellion ne fût nommé professeur au collège de Lausanne. Une première fois, au départ de Théodore de Bèze, il avait failli lui succéder dans la chaire de grec [2]. En janvier 1562 (au moment même où il imprimait sa *Defensio suarum translationum*), une nouvelle vacance s'était produite; son ami Zurkinden crut pouvoir le faire nommer à Lausanne. Nous avons tout le détail de ses négociations, ses conseils de prudence à Castellion, le récit de ses démarches auprès du Conseil de Berne et de la visite que fit Castellion à Berne pour poser sa candidature [3]. D'autre part nous voyons tout le clergé calviniste, de Genève à Zurich, faire des pieds et des mains [4], comme le dit l'un d'eux, pour conjurer ce malheur public. Sa nomination, dit avec justesse Pierre Martyr, sera le signal d'une recrudescence du conflit religieux entre Berne et

consulter : Lièvre, *Histoire des protestants du Poitou*, I, 34, et III, 255. Il paraît bien résulter de la lettre (obscure et embrouillée comme toujours) de Farel à Blaarer, 4 mai 1555 (*Opp. Calv.*, XV, 596), qu'un certain Claudius était obligé d'avouer qu'il était entré en relation avec Toussaint sur la recommandation de Castellion et ajoute-t-il : « cujusdam qui *A. Valle* dicitur, hospitis Castalionis..., qui apud Castalionem omnia esse judicat, alibi nihil ». Lavau aurait donc fait vers ce moment un séjour chez Castellion, ce qui expliquerait comment il en était devenu le fervent disciple.

1. Évidemment Curione et Borrhée. Cf. notre Appendice, pièce CX.
2. Voir notre Appendice, 2e partie, lettre LXXII.
3. Voir notre Appendice, 2e partie, lettres XXI-XXV.
4. Bullinger à Calvin, 20 fév. 1562.

Genève. Aussi Martyr et avec lui Bullinger conseillent-ils au pasteur bernois, Jean Haller, s'il n'y a plus moyen d'empêcher la nomination (elle était faite), de s'y opposer par la procédure chère aux ecclésiastiques, en imposant à Castellion une confession de foi très minutieuse dont ils tracent d'une main sûre les articles principaux [1] : ce sont exactement ceux que plus tard on reprendra en effet contre lui.

Quant à Calvin, il ne pardonna pas à Zurkinden d'avoir conçu un si noir projet et de l'avoir mené à bonne fin. Heureusement pour tous — tous du moins en furent heureux, amis et ennemis de Castellion [2], — le projet fut abandonné et la nomination à Lausanne n'eut pas de suite, parce que précisément à ce moment l'Université de Bâle accorda au professeur de grec une sensible amélioration de traitement.

Ainsi ni les deux traductions de la Bible, ni sa théologie antiprédestinatienne, ni sa propagande en faveur de l'impunité des hérétiques, n'avaient produit à son égard le mouvement de réprobation auquel Genève s'attendait. Genève crut donc l'heure venue de redoubler de vigueur.

D'abord la Bible française de Castellion avait, quoi qu'on pût dire, fait sentir le besoin d'une revision de la version en usage. Bèze et Calvin y travaillèrent. Leur Nouveau Testament parut au commencement de 1560, précédé d'une préface qui porte la date du 10 octobre 1559 [3]. C'est dans cette courte introduction adressée aux fidèles que nous lisons ce qui suit :

Satan, nostre ancien adversaire, voyant qu'il ne peut plus empescher le cours de la parole de Dieu, comme il a fait pour un temps, nous assaut par un autre moyen plus dangereux. Un temps a esté, qu'il n'y avoit

1. 21 août 1562, *Opp. Calv.*, XIX, 503 et 504.

2. Voir à l'Appendice les lettres XXIV et XCV. Une lettre de Haller à Bullinger (27 février 1562) lui dit : « De Castalione jubeo te bono animo esse. Non defuerunt qui illum nobis obtrudere conarentur, imprimis vero ὁ ἀρχιγραμματευς *qui nescio quam singularem cum eo consuetudinem habet*, sed interposuimus nos ita ut ille loco cesserit, nos alium ordinaverimus. » (Autogr. aux Archives ecclésiastiques de Zurich, copie dans Simber, II, 904.)

3. Il y eut deux éditions ou deux tirages presque simultanément. On peut s'en assurer en comparant à la Bibliothèque de la Société d'histoire du protestantisme français les deux exemplaires (l'un n° 1949 bis, l'autre n° 8119). Dans le premier, la préface, *sans date*, se termine par « ainsi soit-il », elle nomme *Sébastien Castillon*. Dans le second, la préface d'ailleurs absolument identique est datée : « Genève, 10 octobre 1559 » ; elle se termine par « amen » et nomme *Sébastien Chastillon*.

Cette préface, datée du 10 octobre 1559, est reproduite en tête du Nouveau Testament revu par Marlorat, Paris, Pierre Hautin, 1567.

point de translation françoise de l'Écriture, au moins qui méritast ce nom : maintenant Satan a trouvé autant de translateurs qu'il y a d'esprits legers et outrecuidez qui manient les Escritures; et trouvera encores désormais de plus en plus, si Dieu n'y pourvoit par sa grâce [1].

Si on en demande quelque exemple, nous en produirons un qui servira pour plusieurs, c'est à sçavoir la translation de la Bible latine et françoise mise en avant par *Sébastien Chastillon*, homme si bien cognu en ceste Église, tant par son ingratitude et impudence, que par la peine qu'on a perdue après luy pour le réduire en bon chemin, que nous ferions conscience non seulement de taire son nom (comme iusques ici nous avons fait), mais aussi de *n'advertir tous chrestiens de se garder d'un tel personnage comme instrument choisi de Satan* pour amuser tous esprits volages et indiscrets. Certainement s'il y eut onc une espreuve d'ignorance coniointe avec une témérité effrontée [2], iusques à se jouer de l'Écriture sainte, et l'exposer en risée, tout cela se trouvera ès translations et escrits de celuy dont nous portons tel tesmoignage à nostre grand regret : d'autant que nous aimerions beaucoup mieux qu'il nous eust baillé occasion d'en parler tout autrement.

Rome avait inventé l'*Index* à plusieurs classes suivant la gravité du cas : Genève faisait à Castellion l'honneur d'un *index* hors classe et vraiment sans pareil. Placer la condamnation de l'homme et de ses écrits en tête du Livre Saint et comme sous son autorité, c'était un perfectionnement imprévu de la discipline ecclésiastique. Quel châtiment, et pour quel crime [3]!

Aussi ne sommes-nous pas étonnés de voir Castellion obtenir cette fois la permission d'imprimer enfin sa *Defensio suarum translationum*, prête depuis plusieurs années. Pour se rendre compte de la manière dont les contemporains eux-mêmes et les plus prévenus en faveur de Genève, jugèrent ces procédés et apprécièrent par contraste ceux de Castellion, il faut lire la lettre à la fois timide et profondément

1. Étrange exagération, car cette multitude de translations se réduisait jusqu'alors à deux ou peut-être trois (en comptant celle de Louvain, 1548).

2. M. Douen n'en a pas moins relevé un assez grand nombre de passages où Calvin et Bèze ont profité des corrections proposées par « l'instrument choisi de Satan ». Rien que dans une lecture partielle, M. Douen cite vingt et un exemples de ces emprunts indéniables, que naturellement rien n'indique au lecteur. — Cf. *Journal helvétique*, mai 1776, p. 88.

3. Le crime de Castellion, c'était bien moins la traduction défectueuse de tel ou tel passage que le fait même d'une publication nouvelle et indépendante. Sans oser dire que la version reçue fût parfaite, les théologiens de Genève affirmaient qu'elle offrait « desjà de quoy se contenter (Dieu merci) pour tous ceux qui veulent se contenter de raison », et ils ne dissimulaient pas leur déplaisir à en voir paraître une autre. L'unité de version, héritage du catholicisme, était si bien au fond de l'esprit calviniste qu'il faudra près d'un siècle à Genève pour qu'une nouvelle traduction, celle de Diodati (1644), voie le jour ; encore la Vénérable Compagnie s'y opposa-t-elle trente années durant. (Note de M. Douen.)

honnête dans laquelle un des collègues de Castellion, Jean Hospinianus, justifie auprès de Rodolphe Gwalther la décision de l'Université et lui demande de quel droit on aurait pu refuser à un chrétien ainsi traité par des ministres de l'Évangile ce que l'on ne pourrait refuser sans déni de justice à un Juif ou à un Turc [1].

Cette autorisation de se défendre, qui était, en droit, si manifeste, Castellion ne l'obtint pourtant qu'en passant de nouveau sous les fourches caudines de la censure. Martin Borrhée, trop honnête homme pour vouloir fermer la bouche à un collègue si indignement outragé, était d'autre part trop ferme prédestinatien pour laisser passer les attaques contre le grand dogme. Il fit donc de larges coupures. Un heureux hasard nous les a conservées, copiées par un ami à la suite du volume expurgé [2].

Ce sont naturellement les passages qui nous intéressent le plus : trois ou quatre contiennent des allusions personnelles, notamment à sa démarche auprès de Bèze au sujet de la *Zoographie* [3]. Les autres, au nombre de dix-sept, portent toutes sur la prédestination [4]. Il les reproduisit en grande

1. La lettre à notre connaissance n'ayant pas encore été publiée, en voici la partie essentielle : « Quod miraris quo judicio Castellioni permissum sit ut ederet pro *Defensione Bibliorum suorum*, cum libellum qui modo in lucem prodiit, ita breviter accipe. Obtulit is Academiæ nescio quem librum sive Bezæ solius sive Genevensium ministrorum (non admodum memini amplius) in quo, nomine translationis suæ, ita intemperanter et injuriose infamatur ut magna sit inde exorta offensio. Quid enim nos, Evangelii ministros, minus decet quam ut cuiquam tam atroces turpitudinis maculas inuramus? Appellatur, inter alia, *impius* et *selectum Satanæ instrumentum*. — Petiit igitur suppliciter ut sibi liceret tam gravem adversariorum intentionem depellere, idque modeste et christiane. Hoc vero quo jure cuiquam etiam Judæo aut Turcæ posset negari?... Quod Academiæ recepit, bona fide præstitit. Postquam enim querimoniam hanc tuam cognovi, certius respondere ut possem, libellum obiter percurri; et inveni christianam modestiam. Spero igitur te quoque, imo, et reliquos symmitas tuos, venerandos fratres nostros, de Academiæ judicio contentos fore. Is hominis candor est ut ubi jure sit a Beza reprehensus ingenue errorem confiteatur; quare libellus ejus non tam defensiones quam confessiones continet; idque ipsemet experiare licet. Non dubito ipsum Bezam in se descensurum et temperaturum sibi in posterum a tam mordacibus et infamibus scriptis. Offendunt enim graviter. Legi, non ita multo ante, ejus *Dialogos de vera communicatione corporis et sanguinis Domini* adversus Heshusium, sed certe intemperantiam hominis non possum non extreme detestari. Sic enim causa alioqui bona suspecta redditur.... » 11 avril 1562. (Autographe, Archives ecclésiastiques de Zurich, anc. t. XXXIV, devenu CX, p. 287.)

2. Exemplaire du British Museum déjà mentionné ci-dessus, p. 105, avec ces mots au revers de la page de titre, d'une main du XVIe siècle que nous n'avons pas reconnue, mais que de plus experts détermineront sans doute : « *Scriptum hoc traditum est Mart°. Borrh°. Is pro suo arbitrio abstulit quod libuit, sed author quibusdam amicis communicavit ea quæ ab isto fuerant a[blata]. Lector, paginas nota et sub finem libri qu[ære] ea quæ ab Aristarchis fuerant deleta.* »

3. Voir p. 125.

4. Pour donner une idée du piquant de ces notes, citons-en une seulement. Il s'agissait de

partie dans son *De Prædestinatione scriptum ad Martinum Borrhæum*, qu'il écrivit [1] en avril 1562; la *Defensio ad Bezam* était achevée d'imprimer en mars.

Quand les calvinistes virent paraître la *S. C. Defensio suarum translationum*, leur colère ne connut plus de bornes. L'étonnante modération, la dignité, l'incroyable charité avec laquelle il leur répondait [2] leur firent l'effet du plus sanglant outrage.

Ils y répondirent par un redoublement de rage sur lequel nous demandons à ne pas insister. A Genève, avant même d'avoir lu la *Defensio* annoncée, le Consistoire s'en était pris à la famille de Castellion. Dès 1561, l'on avait fait comparaître sa sœur mariée, nous l'avons dit, à un ministre très peu calviniste, Mathieu Eyssautier, et son neveu Michel, qui était un simple maréchal [3]. « Les ministres », écrit naïvement celui-ci à son oncle, « dirent à ma tante Jeanne (Eyssautier) *que vous êtes le plus méchant diable d'enfer* et qu'ils feront qu'elle le croie. Nous ne croyons nullement que vous soyez tel que le monde vous dit; mais pourtant — ajoute-t-il, car la parole des ministres donnait à penser à ces braves gens, — ma tante Jeanne et moi vous mandons que vous vous donniez bien garde de Satan, le grand tentateur [4]! »

A la même époque, le beau-frère de Robert Estienne [5], Conrad Badius, avait composé une comédie allégorique, *le Pape malade*, dans laquelle, avec d'autres ennemis de Calvin, Castellion figurait comme suppôt du Diable. La scène qui le concerne est une satire « dextrement composée », mais

traduire I, Tim., II, 4 : Θεὸς πάντας ἀνθρώπους θέλει σωθῆναι. Castellion avait traduit : « *Omnes homines* »; Bèze tourne : « *Quosvis homines* », en ajoutant dans ses notes : hoc est « *de quovis hominum genere* ». — « En effet (dit Castellion dans la page que Borrhée supprime), cet homme ne veut absolument pas que Dieu veuille sauver tous les hommes; il se donne mille peines, il torture les textes et se torture le cerveau pour faire qu'en dépit des promesses les plus claires et les plus générales, la grâce de Dieu en Jésus-Christ ne puisse être salutaire à tous. Encore n'y parvient-il pas; ainsi son *quosvis* ne dit pas moins que *omnes*, il signifierait plutôt davantage : tous les latinistes me l'accorderont. »

1. D'après une indication du manuscrit conservé à la Bibliothèque de Bâle.

2. Le passage où il relève la phrase du N. T. de Genève qui le traitait d'instrument de Satan est un modèle de sang-froid et de bon sens.

3. Reg. du Consistoire, 19 août 1562.

4. Lettre de Michel Châtillon, 20 juin 1561. (Voir Appendice, XC, et Reg. du Consist. de Genève à la date du 1er avril 1561.)

5. M. Théoph. Dufour a mis fin aux doutes sur la paternité de cette pièce longtemps attribuée à Théodore de Bèze. (Voir *France protestante*, nouvelle édition, I, 686.)

pleine de fiel et de haine. Cette pièce, grossièrement et cruellement outrageuse, fut jouée avec l'autorisation du Conseil[1] dans la grande salle du collège : c'était, dans un autre bâtiment, le même collège que Castellion avait jadis, au jugement même de Calvin, dirigé si honorablement[2].

1. Reg. du Conseil, 5 août 1561.

2. *La Comédie du pape malade et tirant à sa fin.* — La scène qui concerne Castellion représente le diable se demandant à qui il pourrait bien s'adresser pour arrêter les succès de la Réforme et rétablir les affaires du Pape. Précisément paraît l'*Ambitieux*, qui entre en scène se frottant le dos :

Vraiment, il m'en a bien donné
Ce gentil monsieur *Dieudonné*!

Après cette allusion à la verte leçon qu'il vient de recevoir de Théodore de Bèze, l'Ambitieux reprend courage :

Car il faut en forte p....
Avoir bon front. Sus mon latin
Frippé, cousu et regratté !

Et il se met en devoir d'écrire « contre ce galant

Qui veut que Dieu juste et parfaict
Soit cause du mal qui se faict.

SATAN, *à part.*

Voici mon cas! (*Haut.*) Ho, monsieur, ho.
Monsieur *De Parvo Castello*!

L'AMBITIEUX.

Hola qui m'a ainsy nommé?
C'est signe que je suis renommé
En maints endroits, puisqu'on m'appelle
Par mon nom! Quoi? quelle nouvelle?

SATAN.

Le pape m'a vers vous transmis,
Pensant qu'êtes de ses amis,
Scavoir si vous voudriez rien faire —
En bien payant — qui peust déplaire
A ces huguenaux, martyristes,
Calvinistes, bullingeristes,
Qui ont remis sus cette cène
Qui notre messe a rendu vaine.

L'AMBITIEUX.

Quant à moy, un chacun je sers
Pour argent en prose ou en vers.
Aussi ne vis-je d'aultre chose....
Qui plus est, mon affexion
Ne tend qu'à la perfection,
Et aussi j'espère de faict
Qu'en brief temps je seray parfaict.
Car on me donne la louange
Que suis desjà un petit ange....

(On reconnait toujours la vieille querelle sur l'obéissance parfaite.)

Fort familier et populaire,
Subtil à induire et attraire
Par beaux dicts chacuns qui me hante,
Tant qu'on dit que je les enchante.
... Mais si, ne suis-je pas papiste.

Mais ce n'étaient là que de faibles vengeances [1]. Les calvinistes ne pouvaient s'en contenter. Une chose leur était insupportable : c'était de voir *l'avocat des hérétiques* en possession d'une chaire à l'Université de Bâle! Après tant d'efforts inutiles pour lui faire perdre la confiance des autorités bâloises, il ne leur restait plus qu'à l'attaquer ouvertement, c'est-à-dire juridiquement : c'était depuis longtemps leur projet, l'heure était venue de le mettre à exécution.

Bèze fit paraître en 1563 *Responsio ad defensiones et reprehensiones Sebastiani Castellionis, quibus suam Novi Testamenti interpretationem defendere adversus Bezam, et ejus versionem reprehendere conatus est.* Cette réponse, dédiée aux pasteurs de Bâle pour les exciter contre l'hérétique, est du même style que la préface du Nouveau Testament de 1560 : L'impudence de Castalion dépasse toute mesure; en lui « revivent Julien, Manichæus et Antinomus » (*sic*). Il professe les plus graves erreurs sur la prédestination, le libre arbitre, le péché originel, la parole de Dieu, l'Esprit-Saint, la justification par la foi, ainsi que sur la répression de l'hérésie.

Menteur, faussaire, blasphémateur, anabaptiste déguisé, inepte profanateur des choses saintes, puant sycophante que redresserait l'ânesse de Balaam [2], éloquent défenseur et

SATAN.
Qu'êtes-vous donc? bon athéiste?

L'AMBITIEUX.
Je suis qui je suis, sans nommer.
Je me fais partout renommer
Par mes œuvres tant bien polies.

SATAN, *à part.*
Ou bien plutôt par ses folies.

L'Ambitieux finit par accepter de servir, moyennant finance, le Pape et la messe. (Voir Lenient, *la Satire au* XVIe *siècle*, II, 293 et suiv.; Petit de Julleville, *Répertoire du Théâtre comique*, p. 93.)

1. Pourtant le manuscrit de Rotterdam permet d'établir que cette grossière attaque de Badius lui avait fait une peine sensible. Il s'est souvenu que Conrad Bade avait été son camarade d'études et un instant son compagnon de chambre; dans un court séjour chez Simon Grynée entre son départ de Strasbourg et sa nomination à Genève (d'avril à juin 1541) : « Comœdiæ authorem eundemque et histrionem (nam ibi Papam egit) et impressorem aiunt esse Conradum Badium, cum qui Basileæ Castellionis contubernalis fuerat, domi Simonis Grynæi, quo anno ipse Grynæus mortuus est. Hunc Badium ipsi postea in Galliam miserunt ad munus concionandi, ibique Aureliæ peste extinctum esse ferunt. » (Renseignement exact; voir la *France protestante*, 2e édition, I, 681.)

2. M. Mæhly (p. 136) a réuni en une page le *florilegium* d'injures ou pour mieux dire de calomnies graves et tendant à la perte de Castellion qu'on peut relever dans cet écrit contre un adversaire que, vivant, Bèze appelle « instrument choisi de Satan », et mort : « cet homme ou plus tost monstre ».

patron des hérétiques, des adultères et des homicides, c'est dans l'officine de Satan qu'il a fabriqué sa *Défense*. Sa sacrilège audace [1] a mutilé le texte sacré par des suppressions, des additions, des changements de tout genre; aussi sa version latine de la Bible n'est-elle qu'une perversion; sa traduction française, que le résultat d'un acte de démence. Son esprit enflé de la plus vaine ambition porte ce songeur à se faire humble pour être admiré. Cet homme modeste prétend n'avoir erré que par ignorance : « J'ose affirmer que cela est faux, et je ne parle point témérairement. Et à qui persuaderas-tu que tu as traduit de bonne foi, et non pour propager tes hérésies, les livres sacrés que tu ne comprends pas [2]? » Telle est, en abrégé, l'accusation dans ses propres termes, qui ne font point honneur au caractère de Bèze. De la discussion même qui porte sur les textes bien ou mal traduits nous ne disons rien : le débat est épuisé. Aussi bien les contemporains eux-mêmes ne s'y méprirent-ils point.

La *Responsio ad defensiones* n'était plus qu'accessoirement un livre de controverse exégétique. En réalité, ce n'était qu'une dénonciation. Loin de s'en cacher, Bèze s'en glorifie. Il écrit dès l'année suivante dans sa *Vie de Calvin* : « Ceste mienne response, dédiée aux pasteurs de l'Église de Bâle, fut cause qu'iceluy Chastillon fut appelé par l'Église et puis par la

1. Bèze parlait le même langage que le concile de Trente : « Que nul n'ait l'audace de rejeter la Vulgate sous aucun prétexte ».

2. Discutant cette allégation avec sa patiente et scrupuleuse érudition, M. Douen a fait le compte suivant : « Des cent trente-huit passages débattus, soixante-dix-huit sont négligeables comme dénués de toute importance, ou ne donnant lieu qu'à des disputes de mots ou d'élégance d'interprétation, ou parce que ni Castalion ni Bèze n'en possédaient le véritable sens. Il en reste donc soixante, sur trente-six desquels Castalion a raison à notre avis; nous lui donnons tort en ce qui concerne les vingt-quatre autres. Aux huit fautes qu'il avoue, il faut, croyons-nous, en ajouter seize. » M. Douen énumère et discute ces textes, que nous ne pouvons reproduire ici, et il ajoute : « Il est absolument inexact que ces fautes, contresens ou faux sens soient des altérations dictées par un parti pris dogmatique, comme Bèze l'affirme si catégoriquement. A part quelques mots où l'on peut retrouver dans la traduction comme un fugitif reflet des idées humanitaires de Castalion, nous n'avons pas trouvé un seul contresens dogmatique, c'est-à-dire correspondant à une des doctrines particulières de Castalion. Il faut convenir au contraire qu'il n'était pas à beaucoup près entièrement affranchi de la théologie traditionnelle, qu'il ne doute ni des prophéties, ni des miracles, ni de la divinité de J.-C. Bèze lui-même en lui reprochant d'avoir mal traduit Col., I, 19 (Il a été du bon plaisir du Père d'habiter *universellement en toutes choses*) commence par crier au panthéisme; mais il ajoute : « Les Libertins content quelque chose de semblable; Postel et l'impie Servet ont aussi rêvé la diffusion de la substance divine dans tout l'univers. Cependant je ne veux pas imputer témérairement cette doctrine à Castalion; je me borne à montrer qu'il ne peut rien sortir que d'absurde de cette interprétation. »

Seigneurie. Et luy fut enjoint de respondre à ce dont je le chargeois, et que je m'offris lui prouver par ses escrits [1]. »

Bèze a raison de s'attribuer le mérite premier de la mise en accusation. Mais son livre n'aurait pas suffi. Il paraît résulter d'une jurisprudence locale, qui nous est mal connue, qu'il était nécessaire que quelqu'un se fût porté en quelque sorte partie civile pour que des poursuites fussent intentées. Cette condition fut remplie, et les Calvinistes, qui ne pardonnaient pas au conseil de Bâle d'avoir permis l'impression de la *Defensio* [2], poussèrent enfin un soupir de soulagement.

Au mois de novembre 1563, une longue lettre, qui n'était en effet que le résumé du livre de Théodore de Bèze contre Castellion, fut adressée au Conseil. Une enquête commença. L'auteur de la plainte était le médecin paracelsiste Adam de Bodenstein que nous avons vu, quelques années auparavant, plus tolérant envers un bien plus grand hérétique [3]. L'acte d'accusation qu'il adressa au Conseil et dont nous publions pour la première fois le texte allemand [4], est un document assez indigeste, où l'on a quelque peine à démêler les citations de Bèze et les assertions de Bodenstein.

Castellion à qui l'on donna lecture rapide des parties essentielles de ce *factum* le résuma avec sa netteté ordinaire, en s'aidant surtout — car l'allemand ne lui était pas familier —

1. *Vie de Calvin*, éd. Franklin, p. 118. Voici, pour n'y pas revenir, la fin du passage. Bèze ajoute : « Mais peu de jours après la mort le délivra de ceste peine. Je sçay bien que ce long discours sera trouvé mauvais par aucuns, comme si j'en parlois en homme passionné, et ne pouvois mesme souffrir les morts se reposer en leur sépulcre. » Cette dernière phrase laisse entrevoir que Bèze a senti qu'on pourrait juger avec sévérité cet acharnement contre un adversaire mort. On voudrait pouvoir dire qu'en vieillissant il s'apaisa envers la mémoire de Castalion et laissa pénétrer le repentir dans son âme. Malheureusement certains passages du Nouveau Testament grec-latin, qu'il publia en 1598, trente-cinq ans après la mort de l'apôtre de la tolérance, témoignent du contraire. Sa haine est demeurée vivace et implacable, comme aux premiers jours de la lutte. Il continue à stigmatiser « l'audace de Castalion » (Jean, XIX, 13), « l'intolérable audace de Castalion » (Luc, XVIII, 7), « l'exécrable audace de Castalion » (Matth., XV, 19), « la sacrilège audace de Castalion, qui retranche, ajoute et change le texte sacré » (Luc, II, 34). Le lecteur sait qui, de Bèze ou de son adversaire, méritait cette accusation. » (Note de M. Douen.)

2. Voir comment Sulzer excuse auprès de Calvin lui-même les autorités bâloises, 9 fév. 1562 (*Opp. Calv.*, XIX, 280). Il peint très bien la situation de Castellion : « Pervicit tamen ut *tandem* concessa sit ei *mediocris* defensio (maxime quod intelligeremus Bezam id propemodum optare etiam : sic quidam ex Tigurinis ex ipso audivisse affirmarunt). Apud nos certe tranquillus est per omnia, et domi neminem fovet : intelligit enim satis se observari, — *ac forte durius apud vos defertur quam pro re* ». — Et c'est là qu'il explique en détail que l'accusation de vol n'a pas le sens commun.

3. Voir ci-dessus, chap. XVIII, p. 138.

4. Voir à la fin de notre Appendice, 2e partie, pièce CXIV.

des renvois aux pages du livre de Bèze citées en marge par son accusateur. Sa réponse, en latin, en date du 24 novembre 1563, a été imprimée à la suite du *Contra libellum Calvini*[1]. Elle mérite d'être lue aussi bien pour le sang-froid, la mesure, la justesse d'esprit dont elle témoigne qu'en raison des indications précises qu'elle nous fournit sur les opinions de Castellion quant au fond des doctrines.

Il distingue deux parties dans le réquisitoire de son collègue. L'une, et la seule sérieuse aux yeux de Castellion, est celle qui est prise au livre de Bèze : analysons-la sommairement, avant de passer à la seconde.

Je suis dénoncé, dit-il en substance, pour cinq griefs précis :

1° Comme *libertin* : ce terme était devenu à Genève le nom générique des mécréants et des impies. — Castellion atteste, et il n'avait pas besoin d'insister, qu'un tel reproche ne se soutient, ne s'explique même pas.

2° Comme *pélagien* : il nierait la grâce de Dieu et le péché originel. — Ses écrits sont là qui prouvent le contraire. L'induction que Bèze tire contre lui d'un passage de Rom., VII, ne prouve rien, sinon un parti pris d'interprétation malveillante.

3° Comme « patron de tous les criminels, hérétiques, adultères, voleurs et homicides, partisan de leur impunité absolue et de l'abstention totale du magistrat dans les choses religieuses ». — Pour comprendre la perfidie de l'accusation ainsi présentée, il faut se rappeler que naguère encore une des questions délicates pour la Réforme avait été de maintenir contre les Anabaptistes et quelques sectes extrêmes le droit du magistrat en toute matière, même en fait de pénalités civiles et criminelles. Castellion proteste que non seulement il n'a jamais partagé cette erreur un moment très répandue, mais qu'il en a au contraire désabusé des personnes qu'il peut citer. Et il se borne à répéter que sur les droits du magistrat il souscrit aux déclarations des livres saints et à cette excellente formule de la confession de foi

1. M. Mæhly, qui la croyait inédite, l'a imprimée à la suite de son excellente Biographie de Castellion, p. 104.

bâloise : « Dieu a donné le glaive à l'autorité sa servante pour protéger les bons et punir les méchants ».

4° Comme *papiste* et, par surcroît, « blasphémateur contre la grâce de Dieu ». — Même et aussi simple dénégation. Je suis si peu papiste que j'ai refusé des offres très brillantes qui m'étaient faites, les unes il y a longtemps, les autres assez récemment pour des fonctions très avantageuses, par des personnages considérables, si j'avais voulu aller chez eux[1]. Et sur la grâce de Dieu n'ai-je toujours professé — mes livres en font foi — que nous ne sommes sauvés que par bienfait[2].

5° Comme « *académique* » et « imbu de l'esprit de l'anabaptisme ». Ici la réponse vaut d'être citée textuellement.

Les académiques étaient des philosophes qui prétendaient qu'on ne peut rien savoir et en conséquence n'affirmaient rien. Mais Bèze dans tout son livre s'indigne précisément de mes affirmations.

Quant aux anabaptistes, ce qu'est leur « esprit », ce qu'ils pensent ou disent de la parole de Dieu, c'est leur affaire. Ce que j'en pense, moi, et ce que j'en ai écrit, je suis tout prêt à le dire.

J'ai écrit et j'écris encore, comme je le pense, que les controverses des théologiens sur la religion ne peuvent être résolues, même avec la Bible, que s'il s'y ajoute d'une part l'esprit de Christ qui ouvre l'intelligence, d'autre part la charité. Et j'insiste : si nous ne nous préoccupons pas d'avoir la charité, il arrivera que plus nous posséderons la lettre, moins nous aurons l'esprit. Et par suite nos dissentiments ne pourront que croître et notre état empirer. « Si je n'ai pas la charité, dit l'Apôtre, je suis l'airain qui résonne, la cymbale qui retentit. »

Il se plaît à transcrire le reste du beau passage de saint Paul et, comme encouragé par cette citation, il reprend :

Oui, voilà ce que je pense de la nécessité de l'esprit de Christ et de la charité, et loin de redouter qu'on m'attribue une telle opinion, je dis bien haut et je proclame que c'est la pure vérité, que l'événement l'a prouvé et le prouvera : espérer qu'on apaisera sans l'esprit de Christ et sans la charité nos controverses théologiques, c'est s'imaginer qu'on fera du mortier avec de la chaux et du sable, sans eau.

1. Nous ne savons rien de ces offres. Il peut s'agir de propositions du cardinal de Bellay à l'époque de ses négociations avec Mélanchthon. Une note écrite sur le manuscrit de ses Quatre Dialogues dont nous avons parlé plus haut, rappelle qu'en 1562 (ou plutôt 1563) il fut sur le point de quitter Bâle. A la fin du manuscrit se trouvait cette mention intime : « MDLXII, 21 martii, Basileæ, hora V post meridiem, cum iniretur consilium de eo Helvetiorum loco discedendi ». Cf., dans l'Appendice, la lettre LXXXIV à Hervage.

2. Voir en effet toute la 3e partie de notre chapitre XIX.

Après cet élan — où nous le retrouvons tout entier depuis le beau mouvement de la pensée presque mystique jusqu'à son goût pour les comparaisons familières, — il ajoute quelques mots où reparaît la nuance d'ironie que nous lui connaissons : comment peut-on être à la fois accusé de papisme, d'anabaptisme et de libertinisme, trois termes qui s'excluent, sans compter celui d'académique, qui exclut les trois autres? Et puis :

Il y a bien encore quelques inculpations accessoires, comme celle d'avoir traduit la Bible sous la dictée de Satan, *impulsu instinctuque Diaboli*. Je laisse aux très gracieux Seigneurs le soin de l'apprécier; ainsi que celle du vol à la gaffe : celle-là, nous serions bien trois cents à Bâle qui l'aurions encourue nombre de fois. Cela peut même donner des doutes sur la valeur de leurs interprétations : pourquoi interprèteraient-ils plus exactement mes livres que ma gaffe?

Il conclut avec une fermeté respectueuse. C'est aux accusateurs de faire la preuve de ce qu'ils avancent. Mais il n'entend même pas se retrancher derrière cet argument. Il ne demande qu'une chose, et depuis longtemps, on le sait : c'est la permission de répondre à des écrits par des écrits, à une publique attaque par une apologie publique. Il supplie une fois de plus qu'on l'y autorise, sinon qu'on ne fasse pas de son silence un argument contre sa cause, et qu'alors on porte l'affaire devant le Conseil lui-même. « Que Bèze, que Calvin comparaissent, et moi-même, dit-il, quoique sachant à peine l'allemand, je suis prêt à me défendre devant vous. Et s'ils prouvent leurs accusations, j'offre ma tête au supplice mérité. S'ils ont bonne conscience, ils ne doivent pas craindre le tribunal de Bâle, ceux qui n'ont pas craint de m'accuser devant le monde entier. Mais s'ils ne justifiaient pas leurs allégations, il sera juste qu'on les tienne pour calomniateurs.... Je ne suis qu'un pauvre homme bien obscur, et ce sont de puissants personnages. Mais je suis sûr que vous serez, Messeigneurs, dans cette affaire comme dans toutes, et comme vous l'avez été pour moi-même dans une autre circonstance [1], les vicaires de Dieu : Dieu ne fait pas acception de personnes. »

1. Allusion reconnaissante à la décision qui avait mis à néant les poursuites de novembre 1557 (voir ci-dessus, p. 116).

Après cette apologie il ajoute un seul alinéa, touchant la seconde partie de l'accusation, qu'il juge évidemment à peine digne d'être relevée, ce en quoi d'ailleurs il se trompait. C'était en réalité une seconde poursuite qui venait se greffer sur la première et l'aggraver.

Castellion avait traduit un dernier ouvrage de Bernardino Ochino, ses *Trente dialogues* sur diverses questions théologiques[1], livre hardi, curieux, téméraire, où la libre causerie d'un vieillard donne cours à des idées dont l'originalité surprend. L'orthodoxie trinitaire, sans y être attaquée, y subissait, sous forme de questions posées et laissées presque en suspens, de graves atteintes[2]. De tout temps Ochino avait eu cette faiblesse, que Bullinger et Calvin ne voyaient pas sans inquiétude, de poser plus de questions qu'il n'en résolvait et de laisser souvent l'esprit plus saisi de l'objection que satisfait de la réponse[3]. Un des trente dialogues[4] traitait incidemment de la polygamie et, tout en la condamnant, laissait entendre, comme on devait s'y attendre de la part d'un théologien plein de respect pour l'Ancien Testament, que la loi de Moïse ne l'avait pas absolument interdite, et plus généralement que le mariage est une institution humaine et que ses lois n'ont pas un caractère absolument immuable.

Il n'en fallait pas davantage pour sévir contre Ochino, devenu depuis longtemps suspect. Le vrai crime des *Trente dialogues* était autre : il contenait à nouveau toute une discussion du droit que s'arroge à tort l'Église de frapper l'hérétique ; c'était un nouveau plaidoyer « bellianiste[5] », suivi de tous les développements les moins orthodoxes sur la foi du cœur supérieure à celle de l'esprit, sur l'illumination intérieure du Saint-Esprit, etc.

Au lieu de se perdre une fois de plus dans ces débats dogmatiques, on s'en tint au gros et palpable argument : la polygamie. Des propos tenus à Bâle, où le livre venait d'être mis en vente, attirèrent l'attention du magistrat. Et l'écrit de

1. Voir notre Bibliographie, n° 19.
2. Voir notamment ses Dialogues XIX et XX.
3. Voir sur cette habitude les observations de M. Benrath, p. 49.
4. Le 21e. On en trouve l'analyse à la fin du livre de M. Benrath.
5. Dialogue XXIX, p. 422-463.

Bodenstein arriva juste à point de Strasbourg pour signaler l'émotion produite par le bruit répandu en Allemagne que Bâle laissait imprimer un pareil livre et que Zurich laissait son auteur à la tête de l'Église italienne.

Vraie ou feinte, l'inquiétude patriotique de Bodenstein pour le bon renom de Bâle fit plus d'impression que ne le supposait Castellion. Pour sa défense personnelle à lui, il se borne à dire que son rôle a été celui d'un simple traducteur : il a mis en latin le traité d'Ochino comme plusieurs autres; les traductions étaient une des ressources de son modique budget.

Les autorités zurichoises firent diligence pour se laver de toute connivence avec la polygamie. Le malheureux pasteur de la petite église des réfugiés du Locarno fut condamné au bannissement immédiat.

Ochino avait alors plus de soixante-dix ans. Il restait veuf avec plusieurs enfants encore jeunes. Quelques jours avant son procès, sa femme s'était brisé la tête en tombant dans un escalier. Nous le savons par une lettre de Bèze, qui ajoute à ce fait la réflexion que voici : « C'était un jugement de Dieu qui frappait dans sa maison ce vieillard impie avant même que son crime eût éclaté au dehors [1] ».

Bèze écrivait ce mot atroce sept ans après l'événement!

L'infortuné vieillard fut condamné à sortir de la ville sous trois jours. On était à la fin de décembre, au plus dur de l'hiver : il dut néanmoins partir avec ses enfants. Il espérait pouvoir traverser le canton des Grisons, trouver un asile dans la Valteline, où il avait de nombreux disciples; mais Bullinger et ses amis avaient écrit partout et prévenu leurs collègues de veiller à ce qu'un pareil monstre ne trouvât pas à Coire une seule auberge qui le reçût. Il en fut de même dans toutes les autres villes suisses où il voulut s'arrêter. Le cardinal Borromée lui fit interdire le sol de tout pays catholique. La vigilance des persécuteurs ne se relâcha pas un instant, comme le prouvent les trop nombreuses lettres qui nous permettent de suivre jour par jour leurs dé-

1. Lettre à Dudith, 18 juin 1570. Elle a été imprimée dans l'édition des œuvres de Bèze, in-f°, revue par l'auteur, 1582, t. III, p. 190.

marches peu charitables. Éconduit sans bruit de Bâle, de Mulhouse, arrivé à Francfort, et accueilli de la même manière, le vieillard dut se remettre en marche avec sa petite troupe d'enfants et il ne trouva de repos qu'en Pologne, où il mourut à peine arrivé.

Il ne devait pas partir seul pour l'exil : Castellion, si nous en croyons les récits du temps [1], avait l'intention de l'accompagner, soit qu'il s'attendît comme traducteur de l'ouvrage à être condamné avec l'auteur, soit que, désespérant d'être jamais en paix dans les pays où triomphait l'orthodoxie autoritaire, il songeât à porter son activité au sein des Églises antitrinitaires de Pologne ou de Transylvanie, les seules au monde qui offrissent alors un asile à l'hérétique. Mais qu'il eût ou non formé ce projet, il était facile de prévoir qu'il ne le mettrait pas à exécution. La maladie le minait depuis longtemps, maladie de cœur, disent les uns, mal de langueur et de dépérissement, suivant d'autres [2], et d'après l'opinion commune, résultat des privations, des veilles et des peines qui avaient usé avant l'âge son tempérament. Les émotions d'un procès comme celui qui s'annonçait ne pouvaient manquer d'aggraver un état déjà si précaire. Une fièvre persistante qu'augmentaient par intervalles de violentes douleurs d'estomac l'abattait rapidement [3]. Un instant il parut se rétablir, en ne vivant plus que de lait. Mais il eut une rechute [4] qui en peu de jours l'emporta. Il mourut le 29 décembre 1563 : il avait quarante-huit ans.

1. Lettre de Petrus Dathenus à Bullinger, de Frankendal, 1er avril 1564 (Zurich, ms., collection Simler, t. CIX).

2. Lettre d'Isaac Jæger à Bullinger (21 janvier 1564, *Opp. Calv.*, XX, 229). Non tam corporis quam animi ægritudine ac mœrore confectum atque extinctum nonnulli putant.

3. Voici à ce sujet le témoignage même de son ami le docteur Zwinger : « atrophia correptus, quam assiduis studiis, curis et vigiliis, addo etiam vini abstinentia contraxerat, gravissimos stomachi dolores (quos potu lactis intempestivo magis exacerbaverat) cum lenta febre perpessus tandem cal. jan. ad Dominum migravit. (Zwinger, *Theatrum vitæ humanæ*, XVII, 2675.)

4. Le 6 décembre, Wissembourg écrivait à Bullinger : « Castellio in morbum incidit lethalem a quo vix aut nunquam medicorum judicio liberabitur ». Néanmoins on le crut, vers le milieu du mois, hors de danger. Wissembourg disait à Bullinger, le 18 décembre : « Ubi ex morbo revaluerit,... accusationis rationem reddet ». Le 20 janvier, Bèze, écrivant au même Bullinger : « Castellionem audio revixisse », se révoltait déjà à la pensée qu'on allait peut-être donner raison à Castellion sans l'avoir entendu, lui Bèze. Mais, dès le 23, Wyssembourg récrivait à Bullinger : « Castellio in morbum suum recidit, quo impeditus nihil adhuc cum ipso agi potuit ».

Sa mort fut un deuil pour l'Université. Les étudiants lui firent des funérailles peut-être d'autant plus touchantes qu'ils savaient à quel péril la mort venait le soustraire. Le cercueil porté sur les épaules de ses élèves était suivi d'une foule nombreuse, et celui qui, vivant, allait paraître en accusé devant le Sénat, reçut tous les honneurs publics dus à un maître profondément aimé de la jeunesse. Il fut enseveli, *honestissimo loco*, dit Zwinger, sous ce merveilleux cloître de la cathédrale de Bâle, qui est encore aujourd'hui un sanctuaire unique de la Renaissance et de la Réforme.

Trois de ses élèves, probablement ses pensionnaires [1], résolurent de rendre à sa mémoire un témoignage particulier de respect. C'étaient trois jeunes nobles polonais venus à Bâle ainsi que plusieurs de leurs compatriotes en partie pour suivre les leçons de Castellion. L'un d'eux était le fils du comte Stanislas Ostrorog, ce personnage considérable dans l'histoire de la Réforme en Pologne, à qui Calvin lui-même, malgré sa méfiance pour cette nation [2] prête à glisser dans l'hérésie, a rendu un si bel hommage [3]. Ces dignes jeunes gens [4] obtinrent, paraît-il, que le pauvre professeur fût enseveli dans le tombeau de l'illustre famille Grynæus [5] et firent graver sur le marbre une épitaphe qui ne tarda pas, par sa justesse même et sa sobriété, à attirer l'animadversion des ennemis. Ils se bornaient à dire qu'ils élevaient ce monument, à la demande de tous leurs camarades polonais, « *professori celeberrimo ob multifariam eruditionem et vitæ innocentiam doctis piisque viris percharo* ». Ils écrivirent en outre

1. Ce que semblent indiquer les mots de l'épitaphe : *Præceptori* optimo et fidelissimo.
2. Mihi suspecta nunc est ea natio (lettre à Bullinger, *Opp. Calv.*, XX, 151).
3. Fuit hoc raræ virtutis ex alto honoris gradu in humilem Christi scholam descendere, etc., *Opp. Calv.*, XVII, 377 (nov. 1558). Cf. XX, 106, 107, etc. C'est à lui que Vergerio dédie en 1560 son *Postremus catalogus hæreticorum Romæ*, et il le désigne par ces mots : « Viro tot heroicis virtutibus ornatissimo ».
4. « Stanislaus Starzechovius Rutenus », immatriculé étudiant en 1561 (*Matric. Univ.*, I, fol. 207 r°); — « Georgius Niemsda Polonus », immatriculé en 1562 (*ibid.*, fol. 210 r°); — « Joanes Ostorog (*sic*) et Venceslaus Ostorog, Poloni », immatriculé en 1563 (*ibid.*, fol. 212 v°). — Les trois premiers sont les auteurs de l'épitaphe gravée sur le marbre funéraire. Le quatrième avait quitté Bâle au plus tard en juillet 1563, probablement pour aller étudier à Genève : Bullinger le recommande à Bèze et à Calvin le 26 juillet.
5. Nous n'avons plus à insister sur une légende que M. Mæhly a très heureusement expliquée et réfutée. Scaliger a prétendu que J.-J. Grynée, quelques années plus tard, aurait fait enlever du tombeau de famille les cendres de l'hérétique. Une lettre qu'a retrouvée M. Mæhly coupe court à cette fable. Cette lettre inédite étant intéressante à d'autres points de vue, nous en donnons le texte à la fin de notre Appendice (dernière pièce).

dans le goût du temps d'autres épitaphes en vers latins qui ne valent que par la piété de l'intention [1]. Ces honneurs funèbres devaient soulever de nouvelles colères, et quand ces jeunes gens allèrent achever leurs études à Zurich et à Genève, leurs lettres [2] nous apprennent par quelles méfiances on les punit d'avoir été des « Castalionistes ».

Très peu de temps après paraissait une autre épitaphe, ou plutôt, comme disent les contemporains, un *epicedium* qu'Oporin fit imprimer à part. C'était ce récit en distiques latins de la vie de Castellion dont nous avons eu plus d'une fois à citer quelques passages. L'auteur, Paul Cherler d'Elsterburg [3], était un jeune lettré, peut-être ancien élève de Castellion, dans tous les cas très lié avec lui et avec les Bauhin [4]. Les calvinistes de Genève et de Zurich s'indignèrent une fois de plus contre Oporin. Gwalther se moque de ce « corbeau sépulchral » qui ose s'en prendre, *non obscure,* à Calvin lui-même [5]. Bullinger ne comprend ni cette admiration pour l'homme, ni cette compassion pour sa pauvreté : il trouve des distinctions étonnantes [6] qui arrachent aux modernes éditeurs de Calvin, en note, cette exclamation : *O pudendam et tristem tantorum virorum... in mortuum insectationem!*

La mort de Castellion fit éclater chez ses adversaires une joie qu'ils ne déguisèrent pas. Bèze est le plus modéré : « J'avais prophétisé trop vrai », écrit-il à Bullinger, « quand

1. Mæhly, p. 80 et 148.

2. Lettres de Starzechovius, Lasicius, Scharff, etc.. 9 mars, 27 juin, 2 août 1564, etc. (Bibl. de Zurich.) Un des anciens élèves de Castellion, Stanislas Starzechovius, écrit de Zurich, le 9 mars 1564, à Théodore Zwinger : « Nos, cum Dno Joanne [Ostrorog], Dni Conradi Gesneri viri optimi tuique amantissimi hospicio et familiaritate utimur. Miror Castalionis umbram tam vehementer conviciis proscindi. Aliqui indigne ferunt illum naturali morte ex hac vita decessisse, nunc *apostatam,* nunc *Anabaptistam,* nunc *Arianistam* appellantes. Scripsit hue quidam Genevensis ipsi hanc mortem ominatum esse atque a Deo exorasse et alia multa homine christiano indigna. Ad illud *Epitaphium* nihil quicquam sunt rescripturi : nolunt enim in eo Scholæ vestræ celebritati aliquid detrahere. Nos hic propter monimentum illi erectum nonnihil sumus suspecti, sed ea parvi pendimus.... » (Frey-Grynäisches Institut, Briefsammlung XXVI, n° 415.)

Dans le même volume n° 250, un autre ancien élève de Castellion, Frédéric Scharff de Breslau, écrit de Genève à Zwinger : « Hic Castalionis nostri, viri pii et vere sancti, mentio nulla. Imo, si quis ejus mentionem faciat, illico torturæ, illico gladii, enses, incendia et nescio quæ alia minantur his sæviora : sed equidem si quod videtur dicere licet, optarim multos esse Castaliones : certe plus et pietatis et christiani amoris inter homines inveniretur. Sed, magistris sinistre agentibus, quomodo discipuli recte agent? » (2 août 1564.)

3. Au Voigtland (grand-duché de Bade). Voir ci-dessus, t. I, p. 25, 248.

4. Jean-Henri Cherler, frère ou neveu de celui-ci, épousa la fille de Jean Bauhin et fut son collaborateur pour l'*Historia plantarum.*

5. *Opp. Calv.*, XX, 240.

6. XX, 356 : Fuit is pauper, ut solent monachi qui nihil habent et tamen omnia possident.

j'avais dit à Castellion que le Seigneur le punirait bientôt de ses blasphèmes. Mais j'aime mieux ne pas juger un mort! » Bullinger disait plus brièvement : « Castellion est mort : tant mieux, *optime factum* »; il veut dire sans doute : c'est le dénoûment le plus doux qu'on pût lui souhaiter. Un calviniste fervent écrit qu'il avait dans ses prières particulières demandé à Dieu de délivrer l'Église de cette peste, et il n'est pas loin de croire que ses prières n'ont pas été inutiles. Un théologien de Zurich fait de l'esprit à ce sujet : « Castellion, dit-il, pour ne pas aller plaider sa cause devant le sénat de Bâle, en a appelé à Rhadamante [1]! »

Courait-il réellement un grand danger, s'il eût vécu? — Constatons d'abord que ses amis le crurent, et saisissons cette occasion de signaler un acte qui fait le plus grand honneur à l'un d'entre eux. Nous avons retrouvé à Rotterdam le premier cahier, de la main de Curione, d'un long plaidoyer pour la défense de son collègue : *Pro Sebastiano Castellione adversus Genevensis ecclesiæ præcipuos ministros defensio*. C'est un mémoire évidemment rédigé sur les notes les plus détaillées fournies par Castellion pendant sa maladie : le style seul, à défaut de l'écriture, suffirait à faire reconnaître le professeur d'éloquence cicéronienne. Le mémoire était fini et copié [2], quand la mort de Castellion dispensa de le produire. — Peut-être, aidé de cette forte et chaleureuse apologie, l'esprit général de modération qui animait le magistrat bâlois aurait-il cette fois encore triomphé. Mais le cas était plus grave et l'issue plus douteuse que dans aucune des poursuites antérieures. Les lettres du vieux Wissembourg, naguères si ferme pour Castellion [3], nous le montrent bien ébranlé. L'accusation avait pris corps; elle alléguait plusieurs griefs, tous précis, tous exacts et, dans l'opinion du temps, tous sérieux : elle ne permettait plus d'absoudre le professeur sans engager la responsabilité de l'Académie et de la Ville. D'ailleurs il n'était pas seul en

1. Rodolphe Gwalther à Bèze. *Opp. Calv.*, XX, 210. Il ajoute que Castellion ne courait pourtant pas grand péril, l'opinion publique étant absolument en sa faveur, ce que Gwalther déplore avec amertume.
2. Voir l'analyse de cette copie perdue : Appendice, CXVII.
3. Voir ci-dessus, p. 114.

cause, son sort était lié en quelque mesure à celui d'Ochino et à celui de Perna emprisonné pour avoir imprimé ce que l'un avait écrit en italien, l'autre traduit en latin. Enfin et surtout, les circonstances politiques avaient changé : le véritable auteur de la poursuite était Théodore de Bèze, il était tout prêt, semble-t-il, à venir la soutenir en personne; or refuser satisfaction à Théodore de Bèze à l'époque où nous sommes, ce n'était plus seulement désobliger Genève et Calvin, c'était presque désavouer la cause protestante en France, se séparer de ses chefs au moment le plus critique, abandonner les alliés et le drapeau en pleine bataille. Les intentions libérales de Bâle allaient-elles jusque-là? Et le débat théologique, s'il avait suivi son cours, n'aurait-il pas amené à la charge de Castellion et de son propre aveu plus d'une révélation accablante, puisqu'il ne reniait aucune de ses doctrines?

Ainsi se termine sur un dernier doute et comme dans une dernière ombre cette vie à laquelle il n'a manqué que le prestige des circonstances extérieures pour en faire une des plus importantes de la Réforme française. Mais c'est par cette obscurité même que cette figure, si modeste, est si attachante.

L'homme dont nous venons de retracer l'existence n'a occupé ni dans le monde ni dans l'Église une place éminente. En ce siècle de fièvre dont il ressent vivement toutes les émotions, il semble s'appliquer autant à s'effacer de la scène que d'autres à y paraître. Pour qu'il parle, pour qu'il agisse, il faut que la conscience l'y contraigne. Cette belle et juvénile exubérance de sa génération, cette promptitude à se jeter dans la mêlée, ou pour les lettres, ou pour la politique, ou pour la religion, cette fougue avec laquelle tous s'élancent alors comme à la conquête du monde sans jamais douter d'eux-mêmes ni de leur cause, autant de traits qui manquent à sa physionomie. Et c'est ce qui la distingue.

Le charme de cet homme c'est précisément que, par l'âme, il est du XVIe siècle et, par l'esprit, du XIXe.

Penseur original, nous l'avons vu frayer des voies nouvelles à l'exégèse biblique et même à la théologie chrétienne, soutenir contre Calvin les vraies traditions de la Réforme, défendre la liberté de conscience dans l'État et jusque dans l'Église. Avec une telle richesse de pensée, très peu de ses contemporains auraient résisté à la passion de la controverse, au besoin de prosélytisme. Chez lui, rien de semblable, rien du théologien ferrailleur, rien du sectaire.

Et pourtant il n'est pas davantage de la famille d'Érasme, encore moins de celle de Montaigne. C'est bien un huguenot, mais d'un type rare, qui eût peut-être été celui du protestant français sans les guerres de religion et sans la discipline martiale de Calvin, si toutefois on peut essayer de se représenter le protestantisme français sans Calvin.

Quoi qu'il en soit, si Castellion a déjà, en matière de conscience, nos scrupules, nos réserves et aussi nos délicatesses que son temps ne comprenait pas, il n'en a pas moins une solidité et une profondeur de conviction qui ne le cède en rien aux plus fermes croyants. A la différence de beaucoup de ses coreligionnaires, il ne se croit pas tenu de prêcher en temps et hors de temps, il ne court pas au martyre. Mais s'il faut sauver sa position ou sa vie au prix d'une capitulation de conscience, même sur un point d'importance secondaire, jeune ou vieux, à Genève ou à Bâle, il n'hésitera pas : au début de sa carrière, il aime mieux renoncer au pastorat, sa plus chère ambition, que de souscrire à une formule qu'il juge inexacte ; à la fin, il aime mieux encourir le soupçon alors si grave d'anabaptisme que de renier ce qu'il y a de commun entre l'anabaptisme et lui.

A l'étudier de près, on ne sait ce qu'on aime le plus en lui : ou cette largeur d'esprit, cette vigueur et cette souplesse d'une pensée indépendante qui n'a cessé de grandir, ou cette noblesse de caractère qui forçait la sympathie de ses adversaires mêmes. Que l'on considère ses livres ou sa vie, son rôle de traducteur ou de théologien, ses campagnes pour la tolérance ou contre la prédestination, on reconnaîtra que, dans le protestantisme français, Castellion est bien le premier des modernes.

CHAPITRE XXII

LA FAMILLE DE CASTELLION

Absence de documents autres que le testament de Castellion. — Noms de ses enfants. — Leurs parrains. — Les deux tuteurs désignés. — Basile Amerbach, tuteur effectif. — Frédéric Castellion (1562-1613).

Parvenus au terme où ce récit doit s'arrêter avec la courte existence qu'il retrace, pouvons-nous nous dissimuler une lacune qui, regrettable dans toute biographie, l'est surtout dans celle d'un homme qui n'a pour ainsi dire pas vécu de la vie du dehors? Nous avons essayé de faire lire au fond de cette belle âme, de faire sentir ou deviner ses plus chères émotions, de montrer ce qui l'inspira, ce qui le soutint dans ses études, dans ses écrits, dans sa foi, dans ses rêves et dans ses pressentiments d'avenir, d'avenir religieux surtout. On voudrait plus : on demande à entrer plus avant dans son intimité, à le voir dans sa famille. C'est là qu'on aimerait à l'observer appliquant ses propres doctrines, épanchant son cœur gonflé de si nobles sentiments, cherchant à réaliser dans l'éducation de ses enfants une partie de son idéal moral.

Nous n'avons pas cette satisfaction. Rien ou presque rien n'est venu à nous de ce qui eût pu nous révéler cet humble foyer. Les quelques lettres que nous avons de lui, sobres, brèves et comme étranglées par une fébrilité nerveuse, contiennent à peine un mot çà et là qui ait trait à son intérieur. Peut-être eût-il triomphé de ce parti pris de laconisme s'il avait eu à écrire à ses propres fils comme il écrivait à ceux de ses amis. Et l'on se prend à regretter qu'il ne subsiste pas quelque part, pieusement gardé comme un héritage de famille, un de ces recueils de lettres du père au fils et du fils au père, comme on en possède pour les Amerbach, les Platter, les Bauhin, les Blaurer, qui font renaître sous nos yeux avec tant de vie et de fidélité la famille bourgeoise, protestante et suisse au XVIe siècle.

Mais il suffit de remarquer les dates, et l'on s'aperçoit que Castellion est mort trop jeune pour avoir eu des enfants en âge de se séparer de lui. Lui-même ayant très rarement quitté Bâle et pour très peu de temps [1], il n'y a pas davantage à chercher des lettres adressées aux siens. Nous n'aurions donc rien d'autre à citer pour faire entrevoir son humble intérieur, que ses deux ou trois billets à Dryander [2] et aux frères de la Boyssière [3] (car il ne faut pas s'arrêter à des documents de seconde main, qui ne prouvent rien que l'impression laissée dans l'esprit public et bientôt traduite en formes presque légendaires [4]), si au dernier moment un

1. Nous n'avons connaissance que de trois déplacements pendant tout son séjour à Bâle: un voyage assez énigmatique aux environs de Lyon... (voir Appendice, lettres XXI et LX); un séjour à Strasbourg chez M. de Falais (d'après un billet de Sturm qui donne à entendre qu'il s'est confiné dans le petit groupe des mystiques inspirés de Schwenkfeld, *Opp. Calv.*, XVI, 260), et un autre à Berne chez Zerchintes lors de sa candidature à la place de Lausanne.

2. Voir t. I, p. 253, et dans l'Appendice, les lettres XXVIII et XXIX.

3. Voir ci-dessus, p. 91, et dans l'Appendice, les lettres LXIX et LXXIX.

4. Voir t. I, p. 218; citons sans en faire état au point de vue historique une des dernières manifestations de cette sympathie. On peut lire dans le *Basler Taschenbuch* de 1852, édité par le Dr Streuber, une pièce de vers d'un pasteur bâlois, M. Frédérich Oser, accompagnant une biographie sommaire de Castellion d'après Füssli. C'est une poésie dont la naïveté n'est pas sans charme et qui met en scène le pauvre ménage : la fantaisie de l'auteur supplée aux documents. En voici les premiers vers :

Da wo die Halde jäh sich senkt
Hinab zum grünen Rhein,
Zu Basel, bei Sanct Alban stund
Ein Häuschen armlich klein.
Unheimlich fast
Ein finstrer Gast
Wohnt oben unterm Dach,
Ein fremder Mann mit Weib und Kind
In niedrigem Gemach,
Und selten nur die Nachbarn sehn
Ihn schreiten aus dem Haus.
Mitleidig blicken sie him nach :
So hager sieht er aus :
Sein Weiblein gar
Hilf Gott, fürwahr
Des Tods leibhaftig Bild,
Und ach! wie blass die Kinder all'
Mit Augen schwarz und wild, etc.

de ces bibliothécaires dont l'obligeance dépasse encore l'érudition, M. F. Van der Haeghen, en fouillant les catalogues, n'avait bien voulu nous signaler, à la bibliothèque de l'Église des Remontrants de Rotterdam, un document inédit qui, sans répondre il s'en faut à toutes nos curiosités, mérite néanmoins d'être reproduit ici *in extenso*.

C'est le testament olographe de Castellion. En voici le texte [1] :

Le testament de Sebastian Chateillon.

Au nom de Dieu qui a fait le ciel e la terre, e de Jésuchrist son fils notre Seigneur.

Pour ce que je ne sai quand il plaira à Dieu de me retirer de cete vie, il m'a semblé bon, étant maintenant en bonne santé e du cors e de l'entendement, de faire e écrire mon testament, affin que, cas avenant, mes héritiers sachent ma dernière volonté.

Premièrement donque j'ordonne pour tuteurs de ma femme et de mes enfans M. Jehan Bauhin médecin, M. Jehan Brandmiller predicant [2], les priant d'en prendre la charge, e par l'amitié que nous nous portons en Christ espérant qu'ils le feront.

Secondement, quant à l'héritage (lequel appartient à ma femme et à mes enfans) je veux qu'il en soit fait selon les loix et coutume de Bâle [3].

Tiercement, quant à quelques livres dont je suis autheur, qui ne sont pas imprimés, j'ordonne qu'il en soit fait selon la prudence que Dieu donnera audits tuteurs, e quant à moi je leur en baille pleine puissance. Quant à quelques translations ou autres choses faites pour les imprimeurs, qu'on en face comme l'on trouvera en mon papier journal.

Quant à l'état de mes enfans, je désire qu'ils apprennent tous à lire e écrire pour le moins aleman e françois s'ils sont en Alemagne, et outre cela qu'ils apprennent métier pour travailler de leurs mains, e vivre à la sueur de leur visage, selon la discrécion dédits tuteurs.

Au surplus, — ma femme Marie, e vous mes enfans, Nathael, Boniface e Thomas, Suzanne, Anne, Barbe e Sara, e vous ma nièce Jane, — croyés en Dieu, craignés le, aimés le, gardés ses commandemens, e croyés qu'il êt père des vefves et des orfelins, e il ne vous abandonnera point. Mais si vous le délaissés (ce que ja n'avienne), il vous délaissera.

E vous, mes amis en Christ, qui que vous soyés e où que vous soyés, au nom de Christ je vous recommande ma femme et mes enfants comme

1. On y remarquera la même orthographe que dans la Bible française : *e* pour *et*, *êt* pour *est*, la suppression fréquente de la lettre *s*, l'usage de l'apostrophe et de l'accent aigu beaucoup plus fréquent que chez la plupart des contemporains. — L'orthographe « Jesuchrist » était celle de Lefèvre d'Etaples : elle se retrouve encore dans plusieurs Nouveaux Testaments postérieurs.

2. Castellion avait écrit d'abord : « Nicolas Blesdik » (et un autre mot illisible). Puis il a effacé ces trois mots et y a substitué ceux que nous reproduisons.

3. Castellion avait ajouté : « J'excepte (?) vingt (?) écus ou la valeur que je lègue à ma nièce Jane ». Ces mots ont été ensuite biffés à la plume.

vous voudriés les vôtres être recommandés. Dieu doint à nous tous sa paix éternelle par Jésuchrist son fils notre sauveur. Amen.

Ecrit à Bâle en ma maison le 4 décembre de l'an 1560.

De ma propre main. SÉBASTIAN CHATEILLON.

Je l'ai relu et approuvé
l'an 1563, le 1er novembre
adjoutant que Frédérich, qui est né depuis,
tienne son r[ang] (?) [1].

Cette pièce ne dément pas ce que nous savons de Castellion. Jusque dans ce dernier acte de sa vie intime, on retrouve l'homme qui n'a pas l'habitude de donner carrière à son *moi*, qui s'interdit même comme une faiblesse toute parole inutile, toute effusion, toute complaisance à se mettre en scène, lui et les siens. C'est bien la gravité du huguenot, telle que Calvin lui-même ne l'eût pas désavouée. A tous et sur tout il ne dit que le nécessaire, sans nul appel au sentiment. Son dernier mot, son dernier ordre de père de famille, est une exhortation à la piété, tout à fait dans sa manière simple qui, à nous modernes, semblerait presque dure, tant elle est stricte et impérative.

Si du ton de ce document nous passons à l'examen des quelques renseignements d'état civil qu'il nous fournit, en y joignant ceux qu'il nous a été possible de glaner ailleurs, voici tout ce que nous avons pu apprendre sur la famille de Castellion.

De son premier mariage avec Huguine Paquelon [2], Castellion avait eu trois enfants [3] : *Susanna*, née vraisemblablement à Genève vers 1544; *Debora*, née à Bâle en juillet 1547 et qui fut enlevée à l'âge de deux ans (mars 1549) [4]; et un fils, *Nathanael*, dont la naissance (janvier 1549) avait coûté la vie à sa mère.

De sa seconde femme — dont nous ne savons que le

1. Peut-être « rang », peut-être « reule » (rôle) ou un mot analogue, très mal écrit. Ces quatre lignes d'une autre encre et d'une écriture plus lourde forment un codicille placé comme l'indique la disposition typographique. — Au dos de la pièce, qui était pliée, se lisent ces mots de sa main : « Le testament de Sebastian Chateillon » (Bibliothèque de l'Église des Remontrants, à Rotterdam, ms., n. 506).

2. Voir ci-dessus, t. I, p. 181 et 182, notes.

3. Du moins il n'en existait que trois en 1549 (voir sa lettre à Dryander du 20 juin 1549. Appendice, n° XXVIII.)

4. Voir cette même lettre à Dryander.

prénom, *Marie*, et la date de mariage (20 juin 1549), — il eut trois filles et trois fils, dont les registres de baptême de Bâle nous ont permis de retrouver la trace, concordant d'ailleurs avec les indications du testament : *Anna*, née en septembre 1551; *Barbara* ou *Barbe*, née en novembre 1552; *Sara*, en mars 1554; *Boniface*, né en janvier 1558; *Thomas*, dont nous n'avons pu retrouver le nom sur aucun des registres de naissance, mais qui, d'après sa place dans le testament, était né entre 1559 et 1560; enfin *Frédéric*, né en septembre 1562.

Il était donc bien, à l'époque de la mort, comme le dit Herzog dans les *Athenæ rauricæ* en son style pittoresque, *quatuor filiis quatuorque filiabus obrutus*. Il y faut ajouter une neuvième enfant adoptive, sa nièce Jeanne. C'était la fille d'une sœur de Castellion appelée Jeannette et qui avait épousé un de ses compatriotes du Bugey [1], Evrard Vogiez ou Vouzié, charpentier, réfugié à Genève depuis 1550. La petite Jeanne, née sans doute avant l'arrivée de ses parents à Genève, perdit sa mère en 1553, puis son père (qui d'ailleurs s'était remarié) en 1556. L'orpheline avait été d'abord recueillie à Lyon par son oncle Michel l'imprimeur [2], elle le fut, après la mort de celui-ci, par son oncle Sébastien à Bâle [3]. Les lettres de famille contiennent régulièrement des salutations pour elle.

De tous ces enfants et de leur sort après la mort du père, nous ne savons que très peu de chose.

On a vu par le testament, que d'une part Castellion les recommandait avec confiance à la sollicitude de ses amis,

1. Le « Livre des habitants reçus de 1549 à 1560 » à Genève mentionne (p. 49) : « Hevrard Vogiez, chappuis (charpentier) de Port, près de Nantuaz »; reçu habitant le 4 septembre 1551. Il avait déjà fait baptiser l'année précédente 24 décembre un fils Pierre; un autre du nom d'Abraham fut baptisé le 13 août 1553; deux mois après, il perdit sa femme, 5 octobre 1553 (reg. des décès, I, 123). Il se remaria bientôt après selon l'usage du temps, le 10 décembre 1553 (reg. des mariages de Saint-Pierre) avec Antoine ou Antonie, fille de Jacques Colliart (dont il eut une fille, morte à quatre ans). Il paraît bien qu'Évrard Vogiez mourut plus tard à la fin de 1555 puisqu'à la date du 9 mai 1557, sa veuve épousait Michel Chatillon (reg. des mar. de St-Pierre). Michel Chatillon, maréchal à Genève et plus tard bourgeois de Genève (1562), était le neveu de la première femme d'Évrard; il était fils de Pierre Chatillon, frère aîné de notre Sébastien. La date du décès d'Evrard ne peut être vérifiée parce que les registres mortuaires offrent une lacune du 30 décembre 1555 au 20 mars 1558. (Renseignements obligeamment recueillis et communiqués par M. Théophile Dufour.)

2. Voir ci-dessus, chap. XVII, p. 108, et Appendice, lettre LXII, 25 janvier 1558.

3. Le cousin Guillaume Constantin l'envoie à Castellion par le messager ordinaire de Bâle à Lyon, 17 août 1558 (Appendice, lettre LXVII).

que d'autre part il demandait qu'on leur donnât un métier manuel en leur enseignant, suivant l'usage suisse, les deux langues française et allemande. Il y avait déjà pourvu pour les aînés : nous avons des copies de la main de son fils Nathanael qui prouvent que dès l'âge de douze ou treize ans, il était déjà très exercé [1]. Mais c'est tout ce que nous savons de Nathanael, et nous perdons toute trace de son existence jusqu'au lendemain de la mort du père. Le dernier document où se retrouve son nom est la lettre de condoléance de son cousin, le jeune Jean Eyssautier, que nous connaissons déjà [2]. En voici le texte naïf qui, à défaut d'autre mérite, nous donne le ton de cette correspondance de famille et laisse entrevoir l'humble vie, avec l'exubérante piété, de ces ménages où le père était pasteur et les fils artisans :

« Soit donnée la présente à mon bien aimé cousin Nathanael Chatillon, demeurant à la maison de maistre Jehan Bouin, à Balle.

Mon cousin, apprès me estre recommandé a vostre bonne grace, la présente soit pour vous advertir que je me porte bien, la grâce à Dieu, et aussy tous nos parents de par dessa, priant ce bon Dieu que ainsy soit de vous tous. En priant ce bon Dieu de vous envoyer ce que il congnoit vous estre nécessaire, et vous donner consollation en tant d'affliction. Et vous aussy, vous voyant ainsi destitué de vostre père, advez encore plus grand occasion de vous umilier, en tant de magnières qui luy plait vous envoyer de ces advertissements. Ayez le donc pour vostre père, en tous endroicts, prennés vostre but en luy, ensuivant la doctrine de vostre père (car il vous a bien appris à advoir la crainte de Dieu) et instruisant vous frères et seurs par le mesme chemin. A qui ne me oblierez point, mes affect. recommandations, et aussy à ma tante.

Et sy j'ay le moyen de vous aider en q. q. chose, je le feray de bon cœur. Faites le moy donc savoir. Et ne soyés pas tant pareceux de me envoyer de vous affaires des nouvelles : car, comme j'ai seu pour certain vostre père estre allé à Dieu desja despuis le mois décembre 1563 (qui ma esté des nouvelles mal joyeuses et tristes) neangmoigns vous n'estes point delaissé de Dieu, qui est nostre père à jamais ; et encore qu'il nous afflige par tant de magnières, ce nest sinon pour nous essayer afin de nous asseurer mieux en lui. Tornez-vous devers luy, et il vous délivrera et vous assistera.

Or quant me envoyerez de vous lestres, faites les moy tenir : « *en la maison de Jacques Dupuis, en la boutique devant l'escu de Genève* », là où je

1. Ms. 505 de la Biblioth. des Remontrants de Rotterdam, copies de lettres de 1558 et 1560.

2. Voir ci-dessus, p. 226, 252, et à l'Appendice, lettre XC.

suis apprenti advec un marchand. Et quant à des moyens de vous ayder, je n'en ay point pour le présent, non autre sinon que Dieu soit garde de nous tous.

Escripte a Genève en la maison de Jaques Dupuis par vostre amiable cousin.

JEHAN EYSSAUTIER.

Le 19 d'oust 1564 [1].

Ces sentiments de confiance en Dieu que le père témoignait dans son testament aussi bien que dans tous ses écrits, que la famille entière partageait, étaient comme l'atmosphère de ce petit monde protestant. L'appel au dévoûment effectif des amis, des parents, des collègues n'était pas un vain mot : il restait entre ces familles d'une simplicité patriarcale quelque chose de la solidarité sans façon et de la cordialité du village. Aussi ne sommes-nous pas étonnés de voir les espérances de Castellion remplies, et ses recommandations respectées. Au lendemain de sa mort, la pauvre veuve, sans autre aide que celle de sa belle-fille Suzanne, alors âgée d'une vingtaine d'années (son beau-fils Nathanael n'avait encore que quinze ans), restait chargée de six enfants, trois filles de neuf à douze ans, trois garçons de deux à six ans. Ce n'était pas trop de tout le bon vouloir des amis du père défunt pour lui venir en aide. Ils n'y faillirent point.

Tout d'abord Théodore Zwinger, nommé successeur de Castellion dans la chaire de grec, ne consentit pas à en recevoir le traitement [2], qu'il fit continuer à la veuve le plus longtemps possible, transfert qui sans doute fut rendu plus facile par cette circonstance que Zwinger fut recteur précisément l'année suivante (1565) et qu'après lui ce fut Basile Amerbach.

Un autre et précieux secours fut obtenu par les mêmes amis non sans une vive lutte. Castellion avait toujours été un étranger à Bâle, il n'avait pas fait le nécessaire pour obtenir le droit de bourgeoisie. La « Régence » de l'Académie, à la demande de l'excellent pasteur Ulrich Coccius (Kœchlin), alors prorecteur, s'interposa pour obtenir d'abord qu'on dispensât la famille des droits de succession assez

1. Autographe, Bibl. de Bâle, G², I, 23 (23ᵉ lettre du numéro 69).
2. Rudolph Stähelin, *Briefe aus der Reformationszeit*, 1877, in-4, préface, p. 4.

lourds qui pesaient sur les non-bourgeois. Les officiers du fisc insistèrent; l'Université posa avec fermeté la question de principe, soutint que la veuve et les enfants des professeurs et des ministres morts au service de la ville devaient être assimilés à des bourgeois. Après quelques débats, le gouvernement donna raison à l'Université et prescrivit au *Schultheiss* (*prætor urbanus*) et à ses officiers : « *ne Academicos in posterum turbarent* ». M. Mæhly, qui raconte très exactement tout ce petit conflit [1], nous apprend qu'un peu plus tard (nous ne savons pas la date précise) les amis du défunt obtinrent plus encore : les enfants de Castellion furent admis, sans doute d'office et sans frais, à la bourgeoisie; nous lisons plusieurs fois dans les registres du recteur à partir de 1580 : « *Fridericus Castellio, Sebastiani filius, basiliensis* [2] ».

Il n'est pas sans intérêt de remarquer les choix qu'avait faits Castellion parmi ses amis de Bâle pour leur confier, d'abord comme parrains et ensuite à deux d'entre eux comme tuteurs, la protection de ses enfants. Nous en avons la liste à peu près complète, grâce à une obligeante communication de M. le Dr R. Wackernagel, directeur des archives de l'État de Bâle [3]. Les registres des trois anciennes paroisses de Bâle

1. *Sebastian Castellio*, p. 70 et 71.
2. Matricule du recteur, août 1580; matricule de la faculté des arts, 16 octobre 1582, 6 août 1588, etc.
3. Voici le résumé des textes :

I. — Livre des baptêmes de la paroisse Saint-Martin.

1er août 1547. — *Debbora*. Parrain : « Hieronymus Frobenius »; marraines : « Catherina Rœschin » et N. « die Hochzitterin » (?).
18 janvier 1549. — *Nathanael*. Parrain : « Doctor Johannes Bohem medicus » et « Thomas Blatterus »; marraine : « Maria Oporin ».

II. — Livre des baptêmes de la paroisse de Saint-Alban.

24 septembre 1551. — *Anna*. Parrain : « Simon Sulzerius »; marraine : « Barbara Frobenyssen ».
12 novembre 1552. — *Barbara*. Parrain : « Martinus Cellarius »; marraine : « Barbara Frobenyssen ».
14 mars 1554. — *Sara*. Parrain : « Dr Amerbachius »; marraine : « Barbara Frobenyn » et « Johanna ».
23 janvier 1558. — *Bonifacius*. Parrain : « D. Comes aut Marchio Bernhardinus Bonifacius, Jungker Niclaus Nyderlender »; marraine : « die Thumpropstin ». Il s'agit sans doute de la femme de Sigmund von Pfirt qu'on appelait toujours prévôt (du chapitre) de la cathédrale, parce que depuis la sécularisation il en touchait les revenus, en dépit d'un interminable procès avec Rome. Dans son épitaphe, faite par Félix Platter, il est nommé *histo-*

qu'avait successivement habitées Castellion nous apprennent les noms des personnes qui ont servi de parrain et de marraine à tous ceux de ses enfants qui sont nés à Bâle. Nous y relevons : en 1547, Jérôme Froben; en 1549, Jean Bauhin et Thomas Platter; en 1551, l'*antistes* Simon Sulzer; en 1552, le Dr Martin Borrhée; en 1554, Boniface Amerbach; en janvier 1558, conjointement le marquis d'Oria et le noble Nicolas des Pays-Bas (Nicolas Blesdyk). Pour marraine nous voyons la femme d'Oporin; puis trois fois de suite Barbara Froben, la femme de l'imprimeur Jérôme, fille du bourgmestre Théodore Brand; puis la femme et la fille de Curione.

Parmi ces amis de diverse origine et de situation si différente, celui que Castellion prend pour tuteur effectif et pour second père de ses enfants, c'est naturellement son intime et vieil ami Jean Bauhin. Son attente ne fut pas trompée. Nous avons la preuve que de longues années plus tard le vieux docteur remplissait encore avec fidélité son mandat. Elle ressort d'une lettre datée de « Leimeerschen, château du comte de Hornes », écrite d'une main étrangère, mais signée en gros caractères tremblants d'une main d'aveugle : « Charles Utenhove » [1]. Le vieux pasteur flamand [2] écrit qu'il « est devenu anchien, caduque et aveugle »; il adresse à « M. Bouwin, son singulier ami et frère », des nouvelles des deux enfants de Castalio, Sara et Bonifacius. Celui-ci, âgé alors de dix-neuf ans, « demeure à Gand avec un marchant, comme vous ay escrit autrefois, et est honestement entretenu et apparent de pouvoir profiter ». Sara, qui habitait non la même ville, mais la même contrée, est sur le point de retourner à Bâle, ce qui malheureusement dispense Utenhove de donner les détails que nous pouvions espérer.

riarum peritissimus, mechanicarum artium studiosissimus. (Communication de M. le Dr L. Sieber.)

III. — Livre des baptêmes de Saint-Léonard.

27 septembre 1562. — *Frydrich.* Parrain : « Hans Leyderer »; marraine : « Agnes Cœlii Secundi Curionis filia ».

Pour Thomas, né en 1559 ou 1560, il a été impossible de retrouver aucune mention dans les registres; peut-être était-il né hors de Bâle, pendant un séjour de sa mère à la campagne.

1. Bibl. de Bâle, *Kirch. Arch.*, C. I. 2, t. I, p. 402. — 19 septembre 1577.

2. Car, malgré le prénom de *Charles*, au lieu de *Jean*, il ne peut s'agir de l'ancien élève de Castellion, Charles Utenhovius, qui n'avait alors que quarante et un ans; plus tard professeur de grec en remplacement de Frédéric Castellion, il ne mourut qu'en 1600 (Thommen, p. 364).

La réponse du Dr Bauhin est bien caractéristique ; elle rappelle le ton des lettres de Castellion et de tout son petit groupe, lettres qui nous désespèrent, tant elles font abstraction des choses d'ici-bas : c'est la correspondance comme l'entendra Jacqueline Pascal, « pour nous faire ressouvenir de nous renouveler dans l'attention à Dieu ». Tel est encore Bauhin sur ses vieux jours. Il s'applique à exhorter son correspondant, et les traits de foi mystique éclatent sous sa plume :

« ... C'est peu de chose de la veue extérieure et de l'ouye de dehors.... Ce qui est osté de la vie terrienne accroist à la céleste, aux fidèles et enfans de Dieu.... (Suivent de nombreuses citations.) Les choses visibles sont temporelles; les invisibles sont éternelles : considérons-les donc de l'œil de la foy lequel voit bien plus loing que tous les sens de notre créature humaine. Bref, il n'y a rien en quoy les enfans de Dieu se puissent reposer sinon en la fiance de la vie éternelle. »

Et ce n'est qu'après avoir répété toutes les formules chères à Castellion — (que Dieu est fidèle, qu'il est tout-puissant et que nous n'avons, nous, qu'à accepter ses bienfaits et à le remercier, « car il n'y a rien qui ferme plus l'huis aux dons de Dieu que l'ingratitude ») — qu'il consacre un mot aux affaires :

Vous remerciant de la bonne adresse et assistence qu'avés fait à Sara et à son frère [Boniface], vous priant de voûloir poursuivre et faire le mesme, et si d'aventure elle meine son frère Thomas avec soy, de l'adresser vers son frère [Boniface].

De vostre maison, ce 18 novembre 1577.

Votre fils et son ami, JEAN BAUHIN,
médecin, le vieux [1].

Le second exécuteur testamentaire devait être Nicolas Blesdyk. C'est sur lui que comptait Castellion quand il écrivit son testament en 1560. Quand il le relut en 1563, Blesdyk avait quitté Bâle : il s'était établi comme pasteur dans le Palatinat; Castellion substitua à son nom celui d'un autre ami avec qui il s'était lié récemment, Jean Brandmuller.

Jean Brandmuller, beaucoup plus jeune que Castellion, n'avait que trente ans lorsqu'il fut appelé à servir de tuteur

1. Autographe. Bibl. de Bâle, G², I, 20, à un des derniers feuillets du volume, qui n'est pas paginé.

aux enfants de son ami. D'où était venue à Castellion l'idée de lui confier ce mandat? Nous ne pouvons que le conjecturer par ce que nous savons du caractère de Brandmuller. Il était né à Biberach en Souabe d'une très bonne famille tombée dans la pauvreté. Tout enfant, l'étude l'avait attiré, et ses dignes parents avaient fait tous les sacrifices pour seconder sa vocation : à dix-huit ans, après avoir étudié à Tubingue et à Presbourg, il était reçu maître ès arts à l'université de Bâle, le 1er août 1553, le même jour que Castellion[1], qui avait le double de son âge. Dès l'année suivante, après avoir songé à poursuivre ses études pour se consacrer soit à la médecine, soit au droit, cédant ou à un vif sentiment religieux, ou à un pieux désir de ses parents, il se consacrait au ministère. Ce pasteur de dix-neuf ans fut préposé à deux petites paroisses suburbaines et au bout d'un an nommé diacre ou pasteur en second à Saint-Théodore, en même temps qu'inspecteur ou surveillant du petit collège; il fut encore chargé de suppléer le professeur de rhétorique, Nysæus et, en cette qualité, se trouva quelque temps collègue de Castellion. S'il faut en croire le témoignage de Herzog[2], son pastorat fut marqué par des traits qui suffiraient parfaitement à nous faire comprendre l'affection de Castellion pour lui; c'étaient précisément les qualités qu'il devait estimer entre toutes : la droiture, la franchise, une parole nette et grave, parfois hardie comme l'aimait Castellion[3], une certaine fibre plébéienne qui s'exprimait par une sympathie cordiale pour les pauvres et par l'absence d'obséquiosité envers les grands et les riches, un ton rude et familier, mais qui laissait deviner l'homme de cœur, en dépit peut-être de quelques emportements[4]. Enfin — car on peut presque à coup sûr conjecturer de tous les amis de Castel-

1. Voir ci-dessus, t. I, p. 260.

2. « In docendo fuit perspicuus, in concionibus ardens et devotus, in reprehendendo gravis et severus.... Nullus apud ipsum personarum respectus, pauperis æque ac divitis patronus. Integer, rotundus et apertus, nullius offensæ aut odii tenax, pacis et concordiæ studiosus,... hinc bonis omnibus acceptissimus. » Quelques-unes de ces qualités peuvent encore se deviner dans deux recueils de sermons (ou de plans de sermons) qu'a laissés Brandmuller : *Conciones funebres* CLXXX, et *Conciones nuptiales quadraginta ex vetere Testamento et viginti ex novo*, tous deux de 1576, Basileæ, P. Perna, in-8.

3. D'après Thommen, il aurait (p. 355) même encouru quelques critiques pour avoir fait aux pasteurs de Bâle à peu près les mêmes reproches que jadis Castellion à Genève.

4. D'après Thommen (p. 355), son beau-père Ulrich Iselin lui aurait reproché de battre sa femme et ses enfants.

lion qu'on découvrira au dernier fond de leur amitié une communauté de vues sur la question capitale, celle de la tolérance, — un billet de Brandmuller nous le montre en 1563 s'efforçant de sauver de malheureuses sorcières de la procédure barbare du temps [1].

Nous ne savons rien des services qu'a dû rendre Brandmuller aux orphelins. Nous constatons seulement que lui et son fils Grégoire restent en relation intime avec le dernier fils de Castellion, Frédéric [2].

Mais bien qu'il ne figure pas dans le testament, le principal appui des orphelins, ce fut Basile Amerbach. Quelques années plus tard, il est officiellement et réellement leur tuteur : il l'était devenu selon toute vraisemblance à la suite de la mort de leur mère, survenue soit pendant la grande épidémie de 1564, soit dans les années qui suivirent [3].

Deux fragments de correspondance nous le montrent en plein exercice de ce rôle envers Sara et envers Frédéric.

Sara, la seule des filles de Castellion dont nous suivions un instant la trace, paraît avoir été placée à Duisbourg, sans doute sous les auspices de Nicolas Blesdyk, peut-être dans une des grandes familles avec lesquelles Blesdyk était apparenté. Elle y était vraisemblablement comme gouvernante. Ses lettres attestent qu'elle y était bien traitée, on voit d'ailleurs qu'elle avait reçu une bonne éducation, qu'elle écrivait très convenablement l'allemand [4]. L'une de ses deux lettres « à son très révéré et très savant tuteur, Basilius

1. Lettre à Ambr. Blaarer, die Sabbati ante Pentecostes 1563 (Bibl. de St-Gall, ms., t. IX, fol. 115) : « De sagis seu maleficis libenter aliquid consuluissem... in Wysenstaig.... Duæ sunt combustæ, necdum finis est.... » Il n'est pas sans intérêt de signaler sinon comme inspiré par Castellion et son groupe, du moins comme se rattachant bien au même mouvement d'idées, la propagande qu'entreprenait précisément à ce moment le médecin du duc de Clèves, Jean Wier ou Weyer (né en 1515 dans le Brabant, mort en 1588) contre les pénalités sauvages appliquées aux sorciers et aux sorcières. C'est à Bâle et en 1564 qu'est imprimé son ouvrage *De præstigiis dæmonum* dont le 6e livre contient plusieurs pages qui rappellent les lettres de Castellion et de Zerchintes. (Cf. Appendice, lettre LIII.)

2. Lettre de Frédéric Castalio à Basile Amerbach (voir ci-après).

3. Les lettres de 1577-1580 ne contenant aucune mention de la veuve de Castellion, ni de la part de ses amis, ni de la part de ses enfants, il paraît hors de doute qu'elle n'existait plus à cette époque.

4. Ms. autographe. Bâle, G. II, 29. — Elle explique qu'elle n'a pu rejoindre à Strasbourg son frère Thomas. Quant à son autre frère Bonifacius, elle envoie au Dr Amerbach la recette d'un collyre pour soigner son œil.

Amerbach, *beyder Rechten Doktor* », est écrite de Duisbourg (3 mars 1578), à son retour du voyage de la fin de 1577, dont il a été question ci-dessus. L'autre, écrite deux ans plus tard (15 juillet 1580), annonce un nouveau voyage qu'elle espère faire à Bâle à la prochaine foire de Francfort en compagnie de son frère Boniface et l'intention qu'elle a de rentrer définitivement à Bâle : « Je ne suis pas disposée, dit-elle, à rester toute ma vie dans ce pays, et le temps passe ». Elle avait alors vingt-six ans. Nous ne savons rien d'elle, passé cette époque.

Le seul des enfants de Castellion dont l'histoire soit connue, le seul sans doute qui s'éleva au-dessus de la condition d'artisan, c'est le dernier, Frédéric, né en 1562.

De son enfance tout ce que nous savons, c'est qu'il eut pour maître un des plus vieux amis de son père, le bon Thomas Platter : il se souvient à dix-huit ans de ses bonnes leçons et de ses bons coups de fouet, dont il le remercie; il parle de lui dans plusieurs lettres avec l'expression de la plus respectueuse gratitude. Mais il avait eu, paraît-il, des débuts difficiles. Malgré tout ce qu'il devait à Basile Amerbach, il eut le tort de faire un coup de tête de jeune homme ou plutôt d'adolescent : il s'en alla sans son aveu, sans même le prévenir, étudier à Tubingue.

Il ne tarda pas à s'en repentir; les livres lui manquaient, et le reste aussi sans nul doute; n'osant pas affronter le courroux d'Amerbach, il écrit au bon vieux Platter pour lui demander d'intercéder. La lettre contient quelques phrases touchantes et elle nous fournit d'ailleurs quelques renseignements : nous en transcrivons le texte inédit en note [1].

1. Fœliciter res tibi succedere non dubito, idem de me habeto.

Quam multum tibi debeam jamjam experior, ut, qui abs te didicerim initia cum Latinæ, tum Græcæ linguæ, ac tuis monitionibus ac verberibus (pro quibus gratias ago) in tantum profecerim, ut jam assumpserim, cum magna laude, ordinem Studiosorum. Scis autem (utpote expertus) quibus opus habeant Studiosi, quibus indigeant, non solum libris, verum etiam vestimentis et aliis hujus modi.

Libros me domi habere puto; quia vero ob longitudinem itineris ad me perferri nequeunt, *malo integram Bibliothecam parentis mei reservari*, *quam huc illuc dividi*.

Ea igitur quibus opus habeo, quia gratis comparanda non sunt : supplex ad te tanquam ad alterum parentem confugio, petens, abs te D. D. Amorbacchium, tutorem meum exorari, ut aliquam *mittat mihi pecuniam*, *vel de meis*, *vel de publico ærario*, quo et ego in studiis perseverare, ac vestigia parentis mei imitari queam. Multifaria mea delicta impediunt, quominus ad ipsum scribam. Quæso ne graveris hoc mea causa facere, ac illum adire. Ego... (?) relationis ergo, tanto majori cum studio literis operam dabo, ac parentem meum imitari

Naturellement le digne vieillard lui donna entre autres bons conseils celui d'écrire au Dr Amerbach, de tout lui dire et d'implorer son pardon [1]. Notre étudiant s'y décida non sans embarras : il écrit une première lettre le 29 septembre 1579 où il s'accuse en phrases hyperboliques, puis plaide en bon latin de rhétorique, avec force citations, les circonstances atténuantes; enfin, il n'ose le charger de saluer de sa part que la servante du logis, Euphrosine, quelque bonne vieille sur qui sans doute il comptait pour plaider sa cause.

Mais l'hiver se passa, et il ne vint pas de réponse à sa lettre. Il reprit la plume plusieurs fois, chargea son plus fidèle camarade, Grégoire Brandmuller, d'une nouvelle missive. En avril il n'avait encore rien reçu, et comme il le dit franchement lui-même, il ne s'en étonne pas. Pourtant il revient à la charge; il a déjà un peu expié sa faute. Décidé à étudier quand même, faute de ressources, il s'est fait *famulus*, comme tant d'autres avant lui. Il gagne ainsi péniblement de quoi vivre, c'est-à-dire de quoi étudier. Mais il lui faut enfin un peu de secours pour achever ses études. Il le réclame en des termes à la fois pressants, naïfs et dignes qui ont dû désarmer le sévère Amerbach.

« De mes deux frères, lui dit-il [2], l'un (que je n'ai jamais vu), Bonifacius [3], a préféré le commerce aux études; l'autre, Thomas, a suivi la même voie : après avoir bien commencé à étudier, il est entré chez un tailleur. Tous deux se suffisent. Moi aussi, il me vaudrait mieux prendre un métier manuel que de m'épuiser en vains efforts pour étudier dans de si mauvaises conditions. Je m'attache à vous, comme à une ancre de salut : ne souffrez pas que le nom de mon père disparaisse : je n'espère pas l'égaler, mais je voudrais l'imiter

conabor. Si vero minus aliquid impetravero, nihilominus tamen (etsi non sine studiorum meorum detrimento), studia mea ad fœlicem exitum perducam. Sed meas preces aliquid ponderis habituras spero. Literas tuas summo desiderio expecto. Vale. T. T. subditissimus.

FRIDERICUS CASTALIO.

Suscription : Clarissimo, doctissimoque viro, D. Thomæ Platero, præceptori meo summa observantia colendo. Basileæ. (Bâle, ms. K. A., C. V, I^c^.)

1. La lettre de Platter lui arriva, dit-il, « ad XVIII Cal. Juli 1579 » : il écrivit à Basile Amerbach le 29 septembre suivant.

2. Ce qui semble indiquer que Nathanael était mort à cette époque.

3. Boniface était né en janvier 1558 et Frédéric en 1562; il faut croire que les enfants n'avaient pas été élevés ensemble de 1563 à 1577, date où Boniface est à Gand.

et en partie le faire revivre. Je m'en suis montré indigne mais le reste de ma vie réparera ce triste début [1]. »

Le pardon se fit-il encore attendre longtemps? Nous ne le pensons pas [2]. En effet, avant la fin de l'année, nous le trouvons admis à suivre les cours de philosophie et de langues anciennes; il travaille avec une ardeur extrême, obtient son baccalauréat le 16 octobre 1582, devient maître ès arts le 6 août 1588, acquiert le renom de poète (latin), d'orateur (latin), de musicien, de lettré et finalement même, car c'était la consécration presque obligatoire, de théologien. On le charge comme vicaire d'une paroisse voisine de Bâle; en 1589, il est nommé professeur de rhétorique à l'Académie. Il avait tenu parole : il perpétuait dans l'Université le nom de son père. Il occupa cette chaire de rhétorique, jusqu'en

1. ... Quod vero in iis (præcedentibus epistolis) petii, idem et nunc facio. Petii autem ut, habita aliqua ratione mei studiorumque meorum, mihi succurratur. Cujus modi enim sint studia mea, quosque in iis progressus fecerim, vel ex hac ipsa epistola videre est. Quæ si est minus bene composita, omnis culpa rejicietur in negotiorum, quibus quotidie distrahor, cumulum. Quæ enim ubique sit *famulorum* conditio, tibi facilius est existimare quam mihi scribere. Quum res sic sese habeant, iterum atque iterum rogo, ut meî aliqua in parte ratio habeatur, atque studia mea promoveantur, quo possim et ego aliquando vel ecclesiæ vel rei publicæ prodesse. Frater meus *Bonifacius* (qui tamen a me nunquam est visus) studiis posthabitis, aliæ rei animum adjunxit. Idem facit et *Thomas* : qui, cum in studiis fundamenta quædam non aspernanda jecisset, tandem sartori sese adjunxit. Hi duo sunt jam victûs aliarumque rerum, quibus opus habent, certi. Nonne et mihi satius fuisset opus aliquod manuarium quo me sustentarem didicisse, quam tam infeliciter et sine omni progressu in studiis versari?

Ad te ergo, tamquam ad sacram anchoram confugio, supplex orans, ut et meî sis memor. Ne patiare, quæso, stirpem parentis mei absque ullo pari esse : cui licet (ut ipsemet fatear) in omnibus par fieri non possim, studebo tamen ipsum aliqua in parte imitari atque exprimere. Et quamvis nullum adhuc specimen imitationis a me editum sit, sed potius malefactis meis animum ab ipso longe degenerem indicarim : faciam tamen, ut præcedens mea vita, posteriori emendetur.

Hanc autem meam petitionem aliquid ponderis habituram spero atque confido. Sin vero minus, plane perii : ac vereor, ne de meis actum sit studiis.

Exspecto tamen responsum aliquod tua humanitate quod sit dignum. Sed finem imponam epistolæ, postquam hunc, qui tibi has tradet literas, tibi commendaro. Quem quid multis commendo, cum probitas ipsius atque eruditio (quæ tamen maxime in poesi sita est) ipsum satis commendent?

Salutabis plurimum meo nomine D. D. *Bauhinum*, D. D. *Zwinggerum*, D. *Brandmullerum* ejusque filium *Gregorium*. Imprimis verò D. *Thomam Platterum* præceptorem meum perpetua observantia colendum. Nec excludo *Joannem* ac *Ludovicum Iselios*, ac *Jacobum Rechburgium* filium, una cum ejus parente. Addo porro sororem tuam *Faustinam* una cum tota familia. Nec non *Euphrasinam*, die Ann Streulin, omnes denique et ceteros Mecænates, omnesque qui me amant. Vale. Datæ Tübingæ anno 1580, 14 Cal. Maii.

Totus tuus,

FRIDERICUS CASTALIO.

2. Dans son impatience, le pauvre Frédéric trois jours après reprend la plume et profite d'un nouveau messager qui, celui-là, doit revenir à Tubingue pour recommander la précédente lettre et solliciter enfin une réponse. Il y ajoute des salutations qui montrent combien il avait été dans l'intimité de la maison : pour un voisin, qui est tailleur, pour un autre, fondeur, et pour le peintre Jacques (?). — 11 cal. maii 1580.

1595, puis celle d'éloquence jusqu'en 1610 et de nouveau la chaire de rhétorique jusqu'à sa mort arrivée en 1613.

Nous n'insistons pas sur la carrière de Frédéric Castellion, parce que, malgré l'assertion de quelques auteurs [1], elle ne fait pas moralement suite à celle de son père : les questions religieuses ne paraissent pas l'avoir jamais détourné de ses travaux d'humaniste [2]; peut-être a-t-il traduit en allemand un ou deux des opuscules paternels [3]. Mais, tout en continuant dignement la tradition extérieure de la famille, ce n'est pas le fils qui fera revivre la pensée profonde du père : d'autres s'étaient chargés de ce soin, et c'est le dernier récit qu'il nous reste à esquisser.

1. La plupart de ces auteurs paraissent avoir été conduits à cette assertion par une confusion que M. le pasteur Bernus a définitivement dissipée. Il est assez souvent question dans cette période d'un « M. Castillon qui était ancien de l'Église de Bâle en 1588 » (Cf. *Bull. de la Soc. d'h. du Prot. fr.*, XII, 269) et qui paraît avoir soutenu certaines idées de tolérance lors des discussions violentes soulevées par un certain Lescaille. Il était assez naturel de songer à l'identifier avec Fréd. Castellion. Mais c'est une erreur. Ce Castillon s'appelait Jean-François Castillione, il était fils d'un noble Milanais, Guarnerio Castillione, réfugié à Zurich en 1555, à Bâle en 1567; sa sœur Esther avait épousé à Zurich Paul Colli, noble réfugié d'Alexandrie (mort à Bâle en 1572) et fut mère du jurisconsulte et diplomate bien connu sous le nom d'*Hippolytus à Collibus*. Jean-François Castillione a traduit du français en allemand deux écrits de Duplessis-Mornay, le *Discours de la vie et de la mort* (Bâle, 1590, in-8) et le *Traité de la vérité de la religion chrétienne* (Bâle, 1597, in-f°). M. Bernus croit qu'il peut bien être aussi l'auteur de la traduction allemande anonyme de la *Doctrine ancienne* de Lescaille (traduction attribuée par erreur à Frédéric Castellion). Ce n'est pas non plus à la famille de notre Castellion qu'appartiennent Jean-Frédéric et Werner Castillon, étudiants à Bâle et à Strasbourg : ce sont les deux fils de Jean-François Castillione. Enfin c'est encore vraisemblablement à une autre famille qu'appartient Jean-Baptiste Castiglione (Gerdes, *Spec. ital. ref.*, 166 et 223) dont nous parlerons dans le chapitre suivant.

2. Les *Athenæ rauricæ* n'en citent qu'un seul, une dissertation *de Categorematis*, Genève, 1596 (que nous n'avons pu trouver). Il y faut ajouter : la traduction allemande de la 2e partie de *l'Académie française de Pierre de la Primaudaye*, Montbéliard, 1593-94, 2 vol., in-f°, avec une préface très modeste, où il reconnaît qu'il a rencontré des difficultés, qu'il ne les a pas toujours heureusement résolues, etc., et (d'après M. Bernus) la traduction allemande de la *Responce de Jacques Couet à l'épistre d'un certain français qui s'est efforcé de maintenir... la présence du corps de Christ dans le pain de la cène et même en tous lieux*; l'original est de Heidelberg, 1588, la traduction de Bâle, 1599, in-8. La dédicace, datée de Bâle, 3 mars 1599, à Alexandre et Nicolas Leffel, est signée : *Fridrich Castalion.*

3. Le témoignage le plus grave est celui de Schweizer (*Protest. Centraldogm.*, II, p. 15)... : « dass in Basel Fried. Castellio einen Verweis erhielt, weil er Schriften theils *Lescaille's*, theils seines Vaters Sebastian (*De libero arbitrio*) übersetzt habe ».

CHAPITRE XXIII

INFLUENCE POSTHUME

Historique très sommaire des publications posthumes et de leur influence immédiate jusqu'à 1613.

I. Influence de Castellion pédagogue : les *Dialogues sacrés*. — II. Influence de Castellion traducteur de la Bible appréciations de Conrad Gesner, de De Thou; rééditions de la fin du XVIIe siècle. — III. Influence de Castellion théologien libéral : tolérance dans l'État et dans l'Église. — IV. Publications qui précèdent et amènent celle de ses œuvres posthumes : les *Stratagemata Satanæ* d'Acontius (1565). — V. Le débat *De hæreticis coercendis* dans les Grisons : Synodes de Coire, Églinus et Gantner. — VI. Dans la Valteline : Scipio Lentulus et les disciples de Camillo Renato. Rescrit du 27 juin 1570 : polémiques. — VII. Ecrit de Mino Celsi de Sienne, *In hæreticis coercendis quatenus progredi liceat* : publié par Fischart en 1577. — VIII. Fauste Socin publie plusieurs des manuscrits de Castellion, 1578. — IX. Nouvelle publication des *Dialogi quatuor et tractatus quatuor* et des autres écrits en faveur de la tolérance avec, traductions néerlandaises, de 1605 à 1613, en Hollande par les soins et pour la défense des Remontrants. — Conclusion.

Il nous reste un dernier chapitre à écrire.

Nous avons à retracer non pas l'histoire des idées de Castellion — ce qui serait presque écrire une histoire du protestantisme, — mais la manière dont elles sont sorties, après lui, de l'obscurité pour exercer, quelques années à peine après sa mort, une influence qui devait finir par être universelle et sans conteste.

Penseur solitaire, traité tour à tour de rêveur creux et de dangereux conspirateur, novateur plus redouté que connu, fuyant le bruit, ne parlant que sous l'aiguillon de la conscience qui le faisait polémiste malgré lui, il semble qu'il meure tout entier avant d'avoir dit tout haut sa pensée, et l'on devait s'attendre à voir promptement s'effacer le sillon qu'il avait plutôt tracé que creusé. Et pourtant, avant que le siècle ait pris fin, son nom renaît, ses manuscrits s'impriment, se réimpriment, se traduisent en plusieurs langues, servent de manifeste et de programme à des Églises entières; sa doctrine sur plusieurs points triomphe de celle de Calvin lui-même jusqu'à la faire oublier, jusqu'à en faire rougir les plus déterminés calvinistes.

Notre récit serait incomplet s'il n'allait pas jusqu'à ce moment. Et, bien que nous devions nous en tenir pour ces quelques années à la plus rapide esquisse, il est nécessaire que nous montrions comment, en moins d'un demi-siècle, le protestantisme a pu donner raison à l'obscur professeur de Bâle contre le génie de Calvin.

I

Dans cette histoire de l'influence posthume de Castellion, nous laissons de côté son rôle pédagogique, quelque important qu'il soit. Le chapitre spécial où nous avons parlé des *Dialogues sacrés* et de leur étonnante fortune, si peu connue en France, suffit à faire connaître Castellion comme le Lhomond de l'Allemagne et de la Suisse protestantes : nous n'y revenons pas[1].

II

Nous pourrions insister davantage sur son rôle, beaucoup plus important, comme traducteur de la Bible. Mais, outre que cette étude excéderait le cadre de notre travail aussi bien que notre compétence[2], elle nous entraînerait bien au delà de la période où nous devons nous arrêter. Ce n'est pas immédiatement que fut reconnue la véritable portée des travaux exégétiques de Castellion. Soit en France, soit en Allemagne, il faut attendre plus d'un siècle pour voir rendre pleine justice à ses mérites.

1. Voir t. I, chap. VI, et ci-après l'Appendice, 1re partie : Bibliographie des *Dialogues sacrés*.
2. Nous ne pouvons que renvoyer à l'étude de M. Douen, que nous avons publiée en Appendice à la fin du tome I.

En France, c'est Richard Simon qui le premier écrira : « Je mets à la tête des critiques [protestants] sur le Nouveau Testament Sébastian Castalio », qui montrera par de nombreux exemples « la capacité de Castalio et son application au stile des écrivains du Nouveau Testament », et qui ajoutera : « la plupart de ceux qui ont traduit la Bible en notre langue n'ont pas eu toutes ces vues, qu'il est néanmoins nécessaire d'avoir pour faire une bonne traduction » [1].

En Allemagne ce ne sera aussi qu'à la fin du XVIIe siècle et au commencement du XVIIIe que la Bible latine de Castellion sortira de l'oubli. Vers 1694, un hardi pédagogue de Gotha, le recteur Gottfried Vokkerodt, homme d'initiative et zélé humaniste, la découvrit en quelque sorte et s'en éprit comme d'un livre fait tout exprès pour relever l'instruction biblique en y faisant pénétrer les méthodes philologiques du temps. Charmé tout ensemble de l'indépendance de cette traduction et de sa merveilleuse latinité, Vokkerodt décida un imprimeur de Francfort, Jean-David Zunner, à faire une nouvelle édition du Nouveau Testament de Castellion précédée d'une *Dissertatio de pretio et usu singulari Bibliorum latinorum Castellionis*. Il faut bien que Vokkerodt ait vu juste, car non seulement son édition du Nouveau Testament eut un grand succès, mais dans les années suivantes plusieurs des premiers éditeurs d'Allemagne se mirent à publier à l'envi des éditions de plus en plus complètes et soignées de la Bible latine, Thomas Fritsch à Francfort en 1697, puis Samuel-Benjamin Walther à Leipzig, puis plusieurs autres au moins pour le Nouveau Testament. Londres publia aussi une édition de la Bible et plusieurs du Nouveau Testament.

La plupart de ces éditions, soit in-f°, soit in-8, depuis celle de Fritsch portent en frontispice le portrait de Castellion d'après un original que nous ne connaissons pas et qui avait été gravé par Sysang [2].

De 1728 à 1734, trois critiques considérables s'appliquèrent à faire connaître les mérites de la Bible de Castellion

1. *Histoire critique des principaux commentateurs du N. T.*, p. 774 de l'édition in-4 de Rotterdam, 1693.

2. C'est ce portrait dont nous donnons en tête du premier volume de cet ouvrage une reproduction due au crayon de M. Jean-Paul Laurens.

et leurs écrits le mirent pour ainsi dire officiellement en honneur dans toutes les universités : le théologien Christophe Woll, prédicateur à Leipzig, composa une *Dissertatio critica de eo quod pulchrum est in versione sacri codicis Seb. Castellionis*, plusieurs fois réimprimée, soit à part, soit en tête des éditions de la Bible de Walther.

La même année (1728), Mathias Bele, *Belius*, de Presbourg, publiait une chaleureuse *Parænesis* qu'il avait écrite (en 1724) à l'intention de la jeunesse studieuse et que l'on prit l'habitude de placer en tête du Nouveau Testament. Enfin (1734), le recteur de l'université de Minden, Jean-Ludolph Bünemann, se fit en quelque sorte l'éditeur et l'annotateur de Castellion. Il écrivit pour la Bible plusieurs préfaces, et un très curieux *index latinitatis*, discutant à la lumière des textes classiques une foule de termes de la langue de Castellion [1].

Mais si nous nous enfermons dans les limites du siècle, on ne peut pas soutenir ni de la génération contemporaine de Castellion ni de celle qui l'a suivi immédiatement qu'elle ait en général apprécié comme on l'apprécia plus tard cette partie de son œuvre. Tous les théologiens calvinistes et la plupart de ceux des autres communions protestantes étaient par trop prévenus contre l'auteur pour ne pas chercher quelque hérésie, ou l'indifférentisme, ou l'arianisme, ou l'anabaptisme, entre les lignes de cette traduction. Constatons cependant quelques exceptions qui méritent d'autant plus d'être remarquées.

La plus éclatante sans contredit vient de l'illustre savant de Zurich, Conrad Gesner. On sait que Gesner vivait dans l'intimité de Bullinger, de Gwalther, de Simler et de tout ce clergé orthodoxe qui venait de faire bannir Ochino et qui parlait de Castellion comme du pire ennemi de la religion. Et pour-

1. Il y eut d'autres commentateurs, par exemple Job-Math. Gesner, de Gœttingen, 1747. Mais il nous suffit d'avoir indiqué la très grande popularité qu'avait acquise au milieu du XVIIIe siècle la Bible de Castellion. Le *Hannoverisches Magazin* de mars 1763 (p. 290-317) rapporte un propos du secrétaire de la Commission des livres, Reyber : « J'ai dû, disait-il à l'auteur de l'article (*Nachlese zu Seb. Castellion's Leben und Schriften*), dans la seule année 1755, faire expédier 800 exemplaires du Nouveau Testament latin de Castellion avec la préface allemande du professeur Gesner (Gotha, 1747, in-12) en Russie, pour l'usage des écoles de la Sibérie et de la Petite Tartarie, et on en demandait un envoi beaucoup plus considérable, que la guerre a empêché de faire. »

tant dans les éditions successives de sa *Bibliotheca universalis* se trouvent insérées, au milieu de renseignements bibliographiques, ces lignes remarquables sur la *Bible latine* de Castellion, qui exprimaient d'avance le jugement de la postérité :

Postremo vertit tota Biblia, ita diligenter ac summa fide, ad hebraica et græca exemplaria collatis Veteris ac Novi Testamenti libris omnibus, ac inde in latinam linguam, observata ubique et perspicuitatis et elegantiæ et proprietatis ipsius ratione, ut *omnes omnium versiones hactenus editas longo post se intervallo reliquisse videatur*. Adjectæ sunt etiam ejusdem Annotationes quibus et versionis suæ ratio redditur et difficiliora loca explicantur [1].

Un pareil témoignage — rapproché de celui de Mélanchthon, du jugement de Ceriolanus [2], de celui des Anglais [3] Christophe Carleil, Cheke, Laurent Humfred [4] et de quelques autres, que nous ne pouvons énumérer — montre bien que la Bible de Castellion eut ses partisans dès le XVIe siècle dans l'élite du public protestant. Et il peut faire contrepoids aux dures et injustes paroles de l'historien de Thou [5], d'Henri Estienne [6] et d'Etienne Pasquier [7].

1. *Bibliotheca universalis*, édition de Simler, 1574, p. 620.
2. Voir ci-dessus, t. I, p. 318.
3. Voir dans les *Judicia doctorum virorum* en tête de la Bible latine.
4. Ce dernier avait dû être élève de Castellion : il est immatriculé avec deux autres Anglais à l'Université de Bâle en 1555 (fol. 194 de la Matricula Rectoris).
5. Le passage en question soulève une petite controverse qui a son intérêt à cause de la scrupuleuse impartialité qu'on se plaît à reconnaître à l'historien de Thou. Le texte tel qu'on le trouve à peu près dans toutes les éditions latines et françaises contient cette phrase : « Castalio, quum puriorem linguarum cognitionem ad theologicam scientiam adjunxisse se putaret, *impuras manus* (multorum judicio) *ad sacra tractanda attulit* quum a rebus ad tantum opus necessariis *homo imparatissimus* novam Bibliorum versionem *insolenti temeritate* molitus est... et Bernadi Ochino cujus Dialogos latinos fecit, *præcipue in polygamia*, adstipulari creditus.... » (Liv. XXXV, p. 381 de la grande édition de Londres, 1733, *anno* 1563.) C'est ce texte que traduit littéralement Tissier, *Eloges des hommes savants*. Conrad Fuessli assure que ce texte est le résultat, sinon d'une falsification, du moins d'une addition que les ministres de Genève ont réussi à faire introduire dans le texte primitif, qui, selon Fuessli, est le suivant (dans la première édition de Paris et Francfort) :
« Castalio puriorem linguarum cognitionem ad theologicam scientiam adjunxerat, et Biblia sacra interpretatione nova transtulerat, a Gallicis Helveticisque ecclesiis (quarum alioqui doctrinam amplectebatur) in quibusdam dissidens, unde pleraque contraria inter eos scripta emanarunt; tandem Basileæ non ita senex (quippe vix annum 48 supergressus) 4 cal. jan. fatis concessit. » — Cette rédaction est certainement, plus que celle qui a prévalu, dans le ton et dans les habitudes d'esprit et de style du grave historien.
6. *Apologie par Hérodote* (chap. XIV). *Des blasphèmes de notre temps....* « On voit évidemment que cest homme (Castalio) s'est estudié à cercher les mots de gueux ou pour le moins tels qu'ils fissent amuser lecteurs à rire au lieu de s'amuser à considérer le jeux du passage. » Il cite quelques-unes des expressions par trop familières de sa Bible française et insiste « sur la malice du traducteur qui a expressément cerché telles façons de parler pour exposer en risée les propos sérieux et sacrés ». — Remarquable exemple des injustices que peut faire commettre l'esprit de parti, et nouvelle preuve de la réserve avec laquelle doivent être accueillis les jugements des théologiens sur leurs contradicteurs.
7. *Recherches*, liv. VIII, chap. XII. La critique est beaucoup plus modérée que celle des deux précédents. Voir ci-dessus, t. I, p. 318.

III

Mais ce qu'il importe surtout de mettre en lumière, c'est la prompte et inopinée réapparition de Castellion comme représentant de ce que nous appellerons abréviativement le « protestantisme libéral », c'est-à-dire comme auteur d'une doctrine qui extérieurement se traduisait par la tolérance, mais qui dans son fonds théologique et philosophique, tirait cette tolérance d'une conception toute nouvelle de la vie religieuse.

Il faut remarquer, en effet, à quel point s'appellent mutuellement les deux parties de l'œuvre de notre auteur, celle qui a trait à la proclamation de la liberté de conscience dans l'État et celle qui relègue au second plan non seulement l'uniformité dans le dogme, mais le dogme lui-même.

Sans doute c'est la conséquence pratique avec ses applications ecclésiastiques et sociales — en un mot la tolérance — qui frappera le plus l'opinion publique et fera connaître au loin le nom de Castellion. Mais pour justifier cette revendication de la liberté des croyances religieuses dans l'Église et dans l'État, Castellion avait d'autres raisons que l'humanité et l'horreur du fanatisme : c'est de l'essence même de la religion qu'il déduisait la liberté non comme un accessoire, mais comme la condition fondamentale et caractéristique du christianisme. Et cette partie plus profonde de sa doctrine, qui servait en quelque sorte de base à l'autre et qui a vu le jour en même temps, n'a pas eu moins d'action sur le monde théologique protestant que n'en eurent sur un plus grand public ses éloquents plaidoyers contre la persécution. C'est en même temps et sous ce double aspect, comme apôtre de la tolérance et comme théologien libéral, qu'il sortira en quelque sorte du tombeau par la publication posthume de 1578.

Voyons d'abord comment elle a été préparée.

IV

De 1563, année de sa mort, à 1578, date de cette première publication, qu'étaient devenus ses manuscrits? Nous avons vu qu'il y faisait allusion dans son testament et s'en remettait à ses amis Bauhin et Brandmuller [1].

Ceux-ci paraissent n'avoir songé, d'abord, qu'à les conserver, peut-être à les cacher. Une première fois pourtant et presque au lendemain de la mort de leur ami, ils durent être tentés de faire quelque usage des papiers qu'ils avaient à leur disposition. Un petit livre venait de paraître à Bâle — sans nom d'imprimeur, mais presque certainement par les soins du hardi successeur de Thomas Platter, l'Italien Pierre Perna, — livre qu'on eût pu prendre pour un nouvel écrit de Castellion, tant il en respirait l'esprit.

C'était l'œuvre d'un autre Italien assez obscur, lié avec la plupart de ceux que nous avons vus passer dans cette biographie, notamment avec Bernardino Ochino et le groupe zurichois. Il s'appelait Giacomo Conzio ou Contio, en latin Jacobus Acontius, Tridentinus (de Trente, son lieu natal). Il avait passé sa jeunesse et une partie de son âge mûr à Milan, à la cour du vice-roi espagnol, le marquis de Pescara, s'occupant tour à tour de droit, de politique, et de questions stratégiques : ses connaissances techniques dans l'art des fortifications lui valurent un renom assez grand pour que plus tard la reine Elisabeth le prît à son service comme ingénieur militaire.

Mais les idées religieuses finirent par l'emporter en lui sur tout autre souci, et vers 1557, Acontius ne se sentant plus en sûreté dans un pays où l'Inquisition devenait le tribunal souverain, se décidait à passer les Alpes. Il emportait avec lui des manuscrits qu'il ne pouvait songer à faire imprimer en Italie, notamment un traité de la méthode, *De Methodo, hoc est de recta investigandarum tradendarumque*

1. Voir ci-dessus, p. 271.

scientiarum ratione, travail qui ne tient pas, il est vrai, tout ce qu'il promet, mais dont le titre au moins et l'intention et même quelques phrases heureuses ont permis de voir dans l'auteur un humble et lointain précurseur de Descartes [1]. Le *De Methodo* avait paru dès 1558 chez Perna; et sans nul doute, dans le séjour qu'il fit à Bâle à cette occasion, Acontius s'était lié avec le groupe de Castellion. Peu après, Acontius était parti pour l'Angleterre à la suite de son ami Jean-Baptiste Castiglione, attaché à la cour d'Élisabeth. Membre influent de l'*Ecclesia peregrinorum* de Londres, il avait pris un rôle actif dans une de ces misérables, mais violentes querelles théologiques, plaie ordinaire de toutes ces petites Églises de réfugiés où il semble que l'esprit d'indépendance propre au protestantisme s'aigrissait par surcroît de toute l'amertume de l'exil. Acontius avait pris parti pour le Flamand Adrien Hamsted qui avait eu le courage sinon de défendre l'anabaptisme, du moins de réclamer les circonstances atténuantes pour une poignée de suspects [2]. L'évêque anglican Grindal, inquiet non sans raison des tendances hétérodoxes de ce petit troupeau, avait fait prononcer l'excommunication de Hamsted et d'Acontius [3]. Le pasteur flamand avait fini par céder. Acontius tint bon, précisa de plus en plus ses hérésies et revendiqua pour chaque fidèle le droit de discuter tous les dogmes non essentiels au salut, même celui de la naissance miraculeuse de Jésus-Christ. Enfin il était revenu à Bâle, non pas comme exilé — car il garda jusqu'à la fin sa faveur auprès d'Élisabeth, — mais pour y faire imprimer un ouvrage qu'il méditait sans doute depuis longtemps, qu'il discuta peut-être à Bâle même avec Curione, avec J.-C. Pasquale, avec Castellion, mais qui ne parut que quelques mois après la mort de ce dernier. Ce petit volume avait pour titre, par allusion aux ouvrages techniques de l'auteur, *Stratagemata Satanæ*.

1. Baillet, *Vie de Descartes*, Paris, 1691, t. II, 138.

2. Le médecin Georges von Parris, membre de cette Église, avait été brûlé à Smithfield comme anabaptiste en 1551.

3. 29 avril 1561. — Voir le portrait que trace d'Acontius le pasteur de l'Église française de Londres, Nicolas des Gallars, écrivant à Calvin (25 janvier 1561, *Opp. Calv.*, XVIII, 341) : on y lit ces mots qui prouvent sa perspicacité : « Mihi videtur, sub litterarum et *Methodi* quam profitetur fuco, monstra alere ».

Pierre Perna en fit dans la même année 1565 deux éditions différentes, bientôt suivies de traductions en français (*les Ruzes de Satan*), en flamand, en allemand et en anglais. C'était un nouveau et considérable manifeste en faveur de la liberté de conscience dans l'État, de la tolérance dans l'Église; c'était presque, pourrait-on dire, une suite donnée au *Traicté des hérétiques* de Martin Bellie et au récent *Conseil à la France désolée.* Mais l'auteur évite à dessein de s'y rattacher expressément. Craignant, comme il le dit spirituellement, de se laisser prendre lui-même à ces pièges de Satan qu'il dénonce, il s'est astreint à ne pas écrire un seul nom propre [1], à ne ranimer aucune querelle personnelle, pour ne pas paraître attaquer les chefs de l'Église alors qu'il n'en veut qu'à leurs erreurs. L'ouvrage est divisé en huit livres que nous n'analyserons pas, mais dont nous constatons l'inspiration absolument identique à celle de Castellion. Ces deux apôtres de la tolérance n'ont pas seulement en commun l'excellence de leur thèse générale et du but qu'ils poursuivent : leurs raisons profondes pour motiver la liberté religieuse sont les mêmes. Acontius comme Castellion, avec un appareil logique peut-être plus rigoureux, mais plus lourd, part de ce principe fondamental que le but de la doctrine chrétienne est la vie éternelle, qu'en conséquence sera déclaré utile à connaître tout ce qui est indispensable à la possession de la vie éternelle, et au contraire négligeable ou d'importance secondaire tout ce qui n'y contribue pas nécessairement [2].

D'où il suit aussitôt que l'erreur, même dans les choses religieuses, ne doit pas nous inspirer *a priori* ces sentiments de haine violente que respirent tant de formules de réprobation ou plutôt d'injure trop familières à certains théologiens [3], et qui répandues dans le peuple des fidèles animent secte contre secte jusqu'à la fureur, jusqu'à l'extermination mutuelle, pour des questions de mots [4]. Suivant une vue très

1. Préface et t. VIII, p. 380. Il ne fait exception que pour flétrir le pamphlet de Baudouin; encore ne nomme-t-il pas l'auteur.
2. Liv. I, p. 42 de l'édition de Grasser de 1610.
3. Il en cite quelques exemples empruntés au répertoire de Calvin, sans le nommer, t. II, p. 58; il y revient p. 223-225 et ailleurs.
4. P. 97-99, 125.

juste, c'est par la racine qu'Acontius veut extirper le mal, c'est du cœur même de l'Église qu'il entreprend de chasser l'esprit d'intolérance : il ne dissimule pas son horreur pour la discipline ecclésiastique dont les Églises calvinistes étaient si fières, pour leur système d'excommunication, de censure ecclésiastique, de pénitence publique [1], pour leur abus des confessions de foi [2], véritable arme d'inquisition, qui deviendra entre les mains des ministres ou d'une majorité oppressive, plus dangereuse peut-être que la confession auriculaire de l'Église romaine [3]. Supposons pourtant, dit-il, qu'au lieu de ces innombrables subtilités théologiques, il soit reconnu après mûr et impartial examen que l'on se trouve en présence d'une erreur capitale portant atteinte à l'essence même de la vérité chrétienne. Quel est le devoir de l'Église et celui du magistrat? L'Église prononcera qu'il y a erreur, elle condamnera l'hérésie, exclura l'hérétique non seulement sans autre pénalité extérieure, mais sans un outrage, sans un mot de colère ou de haine [4].

Quant au magistrat, il n'a pas à intervenir; et ici, pendant plusieurs pages, nous croyons relire, en moins bon latin, Martinus Bellius. C'est la même discussion de la parabole de l'ivraie, avec la même réfutation des sophismes exégétiques de Calvin, de Bèze et de Bullinger; c'est la ferme et nette distinction des deux domaines et des deux glaives; ce sont enfin les mêmes apostrophes au magistrat qui se fait le bourreau du pasteur pour réprimer de prétendus crimes qui seraient tout au plus des erreurs, si ce ne sont pas des vérités nouvelles, et cette conclusion qu'enfin d'un bout à l'autre de la chrétienté, l'intervention du bras séculier en matière spirituelle est le plus solide rempart du royaume de Satan [5].

1. Indigna certe christiana lenitate hæc conscientiarum carnificina, t. I, p. 256-265.

2. T. VI, p. 296. Il dit en général des confessions de foi : « Equidem de hoc instituto sperare optime non possum : vix enim video quid habere possit commodi, incommoda vero multa ac valde quidem magna olfacere mihi videor. Quid enim queritur hac diligenti confessionum exactione? Nempe ut si quisquam in aliquo sit errore cogatur se prodere, .. si pertinax fuerit, excludatur ab Ecclesia.... Talibus quidem institutis ad tyrannidem exercendam nihil fieri potest aptius, nihil sunt aliud quam meræ conscientiarum laniena. »

3. Si in consuetudinem moremque abierit hoc exemplum, præ tali levissimum jugum erat auricularis quam vocant confessio, t. VII, p. 355.

4. Me quidem authore, ita damnabitur hæreticus : ut exposita simpliciter causa convicium probrumque omne absit; fietque cum significatione magis doloris quam iræ ullius aut odii ut judicium quidem gravitatem habere, non acerbitatem ullam videatur. (T. III, p. 134.).

5. T. VI, p. 392.

La fin de l'ouvrage se traîne en longueurs et en redites; l'auteur finit même par compromettre sa cause par une concession que Castellion n'avait jamais faite malgré les plus vives instances de ses amis [1], et dont il eût certainement détourné Acontius : c'est un essai de rédaction d'une confession de foi qui dirait en quelques articles tout le nécessaire et rien que le nécessaire [2]. Excusable inconséquence, illusion naturelle, puisqu'elle a séduit tant de bons esprits et de grands esprits! Acontius n'était pas le premier, et Leibniz ne sera pas le dernier à caresser ce rêve. En dépit de cette défaillance, Acontius n'en a pas moins tracé après Castellion et exactement comme lui, les grandes lignes de la nouvelle méthode religieuse, et sa conclusion est bien la proclamation de la liberté absolue : il faut, dit-il dans une belle page, douter d'abord pour chercher la vérité; une fois trouvée, si la liberté règne, elle vaincra nécessairement. Le règne de Satan est bien près de finir quand commence la liberté des opinions religieuses [3].

V

C'est ainsi qu'un an après la mort de Castellion, il lui surgissait un continuateur imprévu. Mais cette fois encore ce n'était, peut-on dire, que le fait d'un penseur isolé. Très peu de temps après, le même débat éclatait sur un autre théâtre et y prenait les proportions d'une grave affaire ecclésiastique. Sans en retracer l'histoire qui serait trop longue, nous y dégagerons seulement la part directe qui revient à l'influence de Castellion.

On a déjà pu voir dans ce livre [4] quel terrain propice à

1. Voir ses lettres à Guillaume Constantin et à Arguerius refusant de faire une confession de foi quelconque et se bornant au symbole apostolique librement interprété. (Appendice, lettres XLVI et LXI.)
2. T. VII, p. 340-343.
3. Qui dubitat, is ad veri inquisitionem exstimulatur. Et, multis inquirentibus, mirum est ni aliquis invenerit. Inventa porto veritate, si disserendi sit libertas, facta sententiarum collatione, illa superior evadat necesse est. Ex quo quidem efficitur cum opinionum de religione libertate consistere Satanæ regnum diu non posse. (Liv. VI, p. 268.)
4. Voir t. I, p. 345 et suiv.

l'éclosion de l'hérésie, c'est-à-dire des idées libérales, offrait au XVIe siècle le vaste territoire des trois Ligues grisonnes et des Bailliages qu'elles possédaient depuis 1530 de l'autre côté des Alpes [1]. La situation même de ce pays, isolé et protégé par ses montagnes et pourtant en relations constantes de voisinage et de transit avec l'Allemagne, la Suisse et l'Italie, sa constitution politique intérieure qui laissait à chaque Ligue ou plus exactement à chaque vallée, à chaque groupe de population bloqué six mois par les neiges, une autonomie forcée, enfin la lutte des deux éléments allemand et italien, catholique et protestant, l'invasion incessante par les Bailliages d'un flot de réfugiés italiens, la plupart aussi impatients d'un joug luthérien ou calviniste que de celui de Rome, toutes ces causes expliquent l'absence prolongée d'une discipline ecclésiastique, et par suite la tolérance ou l'impunité assurée en fait aux hérétiques. Aussi y voyons-nous de bonne heure affluer les esprits aventureux qui se font à eux-mêmes une religion et trouvent toujours à qui la prêcher. Longtemps avant Servet, le droit à l'hérésie y avait été proclamé : deux ou trois pasteurs solennellement condamnés par le synode n'en étaient pas moins demeurés à la tête de leur église [2] jusqu'au jour où leurs collègues avaient réussi à mettre en mouvement le bras séculier et à les faire bannir. Les deux pasteurs de Coire, Fabricius et Gallicius, avaient fini par faire adopter, non sans les plus vives résistances, une confession de foi (1553) : mais l'autorité n'en fut guère plus reconnue que la suprématie de Coire sur le reste du pays.

La mort de Servet fut le signal d'une véritable explosion. Un simple lettré que nous regrettons de ne pas mieux connaître et qui mériterait sans doute d'être mis en lumière, le Sicilien Camillo Renato, ami de Curione, de Stancar, de

1. « La *Valteline* est le pays qui, après les Vallées Vaudoises et dès 1526, a le plus longtemps marqué dans les fastes de la Réforme italienne. Ce pays fut vers 1542 la première étape de plusieurs de nos réfugiés les plus distingués, tels que le marquis Galeas Caraccioli; cinq membres de la maison comtale des Martinengo de Brescia; les réformateurs Pierre Martyr Vermiglio de Florence, Bernardino Ochino de Sienne, Scipion Calandrini de Lucques, etc. » (Galiffe, *Refuge italien*, p. 77.)

2. Les cas les plus célèbres sont ceux du Calabrais Francesco, pasteur à Vettan (1544); du Milanais Hieronimo à Lavin, près de Tarasp; de Tiziano, dans le val de Poschiavo (1547).

Lélio Socin et d'Ochino, éclata le premier en une longue et véhémente imprécation dont le début n'est pas sans vigueur :

> Indignum facinus sæclis mandasse futuris
> Haud, Calvine, vides [1]!...

L'auteur de ces apostrophes indignées était depuis quelques années déjà excommunié de l'Église de Rhétie (1550) à la suite d'un long duel théologique avec le ministre de Chiavenna, Mainardo, autre Italien non moins souple et subtil dans l'orthodoxie que lui-même l'était dans l'hérésie. Vaincu, mais d'autant plus aimé de la majorité peut-être du clergé italien, Camillo avait traduit en formes populaires, d'une clarté qui nous étonne aujourd'hui, les doctrines de Servet et toutes ces opinions plus ou moins antitrinitaires qui s'appelaient encore l'arianisme en attendant qu'elles devinssent le socinianisme. De son humble refuge à Trahona en Valteline, Camillo avait dirigé une propagande si active et insinuante que peu d'années après, lui mort, ses disciples sont légion. Dès 1558, deux d'entre eux, ministres en Valteline et tous deux en relations avec Ochino, avec Socin, presque certainement aussi avec Curione et Castellion, reprennent publiquement la lutte et l'agrandissent. L'un, personnage d'ailleurs obscur, Ludovico Fiero, sans se défendre de ses opinions antitrinitaires, pose ainsi la question au synode de Coire en 1561 : *An pro hæretico sit habendus quispiam ob simplicem errorem in articulo de Trinitate, quum alioquin esset probatissimus moribus et maxima erga pauperes caritate?* N'y avait-il pas plus d'audace dans cette question que dans toutes les hérésies? Le second, un peu plus connu, Pierre Leonis, fait imprimer (à Milan !) un livre justifiant son refus de signer la confession de foi; il paraît avoir été banni (1563). La même année, sur d'autres points du territoire, dans la juridiction d'Ardetz, la prédestination était en butte à des attaques de plusieurs pasteurs que ni les écrits calvinistes du pasteur Fabricius ni la décision du synode ne parvint à soumettre.

Mais le conflit ne prit toute sa portée que quand il éclata

1. Camillo Renati Rheti carmen, 1554, mense septembri, *Opp. Calv.*, XV, 239.

à Coire même. Dans celle des trois Ligues dont Coire était le chef-lieu, c'étaient surtout les idées de Schwenckfeld qui menaçaient l'orthodoxie. Un libraire allemand établi à Coire et qui y jouissait de la considération publique, un certain Frell, s'était rendu suspect aux pasteurs : il ne fréquentait pas le culte, ne communiait pas, n'avait même probablement pas fait baptiser ses enfants. Les deux pasteurs Fabricius et Gallicius, après avoir essayé de le ramener, le traduisirent devant le Petit-Conseil (avec un marchand de laines italien nommé Tardio). Une première fois le Petit-Conseil se contenta d'admonester les délinquants. Les pasteurs revinrent à la charge : après une disputation publique où ils remportèrent, disent-ils, le plus complet triomphe, ils obtinrent un arrêt de bannissement, mais seulement dans le cas où les deux suspects d'anabaptisme ne s'amenderaient pas (1562) [1].

Survinrent les affreuses épidémies de 1564 à 1566, qui détournèrent l'attention de ces querelles. Les deux pasteurs de Coire furent emportés par la peste. A Fabricius succéda un Zurichois : Zurich prenait désormais la direction du clergé orthodoxe dans les Grisons [2], depuis que Bullinger venait de faire triompher la confession de foi helvétique (1566) [3]. Ce nouveau venu, qu'un zèle intempérant avait déjà obligé à quitter d'autres paroisses, s'appelait Tobie Eglinus [4]. A la place de Gallicius fut nommé un jeune pasteur qui appartenait à une vieille famille de Coire, Gantner. Il était depuis quelques années pasteur à Scanfs dans l'Engadine et très aimé de ses paroissiens. C'était un ancien élève de l'Université de Bâle et presque certainement de Castellion [5].

1. Pour toute cette histoire des controverses dans les Grisons sur la question des hérétiques, nous avons consulté deux sources : l'une très abondante et qui contient encore nombre de richesses inexploitées, c'est la correspondance de Bullinger et d'Eglinus, conservée tout entière à Zurich (Archives ecclésiastiques), le fils d'Eglinus ayant rendu à Bullinger toutes les lettres écrites à son père; l'autre, qui la plupart du temps dispense de recourir aux manuscrits, est le grand ouvrage de Rosius de Porta : *Historia Reformationis ecclesiarum rheticarum*, 1772, 2 vol. in-4; il y faut joindre le *Musée Helvétique*, part. XVI et XVII, qui a reproduit une grande partie de cette correspondance.

2. C'est ce qui fait dire aux partisans de l'indépendance locale : « Müssen wir den Glauben von Zurich holen? » (Lettre d'Eglinus à Simler, 11 sept. 1571; — autographe à Zurich.)

3. Cf. la thèse de M. Florian Peer, *l'Église de Rhétie aux XVI*e *et XVII*e *siècles*. Genève, 1888.

4. Son vrai nom étant Tobias Gœtz, nom qu'il avait traduit d'abord par *Iconius*, puis jugeant que le nom d'*idolâtre* convenait peu à un pasteur, il s'était fait appeler *Eglinus*, du prénom diminutif de son grand-père *Egolgius*, en dialecte suisse *Egli*. Il avait desservi l'église de Russikon, près de Zurich, celle de Frauenfeld, etc.

5. Joannes Gantnerus Curiensis immatr. en 1551 (fol. 191).

Le premier soin d'Eglinus fut de reprendre les poursuites contre Frell. Celui-ci se défendit, argumenta, obtint des sursis et finit par tenir tête ouvertement à Eglinus, qui, outré, déféra « ses blasphèmes » au Conseil. Cédant enfin à la pression d'Eglinus, le Conseil prononça la sentence de bannissement. Mais à peine était-elle rendue que Gantner, qui pendant ces six mois n'avait cessé de prêcher la douceur, monta en chaire, fit un sermon sur la liberté évangélique et déclara qu'il n'exercerait pas son ministère sous le régime de la persécution. Hardi et convaincu, fort de sa jeunesse et de l'appui des grandes familles du pays, Gantner se fit écouter. Le Conseil, plutôt que d'accepter sa démission, rapporta l'édit de proscription, et Frell déjà parti de Coire y rentra bientôt avec sa famille. « Alors on vit, dit Eglinus, ce spectacle étrange, le pasteur intercéder pour le loup » : Gantner accompagnait de maison en maison l'hérétique (car il ne niait pas que Frell le fût dans une certaine mesure, mais il se flattait de le ramener par la persuasion).

Bientôt le Conseil, pour sauver les apparences, invite tous les intéressés à une sorte de colloque amical et public. Gantner y paraît sans détour comme défenseur de Frell contre son collègue Eglinus. Le débat n'aboutit pas plus que des milliers d'autres semblables, qui ne guérissaient pourtant pas les contemporains de leur goût pour cette espèce de tournoi. Enfin Eglinus a recours au grand moyen dont Acontius avait si bien prévu l'usage : il apporte au Conseil une confession de foi qui va pouvoir servir de pierre de touche. On fait venir Frell, on lui demande de la signer. Frell tire de sa poche une autre confession de foi qu'il avait rédigée lui-même et fort habilement rédigée, nous dit Eglinus, qui convient qu'elle pouvait faire illusion. Mais le théologien orthodoxe éclaire et surtout effraie les magistrats hésitants, il leur arrache une nouvelle sentence d'exil (1er mai 1570). Gantner et un des principaux du Conseil, le vénérable recteur Pontisella, intercèdent encore pour l'anabaptiste. Mais Frell lui-même interrogé sur le baptême répond d'une façon péremptoire qui, en prouvant qu'il était digne de trouver de tels défenseurs, leur ôtait les moyens de le sauver. Précisément à ce moment la naissance d'un enfant vint le mettre en demeure de prouver sa résipiscence. Obligé de venir demander le baptême à Eglinus, il le prie de « faire ce baptême comme notre Seigneur l'a enseigné au chap. xxviiie de Saint Mathieu ».

Une dernière fois Frell paraît devant le Conseil, escorté d'un grand nombre d'amis et de parents. Le président ne lui demande pour rapporter la condamnation que de s'engager à ces deux choses : admettre le baptême et fréquenter le culte. Frell répond qu'il met le baptême des enfants au nombre des choses indifférentes et qu'il ira écouter les pasteurs quand ils prêcheront fidèlement selon la parole de Dieu. Il n'y avait plus qu'à confirmer le jugement. Le Conseil hésitait pourtant; il eût accordé sur les instances de la population un nouveau sursis, sans l'éloquence véhémente d'Eglinus, qui fit ordonner une perquisition chez le libraire et décider, à défaut de l'emprisonnement que le Conseil refusa, l'expulsion définitive pour le lendemain. Frell partit le soir même et se réfugia, d'après le conseil de Gantner, dans un château voisin appartenant à l'Évêque. Dès qu'Eglinus l'apprit, il vint presser le Sénat d'entamer des négociations avec l'Évêque « pour lui demander de ne pas donner asile à cette peste » [1].

Une seconde fois, Gantner suspendit son service avec éclat. Mais le Conseil n'était plus disposé à céder. Il chargea Eglinus de pourvoir au remplacement de son collègue démissionnaire. Eglinus y avait déjà songé; mais, par un noble mouvement qui prouve que l'homme valait mieux que le théologien, il offrit et il entreprit effectivement de remplir à lui seul la double tâche. Gantner, touché, reprit ses fonctions, consentit à se taire, mais ne fit aucune concession.

Le débat, qui semblait fini avec le départ de Frell, allait au contraire se généraliser, à l'occasion du synode annuel (juin 1570). Ce ne fut plus seulement le cas d'un hérétique isolé que le synode eut à examiner. Le successeur de Zanchi dans l'église de Chiavenna, le Napolitain Scipio Lentulus, orthodoxe convaincu et administrateur exercé, qui

1. C'était un des reproches que faisaient les hérétiques aux orthodoxes de s'associer avec les papistes pour les traquer. Gallicius répondait déjà à Francesco que Jésus-Christ s'était bien associé aux Pharisiens contre les Sadducéens (Porta, II, chap. ii, p. 27).

connaissait mieux que personne les secrets penchants du génie italien, avait instruit Eglinus et Pontisella de la situation vraie : l'hérésie de Camillo Renato, bien loin d'être morte, éclatait partout; Lentulus cite avec les détails les plus précis les noms des principaux « arianisants » et leurs hardis propos. Eglinus fit connaître au synode et le mal et le remède; il fut chargé d'aller exposer l'un et proposer l'autre au gouvernement. Les *Oratores Trium Fœderum*, c'est-à-dire les chefs du pouvoir exécutif, lancèrent un rescrit qui est resté fameux : il enjoignait à tous les habitants des Bailliages de choisir entre les deux églises, catholique ou protestante; s'ils optaient pour celle-ci ils devaient souscrire à la confession de foi du synode de Coire et jurer de « renoncer sincèrement » à toute opinion suspecte d'anabaptisme ou d'arianisme (27 juin 1570).

Ce décret promulgué par les officiaux eut un effet inattendu : il souleva des protestations qui dépassèrent bientôt l'obscur théâtre de la lutte pour se répandre dans toute la Suisse. Toute la polémique du temps de Martin Bellie recommença. Elle se déroule en deux parties parallèles : l'une à Coire avec Gantuer, l'autre dans les Bailliages italiens avec les disciples de Camillo Renato. Résumons l'une et l'autre.

Ce fut Gantner qui reprit l'attaque. Son premier sermon (7 octobre 1570) avait pour texte la parabole de l'ivraie, qu'il développa avec une éloquence entraînante, concluant à la tolérance absolue. L'effet de ce sermon et de ceux qui suivirent tout l'hiver, au témoignage d'Eglinus qu'on ne peut suspecter, fut immense : « la plupart des auditeurs trompés par une fausse apparence de charité miséricordieuse, en venaient à défendre les anabaptistes comme de véritables saints »; en peu de temps il avait « si bien gagné l'esprit des simples que personne en ville n'osait plus parler contre les hérétiques ». Eglinus n'était pas disposé à céder. Soutenu par Bullinger qui lui fournit des arguments [1], il demande au Conseil la destitution de son collègue.

1. Voir par exemple les lettres de Bullinger à Eglinus (10 juillet 1570). Archives de l'Église à Zurich, Gest. VI, 129 (ancien n° 9, B, 30), p. 613.

Alors s'engage une suite de débats publics où tous, champions et auditeurs, rivalisent de passion. Que l'on se reporte au chapitre où nous avons analysé le *De hæreticis* de Martin Bellie et que l'on se représente cette controverse non plus dans un livre, mais en action, à la barre du Sénat, puis, quand les sénateurs sont las de textes, se poursuivant en petit comité ecclésiastique, puis reprise en chaire, dans la rue, dans les familles et cela pendant près de deux ans. Gantner avait pris pour arsenal le petit livre de Bellius, il s'était procuré les écrits de Luther, de Brenz, de Franck surtout, qui lui paraît faire le plus d'impression sur le peuple de Coire, et puis les passages des Pères : un jour il porte tous ces volumes au Conseil, le dimanche suivant il en reprend les formules les plus incisives pour les développer devant ses auditoires populaires. Eglinus demande conseil à Zurich. Bullinger lui envoie le traité de Bèze contre Bellius [1] et fait rechercher pour lui les textes originaux que Bèze allègue; il finit par trouver l'écrit d'Urbanus Rhégius et lui en fait copier les passages importants [2]; il le guide par des lettres nombreuses, il se moque de l'attention qu'on prête à ce rapsode de Frank [3], il fait plus de cas de Brenz, tout en lui reprochant comme aux autres auteurs du *De hæreticis* d'avoir pris un nom d'emprunt [4]; il écrit enfin à l'usage d'Eglinus toute une réfutation des thèses dans lesquelles Gantner a résumé ses hérésies : ce sont autant de passages littéralement empruntés à la *farrago Bellii* [5]. Et quand Eglinus lui rapporte la formule familière à Gantner,

1. 10 juillet, 10 et 17 nov. 1570 (manuscrit autogr. de Zurich, *ibid.*).
2. 23 fév. 1571 (*ibid.*) : « libellus est germanicus et certe elegans et brevis ».
3. 1er déc. 1570 (*ibid.*). Facile is (Gantnerus) cum suo Franco confutabitur, qui rapsodus fuit ineptus citra judicium et nullo cum fructu imo detrimento multa coacervans; nec omnino à secta anabaptistarum alienus fuit, imbutus et aliis sectis, etc.
4. 10 juillet 1570 (*ibid.*). « Ich hatte gar nichts auf solchen Büchlein, denn sie zu nichts dienen als die kirche und das Regiment umzukehren und allen Ketzereien, secten und Muthwillen die Bahn öffnen. » Quant au reproche relatif au pseudonyme, nous avons déjà fait remarquer (voir ci-dessus, p. 21) ce qu'il valait. Senebier (*Hist. littér. de Genève*, I, 215) n'est guère moins naïf. Après avoir dit que Castellion retiré à Bâle « persista dans ses idées extraordinaires et dans sa haine de Calvin », il constate qu'il fut le seul « à prendre le parti de Servet et des hérétiques ». Mais, ajoute Senebier, « qu'on fasse attention qu'il n'osa pas y mettre son nom quoiqu'il demeurât à Bâle, et qu'il prit celui de *Bellius*. Après cela, l'on est forcé de reconnaître que la doctrine qu'il défendait avec tant de raison était généralement condamnée par les tribunaux et qu'elle exposait ses défenseurs à des peines capitales. »
5. Longue lettre du 13 octobre 1570 en allemand (autographe, Zurich, *ibid.*).

qui supplie qu'on respecte sa conscience, *conscientiam non lædendam rogans* [1], Bullinger écrivant à son disciple réplique comme avec un mouvement d'impatience : « la conscience a toujours été le prétexte des hypocrites et de tous ceux qui ont quelque vice à cacher [2] ».

Sur les instances d'Eglinus, le gendre de Gwalther, Josias Simler, qui venait de publier un recueil d'écrits théologiques, *Scripta veterum de una persona et duabus naturi Christi*, y mit une dédicace adressée aux Seigneurs des Trois Ligues,

Tergeminis Dominis sociali fœdere nexis,

et dans laquelle il traite *ex professo* la question du châtiment des hérétiques, en remontant jusqu'à Servet et en terminant par l'exil d'Ochino, qu'on nous reproche encore, dit-il, et qui était pourtant bien justifié par ses *Labyrinthes* et par ses *Dialogues* « académiques ». Il ajoute d'ailleurs : « C'est à regret et avec douleur que j'attaque mort celui que j'ai aimé vivant », mais il croit devoir avertir les églises des Trois Ligues et les aider à triompher des violentes protestations que soulève le rescrit du 27 juin [3].

Enfin Eglinus l'emporte : Gantner est révoqué. Mais il faut lui donner un successeur, et les deux partis se reforment, l'un voulant nommer un homme du pays, à peu près aussi hétérodoxe que Gantner, un certain Mœhr ou Mœri de Mayenfeld, bourgeois de Coire, l'autre en faveur d'Ulrich Campel, le « Calvin de l'Engadine », l'homme le plus distingué du clergé orthodoxe, le futur historien de la Rhétie. Campel, nommé à deux voix de majorité, réussit fort mal dans ses débuts. Eglinus lui-même se lamente de la désertion des fidèles [4] et de la grande popularité non seulement de Gantner, mais de ses doctrines.

1. Lettres d'Eglinus à Simler, 20 août 1571.
2. Même lettre du 13 octobre 1570 : Das Gewissen ist je und je ein Deckel gewesen aller Gleissner und derer die ihre Laster verdecken wollen. Wo steht es geschrieben dass sines jeden Gewissen und nicht des geschriebene Wort Gottes soll sein die Regel nach derer wir urtheilen und handlen?
3. Préface datée, 4 idus augusti 1571.
4. Lettre du 20 août 1571 à Josias Simler : « Interim quam utilis sit nobis Gantnerus quotidie experimur : ita enim populus, ex eo tempore quo huic dissidio et quidvis sentiendi libidini initium introductum est, in desuetudinem Verbi Dei degeneravit ut *lapides audientiores*

Destitué à Coire, mais rappelé par ses montagnards à Scanfs et dès lors toujours membre du clergé, Gantner décide de laisser de côté la question particulière et de porter au prochain synode la question de principe : a-t-on le droit de punir les hérétiques? La controverse se rouvre ainsi étendue, ample, vive, ardente jusqu'à la fièvre, en présence de tout le clergé grison et de six seigneurs des Trois Ligues. Gantner tenait à la main le *De hæreticis* de Martinus Bellius, Eglinus avait étudié à fond la réfutation de Bèze, et la reproduisait argument par argument. La bataille dura plusieurs jours, et les deux champions n'étaient pas à bout d'arguments quand un des seigneurs, Planta, avec le besoin de simplification propre aux laïques qui s'improvisent théologiens : Voyons, Gantner, dis-moi, doit-on punir le mal, oui ou non? — Oui, dit Gantner. — L'hérésie, est-ce un bien ou un mal? — Un mal. — Donc on doit la punir. « Gantner rougit », nous raconte son rival, qui d'ailleurs, jaloux du succès de Planta, reprénd la parole et oppose à son tour d'habiles distinctions aux arguments de Gantner : il distingue l'office du magistrat et celui du ministre, la haine personnelle et la rigueur contre les doctrines, la charité pour le pécheur et l'indulgence pour le péché :

Bref — dit-il en concluant, — les plus hardis défenseurs des hérétiques n'ont jamais osé réclamer plus que ceci : il faut selon eux tolérer l'hérétique qui ne trouble ni l'Église ni l'État.
— Mais c'est justement le cas de Frell, interrompt Gantner : je n'ai jamais défendu les perturbateurs.
— Et tu défends ceux qui tuent les âmes!

La repartie eut un grand succès et parut décisive.

« Il était pris », *captus erat*, dit Eglinus en racontant modestement son triomphe. A la fin, le synode (à l'unanimité moins trois voix, qui étaient celles de Mœri et de deux pasteurs italiens disciples de Camillo Renato) se prononça pour le droit du magistrat de réprimer l'hérétique et par suite condamna Gantner à une suspension d'un an. Mais l'autorité

et sedilia frequentiora ipsis hominibus habeamus » (autographe, Zurich, *ibid.*). Il écrit encore à Simler le 11 sept. « Cœtus publici quotidie magisque sordent et adeo in desuetudinem veniunt ut sæpius dubitemus de officio nostro frustra continuando » (*ibid.*).

ecclésiastique était encore si chancelante dans ce pays qu'au sortir de la séance, cédant aux instances des amis de Gantner ou à la pression de l'opinion publique, on lui permit de revenir prendre sa place au synode, moyennant qu'il signerait une formule de rétractation indirecte. Pressé lui aussi par son entourage, il l'avait déjà signée sur un des deux registres des procès-verbaux, quand il se ressaisit et refusa la seconde signature, ce qui était annuler la première. Si bien qu'Eglinus, qui avait lui-même intercédé à la fin pour une mesure de douceur, recommença son réquisitoire. L'affaire reprit de plus belle, fut portée devant l'autorité civile, et ne se termina jamais. Les troubles populaires la compliquèrent encore et malgré le prestige de Bullinger, malgré la proclamation de la confession helvétique, Eglinus et le synode ne purent obtenir la révocation de Gantner ni même l'expulsion de l'onabaptiste Frell [1]. On sait les événements tragiques qui suivirent, le grand incendie de Coire, puis une nouvelle et terrible épidémie. Eglinus mourut en novembre 1574 après avoir fait vaillamment son devoir auprès des pestiférés, et sa dernière lettre est pour dire à ses amis de Zurich : « L'hérésie de Gantner a poussé de profondes racines. Ses maximes : *neminem ad fidem esse cogendum, requiri cor spontaneum*, etc., ont cours partout, et le magistrat en est tellement imbu qu'il ne songe plus qu'à suivre les faux docteurs au lieu de remettre en vigueur les anciennes lois. » (9 août 1574.)

VI

Le même rescrit du 27 juin 1570 qui avait déchaîné toutes ces tempêtes, *tragœdias Gantnerianas*, en souleva d'autres plus retentissantes dans la partie italienne des Grisons; il n'y fut d'ailleurs pas mis à exécution [2].

1. On lit dans les registres des arrêts du Conseil aux archives de Coire, 1595 : « Joannes Gantnerus civis curiensis, revocatus est Mayenvilla et anno 1605 objit (quo et D. Beza) servivit huic ecclesiæ novem annos. » Et le 14 juillet 1598, une confirmation des anciens édits contre les anabaptistes « dass sie in unsern Land kein Platz sollen haben ».

2. On ne l'appliqua guère, parait-il, qu'à un maitre d'école de Sondrio pour un blasphème ou un propos grossier sur la Trinité.

Tandis que l'affaire de Coire gardait le caractère d'une affaire locale ou du moins confinée dans la Suisse orientale et n'intéressant directement, outre les Grisons, que Zurich et Schaffhouse [1], celles de la Valteline et de Chiavenna au contraire en sortirent vite et donnèrent lieu à une campagne dont tout le protestantisme allait avoir connaissance.

Au rescrit du 27 juin 1570, avaient répondu sur-le-champ par une protestation sans détour en faveur de la liberté de conscience six ou huit pasteurs en exercice dans le Val Bregaglia et plusieurs laïques notables.

Deux ou trois des protestataires nous intéressent particulièrement par leurs rapports étroits avec Castellion. C'est d'abord un certain Turriano, pasteur de Pleurs (Piuro), qui fut un des trois défenseurs de Gantner au synode de 1571. Gantner condamné, ce fut à son tour de se défendre : on avait cité avec lui deux de ses principaux complices, un riche marchand génois, Nicolas Camulio, et un « théologien castalioniste », Camille Socin, frère de Lelio. On avait contre eux une pièce de conviction écrasante : c'étaient des lettres écrites huit ans auparavant à Turriano par Camulio qui était alors à Bâle. Dans une de ces lettres Camulio traitait de « persécuteurs sanguinaires » les ministres qui venaient d'envoyer en exil, c'est-à-dire à la mort, le malheureux Ochino; il demandait s'il lui serait possible de vivre en sûreté « dans la libre Rhétie », si l'on n'y était pas contraint à signer une confession de foi, si Zanchi (alors pasteur à Chiavenna) tenait bien la promesse qu'il avait faite (sans doute à son beau-père Curione) de ne jamais réclamer l'aide du magistrat contre l'hérétique. Enfin il y déplorait en termes émus la mort de « Castalion, ce grand chrétien ». Il paraît aussi qu'il ne disait pas le symbole d'Athanase, mais de Sathanase [2]. Le synode après d'assez longs débats condamna le pasteur Turriano à un an de suspension et les laïques, Camulio et

1. Conrad Ulmer, pasteur de Schaffhouse, écrit à Bullinger : « Video, inter nostros, non paucos spiritu Gantneri agitari. Foventur Anabaptistæ, præsertim in agro.... Omnes nostræ admonitiones, consilia et cohortationes tum publicæ tum privatæ à magistratu surdis prætereuntur auribus. » (19 sept. 1571. Autogr., Zurich, *ibid.*)

2. Lettre d'Eglinus à Bullinger, 1er octobre 1571.

Camille Socin, à l'excommunication [1]. Mais ce fut pour Socin l'occasion d'un nouvel exposé de sa doctrine : il le fit, lui aussi, le livre de Castellion à la main, en alléguant les arguments mêmes de Montfort et de Cleberg.

VII

En même temps que Camulio et Camille Socin protestaient de vive voix contre le fameux rescrit, deux [2] de leurs compatriotes l'attaquaient par écrit et essayaient de faire désavouer par le monde protestant la doctrine de la persécution.

Le premier est un vétéran de l'Évangile, pasteur à Pontresina, puis à Trahona, Barthélemy Silvio, dont le nom mérite un souvenir. Son écrit nous est connu grâce au soin que prit le pasteur orthodoxe de Chiavenna, Scipion Lentulus, de le faire imprimer pour le pulvériser ligne après ligne par une ample réfutation, que Bullinger approuva, *Responsio orthodoxa* [3]. Silvio avait trouvé nombre de traits heureux et de formules justes [4] à l'appui de sa double thèse que l'État ne

1. Nous ne relevons pas une accusation de sodomie contenue dans deux lettres d'Eglinus, 13 juillet et 20 août 1571, et qui s'applique dans l'une à Camulio, dans l'autre à Camille Socin, ce qui prouve le peu de précision des renseignements qu'avait recueillis Eglinus et qu'il se hâtait trop de colporter, en y ajoutant du reste cette conclusion qui suffirait à nous mettre en défiance : « Hinc liquet cur nuper in synodo licentiam illam carnalem tantis viribus tueri contenderit, nimirum ut in præpostera venere tutius etiam delitescere posset. Hic est fructus et scopus istorum Academicorum philosophorum ! »

2. On pourrait en mentionner d'autres, notamment un troisième, qui séjournait alors à Pleurs : c'est le médecin Marcellus Squarcialupus (originaire de Piombino), qu'Eglinus lui-même qualifie de *doctus*, tout en le stigmatisant comme « académique ». Il avait, paraît-il, à une de ces inscriptions en vers latins dont les vieilles familles des Grisons ornaient les murs de leurs chalets, ajouté ce distique :

> Est liber Christus : sit Rhetia liber et hospes !
> Este procul, vulpes ! Dura catena, vale !

Eglinus propose d'en corriger le pentamètre comme suit :

> Rhete, volens liber vivere, pelle lupos !

« Squarcialupo (immatriculé à l'Univ. de Bâle, en 1572, comme *philosophiæ et medicinæ doctor, P. Pernæ corrector*) refondit ensuite pour Episcopius le *Thesaurus Ciceronianus* de Nizolius (dédicace datée du 1er sept. 1577 de Trebitsch en Moravie). On le trouve avec Mino Celsi, dans les Grisons, puis à Bâle, plus tard en Moravie avec Dudith, puis socinien en Pologne et en 1588 appelé à des fonctions honorables par le prince de Transylvanie. » (Note de M. Bernus.)

3. *Responsio orthodoxa pro edicto illustr. DD. III. Fœderum Rhetiæ adversus hæreticos promulgato in qua de magistratus authoritate et officio in coercendis hereticis ex verbo Dei disputatur*, auctore Scipione Lentulo neopolitano, ecclesiæ Clavennensis ministro (lettre-préface datée du 1er mars 1573) [Genevæ], apud Jo. Le Preux, 1592, in-8, 348 p.

4. Celle-ci par exemple : « Magistratus est punire *eum qui male agit, non qui male credit.* Est enim externorum judex, non cordium et mentium. »

doit pas sévir pour des questions religieuses et que l'Église elle-même ne doit pas excommunier pour de simples divergences dogmatiques.

Le second Italien qui écrivit contre le décret est un personnage plus important. Il s'appelait Mino [1] Celsi et était originaire de Sienne. Il avait représenté cette ville à Milan au temps où le marquis de Vasto y était gouverneur. Il avait depuis longtemps un renom d'érudit [2].

C'est en 1569, au moment où l'emprisonnement d'Aonio Paleario et le supplice de Carnesecchi vinrent ôter les dernières illusions aux partisans les plus modérés de la Réforme en Italie, que Mino Celsi gagna les vallées de la « libre Rhétie ». Il s'attendait, nous dit-il, à y trouver la paix et la liberté de conscience : il y tomba au plus fort de la querelle entre Eglinus et Gantner à Coire, entre Lentulus et les disciples de Camillo Renato dans la Valteline et le pays de Chiavenna. Quand arriva le rescrit du 27 juin 1570, il y vit un petit coup d'État de la majorité orthodoxe et fut des premiers à protester de concert avec Camulio, Camille Socin, Turriano, Silvio et nombre d'autres dont Lentulus lui-même renonçait à dresser la liste : « Tout le Bregaglia, disent Eglinus et Lentulus, prend le parti des hérétiques, et les pasteurs sont les premiers à les arracher au glaive du magistrat » [3]. Aussitôt qu'il sut la question de principe portée à l'ordre du jour du Synode de 1571, il songea à écrire un mémoire contre la théorie de la persécution. Ce travail était sans doute achevé ou peu s'en faut quand Mino Celsi, nous ne savons pour quel motif, dut quitter la Valteline et vint s'établir à Bâle. Nous l'y trouvons en 1571 travaillant comme correcteur chez l'imprimeur lucquois Pierre Perna; nous le voyons la même année, inscrit sur la matricule de l'Université de Bâle [4]. Il publie chez Perna en août 1572, un ouvrage d'alchimie [5] (qu'il

1. *Mino* ou *Minio* est bien un prénom. Dans la table des lettres de Tolomei et dans un *index libr. prohib.* on a écrit par erreur *Marinus*, *Marius*, *Marianus*.

2. Lettres de Tolomei (1er juin 1543) et de Fabio Benvoglienti (15 sept. 1547). Mino Celsi était comme Ochino et comme Aonio Paleario un ami de la grande famille des Bellante, de Sienne. (Consulter la *Dissertatio epistoralis de Mino Celso* de Schelhorn, 1748, in-4.)

3. Lettres d'Eglinus à Bullinger, 1er octobre 1571.

4. « Minos Celsus senensis *secretarius*. » Ce dernier mot fait sans doute allusion à ses fonctions de secrétaire du gouverneur ou du conseil de ville.

5. *Artis chemicæ Principes Avicenna atque Geber*, in-8.

dédie à Pierre de Grantrye, ambassadeur du roi de France près des Ligues Grisonnes), et en septembre un *Nouveau Testament latin-français*, d'après la version de Castellion [1] revisée. Enfin il allait, comme nous l'apprend la préface de ce Nouveau Testament, se rendre à Paris, auprès de Walsingham qui l'avait invité, quand la Saint-Barthélemy le fit renoncer à ce projet. Il se rendit à Vienne en Autriche [2], où il passa deux ans. En 1575 on le retrouve à Bâle [3] en relation avec le gentilhomme romain Francesco Betti, l'ami d'Acontius, avec le marquis d'Oria, avec la noble veuve Esther Colli.

Qu'était devenu pendant ce temps son mémoire *De hæreticis*, préparé en vue du synode de Coire? Lui-même nous renseigne en quelque mesure : il y avait trois ans qu'il l'avait en portefeuille et que distrait par les occupations, les difficultés de l'exil, il n'avait ni le temps ni le moyen de le publier, quand il lui tomba entre les mains quelques écrits nouveaux en faveur de la persécution, probablement une copie de la *Responsio orthodoxa* de Lentulus. Cette lecture ranima son ardeur; il se sentit le devoir de répondre à ce nouveau plaidoyer des persécuteurs, et puisqu'ils n'hésitaient pas à exhumer les arguments de Calvin, de Bèze, il crut bien faire de relever de son côté le drapeau d'Acontius et de Castellion. Il avait d'abord écrit en italien, pour l'usage local qu'il en comptait faire dans les Bailliages. Il récrivit le tout en latin [4], projetant sans doute de le faire imprimer à Bâle. Quelle circonstance l'en empêcha? On peut supposer que ce fut la difficulté d'obtenir l'autorisation nécessaire, puisque plus tard il fallut prendre finalement le parti de s'en passer. Toujours est-il que Mino Celsi mourut (entre 1575 et 1577) sans que son travail eût vu le jour.

1. Voir notre bibliographie, art. 10, p. 360.

2. D'où il écrit à Théod. Zwinger, 30 janvier et 5 février 1574, des lettres qui le montrent dans une situation gênée, donnant des leçons d'italien à un fils du feu landgrave de Hesse (note de M. Bernus).

3. D'où il écrit le 31 mars un billet italien à Giov. Bern. Bonifazio, marquis d'Oria, qui demeurait alors à Loerrach, dans le Margraviat, à deux lieues de Bâle (note de M. Bernus).

4. Il parait bien qu'à l'époque où il fit cette nouvelle rédaction il n'était pas à Bâle : voulant reproduire *in extenso* les passages de Gaspar Hedion, d'Agricola, de Jacob Schenk et de Christophe Hoffmann, que le livre de Martinus Bellius avait cités sommairement, il s'excuse de ne pouvoir faire les citations qu'en retraduisant d'italien en latin les morceaux qu'il avait extraits, parce qu'il n'a pas sous la main les volumes originaux, « quum eo locorum venerimus ubi eorum libri, *etsi diligenter inquistii*, ad manum nobis non fuerint » (p. 117).

L'écrit parut en 1577 sous ce titre : *In hæreticis coercendis quatenus progredi liceat : Mini Celsi Senensis Disputatio. Ubi nominatim eos ultimo supplicio affici non debere aperte demonstratur. — Christlingæ*[1], *anno MDLXXVII*[2]. » Qui donc avait tiré de l'ombre ce manuscrit? Un avant-propos, *Æquis et piis lectoribus, typographi nomine*, permettait de le découvrir sans donner cependant d'indications compromettantes. Le personnage qui s'adresse aux lecteurs de bonne foi « au nom de l'imprimeur » (c'est-à-dire de Pierre Perna), signe énigmatiquement : J. F. D. M. D.

On sait aujourd'hui que ces initiales désignent un des plus fameux publicistes de la fin du siècle, le Rabelais de l'Allemagne, Jean Fischart; et M. Bernus, par des analogies qui ne laissent aucun doute, en rétablit le texte entier, comme suit : *Johannes Fischart, Dictus Mentzer*[3], *Doctor*.

Cette préface latine[4] est un morceau qui n'est pas sans valeur et dont le ton est plus sérieux que la plupart des écrits du bizarre et capricieux pamphlétaire.

Fischart s'excuse presque de reprendre une question qui semblait tranchée depuis les premières années de la Réforme et qui devrait l'être en effet : mais comment se taire quand on voit renaître « dans la vraie Église » les mêmes abus, le même *odium theologicum*, le même et détestable esprit de persécu-

1. *Christling*, ville à chercher sur la même carte et dans les mêmes parages qu'*Eleutheropolis*, *Irénopolis*, *Luce-Nouvelle*, etc.

2. Nous n'en avons pas trouvé d'exemplaire à Paris, et nous devons à M. Bernus la description de celui de la bibliothèque de la ville de Zurich : « in-8 de 16 ff. liminaires non paginés et de 229 ff. (c'est-à-dire doubles pages) paginées au recto. Des 16 ff. prélimin., le premier forme le titre, les sept suivants sont occupés par l'avant-propos de l'*éditeur* et les *errata* les huit derniers par le *Proœmium* (préface de l'*auteur*). La *Sectio Prima* commence au f° 1, la *sect. II* au f° 59, la *sect. III* au f° 138 verso, la *sect. IV* au f° 220 verso, in fine.

« L'ouvrage, ajoute M. Bernus, ne devait pas se terminer au f° 229, car ce dernier porte la réclame « ANO » indiquant le commencement du titre de quelque pièce appendice dont le premier mot devait être « *Anonymi...* ». Cette réclame, qui se trouve aussi dans les trois exemplaires que Schelhorn a eus entre les mains, est d'ordinaire dissimulée par un petit papier collé dessus. « Peut-être faut-il supposer « ano[nymi epistola] » et penser qu'ici devaient se trouver les deux lettres de Bèze et de Dudith qui furent publiées à cette place dans l'édition suivante : en effet Dudith écrivait à Bèze en 1585 que ce n'était que sur ses instances que Perna avait renoncé à joindre ces lettres à son édition de 1577. » — Il est à noter que Bèze avait commencé lui-même la publication : voir sa lettre à Dudith du 18 juin 1570 sur la punition des hérétiques, qu'il publia lui-même en 1563 en tête de ses *Epistolæ theologicæ*, puis dans l'édition in-folio de ses *Opusc. theol.* de 1582. C'est à cette lettre que répliqua celle de Dudith du 1er août 1570.

3. Il se nomme ailleurs : *dictus Moguntius* et dans les traductions françaises, « dit Mayentais ». Cognomine Mentzer, c'est-à-dire originaire de Mayence.

4. M. Kurz a reproduit le texte tout entier dans son édition des œuvres poétiques de Fischart, t. II, p. XLVII-LIV.

tion, ce christianisme par la violence, *violentus christianismus*, que l'Évangile devait à jamais proscrire?

Et il résume en quelques traits d'une verve familière les arguments qu'on va trouver longuement développés dans cette *Dissertation*, œuvre posthume d'un homme de bien, sur lequel d'ailleurs il ne s'étend pas.

Que Fischart ait ainsi fait revivre Mino Celsi, il n'y a pas lieu de s'en étonner : on sait qu'il avait étudié à Sienne, qu'en 1574 il étudiait à Bâle (où il prit cette année son doctorat en droit), qu'il a donc eu toutes facilités pour y faire sa connaissance. Et quant au fond des idées, on n'en est pas réduit à des conjectures sur son parfait accord avec l'opinion de Mino Celsi d'Acontius et de Castellion : témoin sa longue pièce en vers allemands sur le dicton : « Ce sont les savants qui sont les fous » (qui est justement de 1584) et mainte autre page de ses écrits [1].

Une seconde édition, ou plus exactement un remaniement de la première [2] avec adjonction de quelques pièces, parut en 1584. La préface primitive est remplacée par une lettre-dédicace dans laquelle entre littéralement tout le texte de l'avant-propos de Fischart de 1577. C'est un prétendu Valens Titus Ligius, de Styrie, qui écrit à un ami Saxon Christophe Cnipius, avec lequel il aurait discuté quelques années auparavant à Vienne, « à son retour de Transylvanie », la question du supplice des hérétiques à propos « du grand nombre d'Ariens qui vivent impunément dans ces pays [3] ».

La compilation de Mino Celsi ne nous arrêtera pas en proportion de son étendue. C'est qu'en effet elle ne contient, peut-on dire, rien que nous ne connaissions déjà. Tout le

1. Voir l'*Etude sur Jean Fischart* de M. P. Besson, Paris, 1889, in-8.

2. L'édition de 1584, comme l'a remarqué Schelhorn avec son exactitude ordinaire, ne diffère en rien pour le corps de l'ouvrage de celle de 1577. On n'a rien imprimé à nouveau depuis le proœmium jusqu'au folio 229. On y a mis seulement de nouveaux liminaires et ajouté les deux lettres de Bèze et de Dudith ainsi que les tables. « Il n'y aurait rien d'impossible, écrit M. Berous, à ce que ce fût Fischart lui-même qui, après la mort de Perna (1582) et pour activer l'écoulement de l'ouvrage, ait forgé cette soi-disant nouvelle édition et remplacé son avant-propos primitif par la prétendue lettre de *Valens Titus Ligius*. Pourtant cette lettre pourrait être l'œuvre d'un Silésien alors en séjour à Bâle, où il a publié de 1584 à 1589 quelques ouvrages sous le nom de *Valentinus Thilo Ligius, von Lignitz*, notamment une volumineuse histoire en allemand des troubles de France de 1557 à 1576, Bâle, 1584, 2 vol. in-f°. »

3. Il date sa lettre, avec la même bizarrerie : » ex meo pistrino lemnico (?), cal. III X[ris] MDXVIC ».

mérite de l'auteur [1] a été de grouper méthodiquement en quatre sections [2] les arguments et le plus souvent les citations textuelles qu'il emprunte aux divers écrits que nous avons vus successivement s'ajouter les uns aux autres pour former une sorte de petite bibliothèque apologétique de la tolérance. A la différence d'Acontius qui n'a pas voulu citer un seul nom propre, Mino Celsi ne fait pour ainsi dire que coudre les citations les unes aux autres, en nommant ses auteurs. Il a visiblement pris pour base de travail la *farrago Bellii*, qu'il étend, complète, enrichit et paraphrase. Il remplit des pages entières de morceaux qu'il copie dans le *Conseil à la France désolée*, dans l'*Exhortation* d'Étienne Pasquier (quoiqu'il n'en connaisse pas encore l'auteur), dans les *Stratagemata Satanæ* (dont il paraît s'être pénétré comme du plus récent ouvrage sur la matière) et de diverses *Annotations* de la Bible de Castellion. Si le volume ainsi composé n'a pas la verve puissante des premiers pamphlets de Luther ou de Brenz, ni la vive allure polémique de Martinus Bellius, ni la force de déduction d'Acontius, ni l'accent de douleur qu'arrache à Pasquier ou à Castellion le spectacle de la France se précipitant dans la folie furieuse des guerres de religion, il faut convenir du moins que cet exposé complet, varié, plein de faits, de textes et d'arguments fournissait un bien utile arsenal à qui voulait combattre l'intolérance : on comprend que Théodore de Bèze ait été tenté d'en écrire la réfutation point par point et n'y ait renoncé qu'à regret [3]. C'était en effet non pas un chef-d'œuvre, mais quelque

1. Nous ne parlons pas du style de l'auteur ni de sa langue : les incorrections n'y sont pas rares, *suos* pour *ejus*, *imitari* dans le sens d'être imité, *ait*, *aiunt* pour *dicit*, *dicunt* *Hippo, civitas sua, fuerat conversa*.... en parlant d'Augustin, etc.

2. 1re section : les textes du Nouveau Testament d'où ressort le caractère spirituel du royaume de Jésus-Christ et la défense d'user d'armes terrestres, surtout de la peine capitale sous prétexte de se défendre. — 2e section : passages des Pères de l'Église; opinions des premiers réformateurs, et des principaux théologiens contemporains; discussion des lois impériales. — 3e section : objections des partisans de la persécution, réfutation de leurs divers arguments. — 4e section : droits et devoirs du magistrat en matière spirituelle, limites légitimes de son action.

3. « Bèze avait manifesté l'intention d'écrire cette réfutation dès qu'il eut connaissance de l'ouvrage de Celsi; il ne trouva pas le loisir d'exécuter ce dessein, dont ses amis parlaient encore en 1582. Mais la publication en 1584 de la réponse de Dudith remua le sang du vieux lutteur; il y vit une provocation préméditée et crut de son devoir de répondre publiquement, du moins à la lettre de Dudith, lettre qu'en 1570 il avait laissée sans réponse alors qu'elle n'était qu'une lettre privée. Dudith, revenu alors de ses tendances sociniennes, et dont la position comme réformé était difficile à Breslau, fut fort effrayé à la pensée des complications qu'une attaque de Bèze pouvait amener pour lui en réveillant le souvenir de

chose de mieux, un manuel pratique à l'usage des défenseurs de l'hérétique, c'est-à-dire de la liberté de conscience : on en fit au siècle suivant des résumés qui servirent plus d'une fois, comme les écrits de Castellion, à défendre ou les Remontrants ou d'autres minorités protestantes [1].

VIII

Ce n'est pas par une simple coïncidence que la mise au jour de l'ouvrage de Celsi en 1577 est suivie de si près par celle des manuscrits de Castellion (1578). L'une et l'autre publication correspondaient à ce qu'on appellerait aujourd'hui une « actualité ». L'une et l'autre étaient la déclaration de principes de cette minorité que nous avons si souvent rencontrée à Bâle, composée en majeure partie d'Italiens et acquise aux idées d'Ochino, de Lelio Socin, de Curione et de Castellion. Cette première génération disparue, on pouvait croire qu'il ne sortirait pas grand'chose des germes flottants d'hétérodoxie qu'elle avait déposés dans les esprits. Et peut-être en effet ce foyer se fût-il éteint presque aussitôt s'il ne s'était trouvé un homme pour le ranimer.

Cet homme fut le neveu de Lélio, Fauste Socin, et ce fut l'étude des manuscrits de Castellion qui, décidant de son avenir, fit de lui le fondateur définitif du socinianisme.

Lélio Socin était mort à Zurich en 1562. Il avait entrevu

ses hérésies d'autrefois : aussi se hâta-t-il, par une lettre de Breslau 13 janvier 1585, de supplier Bèze de ne pas donner suite à son projet. Il l'assurait que la publication des deux lettres en question avait eu lieu absolument à son insu et sans son aveu, et ajoutait que depuis 1570 ses opinions théologiques s'étaient modifiées sur bien des points, mais non toutefois sur le droit de punir de mort les hérétiques, point sur lequel il reste incorrigible : *Illud (ut ingenue fatear) ne nunc quidem mihi eripi potest de hæreticis occidendis, sive id tarditatis est meæ sive naturalis cujusdam lenitatis et ad facilitatem propensionis.* Bèze paraît s'être rendu à la prière de Dudith, exposée avec tant d'humilité et cependant de noblesse. Cf. Gillet, *Crato von Crafftheim*, t. II, 270, 380, 504. » (Note de M. Bernus).

1. Le médecin unitaire Daniel Zwicker, de Dantzig (qui en 1668 avait défendu la cause de la tolérance dans une controverse contre le socinien Jo. Stegmann fils, et qui mourut à Amsterdam en 1678) remit en honneur l'ouvrage de Celsi par une analyse détaillée et fort bien faite qu'il publia d'abord en hollandais, puis en latin :

1° *Vereenings-schrift der Christenen, ofte de voorustellingen der disputatie Mini Celsi van Sene, hoc verre het yemant geoorlooft is in het bedwingen der ketters te procedeeren..., Gestelt door D. Z. t'Amsterdam. 1661*, in-4.

2° *Henoticum christianorum* seu disputationis Mini Celsi Senensis : *Quatenus in hæreticis coercendis progredi liceat?* lemmata potissima,... recensita à D.Z. Amsterodami, anno 1662, in-8 de 48 pages et 8 ff.

qu'il aurait un héritier spirituel digne de lui, et dans ses dernières années il n'avait rien négligé pour le préparer. Le jeune Fauste, fils de son frère aîné Alexandre, avait été élevé par une mère et une tante, femmes d'une grande distinction morale; il avait fait, suivant la tradition de famille des Sozzini, de brillantes études juridiques; puis, attiré de bonne heure comme tous les esprits sérieux du temps par les questions religieuses, il était allé faire un long séjour à Genève et à Lyon; c'est à Lyon qu'il apprit la mort de son oncle : il courut aussitôt à Zurich, recueillit ses livres et ses papiers, fut reçu comme un fils par Ochino, comme un frère par la communauté italienne; puis, contrairement à toutes les prévisions, il reprit le chemin de la Toscane, rappelé sans doute et rassuré par le grand-duc Côme de Médicis qui depuis plusieurs années interdisait à l'Inquisition de confisquer le patrimoine des Socin. Fauste resta plus de dix ans à la cour des Médicis, comme *secrétaire* chargé des affaires étrangères. Se reprochait-il cette situation équivoque? Cédait-il malgré lui à la douce et libérale influence de la princesse Isabelle de Médicis? Attendait-il avec impatience de pouvoir briser sa chaîne sans ingratitude? Quoi qu'il en soit, la mort de Côme lui rendit en 1574 sa liberté, et sans tarder il quitta Florence. Nous le trouvons bientôt établi à Bâle, au sein de la colonie des réfugiés italiens et pleinement gagné à la Réforme. Il n'est peut-être pas inutile de remarquer que cet Italien, comme tant d'autres dont le calvinisme a dénoncé l'inconsistance d'esprit, l'humeur inquiète et aventureuse, a commencé, il est vrai, par une longue hésitation, par des tentatives d'accommodation, mais, le moment venu, a su consommer le sacrifice, perdre sa fortune, rompre avec sa famille, avec son pays, avec sa carrière pour obéir à la voix de la conscience. Il avait donc aussi bien que les plus orthodoxes le droit de parler au nom de sa foi : il l'avait prouvée par ses actes.

Les deux ou trois années que Fauste passa à Bâle (1576-1577) furent pour lui une période féconde. Il se consacrait aux études théologiques avec l'ardeur d'un homme qui aspirait depuis longtemps au bonheur de penser librement.

Il retrouva, c'est lui-même qui nous l'apprend[1], un petit groupe d'anciens amis de son oncle Lélio, avec lesquels il se mit bientôt à creuser les questions que tout jeune il lui avait entendu traiter. Mais on sait quelle était la manière de Lélio : un doute, une question, une critique indiquée plutôt qu'exprimée; et il passait, n'insistant pas, ne s'obstinant jamais à avoir raison, laissant par là même l'esprit de l'interlocuteur d'autant plus enclin à réfléchir spontanément sur l'objection proposée, peut-être à l'admettre. Fauste Socin au contraire a un tel besoin de netteté, dans l'affirmation comme dans la négation, qu'il n'abandonnera jamais une question sans l'avoir épuisée. Et la question même, quelle qu'elle soit ou plutôt qu'elle qu'en soit l'enveloppe et l'apparence, devient aussitôt, sous sa dialectique pénétrante, tout autre qu'elle n'était avant lui : ce ne sont plus les vieilles querelles théologiques s'agitant à grand bruit sur un étroit théâtre et toujours dans des limites convenues. C'est bien d'une doctrine nouvelle qu'il s'agit ou, pour mieux dire, c'est une méthode nouvelle qu'il applique à la religion, celle-là même avec laquelle Castellion nous a familiarisés. Le point par où Fauste Socin l'aborda pendant son séjour à Bâle fut la question du salut par Jésus-Christ : en quel sens Jésus est-il notre Sauveur? est-ce comme ayant expié nos fautes, satisfait en notre lieu et place à la justice divine, payé notre rançon et autres métaphores bien connues de la théologie traditionnelle? ou bien est-ce par l'action qu'il exerce sur nous, par l'effet de son esprit, de son exemple, de ses préceptes, de son amour? De la réponse à cette question dépendait tout naturellement le sens très différent qui devait s'attacher à la divinité de Jésus-Christ.

Fauste, dès ses premiers entretiens avec les amis de Bâle, s'aperçut qu'ils hésitaient encore à admettre le sens purement moral et interne qui avait été plus ou moins expressément celui de Lélio et d'Ochin. Il s'appliqua, nous dit-il, à les y amener. Peu à peu le cercle de ces entretiens intimes s'élargit. On y admit non pas des étrangers, mais les amis

1. Préface du traité *De Jesu Christo servatore* dans les Œuvres de Fauste Socin, *Biblioth. Frat. Pol.*, II, 118.

des amis. Nous pouvons par quelques échos affaiblis nous faire une idée de la juvénile vivacité de ces discussions qui finissaient le plus souvent par une controverse écrite. Deux entre autres nous ont été conservées en entier dans les œuvres de Fauste Socin. La première est une *Disputatio de statu primi hominis ante lapsum.* Adam avant la chute était-il créé mortel ou bien immortel? Qui s'attendrait à trouver sous ce titre tout un débat théologico-philosophique sur le problème de l'origine du mal, sur le péché originel, par suite sur la rédemption et enfin sur l'immortalité de l'âme? Un des réfugiés de Bâle [1], Francesco Pucci de Florence, soutenait que l'homme dans le plan primitif du Créateur devait être immortel et que la mort est un accident résultant de la chute. Fauste Socin le réfute, ce qui nous importe peu, convenons-en; mais chemin faisant il sème avec une abondance et une liberté que son interlocuteur effrayé ne manque pas de lui reprocher, les vues les plus hardies sur la révélation, sur l'usage des Écritures, sur le sens spirituel de la rédemption, des sacrements, du paradis et de l'enfer, sur les conséquences bizarres des dogmes les plus chers à l'orthodoxie [2], etc.

La seconde passe d'armes est beaucoup plus importante, et Fauste a pris soin lui-même de nous en faire le récit : c'est celle qui aboutit à la rédaction d'un de ses grands ouvrages, *De Jesu Christo servatore, hoc est cur et qua ratione Jesus Christus noster servator sit.* C'était à Bâle au printemps de 1577, à l'approche de la foire de Francfort : dans l'hôtel où Fauste Socin prenait pension, arrivent parmi d'autres voyageurs venant de Genève un gentilhomme de Lucques, Manfredo Balbano, que Socin connaissait et avec lui un jeune Parisien qui avait l'extérieur d'un marchand se rendant aussi à Francfort. A table, comme par hasard, on vient à parler (singulier propos de table d'hôte) de la « satisfaction vicaire » et de certaines opinions qui la contestent. Socin avait déjà reconnu que le prétendu négociant n'était

1. Où il s'était rendu sur l'invitation de son ami Francesco Betti.

2. L'écrit publié dans l'édition de 1656 nous donne les dates précises, utiles pour ce moment de la biographie de Fauste Socin. La liste sommaire des thèses que soutient Puccius est datée de Bâle, 4 juin 1577; la réponse de Socin, de Bâle, 11 juin 1577. La réplique développée de Puccius est de Bâle, 1er juillet 1577; enfin la seconde et très longue réponse de Socin est datée de Zurich, 27 janvier 1578.

autre qu'un ministre français : ce n'était pas une raison pour lui de reculer, bien au contraire. Il releva le gant, et la discussion s'engagea à fond. L'interlocuteur de Socin était Jacques Couet du Vivier, alors ministre protestant à Avallon et qui devait dix ans plus tard devenir précisément le pasteur de l'Église française de Bâle. La nuit abrégea leur conférence, et les voyageurs devant partir dès le matin pour Francfort, les deux jeunes controversistes passèrent la fin de la soirée à mettre par écrit le résumé succinct des opinions de Fauste Socin, pour que Couet pût à loisir les étudier et les réfuter. Quelques jours après, le 1er avril, il adressait à Socin sa réfutation qu'il avait méditée en chemin, *inter equitandum meditatus*. Elle lui fut apportée au retour de la foire, par un autre membre du refuge italien de Bâle, Jean-François Castiglione. Socin se mit à l'œuvre aussitôt. Mais il ne tarda pas à reconnaître qu'il ne s'agissait plus ici d'une question incidente et partielle, il abordait le dogme central de la doctrine chrétienne : c'était donc tout un exposé de sa christologie qu'il fallait entreprendre. Il en avait écrit une grande partie quand l'excès de travail et la fièvre de cette perpétuelle contention d'esprit compromirent sérieusement sa santé. Un médecin de ses amis l'avertit du danger et lui fit quitter Bâle et ses livres. Au bout de quelques mois, à l'automne de 1577, Fauste en voie de rétablissement reçut à Zurich la nouvelle que la peste sévissait à Bâle : rien ne l'y rappelait, il passa l'hiver à Zurich, occupé de sa réponse à Pucci, qui fut achevée à la fin de janvier 1578. Il revint ensuite à Bâle et reprit son grand travail pour Couet, qui était devenu le traité en quatre parties *De Jesus Christo servatore*, dont il signait la conclusion le 12 juillet 1578.

C'est précisément pendant qu'il travaillait à cet ouvrage capital que Fauste Socin eut la bonne fortune de lire les manuscrits de Castellion; et bien qu'il fût déjà très ferme dans les doctrines qui devaient s'appeler un jour le socinianisme, il n'est pas possible de douter de l'influence qu'exerca sur lui cette lecture. La manière dont il en parle le montre assez, et, plus que tout le reste peut-être, les réserves mêmes dont il accompagne ses éloges pour l'œuvre de Castellion.

Evidemment les dépositaires de ces manuscrits ne se souciaient pas de les publier en dépit ou à cause des pleins pouvoirs que leur ami leur avait laissés. Brandmuller inclinait de plus en plus à une sorte d'orthodoxie faite surtout du désir de vivre en paix avec tous. Le vieux Bauhin était resté fidèle à la pensée maîtresse de Castellion, mais l'âge l'avait rendu ou plus lent ou plus circonspect : peut-être craignait-il de rouvrir des débats orageux, de compromettre la mémoire de Castellion ou de nuire à ses enfants, dont quelques-uns avaient encore besoin de la protection de tous les anciens amis de leur père. Il prétexta, ce qui d'ailleurs était vrai et méritait considération, l'état d'imperfection des manuscrits, qui prouvait que l'auteur n'y avait pas mis la dernière main. Ils ne refusèrent pourtant pas d'en donner communication à Fauste Socin, qui en fit part à quelques intimes. L'impression en fut si grande que tous déclarèrent qu'il fallait à tout prix les publier. Fauste, qui était en pleine élaboration de sa doctrine sur la rédemption et sur la divinité du Christ, trouva dans les *quatre dialogues* et dans les *quatre petits traités* de Castellion la meilleure introduction à sa propre théologie et comme l'indispensable propédeutique de son enseignement. En effet tout le socinianisme flotterait dans le vide si l'on n'avait commencé par établir contre les prédestinatistes la liberté de l'homme, contre les Calvinistes la conformité nécessaire des décrets de Dieu avec la justice, contre les partisans de l'élection éternelle la doctrine latitudinariste du salut offert à tous et réellement accessible à tous. Toutes ces opinions essentiellement contraires à l'orthodoxie de Genève ou de Rome, Castellion les avait soutenues avec tant de vigueur et mises en une telle lumière que là du moins il ne restait plus rien à faire après lui. On pouvait bien dire qu'il n'avait pas tiré de ces principes toutes les conséquences que Fauste Socin comptait en faire sortir; on pouvait trouver sur certains points ses solutions trop sommaires ou trop simples [1]. Mais une chose était évidente, c'est que les

1. Par exemple sur le cas de Judas Iscariote. On peut comparer l'essai d'explication très compliquée que propose Fauste Socin dans la préface avec le passage de Castellion qu'il a cru devoir retrancher de son édition. (Voir ci-dessus, p. 192, et Appendice CXII.) La clarté, la simplicité est certainement, quoi qu'en dise Fauste, du côté de Castellion.

ouvrages de Castellion tels quels contenaient la réfutation définitive d'une doctrine, qui (Socin répète ici Acontio) est la plus redoutable des armes de Satan. Socin donc et ses amis insistèrent auprès de Bauhin, triomphèrent de ses résistances ou de ses hésitations et obtinrent la permission d'imprimer. Est-ce à lui, est-ce à eux qu'il faut attribuer la précaution qui fut prise de publier ces huit opuscules posthumes sans nom d'éditeur ni d'imprimeur? L'ouvrage portait : *Aresdorfii* [1], *per Theophilum Philadelphum*; et l'éditeur qui faisait dans une préface latine très agressive l'éloge de Castellion, avec celui d'Érasme, de Bibliander et de Mélanchthon, trois autres grands défenseurs du libre arbitre, signait : *Felix Turpio Urbevetanus* [2].

Sans autre répondant devant le public que ce pseudonyme, le petit volume eut du succès. L'imprimeur Perna fut de nouveau mis en prison [3]. Mais Castellion dut à l'initiative de Fauste Socin une popularité qu'il n'avait pas connue de son vivant. Dans la suite, Socin ne paraît pas avoir rien fait de plus pour la mémoire de Castellion. Quelques mois à peine après la publication des *Dialogi quatuor* d'Aresdorf [4], il quittait la Suisse, appelé par un autre grand hérétique, Blandrata, pour soutenir en Transylvanie d'abord et plus tard en Pologne les doctrines qui devaient perpétuer son nom.

IX

Tous les petits faits que nous venons de relever, controverses locales et publications partielles, n'avaient pu servir qu'à empêcher la prescription du nom : quant à la résurrection complète de l'œuvre de Castellion, ce n'est pas de la Suisse, c'est des Pays-Bas qu'elle devait venir.

1. Ce qui, me dit M. Sieber, n'était pas un nom forgé, mais bien le nom d'un village voisin de Bâle, où habitait peut-être alors Socin.
2. Les deux premiers mots étaient une traduction transparente de Fauste Socin. Quant au troisième, quel droit avait-il à se dire originaire d'Orviète étant de Sienne, ses biographes ne nous l'ont pas appris. Il a pris d'autres pseudonymes équivalents, comme celui de *Dysidæus* (δυσειδής, *turpis*, *sozzo*).
3. 28 avril 1578. Sur la suite de l'affaire, cf. Thommen, p. 40.
4. En novembre 1578, d'après ce qu'il dit lui-même dans son écrit contre François Davidis.

Au moment où Fauste Socin lançait dans le monde protestant le volume de théologie populaire de Castellion, l'héroïque petite *République des Sept Provinces-Unies* allait se constituer (29 janvier 1579) : l'Union momentanée des dix-sept provinces des Pays-Bas, qui était née de l'indignation publique contre les horreurs espagnoles, s'était dissoute : le pays wallon et catholique — la future Belgique — était retourné pour deux siècles sous le joug espagnol, et seul l'intraitable noyau calviniste, fidèle à la devise : *Je maintiendrai*, avait abjuré sans retour le double servage de l'Église et de l'Espagne. C'était donc, mais dans des conditions d'existence incomparablement plus tragiques, une nouvelle Genève qui naissait, animée comme l'autre de l'esprit de Calvin. Cette fois encore, dès que la guerre étrangère va laisser un instant de répit, à la première trêve, avant la trêve même (car elle ne date que de 1609), le grand débat va se rouvrir à Amsterdam comme à Genève : cette fois encore il roulera ou semblera rouler sur le dogme de la prédestination.

Il y faut distinguer logiquement deux phases et chronologiquement deux périodes, la lutte au dehors et la lutte au dedans.

La première — dont Edgar Quinet a si magistralement dégagé le sens historique [1] — est avant tout l'affirmation d'une volonté, qui sans chercher de transaction, sans feindre l'espoir ou le désir d'une conciliation illusoire, s'oppose simplement, absolument à l'autorité papale, et pour se mieux défendre, dresse entre elle et Rome, aussi abrupte que possible, la muraille du dogme.

Un peu plus tard quand le câble est bien rompu, quand l'Église ainsi fondée, comme la patrie elle-même, par une poignée de héros, n'a plus rien à craindre du dehors, c'est entre ses membres que se dessine un dissentiment imprévu qui va grandissant. Les plus âgés, les témoins de la lutte épique entendent s'imposer et imposer aux leurs le respect

1. Dans ce beau livre qui devrait être un des classiques courants de notre jeunesse, *Marnix de Sainte-Aldegonde ou les Gueux des Pays-Bas*. Lire en particulier le chapitre intitulé : *Pourquoi la Révolution hollandaise a réussi ?*

absolu, littéral, invariable de toute la doctrine et de toute la discipline qui avait fait leur salut dans la grande épreuve.

Mais à mesure qu'on s'éloigne de l'âge héroïque, d'année en année l'Église calviniste des Pays-Bas se plie moins aisément aux vieilles formes. Tant qu'on n'avait pensé qu'à Dieu et à mourir pour Dieu, on avait puisé des forces dans cette méditation du droit absolu du Créateur : elle faisait trouver plus doux le martyre. En rentrant dans la vie normale, on se ressouvint de l'homme, et le premier droit qu'on lui reconnut, ce fut un devoir, celui de penser librement et sincèrement.

Aussi voyons-nous très vite en Hollande, comme autrefois à Genève, la pensée protestante s'exprimer, s'affirmer, timide et indécise d'abord, s'attaquant à des infiniment petits, puis à des nuances déjà sensibles dans la doctrine, puis conduite à son insu, malgré elle, à des doutes plus graves, et un jour s'apercevant enfin que ce qui est remis en question c'est le dogme même, c'est la prédestination avec tout son appareil de conséquences théologiques. Tôt ou tard l'aveu en est fait à l'Église ; or le premier mouvement de l'Église telle que Calvin l'a faite et armée, c'est de réprimer l'hérésie : la discipline vient au secours de la doctrine : il faut se soumettre au Consistoire et au Synode sous peine d'excommunication. Mais celui qu'on va condamner proteste, il nie ce droit de la majorité, cette « inquisition des consciences », nouvelle forme de papisme. Et le voilà du même coup aussi engagé dans la lutte contre les droits du Synode que contre le dogme de la prédestination.

Telle est en quelques lignes l'histoire de l'Église réformée de Hollande pendant les vingt dernières années du XVIe et les vingt premières du XVIIe siècle. C'est une histoire qui mériterait d'être écrite : elle ferait mieux que toute autre toucher du doigt la loi même du développement du protestantisme et les raisons pour lesquelles la plus obscure des communautés protestantes se partagera toujours, à une heure donnée, entre les deux tendances dites orthodoxe et libérale, l'une qui s'efforcera de restaurer l'autorité en maintenant le dogme, l'autre qui sauvera la liberté de la conscience et de la science en fondant essentiellement le contrat social ecclésiastique sur le sentiment religieux et sur les affinités morales seules nécessaires à la satisfaction de la piété pratique.

C'est ce conflit interne qui devait éclater en Hollande, et aboutir à la lutte célèbre des Remontrants et des Contre-Remontrants. Une série de polémiques particulières et presque simultanées avait précédé l'éclosion de l'arminianisme. Et l'arminianisme lui-même n'a fait pour ainsi dire que traduire en quelques formules l'effort de la conscience protestante pour briser les bandelettes sacrées sous lesquelles le calvinisme l'avait emprisonnée.

La première et très vive impression que l'on éprouve en étudiant dans le détail les longues controverses de Coornhert avec Juste Lipse, d'Uitenbogaert avec Trigland, de Venator avec les pasteurs de Dordrecht, de Conrad Vorstius avec Plancius, de Jacob Taurinus [1] avec les orthodoxes d'Utrecht et, pour nous en tenir au duel le plus fameux, d'Arminius avec Gomar, c'est qu'on n'y trouve rien ou presque rien qui n'ait été déjà aussi bien ou mieux dit à la première époque du calvinisme. De part et d'autre ce sont les vieilles armes que l'on fourbit : la même bataille recommence à la même place que soixante ans plus tôt et elle se déroule exactement avec les mêmes péripéties.

C'est aussi ce qui explique le rôle considérable des écrits de Castellion dans cette campagne. En même temps que les zélés calvinistes hollandais réimpriment presque tous les traités de Bèze et de Calvin pour la défense, soit de la prédestination, soit des droits de l'Église et de l'État contre l'hérétique, qu'y opposent leurs adversaires? Principalement, nous pourrions dire uniquement, les écrits de Castellion.

A cet égard, non seulement les témoignages, mais les preuves matérielles abondent : il suffira de parcourir notre bibliographie — bien incomplète pourtant — des éditions néerlandaises de Castellion pour reconnaître avec quelle

1. Auteur d'un traité *Van de onderlinge verdraagzaamheit* (De la tolérance mutuelle, même dans l'Église entre fidèles séparés par des divergences qui n'atteignent pas le fondement de la foi). Cf. Rogge, *Jacobus Taurinus en de Utrechtsche Kerk*, p. 96.

puissance ses livres ont donné le signal de l'émancipation.

Deux volumes de lui, parallèlement traduits et répandus à grand nombre, ont été pendant quelque temps les premiers ou les seuls manifestes du parti réformiste, tant au point de vue disciplinaire qu'au point de vue doctrinal.

L'un était le *Conseil à la France désolée* [1], dont une traduction néerlandaise circulait dès 1578, et reparaît en plusieurs éditions dans plusieurs villes, notamment en 1603, en 1612, en 1613, quelquefois avec des adaptations aux circonstances, sous ce titre par exemple *la Lanterne du Seigneur*, suivie de ce *motto* mélancolique : « Nous avons beau porter lanterne, chandelle et miroir. Peine perdue, si les gens ne veulent pas voir clair ». Suivait une préface en hollandais (de 1603), expliquant que le régime de tolérance qui venait de triompher en France grâce à Henri IV et par l'édit de Nantes était précisément celui qu'avait trente ans plus tôt recommandé Castellion : est-ce au moment où un pays catholique se résigne, las de sang, à suivre enfin ce sage conseil qu'une république évangélique va se rejeter dans l'intolérance? C'est pourtant ce dont nous menacent sans détour quelques prédicateurs affolés par leur zèle; et l'auteur de la préface les nomme pour justifier cette publication. Un ministre de Middlebourg en Zélande, Jean Sew (ou Zeu), vient de publier un *Traité du devoir du magistrat* (toujours le même devoir, celui de punir l'hérétique). Deux ministres de Frise ont fait plus : Gowin Geldorp et Jean Bogerman viennent de traduire en flamand le livre de Théodore de Bèze, qu'on aurait voulu croire oublié, ce malheureux *Traitté de l'authorité du magistrat*, qui évoque l'ombre de Servet. Ils osent dire que c'est « un ouvrage incomparable ». Opposons-leur donc une réfutation contemporaine, qui du premier coup a pour toujours fait justice de ces détestables théories. — C'est vraisemblablement en raison du succès de ces éditions réitérées du *Conseil à la France* et pour en confirmer l'impression que les mêmes éditeurs ou peut-être

1. Voir notre Bibliographie, n° 15.

d'autres servant la même cause publièrent une traduction flamande du *De hæreticis* de Martinus Bellius que Joachim Cluten venait de rééditer à Strasbourg (1610) [1].

L'autre publication — aussi révolutionnaire dans un autre ordre — fut celle des *Dialogi quatuor*, que Fauste Socin avait édités en 1578. Dès 1581, peut-être même plus tôt, il en paraissait une édition néerlandaise [2] signée d'un nom connu, la postérité devait dire d'un nom illustre, celui de Théodore Coornhert. L'ancien secrétaire des États de Hollande, cet homme d'une intelligence si vive et si originale qui avait appris le latin et le grec à trente ans, qui écrivit les premiers manifestes pour Guillaume d'Orange et à qui l'on put rendre ce témoignage que nul n'avait fait autant que lui pour la liberté de son pays, consacrait la seconde moitié de sa vie à fonder une liberté plus disputée encore, celle de la conscience : profondément antipapiste, lui qui presque seul avait été excepté de l'amnistie de Requesens, il réclamait pour les papistes le droit commun, dès qu'ils avaient posé les armes ; réformé, il écrivait contre les excès ou les déviations de la Réforme ; sincère et presque mystique dans sa piété, il attaquait hautement, publiquement, devant le magistrat, devant l'Église, dans la presse, au péril de sa vie, ce qu'il appelait les trois faussetés de Calvin : la prédestination, la justice imputative et surtout « l'héréticide ». On comprend avec quelle joie il découvrit, avec quel empressement il traduisit les écrits de Castellion. La préface qu'il y met respire l'enthousiasme pour « ce véritable Israélite », il se plaît à reproduire l'éloge qu'en a fait Zwinger. Il y revient encore l'année suivante en publiant la traduction du hardi traité *De obedientia*. Dans sa grande attaque contre le catéchisme de Heidelberg (1583), ce sont encore, à plus d'une reprise, les arguments de Castellion qu'il répète. Il est tellement pénétré des idées dont il vient de trouver la formule si nette chez l'ancien professeur de Bâle qu'il en fait le but essen-

1. Voir notre Bibliographie, n° 11.

2. Voir notre Bibliographie, n° 32. — Des quatre Dialogues les trois premiers sont traduits par Dirck Adriaensen Kemp, le quatrième seulement porte le nom de Coornhert. Mais la préface de Coornhert nous apprend que cette traduction est antérieure aux trois autres et que Coornhert avait l'intention de traduire lui-même tous les écrits de Castellion. Il semble que faute de temps il s'est fait aider par Kemp, personnage peu connu, dont M. Van der Haeghen cite cependant deux autres traductions.

tiel de son activité. Désormais l'œuvre pie par excellence lui paraît être de persuader aux hommes qu'il ne faut haïr personne, qu'il faut restreindre le nombre des prétendus dogmes fondamentaux pour restreindre celui des sectes [1]; qu'en attendant, le magistrat doit sans distinction de croyance une égale protection à tous les citoyens paisibles; et jusqu'à son dernier jour on le verra si épris de cette doctrine « qu'il emploie, comme dit Bayle, à la soutenir, tout ce qu'il a d'intrépidité, d'esprit et de science » [2].

C'est, dit-on, en étudiant les écrits de Coornhert qu'Arminius chargé de les réfuter s'aperçut qu'il en partageait la doctrine. L'anecdote est-elle vraie? Ce qui l'est certainement, c'est que de 1590 à 1620 les idées de Coornhert ou celles de Castellion — car il serait malaisé de distinguer — percent partout, éclatent partout, et en réalité triomphent partout dans le sein de la plus calviniste des Églises. Ce ne sont plus seulement quelques esprits hardis qui se révoltent : la nouvelle génération grandit dans une autre atmosphère. Déjà à Genève même, avant la fin du siècle, Théodore de Bèze vivant encore et déjà presque entré dans l'immortalité, on accuse la jeunesse, celle des Pays-Bas en particulier, d'avoir deux auteurs favoris : Coornhert et Castellion. Quand Arminius eut succédé à François du Jon comme professeur de théologie dans la faculté calviniste par excellence, à Leyde, et quand il en fut venu, malgré toute sa modération, à prendre ouvertement parti contre son collègue Gomar, pour les nouvelles doctrines qui couvaient peut-être au fond de sa pensée depuis le temps de son séjour à Bâle [3], le doute ne fut plus possible : c'était la doctrine même de Castellion qui se dressait contre celle de Calvin. Et l'on comprend qu'au moment de la conférence où les deux professeurs de Leyde comparurent devant les États de Hollande, la première pensée d'Uitenbogaert ait été d'évo-

1. A rapprocher de ce mot spirituel et profond de l'évêque anglais de la même école, Joseph Hall : « Le plus utile de tous les livres de théologie serait celui qui aurait pour titre : *De paucitate credendorum* ».

2. *Dictionnaire critique*, art. KOORNHERT, *in fine*.

3. « A Bâle où il séjourna à l'âge de vingt-deux ans, on voulait déjà lui conférer le doctorat, en reconnaissance de son mérite. » (*Encyclop. des sc. relig.*, article ARMINIANISME.) Ce séjour est donc de 1582 : à cette date il est manifestement impossible qu'il n'ait pas connu et étudié les écrits de Castellion, de Mino Celsi et de Fauste Socin.

quer le nom de Castellion et de souhaiter à son ami Arminius d'être plus heureux dans sa défense de la même cause [1]. La mort prématurée d'Arminius (1609) au début même de ce grand combat contribua peut-être à faire appeler désormais de son nom la tendance dont il avait été le premier le champion public. Les systèmes théologiques comme les continents ne portent pas toujours le nom de qui les a découverts.

C'est presque de la mort d'Arminius que date l'arminianisme. Ses écrits ne parurent que vingt ans plus tard. Des *cinq articles* qui constituèrent la charte officielle ou *Remontrance* de 1610 les quatre premiers sont exactement et presque littéralement les conclusions des quatre Dialogues de Castellion, sur la *prédestination*, l'*élection*, le *libre arbitre* et la *foi*. La cinquième proposition n'était dans sa rédaction première que la conclusion non moins littérale de son traité sur la possibilité de l'obéissance parfaite, et ce n'est que plus tard qu'en creusant leurs spéculations les théologiens remontrants en firent une formule plus dogmatique.

Cette remarque suffirait pour établir qu'il y a là tout autre chose qu'une coïncidence. D'ailleurs la preuve matérielle de la filiation de l'arminianisme ne fait pas défaut. Au moment décisif où les Remontrants arrêtent leur corps de doctrine, pour en rendre compte devant l'État et devant l'Église, ils ne se bornent pas à réimprimer les *Quatre Dialogues* : ils y joignent tout ce qu'ils peuvent découvrir de fragments encore inédits du même auteur, y compris le plus violent et le plus beau de tous, le *Contra Calvini libellum*, et coup sur coup paraissent dans les deux seules années, 1612 et 1613 : à Gouda une édition complète des *Opera Sebastiani Castellionis* en latin; à Leyde, une autre édition latine faite d'après celle de 1578; à Haarlem, une traduction complète en néerlandais, à Gouda, une autre non moins complète; et concurremment à ces quatre grandes publications presque simultanées reparaissent l'un après l'autre presque tous ses opuscules édités à part dans les deux langues. Le synode pro-

1. Rapporté par Grotius dans une lettre. (*Andr. Riveti opera*, III, 974.) Voir avec quelle chaleur le défend un autre arminien, Charles de Nielles, qui rappelle que « mesme Valerandus Polanus, grand prédestinataire, confesse que Castalion a été de sainte vie et d'une conversation exemplaire ». (Bayle, art. *Castalion*, note H.)

vincial de Delft, en déposant des fonctions de pasteur un des traducteurs de ces écrits, Théodore Boom, avait raison à sa manière lorsqu'il dénonçait Castalion comme le véritable auteur responsable de l'arminianisme : « car sans lui ces erreurs seraient restées enfouies dans leurs trous au lieu de gagner la masse du peuple [1] ».

Aussi peut-on dire sans aucune exagération que devant le trop fameux Synode de Dordrecht — ce piteux Concile de Trente du calvinisme, — le véritable accusé qui comparut ce fut Castellion. On sait de quelles foudres il fut accablé, et l'éclatant triomphe du calvinisme. Mais qu'il fut de courte durée! Dix années suffirent à une république protestante pour accomplir définitivement et en dépit de son clergé l'évolution que commandait la logique de la Réforme. Dès 1632, les bannis étaient rappelés, les pasteurs déposés par leurs collègues reprenaient leurs postes, les deux grands et fermes continuateurs d'Arminius, Uitenbogaert et Episcopius revenaient de l'exil, rédigeaient leur confession de foi, fondaient leur séminaire, et sans rompre avec la Réforme, la réformaient.

La même année précisément, l'autre grand foyer du calvinisme prouvait d'une manière non moins éclatante sa fidélité au maître : le 20 avril 1632, à la requête unanime des pasteurs, le conseil de Genève envoyait au bûcher [2] un malheureux ministre, Nicolas Anthoine, qui après une crise d'aliénation mentale, ayant pour le reste recouvré la raison, faisait profession de judaïsme, niait l'inspiration du Nouveau Testament et s'obstinait à blasphémer contre la Sainte Trinité. Terrible exemple du mal que peut faire l'erreur d'un grand homme, et trop complète justification de ceux qui, dès le premier jour, l'avaient dénoncée [3]!

1. Gérard Brandt, *Histoire de la réformation des Pays-Bas*, liv. XXXVII, ann. 1619.

2. Malgré une admirable lettre de Paul Ferry, le pasteur de Metz, qui les suppliait de ne pas restaurer le bûcher de Servet; et malgré une intervention semblable du ministre Mestrezat de Charenton qui contenait ces mots significatifs : « Les écrits de nos prédécesseurs *De puniendis hæreticis* n'ont pas été à grande édification et tournent, dans les États où le magistrat nous est contraire, à notre grand préjudice ». (*France protestante*, nouvelle édition, I, 287 et suiv.)

3. Signalons à la même date un contre-coup lointain de la même lutte intestine du protestantisme.

Dès 1631, un jeune ministre de Salem, Roger Williams, soutint le premier parmi les puritains l'opinion de Castellion, *De hæreticis non puniendis*; il avait écrit qu'on ne doit pas forcer à assister aux offices celui qui n'y croit pas; qu'on ne doit pas choisir les magistrats parmi les membres de l'Église, pas plus qu'on ne choisirait un pilote ou un médecin à cause de ses opinions théologiques; « que la conscience appartient à l'individu et non à l'État »; proscrit, il s'enfuit chez les Indiens Narrangansets, dont il avait été le protecteur en soutenant contre les droits du roi leur droit de propriété. Il fonda sous la protection de deux Sachems et sur leur territoire la ville de Providence en 1636.

La même année 1636, nouveau schisme dans la colonie puritaine du Massachusetts. Anna Hutchinson soutient des opinions hétérodoxes, et après maints débats est exilée. Roger Williams obtient pour elle des mêmes Indiens la concession d'une petite île (Rhode-Island). W. Coddington en fut le premier gouverneur et la charte de 1638 est le premier document qui donne expressément au gouvernement le nom de *démocratie*. Les deux petits groupes étaient rapprochés non pas seulement par la persécution dont ils avaient été victimes, mais par ce grand et tout nouveau principe : l'idée d'abolir toute persécution religieuse. Les deux colonies s'unirent sous le nom de Rhode-Island. Anna accusée de rébellion et menacée par les puritains s'enfuit et périt chez les Indiens. Mais Roger Williams vint en Angleterre e obtint une charte qui assurait à la colonie de Rhode-Island son indépendance (1643).

Cette charte renouvelée en 1662 constatait que le but de la nouvelle colonie était de prouver par une expérience éclatante « qu'un État très florissant peut exister avec une pleine liberté en matière de religion »; et le roi Charles II décidait « que personne dans cette colonie ne sera à l'avenir molesté, puni ou recherché pour différences d'opinion en matière de religion, mais qu'au contraire chacun aurait pleine et entière liberté de conscience et de jugement en ce point pourvu qu'il se comporte paisiblement et ne tourne pas cette liberté en licence, profanation, injures ou trouble d'autrui ».

La patente de Charles II a subsisté jusqu'à 1842.

Pour renouer le fil de la tradition, il faudrait continuer l'histoire de cette idée de la tolérance jusqu'à Jérémie Taylor. Le savant évêque anglican, chapelain et prédicateur ordinaire de Charles Ier, publiait à Londres en 1647 *A Discourse of the liberty of prophesying, shewing the unreasonableness of prescribing to other mens faith and the iniquity of persecuting differing opinions* (in-4, 272 pages, plus 48 de préface). Ce traité de la tolérance est précédé d'une épître dédicatoire à lord Hatton, membre du conseil privé. Ce morceau présente d'autant plus d'analogie avec la préface de Martinus Bellius que les temps sont changés, le point de vue agrandi, le débat plus calme et plus ample, et que pourtant le fond de l'argumentation reste nécessairement le même. Comme Bellius et comme le bon sens de tous les siècles, le « Shakespeare des théologiens », puisqu'on lui a donné cette honorifique et bizarre appellation, s'appuie sur la diversité des sectes pour conclure non pas à l'incertitude et au scepticisme, mais à un peu de modération dans nos jugements et à un peu de modestie dans nos prétentions concurrentes à la possession de l'absolu. Le traité lui-même, en 22 sections dont nous n'avons pas à exposer l'ordonnance, est intéressant par les études qu'il contient sur les différents âges de l'histoire ecclésiastique, et par l'énoncé des principes qui, sous des formes variées, reviennent toujours à cette grande idée : l'erreur — à supposer qu'elle soit démontrée, ce qui est le plus souvent très difficile — n'est pas un crime. Si elle contient une culpabilité de l'intelligence ou de la volonté, Dieu seul en est juge et peut la punir. Pour les hommes, il n'y a lieu d'intervenir que si cette erreur, quelle qu'elle soit, se manifeste sous la forme de révolte contre les lois civiles et politiques, c'est-à-dire si elle entraîne un danger pour l'État, non pas un danger spirituel, mais une sédition, un désordre matériel, un attentat à la paix publique. Laissez enseigner et laissez croire tout ce que chacun estime lui être dicté par sa conscience, à une seule condition, comme disaient déjà les Romains, *ut respublica salva sit*. Car dès que la société ou le gouvernement, son expression autorisée, est en péril, de quelque côté que vienne l'attaque, que ce soit de l'anabaptisme prêchant l'abolition des lois et du magistrat ou que ce soit du catholicisme romain, prétendant asservir l'État au pape ou le livrer aux jésuites, la société a le droit et le devoir de se défendre. *No doctrine that destroyes Government is to be endured* (p. 248).

CONCLUSION

Si le lecteur nous a suivi jusqu'ici, ne va-t-il pas, au moment de fermer le volume, demander ce que nous avons voulu prouver par cette longue étude sur un homme obscur?

Voici notre réponse.

Il est bon, nous a-t-il semblé, de rendre précisément à un homme obscur ce qui lui appartient, de tirer de l'oubli une belle vie et une belle âme indignement méconnue, une pensée puissante autant que délicate, une affirmation de la liberté de conscience dans l'État et dans l'Église qu'on n'a pas dépassée au XIXᵉ siècle, enfin une conception de la religion qui contenait deux siècles à l'avance, non pas en germe mais en plein épanouissement, toutes les doctrines caractéristiques du christianisme libéral de nos jours.

Il est meilleur encore de rendre ce qui lui appartient à une Église que la France pour divers motifs n'a jamais bien connue : il vaut la peine de prouver par des textes, fussent-ils inédits, par des traités, fût-ce de gros in-folio latins, ou au contraire d'introuvables pamphlets empruntés à la *réserve* des bibliothèques, que la grande idée de la tolérance est contemporaine de la Réforme, que si elle a rencontré le *veto* impérieux de Calvin, l'âpre malveillance des théologiens autoritaires, l'aveuglement obstiné des foules encore imprégnées de la tradition catholique, elle a eu pour elle, dès le premier siècle du protestantisme, l'élite des laïques et une suite ininterrompue de zélés propugnateurs.

Enfin il est peut-être une leçon plus importante à recueillir dans cette page spéciale de l'histoire des idées morales et politiques.

Si l'histoire s'est un peu trop faite jadis avec des noms propres, ne tend-elle pas trop aujourd'hui à s'en passer? N'en sommes-nous pas venus à tout expliquer et, comme l'explication suppose une forte liaison des effets aux causes, à établir entre les faits une apparence d'enchaînement logique qui leur donne l'aspect d'un déroulement nécessaire? Pour l'histoire religieuse des trois derniers siècles et pour la France en particulier, il semble, à entendre la plupart des historiens, qu'il n'y ait jamais eu ni doute, ni hasard, ni imprévu : ce ne sont que chocs inévitables, que conséquences fatales, que résultats de la force des choses. Et des deux parts, ce point est le seul sur lequel on s'accorde, c'est la seule justice qu'on se rende mutuellement : chacun excuse ses héros en accusant leur temps. Les protestants disent : « ce n'est pas Calvin qui a dressé le bûcher de Servet, c'est le XVIe siècle tout entier [1] ». Les catholiques disent : ce n'est pas Bossuet qu'il faut blâmer d'avoir célébré si haut la révocation de l'édit de Nantes, c'est « toute la France catholique de son temps [2] ». Les historiens les plus sagaces, les plus libres d'esprit, les mieux informés du détail des choses, admettant comme un postulat que ce qui est arrivé devait arriver, ne manquent pas d'en trouver la raison. Depuis le massacre des Vaudois jusqu'à la Saint-Barthélemy, c'est « l'état des esprits » qui a tout fait, c'est à la barbarie des temps qu'il faut s'en prendre. La jeunesse de nos écoles est familiarisée avec cette philosophie de l'histoire. Le professeur qui vient de lui raconter une de ces scènes d'horreur se hâte d'ajouter : « Nous vivons heureusement en un siècle où la tolérance fait partie du patrimoine commun de l'humanité. Il n'en était pas de même il y a trois cents ans : on considérait alors la tolérance comme une faiblesse et presque comme un crime [3]. »

C'est contre cet ensemble de jugements trop faciles que viennent s'inscrire en faux comme autant de témoins irrécu-

1. De Félice, *Histoire des protestants de France*, p. 56.
2. Jacquinet, *Oraisons funèbres de Bossuet*, p. 407.
3. H. Vast, *Histoire de l'Europe de 1270 à 1610*, I, p. 742.

sables les hommes semblables à notre Castellion; et c'est pourquoi il est à propos de les faire revivre. — Leur voix, dit-on, n'a pas été entendue. — Est-ce une raison pour que l'historien refuse de l'entendre? — Ils étaient si peu : ils ne comptaient pas! — En êtes-vous bien sûr? Et n'êtes-vous pas dupe à votre tour de la fiction officielle, accréditée par le parti vainqueur? Quand on a scrupuleusement approfondi l'étude en particulier d'un point quelconque de cette histoire de l'esprit public, on est porté à une singulière méfiance à l'égard de tous ces *a priori* qui supposent une si profonde différence entre la conscience d'alors et celle d'aujourd'hui.

Ne nous avait-on pas dépeint à satiété le luthérien ou le huguenot du XVIe siècle comme un papiste retourné, aussi incapable que l'autre de respecter, que dis-je! de concevoir le respect de la foi d'autrui? Et pourtant combien n'en avons-nous pas vus passer, sans sortir de notre cadre si étroit, de ces protestants qui réclamaient avec Castellion la pleine liberté de conscience!

Qui sait si en fouillant de même le XVIIe siècle catholique on ne ferait pas bien des découvertes analogues?

Ne soyons pas si prompts à proclamer que les idées les plus simples, que les sentiments les plus humains étaient, quelques générations avant nous, inaccessibles à l'esprit humain. Nous pourrions bien commettre une double erreur, l'une philosophique, l'autre historique.

L'erreur historique consiste à ériger involontairement le fait en loi, à prendre les effets pour des causes, à ne savoir plus faire la part de l'accident qui, tenant une si grande place dans la vie de l'homme, ne peut disparaître de son histoire. On aime à parler des grands courants qui entraînent une époque. L'image est juste, mais qu'elle ne nous égare pas. Ces courants ne sont pas une sorte de phénomène fatal et mystérieux venant du dehors fondre sur l'humanité : c'est de l'humanité même qu'ils sortent. Le plus souvent on peut dire d'où ils sont nés, comment ils ont grossi, quelle main les a sinon créés, du moins élargis et dirigés, quelle autre leur a opposé des obstacles ou en a détourné le cours. Et, alors même qu'ils semblent devenus irrésistibles, alors que la foule des humains se laisse aller passive au fil du fleuve puissant qui l'emporte, on voit parfois un homme qui, seul, le remonte d'un élan désespéré, et il n'est pas sans exemple que cet homme finisse par être suivi de tous. Il serait étrange que de tout le spectacle ce point seul nous échappât, sous prétexte qu'il est imperceptible.

Le véritable historien observe les grandes forces collectives, mais il sait découvrir aussi cette force élémentaire et irréductible : l'individu. Effacer sous un vernis uniforme, qu'on appellera la couleur de l'époque, les figures individuelles avec leurs ombres et leurs lumières, leur mérite et leur démérite, ce serait traiter l'histoire comme l'histoire naturelle. On reconnaît l'historien à ce signe qu'en enregistrant toujours il ne perd jamais la faculté de juger. Il démêle ce qui est arrivé et pourquoi, mais il ne décrète pas que cela dût infailliblement arriver; il laisse voir souvent que le contraire a failli être : et c'est ce qui fait que l'histoire nous émeut. Le XVIe siècle serait-il d'un si poignant intérêt si l'on n'y sentait à vingt reprises la pathétique indécision de l'issue finale et l'égale possibilité des deux solutions opposées? De qui a dépendu le dernier mot? Le plus souvent de la volonté d'un homme. C'est ôter à ce drame toute sa grandeur que de commencer par admettre qu'il était impossible que François Ier sauvât Louis de Berquin ou Étienne Dolet, impossible qu'il refusât sa signature à la boucherie de Cabrières et Mérindol, impossible que L'Hôpital l'emportât sur les Guises, impossible que la Saint-Barthélemy n'eût pas lieu.

La vérité est, tout au contraire, que le principal artisan des destinées humaines, c'est l'homme : aucune prédication spiritualiste ne proclamera jamais aussi haut que l'histoire la réalité du libre arbitre et son incalculable portée. Et à aucune page il n'apparaît plus clairement que dans celle que nous venons de retracer. Bien loin de confirmer cette prétendue nécessité inéluctable de la fureur religieuse, l'histoire nous montre dans le même temps, dans la même ville, dans la même Église, la tolérance la plus éclairée aux prises avec un fanatisme aveugle; elle nous montre en dépit de toute logique des évêques tolérants et des hérétiques persécuteurs : elle fait ressortir par l'inconséquence de Sadolet l'inconséquence en sens inverse de Calvin. Elle laisse voir enfin qu'en ce temps-là comme en tout autre et dans notre pays plus qu'en aucun point du monde la voix de la raison et de l'humanité pouvait se faire entendre, et que, si elle a été étouffée, ce n'est pas à une infirmité foncière de la nature humaine qu'il faut s'en prendre.

Or ce résultat n'intéresse pas seulement l'histoire, il touche à une grande question morale. Et c'est ici que d'historique le débat, si nous pouvions l'entamer, deviendrait philosophique.

Le pire danger de ce déterminisme historique qui nous défend de rechercher ce qui aurait pu être sous ce qui a été, c'est d'exagérer la théorie des circonstances atténuantes. A force d'effacer les responsabilités dans l'histoire, on supprime la moralité de l'histoire. On en vient à ne plus savoir nommer crime un crime, à ne plus s'avouer que dans l'histoire comme dans la vie, selon le mot de La Bruyère, « il y a des âmes sales » et qu'une seule de ces âmes, suivant l'endroit où l'aura placée le hasard de la naissance, a pu déterminer toute une suite d'événements auxquels nous avons le tort de chercher des raisons plus hautes.

Pour nous en tenir à l'objet de ce livre, le long triomphe théorique et pratique de l'intolérance absolue dans notre pays est-il, comme on le prétend, un fait naturel et normal, une sorte de fatalité interne? Dans quelle mesure a-t-il été, au contraire, l'œuvre systématique d'agents responsables qui ont réussi à se dissimuler dans l'histoire derrière les masses mêmes qu'ils faisaient mouvoir? Le Français, né malin, était-il né fanatique, et sa prétendue fièvre d'intolérance n'est-elle pas un virus savamment inoculé?

C'est une question beaucoup trop générale pour être même effleurée ici. Mais elle se posera de plus en plus à mesure qu'on pénétrera mieux dans les profondeurs de l'histoire vraie. Il y a là peut-être un procès à reviser, et des biographies comme celle-ci pourront y aider : elles n'auront pas été inutiles si elles servent à faire reparaître au grand jour les individualités ou les minorités vaincues que le commun des historiens a jugé plus simple d'omettre.

On a déjà fait un premier pas dans cette voie. Rencontret-on un de ces écrits qui forcent à reconnaître l'existence d'un homme ou d'un groupe qui a pensé au XVIe, au XVIIe siècle exactement comme nous pensons sur la tolérance : ce sont, dit-on, des « précurseurs », et on leur rend en passant l'hommage qui leur est dû. C'est souvent leur faire plus d'honneur qu'ils n'en réclament et n'en pas faire assez à leurs contemporains.

Les Précurseurs français de la tolérance au XVIIe *siècle* : c'est le titre d'un beau livre qui vaut beaucoup mieux que son titre[1]. « Précurseurs ! » cent cinquante ans après Castellion !

D'où nous vient cette singulière illusion ?

Essentiellement de notre littérature classique.

Nous avons tous dès l'enfance dans l'oreille et dans l'esprit les éclats de la grande voix de Bossuet ; nous savons par cœur son apostrophe : « Prenez vos plumes sacrées, vous qui composez les annales de l'Église », et nous ne pouvons pas nous empêcher de revoir tout ce merveilleux tableau : « une hérésie invétérée tomber tout à coup, les troupeaux égarés revenir en foule, et nos églises trop étroites pour les recevoir, leurs faux pasteurs les abandonner, heureux d'alléguer leur bannissement pour excuse.... Poussons jusqu'au ciel nos acclamations. Disons à ce nouveau Constantin, à ce nouveau Théodose, à ce nouveau Charlemagne : par vous l'hérésie n'est plus. Roi du ciel, conservez le roi de la terre ! » Comment douter après de telles paroles ? Comment ne pas se représenter le siècle tout entier chantant l'hymme de la persécution à l'unisson de Bossuet ?

Sans doute quelques bons esprits placeront, au bas de ce passage, une note courageuse. L'un d'eux, qui est aussi un des plus grands admirateurs de Bossuet, écrira : « Devant ce malheureux endroit de sa vie et de son œuvre, on peut comprendre, excuser même. Amnistier est-il possible ? N'est-ce pas au génie, au génie armé de bon sens qu'il appartient, en présence d'égarements semblables, d'intervenir, de prévenir au lieu de suivre et d'acclamer[2] ? » Si belles que soient ces paroles d'honnête homme, il y aurait plus et mieux à opposer

1. Par M. Franck Puaux. Paris, 1885, in-8.
2. Jacquinet, note de la page 408.

à ce dithyrambe du moyen âge. Il suffirait de transcrire au hasard les pages qui s'écrivaient à la même date, ne disons pas même à l'étranger, mais en France, pour réfuter tant d'éloquence et tant de fanatisme. Combien y a-t-il de nos élèves de rhétorique ou de philosophie qui sachent que Basnage écrivait en 1584 le traité *De la tolérance des religions*? et Saurin en 1697 ses *Réflexions sur les droits de la conscience*? qu'aux sophismes de Bossuet répondait sur l'heure une lettre digne de faire suite aux *Provinciales*, sous ce titre : « *Ce que c'est que la France toute catholique sous le règne de Louis le Grand* »? que l'auteur de ce pamphlet, Bayle, publiait, en 1686, un *Commentaire philosophique sur ces paroles de Jésus Christ : Contrains-les d'entrer*, qui était le plus vif et le plus complet exposé de la même doctrine, et qui la fondait, non pas comme il est de mode de le dire [1], sur le scepticisme, « mais sur la première de nos obligations, celle de ne point agir contre l'inspiration de la conscience [2] »? qu'à l'heure même où la cour de France se pâmait d'admiration en entendant Bossuet flétrir du nom de « faux pasteurs », les ministres envoyés aux galères, Claude détrompait l'Europe entière et la remuait par un immortel cri de douleur que nous sommes encore aujourd'hui les seuls à ignorer : *Les plaintes des protestants cruellement opprimés au royaume de France*? que Saint-Simon lui-même montre « les bons catholiques et les bons évêques gémissant de ce conseil pernicieux plus pernicieusement exécuté », et appréciant comme nous-mêmes cette mesure d'une iniquité et d'une perfidie sans exemple? qu'enfin, pour parler avec un historien moderne, « il est aujourd'hui prouvé à tous qu'il n'est pas un seul des jugements même les plus sévères portés par l'histoire sur la révocation de l'édit de Nantes qui n'eût été porté déjà par les contemporains éclairés, catholiques fervents et convaincus, mais bons Français [3] »?

L'heure n'est-elle pas venue pourtant de réduire à ses

1. L'auteur d'une *Étude sur le procès de Servet* (Strasbourg, 1853), M. Ed. Schadé, dit de même en parlant de la *farrago Bellii* : « cet ouvrage prêche plutôt l'indifférence que la tolérance » (p. 51).
2. *Commentaire philosophique ou Traité de la tolérance universelle*, éd. de 1713, t. I, p. 403.
3. Albert Sorel, *la Révocation de l'Édit de Nantes*, dans *le Temps* du 18 octobre 1885.

justes limites la légende si artistement construite qui nous fait apparaître les contemporains de Racine et de Molière comme des esprits incurablement fermés à la notion de la liberté de conscience, enivrés du délire sacré et éperdument enthousiastes des dragonnades? Pour un peu on en dirait autant du XVIIIe siècle, si Voltaire ne se rencontrait là; on nous citerait en preuve la Sorbonne condamnant en 1767 comme hérétique cette proposition : « *La vérité brille de sa propre lumière, et l'on n'éclaire pas les esprits avec la flamme des bûchers* »[1].

Pour l'honneur du génie national et même du siècle de Louis XIV, il faut élargir nos recueils de classiques et à côté des immortels classiques de la langue, faire une petite place à ces classiques de la pensée. On reprochera si l'on veut à Saurin ou à Jurieu leur « style réfugié », à Vauban[2] le lourd appareil de ses arguments manœuvrant en bataille, à ceux-ci leurs violences de ton, à ceux-là leurs concessions à la théologie régnante. Il est possible que ces quelques pages introduites dans les *Excerpta* littéraires du grand siècle les déparent en quelques endroits et satisfassent peu les amateurs de belle langue; mais il est certain qu'elles y combleront une lacune quant à la valeur même de l'esprit français : elles révéleront qu'il y eut en ce temps même des hommes qui pensaient aussi bien que parlait Bossuet et qui sont aussi près de nous par le cœur et par l'âme qu'il en est loin. Ce sera restituer au vieux tronc français un de ses rameaux légitimes qu'on a en vain voulu extirper et que l'on se contente aujourd'hui de nous cacher. La jeunesse cessera de croire que la tolérance n'a pu entrer dans les esprits qu'avec

1. Voir *Bull. de la Soc. d'Hist. du prot. fr.*, 1891, p. 540. — On pourrait aller plus loin, et nous citer des autorités contemporaines. Voici par exemple l'article *Liberté de conscience* dans un ouvrage catholique encore classique : « *Liberté de conscience*, droit de choisir telle religion qu'on veut pour en faire profession. Toutes les hérésies se sont établies sur ce faux principe que la liberté de conscience est du droit des gens; et l'on pourrait établir sur le même principe tout ce qu'on peut imaginer d'absurde et d'horrible en matière de religion. » (*Biblioth. sacrée ou Dictionnaire universel des sciences ecclésiastiques*, par les RR. PP. Richard et Giraud, 1821, t. XV, p. 154.)

2. Voir le texte d'une partie de ses admirables mémoires au Roi « pour la *réhabilitation de l'Édit de Nantes et le rappel des Huguenots* », de 1689 à 1693 (sur lesquels Louvois lui dit : « J'ay lu vostre mémoire, où j'ay trouvé de fort bonnes choses, mais entre nous elles sont un peu outrées) », publié par M. Charles Read dans le *Bulletin de la Soc. d'Histoire du prot. franç.*, t. XXXVIII, 1889.

Voltaire et dans les mœurs qu'après 1789. Elle n'en admirera pas moins le génie de Bossuet, mais elle se permettra désormais d'en appeler de sa parole et de juger sa doctrine. Peut-on trouver mauvais que, cessant de mettre gratuitement au compte de la France une épouvantable aberration, nos enfants apprennent[1] « que le véritable auteur de la révocation est le clergé, qu'il en doit porter devant l'histoire la plus grande part de la responsabilité et que, si grande que soit celle de Louis XIV, ce prince ne fut en réalité qu'un glorieux complice à qui l'on réserva les honneurs de l'événement »?

C'est à cet essai de revision minutieuse de l'histoire que nous avons voulu apporter par cette monographie notre humble contribution. On ne doit pas se flatter qu'aucun des points obscurs de cette histoire rectificatrice de l'autre puisse s'élucider sans de longues investigations qui auront pour but de mettre au jour précisément ce que le parti dominant avait intérêt à tenir dans l'ombre. On jugera si le présent spécimen de ce genre de travail est de nature à encourager des recherches analogues.

Pour nous, qui n'avons rencontré la question générale que sous la forme où elle peut entrer dans une humble biographie, s'il faut dire notre espoir en terminant cette étude que nous avons tâché de rendre impartiale, nous ne pouvons nous empêcher de croire que, mieux éclairée, la postérité, qui réconcilie les morts parce qu'elle les juge, accueillera dans le panthéon des gloires du protestantisme français, à côté de Calvin qui d'un coup de génie a fondé une incomparable Église de combat, le doux et hardi penseur qui a si admirablement posé les bases d'une Église de paix, de science et de progrès.

1. Albert Sorel, même article.

APPENDICE

N. B. — Cet Appendice se compose de trois parties :

1° Bibliographie des ouvrages de Castellion, divisée comme suit :

2° Correspondance inédite, comprenant :

PREMIÈRE PARTIE

BIBLIOGRAPHIE

I. — BIBLIOGRAPHIE DES DIALOGUES SACRÉS

I. — Éditions publiées du vivant de Castellion.

Dialogi sacri, latino-gallici, ad linguas moresque puerorum formandos. Liber primus. Authore Sebastiano Castalione.

[Genève, Jean Girard]; in-8°, non paginé (signat. A.-J.) [1543]
(N. B. Le titre porte par erreur M. D. LIII. au lieu de MDXLIII.)

(Bibliothèque de l'Université de Breslau; c'est le seul exemplaire que nous connaissions. Voir ci-dessus, t. I, p. 153.)

Dialogorum sacrorum liber secundus et tertius, per Sebastianum Castalionem (avec la préface : « *Seb. Castalio ludimagistris Christianis* » et une seconde en tête du livre III, *Ad discipulos præfatio*, p. 75).

[Genève, Jean Girard], 1543; — in-8°, 136 pages chiffrées.

(Bibliothèque de Genève : exemplaire incomplet de ce qui suit la page 128; — Bibliothèque impériale de Vienne.)

Dialogi de sacris literis excerpti, ad linguam moresque puerilis ætatis formandos non inutiles, per Sebastianum Castalionem (20 dialogues seulement; préface à Mathurin Cordier datée : « *anno a Virginis partu 1542* »).

Basileæ, per Erasmum Xylotectum; petit in-8°, 48 pages non chiffrées. — 1545, mense Martio.

(Bibliothèque de l'Université de Bâle; — Bibliothèque impériale de Vienne. Voir ci-dessus, t. I, p. 153 et 157.)

Dialogorum sacrorum ad linguam simul et mores puerorum formandos, libri quatuor : Quibus præcipuæ tam Veteris quam Novi Testamenti historiæ ita eleganter tenellæ ætati proponuntur ut nihil ad pietatis ac linguæ eadem opera perdiscendæ rationem parari accommodatius posse videatur. Sebastiano Castalione autore.

Basileæ. (A la fin du volume : *ex off. Roberti Winter, a. 1545, mense Martio*); in-8°, 208 pages chiffr., plus 8 et 5 non chiffr.

(Bibliothèque de la Ville de Breslau.)

Dialogorum sacrorum ad linguam simul et mores puerorum formandos, libri quator, Sebastiano Castalione autore, nunc postremo ab eodem recogniti et aucti.

Basileæ (à la fin : *ex off. J. Oporini, 1547, mense Februario*) ; — in-8°, 268 pages chiffrées et 3 non chiffrées.

(Bibliothèques : de la Ville de Zurich ; — de l'Univ. de Munich ; — de l'Univ. de Prague.)

Basileæ (à la fin : *ex off. J. Oporini, 1548, mense Octobri*) ; — in-8°, 268 pages chiffrées et 3 non chiffrées.

(Bibliothèques : Cantonale d'Aarau ; — Royale de Berlin ; — Impériale de Vienne ; — de l'Université de Rostock.)

Coloniæ, Joannes Aquensis excudebat, 1551 ; — petit in-8°, 126 pages.

(Paris, Bibliothèque Nationale ; édition ne contenant que les deux premiers livres, terminés par le mot *Finis*.)

Dialogorum sacrorum ad linguam simul et mores puerorum formandos libri quatuor, quibusque præcipuæ et Veteris et Novi Testamenti historiæ tenellæ ætati ante oculos quam sane belle constituuntur, Sebastiano Castalione auctore.

Lugduni, Guillaume Roville, 1549 ; — in-8°, 300 pages.

(Bibliothèque de Lyon.)

Lugduni, apud Theob. Paganum, 1550 ; — in-16, 282 pages.

(Bibliothèque du Mans.)

Medinæ [1], apud Adrianum Gemard, 1551 ; — in-8°, 293 p. et 3 n. ch. avec la marque de la main surmontée d'un faucon tenant du bec la banderole : « *Post tenebras spero lucem* [2]. »

(Bibliothèques : de l'Université de Munich ; — Royale de Berlin.)

Antuerpiæ, Joann. Verwithagen, 1552 ; — in-8°, 206 pages (italiques).

(British Museum.)

Dialogorum sacrorum libri quatuor. Sebastiano Castalione autore : nunc postremò ab eodem recogniti et aucti.

Basileæ, per Joannem Oporinum, 1551, mense Septembri ; — in-8°, 277 pages et 3 non chiffrées.

(Paris, Bibliothèque Nationale ; — Bibliothèque de Winterthur.)

Coloniæ Agrippinæ, sumt. hæredum Arnoldi Birckmanni, 1552 ; — in-8°, 283 pages chiffrées et 3 non chiffrées.

(Bibliothèque Impériale de Vienne.)

Basileæ, per Joannem Oporinum, 1555, mense Martio ; — in-8°, en caractères italiques, 280 pages (les trois dernières non chiffrées ; erreurs de pagination dans le dernier demi-cahier).

(Bibliothèques : de Genève ; — de l'Univ. de Munich ; — de Nuremberg.)

1. Probablement Medina-del-Campo (Espagne), si toutefois ce n'est pas une édition faite clandestinement en Franche-Comté ou à Lyon (conjecture à laquelle s'arrête M. Castan, le savant bibliothécaire de Besançon).

2. Cette marque est décrite dans l'*Inventaire des marques d'imprimeurs et de libraires*, 3e fasc., p. 84, comme provenant de Madrid : « veuve de Pierre Madrigal, libraire, 1595 ».

Coloniæ, Petrus Horst, 1555; — in-8°, 276 pages.

(Bibliothèque du Gymnase de Francfort-sur-Oder; — Bibliothèque de l'Université d'Amsterdam.)

Basileæ, per Joannem Oporinum, 1557, mense Martio; — in-8°, 281 et 3 pages.

(Bibliothèque de l'Université de Rostock.)

Coloniæ Agrippinæ, Gualth. Fabricius, 1558; — in-8°, 256 et 4 pages.

(Bibliothèque de l'Université de Tubingue.)

Basileæ, per Joannem Oporinum, 1559, mense Augusto; — in-8°, en italiques, 325 pages chiffrées et 3 non chiffrées.

(Bibliothèque Impériale de Vienne; — Bibliothèque de M. Herminjard, à Lausanne.)

Coloniæ Agrippinæ, Gualth. Fabricius, 1562; — in-8°.

(Bibliothèque de l'Université de Munich.)

Dialogorum sacrorum ad linguam simul et mores puerorum formandos libri IIII, quibus præcipuæ tam Veteris quam Novi Testamenti historiæ tenellæ ætati proponuntur ad pietatis ac linguæ latinæ simul perdiscendæ rationem multo quam accommodatissimæ Sebastiano Castalione authore, nunc postremo ab eodem recogniti et aucti.

Basileæ; sans nom d'imprimeur, 1562; — in-8°, 274 pages.

(Paris, Bibliothèque de l'Arsenal.)

Dialogorum sacrorum libri quatuor, autore Sebastiano Castellione, qui opus recognovit, argumenta singulis dialogis præposuit, et sententias subjecit ex quibus pueri discant officium, hoc est quid imitandum sit aut declinandum. Accesserunt nunc postremo ejusdem S. C. marginales annotationes.

Basileæ, per Joannem Oporinum, 1562, mense Augusto; — in-8°, 325 pages et un index de 3 pages.

(Bibliothèques : Mazarine; — Royale de Berlin.)

Lipsiæ, Ernest Vœgelin, 1562; — in-8°, 311 et 3 pages.

(Bibliothèque de l'Université de Tubingue.)

(?) *Dialogues sacrés.....* (édition française).
Bâle, Hervage; in-8°. — 1555.

(Cité par AD. ROCHAS, *Biographie du Dauphiné*, p. 229; aucun exemplaire n'a été signalé jusqu'ici. Voir ci-après, p. 352.)

II. — Éditions posthumes.

1° — ÉDITIONS CONTENANT LES ANNOTATIONS MARGINALES.

Dialogorum sacrorum libri quatuor : autore Sebastiano Castellione : qui opus recognovit : argumenta singulis dialogis præposuit, et sententias subjecit : ex quibus pueri discant officium, hoc est, quid imitandum sit, aut declinandum. Accesserunt nunc postremo eiusdem S. C. marginales Annotationes.

Basileæ, per Joannem Oporinum, 1565; — in-8°, 325 pages et 10 pour l'index et les épitaphes.

(Paris, Bibliothèque Nationale; Musée pédagogique; — Bibliothèques : de Versailles; — de Bâle; — de Lausanne [Cantonale].)

Basileæ, 1578; — in-16.

Augustæ Vindelicorum, in offic. Mathæi Franci, 1567; — in-8°, 368 plus 12 pages.

(Bibliothèque de l'Université de Munich.)

Augustæ Vindelicorum, ex off. Mich. Mangeri, 1570; — petit in-8°, 368 pages.

(Bibliothèque des Ministres, à Schaffhouse.)

Augustæ Vindelicorum, ex off. Mich. Mangeri, 1576; — petit in-8°, chiffr. et 6 non chiffr., pages 368.

(Bibliothèque de l'Université de Munich.)

Augustæ Vindelicorum, 1588; — in-8°, 368 pages et 6 ff. non chiffr.

(Bibliothèques : de l'Univ. de Buda-Pest; — de l'Univ. de Graz (Styrie); — Impériale de Vienne.)

Dialogorum sacrorum libri quator, auctore Sebastiano Castellione : qui opus recognovit; argumenta singulis dialogis præposuit et sententias subjecit ex quibus pueri discant officium, hoc est quid imitandum sit aut declinandum. Accesserunt nunc recens ejusdem Sebastiani Castellionis marginales Annotationes doctissimæ.

Coloniæ, Petrus Horst, 1591; — in-8°, 272 pages, plus 2 et 3 non chiffr.

(Bibliothèques : de l'Université de Breslau; — de Halle; — de Cassel.)

Sebastiani Castellionis Dialogorum sacrorum libri quatuor, nunc denuo emendati et marginalibus scholiis una cum singulorum dialogorum argumentis et sententiis : in gratiam Scholarum Trivialium Germaniæ fideliter aucti.

S. l. [Francfort-sur-le-Mein], sumtibus ac typis Joannis Spiessii et hæredum Romani Beati, 1602; — petit in-8°, 351 pages, plus 12 non chiffr.

(Bibliothèques : de Francfort-sur-le-Mein; — de Halle [Francke'sche Stiftungen]; — de Darmstadt.)

Dialogorum sacrorum liber primus, auctore Sebastiano Castellione : qui opus recognovit; argumenta singulis dialogis præposuit et sententias subjecit, ex quibus pueri discant officium, hoc est quid imitandum sit aut declinandum. Accesserunt nunc recens ejusdem Sebastiani Castellionis marginales Annotationes doctissimæ.

Lugduni Batavorum, ex officina Joannis Patii, jurati et ordinarii Academiæ typographi, 1613; — in-8° (pagination distincte pour chaque livre : le premier, 55 pages; le second, 63; le troisième, 42; le dernier, 77 pages).

(Bibliothèque Royale de Berlin.)

Lugduni Batavorum, ex off. J. Patii, 1618; — in-8°, 240 pages.

(Bibliothèques : Bodléienne d'Oxford; — de Halle [Francke'sche Stiftungen]; — Impériale de Vienne.)

Lugduni Batavorum, ex off. J. Patii, 1620; — in-8°, 240 pages. — (Un titre abrégé est répété en tête de chacun des trois autres livres, avec la date 1619 pour le second, 1620 pour les autres.)

(Bibliothèques : de Genève; — Nationale de Florence.)

Dialogorum sacrorum libri IIII, auctore Sebastiano Castalione : non tantum nova hac editione a multis mendis quæ irrepserant repurgati, sed etiam notis quibusdam ad dictionem vel rem ipsam pertinentibus utiliter illustrati.

Bremæ, typis Thomæ Villeriani Scholæ typogr., 1618; — in-8°, 252 pages.

(Bibliothèque de Cassel.)

Bremæ, typis Thomæ Villeriani Scholæ typographi, 1622; — in-8°, 253 pages.

(Bibliothèques : de l'Université de Heidelberg; — de Cassel.)

Bremæ, typis Bertholdi Villeriani Scholæ typogr. — In fine : Impensis M. Joh. Willii, ibidem pædagogiarchæ, 1635; — in-8°, 239 pages.

(Bibliothèque de l'Université de Halle; — Bibliothèque Royale de Berlin.)

Dialogorum sacrorum libri quatuor, auctore Sebastiano Castellione, qui opus recognovit, etc., jusqu'à *declinandum. Accesserunt ejusdem S. C. marginales annotationes.*

Tubingæ, sumtibus Johann. Georgii Cottæ, Univers. bibliopolæ. Ex officina Martini Rommeii, 1682; — in-8°, 364 pages.

(Bibliothèques : Nationale (Paris); — de l'Université de Breslau; — de Wolfenbüttel; — de Kolozsvár [Musée National et Collège des Unitaires].)

Sebastiani Castellionis græcæ olim linguæ in acad. Basileensi prof. publ. celeberrimi sacrorum Dialogorum libri quatuor, ab ipsomet auctore ante obitum accuratius et ita recogniti ut singulis dialogis argumenta præposuerit atque sententias subjecerit ex quibus scilicet et purius loqui pueri et genuina pietatis simul officia, id est quid imitandum sibi aut declinandum fuerit citius discant et felicius, quo consilio itidem quæ ille alias ad marginem annotaverat ad cujusque pagellæ calcem subnexa recensentur; editio prioribus ut longe correctior, ita usui scholarum facile accommodatior.

Landaviæ, apud Lothum Krausium, 1710; — in-8°, 275 pages, plus 4 et 9 non chiffr.

(Bibliothèques : de M. F. Buisson; — de Darmstadt.)

Landaviæ, 1711; — in-8°.

(D'après Th. GEORGE, *Bücher-Lexikon*, Leipzig, 1742, I, p. 265.)

Dialogorum sacrorum libri IV, auctore Sebastiano Castellione, ut opus olim recognovit, argumenta, etc., jusqu'à *declinandum.*)

Bremæ, typis et impensis viduæ B. Herm. Christoph. Jani, illustr. Gymn. quondam typogr. 1740; — in-8°.

(Bibliothèque de la Ville de Brême.)

2° — ÉDITIONS NE CONTENANT PAS LES ANNOTATIONS MARGINALES.

Sacrorum dialogorum Sebastiani Castalionis libri IIII, qui nunc postremo opus recognovit, argumenta singulis dialogis præposuit et sententias subjecit, ex quibus pueri discant officium, hoc est quid imitandum sit aut declinandum.

Coloniæ, Petrus Horst, 1562; — in-8°, 310 et 2 pages.
(Bibliothèques : de Nancy; — de la Ville de Breslau.)

Coloniæ, Petrus Horst; in-8°, 1566; — 310 plus 2 p.
(Bibliothèque de l'Université de Munich.)

Coloniæ Agrippinæ, ad intersignium Monocerotis, 1567; — in-8°. Sign. A.-U., 63 ff. non chiffrés.
(Bibliothèque de l'Université de Bonn.)

Coloniæ, Petrus Horst, 1568; — in-8°, 310 et 2 pages.
(Bibliothèque de l'Université de Tubingue.)

Coloniæ, Petrus Horst, 1576; — in-8°, 318 et 2 pages.
(Bibliothèque de l'Université d'Erlangen.)

Dialogorum sacrorum libri quatuor, autore Sebastiano Castalione, qui nunc postremo opus recognovit : argumenta singulis dialogis præposuit et sententias subjecit; ex quibus pueri discant officium, hoc est quid imitandum sit aut declinandum.

Coloniæ, apud hæredes Arn. Birckmanni, 1565; — in-8°, 309 pages et 3 pages d'index.
(Bibliothèque Royale de Stuttgart.)

Lipsiæ, Joh. Rhamba, 1566; — in-8°.
(Bibliothèque de l'Université de Breslau.)

Pragæ, in off. Georgii Melantrychi ab Aventino, 1568; — in-8°, 339 pages, plus 2 et 3 pages non chiffr.
(Bibliothèques : de la Ville de Breslau; — du Musée national de Buda-Pest.)

Budissinæ (Bautzen), per Joannem Wolrab, S.-D. [1570]; — in-8°, 311 et 3 pages.
(Bibliothèque de l'Université de Rostock.)

Lipsiæ, Andr. Schneider, 1571; — in-8°, 297 plus 3 p.
(Bibliothèque de l'Université de Munich.)

Budissinæ (Bautzen), excud. Mich. Wolrab, 1573; — in-8°.
(Bibliothèque de l'Université de Breslau.)

Londini, 1573; — in-8°.
(D'après la bibliographie de Lowndes.)

Budissinæ, Wolrab, 1575; — in-8°.
(Bibliothèques : de l'Université de Breslau; — des Ministres, à Schaffhouse.)

Smalchaldiæ, Mich. Schmuck, 1576; — in-8°, 297 et 3 pages.
(Bibliothèque de l'Université de Breslau.)

Coloniæ, Jo. Gymnicus, 1576; — in-8°, 316 pages.

(Bibliothèque : du Gymnase à Gotha; — Cf. Vinc. Placcius, *Theatrum anonymorum*, p. 107.)

Lugduni Batavorum, Raphelengius, 1576; — in-8°.

(D'après Draudius, *Bibliotheca classica*, p. 170.)

Pragæ, in off. Georgii Melantrychi ab Aventino, 1579; — in-8°, 339 et 18 pages.

(Bibliothèque Royale de Berlin.)

Pragæ, in off. Georgii Nigrini, 1579; — in-8°, 2, 350 et 4 pages.

(Bibliothèque de Liegnitz ; — Musée National de Buda-Pest.)

Pragæ, in off. Georg. J. Dacziceni, 1579; — in-8°, 2, 286 et 4 pages.

(Bibliothèque : du Musée National de Buda-Pest; — de l'Université de Breslau.)

Lipsiæ, impr. Joh. Steinmann, 1579 ; — in-8°.

(Bibliothèques : de l'Université de Breslau; — de Halle [Francke'sche Stiftungen].)

Londini, 1580; — in-8°.

(D'après la bibliographie de Lowndes.)

Magdeburgi, 1581 ; — in-8°.

(Bibliothèque de Wolfenbüttel.)

Lipsiæ, Joh. Steinmann, 1581 ; — in-8°.

(Paris, Musée pédagogique. — Bibliothèque de l'Université de Breslau.)

Lugduni, apud Antonium Gryphium, 1581 ; — in-8°, 272 p. tout en italiques.

(British Museum.)

Lipsiæ, Steinmann, 1582; — in-8°, 297 pages et 3 index.

(Bibliothèques : de Wolfenbüttel; — de l'Université de Berlin ; — Royale de Dresde; — de Halle [Francke'sche Stiftungen].)

Augustæ Vindelicorum, 1582; — in-8°.

(Variantes relevées dans l'édition Varrentrapp de 1755.)

Lipsiæ; s. n., 1584; — in-8°, 314 pages, plus 2 et 3 p. non chiffr.

(Bibliothèque : de la Ville de Breslau; — de l'Université de Kiel.)

Lipsiæ [Joan. Steinmann], 1585; — in-8°, 297 p. chiffr., 3 non chiffr.

(Bibliothèques : Impériale de Vienne; — de l'Université de Gœttingen.)

Magdeburgi, impr. Andr. Gena, 1586 ; — in-8°.

(Bibliothèque de Hambourg.)

Lipsiæ, s. n., 1589 [1]; — in-8°.

(Bibliothèques : de l'Université de Breslau; — de Halle [Francke'sche Stiftungen].)

Coloniæ, 1591.

(Variantes relevées dans l'édition Varrentrapp de 1755.)

Lipsiæ, Mich. Lantzenberger, 1594; — in-8°, 300 pages.

(Paris, Musée pédagogique.)

1. Une édition en 1588, d'après Rochas (*Biogr. du Dauphiné*).

Lipsiæ, 1595; — in-8°.

(Bibliothèque de Halle [Francke'sche Stiftungen].)

Lipsiæ, Mich. Lantzenberger, 1596; — in-8°, 297 et 3 pages.

(Bibliothèque de Darmstadt.)

Lipsiæ, hæredes Joh. Steinmanni, 1599; — in-8°, 297 p. ch. et 1 f. n. ch.

(Bibliothèque de l'Université de Strasbourg.)

Lipsiæ, 1600; — in-8°.

(Bibliothèque de Halle [Francke'sche Stiftungen].)

Witebergæ, typis Laurentii Seuberlichii, 1601; — in-8°, 282 et 3 p.

(Bibliothèque Royale de Dresde.)

Francoforti, Porsius, 1601; — in-8°.
Lubecæ, Laurent Albert, 1601; — in-8°.

(Tous les deux d'après Draudius, *Bibliotheca classica*, p. 170.)

F. s. l. 1602; — in-8°, 289 pages et 11 non ch.

(Bibliothèque de l'Université de Gœttingen.)

Lipsiæ, Thom. Schurer, 1605; — in-8°.
Lipsiæ, A. Lamberg, 1605; — in-8°.
Lipsiæ, Voigt, 1605; — in-8°.

(Tous les trois d'après Draudius, *Biblioth. class.*, p. 170.)

Lubecæ, typis Joh. Albini, sumpt. Sam. Lauchii, bibliopolæ, 1610; — in-8°, 275 pages, plus 2 et 3 non chiffr.

(Bibliothèque de l'Université de Breslau.)

Londini, ex typogr. Soc. stationariorum, 1611; — in-8°, 129 ff. ch. et 6 non ch.

(Bibliothèque Bodléienne d'Oxford.)

Lipsiæ, typis hæredum Valentini, 1614; — in-8°.

(Bibliothèque de Bamberg.)

Witebergæ, 1611; — in-8°.

(Bibliothèques : de Hanovre; — de l'Université de Tubingue.)

Heidelbergæ, Commelin, 1613; — in-8°.
Witebergæ, 1615; — in-8°.

(Tous les deux d'après Draudius, *Bibliotheca classica*, p. 170.)

Witebergæ, sumtibus hæredum Samuelis Sælfisch [typis hæredum Seuberlichianorum], 1618; — in-8°, 279 pages et l'index.

(Bibliothèques : de Hanovre; — de l'Université d'Erlangen.)

Witebergæ, hær. Selfisch, 1619; — in-8°.
Francofurti, Carl Unckel, 1619; — in-8°.

(Tous deux d'après Draudius, *ibidem*.)

Witebergæ, sumtibus hæredum Samuelis Selfisch; in-8°, 283 pages. — 1624.

(Bibliothèque de Berlin.)

Edimburgi, 1698 et 1715; — in-8°.

(D'après Rochas, *Biogr. du Dauphiné*, p. 229.)

Francofurti, Andreæ, 1710 ; — in-8°.

(D'après Heinsius, *Bücher-Lexikon*, 1812, I, col. 516.)

Bremæ, typis et impensis Viduæ B. Herm, Christ. Jani, ill. Gymn. quondam typogr., 1740 ; — in-8°.

(Bibliothèque de la Ville de Brême.)

? Lutetiæ, édition pour les écoles catholiques. — 1748.

(D'après la préface d'Iselin à l'édition de Bâle 1720, voir ci-après.)

Dialogorum sacrorum libri IV et ad linguam recte formandam et ad vitam sancte instituendam christianæ juventuti apprime utiles, autore Sebastiano Castalione; editio decima quarta prioribus longe correctior.

Protreptricon :

Sive velis prompte voces proferre latinas,
Historias sacras discere sive velis :
En tibi conductum modica mercede magistrum :
Castalioni operam des modo, utrumque dabit.

Londini, exc. M. Mathews, sumtib. Stationariorum, 1715 ; — petit in-8° ; 188 pages (manque le dernier feuillet).

(British Museum.)

Londini.... editio decima quinta, prioribus longe correctior, E. Janeway, sumt. Stationar. (avec le même *protreptricon*), 1722 ; — petit in-8°, 192 p. ch. et 2 n. ch.

(Bibliothèque d'Albany [États-Unis].)

Londini editio decima sexta, exactement semblable, 1731 ; — petit in-8°, 192 p. et 2 n. ch.

(Bibliothèque d'Albany.)

Londini, J. Janeway, sumptibus Stationariorum, 1739 ; — petit in-8°, 190 p. chiffr. et 2 non chiffr. pour le *Catalogus dialogorum*.

(Bibliothèque du Dr Williams, Graftonstreet, à Londres.)

Londini, Jacob Roberts, 1750 ; — in-8°, 190 pages.

(Bibliothèques : Boston Athenæum ; — de Philadelphie.)

Edimburghi, Gordon et Elliot, 1777 ; — in-12, 320 pages.

(Bibliothèques : du Boston Athenæum ; — de Philadelphie.)

Dublinii, impensis W. Hallhead, in vico dicto Dame Street, editio decima octava, 1781 ; — in-12, 220 p.

(British Museum.)

3° — ÉDITIONS CRITIQUES.

Sebastiani Castellionis sacrorum Dialogorum libri quatuor, quos postremo ipse recognovit : argumenta, etc., jusqu'à *declinandum. Accesserunt ex editione Tubingensi marginales Annotationes. Præterea revidit omnia et nonnihil præfatus est D. Val. Alberti P. P. lipsiensis.*

Lipsiæ sumptibus Joh.-Adami Pleneri, 1690 ; — in-8°, 355 pages et 12 non chiffr.

(Bibliothèques : Royale de Berlin ; — de la Ville de Leipzig ; — de Darmstadt.)

Lipsiæ, sumptibus Joh.-Adami Pleneri, typis J. Heinr. Richteri, 1696; — in-8°, 356 pages, plus l'index.

(Bibliothèques : de l'Université de Gœttingen; — Royale de Dresde; — Nationale de Florence.)

Lipsiæ, sumptibus Joh.-Ad. Pleneri, 1710; — in-8°, 12 et 356 pages.

(Bibliothèque de l'Université d'Erlangen.)

Lipsiæ, sumptibus Joh.-Ad. Pleneri, 1713; — in-8°.

(D'après Th. GEORGE, *Bücher-Lexicon*, 1742, I, 265.)

Lipsiæ, sumptibus Joh.-Adami Pleneri, 1714; — in-8°.

(Bibliothèque de l'Université de Breslau.)

Lipsiæ, sumptibus Joh. Kunckelii, 1726; — in-8°, 356 pages et 12 non chiffr.

(Bibliothèque de l'Université d'Erlangen.)

Lipsiæ, sumptibus Joh. Kunckelii, 1729; — in-8°, 356 pages.

(Paris, Bibliothèque Nationale; — Bibliothèques de Wernigerode; — de l'Université de Buda-Pest.)

Lipsiæ, sumptibus Joh. Kunckelii, 1739; — in-8°, 356 pages.

(Bibliothèque de l'Université de Leyde.)

Lipsiæ, sumptibus J.-A. Pleneri, 1731; — in-8°.

(D'après Th. GEORGE, *Bücher-Lexikon*, Leipzig, 1742, I, p. 265.)

Francofurti et Lipsiæ apud F.-A. Hartwigium, 1756; — in-8°, 324 + 4 pages.

(Bibliothèque de l'Université de Rostock.)

Francofurti et Lipsiæ (cum annotationibus ex editione Tubingensi, et præfatione D. Valent. Alberti lipsiensis), 1761; — in-8°, 328 pages.

(Paris, Bibliothèque Nationale; — de l'Université d'Iéna.)

Francofurti et Lipsiæ, 1767; — in-8°.

(Voir W. HEINSIUS, *Bücher-Lexikon*, Leipzig, 1812, I, col. 516.)

Sebastiani Castellionis sacrorum Dialogorum libri quatuor, quos postremo ipse autor recognovit : argumenta, etc., jusqu'à *declinandum. Accesserunt ex editione Tubingensi marginales Adnotationes et Lipsiensi editione ante novem annos revisa et præfatione ornata D. Valentin Alberti P. P. Lipsiensi. Curante denuo in usum Scholarum christianarum D. Joh. Henr. Majo, qui omnia revidit, Dialogum « de Fide » addidit et nonnihil præfatus est.*

Giessæ Hassorum, typ. et impr. Joh. Reinhardi Vulpii, acad. typogr.; 1699; — in-16, 298 pages.

(Bibliothèque du Gymnase de Francfort-sur-Oder; — de Darmstadt.)

Dialogorum sacrorum libri IV, auctore Seb. Castellione; ut opus olim recognovit argumenta, etc., jusqu'à *declinandum. Accesserunt ejusdem S. C. marginales Adnotationes, omnia accurate collatis primis et antiquis aliisque editionibus emendavit et varias lectiones ex iisdem, tum notas criticas et philologicas, denique nunc demum uberrimum latinatis indicem addidit J.-L. Bünemann.*

Lipsiæ; impensis S.-B. Waltheri....., 1738; — in-8°, 373 pages.

(Bibliothèques : de l'Université de Gœttingen; — de Rostock; — de Leipzig; — des Ministres, à Schaffhouse; — du Collège des Unitaires, à Kolozsvár.)

Sebastiani Castellionis dialogorum sacrorum libri quatuor, nova editio summa cura recensita ac præter superiorum omnium editionum accessiones notis quibusdam aucta quæ ex collatione diversarum editionum ab ipso Castellione curatarum tam cunctas simul Castellionæas hujus libri editiones exhibeant quam quas vir diligentissimus et linguæ latinæ ante alios studiosus per intervalla ætatis in hac disciplina progressus fecit vel quos etiam alioqui variis temporibus de latinitate sensus habuit demonstrare possint.

Basileæ, apud Joh. Ludov. Brandmullerum, 1720; — in-8°, 434 pages, plus 11 non chiffr., et une préface de 37 pages (par J.-C. Christoph. Iselius, sacrarum literarum in Academia Basiliensi professor).

(Bibliothèques : de Neuchâtel (Suisse); — de la Chaux-de-Fonds; — de Lausanne [Bibliothèque Cantonale]; — de Mayence.)

Basileæ, Brandmuller, 1731; — petit in-8°, 434 pages, index et épitaphes avec préface de Jac. Christ. Iselius.

(Bibliothèque de Bâle.)

Basileæ, typis fratrum à Mechel, 1771; — in-8°, 22 ff. non chiffr., 392 p. et 8 non chiffr.

(Bibliothèques : de Bâle; — Cantonale de Lucerne.)

Sebastiani Castellionis Dialogorum sacrorum libri quatuor in usum studiosæ juventutis notis perpetuis illustrati atque explicati, quibus accedunt observationes variæ, opera Jo. Martini Spiesii Hanoviensis.

(Notes en allemand, mais sans les *Annotations marginales*; préface allemande datée de Bergzabern, 7 décembre 1736.)

Francofurti ad Mœnum, apud Franciscum Varrentrapp, 1740; — in-8°, 544 pages, plus l'index et les épitaphes.

(Bibliothèques : Nationale de Florence; — de l'Université de Munich; — du Musée pédagogique, Paris [1].)

Sebastiani Castellionis Dialogorum sacrorum libri quatuor in usum studiosæ juventutis notis perpetuis illustrati atque explicati, quibus accedunt observationes variæ, opera Jo. Martini Spiesii Hanoviensis, editio nova auctior et emendatior. (Préface datée de Berne, 1755.)

Francfurti ad Mœnum, Fr. Varrentrapp, 1755; — in-8°, 520 pages; plus : *Register über die erklärten Worte und Sachen* (4 pages); *Index latinitatis de Buenemann* (30 pages); *Emendanda, Variantes des éditions d'Augsbourg 1582 et Cologne 1591; notes, etc.* (5 pages).

(Bibliothèque Nationale de Florence.)

1. L'exemplaire du Musée pédagogique est suivi d'un second volume paginé à part, sous ce titre :

Lexicon Castellionæum, oder vollständiges Wörterbuch und Phraseologia über S. Castellionis Dialogorum libros IV, mit durchgehends untermengter Erklärung der meisten und schweresten Constructionum participialium. Zum Nutzen der Studirenden Christlichen Schuljugend herausgegeben, durch Christoph Keller, M. C. — Franckfurt am Mayen, 1736, bey Joh. Benj. Andreæ und Hein. Hort. L'ouvrage est dédié par l'auteur à ses élèves « Schülern Classis tertiæ des Gymnasii zu Zweibrücken ». Une préface en allemand qui est datée de Deux-Ponts, le 6 février 1736, explique l'utilité de ce lexique, dont il a fait lui-même l'expérience, et insiste sur l'excellence de ces Dialogues, qui mieux, pense-t-il, qu'aucun autre livre scolaire en usage préparent à l'étude des classiques. L'auteur s'est servi de l'édition de Bâle 1720, qui contient, dit-il, beaucoup de fautes. Ce lexique (en 272 pages) donne pour chaque dialogue la traduction : 1° des mots; 2° des phrases ou locutions difficiles.

D'autres éditions du même *Lexikon* sont signalées, notamment par Heinsius (II, col. 568).

4° — ÉDITIONS DIVERSES DU XVIIIe SIÈCLE.

Sebastiani Castellionis Sacrorum Dialogorum Libri quatuor, quos postremo ipse recognovit : argumenta singulis dialogis præposuit et sententias subjecit ex quibus pueri discant officium, id est quid imitandum sit aut declinandum.

Debrecini [Debreczen, Hongrie], per Joann. Margitai typogr. A. C. N. 1748; — in-8°, 336 et 8 p.
(Musée National et Bibliothèque de l'Université de Buda-Pest.)

Debrecini, per Gregorium Kallai typogr. A. C. N. 1758; — in-8°, 318 et 8 pages.
(Musée National à Kolozsvár; — Bibliothèque de l'Université de Buda-Pest.)

Debrecini, per Stephanum Margitai typogr.; in-8°, 318 et 3 p. — 1766.
(Bibliothèque du Collège des Unitaires de Kolozsvár; — Musée National de Buda-Pest.)

Cassoviæ, typ. Jo.-Mich. Landerer; in-8°, 320 et 7 p. — 1791.
(Bibliothèque du Musée National de Buda-Pest.)

Posonii, typis Jo.-Mich. Landerer, 1792; — in-8°, 320 et 8 p.
(Bibliothèque du Musée National de Buda-Pest.)

Dialogi sacri, præfatum Verpoorten.

Cobourg, Ahl., 1732; — in-8°.
(D'après W. Heinsius, *Bücher-Lexicon*, Leipzig, 1812 et suiv., I, col. 515.)

Sebastian Castalio's sacred Dialogues (faux titre). *The history of the Bible, collected into one hundred and nineteen dialogues, by Sebastian Castalio, translated from original.*

London, Will. Wyatt, 1715; — in-8°, 272 pages chiffr. et 5 non chiffr.
(British Museum.)

Youth's scripture Remembrancer, or selected sacred stories by way of familiar dialogues in latin and english, with a short application to each story, the original by Sebastian Castalio, to which are added some explanatory remarks. . . . . by D. Bellamy, of St. John's College in Oxford.

London, Robinson, 1743; — in-8°, 192 pages.
(British Museum; — Bibliothèque Bodléienne d'Oxford.)

Dialogues sacrés sur le Vieux et le Nouveau Testament, par Georges (ou Joris) Vivien d'Anvers [1].

Anvers, par Jean van Ghelen, 1564; — in-16.
(D'après Foppens, *Biblioth. belgica*, I, p. 343; d'après l'*Index librorum prohibitorum* d'Anvers, 1750, dans les *Indices libr. proh.* de M. Reusch, p. 305.)

1. Nous n'avons pu trouver aucun exemplaire de cet ouvrage, ni vérifier par conséquent si c'est la traduction des *Dialogues sacrés* de Castellion, ce qui semble très probable. Ce Vivien (« docteur en droit, avocat juré au Conseil de Brabant et assesseur à la haute cour prévôtale de l'archevêque de Cologne ») est l'auteur de l'*Instruction de toutes manières de guerroier* (1563, petit in-8 gothique), du *Lætus introitus, Die blyde incomst van Brabandt*, Cologne, 1577, et de quelques autres écrits.

II. — AUTRES OUVRAGES

I. — Poèmes latins et grecs.

N° 1.

Jonas propheta, heroico carmine latino descriptus, Sebastiano Castalione autore. Item Πρόδρομος, sive Præcursor, id est Vita Joannis Baptistæ, græco carmine heroico reddita, libris III, ita eleganter ut linguæ græcæ ac pietatis ex æquo studiosis nihil possit esse lectu jucundius. Cum gratia et privilegio ad quinquennium [1].

Basileæ (à la fin du volume : *ex officina J. Oporini, 1545, mense Septembri*); in-4° de 84 pages (les deux dernières non chiffrées).

(Paris, Bibliothèque Nationale; — Bodléienne; — British Museum; — de l'Université de Munich; — de Rostock; — Ducale de Gotha; — Bibliothèques : — de Bâle; — de Berne; — de la Ville de Zurich [au bas du titre de cet exemplaire on lit : *Sum Con. Gesneri ex dono authoris. 1545*].)

Basileæ, 1547; — in-4°.

(Bibliothèque de Bâle.)

Basileæ, Oporin, 1548; — in-8°.

(D'après CONRAD GESNER, *Epit. Biblioth.*, 1555, p. 163.)

Ambergæ, 1604; — in-8°, le *Jonas* occupe les pages 119-141 du volume *Duodecim prophetæ minores latina metaphrasi poetica expoliti.*

(Paris, Bibliothèque de l'Université.)

Edimbourg, 1696. — Héritiers d'André Anderson (inséré dans l'*Octupla* du Dr André Symson), petit in-8°; 26 pages.

(Bibliothèque Bodléienne; — British Museum.)

1. A la suite du *Jonas* (p. 29-32) se trouvent : 1° *Hymnus in Deum*, résumé de la doctrine chrétienne commençant par ces vers :

Omnipotens genitor, quæ vox mortalis obire
Argumenta queat laudum divina tuarum?

2° *Mosis carmen quod cecinerunt Israelitæ ubi ex Mari Rubro evaserunt*, dont voici la première strophe :

De Jova Carmen recinam potente,
Laude qui dignum facinus patrarit
Dum maris salsas equites equosque
Vertit in undas.

N° 2.

Sebastiani Castalionis Sirillus, Ecloga de nativitate Christi.

Basileæ, ex officina Joanni Oporini anno salutis MDXLVI, mense Martio; — in-8° (pages 796-799 du recueil *Bucolicorum autores XXXVIII*).

(Paris : Bibl. Mazarine; — Bibliothèque Bodléienne, Oxford; etc.)

N° 3.

Sibyllina oracula de græco in latinum conversa et in eadem annotationes. Sebastiano Castalione interprete.... cum Cæs. Maj. Galliarumque Regis gratia ac privilegio ad quinquennium... (*Epist. muncupatoria Mauro Musæo,...* mai 1546.)

Basileæ, ex officina Joannis Oporini, 1546, mense Augusto; — in-8°, 12 feuillets non chiffrés (le dernier blanc) et 135 pages.

(Paris, Bibliothèque Nationale; — de Bâle; — de la Ville de Zurich; — de Berne; — Ducale de Gotha; — Impériale de Vienne; — Musée National de Buda-Pest. — Bibl. de Grenoble.)

Οἱ τῆς σιβύλλας χρησμοί. *Sibillinorum oraculorum libri VIII*, occupant les pages 1468-1522 du volume intitulé : *Orthodoxographa, Theologiæ Sacrosanctæ ac syncerioris fidei Doctores numero LXXVI*, etc.

Basileæ, Henricus Petri, 1555, mense Martio; — in-f° (seconde édition 1569, in-f°, occupent les pages 116-168).

(Bibliothèque de l'Université de Bâle; — de Genève; — etc.)

Σιβυλλιακῶν χρησμῶν λόγοι ὀκτώ. *Sibyllinorum oraculorum libri VIII, addita Sebastiani Castalionis interpretatione latina, quæ græco eregionè* (sic) *respondeat.... Cum annotationibus Xysti Betuleij in græca Sibyllina oracula, et Sebastiani Castalionis in translationem suam : quæ annotationes numeris marginalibus signantur...* (préface de Betuleius, janvier 1551).

Basileæ, ex officina Joannis Oporini; 1555, mense Augusto; — in-8°; 333 et 2 pages.

(Paris, Bibliothèques : Nationale; Mazarine; — de Grenoble; — British Museum; — Biblioth. de l'Univ. de Gand; — de Leyde; — de Genève; — de Berne; — de la Trinité, à Dublin; — Ducale de Gotha; — de Gœttingen; — de Vienne; — Musée National de Buda-Pest, etc.)

Σιβυλλιακοὶ χρησμοὶ, *hoc est Sibyllina oracula, ex vett. codd. aucta, renovata, et notis illustrata a D. Johanne Opsopœo Brettano. Cum interpretatione latina Sebastiani Castalionis et indice.*

Parisiis (Abel Langelier), 1599; in-8°; — 14 p. n. ch. (epist. dedic. et préf.), 524, 71 et 3 pages.

(Paris, Bibliothèques : Nationale; Mazarine; de l'Université; — de l'Univ. de Gand; — de Gœttingen; — de Grenoble; — du Collège de la Trinité, à Dublin; — Impériale de Vienne.)

Parisiis, Abel Langelier, 1607; — in-8°, 524 et 71 pages.

(Paris, Bibliothèques : Nationale; Mazarine; de l'Université; — British Museum; — Bibl. de Cassel; — de Vienne; — de Dublin, etc.)

Sibyllina oracula de græco in latinum conversa, et in eadem annotationes Seb. Castalione interprete.

Helmestadii, 1673; — in-4°, VIII, 104 et 44 p. (à la suite de *Clasen, De oraculis gentilium*).

(Bibliothèque Ducale de Gotha; — de Cassel; — de l'Univ. de Gœttingen, etc.)

Sibyllina oracula.... (dans la *Bibliotheca vetrum Patrum*, d'André Galland, I, 333 et suiv.).

Χρησμοὶ Σιβυλλιακοί. *Oracula Sibyllina,... cum Castalionis versione metrica innumeris pæne locis emendata, et, ubi opus fuit, suppleta;...* C. Alexandre, Paris, Firmin-Didot, 2 vol. in-8° (édition de 1841 et 1856. — Seconde édition 1869, en un volume).

(Paris, Bibliothèques : Nationale; de l'Université, etc.)

N° 4.

Sebastiani Castalionis Odæ in psalmos XL, antea nunquam editæ; ejusdem in duo Mosis carmina Odæ duæ (compris avec les psaumes traduits par M.-Ant. Flaminio aux pages 337-431 du volume intitulé *Pii, graves atque elegantes poetæ aliquot....*)

Basileæ, per Joannem Oporinum; s. d [1551], d'après Conrad Gesner; — in-8°, 8 pages prélim. non ch. et 456 pages.

(Paris, Bibliothèque Mazarine; — Bibliothèque Bodléienne; — British Museum; — de la Ville de Zurich; — de Bâle[1].)

II. — Traductions de la Bible en latin et en français.

N° 5.

Moses latinus ex hebræo factus, et in eundem præfatio, qua multiplex eius doctrina ostenditur : et annotationes, in quibus translationis ratio, sicubi opus est, redditur, et loci difficiliores explicantur. Per Sebastianum Castalionem. Videbis, lector, Mosem nunc demum et latine loquentem et aperte.

Basileæ (à la fin : *ex officina Joannis Oporini, 1546, mense Augusto*); — in-8°, 20 ff. prél. non chiffr. et 531 pages.

(Bibliothèques : Nationale; — Mazarine; — Impériale de Vienne; — Imp.-Royale d'Olmütz en Moravie; — de Bâle [exemplaire annoté de la main de Martin Borrhée; en tête de la main de Castellion : « *Sebastianus Castalio D. Martino Cellario D. D.*]; — de Genève; — des Ministres à Schaffhouse; — British Museum [exemplaire de Joh. Nicander.])

N° 6.

Psalterium, reliquaque sacrarum literarum carmina et precationes, cum argumentis et brevi difficiliorum locorum declaratione Sebastiano Castalione interprete.

1. C'est sans doute par erreur que le catalogue de la bibliothèque d'Oporin, *Exuviæ Oporini* (1571), cite en outre (p. 223) : « *Sebastiani Castaleonis Hieremias propheta carmine redditus* ».

Basileæ, ex off. Joannis Oporini, 1547, mense septembri; — petit in-8°, 314 et 4 pages (*tabula per communes locos*). — Les *precationes et carmina reliqua quæ sunt in sacris literis* occupent les pages 186-290; les *animadversiones in psalmos*, 291-314. — En tête la préface, 11 pages (epistola nuncupatoria ad Bonif. Amerbachium) du 10 août 1547.

(Paris, Bibliothèques : Nationale; Mazarine; — British Museum; — Bibl. Impériale de Vienne; — Bibl. de Genève; — Bibl. de la Trinité, Dublin.)

Basileæ, per Joann. Oporinum, 1554, mense Augusto; — in-16, 383 p.

(Bibliothèque Nationale; — Bibl. de Genève.)

Psalterium (même titre que ci-dessus et en outre) : *adjectæ sunt in LXX psalmos paraphrases carmine partim à M. Ant. Flaminio, partim a Seb. Castalione conscriptæ.*

Antuerpiæ, apud Gerardum Spelmannum (typis Joannis Withagii), 1555; — petit in-12 étroit, 494 p. chiffr. et 3 non chiffr. (*tabula in psalmos per locos communes*).

(Bibliothèque de Nancy; — Bibliothèque de la Trinité, à Dublin.)

Basileæ, 1556; — in-16, 383 p.

(Paris, Bibliothèque Nationale.)

N° 7.

Davidis regis et vatis Psalterium et Salomonis Proverbia, Ecclesiastes, Sapientia. Omnia ex versione et postrema castigatione Seb. Castal. (sic.)

Basileæ, per Petrum Pernam, s. d.; — in-8°, 350 p.

(Bibliothèque du Musée National de Buda-Pest.)

Jobi de altissima Dei providentia et christianæ vitæ militia narratio et disputatio, Sebastiano Castalione interprete, cum ejusdem annotationibus.

Tremoniæ, excudebat Albertus Sartorius, 1554; — in-8°, 80 pages.

(Bibliothèque Impériale de Vienne; — de l'Université de Rostock.)

Ecclesiasticus, sive sapientia Josuæ Sirachi filii, Sebastiano Castalione interprete, una cum ejusdem annotationibus.

Tremoniæ, excudebat Albertus Sartorius, anno 1554; — in-8°, 109 p.

(Stændische Landesbibliothek Cassel.)

Salomonis Proverbia, Ecclesiastes, Sapientia, Cum IX, X, XI et XII Capitibus Ecclesiastici, latine, Sebastiano Castalione interprete.

Basileæ, ex off. Joannis Oporini, 1556; — in-16, 287 pages.

(Bibliothèque de l'Université de Bâle (?)[1]; — Bibliothèque publique de Berne.)

Ethica Davidico-Salomonea sive psalmi Davidis, Salomonis proverbia et Ecclesiastes. Quibus accesserunt liber Sapientiæ atque Siracidis. Ex interpretatione Sebastiani Castellionis in usum juventutis edidit et de nævis ethices ethnicæ præfatus est Mathias Belius. (Piconii, 4 cal. aug. 1724.)

1. Voir à Bâle dans le volume ms. *Reformatorum italorum ad Amerbachios Epistolæ* une lettre du marquis d'Oria Bonifazio demandant à Basile Amerbach de lui envoyer cet ouvrage de Castellion.

Lipsiæ, apud Sam.-Benj. Walthcrum, 1724, in-8°, 48 et 408 p.

(Paris, Bibliothèque Nationale; — Musée National de Buda-Pest.)

N° 8.

Biblia, interprete Sebastiano Castalione, una cum ejusdem annotationibus (suit un avis au lecteur : *typographus lectori*, occupant huit lignes).

Basileæ, per Jacobum Parcum, sumptibus Oporin, 1551 ; in-folio (4 ff. non ch. pour la Préface à Edouard VI, 2 pour l'*Admonitio ad lectores*, 582 col. pour la 1re partie de l'Anc. Test. jusqu'à Esther), 576 pour la 2e (Job, Psaumes; Salomon, Prophètes et Machabées), 576 colonnes (2 par pages) pour l'Anc. Test., 298 pour le N. T., 202 pour les *Annotationes*.

(Paris, Bibliothèque Nationale; — Bibl. de Grenoble; — de Toulouse; — de la Fac. de théol. de Montauban; — de l'Univ. de Bâle; — de Gœttingen; — de Berne [exemplaire d'Emmanuel Hospinianus]; — de la Ville de Zurich; — de Wernigerode; — Impériale de Vienne; — British Museum.)

Biblia interprete Seb. Castalione una cum ejusdem annotationibus. Totum opus recognovit ipse, et adjecit ex Flavio Josepho historiæ supplementum ab Esdræ temporibus usque ad Machabeos itemque a Machabæis usque ad Christum.

Basileæ, per Joannem Oporinum, 1554, mense Martio; — in-folio, 6 ff. prélim. non chiff., 1282 col. pour l'Ancien Testament, 486 pour le Nouveau et pour les *Annotationes* (col. 305-486), 4 p. fin. non ch. (errata, souscription et marque typogr.).

(Paris, Bibliothèques : de l'Institut; de l'Arsenal; — de Neuchâtel [exempl. de Conrad Lycosthènes]; — de l'Université de Bâle; — de Gœttingen; — de Genève; — de Berne; — de Wernigerode; — British Museum.)

Biblia, interprete Sebastiano Castalione, una cum ejusdem annotationibus. Totum opus recognovit ipse, et adjecit ex Flavio Josepho historiæ supplementum.... Accessit quoque rerum et verborum... memorabilium index.

Basileæ, per Joannem Oporinum, 1556, mense Martio [1]; — in-folio, 6 ff. prél. non ch.; 1744 col. pour l'Anc. et le Nouv. Test. et les *Annotationes* (qui occupent les col. 1587-1743). 47 pages finales non chiff. pour les errata et l'index. La souscription porte : *Ex off. Joannis Oporini, Ludovici Lucii et Michaelis Mart. Stell*; au titre il y a seulement : *per Joannem Oporinum.*

(Paris, Bibliothèques : Nationale; — de l'Arsenal; — de la Société biblique; — de Toulouse; — Bibliothèque Ducale de Gotha; — de Wernigerode; — de Genève; — de la Ville de Zurich; — Bibl. du Collège de la Trinité, à Dublin; — Impériale de Vienne; — British Museum.)

Biblia sacra ex Sebastiani Castalionis postrema recognitione cum annotationibus, ejusdem et historiæ supplemento ab Esdra ad Machabæos inde usque ad Christum ex Josepho, index præterea novus et is quidem locupletissimus.

1. Dès le mois de septembre 1555, Oporin écrit de Francfort à Gaspar de Nydbruck qu'il va travailler... : « *Bibliis* Castalionis quæ rursum prælo committere oportet » (Bibl. de Vienne, ms. 9737i, f. 396).

Basileæ, per Petr. Pernam, 1573; in-folio, 1446 p. Ancien Testament, et 404 Nouveau Testament, plus la préface et l'index non paginé.

(Paris. Bibliothèques : Nationale; Mazarine; de l'Arsenal; Société Biblique; — Bibliothèques de Saint-Gall; — de l'Univ. de Leyde; — Ducale de Gotha; — Impériale de Vienne; — de Cassel; — de la Ville de Zurich; — British Museum; — Rijks Museum d'Amsterdam, etc.)

Biblia sacra ex Sebastiani Castellionis interpretatione ejusque postrema recognitione, cum annotationibus ejusdem et historiæ supplemento ab Esdra ad Machabœos et inde ad Christum ex Josepho. Accessere in nova hac editione ejusdem delineatio reipublicæ judaicæ ex Josepho, nota prolixior in caput IX Ep. ad Romanos, necnon Defensio versionis Novi Fœderis contra Th. Bezam.

Francofurti, apud Thom. Fritsch, lipsiensem, 1697; — in-folio, 1517 et 504 p., préface et index non pag. (portrait de Castellion).

(Paris, Bibliothèques : Nationale; — Mazarine; — de l'Arsenal; — Bibl. de Grenoble; — de Gœttingue; — de Wernigerode; — de l'Université de Rostock; — British Museum; — du Collège de la Trinité, à Dublin.)

Londini, 1699; — in-folio..

(British Museum.)

Biblia sacra latine ex Sebastiani Castellionis interpretatione ejusque postrem recognitione.

Londini, Bettenham, 1726. — 4 vol. in-12.

(Paris, Bibl. de l'Arsenal; — British Museum.)

Biblia sacra, ex Sebastiani Castellionis interpretatione ejusque postrema recognitione præcipue in usum studiosæ juventutis denuo evulgata.

Lipsiæ, 1728, in-8°; 4 tomes in-8° (t. I, 902 p.; t. II, de 903 à 1458; t. III, 1 à 408; t. IV, 706 p.)

(Bibl. de l'Univ. de Gœttingen; — British Museum.)

Lipsiæ apud Samuelem-Benjaminum Walther., 1729; — in-8°; portrait de Castellion; 14 pages non chiffrées (préfaces, *Judicia doctorum virorum*, etc.; puis trois paginations distinctes : 720 pages pour les livres de l'Ancien Testament jusqu'à l'Ecclésiastique; 320 pages pour les Prophètes, l'Esdras et les Macchabées, 272 pages avec faux titre particulier pour le Nouveau Testament. Le volume se termine par une page d'errata non chiffrée et par la dissertation de Christophe Wolle : *Dissertatio critica de eo quod pulchrum est in versione Sacri Codicis latina S. Castellionis*, 22 pages avec pagination distincte.

(British Museum; — Bibl. de l'Univ. de Rostock; — de Wernigerode, etc.)

Biblia sacra ex Sebastiani Castellionis interpretatione et postrema recognitione, præter dissertationem C. Wollii de eo quod pulchrum est in hac versione. Jam accesserunt notæ ex margine subjectæ, chartæ geographicæ et templi Salomonis delineatio. Versionem ex primis edd. emendavit et præfatus est M. Ludolph Bunemann, reg. biblioth. et gymn. Mind. rector.

Lipsiæ, apud Sam.-Benj. Walther., 1734; in-8°; portrait de Castellion; 45 pages chiffrées pour la *Dissertatio critica*, les préfaces et *Judicia doctorum vivorum*; 1080 pages pour l'Ancien Testament; 284 pour le Nouveau; 235 pour l'*Index latinitatis* de Bunemann avec titre distinct daté de 1735; et 328 pages pour : *Adnotationes, continuatio historiæ, accessit in nova hac editione supplementum historiæ a Christo ad ultimum excidium hierosolymitarum*, avec titre distinct daté de 1729.

(British Museum.)

Biblia sacra et même titre jusqu'à *præfatus est : indicemque latinitatis selectæ, vulgo neglectæ, merito et falso suspectæ subjunxit Jo. Ludolph Bünemann.*

Lipsiæ, S.-B. Walther, 1738; — in-8°, même pagination que dans l'édition de 1734.

(British Museum; — Bibl. de l'Univ. de Rostock; — de l'Univ. de Gœttingen.)

Lipsiæ, 1750 [1]; — in-8° (720, 320, 272 p.).

(Paris, Société Biblique; — Bibl. de l'Univ. de Gœttingen; — British Museum.)

Lipsiæ, 1778; — in-8°.

(Bibl. Roy. de Berlin, British Museum, etc.).

N° 9.

La Bible nouvellement translatée avec la suite de l'histoire depuis le tems d'Esdras jusqu'aux Maccabées, e (sic) *depuis les Maccabées jusqu'à Christ : item avec des Annotacions sur les passages difficiles. Par Sebastian Chateillon* (marque de Hervage).

A Bâle, pour Jehan Heruage, 1555. — A la fin : *Imprimé pour Jean Hervage l'an de Salut MDLV au mois de mars;* — in-folio imprimé en lettres rondes, chiffré par colonnes; pagination distincte pour es deux Testaments, 6 ff. prél. non ch., 2184 col. et 1 f. d'errata pour l'Anc. Test., 1 f. de titre et 520 col. pour le Nouv.

(Paris, Bibliothèques : Nationale; — de la Société Biblique; — de Neuchâtel; — de Bâle; — de la Ville de Zurich; — de Vienne; — British Museum [2].)

N° 10.

Testamentum Novum, interprete Sebastiano Castalione.

Basileæ, per Joannem Oporinum, 1551; — petit in-8° non paginé, tout en italiques fines, sign. A-X, pas de préface ni de notes.

(Bibliothèque Impériale de Vienne.)

Novum Testamentum, interprete Sebastiano Castalione.

Basileæ, per Joan. Oporinum, mense Augusto, 1553; — in-8°, 502 pages; caractères romains, notes marginales.

(Paris, Bibliothèque de l'Université; — British Museum; — Bibliothèques Impériale de Vienne; — Ducale de Gotha.)

Novum Testamentum, interprete Sebastiano Castalione, cum annotationibus ejusdem.

1. Et non pas 1756, donné à tort par plusieurs bibliographes.
2. L'exemplaire du British Museum porte l'*ex libris* de plusieurs anciens possesseurs du volume et des notes manuscrites, quelques-unes datées Albæ Juliæ, 1593-1595.

Basileæ, ex officina Ludovici Lucii, mense septembri, 1556; — in-16, IV, 649 pages.

(Paris, Bibliothèque Nationale; — Bibl. de Bâle; — Bibl. de Cassel; — British Museum.)

Coloniæ, 1564, et Basileæ, 1567, in-8°; — Venetiæ, 1571, in-16; et S. l., 1573; — in-8°.

(D'après DRAUDIUS, *Biblioth. class.*, p. 613.)

Novum Jesu Christi Testamentum latine et gallice, utriusque linguæ elegantique versione.

Basileæ, per Petrum Pernam, 1572; — in-16. — Le français a été corrigé par Minus Celsus.

(Paris, Bibliothèques : de la Société Biblique; — de Wernigerode.)

Novum Jesu Christi Testamentum, Sebastiano Castellione interprete, ex ejusdem postrema castigatione.

S. l. [Venise?], 1583; — in-8°, 284 pages.

(Paris, Bibliothèque de la Société Biblique.)

Novum Testamentum græco-latinum, Sebastiano Castellione interprete.

Venetiæ, 1583; — Antverpiæ, 1584; — Lipsiæ, 1591; — Leide, 1618; — in-8°.

(D'après DRAUDIUS, *Bibl. class.*, p. 613.)

Novum Testamentum hebraice, græce et latine.

Parisiis, 1586; — in-4°.

(D'après DRAUDIUS, *Biblioth. class.*, p. 613.)

Novum Jesu Christi Testamentum, interprete Sebastiano Castellione, ex postrema ejusdem castigatione. Addita sunt loca parallela S. Scripturæ quæ Stephanus Curcellæus suæ græcæ editioni adjunxit.

Amstelodami, apud Davidem Ruarum, 1681 (1682 sur le frontispice gravé). — In-8° de 727 pages (les deux dernières non chiffrées).

(Bibl. de Genève; — de Wernigerode; — de Vienne; — British Museum.)

Londini, 1682; — in-12.

(British Museum.)

Novum Testamentum latinum, Sebastiano Castalione interprete. Accedunt præfationes, quas autor integro olim Bibliorum operi præmisit, cum nova dissertatione de versionis ejus pretio et usu singulari.

Francofurti ad Mœnum, sumtibus Jo.-Davidis Zunneri, litteris Jo.-Philippi Andreæ, 1695. — In-8° de 24 pages prél. non chiff. et 343 pages chiff.

(Bibl. de Genève; — de Wernigerode; — British Museum.)

Londini, 1695; — in-12.

(British Museum.)

Londini, 1696; — in-8°.

(Rijks Museum d'Amsterdam.)

S. l., 1747; — in-8°, 547 p. et 4 feuilles d'index.

(Bibliothèque Ducale de Gotha; — British Museum.)

Novum Testamentum a Seb. Castalione latine redditum.

S. l., 1702 (idem en 1726); — in-12.

(British Museum.)

Gotha, Jo.-Andr. Reyner, 1715; — in-8°, 20 et 428 pages.

(Biblioth. de l'Univ. de Rostock.)

Lipsiæ apud Sam.-Benjam. Waltherum. Accessit Mathiæ Belii Paræ-nesis, 1724; — in-8° (36 et 710 pages).

(Musée National de Buda-Pest.)

Gotha, 1752 et 1757; — in-8°, 540 p.

S. l., 1756 et 1758; — in-8°.

(British Museum.)

Lipsiæ, Breitkopf, 1760; — in-8°, 482 p.

(Bibl. de Wernigerode; — de Vienne; — British Museum.)

Hallæ, 1776; — et Hamburgi, 1779; — in-8°.

(British Museum.)

Novum Jesu Christi Testamentum, Sebastiano Castellione interprete, ex ejusdem postrema castigatione denuo editum. Accessit Matthiæ Belii paræ-nesis....

Lipsiæ apud Sam.-Benjam. Waltherum, 1728; — in-8° de 6 ff. pré-lim. non chiff. et 706 pages.

(Musée National de Buda-Pest; — Bibl. de la Ville de Zurich.)

Novum Testamentum ex Seb. Castellionis interpretatione et postrema reco-gnitione præter Matth. Belii præfationem et Vockerodti dissertationem; jam accesserunt Notæ Castell. ex margine subjectæ. Versionem emendavit Jo. Ludolph Bünemann.

Lipsiæ, Sam. Benj. Walther, 1735; — in-8°, 14 p. non chiffr. et 528 p. chiffr.

(Bibliothèque de la Faculté de théologie protestante de Paris.)

Novum Testamentum D. N. J. C. duce et auctore Sebastiano Castellione,... suis pariter ac recentioribus variorum exegeticis et philologicis notis illus-travit in usum studiosæ juventutis, hunc laborum suorum academicorum fructum edidit Laurentius Sahl, Scholæ metrop. conrector.

Hannoviæ, excudit P. Horrebovius, 1780; — 2 vol. in-8°, 456 et 536 p.

(Paris, Société Biblique; — British Museum.)

Diatessaron, seu integra historia Jesu Christi latine ex quatuor Evangeliis confecta e versione præcipue Castellionis castigata, 1802, in-8°.

(British Museum.)

t'Nieuwe Testament, na de oversetting Sebastiani Castellionis, met der-selver aanwysing en verklaringen over eenige plaatsen der H. Schriftuere.

Leiden, Georg. Abrahamsz. vander Marsce, pour Franç. Beyts, à Haarlem, 1618, in-8.

(D'après Is. Le Long, *Boekzaal der Nederduitsche Bybels*, 2e éd. Hoorn, 1764, p. 840, 841.)

N° 11.

« *Annotationes, quibus et versionis suæ ratio redditur et difficiliora loca explicantur.* »

« Basileæ, excudit Ja. Parcus, sumptibus Jo. Oporini, 1551. »

(D'après Conrad Gesner, *Epitome Bibliothecæ*, 1555, p. 163.)

Sebastiani Castalionis Annotata in Vetus Testamentum;... Ejusdem annotationes in Novum Testamentum (dans les *Critici sacri, sive annotata doctissimorum virorum in vetus ac novum Testamentum, in novem tomis...*).

Londini (1660) et Francofurti (1696), Amstelædami et Ultrajecti, 1698; — 9 vol. in-f°.

(Paris, Bibliothèques : Nationale; Mazarine, etc.; — British Museum; — Collège de la Trinité, à Dublin; — Bibliothèque de Cassel, etc.)

Lipsiæ, Walther, 1729; — in-8°.

(D'après Th. George, *Bücher-Lexicon*, Leipzig, 1742, I, p. 265.)

Lipsiæ, F. G. W. Vogel, 1738; in-8°.

(Bibliothèque de l'Université de Gœttingen.)

Adnotationes Bibliorum sacrorum latinæ interpretationi, a Sebastiano Castellione sparsim subjunctæ, hic vero collectim exscriptæ, cum continuatione historiæ ab Esdra... ad Christum... necnon ejusdem delineatione reipublicæ judaicæ ex Josepho. Accessit in nova hac editione supplementum historiæ a Christo ad ultimum excidium Hierosolymitarum ex Ludovici Capelli historia apostolica....

Lipsiæ, sumtibus Bernh.-Christoph. Breitkopfii, 1752; — in-8°, 351 p.

(Biblioth. de la Société de Lecture, à Genève; — Ducale de Gotha.)

Lipsiæ, Breitkopf, 1753; — in-8°.

(D'après W. Heinsius, *Bücher-Lexicon*, Leipzig, 1812 et suiv., I, col. 515.)

N° 12.

Sebastiani Castellionis defensio suarum translationum Bibliorum, et maxime Novi Fœderis, in qua eum in illis religiose (contraquam a quibusdam traductus est) versatum fuisse demonstratur, reprehensa diluuntur, multi difficiles loci enucleantur et insuper adversariorum errores ostenduntur.

Basileæ, ex officina Johannis Oporini, 1562, mense Martio; — in-8°, 238 p., la dernière non chiff. La préface est datée de Bâle, janvier 1562.

(Paris, Bibliothèques : Nationale; Mazarine; — de la Faculté de théologie de Montauban; — Oxford, Bibliothèque Bodléienne; — Royale de Florence; — de Berne; — de Genève; — de la Ville de Zurich; — Cantonale de Lausanne; — de l'Université de Munich; — Impériale de Vienne; — de l'Université de Gœttingen; — de l'église des Remontrants, à Amsterdam.)

III. — Écrits contre la persécution.

N° 13.

De hæreticis, an sint persequendi, et omnino quomodo sit cum eis agendum, doctorum virorum tum veterum, tum recentiorum sententiæ. Liber hoc tam turbulento tempore pernecessarius et cum omnibus, tum potissimum principibus et magistratibus utilissimus, ad discendum, quodnam sit eorum in re tam controversa tamque periculosa, officium [1]. (Préface de Martinus Bellius.)

Magdeburgi, per Georgium Rausch, anno Domini 1554, mense Martio, in-8°; 173 pp. et 2 p. fin. non chiffrées.

(Paris, Bibliothèques : Nationale ; — de l'Université de Bâle ; — de Genève ; — de Wernigerode ; — de Breslau ; — Nationale de Florence ; British Museum.)

Même ouvrage et mêmes indications, sauf le titre ainsi modifié : *De hæreticis, an sint persequendi et omnino quomodo sit cum eis agendum Luteri et Brentii aliorumque multorum doctorum virorum, tum...* (le reste comme ci-dessus).

(Bibliothèques : Ducale de Wolfenbüttel ; — Impériale de Vienne ; — du Collège de la Trinité, à Dublin.)

De hæreticis, an sint persequendi, et omnino quomodo sit cum eis agendum, multorum tum veterum tum recentiorum sententiæ (la fin du titre comme dans l'édition de 1554). *Recensuit Joachimus Cluten megapolitanus* (de Mecklembourg).

Argentorati, typis Joannis Caroli typogr., anno 1610 ; — in-8°, 242 p. Les pages 209-242 sont remplies par un appendice : *Epistolæ aliquot Gerardi Noviomagi de re Evangelica et hæreticorum pœnis.*

(Paris, Bibliothèques : Nationale ; Mazarine ; de la Société d'Histoire du protestantisme ; — de l'Univ. de Leyde ; — de Bâle ; — de Vienne, de Breslau, etc.)

N° 14.

Traicté des hérétiques, a savoir si on les doit persécuter, et comment on se doit conduire avec eux, selon l'advis, opinion et sentence de plusieurs autheurs, tant anciens que modernes. Grandement nécessaire en ce temps plein de troubles, et très utile à tous : et principalement aux Princes et Magistrats, pour cognoistre quel est leur office en une chose tant difficile et périlleuse.... Rouen, Pierre Freneau; 1554, in-8°, 135 p. (la dernière page est chiffrée par erreur 139).

(Bibliothèques : de Genève ; — de l'Université de Bâle.)

Martini Bellii Libellus von Kætzern, de Hæreticis, s. l. et a., in-8°.

(Cf. Historiæ Bibliothecæ Fabricianæ, VI, p. 474.)

Van ketteren, of men die oock vervolgen off hoe men met haer handelen sal, des d. M. Lutheri ende J. Brentii, oock andere veele der olden ende by onser tyden geleerder meyninghe ende bericht. Een boecxken in deser sware tijt gants notelick allen minschen, sonderlinge den... ouericheyden seer nutte-

1. L'ouvrage est souvent cité sous ce titre : *Farrago Martini Bellii.*

lick, daer wt te leeren wat haer ampt sy in een so twyuelachtigen ende peryckulosen saecke. Het inholt... achter int register. S. l. et a., in-12. (Préface de Martinus Bellius.) [Vers 1620.]

(Fonds des Remontrants, Bibliothèque de l'Université d'Amsterdam. Cf. le Catalogue de Rogge, II/2, p. 35.)

Het gevoelen van verscheyden zo oude als nieuwe schrijvers aeng. de ketters..., hoe men met hun handelen zal. Een boekjen in deze... tijden zeer nut..., inzonderheydt voor alle vorsten en magistraten.... Alderecrst in het lat. te zamengebracht door Mart. Bellium. Daernae overzien en met... brieven vergroot door Jochem Kluten van Mekkelenburg, en nu uit het lat. vert. en... verm. met... schriften van Cassander, Castellio en andere... schrijvers. Door N. B. A. t'Amsterdam by Thom. Jansz., 1663, in-12°.

(Bibliothèque de l'Université d'Amsterdam (Rogge, II/1, p. 268).

N° 15.

Conseil à la France désolée auquel est montrée la cause de la guerre présente et le remède qui y pourroit estre mis, et principalement est avisé si on doit forcer les consciences. L'an 1562 (s. l., s. n. d'impr.).

Petit in-8°, 96 pages. A la fin : « Faict l'an 1562, le mois d'octobre ».

(Paris, Bibliothèque Nationale; — British Museum.)

Raet aen dat verwoeste Vranckrijck. In welcken aengewesen is, de oorsake deses tegenwoordigen crijchs, ende de medecijn die daer toe gebruyckt mochte worden, ende bysonder is vlijtich ouerdacht ende overwegen, oftmen ooc der conscientien gewelt aendoen soude. An. 1567 (sic), *in decembri door Sebastianum Castalio*, 1578.

Sans lieu ni nom d'impr. (Hoorn?), 1578, in-8°; 78 pages non ch.

(Biblioth. de l'Univ. de Gand.)

Eerst gedruct int jaer 1578, ende nu wederom herdruckt int jaer 1603. — *A la fin:* Eerst ghedruckt tot Hoorn : ende nu wederom herdruckt by Gerrit Hendricksz. Anno 1603; in-4°, 46 pages.

(Biblioth. de l'Univ. de Gand.)

Même ouvrage, même lieu, mêmes dates et mêmes indications, mais sous un autre titre :

Een Lanteerne des Heeren, am de Savoysche waskeerse in te stellen, die eertijdts, om Vrankrijck te verlichten, ontsteecken is : ghemaeckt door den godgeleerden christelijiken Ridder Sebastiaen Castalio saligher ghedachten.

Préface en néerlandais (3 p.) et à la fin (p. 46) « Gheschreven van Sebastiano Castalione in decembri, anno 1567 » (sic).

(Bibl. de l'Université d'Amsterdam.)

Même ouvrage, nouvelle édition (in-4° non paginé) se terminant à la dernière page par ces mots : eerst gedruckt tot Hoorn ende wederom herdruckt by Gerrit Hendricksz. Anno 1603, ende nu wederom anno 1912 (sic, pour 1612).

(Bibl. Thysius à Leiden; — Biblioth. de l'Univ. d'Amsterdam.)

(Voir ci-après, page 376, n° 35, aux *Opera Sebastiani Castellionis*, éd. de 1613, 5e partie.)

N° 16.

Contra libellum Calvini in quo ostendere conatur hæreticos jure gladii coercendos esse. Anno Domini MDLCXII (sic) [1].

In-8°, 128 ff. non ch., signat. A à P, plus au commencement 8 ff. pour le titre et la préface de l'éditeur hollandais.

(Paris, Bibliothèque Nationale ; — Oxford, Bibliothèque Bodléienne ; Bibl. de l'Univ. de Leyde ; — de l'Université de Munich ; — de Rostock ; — Impériale de Vienne ; — Bibl. du Collège de la Trinité, à Dublin [le catal. impr. de cette Bibliothèque donne par erreur la date de 1562].)

Le même ouvrage, sans autre différence que la première page consacrée au titre :

Dissertatio qua disputatur, quo jure, quove fructu, hæretici sunt (sic) *coercendi gladio vel igne.*

(En épigr. Deut., 13 ; Prov., 14 ; Psalm., 2), s. l. n. d.

In-8°, non paginé, signat. A à P, plus une feuille occupée par le titre et la préface de l'éditeur hollandais.

(Paris, Bibliothèque Nationale [inv. D², 3627 ; et aussi un manuscrit, fonds latin 3676 sous le titre : *De hæreticis, Sententia Seb. Castalionis*] ; — British Museum ; — Musée National de Buda-Pest ; de Wernigerode. — Cf. Catalogue Crevenna, 1789, t. II, n°s 1352 et 1353.)

(Voir ci-après aux *Ouvrages posthumes* les traductions hollandaises.)

IV. — Traductions d'écrits théologiques.

N° 17.

Theologia germanica, Libellus aureus, hoc est brevis et prægnans, quomodo sit exuendus vetus homo induendusque novus. Ex germanico translatus, Joanne Theophilo interprete.

Basileæ, ex off. Joannis Oporini, 1557, mense Januario ; — in-8°, 125 pages et 1 p. fin. non chiff.

(Bibliothèques : de l'Université de Breslau ; — de Bâle ; — de Cassel ; — Ducale de Gotha ; — de la Ville de Zurich ; — Impériale de Vienne [exemplaire portant le nom de *Carol. Utenhowe U. F(ilius)*].

Antuerpiæ, Christ. Plantin, 1558 ; — petit in-8°.

(Bibliothèque Mazarine.)

Coloniæ, 1558 ; — in-8°.

(Bibliothèque de l'Université de Breslau.)

Strasbourg, Johann Arndt, 1624 ; — in-8°.

(Bibliothèque Ducale de Gotha.)

1. Voici une intéressante conjecture de M. Henri Bordier sur cette date : « Je n'ai pas voulu le dire dans mon article de *la France protestante*, mais je crois bien que les théologiens hollandais qui ont réimprimé en 1612 le *Contra libellum Calvini* (qui datait, croyaient-ils, de 1562) ont voulu au bas du titre de cette réimpression mettre les deux dates ensemble sous cette singulière forme MDLCXII. Si, conformément à l'usage romain, on lit en retranchant L de C, on a 1562. Si la lettre L, qui ne se comprend pas ainsi placée, est regardée par le lecteur comme une erreur d'impression et supprimée, on a 1612. »

(Lettre de M. H. Bordier, 8 mai 1885.)

S. l., 1632; — in-8°, 125 pages tout en italiques.

(Bibliothèques : Mazarine; — de l'Université de Breslau.)

Theologica germanica, Libellus aureus, hoc est brevis et prægnans, quomodo sit exuendus vetus homo, induendus novus. Ex germanica translatus, vero nomine Sebastiano Castellione interprete; editio nova accurante Jo. Georgio Pritio.

Lipsiæ, apud Samuelem Benjaminum Waltherum, 1630 (lisez 1730); — in-12 de 33 feuillets prél. et 206 pages avec frontispice gravé.

(Bibl. de la Ville de Zurich.)

La Théologie germanicque, livret auquel est traicté comment il faut dépouiller le vieil homme et vestir le nouveau.

Anvers, de l'imprimerie de Christofle Plantin, 1558; — in-8°, 103 pages (privilège du roi, daté : Bruxelles, 6 octobre 1557).

(Paris, Bibliothèques : Mazarine; de l'Arsenal; — Impériale de Vienne; — de l'Université de Louvain.)

Amsterdam, Henry et Theod. Boom, 1676; — in-16.

(Collection du prof. dr J.-I. Doedes, à Utrecht.)

Theologia mystica a pio quodam ord. dominorum Teutonicorum Sacerdote ducentis circiter abhinc annis germanice conscripta et a Joanne Theophilo in latinum translata; Ludovici Blosii enchiridion parvulorum post alias editiones... diligenter recognitum.

Lugduni, ap. Alexandr. Marsilium, 1665; — in-8°, 379 p. (dont 166 pour la *Theol. myst.*).

(Paris, Bibliothèque Mazarine.)

Theologia Germanica. Een gulden handtboecxken, cort ende wichtbarich : inhoudende hoemen den ouden mensche moet wtdoen, ende den nieuwen aendoen. Eerst wt den Hoochduytsche int Latijn overghesct deur Joannes Theophilus, ende nu ghestelt in Nederlandtsche sprake deur E. X. (Traduction néerlandaise de la *Théologie germanique* [1].)

Anvers, Christ. Plantin, 1590; — in-16, 202 pages.

(Bibliothèque de l'Université de Gand.)

N° 18.

De imitando Christo contemnendisque mundi vanitatibus libellus, authore Thoma Kempisio, interprete Sebastiano Castellione.

Basileæ, ex officina Joan. Oporini, 1563; — in-8°, 3 et 196 pages (préface datée du 5 juin 1563).

(Paris, Bibliothèque Nationale; — Impériale de Vienne; — de l'Univ. de Rostock.)

1. Il existe de la traduction néerlandaise plusieurs éditions, mais il faudrait les voir pour savoir si ce sont bien des réimpressions :
Inde Ryp, Claes Jacobsz, 1644.
Amsterdam, Andr. Vinck et J. van Lamsvelt, 1682.
Amsterdam, J. Hartig, 1737.

Coloniæ, hæredes Arn. Birckmannii, 1564; — in-8°, 196 pages, tout en italiques

(Paris, Bibliothèque Mazarine, exemplaire de Gabriel Naudé; — Bibl. Impériale de Vienne.)

Basileæ (s. n. d'imprimeur), 1576; — in-16, 6 p. non ch. et 245 p.

(Bibl. de la Ville de Zurich.)

Venetiis, 1586 (?); — in-18.

(Voir George, p. 338.)

Basileæ, s. n. d'imp., 1606; — in-8°, 181 pages.

(Paris, Bibliothèque Nationale; — de l'Univ. de Rostock.)

Francofurti, 1616; — in-8°.

(Paris, Bibliothèque Nationale.)

Amstelodami, apud Henricum Laurentii, 1628; — in-24, 216 p.

(Paris, Bibliothèque Nationale.)

Cantabrigiæ, 1685; — in-8°, 276 pages.

(Paris, Bibliothèque Nationale.)

De imitando Christo... latine, gallice et germanice.

Basileæ, Waldkirch, s. d.; — in-16.

(D'après Draudius, *Bibl. class.*, p. 330.)

De imitatione Christi... a Seb. Castellione e latino in latinum translatus juxta exemplar Aresdorffii 1578 primum editum, nunc denuo summo studio revisum atque promovendæ pietatis ergo editum.

Francofurti ad Mœnum, ex officina Genschiana, anno 1696; — in-8°. (Voir ci-après, p. 373, les *scripta selecta et rarissima.*)

(Bibliothèque de l'Université de Gœttingen.)

Gotha, Reyher, 1697; — in-12.

(Voir Th. George, *Bücher-Lexicon*, Leipzig, 1742, II, p. 339.)

Francfort, Oehrling, 1707; — in-12.

(Voir George, *ibid.*)

Parisiis, Typ. Reg., 1640; — in-fol. [1].

(Paris, Bibliothèque de l'Université.)

De Christo imitando, contemnendisque mundi vanitatibus libellus Interprete Sebast. Castellione. Accedit liber quartus de Cœna dominica latine redditus... Authore R. Widdrington.

Amsterdam, 1628; et Cantabrigiæ, 1688; — in-12.

(Bibl. du Collège de la Trinité, à Dublin. — Cf. George, p. 338.)

Hanovre, Helwing, 1727; — in-12.

(D'après W. Heinsius, *Bücher-Lexicon*, Leipzig, 1812, I, col. 569.)

Thomæ a Kempis de Christo imitando libri tres, interprete Sebast. Castalione, in usum juventutis christianæ. Edidit ecclesiæ anglicanæ presbyter.

Londini, typis T. Cordeux, 1813, in-12, 134 p.

(Bibliothèque de Genève.)

1. Il est douteux que cette revision ait fait des emprunts sérieux au texte de Castellion.

N° 19.

Bernardini Ochini Senensis Dialogi XXX, in duos libros divisi quorum primus est de Messia, continetque dialogos XVIII. Secundus est, cum de rebus variis, tum potissimum de Trinitate.

Basileæ, per Petrum Pernam, MDLXIII [traduction latine de Seb. Castellion]; — in-8°; le 1er vol., 440 pages; le 2e, 518.

(Paris, Bibliothèques : Nationale; Mazarine; — Impériale de Vienne; — Ducale de Gotha; — de Gœttingen; — de Genève; — de la Ville de Zurich.)

N° 20.

Bernhardini Ochini Senensis expositio epistolæ divi Pauli ad Romanos, de italico in latinum translata.

Augustæ Vindelicorum, Philippus Ulhardus excudebat, s. d. [1545]; — in-8°, 2 ff. prél. non ch., 101 ff. ch. et 9 ff. fin. non ch.

(Bibliothèque de la Ville de Zurich. — Cf. Draudius, *Bibl. class.*, p. 238.)

N° 21.

Zwu gotselige gnadenreiche und Christliche Bekanntnüssen unsers heiligen christlichen Glaubens,... durch Joannem Theophilum.

Nürnberg, Christoff Gutknecht, 1544; — in-4°.

(Le catalogue de la Bibliothèque de l'Université de Munich et celui de la Bibliothèque de Vienne attribuent cet ouvrage à Castellion 1.)

N° 21 *bis*.

De materiis scientiarum et erroribus philosophiæ in rebus divinis, Marco Theophilo autore 2.

Basileæ, 1561, mense Martio; — in-8°, 78 pages.

(Paris, Bibliothèque Nationale.)

N° 22.

(*Prochori,..... qui fuit unus de septem ministerio præfectis consobrinus Stephani protomartyris*), *de Joanne Theologo et Evangelista historia, græco-latina, nunquam antea in lucem edita, Seb. Castalione interprete.*

1. Nous avions à tout hasard mentionné ce numéro sur la foi de ces deux catalogues. Examen fait de l'ouvrage, il n'appartient pas à Castellion. C'est un écrit mystique en vue de l'édification et de la consolation du chrétien, notamment dans les temps de grandes calamités. Tout au plus peut-on supposer que ce serait là que Castellion aurait pris le pseudonyme de *Joannes Theophilus* dont il s'est servi pour sa traduction de la *Théologie Germanique*.

2. Sur cet ouvrage également nous devons faire d'expresses réserves. Les deux parties dont il se compose (*De metis theologiæ et humanarum scientiarum* et (p. 32) *De cæcitate philosophiæ et rationis in rebus divinis et spiritualibus*) contiennent bien un certain nombre d'idées qui rappellent la doctrine de Castellion; l'épigraphe *Animalis homo non percipit ea quæ sunt spiritûs Dei* est expliquée dans un sens qui lui est familier. Mais cette ressemblance générale ne suffit pas pour lui attribuer la paternité de l'écrit, et ici comme à l'article précédent le pseudonyme de *Theophilus* est loin de constituer une présomption grave d'identité. L'ouvrage, s'il fallait risquer une conjecture, nous semblerait plutôt être d'Acontius dont il a parfois l'allure, la langue et les procédés dialectiques.

Basileæ, ex officina Joannis Oporini, 1567; — in-8°, 256, 666 et 36 p. (P. 526-666 du recueil de Michel Neander, *Apocrypha*, qui lui-même forme la 2e partie (p. 321-666) du volume *Catechesis Martini Lutheri græco-latina.*)

(Bibliothèque du Musée National de Buda-Pest.)

N° 22 *bis*.

Sebastiani Castaleonis, Fræschel, De spiritu sancto, de Diabolo, de hominis animo (trad. de l'allemand (?) [1]).

Basileæ, Oporin (?), s. d.; — in-8°. (Cf. Olearii scrinium antiquarium, p. 245.)

V. — Éditions et traductions de classiques grecs.

N° 23.

Mosis institutio reipublicæ græco-latina, ex Josepho in gratiam puerorum decerpta, ad discendam non solum græcam, verum etiam latinam linguam, una cum pietate ac religione. Per Sebastianum Castalionem.

Basileæ, s. d., in-8°, 64 feuillets ou 127 pages non ch. (dédicace datée du 4 janvier 1546. — Titre courant : *Mosis politia*).

(Paris, Bibliothèques : Nationale; Mazarine; — Bodléienne d'Oxford; — Royale de Florence; — Impériale de Vienne; — de la Ville de Zurich; de Bâle [2]; — British Museum, etc.)

Respublica judaica a Josepho breviter concinnata a Sebastiano Castalione iterum edita [per Jo. à Fuchte].

Helmæstadii, typis heredum Jacobi Lucii, 1616; — in-8°.

(Paris, Bibl. Nationale; — Bibliothèque de l'Université de Gœttingen; — Bibl. du Collège de la Trinité, à Dublin.)

N° 24.

Xenophontis philosophi ac historici excellentissimi opera quæ quidem extant omnia tam græca quam latina, hominum doctissimorum diligentia, partim jam olim, partim nunc primum latinitate donata....

Basileæ, apud Nicol. Brylingerum, anno MDXLV; — in-folio, 678 p. La *Respublica Atheniensium* occupe les pages 672-678, préface par Albanus Torinus [3].

(Paris, Bibliothèque de l'Université; — Bibliothèque de l'Université de Bâle; — de Berne; — Impériale de Vienne; — Rijks Museum d'Amsterdam.)

Ξενοφῶντος ἅπαντα. *Xenophontis oratoris et historici, propter synceram et melle dulciorem attici sermonis gratiam, veterum omnium judicio longe*

1. Nous copions ce titre à la page 111 du volume intitulé *Exuviæ Oporini typ. basil., hoc est bibliotheca librorum impressorum in gratiam eorum qui comparare volent digesta et edita*, 1571, in-8. — Nous n'avons trouvé ni le volume, ni aucune indication s'y rapportant.
2. Voir t. I, p. 256.
3. Voir ci-dessus, chap. xxi, p. 84.

clarissimi opera quæ quidem extant omnia, duobus tomis distincta ac nunc primum a Seb. Castalione a mendis quam plurimis repurgata et quam fieri potest accuratissime recognita. His accessit græcus rerum gestarum index perquam copiosus.

Basileæ (s. d., s. n. d'impr., mais avec la marque d'Isingrin, palma Isingrinii; — 2 vol. in-8° : le 1er de 651 pages, plus 8 prélimin.; le 2e de 859, plus 45 pour l'index).

(Paris, Bibliothèques : Nationale; — de Vienne; — de Gœttingen, etc.)

Xenophontis philosophi et historici clarissimi opera quæ quidem græce exstant omnia, partim iam olim partim nunc primum hominum doctissimorum diligentia in latinam linguam conversa atque nunc postremum per Seb. Castalionem de integro magno studiosorum compendio recognita, quorum elenchum versa pagella reperies.

Basileæ, apud Isingrinum, 1553; — in-8°, 12 f. non chiffr. (titre, préface d'*Isingrin*, index), 820 et 450 p.

(Paris, Bibliothèque Nationale.)

Xenophontis de republica Atheniensium, interprete Sebastiano Castalione.

[Pages 672-678 des *Xenophontis opera græco-latina*, édités par Johannes Petri et Brylinger; Basileæ, 1555. — In-f°.]

(Paris, Bibliothèque Nationale; Musée pédagogique.)

[Pages 294-298 des *Xenophontis omnia quæ extant opera.*]
Henri Estienne, 1561; — in-f°.

(British Museum; — Bibl. Impériale de Vienne; — Musée National de Buda-Pest.)

Basileæ, apud hæredes Nic. Brylingeri; 1568. — In-f°.

(Bibliothèques : de l'Université de Gand; — Ducale de Gotha.)

N° 25.

Homeri opera græco-latina, quæ quidem nunc extant, omnia. Hoc est : Ilias, Odyssea, Batrachomyomachia et hymni; præterea Homeri vita ex Plutarcho, cum latina item interpretatione locis communibus ubique in margine notatis....

In hæc operam suam contulit Sebastianus Castalio sicuti in præfatione, verso mox folio, videre licet.

Basileæ, per Nicolaum Brylingerum, 1561, in-f°, 10 ff. lim., 292 et 317 pages. (Cf. Brunet, III, 271.)

(Paris, Bibliothèque de l'Université; — Bibliothèques : de Genève; — de la Ville de Zurich; — de Gand; — de l'Université de Gœttingen; — de Rostock; — Impériale de Vienne.)

Basileæ, « editio tertia » per hæredes Nicolai Brylingeri, 1567, in-f°, 317 pages, plus 10 ff. pour le titre, la préface et l'index.

(Paris, Bibliothèques : Nationale; Mazarine; de l'Arsenal; — Ducale de Gotha; — de l'Univ. de Gand; — de Gœttingen; — de Rostock; — de Wernigerode; — de Cassel; — de Leyde; — de la Ville de Zurich; — de Vienne; — British Museum.)

Homeri opera græco-latina quæ nunc extant omnia. Præter operam Sebastiani Castellionis, nunc ad postremam Henrici Stephani ac aliorum quorundam editionem diligenter collata... cum indicibus locupletissimis.

Basileæ, ex officina Brylingeriana, 1582; — in-8°, 100 et 893 p.

(British Museum; — Bibliothèque de Cassel.)

N° 26.

Herodoti Halicarnassei historiæ libri IX, interprete Laurentio Valla. Ejusdem Herodoti libellus de vita Homeri, interprete Conrado Heresbachio. Utriusque translationem emendavit Sebastianus Castalio.

Basileæ, 1559; — in-8°, 15 ff. non chiffrés (préface et le *De vita Homeri*), 32 autres (*index rerum et verborum*) et 652 pages; sur la dernière : Basileæ, ex officina Hieronyma Curionis, impensis Henrici Petri, anno MDLIX, mense Martio.

(Bibliothèques : de l'Université de Bâle; — Impériale de Vienne.)

Coloniæ, apud Maternum Cholinum, anno 1562; — in-folio, 24 et 27 pages.

(Bibliothèque Ducale de Gotha; — de l'Univ. de Rostock.)

Basileæ, 1573; — in-8°.

(British Museum; — Bibliothèques : Ducale de Gotha; — Cantonale de Zurich; — Bibl. du Collège de la Trinité, à Dublin.)

Basileæ, Henricpetri, 1583, mense Martio; — in-8°.

(Paris, Bibliothèque de l'Université.)

N° 27.

Diodori Siculi Bibliothecæ historicæ libri XV. Hoc est, quotquot græce extant de quadraginta, quorum quinque nunc primum latine eduntur, de quibus in præfatione edoceberis. Adjecta his sunt ex iis libris qui non extant fragmenta quædam, Sebastiano Castalione totius operis correctore, partim interprete (notamment pour les fragments des livres 31, 32 et 37, p. 703 et 713).

Basileæ, per Henricum Petri, 1559, mense Augusto, in-folio, 18 ff. prél. non ch. et 716 p., la dernière non chiff.

(Paris, Bibliothèques : Nationale; de l'Institut; — British Museum; — Bibl. Impériale de Vienne; — Musée National de Buda-Pest; — Bibl. de Genève.)

Basileæ, 1573; — in-f°.

(British Museum.)

Basileæ, Henrici Petri; 1578, mense Martio, — in-f°.

(Bibliothèques : de Berne; — Ducale de Gotha.)

N° 28.

Thucydides, Laurentio Valla interprete, nunc postremo correctus et in græcis innumeris locis emendatus....

Basileæ, apud Henr. Petrum et Matern. Collinum, 1564, mense Martio; — in-folio, 11 et 379 pages.

(Bibliothèque de Bâle; — de l'Université de Rostock.)

N° 29.

Nicephori Callisti... libri XVIII... Johanne Langeo interprete, emendati a Seb. Castalione.

Basileæ; 1553, mense Martio; — in-f°, 956 p. — Autre édition s. d. [1560].

(Bibliothèque de Bâle.)

N° 30.

Sancti Cyrilli Alexandrini libellus de exitu animæ, interprete Sebastiano Castalione (d'après l'*Epitome* de Gesner, 1555, p. 164 : « item Cyrilli libellum *De exitu animi* qui habetur 4to tomo Operum Cyrilli 1546. »)

(Paris, Bibliothèque Nationale.)

VI — Ouvrages posthumes.

N° 31.

Sebastiani Castellionis Dialogi IIII. (De Prædestinatione, De Electione, De Libero Arbitrio, De Fide.) Ejusdem opuscula quædam lectu dignissima, quorum inscriptiones versa pagella ostendet. Omnia nunc primum in lucem data. Aresdorffii per Theophil. Philadelph. 1578.

In-16, 445 et 135 p. chiffrées; plus au commencement 24 p. non chiffrées (préfaces de Félix Turpio et de Castellion). — Les *IV Dialogues* annoncés au titre occupent les pages 1-294.

Le verso du titre porte :
Reliqua quæ hoc libello continentur hæc sunt :

[1°] *Quæstio an perfecte legi Dei ab homine per Spiritum sanctum obediri possit.* [Ce traité, *De obedientia Deo præstanda*, occupe les pages 295-331 [1].]

[2°] *Responsio ad D. Mart. Borrhaum de prædestinatione.* [Ce traité sous le titre *De prædestinatione scriptum* occupe les pages 332-445.]

[3°] *Defensio adversus libellum cujus titulus est Adversus nebulonem, Joannis Calvini.* (Cette *Sebast. Castell. defensio*, imprimée à la suite,

1. Une lettre d'Antoine Chéron à Rod. Gwalther, datée : « *Lugduni pridie idus Augusti* 1559 », permettrait de supposer que ce petit traité ou un écrit à peu près identique avait déjà été imprimé. Voici la phrase de Chéron : « Mitto tres libellos adversus Calvinum, alterum *De Lege Dei*, omnes Antuerpiæ vel Lugduni excusos. Hos obsecro diligenter legito. Tres priores dicuntur esse Anabaptistarum Trinitariorum, quorum hic magnum est examen. *Quartus est Castalionis, qui etiam hic multos habet discipulos doctores*, »... (Collection Simler, Bibliothèque de Zurich.) Le traité *An possit homo... perfecte obedire legi Dei* porte bien dans sa forme définitive la date des 11 et 20 février 1562. Mais cette question a été tant de fois agitée par Castellion, par ses amis et par ses adversaires, et ses opinions à ce sujet étaient tellement connues que l'on n'a pas de motif pour refuser créance au renseignement de Chéron, qui pourrait se rapporter à une première rédaction de cet opuscule.

sans page de titre, est paginée à part, p. 1-57, et se termine par : « Hæc scribebam mense septembri, anno MDLVIII, Basileæ. »

[4°] *De Calumnia liber unus.* (A la suite, p. 58-135, se terminant par : « Scribebantur hæc anno 1557, mense aprili ».)

(Paris, Bibliothèques : Nationale; — publique de la Ville de Saint-Gall; — de Dresde; — de l'Université de Gand; — Impériale de Vienne; — Bibl. de la Ville de Zurich, exemplaire sans les pièces [3°] et [4°]; — Bibl. Bodléienne.)

Même ouvrage et même titre.

Lugduni Batav., Godefr. Masson, 1613; — in-8°.

(D'après DRAUDIUS, *Biblioth. class.*, p. 170.)

Sebastiani Castellionis Dialogi IIII. — De Prædestinatione, De Electione, De Libero Arbitrio, De Fide.— Ejusdem opuscula quædam lectu dignissima, quorum inscriptiones versa pagella ostendet. Quibus alia nonnulla accessere, partim hactenus nunquam edita.

Goudæ, typis Caspari Tournæi, anno 1613; prostant apud Andream Burier; in-8°, 28 pages prél. non chiffrées, contenant, outre les 2 préfaces, divers jugements extraits de Théod. Zwinger et autres contemporains, 443 pages chiffr.

Le verso du titre porte, après les titres des quatre opuscules ci-dessus mentionnés : *Hæc autem accessere :*

[5°] 1. *Annotationes in cap. 9 ad Rom.* [Se trouve à la suite du *de Calumnia*, avec titre particulier : « Annotationes Sebastiani Castellionis in caput nonum ad Rom. Quibus materia electionis et prædestinationis amplius illustratur. » (Marque d'impr., la Fortune sur le globe : *Spero fortunæ regressum.*) Anno 1613, pages 1-30, outre le feuillet de titre.]

[6°] 2. *Quinque impedimentorum, quæ mentes hominum et oculos a veri in divinis cognitione abducunt, succincta enumeratio.* [A la suite avec titre particulier (identique à celui de l'édition de 1604 mentionné ci-après, (n° 33) sauf le dernier mot, *prolatum* au lieu de *datum*), s. l. n. d., p. 1-30.]

[7°] 3. *Tractatus de justificatione.* [A la suite, avec titre complété comme suit : « In quo tum eam negantium, tum affirmantium rationes et argumenta non minus christiane quam intelligenter explicantur, ad veram peccatorum mortificationem et justitiæ vitam in fidelibus promovendam. » Anno 1613, p. 1-89.]

(Paris, Bibliothèques : Nationale; Sainte-Geneviève (exemplaire aux armes de Jacq.-Aug. De Thou); — de Dresde; — de l'Université de Gand; — de Leyde; — de Rostock; — de la Ville de Zurich; — British Museum; — Collège de la Trinité, à Dublin; — Rijks Museum d'Amsterdam.)

Sebastiani Castellionis scripta selecta et rarissima, scilicet : I. Dialogi quatuor. 1. De Prædestinatione. 2. De Electione. 3. De Libero Arbitrio. 4. De Fide; — II. Tractatus quatuor. 1. De Obedientia Deo præstanda. 2. De Prædestinatione. 3. Defensio contra anonymum. 4. De calumnia. — III. Ac-

cessit Thomæ de Kempis de Imitatione Christi a Seb. Castellione e latino in latinum translatus.

Juxta exemplar Aresdorfii A° 1578 primùm editum, nunc denuo summo studio revisum atque promovendæ pietatis ergo editum.

Francofurti ad Mœnum, ex officina Genschiana, anno 1696; in-8°, 16 p. prél. non ch. (frontispice gravé à la 16e), 479 p. pour les Dialogues et les Traités, 231 p. pour l'Imitation de J.-C., qui a un titre particulier et auquel se rapporte le frontispice gravé.

(Paris, Bibliothèque Nationale; — British Museum; — Bibliothèques : de l'Université de Giessen; — de Rostock; — de la Ville de Zurich; — Ducale de Gotha; — de l'Université de Gœttingen.)

N° 32.

Tsamensprueken [1] *vande Predestinatie ende Schickinge Godes, Verkiesinge, Vrye-wille, Tyheloove. Eerst ghemaect int Latijn door... Sebastiaen Castellion, ende nu... in Nederlandtsche tale overgheset, te weten die drie eerste door Dirck Adriaensen Kemp, ende het laetste door D. V. Coornhert....* (Traduction néerlandaise des quatre dialogues sur la *prédestination*, sur l'*élection*, sur le *libre arbitre* et sur la *foi*.)

Sans lieu, ni nom d'impr. (Haarlem, Ant. Ketel), 1581; in-8°; 4 ff. lim. 184 et 43 pages chiffr.

(Bibl. de l'Univ. de Louvain; — Bibl. de l'Université d'Amsterdam, fonds des Remontrants.)

Gouda [2], Gasp. Tournay, pour André Burier, 1612-1613; in-8°; 8 ff. lim. et 303 pages chiffr. (N. B. Cette édition contient quelques renseignements biographiques qui ne se trouvent pas dans l'édition de 1581, non plus que dans celle d'Arentsz de 1613; voir ci-après n° 35.)

(Bibl. de l'Université d'Amsterdam, fonds des Remontrants.)

Vande gehoorsaemheyt gheschreven int Latijn door Sebastiaen Castalio, ende vertaelt in Nederlantsch door D. V. Coornhert.... (Traduction néerlandaise du *De obedientia.*)

Sans lieu, ni nom d'impr. (Haarlem, Ant. Ketel), 1582; in-8°; 54 pages chiffr.

(Bibl. de l'Univ. de Louvain; — Bibl. de l'Université d'Amsterdam, fonds des Remontrants.)

Een nuttelijcke ende seer stichtelijcke wtleyhinghe... van de Predestinacie, of Verkiesinghe Gods : Te weten, hoe Godt wilt, dat alle menschen salich worden : ende hoe de salicheyt alleen coemt door sijne ghenade, maer de verdoemenisse eyghentlijck door de boosheydt des menschen. Dorch Sebastiaen

1. *Tsamensprueken*, éd. de 1581; — *Tsamenspreucken*, éd. de Haarlem (Arentsz), 1613; — *Tsamenspreeckinghen*, éd. de Gouda (André Burier), 1612-1613.

2. « La plupart des habitants de Gouda étaient Remontrants » (Gérard Brandt, *Hist. de la Réf. aux Pays-Bas*), II, 176. Un des pasteurs de cette ville, Herbold Thombergius, traduisit en 1611 un traité de Sébastien Franck, *Du règne du Christ.* On peut conjecturer qu'il fut aussi un des traducteurs de Castellion.

Castellion... Nv aldereerst... ouergeset. (Traduction néerlandaise du traité sur la *Prédestination*; faite sur une traduction française.)

Rees, D. Wylicks van Zanten (vers 1580); — in-16, 48 feuillets.

(Collection de M. J.-L. Beyers, à Amsterdam.)

Sans lieu, ni nom d'impr. (Hollande), 1597; — in-8°; 26 feuillets, sans chiffr.

(Bibl. de l'Univ. de Gand.)

Sans lieu, ni date; — in-8°, 30 pages.

(Bibl. de la Ville de Francfort.)

Proeve vant ware ende valsche gheloove, daer by elck licht mach proeven sijn gelove... door S. Castellio.... (Traduction du *De Fide....*)

Sans lieu, ni nom d'impr. (Hollande), 1612; — in-8°.

(Bibl. de l'Université d'Amsterdam, fonds des Remontrants.)

N° 33.

Anti-Inquisitor contra calumniam et calumniatores veteres et modernos, authores et fautores perniciosissimi belli inter Christianos.

(En épigraphe : Ecclesiastic., XXVIII, 11, et Apocal., VI, 10), 1592; — in-8°, 52 pages. — C'est le même ouvrage que le *De Calumnia*.

(Bibliothèque Royale de Dresde.)

Verläumdung der Bösen wider die Frommen. (Traduction allemande du *De Calumnia.*) [1]

Francfort, Gensch, 1696, in-8°.

(D'après Th. George, *Bücher-Lexicon*, Leipzig, 1742, I, p. 265.)

N° 34.

Quinque impedimentorum, quæ mentes hominum et oculos a veri in divinis cognitione abducunt succincta enumeratio. Cum pia admonitione, ne quis alterum propter diversam in religione sententiam odio aut vi insectetur. Auctore Seb. Castalione. Opusculum nunc demum ex monumentis illius erutum et in lucem datum....

Sans lieu, ni nom d'impr. [Hollande], 1604; in-4°; 22 p. non chiffr. La préface est datée du 1er juillet 1555 [2].

(Bibl. de l'Univ. de Gand; — Bibl. de la Ville de Zurich; — Bodléienne.)

1. Ce petit livre fut traduit en allemand par l'auteur de la fameuse *Histoire impartiale des hérétiques*, Gottfried Arnold. Il raconte lui-même dans cette Histoire (liv. II, chap. XXII, p. 322) qu'il avait mis en tête de cette traduction un avant-propos biographique : « wiewol desselben lebenslauff und merkwürdigste dinge bereits in dem *Vorbericht* über sein neulich verteutsches büchlein *Von Verläumdung der bösen wider die frommen* angeführet (Frankfurth, 1696. 8) ». Nous n'avons pu trouver aucun exemplaire de ce *Vorbericht* que doit d'ailleurs résumer le passage de l'*unparth. Ketzergeschichte* et un autre (4e partie, sect. II, n° 57, p. 718) sous le titre *Castellionis Lob*, contenant *in extenso* le poème de Paul Cherler.

2. Cf. Clément, *Biblioth. curieuse*, VI, 386, qui croit que cet opuscule a paru déjà en 1555. — Draudius le cite, *Biblioth. class.*, p. 637.

Een cort verhael van vijff beletselen waer door der menschen herten end' oogen vande kennisse der waerheyt inde goddelicke dinghen affgeleydet worden. Met een gods-vruchtige vermaninge, dat niemandt den anderen om verscheyden gesintheyt benijden noch gewelt aendoen ofte vervolgen sal. Gemaeckt by Sebastiaen Castalio. Een stucxken nu eerst wt syn monumenten genomen, ende... wt de Latynsche inde Duytsche spraecke overgesel.... (Traduction du *Quinque impedimentorum....*)

Sans lieu, ni nom d'impr. (Hollande), 1604; — in-4°, 32 pages non chiffr.

(Bibl. de l'Univ. de Gand; — Bibl. de l'Université d'Amsterdam, fonds des Remontrants.)

Même titre (jusqu'à *Castalio*). *Nu andermael ghedruckt, waer inne de plaetsen der byb. sententiën... aengheteyckent staen....*

Sans lieu, ni nom d'impr., 1613; — in-8°. Suivi d'une réimpression du traité : *Een nuttelicke ende seer stichtelijcke wtlegginghe... van de Predestinatie....*

(Bibl. de l'Université d'Amsterdam, fonds des Remontrants.)

N° 35.

Opera Sebastiani Castellionis... waer in crachtelijck bewesen wordt dat niemant den anderen om de verscheydenheyt in Religie benijden noch gewelt aen doen, ofte vervolgen en sal. Met noch een nuttighe ende stichtelijcke uytlegginge der Predestinatie en Verkiesinge Gods, ende een verclaringhe van den Vryen wille des menschen. Nu alder eerst uyt den Latyne in Nederduytsche sprake tsamen gestelt....

Haarlem, Vincent Casteleyn et David Wachtendonck, pour P. Arentsz, 1613; — in-4; 8 ff. prél., 190, 156, 70, 22, 64 et 162 pages.

Ce recueil se compose de six parties différentes, à pagination distincte, publiées séparément et que l'on trouve le plus souvent incomplètes ou intervertiés; nous indiquons ci-dessous celles dont se composent les exemplaires que nous avons pu consulter.

La 1re partie contient :

1° (p. 1-18) *Een godtvrvchtige Vermaninghe, op dat niemant den anderen om de verscheyden gesintheit inder Religie, benyden noch ghewelt aendoen ofte vervolghen sal* (Gheschreven, anno 1555...). — C'est la traduction néerlandaise du *Quinque impedimentorum.*

2° (p. 17[19]-48) *Verclaringhe, ofte Wtlegginghe van S. C., op dat negende capittel Paulij totten Romeynen... : « de meeste sal de minste dienen », als mede vande verhardinghe Pharaonis. Overgheset uyt den fransoysche in onse neder-duytsche sprake.* (Traduction des *Annotationes in caput nonum ad Romanos,* faite d'après une traduction française.)

3° (p. 49-120) *Wederlegginghe S. C., teghen een boecxken vande Predestinatie ofte Verkiesinghe Gods in latijn beschreven door Martinum Borrheum... Wt den latijn in het nederduytsch overgheset, door Honoricum Macherium.* (Traduction néerlandaise du traité *de Prædestinatione scriptus* et de la lettre *ad Mart. Borrhaum.*) Titre distinct avec répétition des noms de lieu et d'imprimeur, quoique la pagination continue.

4° (p. 121-163) *Calumnia of valsch-wroeghen, ghemaect in latijn door... S. C.* A la fin : *...gheschreven. Anno 1577. In April.* [en] *Van de kinderen des vleeschs ende de kinderen des gheests....* (Traduction néerlandaise du *De Calumnia*, avec quelques lignes d'avant-propos du traducteur, qui signe : *A. B. C.* (Adr. Bogaert Cornelisz.?), suivie de la traduction du morceau *Des enfants de la chair et des enfants de l'esprit* inséré à la suite du *Contra libellum Calvini.*)

5° (p. 165-190) *Bescherminghe S. C. tot den autheur van een boecxken, wiens titel... is « Lasteringhe van een deuchniet ende bedriegher. »* (Traduction néerlandaise de la *S. C. defensio ad authorem libri cui titulus est « Calumniæ nebulonis. »* A la fin : *Dit schreef ick in... September... 1558. Tot Basel.*

(British Museum ; — Bibl. de l'Université de Gand ; — Bibl. de l'Université d'Amsterdam.)

2e partie : *Tsamen-spreucken vande Predestinatie ende Schickinghe Godes, Verkiesinge, Vreye-wille, 'Tgheloove... overgheset... door D. Adriaensen Kemp, ende... door D. V. Coornhert.* (Réimpression de l'édition de 1581 des *Dialogi IV.*)

Haarlem, pour P. Arentsz, 1613 ; — 2 ff. prél. et 156 p. ch.

Le 4e dialogue commence à la page 127 avec titre distinct.

(British Museum ; — Bibl. de l'Univ. de Gand ; — de l'Univ. de Leyde ; — de l'Université d'Amsterdam, fonds des Remontrants.)

3e partie : *Van het Rechtveerdigh-worden, een schriftuerlijck ende heylsaem bericht. Waer inne de Spreucken, so wel die eenige daertegen brenghen, als die sulcx bevestighen, niet min onpartydelijck dan verstandelijck worden verclaert....* (Traduction néerlandaise du traité *De Justificatione.*)

Haerlem, pour P. Arentsz, 1613 ; — in-4° ; 70 pages chiffr.

(British Museum ; — Bibl. de l'Univ. d'Amsterdam ; — de Gand.)

4e partie : *Vande ghehoorsaemheyt geschreven int Latyn door Sebastiaen Castellio, ende vertaelt in Nederlantsch, door D. V. Coornhert....*

Traduction néerlandaise du *De obedientia*. A la fin : *S. C. 20. Februarij, 1562.*

Haarlem, pour P. Arentsz, 1613 ; — in-4° ; 22 feuill. chiffr.

(Bibl. de l'Univ. de Gand. — Bibl. de l'Univ. de Leiden ; — British Museum.)

5e partie : *Raet aen dat verwoeste Vrancrijc....* (Traduction du *Conseil à la France désolée.*) A la fin : *... in Decembre... 1562.*

Haarlem, P. Arentsz, 1613 ; — in-4°, 64 pages. Edition augmentée de : 1° *Den brief van Castellio tot Nicolaum Blasdixensem* [1] (Nicol. Meinertz. Blesdijck, gendre de David Joris (p. 41-42) ; 2°... *eenige plaetsen der heyliger Schrift, dienende tot wederlegginghe van het onmatich dryven der Predestinatie...* (p. 43-64).

(Bibl. de l'Univ. de Gand ; — de l'Univ. d'Amsterdam.)

1. Voir ci-dessus, chap. XVIII, *in fine*.

6e partie : *Corte ende duydelijcke Wederlegghinghe, van 'tghene door Mr Johan Calvijn, tot beweringe vande macht der overheyt, int straffen der ketteren, by gebracht wert : in seker boecxken van hem ge- intituleert : Wederlegginghe der dolinghen van Michiël Servet, daer oock gheleert wert datmen de ketters metten swaerde moet straffen. Eertijdts int Latijn geschreven door... S. C., ende nu int Nederlants... vertaeldt : ende met een voorreden verrijckt....* (Trad. néerl. du *Contra libellum Calvini.*)

Titre distinct, s. l., s. n. d'imp., 1613 ; — in-4°. — Une préface ajoutée occupe les p. 3-26, les trois premiers alinéas sont les mêmes que dans la préface latine du *Contra libellum Calvini*; tout le reste, de la p. 4 à la p. 27, est un autre historique de la question de la tolérance appliqué aux récents événements de Hollande. Viennent ensuite : (p. 29-33) la préface de Castellion et (p. 34-149) la traduction complète du texte du *Contra libellum Calvini*; puis (p. 151-163) *Een kort Verhael van de Doodt van Michael Servetus...*, et les mêmes pièces annexes que dans le texte latin, jusqu'au morceau *De filiis carnis et filiis spiritus* (autre traduction que celle du 4° de la 1re partie ci-dessus).

(Bibl. de l'Université d'Amsterdam ; — de Gand ; — de Leyde ; — Impériale de Vienne.)

Verclaringhe, op het negende capittel Pauli tot den Romeynen... ghetrocken wt de Latijnsche monumenten Sebastiani Castellionis... inde Nederduytsche tale... ghestelt, door Theod. Boomium.... (Traduction des *Annotationes in cap. IX ad Romanos.*)

Utrecht, J. Amelissz., 1616 ; in-4° ; 98 pages non chiffr.

La dédicace à la princesse Marie, fille aînée de Guillaume d'Orange, est datée de Beusichem, le 28 mars 1616 [1].

(Bibl. de l'Univ. de Gand.)

2e édition, même adresse et même année.

Bibl. de 'Univ. d'Utrecht.)

N° 36.

A conference of faith, by Sebastianus Castellio now translated into englisch by John Barksdale [2]. (Traduction du traité *de Fide.*) Suivi de *Sebastian Castellio of Obedience and his modest Apology or Defence of hinself, now englis hed* (p. 79-167). (Traduction du *de Obedientia* et de la *S. C. Defensio*), plus une traduction anglaise de la préface du *Psalterium* à Boniface Amerbach (p. 67-73).

Londres, chez J. R., à l'enseigne des Cinq Cloches, in New Street, 1679 ; — in-12, 170 pages.

(Voir W.-Th. Lowndes, *The bibliographers manual, correct. by H.S. Bohn*, part. II, p. 386.)

(Oxford, Bibl. Bodléienne.)

1. Le traducteur, Dirck Boom ou Théod. Boomius, était ministre réformé à Beusichem en Gueldre. Il fut déposé par le synode de Delft en 1619, précisément pour avoir traduit cet écrit de Castellion ; il reparaît en 1632 comme prédicateur des Remontrants à Schoonhoven ; mort en 1652.

2. Voir, dans notre Appendice, aux pièces inédites, la dénonciation contre le *De Fide* et les lettres d'interdiction de 1581.

N° 37.

Doctrinæ Christianæ libri IV ex dictis Scripturæ secundum interpretationem Seb. Castellionis, ut et pietatis et latinitatis simul rudimento esse possint.

Stutgardiæ, Paulus Treu, 1707; — in-8°.

(Bibl. de l'Université de Bâle; cf. Th. Georgе, *Bücher-Lexicon*, Leipzig, 1742, I, p. 265.)

Institutiones christianæ... auctore reverendo Francisco Episcopo cestriensi, latine juxta Castellionis Bibliorum interpretatione in usum Scholarum editæ ab A. Tooke, A. M. geometriæ professore Greshamensi et Scholæ Carthusianæ sub præceptore.

Londini, typis G. Bowyer, impensis Benj. Tooke, 1718; — in-12. 332 p.

(British Museum.)

N° 38.

Liturgia, seu liber Precum communium et administrationes sacramentorum... in Ecclesia Anglicana receptus (Epistolæ, Evangelia et Psalmi inseruntur juxta Sebastiani Castellionis versionem).

Londini, Bowyer, 1720 (autre édition en 1727); — in-8°.

(Paris, Bibliothèque Mazarine; — British Museum.)

N° 39.

Sebastiani Castellionis tractatiunculæ duæ : de Inspiratione et de Trinitate ex ipsius autographo descriptæ. (Cœptum ineunte anno 1563.)

(Copie manuscrite à la Bibliothèque de la Ville de Strasbourg; — autre copie ayant servi à J.-J. Wetstein à la Bibliothèque des Remontrants de Rotterdam, ms. n° 537, avec ces mots en tête : « *ex autographo S. Castalionis accurate ac fideliter transcriptæ 17 $\frac{6}{IX}$ 40,* c'est-à-dire copiée le 6 septembre 1740.)

De ces deux fragments, le second, *de Trinitate*, porte l'indication *caput II libri II* et a la forme d'un dialogue entre Athanase et un interlocuteur désigné par le mot *quidam*, peut-être Valentin Gentilis, peut-être Gribaldi ou quelque autre antitrinitaire du groupe italien (cf. Trechsel, *Antitrinit.*, II, 480); le premier, *de Inspiratione*, a été imprimé par J.-J. Wettstein dans son grand ouvrage sur le Nouveau Testament, t. II, p. 856 et 884, comme faisant partie de la *Pars* I, *lib.* I, *cap.* XII[1], d'un ouvrage manuscrit que Wettstein possédait et dont il donne le titre : *de Arte dubitandi et confitendi* (sic), *ignorandi et sciendi* (voir l'article ci-après[2].)

N° 40.

De arte dubitandi et confidendi, ignorandi et sciendi, liber primus (contenant 83 chapitres : Dieu, la religion chrétienne, l'écriture, l'inspiration,

1. Toutes ces indications correspondent en effet au manuscrit autographe ci-après mentionné.
2. Voir ci-dessus, p. 216-221.

la foi et la science, légitimité du doute, etc.), *liber secundus* (contenant 44 chapitres, à la fin il manque un ou plusieurs feuillets. Les sujets traités sont intitulés : — *De Trinitate* (c'est le fragment dont il est question ci-dessus, n° 39) ; — *De Fide* (ch. 3-6) (« *fidem voluntatis esse, non intellectùs* »). — *De Justitia* (c'est de ce morceau, sauf quelques variantes sans importance, que l'éditeur de 1578 a fait le texte même du *Tractatus de justificatione*; les ch. 7 à 29 du manuscrit correspondent aux pages 8-89 de l'édition de Gouda, 1613); — *De Christi beneficio, quid Christus credentibus conferat* (ch. 30-37); — *De Cœna Domini* (ch. 38-44).

Manuscrit in-folio, occupant les feuillets 56-167 recto et verso du registre n° 505; tout entier de la main de Castellion, avec de nombreuses ratures.

(Bibliothèque de l'Eglise des Remontrants de Rotterdam.)

DEUXIÈME PARTIE

CORRESPONDANCE INÉDITE

I. — COMMERCIUM EPISTOLICUM INTER SEBASTIANUM CASTELLIONEM ET NICOLAUM ZERCHINTEM PRÆFECTUM NOVIODUNENSEM

(Bibliothèque de Bâle, Kirchen-Archiv. C. I, 2, t. II.)

I

15 avril 1555 (f. 269, autographe).

Zerchintes Castalioni.

Non dubito scriptum ad te esse de perniciosa concertatione exorta necdum debellata inter *Calvinum* et *Zebedæum* (insignes alioquin Christi ministros, si abessent affectus humani), de Dei prædestinatione. Cujus controversiæ ortum et progressum quidque de ea a Senatu nostro decretum sit, si aliunde nescis, aliquando coram exponam. Nunc quia suspicor te quoque in consortium hujus pugnæ a quibusdam excitari, quanquam nec prudentiæ nec pietati tuæ diffido, monere tamen amice volui, ut cum Pompeio Attico tantisper Athenas te conferas, dum Cæsar et Pompeius desæviant. Sæpe mihi displicuit Calvini rigor. Sæpissime Zebedæi nimium altercandi studium, id quod apud utrumque non dissimulavi. Certe in hac caussa et a toto tempore quo labefactari ipsorum amicitia cœpit, non puto unquam amice alterum ab altero de resarcienda mutua in Christo benevolentia appellatum. Non exagitabo tumoris hujus fœdam saniem apud te, qui, cum omnibus ecclesiæ Christi cordatis membris, non nosti tantum satis, sed nimirum etiam deploras omnes fere ubique terrarum ecclesias hac una lue ac pestilenti contagione tentari et conspergi : magno animi dolore omnium qui Evangelii Christi incrementa privatis affectibus præferunt. Quam profuerit Cœlio quod, et sua sponte et me hortatore, se cum his non commisit, ipsa qua hactenus fruitur pax et tranquillitas clamat. Ego certe nullam tam gravem occasionem esse velim quæ nos hoc tempore possit in harenam compellere. Vale, frater in Christo venerande, et tuis me precibus domino commenda. Bernæ, 15 aprilis 1555.

Saluta *Sulzerum*, *Cœlium*, fratres omnes.

Tuus Nicolaus Zerchintes, Bernas [1].

Suscription : Sebastiano Castalioni, viro pio et erudito, Basileæ fratri in Christo charissimo suo [2].

II

21 octobre 1556 (f. 270, copie du XVIe siècle, portant au dos : *Castalionis literæ*).

Castalio Zerchintæ

Sebastianus Castalio Nicolao Zerchintæ suo, S.

Literæ tuæ magnum meum tui videndi desiderium auxerunt [3]. Facilius enim et melius possemus coram quid uterque sentiamus exponere. Interea dum tempus exspectamus (quod utinam Deus acceleret), quod licet, literis tecum colloquar. Ego, mi Zerchinta, tuis literis non mediocriter sum delectatus, quod in eis nescio quid visus sum animadvertere quod ab inani mundi fastu recedens, ad seriam illam severamque Christi vitam vergere tendereque videatur. Utinam tandem aliquando patiantur homines velum illud sibi detrahi quo obvelatos habent oculos : næ illi statim viderent se similes esse eorum qui somniant sese epulari, deinde expergefacti famem sentiunt.

Sed imprimis mihi placuit quod scribis de præparatione ad mortem. Cum enim ea conditione nobis divinitus concessa sit hæc vita ut, si oblatam hic occasionem bene et christiane vivendi repudiaverimus, futurum sit ut clausis foribus audiamus a sponso tristissimam illam vocem : « non novi vos », magnopere elaborandum est ut nos et mature et bene præparemus, ne postea (quod stultis accidere solet) dicendum sit : « non putaram ». Quamobrem præparemus nos, mi Zerchinta, hoc est fiamus novæ creaturæ, novus homo qui secundum Deum creatus, ut quemadmodum antea membra nostra injustitiæ serva præbuimus, ita deinceps eadem præbeamus serva justitiæ. Atque hoc faciemus si vere credemus in omnipotentis Dei omnipotentem Filium Christum Jesum, qui porro in ipsum credentes (qua benignitate est) reddit omnipotentes, siquidem credenti omnia sunt possibilia. Sed nostra fides, o dolor, est ita infirma ut non vere credamus ei datam esse omnem potestatem etiam in terra. Hinc fit ut parvam fidem parvæ vires sequantur. Verum hæc cupio tecum coram, quod brevi faxit Deus.

Nunc mitto tibi eum ipsum quem petis librum [4], sed germanicum;

1. Sur cette lettre, voir ci-dessus, chap. XV, p. 67-68.
2. Nous reproduisons littéralement, à la suite de chaque lettre, la suscription de l'adresse, telle qu'elle se trouve au dos de la lettre si c'est un original, et quelquefois en tête de la copie.
3. Les deux amis ne se connaissaient encore que par lettres, ainsi que Zerchintes le disait à Calvin en juin 1558 (*Opp. Calv.*, XVII, p. 204. Voir ci-dessus p. 98).
4. Il s'agit, comme on va le voir, de la *Theologia germanica*, dont il envoie l'original allemand à Zerchintes, qui avait entendu parler de son projet de le traduire en latin.

nam et mea translatio Lugduni est, nondum impressa, sed brevi, ut spero, imprimenda [1], et tu Germanus germanice scriptum ab authore librum fortasse fructuosius leges, melius quidem aut certe non deterius intelliges. Liber est obscurus quidem, sed magno spiritu scriptus et sæpe legendus. Hic invenies quo pacto possit homo mori vivens, quæ vera ad mortem præparatio est. Libellum tibi dono, multo majora et cupio mittere et debeo. Tu hæc boni consules. Longum mihi tempus est dum te videam. Faxit Deus ut id brevi fiat ad laudem ejus nominis. *Meditationes* [2] tuas exspectabo. Vale in Domino, quem precor ut te expleat spiritu sancto. — Octobris 21, 1556.

III

4 novembre 1556 (f. 272 et 273, autographe).

Zerchintes Castalioni.

Libellus theologicus quem misisti pergratus fuit, mî Castalio, quod ab homine pio scriptus et ab amicissimo dono datus. Non vulgares quasdam sententias et vere, ut scribis, magno spiritu emissas præ se ferebat, quas equidem demiror et amplector, sed cum delectu tamen. Itaque, quando salutis nostræ studia communicare inter nos semel instituimus, quæso, æquo animo accipias quæ ego æquo animo in authorem libelli de quibusdam locis ejus sentio neque sine controversia recipio.

Capite 7 ridicule fingit animam Christi oculo dextro et sinistro factamque et creatam dicit, non satis indicans divinitatemne Christi per animas an animam ejus organicam intelligat, si illam non satis religiose « factam » ait quam universi fideles « genitam » confitentur. Illud se ait legisse sed non ubi; sæpe citat parum idoneos testes gravioribus neglectis.

Capite 8 ex Dyonysio ad Timotheum et nescio quo magistro commentatore ejus probat gustum æternæ vitæ aliquando contingere mortalibus, quod poterat ex Evangelio. Per errorem adjungit « quoties velit homo » cui alibi velle et cupere adimit, ut in fine capitis 26, alibi eum liberrimi arbitrii facit.

Capite 11 hyperbolice et παραδοξοτάτως ab homine pio exigit majorem hominis ipsius detestationem et execrationem quam sit æterna damnatio et sub cacodæmonum pedibus volutatio; item ne velit aut cupiat liberari tormento conscientiæ infernalium pœnarum sensu conflictantis quum nihil æque desiderent pii omnes. Hæc cruda mitigat capite 24.

Capite 14 de hominis in Christo Jesu renovatione sic disputat quasi Christi perfecta obedientia et innocentia nihil nobis conferant nisi nos quoque prorsus simus Christo pares fere. Est etiam valde perplexus in distinctione « peccati » et « contumaciæ », quasi dicat peccata per se non displicere sine contumacia, quod verum quidem est, sed quum ipse doceat idem esse peccatum et contumaciam, cur altero tantum metum incutit, altero nos absolvit?

[Eodem] capite, præparatos nos esse vult ad sustinendum Deum in

1. Voir ci-dessus, p. 99-101, et bibliographie n° 17.
2. Ces *Meditationes* ont-elles été imprimées? Nous l'ignorons.

nobis operantem, et huic præparationi a Deo proficiscenti intentos esse debere recte monet voluntatemque talem homini imperat, quem ubique fere et optione et voluntate tali videtur privare, nisi circa finem, ubi secus quam antea explicatissimi arbitrii facit hominem.

Capite 19 negat imaginem hominis divinitus collustrati exprimi posse, quem literæ sacræ tot similitudinibus delineant, testanturque pii omnes tum vita tum morte sua quæ sit ratio hominis regenerati. Sed author libri nescio quam ecstaticam vitam rimatur ac pollicetur etiam mortalibus adhuc, quam contra capite 27 in futuram vitam differre videtur.

Caput 22 de hominis deificatione et Dei in hominem conversione præter scripturæ morem spinosum est, ad suspendendum quam ad docendum lectorem aptius.

Capitis 29 initium mihi plane ænigma est in sensu, quum verba (das haben sy von stund an) sint apertissima. Item quod sequitur de Deo manifestante se et Deitate torpente, quæ personali nescio qua separatione a Deo distincta nec sciat nec velit quicquid, mihi quidem valde est suspectum, ne quid dicam durius. Malo Pauli Rom. 1 et Col. 3 et similes de Deo sententias recipere quam ista sophismata. Æque durum est quod Deum seipsum amare negat ut Deum sed ut bonum, quasi vero Deus sit aut esse possit quin simul sit summum bonum.

Capite 31 bonitatem Dei ita celebrat ut Judæ proditori debitorem faciat, justitiæ et ultionis in malos oblitus. Ferendum quidem est quod nobis usu legis talionis interdicit qui mali et digni sumus omnium injuriis. At Deum, qui bonus et justus est, nemo nisi insanus his cancellis includet.

Asserit eodem loco liberum in utramque partem arbitrium, capite sequente hominem sensu fere communi exuit.

Capite 34 Stoicorum more Deum universo confundit, non servata etiam melioris philosophiæ doctrina de Deo et idæis.

Quod recte dixit « dæmones malos esse creaturas Dei », corrupit addendo hos ipsos esse Deum vel ex Deo nimirum his permisto.

Capite 38 Christum ab omni labe peccati recte vindicat, at nescio quos paucos eodem gradu collocat quum nullum producat, ut nec potest : Es heyst nit wenig mer sonder keiner mer.

Verum quidem est quod 39 capite dicit mercenarios non esse christianos, ut valde hoc et aliis locis urget. At nimis fere philosophicum justitiam, temperantiam, caritatem et cætera vere pia opera et officia sua ipsorum causa esse exercenda et colenda, cogitatione in finem horum minime protensa, quum Christus non vereatur eos ipsos quos servos ait esse inutiles cum omnia imperata fecerunt promissione tamen vitæ beatæ provocare ad vitæ præsentis integritatem. Quod 2 Pet. 1, ad Tit. 3 et ubique fere faciunt apostoli, docentes quidem non deberi quidem vitam æternam nostris operibus, propositam tamen esse Dei cultoribus in timore et tremore suam salutem procurantium. Paulus etiam in priore ad Cor. non remittit nos ad exercitium et contemplationem virtutis propter pulchritudinem suam, sed ob vitam beatam. Miserrimosque omnes christianos pronunciat si adspirationem ad illam spes fallat.

In summa, quæcumque hic liber habet de operibus carnis et spiritus horumque pugna purius et apertius docent Christus et apostoli, e quorum fontibus præstiterit haurire quam ex isto obscuro puteo. Nisi velimus Christum et apostolos, ceu parum virilis doctrinæ, fastidire, quod promissionibus nos alliciunt ad virtutem capessendam, quam nos obire decet propter voluntatem ejus qui author et legislator est virtutis. Ego, mihi imbecillitatis et cupiditatis vitæ beatæ conscius, libenter me conformo tirocinio Christi et apostolorum, sic mecum reputans et Dei et vitæ beatæ caussa vitam nostram sancte esse instituendam.

Dico libere apud te quod sentio : Christum et apostolos nullam unquam collecturos fuisse ecclesiam, si hoc modo cultum Dei et hominis regenerationem docuissent. Quum non sit omnibus forte retro seculis homo repertus ita comparatus qualem libellus ille adumbrat. Christus Jesus, exemplar omnis integritatis, virtutis et perfectionis, sua in morte trepidatione, lachrymis ob defunctum Lazarum, amore et desyderio ejus, obortis et aliis humanæ naturæ passionibus ad illum ecstaticum hominem collatus tam humilis et abjectus esset ut vix inter Stoicos locum ei daret libellus ille. Nimis seipsum quæreret Paulus liberari cupiens a Judæorum insidiis precibus ecclesiæ, Epaphroditam a morte convaluisse gaudens spe familiaritatis ejus, Philippenses laudans ob collationem missam. Quicumque Christum olim imploravere et nunc invocant pro quacumque re sancta et licita, ad corpus quoque pertinente, ut pane quotidiano, liberatione a malo, morbis et captivitate, omnes essent parum christiani authori libelli qui nos deificatos omnia ista tacita nescio qua mussitatione vult supprimere et contemnere.

Ego vero hæc non recenseo, pauca pro multis, ut spiritum extinguam, sed ut probem, non meo judicio, sed vita et doctrina Christi, cui illa ipsa Lutheri (si Diis placet) affixa libello præfatio hunc merito jubet cedere, quem novum esse nec ullius sacrificuli Francofordiani fœtum, et stylus recens et temporum ingenia diversa arguunt.

Illa pseudolutherana præfatio [1] multos tales prodire optat, nec invideo, modo ne sub tuo nomine quod versio latina præ se feret. Quæ si nondum exstat, emittere tamen statuit typographus. Velim id faceret præterito interpretis nomine; exiguus enim fructus libri circa initium et finem decerpendus, ex Christi et apostolorum literis longe uberior, ad lectores perveniet et sine nominis tui odio, quo te gravari nolim publice, nisi justissima aliqua et graviore de causa. Nam tua mihi pietas et eruditio (absit adulatio) meliore pretio operæ dignæ videntur, neque enim arbitror te omnia mordicus arripere et probare quæ liber ille habet, quem ut nolim quorumdam more igni et incendio protinus devovere, ita nec approbare contra sensum conscientiæ; putoque sic mihi licere ab hoc dissentire, ut ab aliis quibusdam fratrum nostrorum de prædestinatione et similibus dogmatibus, servato vinculo caritatis et humanitatis. Omnia juxta Paulum probemus, retinentes quod bonum et probum esse agnoverimus. Vale, mi Castalio, et qua libertate ego utor, nimia fortassis, in re scrupulosa judicanda, eadem velim utare in me reprehendendo et meo judicio retractando, quod tibi erit haud difficile.

Bernæ, 4 nov. 1556.

Tuus Nicolaus Zerchintes.

Suscription : Sebastiano Castalioni, fratri in Domino charissimo suo Basileæ.

1. Voir ci-dessus, p. 100.

IV

S. d. (f. 275, copie contemporaine).

Zerchintes Castalioni.

« D. Sebastiano Castalioni, qui librum *Germanicæ theologicæ* miserat (a Luthero quoque commendatum) tantam perfectionem e pio homine exigentem ut Deo volente perinde ad inferos damnari ac in cœlo esse.... »

Mortem, ut nuper ad te scripsi, jam diu meditor. Quinquagesimus enim vitæ annus in continua imbecillitate fere semper exactæ admone me ut sarcinas colligam antequam e vita proficiscar. Collegi itaque consolandi meī causa, quæcumque de Deo (in quem omnia creata referuntur et collimant) sola cogitatione mortalibus nota, quidquid purioris doctrinæ summatim excerpere potui. Inde ad Dei filium venio, primumque æternam ejus generationem mihi propono, plurimum hac parte tuis etiam annotationibus in Deuter. 33 adjutus. Mox humanam naturam et nostrum ex ea fructum tracto. Tum hominem animalem ejusque animam organicam a cœlesti spiritu seu anima diversam (si a Tertulliano licet dissentire) eumdemque ipsum spiritum immortalem prosequor. Postremo orsus a Genesi Mosis, toto veteri et novo Testamento pias et spei plenas sanctorum mortes recenseo, adjectis locis promissionum Dei de vita beata. Hæc si lactis cibus sunt et rudimenta quæ de resurrectione mortuorum et judicio Dei investigantur, si denique nec expetenda nostra causa ne nos ipsos quæramus, toto cœlo erro. Existimo enim Dei bonitate et misericordia dignum esse ut me servet, meam vero infirmitatem non dedecere, si optio detur, malle salvum esse quam perditum.

Ut plane fatear non convenire meas cogitationes ad sublimiora illa evectis quæ *Germanicæ theologicæ* libellus a christiano homine exigit, contemnam ego cum illo vitam præsentem (Domino tantum) opes, honores et quæcumque vano splendore nos deludunt, condonabo injurias, paratus ero ad omnes insultus Satanæ et mundi, omnique atrocitati perferendæ me mea iniquitate devotum arbitrabor, consolationis tamen et patientiæ scopus semper erit vita cum Deo et in Deo æterna. Morosi nimis mihi videntur, si qui nos hac spe deturbare nituntur, quia res nostra simul agatur. Quid enim impedit quominus et Dei gloria et nostra salus ea in re congruant? Vereor ne simplices animi ad desperationem potius adigantur tam spinosis theorematis quam salutem suam meditentur. Vigi ego istorum imperitorum quos dam (?), pronuntiata sententia, mori tamen felicissime et magna adstantium ædificatione. Quando itaque actio esse debet vita christiani hominis potius quam speculatio, satius puto claris, apertis et usu aliquo comprobatis insistere quam animo semper nutante vacillare quod nunquam quærendo assequamur. Acrius forte vellico quam par sit, sed malo quædam tuo cum dolore dicere quam dissimulando carere melioribus documentis si habes quæ me ab errore revocent.

Volebam certe præterire hæc sed nec potui, nec debui, quia nos rationem reddere mutuam decet caliginis [1] nostræ.

Vale. Quæso penitus inspicias Pauli 1, Cor. 15 caput, quantumque meæ infirmitati et spei omnium christianorum concedat.

1. L'autre copiste (voir ci-après lettre VI, note 2) a écrit : « religionis ».

V

11 novembre [1556] (f. 276, copie contemporaine).

Castalio Zerchintæ.

Sebastianus Castalio Nicolao Zerchintæ suo.

Tuum de libello judicium legi, ad cujus partes omnes non respondebo : esset enim longum et libri magis opus quam epistolæ. Tantum obiter dicam aliquid.

Principio, ut tute scribis, non omnia mordicus arripio et probo quæ liber habet, sed nec omnia improbo quæ tu improbas. Sunt varia judicia, est et sæpe temeritas damnandi quæ non intelligimus. Libellus est obscurus, insunt in eo quædam quæ ego non intelligo; nonnulla intelligo quæ tu non satis intelligere videris. Si isto pacto vellemus etiam sanctas litteras examinare, faceret ignorantia nostra ut multa non damnanda damnaremus. Quæso te quis hodie ferret hominem ea dicentem quæ sunt in principio cap. 6 ad Hebræos, aut quod dicit Christus, si quis crediderit majora facturum quam faciebat ipse Christus. Quis non exclamaret blasphemiam esse? Quid illud Pauli qui negat se missum esse ad baptizandum, quum tamen apostolis mandatum sit ut baptizarent? Quis non exclamaret id non esse verum, nisi Paulus ipse scripsisset? Dices illa esse rite interpretanda; fateor, neque enim tibi adversatur spiritus Dei; sed dico eamdem æquitatem esse adhibendam in judicandis operibus aliorum etiam quorum non est tanta authoritas. Dicam tibi ex tuo judicio unum aut alterum locum ex quibus adduci debeas ad dubitandum de tuo judicio.

Primum, quod putas præfationem non esse Lutheri, erras. Ipsi summi amici Lutheri eam non negant. Deinde quod librum novum esse et ex stylo et ex temporum ingeniis conjicis, falleris. Liber fuit quinquies impressus, quas ego impressiones omnes vidi. An plures exstent nescio. Una est Basiliensis Adami Petri a[nno] 1523, altera est Argentinensis literis rudioribus, quales solebant esse impressiones primæ, a[nno] 1520. Dixit mihi quidam vicinus meus, homo pius, hodie qui mihi duas has impressiones ostendit sese ante annos triginta vidisse librum, et sunt alioquin in Germania multi homines qui idem sciunt, ac ne de præfatione quasi recens addita dubites, ea est etiam illis quas dixi vetustis impressionibus addita.

Item de temporum ingeniis non rite judicas. Extat Taulerus germanice, — ego vidi, — is qui et ab hac *Germanica Theologia* et ab aliis citatur : in eo continetur similis theologia [1].

Jam de authore ipso quædam parum considerate videris scripsisse. Cap. 14 nihil possum tale deprehendere, quale tu scribis. Cap. 19, tu eum non intelligis, meo quidem judicio. Dicit idem quod Christus Nicodemo : « accidit in homine renato quod in vento : sentiri potest, verbis exprimi non potest », neminem docere possis quid sit ventus, etiamsi multa de eo loquare; sic est qui ex Deo est natus. Hæc qui non intelligit is nondum est renatus, et qui renatus non est is hæc intelligere non potest. Multi

1. Tous ces renseignements bibliographiques sont exacts.

etiam derident quæ spiritualiter judicanda sunt, ipsi sunt carnales. Ne illa quidem verba tua possum approbare ubi sic loqueris : « æque durum est quod Deum se ipsum amare negat ut Deum, sed ut bonum, quasi vere Deus sit aut esse possit quin sit simul bonum ». Quid tum postea, mi Zerchintes? Etiam Christiani esse non possunt quin sint mares aut fœminæ, et tamen in Christo non est mas aut fœmina, non enim habetur ratio sexus.

Hæc et alia de judicio tuo dici possent, sed nec necesse est, nec vacat. Quæ dixi, ideo dixi ut tu de judicio tuo dubites et de rebus ignotis non cito pronuncies. Ego ipse fortasse gravius erro; sed ego te, tu me vides. Ita sunt oculi in capitibus nostris collocati ut nihil minus videant quam seipsos. Deus det nobis novos et suos. Equidem et mihi et tibi suadeo ut nobis per Christum renunciemus et novæ creaturæ fiamus : ita demum intelligere poterimus quid sit nova creatura, alioquin tam fieri id non potest quam fieri non potest ut bestia intelligat quid sit homo, aut ignarus linguæ germanicæ quid sit lingua germanica. Est omnino verum quod scribit ille : « Wer es wüssen will, der warte biss er es werd. » Caro de spiritu judicare non potest, etiamsi omnes literas teneat, nam litera interficit, spiritus vivificat. Scio multos falso jactare spiritum et rem esse periculosam. Sed quid tum? Etiam ignem tractare periculosum est, et tamen igne sacrificandum est.

Quod mones de tacendo meo nomine, rite mones, et ita faciam, nisi forte jam impressus est libellus cum nomine meo, quod non puto, non enim mandavi.

Credo te libertate mea non offensum iri, et ideo credo quia ego me tua non offendi mihi sum conscius. Amo te, et tibi eadem omnia cupio quæ mihi. Vale in Christo. — Die 11 novembris.

Suscription : Nicolao Zerchintæ, fratri in Domino charissimo. — Bernam.

VI

18 novembre 1556 (f. 271, autographe).

Zerchintes Castalioni.

Nicolaus Zerchintes Sebastiano Castalioni suo, S.

Constanter tibi persuade, mi Castalio, me offensum non esse liberiore tuo judicio de mea sententia, quam pari libertate tibi nuper exposui de libello custodis Francofortensis. Cæterum quod multa tu contra meam illam seu sententiam seu opinionem ad justum usque volumen dici posse putas, nec ego nego, tam multa ex adverso forte ego aut quivis alius contra istam defensionem afferre posset. Quando itaque disputationum finis nullus futurus esset si ita pergeremus quod neque conamur neque nos decet, figamus pedem hic. Interim ego me, quantum Dominus dabit, in rudimentis doctrinæ apostolicæ exercebo gratulaborque altiore spiritu præditis suas dotes. Maligni enim prorsus hominis esset invidere aliis quod sine cujusque injuria habent. Ab illis ipsis eamdem æquitatem exigo ut patienter ferant eos qui in præexercitamentis regni Dei adhuc occupati academiam Dei secretiorem nondum sunt ingressi. Interim caveamus utcumque ne nimium nobis vel ruditate vel perfectione magisterii cœlestis placeamus. Erit brevi tempus quo, nubibus istis depulsis, non amplius per speculum in ænigmate cernemus, sed in amplissima luce cognitionis et scientiæ Domini versabimur. Interea nos semper utrinque Christi discipulis digne geramus vita et doctrina. Atque utinam mihi liceat aliquam Christiani hominis umbram assequi qualem Rom. 12, Galat. 6, Philip. 3, Coloss. 1 et 3. Paulus describit, nam de perfectione admodum mihi diffido. Non desinam tamen rogare Dominum ut granum istud fidei quod plantavit ad justa incrementa perducat. Scis ipse ex his Pauli locis illum ad Hebr. 6 metiri et exigere. Si quis altiora sapit, ut supra dixi : non invideo, iniquus enim essem in libertatem et liberalitatem Dei, sic tamen ut in eo saltem quod assecuti sumus eadem procedamus regula ut simus concordes. Quotquot Christi gloriæ et regni ejus studiosi sunt semper mihi fratrum loco erunt neque divortium cum ullis faciam qui meam imbecillitatem ferre possunt. Sed neque cum illis ipsis qui dedignabuntur : redibo enim ad illos etiam si me ejecerint. Itaque fac, mi Castalio, me semper ames ut fratrem infirmum quidem et infra omnem mediocritatem cognitionis et scientiæ Dei forte subsidentem ac timentem tamen Dei, et salutis in Christo Jesu promissæ studiosum. Vale et ora pro ecclesiis pedemontanis in magno periculo constitutis ob liberam Christi Jesu confessionem ut forte aliunde rescivisti. Saluta *Cœlium*, *Cellarium*, *Sultzerum* imprimis et fratres omnes. Audio Nicephori ecclesiasticam historiam apud vos typis evulgatam. Si liber lectu dignus est, quæso nundinis *nostris Lucianis* [1], quæ erunt 12 proximi mensis per *Ludovicum Liechtenhan* [2] aut alium quempiam vestrorum hominum ad me mittas, adscripto precio quod tabellario numerabo.

Bernæ, 18 nov. 1556 [3].

Suscription : Sebastiano Castalioni, bonarum literarum apud Basilenses professori, fratri in Christo Jesu colendo suo.

VII

1er décembre [1556] (f° 295, copie) [4].

Castalio Zerchintæ.

Sebastianus Castalio Nicolao Zerchintæ suo.

Institutum tuum laudo et ipse, mi Zerchinta, in eadem ut spero tecum via ambulo atque in id maxime incumbo, ut assequar illam a Paulo tantopere celebratam charitatem ad Gal. 5. Equidem video ipsum Paulum

1. Il y avait alors à Bâle et à Berne, à chaque époque de quatre-temps (quatember) une *angaria* (foire durant une quinzaine); l'une de ces foires était dans la semaine après *Sainte-Lucie*, le 12 décembre. Ces foires subsistent encore à Bâle, sur la place des Cordeliers.

2. Nom qui existe encore à Bâle. Il s'agit probablement d'un simple messager.

3. On retrouve au f° 274 une copie de cette lettre avec ces mots en tête : « *Ad Castellionem aliæ, quibus respondeo scribenti me rejicere libellum Theologicæ Germanicæ, quem non intelligam* ».

Une autre copie de la même lettre et de la lettre s. d. n° IV se trouve à la Bibliothèque de Berne, *Scripta et miscellanea*, code 122, f. 121 et 123 r. et v., sous ce titre : *Epistolæ duæ ad Seb. Castalionem datæ a viro nescio quo*.

4. L'édit de Henri II ordonnant les persécutions est du 27 nov. 1556. — Cf. Ruchat, *Hist. de la Réforme de la Suisse*, VI, p. 191; et aussi *Opp. Calv.*, XVI, 459, note.

puobus modis de hisce rebus solere loqui. Interdum enim vel sæpe potius, seipsum excitat spe coronæ. Nonnunquam, altius evectus [ad] charitatem perfectiorem, cupit, quasi oblitus ipse sui, a Christo anathema esse dummodo serventur Judæi. Hanc ego charitatem suscipio, non habeo, et tamen ejus imaginem video in amore humano parentum qui suos natos nulla sua causa amant. Nos simus, in eo quod scimus, fideles et perseverantes; Dominus augebit in nobis dona sua; operamque demus ut, cum Christo in vitam revocati, ambulemus in novitate vitæ. Ita enim, facti primæ resurrectionis compotes, secundæ mortis potestatem non formidabimus. Hæc est mihi ad mortem præparatio neque de corporis mei resurrectione volo esse sollicitus (ea enim abesse non potest et continget non solum piis sed etiam impiis) sed ita vivere Christi præsidio atque virtute ut, cum eo coram passus in renunciando mihi, cum eo postea vivam ad Dei gloriam æternam.

Mitto tibi *Nicephorum* [1]. Precium est unus florenus et dimidius. Hæc scripsi die 1 decembris tametsi mercator nondum est profecturus. Vale in Domino.

Utinam mihi liceat aliquando tibi coram mentem meam explicare, nam literæ carent spiritu.

Suscription : Nicolao Zerchintæ, fratri in Domino. — Bernam.

VIII

22 octobre 1557 (f. 277, copie).

Castalio Zerchintæ.

Sebastianus Castalio Nicolao Zerchintæ suo.

Petiit iterum a me *Marchio* [2] ut ad te de suo negocio scriberem. Ejus postulata hæc sunt : Primum scire cupit num sit magistratum vestrum vel tantulum offensurus si emerit bona *Gribaldi*, nam cum offensione vel minima emere nolit. Deinde velit ut, cum bona illa alioquin jam magno emenda sint, magistratus sese erga ipsum in laudativo præbeat paulo benigniorem, quod sit et propter Evangelium profugus homo et fortunis suis exutus. Et quidem postulavit a me ut tibi asiatice magis quam laconice scriberem de hoc negotio. Verum cum et tibi totum negocium, et tu mihi notus sis, spero breves literas apud te non minus ponderis habituras quam si tibi tota plaustra literarum mitterem. Hominem tibi commendo breviter, nam de hujusmodi rebus copiose scribere nescio.

Mallem de majoribus rebus tecum, qui majora curas, agere, hoc est de comparando oleo et de vigilando in adventum sponsi, quem jamjam pro foribus adesse certo mihi persuasum est. Beati qui animum a rebus mundanis ad cœlestes avocant et sic possident quasi non possideant, id quod difficillimum esse ego expertus et experieris, scio. Sed quod homini impossibile, id Deo est possibile. Etiam cæco videre, surdo audire est impossibile, sed quod Christus jubet, id reddit ipsemet possibile; et quæ

1. Voir ci-dessus, bibliographie n° 29.
2. Il s'agit du marquis d'Oria, B. Bonifazio (voir ci-dessus, p. 15 et suiv.).

non possumus, ea reddit per fidem possibilia, aut certo infirmitati aut ignorantiæ nostræ veniam dat. Hæc ego non docendi tui, qui eadem nosti, sed alloquendi gratia. Faxit Deus ut aliquando coram. Vale. 22 octobris 1557.

Suscription : Nicolao Zerchintæ, Bernensis reipublicæ secretario. — Bernam.

IX

13 novembre 1557 (f. 278, autographe).

Zerchintes Castalioni.

Nicolaus Zerchintes Sebastiano Castalioni fratri suo.

Recte judicasti laconicas literas apud me sufficere posse in exponendis postulatis D. *Marchionis*, cui ego laconice ad omnia capita respondi, sed ita ut prolixius non possem, nisi verbis quam rebus illum magis oblectari putarem.

Gribaldus imprudenter agit quod mavult expelli quam abire, scis quam sit non solum ignominiosum, sed suspectum quoque apud omnes exilium perpetuum a christiana republica indictum. Si sanis consiliis credidisset, poterat illa exilii mulcta in leniorem aliquam commutari, licuissetque homini sine insigni ignominia discedere, quum illa ratione abeat ejectus. De causa ejus nihil ad te scribo, nisi illam fuisse temere susceptam ab eo et magna offensione etiam mea actam. Sed tam audiendi diversam rationem impatiens fuit quam sua commenta asserendi sedulus. Si ipsius de Trinitate dogma valeret, haberemus tres re et nomine Deos, maximum unum, minores duos. Ego, unius æterni Dei cultor, hunc in Christo Jesu et didici et veneror, neque potui me ullo modo ejus sententiæ accommodare, quantum ad caput sive statum argumenti attinet; inter cætera, multa erant ferenda. Utcumque tamen res ipsa displiceret, non destiti adesse homini in extremo periculo constituto, cui ego me strenue, magna multorum cum invidia et suspicione, objeci ut ipsum eruerem.

Poteris *Marchionem* commodius forte quam ego monere ne hoc tempore emat nimis cupide, bello pro foribus gliscente.

De rebus nostris, id est cœlestibus, quas meditamur, gratissima fuit refricatio illa tua, si non tam verecunda. Quid enim obstat quin et monendi et docendi gratia ea mihi commemores, qui scio monitore et doctore me opus habere currereque me lente admodum, nisi Dominus ipse aut Domini spiritu ardentes calcaria adhibeant? Perge itaque, mi Castalio, monere, hortari, objurgare segnitiem meam. Huc enim te provoco, qui semper judicavi nimis mollis esse non posse ferre liberum monitorem. Sed conabor mihi viribusque meis vim facere ut, ad te profectus, coram multa tecum agam. Vale. — Bernæ, 13 novembris 1557.

Hyems mihi quidem inimica est, sed tutior tamen autumno et vere, quibus frigus quidem est, sed nulla tum calefiunt tepidaria, quæ per frigora iter facienti unicum sunt solatium meque ut iter ad vos suscipiam invitabunt, a quo calor æstivus deterruit.

Uxor et filia *Gribaldi*, quæ una hic fuere his diebus, videntur mihi non moleste laturæ exilium, si possent bonis commode venditis se austeritati evangelicæ servitutis subducere et eo locorum abire ubi viget libertas carnis cui nondum renunciarunt: Sec hæc tibi soli.

Suscription : Seb. Castalioni fratri in Christo Jesu colendo suo, Basileæ.

X.

1er février 1558 (f. 279, autographe).

Zerchintes Castalioni.

Salve, mi Castalio. Nihil operum *Swenkfeldii* hactenus vidi, uno libello *de Lucta christiani hominis cum carne, mundo et Satana,* pietatis pleno, excepto; eorum qui hominem hostiliter et immoderate insectantur multa admodum (apud bibliopolas circumforaneos), quæ malim aut suppressa aut si dignus est qui confutetur, modestius scripta. Nisi enim animus ejus impietate putet, nescio cur illum Illirus [1], et alii « *Stenckfeldium* » potius quam vero nomine vocent. Sed est canina ista facundia, jam etiam episcopis familiaris. Dominus det eis mentem meliorem. Mihi hæc videnti usu venit quod cruciatus et lanienam Evangelium Christi vere sectantium spectantibus. Mirati enim quam ob causam regum et magistratuum iræ in istos misellos tantopere incandescant, studio rem et causam hujus atrocitatis cognoscendi omnia perquirunt. Itaque te rogo, si notus tibi propius est homo ille, significes pauca de ejus vita et moribus. Doctrinæ genus malo ex libris ejus discere quos sive latinos sive germanicos, si putas dignos, ad me quæso mittas; pretium mittam brevi si ipse afferre non possum, quod valde cupio in Domino. Magno enim tui, desiderio multas ob causas, teneor, in unum tamen salutis et pietatis studium congruentes.

Vale. Cal. febr. 1558.

TUUS NICOLAUS ZERCHINTES.

Hieronymum [2] nuper a te mihi commendatum nescio quam commode obtrusi magistratui : videtur enim seipsum magis quam Christum quærere, tam avide ambit episcopatum. Posthac malo de meo bene facere talibus quam meam locare operam qua vel scholis vel ecclesiis Dei præficiantur [3].

Suscription : Sebastiano Castalioni literarum professori Basileæ fratri in Domino colendo suo.

1. *Sic.* Il s'agit évidemment du célèbre persécuteur de Schwenckfeld, Mathias Flacius Illyricus. Rien ne prouve qu'on doive lui attribuer l'invention de ce grossier jeu de mots.

2. M. le Dr Blœsch, directeur de la Bibliothèque de Berne, a eu l'obligeance de rechercher si les registres du Conseil de Berne faisaient mention de cet incident. Aucune mention ne s'y trouve. Mais la rédaction plus que concise des procès-verbaux et la facilité avec laquelle on créait alors, notamment pour les réfugiés, des fonctions provisoires permettent de penser que la négociation a très bien pu avoir lieu, aboutir même, sans être enregistrée officiellement. — M. Blœsch croit que ce *Hieronymus* pourrait bien être le gendre de Curione, Hieronymo Zanchi, lequel a plus d'une fois postulé un emploi à Berne ou à Lausanne.

3. Cette petite lettre est une de celles qui peignent le mieux l'esprit judicieux et l'exquise délicatesse de Zerchintes. On remarque que c'est lui-même qui, révolté de la violence des attaques des théologiens contre Schwenckfeld, veut le lire et le connaître. On verra plus loin (lettres XIII et XVIII) qu'il semble l'avoir pris en estime. Le même homme que le mysticisme de la *Theologia Germanica* avait rebuté, paraît avoir pris goût à celui de Schwenckfeld qui sur plus d'un point égalait celui de David Georges lui-même. — Cf. dans Fuesslin, *Epistolæ Reformatorum*, p. 225, une longue lettre de Martin Borrhée (1545) parlant dans le même sens de Schwenckfeld : « multis probantur ejus doctrina et mores, non est contemnendus ».

XI

S. d. (f. 268, autographe).
f. f. 268 395 et 328.

Zerchintes Castalioni.

Argumentum ad te scribendi prorsus nullum habui, nisi ut significarem tibi me sub finem junii, nisi valetudo me valde detineat, ad vos venturum, non aliam ob caussam quam ut te videam et tædium nostræ urbis, quam negotiis obrutus admodum fastidio, excutiam. Tu mihi, per doctissimum et amicissimum virum *Beatum Comitem* [1], significabis ubi possim per dies aliquot non incommode, hoc est extra turbam, versari solusque aut cum paucis frugaliter cœnare et meo more vivere, ne, solatium laboris et fatigationis quærens, nimia lautitia diversoriorum incidam in servitutem ventris et turbam, quo nihil est molestius. Nam sic sum morosus ad omnem apparatum ut cuperem tenebris aut nube contegi quando in aliena urbe oberro, horasque singulas quibus ad mensam sedendum est tribus partibus esse breviores. Vale. Saluta interea *D. Sultzerum*, *Cœlium* et *Cellarium*. — Superiora ita intellige nolle me apud quemquam vestrum esse, sed hospitem publicum quærere, qui equum bene tractet, me vero ut valeam et frugaliter et extra turbam.

NICOLAUS ZERCHINTES TUUS.

Suscription : Sebastiano Castalioni fratri in Christo colendo suo.

XII

1er octobre 1558 (f. 280, autographe).

Zerchintes Castalioni.

Amor meus erga te semper gestit tecum colloqui; id quoniam intra paucos dies dante Domino fiet, nunc paucis salutem tibi dico, ne quisquam hinc ad te sine aliqua significatione meæ benevolentiæ perveniat. Interea rogo te ut *Cellarii* seu *Borrhai Annotationes* in Genesim, Exodum et alios veteris Instrumenti libros nuper apud vos excusos (sic) meo nomine emptos consutosque et corio obtectos in meum serves adventum, recepturus a me pretium quum venero. Inspexi obiter nec placere quicquam adhuc præter brevitatem potest, quam semper præfero tam prolixis sæpeque otiosissimis, etsi laboriosissimis, commentariis quorumdam nimis anxie minima quæque rimantium, ne ipsis quidem, nemini fere hoc ævo cognita. Saluta *Brenmilerum* [2] et fratres omnes in Christo.

Bernæ, Cal. oct. 1558.

ZERCHINTES TUUS.

Suscription : Sebastiano Castalioni fratri in Christo Jesu amantissimo suo, Basileæ.

1. Sur Beat ou Benoist Comte, d'abord ministre, puis médecin à Lausanne, et sur son rôle d'opposant au calvinisme, voir l'excellent article de M. Vuilleumier (*France protestante*, V, 568). Lire aussi dans les *Opp. Calv.* (XII, 661) sa lettre aux Zurichois où, prenant la défense de Zébédée, il affecte d'appeler Viret « *Lausannensis episcopus* » et Calvin « *archiepiscopus Gebenensis* ».

2. Il s'agit de Jean Brandmuller, qui était alors un jeune homme de vingt-cinq ans. Voir ci-dessus, p. 277 et suiv.

XIII

15 novembre 1558 (f. 281, autographe).

Zerchintes Castalioni.

Contra animi mei sententiam differo meum ad te reditum. Frigus, utcumque mihi inimicum, non impediret me, neque impediet deo volente : negotia publica me distrahunt et totum fere sibi vindicant his duobus mensibus. Quamprimum præcipuam partem quotidie turmatim adventantum hominum litigatorum expedivero, rebus omnibus meis posthabitis, advolabo. Sed quia privatim tecum multa cupio conferre et sine tuo sumptu nonnunquam familiariter tua etiam mensa uti, cuperem, ut prius quoque scripsi [1], equum meum in aliquo diversorio non tam frequenti hominum turba quam est *Sylvanus* [2] occupato, quam proxime tuis ædibus esse, ne ad curandum cogerer longe discurrere; nam solus veniam, ne, famulo comitatus, sumptu aliquot dierum, quibus commorari apud vos statui, me admodum gravem.

Si *Cellarii* in Mosem et historiam veteris Testamenti *annotationes* mihi paratas habes, mitte per hunc tabellarium, ut me levet onere ferendi quum veniam; ego ei nummos dedi ut precium numeret. Si paratus non est, ne sis ea de re anxius, nam intra semestre tempus hic erunt secundæ nundinæ, quibus librum illum facile nanciscar a bibliopola Arouensi huc veniente.

Saluta interea D. *Sultzerum, Brenmilerum, Cœlium* et fratres omnes in Domino.

Legi Suenkfeldii librum bis a capite ad calcem miror tam infestos esse homini multam pietatem spiranti, qui debebant fovere et diligere tam raram avem. Verba cœnæ Domini visus est mihi solide exponere. Quid de « deificatione carnis Christi » et aliquot aliis locis sentiam, exponam quum librum reddam.

Vale et si licet per negocia, rescribe paucis.

Bernæ, 15 nov. 1558.

NICOLAUS ZERCHINTES TUUS.

Scripsit nuper ad me Œconomus Rhodiensium equitum apud vos D. Joannes *Züger* cui nondum respondi. Si incidis casu in hominem, dicito paucis ei Losannæ legum studia non vigere, perinde academiam hanc juveni nobili de quo mihi scripsit non convenire, cætera me propediem coram expositurum.

Suscription : Seb. Castalioni Basileæ bonas literas profitenti, fratri in Christo suo.
An Meister Sebastian Castalion, zu Basel.

1. Voir ce qu'il disait déjà lettre XI.
2. L'hôtel du Sauvage, qui existe encore sous ce nom à Bâle.

XIV

14 avril 1559 (f. 282, autographe).

Zerchintes Castalioni.

Quam sis promptus et facilis ad gratificandum mihi ex literis tuis intellexi, Castalio frater. Accipio conditiones pretii quod indicasti. Puerum deducam quamprimum meliuscule habuerit, domino favente. Si quid incidat quod impediat (ut sunt res humanæ in alieno arbitrio), faciam te moræ certiorem. Si lectuli emptio te forte gravat, unum hoc age, ut ego veniens reperiam venalem.

Quid sibi velit quod denuo scribis verendum mihi ne contagione fuscedinis, quam aspectu solis contraxeris, inficiar. Non satis equidem intelligo, stupidus ænigmatum conjector, nisi colorem animi mundi judicio obnoxium innuis, luce divina tactum; si aliud est, ne quæso graveris cum homine tardiore explicatius loqui [1].

Davidicorum [2] atque adeo omnium qui non maligno errore in calamitates incidunt valde me miseret. Inscium sane quid moliantur, nam ne susurrum quidem de capitibus religionis eorum audivi hactenus. Neque valde etiam cupio, sic semper ratus secta et nomine privato bono viro opus non esse ad sancte et inculpate vivendum in conspectu dei. Et si ulla me ratio duceret ut fidem eis haberem, illa tamen protinus collaberetur ob nimium eorum studium felicitatis terrenæ, cui eos audio esse deditissimos. Sunt enim mihi omnes suspecti qui pietatis prætextu regnum Dei alibi quam intra se et in cœlo quærunt. Dominus det meliorem mentem perniciose persuasis et errantibus, reducatque in simplicem arctamque salutis viam quam Christus Jesus nostra causa trivit, nosque sine ulla dubitatione tutissime sequemur, relictis omnibus qui diversa ab hoc compendio via ingrediuntur. Ego certe, in ista dogmatum inconstantia et volutatione, nihil invenio salubrius et certius quam, relictis ambagibus et labiryntbis ingeniosorum hominum, obturatis auribus ad omnium mortalium voces, unius Magistri cœlestis solida eadem, certissima, simplicissima et æterna præcepta admittere. Quæ, si pauca et necessaria intelligam et sequar sine fastidio, sufficiunt, cum cætera turba et obruat et famem excitet.

Vale ac, si libet et licet, paucis catastrophem *Niderlandorum* fabulæ significato.

Bernæ, 14 aprilis 1559.

Beatus Comes munus adeptus est in schola Lausannensi, nempe docendi duodecim stipendiarios [3] reipublicæ nostræ. Vereor ne non sint omnia, ipsius et meis votis responsura, nisi et ipse tam exemplo quam eruditione præsit et a nobis delectus juventutis habeatur quam hactenus diligentior. Sed surdo mundo fabulam narro.

TUUS NICOLAUS ZERCHINTES.

1. Voir l'explication ci-dessus, p. 158.
2. Voir notre chapitre XVIII.
3. « Les douze escholiers de Messieurs. » (Voir ci-dessus, p. 232.)

XV

22 juin 1559 (f° 283, autographe).

Zerchintes Castalioni.

Puto, qui tuus est candor, Castalio frater, te minime esse offensum quod pater filio nimis forte indulgens permisi ut, secus ac constitueram primo tecum, inter suos pene domesticos ac collactaneos vastitati urbis vestræ apud D. *Sultzerum* assuesceret. Causa enim mutandi consilii alia non fuit, id quod posthac cognosces liquide, ubi puer, literarum tirocinio relicto, tibi a me excolendus dabitur, modo non recuses ipse, — et adhuc Basileæ sis. Nam minister quidam in agro nostro, nuper Tiguro rediens, sparsit hic constantem rumorem te ob monstra hæreseon Basilea pulsum, id quod credere non potui ob tuam singularem pietatem et magistratûs vestri eximiam moderationem judiciorum. In *Niderlandorum* enim nefanda et scelerata (si vera narrantur) secta, quosvis potius quam te quærendum puto, imo scio, qui nimirum nolles, etiam si recta docerent, tam flagitiose viventibus ulla ex parte adhærere. In prædestinationis et arbitrii humani negotio, inter doctissimos jam multis sæculis controverso, non puto tantum tibi fuisse periculi. Sed cupio ex te quicquid id est rescire, partim ne angar amplius tua causa si salva sunt omnia, partim ut meam opem et operam non pollicear tantum, sed revera præstem, si præjudicio aliquo inconsiderato oppressus solum vertere cogeris. Scio enim et quid tibi sic constituto debeam, et te a me accipere deceat. Vale, et ne me diu suspensum tene. — Bernæ, 22 junii 1559.

TUUS SI UNQUAM NICOLAUS ZERCHINTES.

Suscription : Seb. Castalioni fratri in Christo Jesu colendo suo, Basileæ.

XVI

11 juillet 1559 (p. 284, autographe).

Zerchintes Castalioni.

De integro adhuc rerum tuarum statu magna cum voluptate tuas accepi literas, quibus eadem opera meum discessum præmaturum accusas non sine causa. Scio enim quam uterque nostrûm jamdiu gestiat mutuo de salute communi sermone ad satietatem perfrui. Sed faciam, brevius quam putas, ut voti fiamus compotes. Affinis enim meus *Christophorus Schollerus* [1] vestras, qui Curiam Senatoriam apud vos tutatur, scripsit se propediem huc venturum, cui me comitem adjungam Basileam usque. Neque inde solvam nisi te jubente. Colloquemur autem non de tuo tantum meoque etiam in hac vita statu, sed de communi omnium ruina rerum præsentium eorum qui Evangelio nomen dederunt. Tanta est rabies tyrannorum hujus mundi, quos, pace inter ipsos conciliata, Dominus in nostram hypocrisim et impœnitentiam excitat. Et forte rationem inibimus qua altius evecti omnia contemnamus quæ homines nobis intentant, modo Dominus sit propitius in die suo. Vale. — Bernæ, 11 julii 1559.

ZERCHINTES TUUS IN DOMINO [2].

1. Christoph Scholer, Oberstrathsdiener, sorte de gardien en chef de la maison de ville, poste de confiance très envié.

2. Voir ci-dessus, p. 159.

Audio medicum picardum [1] apud vos esse, tibi familiarem, pium, humanum et tuorum amatorem. Fac illum quum adero videam, interim meo nomine saluta.

Suscription : Seb. Castalioni fratri in Christo Jesu colendo suo, Basileæ.

XVII

15 décembre 1560 (f° 285-286, autographe).

Zerchintes Castalioni.

Nicolaus Zerchintes Castalioni suo S.

De libello a te typographis oblato non sum sollicitus imprimatur necne. Vidi latinum factum hic; si Germanicus est factus, ut scribis, nolim actum agi.

Quod bono in statu sunt tuæ res tam gratum mihi fuit audire, quam si res mea ageretur.

De reipublicæ statu idem quod tu sentio, omnia sunt ubique tam luxata, suspecta, corrupta, ut sensu mihi communi privati videantur qui non prospiciunt non mutationes tantum maximas, sed ruinas orbi imminere. Beati qui ad hæc se parant et, corruente statu rerum quæ nunquam interituræ videbantur, ruinas animo inconcusso aspicient, nihil magnum et arduum existimantes nisi quod æternum est. Hoc unum vereor que me magis quam paupertas, fuga, exilium, mors denique ipsa excruciet, si videro nos ob ingratitudinem nostram et scelera iterum a papa sub ignem mitti [2]. Nam qui hoc fieri posse negant videntur mihi nescire quam pansis velis eo tendant domesticæ inter eos qui Evangelii causa debebant esse conjunctissimi discordiæ, vitæ impuritas, papistis vix tolerabilis, pœnitentia ubique explosa, rabies ministrorum in concitandis turbis ad arma quas armare debebant patientia malorum victrice, populi promptitudo ad sæviendum et tyrannorum rabiem vocandam, horum consilia et conspirationes ut se adversum martiales Christianos armis tueantur et religionis prætextum in seditionem conversum a capitibus suis arceant. Consilia, opes, arma, potentiam diaboli et mundi robur omne penes hostes esse, Deum (cui facile ista omnia dejicere) a nobis aversum qui cogitant, non possunt sibi ullam amplius securitatem fingere, maxime quum ad frugem reditûs spes omnis videatur extincta.

De libris [3] quos mittere debebas ne sis anxius nam ego illos facile et sine desiderio expecto.

Sententiam *de torquendis quæstione pro maleficis habitis* [4] nec probare nec improbare possum per omnia, — adeo nihil est in his rebus perpetuum, quod non sit certas ob causas et circumstantias mutandum. Interim libenter cum illo scripto sentio non nisi maximas ob causas certaque et testimoniorum vim habentia judicia (si illa desunt) hominem

1. Sur Jean Bauhin, voir nos chapitres XVII, p. 94, et XVIII, p. 147 et 160.

2. Zerchintes, toujours modéré et pacifique, et d'ailleurs pessimiste en ses prévisions, ne dissimule pas ici et ailleurs (lettre XXV) qu'il blâme les ministres de s'être prêtés à la guerre civile. Il croit déjà voir le protestantisme perdu.

3. Probablement ceux de Schwenckfeld, dont il est question dans le dernier alinéa de la lettre XI.

4. Voir ci-dessus, p.

vel in carcerem detrudendum vel quæstioni subjiciendum esse. Omnino autem id fieri non debere nisi in testimoniis convictos haud ausim asserere an reipublicæ tranquillitati conducat. Nam hac ratione summa sceleris impunitas foveretur. Quotus enim quisque vel in publico vel coram testibus in capitale scelus ruit? Itaque magnam prudentiam hæc res flagitat ut et levitatem et truculentiam vitemus. Dominus non deerit suo spiritu piis in republica viris qui sua consilia metu Dei regunt. Ego vidi in utramque partem gravissime sæpe peccatum esse, dum nimia facilitate dimissi sunt nocentes, et atrocissime mulctati insontes. Quorum illi, e nostro carcere liberati, intra triduum quidem a vicino magistratu comprehensi, sponte scelera fassi sunt quæ apud nos judiciis convicti levique tortura adhibita negarant. Hi vero, sponte confessi intentata crimina et supplicio affecti, postea sunt reperti insontes. Itaque circa sola judicia exacto opus est judicio, nec extortæ confessioni adhibenda fides, nisi eventus ipsi rerum nos aperte doceant tortum nihil finxisse, cum nec fingere licuerit quæ non evenissent nisi ipso authore. Ego quidem hac in re me purum conservabo nec cuiquam injuriam faciam nec cuiquam præscribam. Sunt longæ ambages in jurisconsultorum scholas relegandæ. Hoc me magis torquet quod se in hanc professionem intrudunt qui quid sit torquere hominem nescire debebant, quum sint ministri aut esse deberent non gladii sed spiritus. At vero oportet fortassis hoc ita fieri ne immerito videantur pœnas dare quas brevi Dominus exiget.

Constans hic rumor est Gallorum regem nuper e vita migrasse [1]. Si verum est, novas turbas dabit curatorum regni electio.

Genevenses in majori curâ et anxietate tutandæ urbis suæ versantur quam mihi videatur possibile esse eos perpetue ferre posse [2]. Duceni enim cives excubare noctu coguntur, interdiu multi custodire portas. Nescio an expediret illis vel sub jugo prorsus esse vel extremam pro libertate fortunam semel experiri, postquam tanti libertas est, quam in perpetuo metu incertos exitus meditari. Sed ipsorum esto deliberatio, ego Dominum sedulo precor ut pios in illa ecclesia servet et propter eos totam urbem.

Glaronensium cum Quinque Pagis dissensio (res pervulgata) [3] minatur Helvetiæ turbas, si non exitium. Nam audio Pagos esse implacabiles adhuc, nec nisi minas spirare, tenderequè rem magis ad arma quam ad juris disceptationem. Mundus odit humiles et pacificos; cædes, incendia, expilationes, direptiones per fas et nefas meditatur. Dominus forte statuit huic cupiditati obsequi et eam exsatiare. Quum de mundo loquor, eos quoque intelligo qui mundo ad pacem perlucere debebant, quum ipsi turbarum fere sint authores.

Mitto tibi scriptum meum *de Tolerantia malorum* [4]; utere, judica, communica cui voles et amicorum sententiam de eo significa.

Si pax proximo vere viget, conveniam te [5] non ut fulgur, sed ut longa

1. On sait que François II mourut le 5 décembre 1560.
2. Voir Amédée Roget.
3. Sur ce conflit de Glaris avec les cinq cantons catholiques qui voulaient y faire rétablir le catholicisme, voir Ruchat (*Hist. de la Réform. de la Suisse*, t. VI, p. 170, 345 et 379).
4. Toutes nos recherches pour retrouver la trace de ce manuscrit peut-être imprimé, ont été infructueuses.
5. Même allusion que dans la première phrase de la lettre XVI.

et molesta pluvia, ne frustra nuper sis in meam festinationem jocatus. — Vale. Saluta D. *Sulzerum*, *Oporinum*, *Cœlium*.

Bernæ, 15 decembris 1560.

Miror te argumentum de injuriarum tolerantia alicujus facere, nec tanti alterum illud περὶ τρίαδος quod et tuo ingenio et piorum deliberationi magis convenit. Sed cogitabis alias an sit πάρεργον. Mihi certe non videtur sed ad conscientiam placandam valde necessarium. Nisi sæpe et prolixe rescribas, accusabo te pigritiæ et tarditatis, nec patiar te occupationes prætexere quas ego magis causari possim.

Suscription : Seb. Castalioni fratri in Christo Jesu colendo suo, Basileæ.

XVIII

Zerchintes Castalioni.

28 février 1561 (fº 288, autographe).

Literæ tuæ 29 janv. scriptæ penultimo tandem febr. mihi a *Rustio* [1] homine nostrate missæ sunt. Inerat chartæ fragmentum 3 febr. adjectum te foriis laborare significans, quod malum (liceat vulgi more loqui) si longum non est, sæpe salutare est iis maxime qui raro alioquin corporis excrementa diu coacervata medicamento ejiciunt.

Sententiam meam de tolerandis vexationibus et injuriis gaudeo placere bonis viris [2] non quia mea sit, sed quod me sic afficit experimentum hoc concentûs animorum piorum, eoque magis quod Julium Siculum Paschalem [3] apud vos salvum esse intellexi, fratrem desyderatissimum, cui et tibi misissem *de III* scriptum [4] nisi me perlaturum ad vos proximo maio confiderem. In eum enim mensem vestramque urbem rejecta est ad arbitros nostra cum duce Sabaudiæ controversia de restituenda bello ablata provincia [5]. Cui disceptationi jam bis interfui Neocomi, aderoque etiam, Deo volente, Basileæ, idque eo libentius quod litis tædium amicorum solatium levabit.

Ut prius illud de ἀμνηστίας scriptum publicetur, non recuso, modo sine meo nomine [6]. Posterius inter nos exactius rimabimur.

Perrinus hinc abest jam omnino et in agro agit ecclesiæ Govensteynensi (haud procul a vobis circa Valtzhutam) præfectus [7], ut pecuniam

1. Thuring Rust (fils d'un prédicateur du même nom, des premiers temps de la Réforme) fut successivement pasteur dans diverses paroisses bernoises et, depuis 1574, professeur de théologie à l'Académie de Berne.

2. C'est évidemment le manuscrit dont il a été question dans la lettre XVII, *De tolerantia malorum*, que Castellion a communiqué à quelques amis, parmi lesquels Jules-César Pasquale.

3. Sur J.-C. Pasquale, voir ci-dessus, p. 125. On a vu à diverses reprises qu'il était tenu en grande estime par Zerchintes.

4. Lisez : *de Trinitate*. C'est un second opuscule de Zerchintes, où, d'après ce qu'il dit en divers endroits, il devait demander le retour à des formules aussi simples et aussi sobres que possible pour mettre fin à des débats oiseux et suivant lui dangereux.

5. Le 18 mai, d'après Ruchat, Zerchintes fut chargé de la négociation avec la Savoie pour la restitution du Chablais et du Faucigny après le traité de Cateau-Cambrésis. Voir Ruchat, *Hist. de la Réf. en Suisse*, VI, p. 350, 381, 453.

6. Nous ne l'avons pas plus trouvé sous ce titre grec que sous le titre latin de la lettre XVII.

7. Il paraît que Castellion avait compté sur ce *Perrinus* (de qui nous ne savons rien) pour lui rapporter (de Berne?) la petite somme due par la mère de Hetzel. Mais Perrinus était

ab *Hetzelini* matre curare haud potuerit; ego quam primum potero matrem ejus tuo nomine conveniam.

Amisi chartulam quæ Schuenkfeldii librorum pretium continebat (si recte memini, dimidium florenum et 5 plaphardos tabellario datos) quod mitto his inclusum ; si secus est, resarciam errorem. De libris ipsis quos cursim perlegi, solide judicare non possum. Nimis multa continent et tam arguta ut exacto judicio opus sit. Interim candidus candido fratri non gravabor dicere quod sentio, magis me probare quosdam alios authoris ejus libros, quibus Patrem æternum in Christo Jesu filio pie colere docet, quam istos qui rimantur curiose mortalium imbecillitati negata donec, evanescente caligine animorum nostrorum, coram ardua illa intuebimur. Certe si hac via salus est quærenda, paucissimi forte eam assequentur, cum pauci intelligant fixumque et persuasum habeant quod ille in hoc argumento affert a mortalitatis scientia tam remoto, quod est locus ipse in quo degit Christus. Sed facile cedam judiciis exactioribus.

Vale. — Bernæ prid. calend. Mart. 1561. Saluta Dr *Sulzerum*, *Julium*, *Cœlium*, fratres omnes.

Nicolaus tuus Zerchintes.

Suscription : Optimo viro Sebastiano Castalioni fratri in Christo, Basileæ. — An Sebastian Castalion griecheschen Leser zu Basel.

XIX

20 mars 1561 (fº 287, autographe).

Zerchintes Castalioni.

Si vales, bene est, Castalio frater: foriis enim te liberatum puto. Dominus faxit ut proximo Maio salvi conveniamus. Interea cura ne tuas literas dicam esse et raras et nimis laconicas. *Hetzelii* [1] matrem de tua pecunia interpellavi, quam illa se nundinis nostris paschalibus per vestratium aliquem, me sciente, missuram tibi recepit. Si fuerit negligentior, ego subinde eam excitabo modestę ut vel tardissime ipse ad te perferam.

Carmen quod sequitur, Suenkfeldii libro meo præfixi, nulla authoris contumelia [2] :

Was bedarffs des Fechtens mit der gschrifft
Da einer nit weys ob ers trifft.
Garr styf an gott in jhenes lebenn
Da wirt er dir gwüssen bericht geben :
Der Dingen die wir hie umbsonst
Suchend, wyth uber ünnser Kunst.

déjà parti pour desservir l'église de Govenstein. Il ne tarda guère à la quitter, puisque un an après il vient prendre à Lausanne la succession Béat Comte (Comes) comme professeur. (voir lettre XXII). M. Blœsch signale dans les Registres du Conseil de Berne à la date du 4 août 1562 le règlement du traitement dû à Perrinus.

1. Les Hetzel (de Lindnach) étaient une famille patricienne de Berne : Gaspard Hetzel avait joué un rôle assez marquant au commencement du xvie siècle, ainsi que son fils Jean-Rodolphe, capitaine au service du roi de France. Ici il doit être question du troisième de ce nom, Berthold, qui fut gouverneur de Payerne en 1551 (note de M. le Dr Blœsch).

2. Je dois la copie et la correction de ce texte allemand à M. le Dr Sieber.

Es ist masz gut in allen Dingenn,
Wer sich selbs dahin nit mag bringen,
Zettelt offt vilfalt sachenn an
Die er wol möcht beruwen lan
Volg Christo nach nirt dinem leben
Er wirt dir zuerkhennen gebenn,
In sinem Rych wie es da stat :
Wol dem der sich vest daran lat.

Aliud :

Wie es dort stand in jhenem lebenn
Muyen sich selbs vil luth vergeben
Zu wussen hie in diser zyt
Erwart der Stund sy ist nit wyth
Die uns hinfurt da wir nye waren,
Dann wirts ein jeder selbs erfaren,
Und sehen wie es hab ein gstalt
Umb Christi Rych, Herschung vnd gwalt,
Hiezwuschen vasze, lieb, förcht du Gott
Haltt dich in fromckeyt siner gebott
Vermysze dich nit ze wussen vyl
Wie es dort stand bysz uff sin zyl
Dann unnser wussen diser zyt
Ist stuckwerck, trib es nit zu wyth.

Vale. — Bernæ, 20 martii 1561.

T. ZERCHINTES.

Suscription : An Sebastian Castalion griechischen Lessmeiter zu Basel minen guten frunde.

XX

Zerchintes Castalioni.

30 novembre 1561 (f° 289, autographe).

Meministi nimirum quid inter nos nuper[1] contulerimus de te Lausannam evocando. Res in procinctu est, ut mense martio *Comes* privatus domum se suam conferat et qui stipendiarios nostros alat doceatque alius constituatur. Interea *Hilarius*[2] quidam Gallus huc venit, concionatoribus nostris aptus visus ad hanc provinciam, sed nihil adhuc est de eo constitutum. Tu causabaris nuper aleam belli te nolle subire neque e loco tuto suspicionibus bellorum te velle objicere. Nihil ego tibi hac in re vel promittere vel præscribere possum : tui consilii est hunc scrupum solvere et ponere seu retinere : nihil enim ubique tutum. Consydera etiam numquid uxor et labore et dexteritate valeat in administratione rei familiaris, ne quid de nimiâ parcimoniâ conquerantur juvenes plerumque germani et

1. Zerchintes était sans doute retourné à Bâle entre le mois de mai et le mois de novembre, à moins que « *nuper* » ne s'applique à un entretien datant de plusieurs mois.
2. Aucun renseignement sur ce personnage.

abunde si non exquisite pascendi. Hæc quoque a tuo pendent consilio, ne temere locum mutes teque, re non satis undique propensa, novo negotio et calumniis obnoxio committas. Si nihil amplius remorabitur te, tentabo an possim rem conficere apud senatum. Vale et quæ sit tua de toto negotio sententia paulo latius quam soles expone.

Bernæ pridie Calend. Decemb. 1561.

Saluta *Cœlium* et fratres pios omnes. Pro fratribus in Gallia obnixe precor ne Evangelii progressum ejusque veros fructus cupiditate et affectibus impediant qui verbo præsunt, sed audio rigidas satis esse censuras inter eos, quo fiat ut minus timeam ne cupiditate (ut nuper in Anglia) aut affectatione gloriæ corrumpantur. Res bene habet si has pestes a se arceant.

TUUS ZERCHINTES.

XXI

Zerchintes Castalioni.

20 janvier 1562 (f° 290, autographe).

Egi causam tuam diligenter [1], tentavi obiter ministrorum animos, necnon Lausannensium. Pollicitus sum, nisi obstant veteres cum Calvino altercationes, novas te non excitaturum, sicque fore sperabam ut hac unâ in re concordes de te vocando deliberaremus, neque ullam aliam moram necti posse confidebam. At protinus certatim mihi objicitur te propriam nescio quam et peculiarem in multis religionis capitibus opinionem habere, a recepta omnium Christi ecclesiarum dissidentem, victoriæque cupidum non quieturum. Respondi te forte in iis dissentire rebus a cæteris de quibus lis sub judice pendet velut de præd [estinatione], descensu Christi ad inferos, statu animarum post mortem quem diversarum sententiarum doctissimi authores habent ut pleraque alia, sed proh. Deum! Postquam placatos esse nostros homines putavi, incidi in quemdam Lugduno venientem negotii causâ ad nos, hominem non indoctum. Percunctatus quomodo succederet evangelii doctrina in Gallia, audio : « satis feliciter nisi essent inter fratres quosdam dissidia subindeque « Satan suos mitteret qui Dei ministros calumniis redderent suspectos, « quos inter Basilea unum aleret qui non ita pridem (si recte intellexi) « ipse clam Lugduni latuerit ut suum ibi venenum spargeret ». Nominare neminem voluit, sed puto nomen alibi edidisse, nam haud ita multo post rumor auditur te aliquid turbasse Lugduni habereque ibi sectatores detestabilium mysteriorum quæ David Georgii (hominis meo quidem judicio quos unquam orbis habuit sceleratissimos et omnem omnium sæculorum impietatem vita et doctrina vincentis) ingenium plane referrent. Continui me atque obstupui veluti fulmine ictus, adeo me perculerunt istæ voces quas credere leviter non debui; repellere a me protinus non potui, in perscrutationem deducere haud statui. Malo hæc ignorare quam scire. Committo judicio Domini, quem precor ut me a contagione omnis in Christum blasphemæ doctrinæ præservet.

1. Voir notre chapitre XXI, p. 248.

Tantum hæc commemoro ut intelligas, hac de te famâ volante, omnem de te vocando spem esse sublatam. Id quod te scio æquo animo laturum sed ægre ipse fero, qui de te aliter statueram. Itaque nihil movebo amplius quodque in ista egi causa ea feci moderatione ne tibi Basileæ sit fraudi.

Vale. Bernæ, 20 janu. 1562.

Suscription : An Sebastian Castalion zu Basel minem gutem frunde. N. Zerchintes Sebastiano Castalioni suo.

XXII

Zerchintes Castalioni.

15 mars 1562 (f° 291, autographe).

Quod ad te scripsi nuper puto te accepisse, responsum a te expecto quando tu voles. Lausannensis ecclesia est in magna perturbatione ob civium studia quorumdam nimis inconsyderata pro uno, aliorum pro altero ministro, eaque est horum quoque intemperies ut his factionibus se non objiciant sed indulgeant. Intueor in veteris ecclesiæ statum, ruinam ab iis passæ qui sustinere debebant. Vide Chrysostomum et Sisinnium suæ ambitioni Constantinopolitanorum sanguine parentantes. Vide Athanasium, Petrum, Alexandrinum et totam illam vesanam superborum ingeniorum turbam, conciliabuli Tridentini sententia placandam. Neque enim nostri mores melioribus arbitris digni sunt. *Perrinum* hæ turbæ excipient. Utinam sit animo satis forti et præsenti ut possit sustinere et abstinere. Vale et rescribe. — Bernæ, 15 martii 1562.

Hortare *Cœlium* quoque ut scribat. Invisam vos quamprimum potero.

Tuus Zerchintes.

Cupio ex te scire sitne quispiam pius homo Basileæ e Gallia Basileæ qui puerum boni viri educandum susciperet, gallicæ linguæ peritum sed non politioris, apud quem puer ejus linguæ usum retineret et emendaret simulque latinæ linguæ operam in communi schola daret. Confer cum medico picardo et *Cœlio* : remitterem fortasse una Marcum ut te et Cœlium audiret. Lausannæ scola prorsus jacet. Serva si potes utriusque pueri studia.

Suscription : An Sebastian Castalion zu Basel an den Steynen mynem brüderlichen Frunde.

XXIII

Zerchintes Castalioni.

4 août 1562 (f°s 292, 293, autographe).

Nicolaus Zerchintes Castalioni suo Sebastiano in Christo.

Deposueram spem omnem tuî ad nos evocandi ob certas causas quas pridem ad te scripsi, sed video aliud moliri Dominum, qui me iterum provocat ut Scholæ Lausannensi pene collapsæ fulcrum adhibeam. Quomodo hoc evenerit paulo altius repetam.

Hodie in senatu [1] venit Jo *Perrinus*, duodecim stipendiariorum Lausannæ magister; exposuit inter cætera *Vessodum* [2], Gallum primæ classis doctorem, in Galliam abiisse, relicta schola hoc et aliis idoneis præceptoribus destituta qui nunc rari sint inventu. Dominus tribunus *Manuel* [3] et ego indicavimus præposteras quorumdam suspiciones in causa esse cur ita laboret schola, tuum nos habuisse consensum, opem et operam tuam in eam rem conferendi ne perirent juventutis studia, nisi impedivissent nostros conatus qui adjuvare debebant, causam esse nullam quod nos quidem sciamus, nisi nescio quas cum Calvino de prædestinatione controversias diverso hominum judicio adhuc agitatas. Et ut sint aliæ etiam de S[acræ] Scripturæ locis aliquot, tantas certe nobis non videri quin de summa salutis in Christo Jesu nobiscum concordes ferre debeamus.

Senatus, fatigatus mirum in modum ministrorum altercationibus, placide tamen accepit nostram orationem, spe de te nobis spondentibus accepta posse et velle te quietem et tranquillitatem status publici certamini privato anteponere, id quod et tuam decet modestiam et præsens scholæ ratio postulat. Vocat itaque te huc, intellecturus ex te velisne provinciam docendi in prima classe sic suscipere ut, obliterata memoria aut saltem refricatione veterum injuriarum positoque receptis ministrorum legibus contradicendi studio, pacem et concordiam publicam non perturbes, cæteris eadem æquitate erga te in nostra republica usuris. Hoc si facere potes — ut debes, qui ipse nulli conscientiæ leges vi aut convitio ponendas suades, — non dubito quin Christo fructum multum hac tua vocatione sis producturus. Vides quo tandem multorum rigor cadat : dum antagonistas dogmatum quærimus, inventos lacessimus. Cum vitiis pugna quantum velis : assentientur tibi etiam pessimi qui tales palam haberi nolunt. Usum et consuetudinem feras modo patienter, donec Dominus meliora. Turbas enim in ordine polytico et ecclesiastico hæc respublica ferre non magis potest quam Gallia arma religionis pretextu sumpta. Neque enim multi sunt inter nos docti qui possint exacte de scrupulosis argumentis judicare seque circumveniri putant omni paradoxa novitate. Præmitto hæc tuo adventui, cætera præsens exequar.

Cave vocationem illam Basileæ cuique indicaveris, ne tibi fraudi forte ibi sit, si tibi nobiscum non convenerit. Ubi aderis, placandi et muniendi forte erunt adversus concepta de te præjudicia ministri, quo minus tibi insultent, stimulati amicorum tuorum [4] literis. Semel pacatis, puto te non

1. En effet, M. Blœsch, qui a bien voulu consulter pour nous les registres du Conseil de Berne, y trouve à cette date (4 août) l'ordre de faire venir Castalion, « *Sebastianum Castellionem* her beschryben uff die Verwaltung *primæ classis* » (Reg., p. 11); et à la date du 15 août : « Nach Basel Schriben, doss man S. Cast. kommen lasse, damit er inen in Schul zu Losanen dienen mœge » (Reg., p. 25); un présent de dix livres de Berne doit lui être envoyé suivant l'usage à l'appui de l'invitation.

2. Voir le *Répertoire des ouvrages pédagogiques du XVI*e *siècle*, au mot *Vessodus*.

3. Le « tribunus » Manuel est Jérôme Manuel, fils aîné du célèbre Nicolas Manuel. Il est membre du Grand Conseil en 1541, membre du Gouvernement en 1553, bailli à Lausanne en 1553; enfin en 1559 il est élu « Venner », c'est-à-dire banneret ou banderet (en latin *tribunus*), une des plus hautes charges de la République. Mort en 1579. C'est ce Manuel qui en 1562 et en 1572 reçut la mission délicate de rappeler les Bernois qui s'étaient engagés dans l'expédition du comte palatin Casimir contre le gré de leur gouvernement (note de M. Blœsch).

4. Ironique : il désigne les ministres calvinistes de Lausanne et de Genève. — Le pasteur Haller écrit à Bullinger, 15 août (*opp. Calv.*, XIX, 496) que Castellion est venu le voir et lui annoncer sa nomination, « nobis omnibus nescientibus ».

amplius laboraturum. Nolo te quicquam fingere, nolo te adulari, modestam et piam insinuationem quæro qua eam tibi concilies et pacem foveas sine qua manca et nulla est humana vita. Retineri autem pax non potest ubi omnia ad vivum resecantur quæ sine impietate dissimulare possumus, magisque nocent agitata quam sopita.

Telius[1] ob linguæ gallicæ imperitiam forte non erit hoc tempore usui in illa schola, deinde laborat etiam suspicionibus perversæ religionis, ut potui apud quemdam subolere. Quo magis tibi omnia raptim et sine fama peragenda, ne qui se solent piis conatibus opponere tuum adventum præveniant. Veniens apud me latebis, donec res erit confecta, Domino auspice. Quem ego testor me nullo modo in hac re fuisse laboraturum si te cognoscerem alium esse quam appares: nempe pius frater, de Deo et Christo ejus religiose sentiens nullaque detestabili secta infectus. Nosti puto meum candorem, ego de tuo ambigendi causam nullam habeo, nisi corrupto animi motu malim rumoribus quam experimentis credere.

Galliæ pacem a Domino precor heu nimis frustra optatam, tantopere invaluere cædes et direptiones. Ut mitissime plane agatur cum gente extremum martem acie experta, si conferas cædes et latrocinia in omnibus regni angulis grassantia, nullo vel fine vel modo nisi cum regni aut alterius partis si non utriusque interitu.

Si venturus non es, excusa te honeste apud senatum ne se spretum a te putet. Vale. Bernæ, 4 aug. 1562.

Si bellorum imminentes motus times, cogita primos forte nobis imminere, sed nihil alibi quoque fore tutum. Nemo te in aciem producet. Domi occumbes, si hostes fuerint superiores et fuga percluso tibi sperandum interim est finem aliquem his malis Dominum facturum. Ego in publica ruina solus superstes esse nolim : ita tu quoque sis animatus.

Stipendii primæ classis est 200 florenorum, duum doliorum vini, totidem modiorum frumenti mensuræ Lausanensis. Accedit habitatio et hortulus cum portione 3 assium quos singuli scholastici quovis trimestri numerant (exceptis oppidanis) inter omnes professores dividendos. Non dubito quin commensales quoque sis habiturus.

Telio non deero per occasionem, si tu pro hominis integritate spondeas.

XXIV

Zerchintes Castalioni.

11 septembre 1562 (f. 294, autographe).

Uterque nostrum probe semper sensit vocationem tuam Lausannam, quam homines moliebantur, in manu Dei esse. Agnosco ejus paternam pro te sollicitudinem, quod Basileæ tibi mavult æque esse bene ac Lausannæ, et beneficium quod hic in te erat collaturus illuc transtulit, ubi minori cum invidia, majore vero securitate vitam tibi licet traducere.

A tuo discessu quæsitum ab Episcopis[2] quibusdam est quid hic egisses, quum id satis scirent. Respondi quod res erat, et ex vultu agnovi vocationem tuam displicere. *Vessodus* quoque interea rediit ex Euphorbo

1. Silvestre Teglio ou Tellio, de Fuligno. Cf. Maccrie, *Hist. de la Réf. en Italie*, p. 443.
2. Ironique.

Pythagoras, iterum suæ scholæ magister. Gaudeo te his intricationibus liberatum.

Scripsi nuper ut commentariolum de resurrectione remittas, idem denuo peto.

Guisianus Biturigum urbem expugnavit, ubi maxima erat Condensium manus in præsidio [1]. Victoria fuit non admodum cruenta, cavente regis (qui in obsidione fuit) clementia, ne prima ipsius in suos rebelles victoria sanguine fœdaretur, sed alios ad amplexandam Principis clementiam similem a temeritate et pernicie armorum revocaret. Hæc narro ut a legatis regiis accepi, ne quis me Guisianam causam tueri putet, quia conatus ejus succedunt melius nostris. Causam improbo, nostrorum modum et rationem qua usi sunt resistendo; qualis sit exitus probabit. Christiani perpetuo oves erunt et Christus pastor ovium, non luporum.

D. *Sultzerus* nuper mihi emptum Tertullianum misit non asscripto precio, fac sciam quanti, ut satisfaciam. Vale. Bernæ, 11 sept. 1562.

Saluta D. *Bentinum* [2], *Cœlium*, *Oporinum*, quos omnes cupio quamprimum licebit Basileæ videre.

ZERCHINTES TUUS.

Suscription : An Meister Sebastian Castalion zu Basel an steynen Vorstatt. Basel.

XXV

11 février 1563 (f° 328-329, autographe).

Perlegi *Balduini* adversus *Calvinum* defensionem [3], valde acrem et criminosam. Utinam Calvinus in Balduinum non scripsisset, hic non respondisset! Depingit Calvinum qualem ex parte dudum novi, plus satis irritabilem, implacabilem et, si vis etiam, rigidum ac sævum.

Ipse, contra, se prodit non transire ad pontificios, sed currere. Ut enim sint tollerabiles (sic) vetustissimæ cærimoniæ priscæ circa Tertulliani ætatem, neque magnopere digladiandum ut funditus omnes tollantur, non video tamen qua ratione totum hoc pelagus rituum et pomparum ecclesiasticarum tueri possit, quibus cultus Dei, qui spiritu et veritate nititur, totus obscuratus, fascinatus, obliteratus est. Deinde cum tantopere eas partes tuetur quæ Romanam ecclesiam sequuntur, non video quomodo *Cassandri* librum [4] nunc, ut ante, probare possit, qui nostris libertatem aliquam suo instinctu Deum colendi impetrare conatur, præsertim quum hanc libertatem, ut licentiosam, alteri parti intollerabilem esse innuat et tacite quantum potest ad eos deficiat quos scimus nunquam serio de vera et solida pietate esse sollicitos.

Hæc fiunt permittente Domino, ob antesignatorum ecclesiæ errores et nostros. Si Calvinus se contineret intra metas officii sui in spiritu humilitatis Christi neque tam temere insultaret omnibus, si ferre posset

1. Voir les détails dans les *Mémoires de Condé*, t. III, 568.
2. Sans doute par erreur pour *Bauhinum*.
3. Voir ci-dessus, p. 118.
4. *De officio pii ac publicæ tranquillitatis vere amantis viri in hoc religionis dissidio.*

moderatas bonorum virorum sententias a suis licet dissentientes, non audiret hæc à Balduino. Si Balduinus testimonio conscientiæ acquiesceret, deficeret a Calvini erroribus ad Christum, non ad errores pontificios et eos homines qui sic sunt moderaturi religionis controversias ut nihil accedat pietati, multum cærimoniis, nihil pauperibus Christi, omnia ipsis.

Multos et graves errores ecclesiarum nostrarum fateor et deploro : quis enim gemitus contineat tot controversiis doctorum inter nos hominum debitos? quibus se tanta atrocitate exagitant ut hostes professi esse videantur. Quis cordatus unquam probabit Calvinum et ejus sectatores Galliam ad classicum convocasse? Nemo enim vel mediocriter in republica et tractatione ejus versatus, non intelligit partes ipsas inter se collidi posse, ad internecionem delere unam alteram non posse, neque si fieri posset conducere ut armis et sanguine hæc lis dirimatur. Interim, erroribus repudiatis qui a nostris committuntur, malo in ea manere ecclesia in qua pii aliquot homines verum Dei cultum et didicerunt et retinent quam ad eos transire qui malunt videri veri cultores Dei quam esse. Dominus suo tempore nos et illos judicabit, cujus ego tribunali cum iis sisti malo qui minus videntur contaminati hominum otiosorum inventis, vero Dei cultui temere assutis.

Utinam Calvinus, papatum et ejus errata repurgans, quibus actæ in servitutem erant hominum conscientiæ, veterumque perversas aliquot interpretationes refellens, non induxisset nos in suum labyrinthum caliginosum prædestinationis divinæ, non torqueret ipse quoque subinde Scripturas, maneret in officio, deponeret purpuram et paludamentum imperii[1]! Utinam vero et Balduinus et docti viri alii propter ista hominis vitia sic ab eo deficerent ne a causa ipsa! At sic video perturbata hominum judicia ut nemo se sine secta et satellitio salvum fieri posse credat.

Ego relinquo Calvino suas speculationes argutas, ipsi authori tenebras offundentes de prædestinatione, Balduino suum apparatum cærimoniarum. Compendiosam sequor (utinam assequar!) viam, qua itur in cœlum, paucissimis Christi verbis præscriptam : « dilige Dominum Deum « tuum ex toto corde, et proximum ut te ipsum ». Hoc est Deum in spiritu et veritate colere. Si quis ad hunc Dei cultum cærimoniarum aliquid requirit ut populus in ordinem aliquem cogatur, ne tot sint ecclesiæ quot homines, neve imbecilliores qui verum Dei cultum nec norunt nec exercent ab ecclesia in paganismum aut atheismum delabantur, sed in cœtu permanentes non prorsus abjiciant omnem religionem, ego equidem non repugno; nec cum ullo hominum genere mihi lis aut divortium erit qui, jure humanitatis et societatis vitæ sine armis et tumultu servato, communem patrem Deum in Christo Jesu ejus filio mecum colunt, utcunque alias, sine manifesta impietate et blasphemia in Deum, errent. Quis enim, quæso, mortalium tam acutum cernit in rebus divinis ut se

1. Nous n'avons pas besoin de faire ressortir la sévérité de ce jugement. Faisons seulement remarquer que les Bernois, même les plus attachés à Calvin, partageaient depuis longtemps cette opinion et l'exprimaient dans leurs lettres intimes. C'est Jean Haller qui, dès 1518, dit de Calvin : « Amant omnes ejus eruditionem, sed vagam illam mobilitatem deplorant ». (*Opp. Calv.*, XII, 726) ou encore : « Est vir pius et doctus, sed inquieti valde ingenii » (*ibid.*, XIII, 214). Voir des jugements analogues de J. Gastius écrivant à Bullinger (*ibid*, XII, 607); on pourrait multiplier indéfiniment les exemples.

ab omni errore tueatur securè? Ego hactenus neminem novi; si quis talis reperitur, Deo æqualis sit oportet. Hinc fit ut religiosis quoque papistis sim æquior, neque eos impiorum loco habeam, sed pro fratribus. Si qui secus sentiunt, videant ne judicent de alieno servo. Hæc ego ad te fusius ut mentem meam aperte teneas, qualem eam in tantis de religione controversiis circumferam. Deus pacis aliquando nos ad concordiam in ipso reducat!

Vale, frater in Domino colende. Et subinde ad me scribe, quo nihil facere potes gratius. Habebis me proximo aprili præsentem ut spero. Tum latius colloquemur. — Bernæ, 11 febr. 1563.

(Tam festinanter scribo ut divinandum tibi alicubi sit [1].)

Suscription : An Sebastian Castalion Lesmeysternn in Griecheischer Sprach Zu Basel, minem gute Frunde.
Zu Basel, ann Steynen.

1. Cette hâte explique que la lettre ne soit pas signée. Mais elle est « certissima manu Zerchintis ».

II. — LETTRES DE DIVERS A CASTELLION ET DE CASTELLION A DIVERS

N. B. — Ces lettres sont placées par ordre chronologique; on trouvera à la fin, après 1563, celles dont la date n'a pu être fixée. — On trouvera entre crochets [ ] les lettres ou parties de lettres qui ne sont pas reproduites *in extenso*, mais seulement en résumé ou par des « extraits » qu'indiquent les guillemets.

XXVI

Lettre à Georges Argentier.

Basileæ, 4 janvier 1546.

Imprimée comme dédicace de l'opuscule *Mosis politia* [1].

XXVII

Lettre à Curione [2].

Bâle, 22 mars 1546.

Imprimée dans *Opera Olympiæ Moratæ*, édition de 1580, p. 317-318.

[Il lui envoie sa *Mosis politia* et l'informe de l'état de ses travaux.]

XXVIII

Lettre à Morellet du Museau.

Bâle,... mai 1546.

Imprimée comme dédicace des *Sibyllina Oracula* [3].

XXIX

Lettre au Dr Barthélemy Argentier.

Bâle,... juillet 1546.

Imprimée comme dédicace du *Moses latinus* [4].

1. Voir ci-dessus, t. I, p. 34 et 276.
2. « Cælius, vir doctissimus ac pietatis amantissimus, mihi vicinus est, cujus me amicitia et familiaritas valde recreat ». (Viret à Farel, 19 mai 1543.)
3. Voir t. I, p. 282.
4. Voir t. I, p. 33, 272, 394.

XXX

Lettre à George Cassander et Corneille Gwalther [1].

Bâle, 23 août 1546.

Autographe : Bibliothèque de l'Université de Leyde.
Imprimée dans Bertius, *Epistol. Cent.*, I, p. 49.

[Il leur envoie les *Oracula Sibyllina* et les *Moses latinus*, et leur demande leurs critiques pour les mettre à profit dans sa traduction de la Bi le.]

XXXI

Lettre à Boniface Amerbach [2].

Bâle, 10 août 1547.

Imprimée comme dédicace du *Psalterium*.

1. Sur ces deux personnages avec qui Castellion resta très lié, consulter une thèse latine intéressante : Th. Friedrich, *Georgii Cassandri vita et theologia*, Gœttingen, 1855, in-4. Comme document biographique, on pourrait dire comme portrait des deux amis, voici un fragment inédit qui mérite peut-être d'être recueilli, ne fût-ce que pour faire comprendre quelques-uns des traits qui devaient attirer vers eux Castellion. Nous le tirons d'une lettre autographe de Gwalther qui se trouve dans le recueil de manuscrits 9737, i, à la Bibliothèque impériale de Vienne : *Gaspar à Nydbruck, commercium epistolarum.*

« ... Sed ne quid rerum nostrarum te lateat, vir clarissime, scito nos duos esse Flandros natione, quorum alteri *Cornelio Gualthero*, alteri *Georgio Cassandro* nomen est. Qui jam undecim annos conjunctissimi viximus et studia inter nos communicavimus. Verum Cassander valetudine perpetuo tenui seu potius nulla fuit, ita ut illum a proposito studiorum fine imbecillitas corporis plurimum retardarit atque animi contentionem et impetum valetudinis infirmitas fregerit ac debilitarit.

« Quamvis autem eundem studiorum finem nobis proposuerimus — nempe cognitionem earum rerum quæ ad beatam vitam pertinent, quæ rerum sacrarum peritia continetur, — diversas tamen vias, ut quemque ingenii proprietas impellebat, sectati sumus. Hæc autem sacrarum rerum peritia quum multas et varias partes complectatur, eam potissimum sectati sumus quæ non in absoluta contemplatione divinitatis, sed in consideratione mutui fœderis Dei nobiscum et nobis cum Deo continetur, hoc est, quæ docet quid nobis a Deo expectandum et quid vicissim Deo a nobis præstandum sit. Qua in parte propemodum omnes causæ quæ hac ætate de religione disceptantur positæ sunt adeoque fere nulla pars est quæ non in controversiam venerit.

« Verum me natura potius ad historiarum et rerum gestarum considerationem unde aliquid lucis possit afferri (quo factum est ut obiter quoque nonnulla occurrerent quæ extra sacrarum rerum septa vagantur, ut de veteribus Germaniæ ac Galliæ linguis, urbium et locorum etymologiis variisque gentium historiis); Cassander vero quicquid illi ex afflictissimæ valetudinis curatione relinquitur temporis (quod sæpe perquam exiguum est) magis id inspectioni controversarum in religione quæstionum impendit, et post literas sacras postque veterum Patrum scripta, posterioris etiam ætatis scriptores, præsertim qui de ritibus ecclesiasticis passim adhuc in bibliothecis non editi reperiuntur, suo sumptu et aliquorum qui apud nos sunt subsidio sibi advocat. Habes paucis, vir præstantissime, rationem studiorum nostrorum, quæ tamen tum utriusque valetudine tum rei familiaris difficultate non parum impeditur. Quare si quid ad nos posthac voles, inscribes « *Cornelio Gualthero et Georgio Cassandro* », nam adhuc una futuri sumus nisi nos aut gravissimus aliquis casus aut mors disjunxerit; curabisque dari *Coloniæ, in Bibliopolio pinguis gallinæ*, unde facile ad nos ubicumque erimus perveniet.... Bene vale. Teutoburgi (Duysbourg), idibus februarii anno 1554. »

2. Voir ci-dessus, t. I, p. 294 et 334, note.

Nous aurions pu placer encore à cette date le billet en vers latin du 1er janvier 1546 ou 1547, que nous avons reproduit t. I, p. 258.

XXXII

Lettre à Pierre Toussaint.

Bâle, août ou septembre 1547.

D'après une lettre (latine) de Toussaint à Farel du 22 septembre (autogr. Bibliothèque de la classe des Pasteurs à Neuchâtel), à laquelle Toussaint joignait, dit-il, un fragment de la lettre récente de Castellion en faveur d'un certain Nicolaus Dagomarius.

XXXIII

Lettre à François Dryander (Enzinas) [1].

Bâle, 20 juin 1549.

Autographe : Archives de Saint-Thomas, à Strasbourg.
Lettres diverses du XVIe siècle, F. II, fol. 69. (Feuille gr. in-4.)

Sebastianus Castalio Francisco Dryandro, S.

Uxor mihi, mi Dryander, obiit mense (Januario [2]), Februario accidit quædam molestia, sed citra meum peccatum, quam literis non committo. Martio ita ægrotavit mea Susanna ut ei capilli deciderunt. Maio mea Debora, minor natu familia, obdormivit, et paulo post filiolus (quem enixa conjux obierat) ægrotavit, sed Dei beneficio convaluit [3]. Vides meas, Francisce, calamitates totidem esse quot menses hujus anni. Ago Deo gratias qui, cum calamitates mittit, et dat animum ad eas ferendas.

Hodie uxorem duco. Faxit Deus ut lætiora aspiciam tempora.

Bibliorum translationem latinam absolvimus. Oporinus editionem differt propter suspecta tempora aut propter æs alienum. Eadem in gallicum transferimus. Aspiret Deus nostro labori.

Precor uxori tuæ felicem partum, nam gravidam audio. Precare et tu mihi felix connubium et Deum pro nobis ora. Saluta uxorem et et (*sic*) sponsi βραχυλογίᾳ da veniam. Deus te et nos conservet. Vale.

Basileæ, 20 Junii.

XXXIV

Lettre à François Dryander.

Bâle, 8 août 1550.

Autographe : Archives de Saint-Thomas à Strasbourg.
Lettres diverses du XVIe siècle, F. II, fol. 68.

Sebastianus Castalio Francisco Dryandro, S.

Ago de Psaltério gratias. Deum precor ut procedat opus, et te ut pergas magnopere hortor.

Quod ad figuras quas poscis attinet, Oporinus mihi dixit impressu-

1. Voir notre chapitre VIII, t. I, p. 253.
2. Le mot a été rayé par Castellion, mais non remplacé.
3. Il s'agit de Nathanael Castellio. Voir notre chapitre XXII.

rum se Bibliorum nostrum translationem post has nundinas. Quod si fiet, intra proximas nundinas absoluturum opus et tibi inde fas erit immutari quæ voles [1]. Sin fallet, curabo figuras depingendas et tibi inde cum annotationibus et eorum locorum translatione nostra (nam ex aliis non intelligentur) mittendas, volente Deo. Adsit tibi Deus!

Familiæ salutant.

Ex gallicis Bibliis transtuli *Novum Testamentum*, *Jobum*, *Psalterium*, *Mosem*, *Josuam*, *Judices* et *Reges*. Vale. Augusti 8.

Suscription : Francisco Dryandro Hispano, Argentinæ.

XXXV

Lettre à Édouard VI.

Bâle,... février 551.

Imprimée comme préface de la Bible latine [2].

XXXVI

Lettre à George Cassander [3].

Bâle, 12 avril 1553.

Autographe : Biblioth. de l'église des Remontrants, à Rotterdam, ms. n° 828.
Imprimée : Bertius, *Epist. Cent.*, I, p. 173.

[Il a reçu de son mieux les jeunes gens envoyés par Cassander. Nos affaires ne vont pas bien (*res nostræ* : de pietate et caritate loquor, quæ est hyperboreali hyeme frigidior). Il a fini de traduire la Bible en français.

XXXVII

Lettre de Jean Colinet.

Genève, 6 août 1553.

Autographe : Bâle, G[2] I. 23 (15e lettre du n° 69).
Imprimée, *Opp. Calv.*, XIV, 585.

C'est le récit de sa destitution [4] suivi de détails sur les critiques qu'il a entendu faire au sujet de la possibilité de l'obéissance parfaite (préface de sa Bible [5].)]

1. Il semble que Dryander voulait mettre à profit pour sa traduction de la Bible en espagnol quelques-unes des figures de la Bible latine de Castellion.
2. Voir ci-dessus, t. I, p. 301 et suiv.
3. Deux ans après, une lettre mi-latine, mi-allemande, de Nydbruck fait allusion aux poursuites exercées contre Cassander : « On m'apprend, écrit-il, et pourtant je ne puis le croire, qu'il a été mis en prison pour un livre *De duabus naturis* ». Il essaie d'intéresser à son salut le Dr Echt de Cologne.
4. Voir ci-dessus, p. 62.
5. Voir aussi p. 206, note 5.

XXXVIII

Lettre à Félix Platter.

Bâle, fin septembre 1553.

Autographe : Bâle, Frey-Grynæisches Institut, Briefsamml., vol. 9.

Sebastianus Castalio Felici Plattero, S.

Petiit a me pater tuus ut ad te scriberem, mi Felix, teque ad pietatem vellem cohortari. Ego vero, tametsi ipsum patrem tibi assiduum ad pietatem cohortatorem esse non dubitabam, tamen officium hoc, si modo officium est, tam familiari tamque de me bene merito amico denegare nolui, præsertim in ejusmodi [.....] et re quam studeam mihi omnium esse charissimam. Sic enim existimo cætera omnia hominum studia atque facta fumum esse, quemadmodum eventus ostendet; pietatem unam esse in quam dies noctesque debeant omnes incumbere. Itaque te etiam atque etiam moneo, Felix, ut omne tempus perire putes quod non in pietatem colloces. De verâ ego pietate loquor quæ penitus in animo latet (is enim vere Judæus est qui in occulto est) non de inani falsâque pietatis umbrâ quæ a verâ tantum abest quantum simia ab homine. Quamobrem omni tibi operâ elaborandum est ut Deo placeas. Tantum autem Deo placebis quantum ipse tibi displicebis. Hæc postrema verba si penitus in animo tuo impresseris, fies reipsa quod audis. Vale, et Deum in omnibus tuis cogitationibus ob oculos habeto [1].

XXXIX

Lettre de Jean de la Boyssière (Buxerius).

Wittemberg, 5 février 1554 (postridie quinquagesimæ).

Autographe : Bibl. de Bâle, K. A., C. I, 2, t. II, f. 307.

[*Joannes Buxerius* D^no *Seb. Castalioni*.

« Binas a te literas amanter scriptas *nobis* [2] hujus urbis bibliopolæ ex francofurtensi mercatu proximo reduces reddiderunt.... Tibi certe Lipsia (illò enim urbis videndæ et mercatus causa iveramus) nuper scripseram, sed eas servavi » : il n'y avait pas d'occasion sûre. Il lui adresse un homme très savant qui fait un voyage pour faire la connaissance des hommes marquants de diverses villes allemandes, « in quibus aliquem certe locum meo quidem judicio obtines, licet plerisque secus videatur ». Salutations pour le Dr Boin (Bauhin) et aussi « D. Scribam » (le chancelier Zerchintes) articulate vero Lodoïcum nostrum salvere jubemus. »]

1. Thomas Platter qui envoyait cette lettre avec la sienne ajoute : « Nemineris quæ ad te scribit Castallio ». Il le lui répète dans les lettres suivantes; il lui recommande à plusieurs reprises d'écrire fréquemment à Castellion, « tuis præceptoribus, D. D^ri Joanni [Hubero] Castalioni et aliis, nam oblectantur præceptores literis discipulorum », etc. (*Thomas Platter's Briefe an S. Sohn Felix*, Basel, 1890, p. 28, 32, 47, 50, 65.)

De la main de Félix Platter : *Recepi a Friderico, 1553, 22 octobre.*

2. Aux deux frères de la Boyssière. Sur ces jeunes gens et leur compagnon inséparable, Isaac de Trégouet, voir ci-après la note de la lettre LXIX.

XL

Lettre de Samuel Quickelberg [1].

Ingolstadt, 27 février 1554.

Autogr. : Bâle, K.-A., C. I. 2, t. II, f. 306.

[Lettre latine ayant trait à la seconde édition de la Bible latine de Castellion; Quickelberg pense que Castellion aura reçu, comme il le demandait dans sa préface, un grand nombre d'avis dont il tiendra compte; il lui conseille de joindre un *index*, le prie de parcourir un recueil de *loci Biblici*(?) que lui-même prépare et dont il lui donne le plan, le remercie de ses pieuses exhortations.]

Suscription : Sebastiano Castalioni, Basiliensi professori, amico syncero.

XLI

Lettre de Christophe Carleil.

19 mars 1554 : « Caleto Picardiæ, 14 cal. aprilis 1554 ».

Autographe : Bibl. de Bâle, K. A. C. I. 2, t. II, f. 308-309.

Cogor brevi quod sentio complecti : pietatem nemo colit... disciplina exterminatur, tumultus ubivis excitatur..., exitium tanquam saxum Tantalo, aut alicui Dionyso gladius a lacunari dependens imminet, metus undique... [2] et utinam occasus universi impenderet aut jamjam irr[ueret]! sed id nondum expectatur quia illa animi tranquillitas et animorum omnium consentio atque aureum sæculum, ut tu scribis [3], hactenus non cernitur.

Tuam in divinis literis diligentiam omnes, nisi qui ass..., admirantur; interpretatio dilucida est, et utinam [fuissent sacræ] literæ locutæ latine jam inde a principio literarum de græcis hæbreisque conversarum : habuissemus tum majorem earum gravissimarum et præstantissimarum rerum scientiam quarum cognitione et assentione aditus in cœlum patet expeditissimus.

Sunt qui diligenter evolverunt *Mosem latinum* et verba quædam aut barbara aut certe a latinis non usurpata scriptoribus notaverunt ut *reptile* et cætera hujus generis, et tamen extare latine quibus exprimi potuissent; et eorum quæ sunt in *Mose latino* et in *Davidis carminibus* quemdam fasciculum et quasi silvulam excerpserunt.

1. Pour la vie et les écrits de ce Samuel Quickelberg ou Quichelberg, natif d'Anvers, qui vivait en Bavière au milieu du XVIe siècle, M. Dziadzko signale un article dans *Kobolt's Bair. Gelehrten-Lexikon* (Landshutt, 1795), p. 532. Sweertius (*Athenæ Belgicæ*, p. 671) dit de lui : « Sam. Quickelbergius, medicus expertus, gratus Bavariæ duci, magni laboris summæque industriæ vir conscripsit Ingolstadii :..... *Apophtegmata et Stratagemata biblica* (Coloniæ, 1571). *Dialogus... inscriptiones sive theatrum amplissimum naturæ*, opus immensum, verum hæsit auctor in incœpto. »

2. Quelques lignes en partie mutilées; description du triste état de l'Église anglicane.

3. Allusion à la préface de la Bible latine. (Voir ci-dessus, t. I, p. 304.)

Sunt qui dicunt profanari literas si accessio facta sit latini sermonis, quibus acute et sapienter respondes[1].

Est et tertium hominum genus, totum odiosum, qui latine perbene sibi videntur loqui, quia in eo studio omne tempus ætatis consumpserunt, sed quoniam nec hebraice nec græce sciunt, omnem in divinis literis elegantiam vituperant; nam si divinas literas, quarum sensus et intelligentia omnis ex hebræarum græcarumque literarum cognitione pendet, tractarent, fieret ut, dum ornate vellent loqui in linguis sibi incognitis, turpiter irriderentur et errarent : quis potest dicere eleganter qui eas in quibus versatur res non habet cognitas penitusque perspectas?

Est item quartum genus qui nihil rectum putant nisi id quod illi aut faciunt aut ordiuntur. Infinitum esset singulorum reprehensiones persequi.

Fateor me ex tuis literis majorem fructum percepisse quam ex aliorum omnium interpretum translationibus; fontes puriores et uberiores esse semper puto, nec quemquam vivere qui omnia quasi ad unguem resecet : id esset Dei quidem, non hominis facere, neque uni omnia sunt donata, ut Homero et Paulo, theologorum Homero, placet.

Optarem atque omnibus votis expeterem ut aliquid copiosius vel de Mosis vel de Christi lege, quæ utraque eadem est, disputes. Perpulchra est ea tua disputatio de pœnis et suppliciis quæ nefarii irrogarent magistratus Christianis, qui boni viri esse deberent. Christus Mosis leges quibus respublica regeretur non antiquat, etc.

D. *Checus*, qui *Eduardum* regem, omnium quos sol vidit optimum, græcas latinasque literas docuit, fatetur se majorem utilitatem ex tua interpretatione capere quam ex longis aliorum commentariis. Is sic mihi narravit, et in dies tua cum hebræis græcisque conferre majore fructu et delectatione cœpit. Dolet te nullo donatum esse munere, donandum amplissimo si vixisset cui tuas dicavisti vigilias, sed mors una cum illo tuum munus eripuit. Reddet tibi Deus, et reddit, qui te in alieno solo sua tuetur providentia, et cætera quæ scribis in *Davidis Carminum* Proœmio[2].

Boni viri orant ut in exiguo volumine curares utrumque fœdus, sin id fieri non posset in duobus, una cum tuis utilissimis animadversionibus. Optarent etiam tua industria loca literarum conferri et conjungi[3] ut brevis longiori, obscura dilucidiore oratione explana [rentur][4]....

Quæ mihi videntur in tuis aut obscuriora aut a cæteris dissentientia aut a mea opinione abhorrentia alias ad te perscrib [am] quum plus otii fuero nactus.

Lego studiose tuos libros : *Mosem lat.*, *Bibl.*, *Psalm.*, *Dialogos*. — *Jonam Bapt.* tibi tribuo. *Dialogos* expectamus. Pollicitus es *carmina Davidica*, etc.

Caleto Picardiæ, 1554, 14 Cal. aprilis.

CHRISTOPHORUS CARLEIL.

Suscription : Sebastiano Castalioni, divinarum literarum interpreti perfectissimo, hæ dentur schedulæ.

1. Voir ci-dessus, t. I, p. 296 et 319.
2. Voir ci-dessus, t. I, p. 334, n.
3. En marge : « *quotari* barbari vocant. »
4. C'est ce qu'ont fait les éditeurs allemands au XVIIIe siècle. (Voir chap. XXIII, p. 287, et notre *Bibliographie*, n°s 8 et 10.)

XLII

Lettre à Basile Amerbach.

Bâle, 15 avril 1554.

Autographe : Bâle, G². I. 23 (8ᵉ pièce du nº 18).
Imprimée : voir ci-dessus, t. I, chap. VIII, p. 259.

XLIII

Lettre de Jean Tremule [1].

Chambéry, 26 avril 1554.

Autographe : Bâle, G². I, 23 (32ᵉ lettre du nº 69).

Mon frere, cosin et singulier amy, si lamour fraternelle et charité laquelle debvons avoir les uns envers les aultres ma incité a vous escripre la pᵗᵉ et par icelle vous recommander le présent porteur que s'en allait par dela pour perachever son estude jà encomencée, nen seres esbais; mais, comme aves tousjours faict par cy devant, vous supplieray le recepvoir et luy faire tout bon traictement à vous possible, car vous assure que c'est ung adolescent bien docille, de bonne nature et qui fera ung grand fruict moiennant laide du souverain et le vostre, fils de bonne maison et frère d'ung advocat en ceste court de parlement de Savoye a Chambery et advocat du roy au bailliage [2], homme docte et fameux, qui ne sera ingrat, ny moy aussi, recognoistre les plaisirs que luy feres et a bon moyen et vouloir le faire, aiant ouy parler de vous. Et lespoir que jay que luy feres plaisir pour lamour de moy me causera mettre fin a la presente, apres mestre tres humblement recommandé à vostre bonne grace et prie le souverain Seigneur vous donner en très bonne santé longue vie. — De Chambery ce XXVI avril 1554.

Vostre cosin et amy,
JEAN TREMULE.

Le cosin Chavent [3] se recommande a vous. Je vous supplie me faire tant de bien que de nous envoier vostre poesie crestienne, le pⁿᵗ porteur la fera tenir.

Suscription : A maistre Sebastien Castalio mon cosin, frere et amy. Basle.

1. Personnage obscur dont le nom est probablement latinisé. M. le conseiller Mugnier a bien voulu s'assurer que ce nom ne se trouve ni parmi les procureurs ni parmi les avocats du temps.

2. « L'avocat du roi au bailliage de Savoie était René Lepeletier, homme en effet savant et considéré qui fut ensuite substitut du procureur général au Parlement de Chambéry. — Jean Perraton, dont il est question ci-après, devint avocat général au Sénat de Savoie, le 18 mars 1562 ». (Note de M. L. Burnier, 1867.)

3. Sans doute de la même famille dont un membre a déjà été mentionné ci-dessus, t. I, p. 117.

XLIV

Lettre de Ballandi.

17 juin 1554.

Autographe : Bibl. de Bâle, G. I. 23, 10ᵉ lettre du nᵒ 69.

Monsʳ, combien qu'il y aie longtemps que ne vous ay veu et que ne vous aye escript pour navoyr heu commodité de ce faire, na esté sans bonne souvenance comme d'ung bon voysin et proche parent. Et fus marry dernièrement que ne vous peuz escrire par Mʳᵉ Jehan Perraton votre disciple, mais la grande haste que jayoys de partir pour aller en Piedmont mempechea. Je suis très joyeux de votre félicité et bonne réputation en laquelle estes tenu tant deça que dela des hommes de scavoyr, que vous sera gloire immortelle à laquelle moyennant la grâce de Dieu continueres.

Au surplus j'ay esté prié par l'uncle dudit Perraton vostre disciple vous escrire, lequel est homme d'honneur de la profession notre[1], de bon scavoyr et crédit, et quest des mellieurs amis que j'aye, pour vous prier qu'ayes son dit nepveu pour recommandé, ce de quoy je vous prie et supplie par grande affection et reputeray le plaisir que luy feres estre faict à moy mesme. Il me semble que le treuverez estre de bon jugement ayant volunté grande de scavoyr. Si en quelqu'endroit lui faictes plaisir et adresse, me obligeres, et aussi son dit oncle, à vous rendre le change, soyt envers vous ou les votres, car au besoing et nécessités lon cognoit les amis.

Et cependant, regardez si j'ai moyen vous faire plaisir ny service par deca de m'employer. Que sera l'endroit où je me recommanderay bien humblement à votre bonne grâce, priant le créateur vous donner en santé longue vie.

De Chambéry le xxiiᵉ juing 1554.

L'ADVOCAT BALLANDI[2].

Suscription : A Monsieur Castellio mon bon frère et amy, Basle.

1. Cet oncle, qui portait le même nom, Jehan Perraton, fut comme avocat un des Quatre Syndics de Chambéry (1560), puis selon Burnier (*Hist. du Sénat de Sav.*) avocat général du sénat de 1562 à 1583. Depuis 1540 c'était l'avocat le plus occupé du Parlement après Boullaye (note de M. le conseiller F. Mugnier).

2. Guillaume Balland, Ballandi ou Ballan, fils de Pierre B., Piémontais, né vers 1500, procureur au bailliage de Savoie (1542), avocat (1548), fut vers 1550 membre de la commission administrative des États généraux convoqués par Henri II (*Dict. histor.* de Grillet); avocat de la ville de Chambéry à partir de 1560; seigneur de l'Orme, petite seigneurie près de Chambéry; inscrit au Barreau du « Sénat » de Savoie de 1559 à 1566 (d'après les registres manuscrits du Sénat, archives de la Cour d'appel de Chambéry : communication de M. Blanchard, greffier en chef de la Cour d'appel). Balland fut enfin sénateur en 1581.

XLV

Lettre de Jean Larcher.

[Valengin, près Neuchâtel [1]], 30 juillet 1554.

Autographe : Bibl. de Bâle, K. A. C. I. 2, t. II, 305
Imprimée : *Nouveaux Récits du* XVIe *siècle*, Jules Bonnet, p. 298,
et *France protestante*, 2e édition, I, col. 330.

[Il l'interroge très amicalement sur quatre points, que nous résumons pour l'intelligence de la réponse ci-après :

« *Premièrement*, le bruit court qu'estes de l'opinion de *Servetus*, ce que je ne peux croyre....

Secondement, on dit qu'estes anabaptiste.

Tiercement on dit que vous dites que l'homme peut venir à telle perfection qu'il n'a plus besoing de prier : « *pardonne nous nos offenses* » et qu'il n'a plus besoing d'estre enseigné par la parole de Dieu....

Finalement le bruict court qu'avez faict imprimer ung livre contraire à ce que M. Calvin a traicté contre Servetus. C'est *de non comburendis hæreticis*. Or touchant cet article je scay assés à quoy vous en estes, car nous en conferasmes ensemble la dernière foys que je feus à Basle. Si est-ce que je désireroye que y pensissiez un peu de plus près.

Conclusion finale : vous estes en très mauvaise réputation en ce païs, tellement qu'il n'a pas longtemps un home de scavoir vous appella en une grande assemblée meschant heretique. »]

XLVI

Lettre à Jean Larcher.

9 août 1554.

Copie de la main du fils aîné de Castellion, Nathanael : Bibliothèque de l'église des Remontrants, à Rotterdam, ms. n° 505. — Cette copie se trouve à la suite de la lettre à un gentilhomme français, décembre 1557, n° LXI ci-après. — Inédite [2].

Responce de Sebastian Chateillon aux lettres d'un sien ami prédicant qui lui mandoit ce qu'on disoit de lui.

Envoyé à Jehan Arguier.

Frère, l'affection que vous me portés m'attire à vous aimer, veu que le mauvais bruit qui court de moy ne vous a pas retiré de m'écrire amiablement e chrétienement. Si tous les autres faisoint ainsi, on connoitroit bien devant que de juger e ne tomberoit-on pas en jugement

1. Chenot, *Notice historique sur l'introduction de la Réforme à Héricourt*, etc., p. 319.

2. Sur l'orthographe de cette lettre et des autres lettres française, voir ci-dessus, p. 270, et t. I, p. 327 et 419. Dans les copies de Nathanael, le même mot est écrit quelquefois différemment (*et* au lieu de *e*, *fils* au lieu de *fis*, je *croy* pour *croi*), comme si l'enfant avait par moments perdu de vue l'orthographe de son père pour suivre l'orthographe courante du temps.

léger, duquel il faudra rendre conte devant le grand juge : que c'êt une sentence peu entendue en notre temps.

Puis donc que vous êtes celui qui volés conoître devant que de croire, je vous respondray amiablement et en frère sur les points que m'écrivés. Je le feray en brief. Si Dieu veult que vous veniez par de ça, j'espère de vous rendre plus amplement raison de bouche.

Quant au premier point, que le bruit court que je suis de l'opinion de Servet, ce bruit vient de ce que j'ay toujours dit qu'on ne le doive pas faire mourir pour la foy; sur quoy on conclud que je suis de son opinion, qui êt aussi mal conclud comme si on concluoit que je suis larron pour ce que j'ay écrit qu'on ne devoit pas faire mourir un homme pour larcin [1]. Je laisse l'opinion de Servet, car puisque l'homme e le livre a esté brulé, il êt malaisé d'en juger; e ne conseilleray à homme d'en juger s'il ne voit le livre. E moi-même n'en jugerai que je n'aye veu le livre. Car j'ay apprins à ne croire point à l'adverse partie.

Qui voudra scavoir ce que je sens de Jésuchrist, qu'on lise mon annotation sur le troisième d'Exode e sur le 1er de saint Mathieu e sur les Sibiles. Ce que j'en ay écrit j'ay toujours dit et ne fus jamais d'autre opinion e ne reconnu onque autre créateur et sauveur que Jésuchrist, mon sauveur, mon Dieu. Que si on ne veut croire à mes écrits, imprimés [avant] la mort de Servet, n'à mes parolles, veu que je ne parlai jamais autrement, c'êt signe qu'on aime plus le mal que le bien.

Quant à ce qu'on dit que je suis anabaptiste, cela peut aussi venir de ce que je tien e ai toujours tenu l'opinion de Brence [2], c'êt que l'on ne doit pas faire mourir un anabaptiste pour le baptême; vu qu'on doit plutôt perdre le sien selon saint Paul que de plaidoir ainsi malheureusement comme l'on fait : car aujourd'hui qui parle à bon escient de patience on l'appelle anabaptiste. J'ai bien quelques fois tâché de retirer quelques anabaptistes de quelque abus, voire en ay retiré par la grâce de Dieu. Mais il ne s'ensuit pas pourtant que je le soye. Temoings ceux de cette ville, prêcheurs et autres qui sont parreins de mes enfants [3] : ce qu'un anabaptiste n'endureroit jamais.

Quant au troisième point je croy simplement que ce que Jésus nous a apprins de demander : « *ton nom soit s., ton règne v., ta volonté soit faite en la terre comme au ciel* », sera faict tout ainsi que son église le demande e que les prières des saints ne seront point vaines. Or êt la volonté de Dieu que son nom soit sanctifié e que son règne vienne. La volunté de Dieu êt celle que nous êt montrée en ses commandemens e promesses, e n'en connoy point d'autre [4]. Cette volunté sera faite en la terre comme au ciel aussi richement e vrayement que Dieu êt vray et riche. Vela ma créance e espérance. Si je dis mal, qu'on me le montre, je suis prêt d'apprendre. A sçavoir mon, comment et quant cela se fera. Dieu le sait; je n'en parle que par foy e espérance. Car je suis bien loin

1. Allusion à un passage célèbre de son *Moses latinus*, que, comme on le voit, il ne renie pas. (Voir ci-dessus, t. I, p. 298.) Le plus piquant est qu'on n'a pas manqué de lui adresser cette accusation qui lui semblait à bon droit absurde. (Voir ci-dessus, t. I, p. 248, et t. II, p. 124, 256, note 2, et 257.)

2. Voir t. I, p. 371 et 383.

3. Voir ci-dessus, chap. XXIII.

4. Allusion à la théorie calviniste qu'il a tant combattue et qui distingue deux volontés en Dieu; voir ci-dessus, p. 176 et suiv.

d'y estre parvenu. Ceci n'êt point contre la gloire de Dieu, mais êt à la gloire de Dieu, qu'il face richement tout ce qu'il a promis à nous indignes affin que puis après nous le remercions éternellement, ce qui êt le but e intencion de Dieu d'achever tout son œuvre en six jours pour se reposer, e nous quant e luy, au sabbat. Notés bien qui êt le sabbat devant lequel il faut que nous facions tout notre œuvre de peur que n'arivions trop tard. Faisons tout notre devoir : Dieu êt miséricordieux, il suppléera nos foyblesses et ignorances. Mais si nous sommes lâches ou tièdes, il nous vomira sans nulle doute.

Quant au livre *De non comburendis hæreticis*, je ne l'ay point veu. Bien ay-je veu, devant que voir le livre de Calvin, un livre intitulé : *De hæreticis an sint persequendi et omnino quomodo sit cum eis agendum.* Les opinions de plusieurs e nommément d'Augustin, de Jérôme, de Chrysostome, de Théophylacte, de Lactance, d'Erasme, de Pellican, Urbanus Regius, Augustinus Eleutherius, Otho Brunfelsius, Calvin, Cœlius, Castalio, e plusieurs autres qui, tous d'un accord, maintiennent qu'en tel endroit on ne doit besogner que par le glaive de la parolle de Dieu. S'il y a quelcun qui écrive contre [1], il sera bien habille s'il peut refuter toutes les raisons de tous ces autheurs, voire il faudra qu'il renie ou torde merveilleusement l'Ecriture, laquelle fait pour eux en cet endroit.

Quant à ce que vous désirés que je y pense un peu de plus près, j'y ay pensé de si près que par la grâce de Dieu j'ay manifestement connu qui êt le mauvais serviteur lequel, quand son maître tarde à venir, ivrogne e commence à battre ses compagnons serviteurs. Pensés i bien de près e sans acception de personnes, et par la grâce de Dieu vous le cognoitrés; autrement il n'êt possible : epluchés bien toute la parabole, e nous gardés de la tordre, vous y verrés merveilles.

Touchant celui qui m'appella « méchant hérétique [2] » e conséquence, e qu'il est d'avis qu'on me brule; je luy pardonne et prie le Seigneur qu'il luy pardonne, s'il le fait par ignorance, comme il peut estre. Père, pardonne-nous, comme nous pardonnons à ceux qui ont tort de nous. Autant en di-je de l'autre qui écrit contre moy [3], lequel je pense ne me vit jamais e suis bien asseuré qu'il n'entend nullement mon but, entreprinse e intention, e cuide de moy tout au contraire de ce qui sera trouvé au jugement non des hommes mais du Seigneur.

Je suis prêt à leur faire service (voilà ce que m'enseigne l'école de Christ) mais non pas à consentir au sang avec eux. Aussi n'est-il pas leur profit; non, certainement, ce n'êt pas leur profit, qu'on consente avec eux en cela. E sera trouvé qu'ils seront en cela aussi loing de Christ que le rouge est loin du blanc. Mais pour le présent, ils ne le peuvent voir, à cause qu'ils ont un verre rouge devant les yeux, qui fait que tout ce qu'ils voient êt rouge. Je voy cela aussi clairement que le soleil, dont je remercie Dieu e le prie d'illuminer les non voyans.

Frère, prenés à la bonne part mes parolles. Je scai que le Seigneur appelle bienheureux ceux qui ont mauvais bruit pour son nom e malheureux ceux desquels tout le monde dit bien. Car ainsi faisoint-ils aux

1. Savait-il qu'à ce moment même Th. de Bèze « écrivait contre »? Il semble y faire allusion.
2. S'agit-il de Farel?
3. Théodore de Bèze.

faux prophètes. Pourtant ne me souciè-je guaire du bruit que me font avoir ceux qui ne me connoissent pas e lesquels croyent les ignorans qui me connoissent encore moins. Le Seigneur face que je lui serve en esperit e vérité. Mais je vous veux bien avertir qu'il ne faut pas croire légèrement à chacun. Je sai qu'on me charge tant qu'on peut, e qu'on met des opinions e articles e monstres en avant, desquels je suis plus loing que ceux même qui les avancent. Voire on m'a bien dit en ceste ville en ma présence que j'avoi écrit sur le 9 aux Romains [1] que nous sommes sauvés par nos euvres, ce que n'écrivi ni ne pensai jamais ; e même celuy qui me le reprochoit disoit qu'il ne l'avoit pas leu, mais ouy dire. Or pensés qu'on dira, en mon absence, de mes parolles, quant une chose écrite à tant d'exemplaires [2] êt faussement falsifiée en ma présence. Je laisse courir le bruit : qu'on feigne et die ce qu'on voudra : Dieu ne croira que ce qui en sera.

Il serait aisé de défendre le droit si les oreilles n'étoint point bouchées par faux rapport, mais puisqu'ainsi êt, je recommande l'affaire au Dieu de mon droit e raison. O Seigneur, que les hommes me maudissent tant qu'ils voudront, pourvu que tu me bénisses, qu'ils me haissent pourvu que tu m'aimes, qu'ils me déchassent et chassent, pourvu que tu me reçoives e favorises e me contregardes sous l'ombre de tes ailes, pour l'amour de Jésuchrist ton fils, notre Sauveur! Amen.

Frère, je vous remercie de la peine qu'avés prinse de m'écrire. Si nous parlons jamais ensemble, vous conoitrés, si Dieu le permet, que je n'ay point tenu aux autres pire propos que j'ay autrefois à vous, e que mon entreprinse en la religion n'êt nullement empirée ni changée, ains avancée de bien en mieux, dont Dieu soyt loué. Lequel je prie qu'il vous face la grace de renonçer à vous-même e suivre son fils en toute sainteté. Amen. De Basle, le neuviesme de juillet, 1554.

XLVII

Lettre de Hugues Caviot (ou Caviol).

Lausanne, 10 août 1554.

Autographe : Bibl. de Bâle, G² I, 23 (11e lettre du n° 69).
Imprimée : J. Bonnet, *Nouv. Réc.*, p. 302 ; — *Opp. Calv.*, XV, 210 [3].

[Lettre d'un ancien pensionnaire (« qui a demeuré autres foys avec vous ») lui rendant compte des propos tenus par « quelque personnage » qui « avoit disputé avec vous tant qu'il vous avoit montré que failliez en beaucoup de choses ». D'autres ont dit « qu'on avoit arraché une feuille de vostre Bible, là où il y avoit des choses fort dangereuses et estranges. » Caviot ne peut pas le croire.]

1. Allusion à son *Annotation* sur le chap. IX de l'Ep. aux Romains qui fut supprimée par les censeurs. Voir ci-dessus, p. 107, 113.

2. Il semble qu'il écrive au moment où sa Bible est en vente et avant de connaitre la décision des censeurs ordonnant de supprimer les cahiers où se trouvait cette annotation qu'Oporin remplaça par le signe * indiquant la mutilation.

3. Corrigé, au lieu de « *juing* », d'abord écrit. Il aurait fallu écrire : *aoüt*, la lettre à laquelle il répond étant du 30 juillet.

XLVIII

Lettre de Jean Larcher.

[Valengin], 4 octobre 1554.

Autographe : Bâle, K. A.. C. I. 2, t. II, f. 304.
Imprimée : Jules Bonnet, *Nouv. Récits du* XVIe *s.*, p. 301.

[Réponse à la lettre du 9 août (ou peut-être à une autre subséquente et tout analogue) : il se repent presque de lui avoir écrit. « Vous me donnez à entendre que m'estimez semblable à plusieurs,... que je vous veuille tirer les vers du nez, comme on dit, afin de le rapporter à vos ennemys.... Ce qui a esté cause que respondez aussi obscurément qu'aviez faict auparavant. » Il ne relève que deux points : la croyance de Castellion à la possibilité « de l'accomplissement parfaict de toute la loi de Dieu » (opinion qu'il taxe d'erreur contraire à 1re Ép. Jean, I); — et la réponse de Castellion « qu'il croit de J.-C. tout ce qui est escript aux S. Escrytures ». N'y est-il pas « appelé vray Dieu » et n'est-il pas par conséquent égal au Père]? — Nous n'avons pas la réplique de Castellion. Nous ne retrouvons leur correspondance qu'en 1558 (voir ci-après le n° CI).]

XLIX

Lettre à Félix Platter.

10 décembre 1554.

Autogr. : Bâle, freygrynæisches Institut, Briefsammlung, vol. 9.

Sebastianus Castalio Felici Plattero S.

Oravit iterum[1] me parens tuus ut te per litteras ad pietatem cohortarer; ex quo facile intellexi quanta sit ejus cupiditas studiumque tui. Itaque, ipso præsente, optavi ut tu eum longe longeque pietate superares; quæ quidem optio ei adeo arrisit, ut dixerit optare se ut te videat et suspiciat in cœlum pietate scandentem.

O mi Felix, debet is patris animus igniculos in corde tuo accendere ad pietatis studium et efficere ut si non re, saltem votis et voluntate atque conatu ei respondeas. Quare, vide ut utrique patri, hoc est Deo et Thomæ Plattero, placeas; hoc est ut de pietate dies noctesque cogites, hanc ames, cum hac vigiles et dormias, huic deinde ad mortem usque incumbas.

Utinam, mi Felix, utinam hoc vere facias : nihil enim possis vel Deo vel tuo patri vel mihi, (nam et ego tuam salutem exopto) jucundius, vel tibi salutarius facere.

Quare age; habe perpetuo vitæ futuræ rationem, et mundana obiter et divina ex professo tracta.

Ita fiet ut similis sis arboris ad aquam satæ, quæ fructus suos fert suo tempore. Vale.

Basileæ, 10 déc. 1554.

1. Voir les lettres de Thomas Platter à son fils, publiées par Achille Burckhardt, 1890.

XLIX *bis*.

Lettre à [un ami] [1].

Bâle, 1er juillet 1555.

Imprimée comme préface du *Quinque impedimentorum*.

[Lettre intime à un ami qui lui avait demandé cet écrit; il s'excuse de l'avoir oublié : l'ami a rappelé sa demande en écrivant à Bauhin : admonitus tuis ad medicum literis, quæsivi et inveni. Suivent des exhortations à la vrai foi, c'est-à-dire au courage moral. O frater, frater si esset firma fides nostra, fierent in nobis divina.... Obmutescant qui negant expugnari posse Chananœos : ipsi in solitudine moriantur, et qui crediderint intrent in Chananœam.... Salutabis uxorem et familiam.]

L

Lettre de Perrucel de la Rivière.

Wesel, 16 août 1555.

Autographe : Bâle, G², I, 23 (27e lettre du n° 69).

Grâce et paix par J.-C.

Monsieur, depuis mon partement d'Angleterre, jay souvent desiré venir à vous pour resider auprez de vous ou allieurs selon vostre conseil, mais le Seigneur ma encore retenu en ces païs où je vis, en désir toutefois d'avoir de vos nouvelles et scavoir de vostre estat, principalement de vostre ancienne amitié vers moy, de laquelle je n'ay jamais doubté quelle nait esté entière, comme aussi mon cueur a tousjours esté droict en votre endroict, et prie tous les jours mon Dieu qu'il me donne moïen à sa gloire de vous veor. J'avoie tousjours eu espérance que viendriez en Angleterre pour l'attente que m'en avait donné le Seigneur Florens a Diaceto [2] qui vous avait porté mes lettres en son voyage en Italie, mais je voys que le Seigneur a tout disposé aultrement, je le prie qu'il conforme notre plaisir au sien. Amen.

Monsr, le porteur de ceste a esté en Angleterre ministre de la parolle de Dieu et des sacrements et encore ministroit la parolle de Dieu ycy chez Mme la duchesse de Suffolc [3], laquelle réside pour le présent ycy avec sa famille. Or a il prins vouloir à cedit porteur d'aler demeurer prez de vous (par le bon odeur qu'il en a sentu) pour vacquer à l'estude des lettres grecques et hebraïques, pourtant je n'ay faict difficulté, pour la charité que je scay habonder en vostre cueur, de le vous adresser et

1. Ce ne peut pas être Zerchintes qui ne connaissait pas encore Bauhin. C'est le ton d'une lettre à un ami intime, et Castellion n'en avait pas beaucoup, à cette date surtout.

2. Florence Adjaccto ou Diacceto est un personnage connu : les *State Papers* (Foreign) contiennent de 1558 à 1561 de fréquentes mentions de son nom et des missions ou messages dont il était chargé sur le continent par la reine Elisabeth.

3. On connaît l'histoire de la fuite de la duchesse avec son second mari sous le règne de Marie Tudor et la légende de la naissance de son fils *Peregrinus* sous le porche de l'église de Wesel.

vous prier que le vouliez assister pour trouver maison et aussi de conseil pour dresser l'ordre de ses estudes.

Or vous puis-je dire, monsieur, aultant que l'homme peut de l'homme, que le trouverez hom[me] de bien, cregnant Dieu et amateur de la *robe blanche* [1] de laquelle je prie le Seigneur nous vestir tous pour au grand jour estre idoine de sa dextre. Amen. De Wesel ce 16 d'août 1555.

Si la Bible en français de votre version estoit imprimée in-4, je désireroie que la m'envoiissiez par la voie de Francfort et par la mesme je vous envoieroie largent ron[d]. Par ce porteur je vous envoie un Phlipus d'or de mon petit pouvoir pour un simbole de nostre amitié. Mon pere vous salue de bon cueur avec moy et maintz aultres freres vivans ycy qui nont point veue vostre face, mais leur estes cogneu de nom :

Votre frère, disciple et plus amy,
François de la Rivière.

LI

Lettre de Hessel Aysma

Leuwarden, 25 août 1555.

Autographe : Bâle, K.-A, C. I, 2, f° 310.

Sæpenumero mecum expendo summam tuam humanitatem et mentem pietatis plenam, doctissime Castalio, cuperemque vehementer nonnunquam mihi opportunitatem dari ad te scribendi et de rebus nonnullis conferendi. Cæterum quum propter locorum intercapedinem id non est concessum, opportunitatem datam mihi negligendam minine puto : per mercatores enim francfordienses literas nostras ad te perventuras facile conjicio.

Cum tibi anno superiori adessem, et de rebus quibusdam conferrem, pro summa tua humanitate, candide omnia mihi aperiebas. Unde magnas tibi gratias debeo. Nunc autem cuperem tecum communicare de partibus hominis renati, hoc est quid reliquum sit pristinæ et primæ nostræ naturæ; quid sit caro et quomodo sentiatur in christiano; et quid Spiritus, et Christus. Valde enim magna videtur de re maxima doctorum hominum dissentio (*sic*).

Tua autem disputatio a me fuit audita, quam et publice Homerum legens habebas et privatim mihi domi tuæ enucleabas. Ego quantum ea in re intelligam tibi tum aperiebam. Et nunc breviter explicabo, ut tu qua in re dissentias et qua de causa mihi, data occasione, perscribas. Tua enim ea natura est bonitas ut mihi hoc non sis negaturus.

De prima natura sic statuo : eam fuisse similem naturæ divinæ qualitate sapientiæ et virtutis. Factus enim et conditus videtur homo ad imaginem Dei, nulla alia in re similitudinem ejus referens quam quod non peccaret et res suo usui destinatas cognosceret. Erat enim creatura tantum.

Post præcepti legisque transgressionem, naturalis quædam essentia

1. Allusion probable à la préface de Martin Bellie.

diaboli videtur intrasse in hominem, quæ non sustulit primas qualitates, sed in servitutem redegit ac ut universus homo sibi paratus esset ad serviendum contra Deum compulit. Essentia enim ejus violenter hominem adigit ad sibi inserviendum.

Tertia vero natura rursus essentialis mihi videtur ac imperium diaboli tollere. Naturalis enim essentia Christi, intrans in hominem fidelem, eum non solum liberat ab imperio et servitude diaboli, sed filium Dei facit. Christi natura divina habitans in renato non extinguit et expellit secundam naturam, sed eam privat et in servitutem redigit ac ne quid possit compellit.

De hac re quid tibi videatur quæso per otium disputes (est enim ea disputatio tibi familiaris) ac ad me transferri cures. — 8 calend. septembr. 1555, Leouerdiæ in Phrysia.

Quod me pio viro *De Phalesio*, anno superiore, commendaris, gratias ago.

Tuus ex animo humilis discipulus,

HESSELUS AYSMA, Phrysius [1].

Suscription : Clarissimo et doctissimo D^{no} D. Seb. Castalioni græcarum literarum professori apud Basilienses. Basileæ.

LII

Lettre à Félix Platter.

29 juillet 1556.

Autogr. : Bâle, freygrynæisches Institut, Briefsammlung, vol. 9.

Sebastianus Castalio Felici Plattero S.

Rogatus, ut sæpe antehac a patre tuo, scribo tibi, mi Felix, ut per felicitatis viam incedas; hoc est ut ea facias quæ facientes felices pronunciat Magister apud Matheum cap. 5, 6 et 7. Memineris vitam brevem, artem longam et oportere non solum medicum sed etiam ægrotum fungi officio [2]. Medicus Christus non deerit suo : tu ne tuo desis. Da operam et noli committere ut te dormientem illa dies opprimat. Vale, mi Felix.

Die 29 julii 1556.

Suscription : Felici Plattero, à Montpelier.

1. Le Frison Hessel van Aysma (aussi écrit Aitzema) fut syndic de Groningue dès 1560 et joua un certain rôle dans le soulèvement des Pays-Bas (voir Van der Aa, *Biogr. Woordenb.*, I, 460). Une lettre à lui adressée en 1587 lui donne pour titre : *Frisiæ præsidi vigilantissimo* (Gabbema, *Epist. cent. tres*, 433).

2. On retrouve ici textuellement la métaphore familière à Castellion et sur laquelle il a tant insisté pour redresser celle de Calvin (voir notre chapitre XIX, nótamment p. 191).

LIII

Lettre de Justus Velsius [1].

Francfort, 9 novembre 1556.

Autographe : Bibl. de Bâle, K.-A, C. I. 2, t. II, f. 311.

Nunç vere, vir ornatissime, in ea incidimus tempora de quibus, longe ante, nos præmonuit verus ille Propheta et omnis prophetici spiritus inexhaustus fons, unicus ille Doctor et Magister, Jesus Christus... [longues phrases sur les séducteurs annoncés].

Cujus modi non solum romanum novimus pontificem, sed quum alios multos qui se Evangelicorum nomine insolenter jactant, tum Joannem Calvinum et Joannem à Lasco experti reipsa sumus qui pro suis, erroneis et impiis atque adeò blasphemis opinionibus (quanquam nec inter ipsos illos adhuc satis de his conveniat) tuendis, non solum se adversus omnem rationem rectam et scripturam impudenter declararunt sed etiam, quantum in ipsis sit, homicidalem animum erga nos satis prodiderunt [2]. Sed Dei beneficio irriti omnes illorum fuerunt conatus nihilque aliud quam ineluibilem infamiam ex toto hoc negotio reportarunt.

Cœterum ut cujusmodi noster fuerit Congressus ex parte intelligas (plusculum enim otii nactus universam disputationis rationem exacte describam) hæc nunc ad te negligentius per famulum descripta mitto, simul cum alio quodam scripto quod ad doctorem medicum Ducis Juliacensis, virum piissimum et doctissimum, e carcere misi, in quo quid *de justificante fide* sentirem breviter complexus sum. Hoc scriptum Melanchton mensibus aliquot apud se habuit... mihique sententiam postu-

1. Sur les démêlés auxquels font allusion cette lettre et les suivantes et sur la carrière orageuse de ce médecin, consulter, outre Bayle et Paquot, l'étude de M. Sepp : *Kerkhistorische studien*, 1885, p. 91-180. Sa première affaire est ainsi racontée par G. Cassander à Nydbruck : « ... De Velsio autem quæ nobis partim absentibus, partim præsentibus acciderunt vix libro comprehendi possent. De hoc alias. Ipse vero adhuc in carcere conservatur neque quicquam illi hactenus profuit Augustanam confessionem professum esse aut ad eam provocasse. Constitutum quidem erat a Senatu ut Comiti traderetur (quod extremum urbis Senatus in capitalibus causis potest : jus gladii penes episcopum cujus Comes est minister; quare quem Comiti tradit Senatus eum capitali supplicio dignum judicat). Verum nihil adhuc est effectum. Coloniæ, 22 janv. 1556. » (Bibl. de Vienne, ms. 9737 k, f. 16.) — Cf. Bianco, I, 791, et Ennen, IV, 688, 780.

2. Allusion à sa récente discussion publique avec Calvin à Francfort. Calvin la raconte en deux mots à Mélanchthon, sans rien ajouter au jugement sommaire que voici : « Insanus quidam Velsius, ad quem bis scripsisti » (17 sept. 1556). Hotman est plus explicite : « Francofordiæ Velsius quidam qui anno superiore Coloniæ captivus fuit, homo loquaculus et satis audax, anglicæ ecclesiæ pastori D. Horno denuntiavit paulo ante Calvini adventum se propheticas quasdam revelationes habere, de quibus publice disputare vellet.... Summa propositionum erat hæc : aut esse liberum arbitrium aut Deum tyrannum esse. » Hotman assure que Vels acheva de perdre le peu de crédit qu'il avait, et que Calvin excita la plus vive admiration chez les Allemands « propter acumen ingenii ». (*Opp. Calv.*, XVI, 301.) Calvin lui-même résume plus exactement le fond du débat dans ce mot à Musculus (oct. 1556) : « Tuebatur liberum arbitrium et prædestinationem oppugnabat ». (*Ibid.*, p. 319.) Il est facile de voir d'ailleurs par les lettres dont nous reproduisons les passages principaux que Vels n'avait ni l'équilibre d'esprit ni le sang-froid que Castellion lui recommandait.

lanti... occupationes excusavit, ... sed συμβολικῶς ὡς οἶμαι literis inscripsit « Justo Velsio δικαίῳ πέτρῳ ».

Francoforti ad Mœnum 9 novembr. die anno 1556. Mitto tibi etiam exemplar *apologiæ* nostræ. Jo. Oporinum meo nomine plurimum salutabis.

LIV

Lettre de Daniel Mauch.

Worms, 27 décembre 1556.

Autographe : Bibl. de Bâle, K. A. C. I. 2, f° 315.

Erudito et pio Sebastiano Castalioni amico optimo.

Salus, pax et gaudium. Legi magnam partem Bibliorum a te translatorum placentque adjunctæ annotationes maxime, quæ res fecit ut cœperim etiam tuam et notitiam et amicitiam ambire superque eo *Heroldo* nostro mandatum dedi. Scire autem debes me te atque eruditos omnes (quantumvis idiota ego) et amare et colere. Deus autem optimus maximus illuminet vultum suum super nos et misereatur nostris detque in eodem spiritu recta sapere. Qui te etiam mente et corpore diu sanum et incolumem conservet. — Datum Wormatiæ, 27 décembre MDLVI.

Tuus quantus est,

DANIEL MAUCH [1].

LV

Lettre de Perrucel de la Rivière.

Francfort, 17 avril 1557.

Autographe : Bibl. de Bâle, G² I, 23 (25ᵉ lettre du n° 69).
Imprimée : Jules Bonnet, *Nouv. Récits*, p. 303.

[Lamentations sur « l'horrible dissipation des Églises, à cause de tant de contrariétés esquelles aujourd'huy se plaisent les hommes plus par faulte de charité que par amour de vérité »; — notamment sur « les tumultes que depuis naguères à la poursuite de Illyricus on a excités contre le bon Ph. Melanthon »; — et enfin sur l'état « de nos ésglises angloise et françoise assemblées à Wesel, lesquelles sont chassées de là à la poursuite des prédicateurs du lieu pour la confession de la cène (dont je vous envoie la copie affin qui j'aye vostre jugement en l'affaire). Toute la conduicte du faict vous raconteront les frères anglois qui se retirent vers vous ».]

1. Ce Daniel Mauch d'Ulm n'est pas un inconnu. Erasme l'avait recommandé en 1525 au cardinal Campège. En 1526, il est chargé d'une mission d'affaires à Moscou. Nous le retrouvons en 1537 conseiller de l'évêque de Brixen (Tyrol), en 1540 en Espagne, plus tard vicaire à Worms (Alb. Jægermann, *Neue Nachrichten v. Gel. u. Künstl. aus Ulm* [Fortsetzung, Ulm, 1829], p. 296). On trouve plusieurs lettres de lui à Gaspar de Nydbrück, à la Bibliothèque impériale de Vienne.

Hérold s'était acquitté de sa commission et Castellion n'avait pas repoussé ces ouvertures d'un prêtre catholique, comme le prouvera le n° LVI, ci-après.

LVI

Lettre de Daniel Mauch.

Worms, 20 juin 1557.

Autographe : Bibl. de Bâle, K.-A, C. I, 2, t. II, f° 316.

Daniel Mauch Sebastiano Castalioni salutem et gaudium.

Charissime frater, quas *24 junii* MDLVI ad me scripsisti literas, accepi hoc anno XV ejusdem mensis.

Magnam habeo gratiam quod ad me scribere es dignatus et quamvis in secundis ad me tuis scribas te, impellente *Hérold*, rem sane inutilem et nihili ad me mittere, ego longe in alia sum sententia. [Il explique l'utilité que peut avoir le commerce épistolaire et reprend par cette observation qui laisse bien deviner le ton demi-découragé, demi-défiant de la réponse de Castellion] : « *Videris autem mihi de ea re subdubitare et quod ecclesiastici ordinis et professionis sum, de mea vel conversione vel salute quodammodo desperare, aut te frusta mecum agere.* » [Il proteste au contraire de son intention sincère de s'instruire, de son indépendance d'esprit, et insiste pour un échange de lettres.]

Benevale, mi frater et vel quaternas annuas ad me scribe, tuamque quam polliceri videris erga me fraternitatem et amicitiam serva.... Pax tibi! Datum Wormatiæ 20 junii MDLVII.

LVII

Lettre d'un inconnu.

12 octobre [1557].

Autographe : Bibl. de Bâle, G² I, 20, n° 67.

S. Pour ce que le porteur de la présente le Dr Andernakus [1] a charge de moy de traicter de quelque affaire avec le sieur Michel Isingrin et Pierre Perna, à raison de quoy il désire bon conseil et addresse, je luy ay promis et m'en a aussy prié de vous escripre affin que le veulliés assister s'il vous en requiert. Je me fie tant de vous deux.... [Ici il paraît traiter d'une affaire d'intérêt à laquelle « il ne veut pas se rompre la tête », comptant sur ses deux amis pour faire « que toutes les parties soient gardées chacune en toute équité ».]

Au surplus, je luy ay dict de vous fere une demande touchant la vraie Église visible, où elle est, et (cependant que lon la cherche ou bien qu'on attent qu'elle retourne du desert où l'Apoca[lypse] dit que elle s'en est

1. Les registres ms. de la Faculté de médecine de Paris (*Comment.*, t. V) contiennent de fréquentes mentions du Dr Joannes Guntherius Andernacus, reçu licencié le 4 juin 1530, *vesperisatus* le 20 février 1531, reçu docteur le 29 octobre 1532, gratifié d'une augmentation exceptionnelle de traitement (novembre 1534) et de la remise gracieuse d'une somme qu'il devait à la Faculté : « quæ quidem summa nemine reclamante ei ultro condonata est, eo potissimum nomine quod optime meritus esset de re medica et magno labore ac studio plurima Galeni opera et totam Pauli Æginetæ medicinam latinitate donasset » (folio 48).

fuie) comment les chrestiens particuliers se poront conduire vec celles qu'on bastit tous les jours. Ce n'est point sans cause que je m'informe, comme il vous dira, et aussi du gentilhomme provencal qui m'est venu assailir. En effet, je ne puis estre bon catholique sy je ne vais tous les jours au sermon, et à la cène quand elle se faict, encore que la goutte ou aultre chose legitime mempeschat. Je ne débatz point volontiers pour telles choses et vouldroye complaire, mais aussy il ne fault rien faire qu'en foy. Le dit porteur seroit aussy volontiers résolu sur le faict, et pourtant il le vous deduira mieux. Prenés tout à bien et me mandés response de celles par Celius le jeune et depuis par Jenin Maldonad et Pierre Perna. Dieu soit avec vous. Ma femme et moy vous saluons affectueusement et la petite famille. Ce XII octobre.

Expecto *Theologum Germanicum* [1], latinum potius.

Suscription : A Messrs maystres Jan Bouin et Sebastian Castalio, mes bons et singuliers amis, ou à l'ung d'eux, à Basle [2].

LVIII

Lettre de Mélanchthon.

De Worms, 1er novembre 1557.

Imprimée : voir ci-dessus, chapitre XVII, p. 116.

LIX

Lettre de Pierre de Vilate.

Heidelberg, 2 décembre 1557.

Autographe : Bibl. de Bâle, C. I, 2, t. II, f. 397, 398.

Oportune sese mihi obtulit occasio ad te scribendi per D. Lœlium Sozinum ut et ubi essem et quid agerem ex literis meis perspiceres, tum etiam præcipue quod jamdudum in animo reconditum haberem a me ut tuo fidelissimo discipulo acciperes.

Scias igitur me, postquam Argentinam venerim, ibi coactum fuisse per mensem commorari; quo exacto, Heidelbergam, deinde propter aliqua negotia Frankfurtum, rursus Heidelbergam (Deo optimo maximo gratia) bona cum valetudine, me recepisse.

Ibi jurisprudentiæ sub D. Balduino operam do, studia vera literarum græcarum, quæ sub te institueram, vix possum persequi propter defectum docentium, quod certe ex sententia non succedit.

Aliud quod te cupio scire sic se habet. Cum Argentinam venissem, non multo post fuit mihi consuetudo cum multis, quibus quum aliquando de rebus seriis et piis verba facerem, alios dociles, alios vero pertinaces

1. C'est cette demande de la traduction latine de la *Theologia Germanica* qui permet de fixer la date de cette lettre.

2. Cette lettre parait provenir de quelque seigneur français qui hésitait à se déclarer protestant.

inveni maxime in causa sacræ cœnæ et prædestinationis, sed quid mihi accidit, audias velim. Simul atque os aperui ut aliquid eorum quæ me pie ac sancte de prædestinatione docuisti exponerem, [simul] dictum ac factum : *Castalionista* factus fui. Hujus generis homines conjicere potes esse ex iis qui genevense habent ingenium. Hoc ita me male habuit ut ferro eos vellem onerare, verum apud me quum rediissem aliis armis certandum in animum induxi meum, sicque certavi amice ut victor extiterim et eorum nonnulli a sententia destiterint, reliquos obstinatos reliquerim quasi veritatis non cupidos.

In hac urbe te valentissime tueor adversus eos qui te calumniari cupiunt. Et fecissem si adfuissem contra Farellum qui nuper, cum huc (simul et Beza) venisset, verba de te faciens apud aliquem Gallum (alioqui pium, qui et hæc verba non libenter audivit, etsi tacuerit) te *mauvais garson* vocavit. Profecto clavos, ut aiunt, illi retudissem suos. Nam quum certo scio te vere Christum colere atque vero illum amore amplecti, non defuissent mihi verba quibus illum maledicere ostendissem. Quapropter scias me tibi addictissimum fore ; et quantum potero te et amabo et colam, tanquam præceptorem meum observandissimum ; et quiquid tibi servit aut obedientia præstare potero, id quam libentissime ac patri meo præstabo.

Hoc uno te exorabo, ut ad me, si per otium licuerit, scribere velis, nam cum hoc tempore nihil mihi gratius esse possit tuî recordatione, tum certæ erunt magis tuæ literæ. Quod si feceris, gratissimum erit si cap. 17 Apocalyps., quo me expedire nequeo, paululum attigeris, ubi... fit mentio « de his quorum nomina sunt scripta in libro vitæ ante mundi constructionem ». Tuas autem literas recta mittes ad D. Balduinum, is enim eas mihi reddet.

D^nos^ meos Tregoet, de la Boyssiere et fratrem illius illorum (sic) Olivarium meis verbis salutabis.

Heidelbergæ quarto non. Dec. 1557.

Tuus in perpetuum tibi addictissimus discipulus,

PETRUS DE VILATE [1].

LX

Lettre de Guillaume Constantin.

S. d. [de Lyon].

Autographe : Bâle, G², I, 23 (20ᵉ lettre du nº 69).

C[onstantin] à Monsr Castaleo à Balle.

[Il demande à son cousin de lui « envoier le portrait comme Platterus tire l'eau de son puis ».]

« Si je euse seu que vous fustes si près de seste ville comme vous aves esté [2] je vous fusse allé voer, car je ay si grand envie de vous parle[r]

1. Enregistré à la *Matricula studiosorum* anno 1556, fº 196, verso, sous la désignation : « Petrus de Wylat, tholosanus ». Vraisemblablement le même que Petrus des Villates qui fut plus tard lieutenant du vice-amiral de Guienne et fut surtout connu sous le nom de Champagné. (Voir la monographie publiée par MM. de la Boutetière et Enschedé, *Des Villates en France et aux Pays-Bas*, Haarlem, 1881, gr. in-8, p. 10 et suiv.)

2. Castellion s'est donc rendu près de Lyon : où? quand? pourquoi?

pour vous dire chose que je n'en ose escripre, cre[g]nan[t] quelle ne tombe point en vous mains. — Quant au retretement que maître Jehan [1] a faict il est tout obeisang à lur volonté, bref se est [c'est] un autre heus mesme, car il a cherchié tout moen de leur complaire et a faict une confection de foy qu'[il] avoet promis de me montre[r], mais il ne l'a pas faict.

Je vous ays escript a vous et au medisin [2] et ne me avés point escrips, je ne sect pourquoys; et si vous ay escrips à la bonne foy, pensan bien faire pour vous avertir non pas du dime [dixième] de se que je ay oys dire. Il vous plaira faire mes recommandations à M. le medisin et à ses bonnes prières. *Et me semble que vous deviez faire une confection de foys, si le trove*[z] *boun* [3]. Dieu soyt en tout et partout avec vous.

Par votre serviteur où il vous plaira,

C [4].

LXI

Lettre à [Guillaume Constantin].

Décembre 1557.

Copie de la main du fils aîné de Castellion, Nathanael : Bibliothèque des Remontrants de Rotterdam, ms. n° 505, ff. 2, 3 et 12 (les ff. 4-11 avaient été coupés avant la copie, qui se continue sans lacune).

« Response de Sebastian Chateillon à un sien ami gentilhomme français, qui désiroit avoir confession de sa foy. »

Monsieur et frère en Jésuchrist, outre ce qui m'a esté dit de bouche, j'ay veu vos letres par lesquelles ay entendu que désirés grandement avoir confession de ma foy, pour rembarrer nos ennemis e médisans; dont je vous remercie très affectueusement pour la bonne affexion que me portés, e prie Dieu qu'il vous face la grâce de voir e suivre la vérité éternelle.

Quant êt de moi je suis bien content pour l'amour de mon sauveur Jésuchrist de porter tout le blame qu'on me sauroit metre a sus, sachant par ses parolles que rien n'êt si couvert qu'il ne vienne à estre découvert. E de fait j'ay déjà en mon endroit en partie expérimenté la vérité desdites parolles du seigneur, ce qui me fait asseurement espérer de voir a l'avenir le tout parfaitement accompli. Car plusieurs qui paravant avoient ouy dire de moy des maux infinis après avoir parlé à moy e m'avoir les uns quelque peu les autres plus longtemps hanté, ont manifestement veu e confessé tout le contraire de ce qu'on leur avoit rapporté. E cela êt (je pense) en partie cause que mes enemis défendent tant soigneusement à leurs gens de parler à moy, craignans qu'on ne me trouve pas si diable

1. Ce maître Jean est évidemment le même dont la veuve de Michel Châtillon transmet les salutations à son beau-frère (25 janvier 1558), peut-être l'auteur de la lettre non signée du 20 août 1558. De quelle défection s'agit-il, nous ne pouvons que le conjecturer. Ce maître Jean s'est réconcilié avec les calvinistes et a signé une confession de foi.

2. Jean Bauhin.

3. C'est à cette phrase peut-être développée dans une autre lettre que répond la lettre de Castellion ci-après.

4. Évidemment l'écriture et l'orthographe de Guillaume Constantin.

qu'ils m'ont fait voir. Ils scavent bien que sans parler à moy, à peine me pourra-on cognoistre ou tenir pour autre que méchant, puisque de si grands personnages (auxquels le monde croit aujourdui plus qu'à la vérité aussi bien qu'au temps de Jésuchrist et des apôtres) m'ont partout tant diligemment et hautement décrié. Or bien, de part Dieu, je remercie Dieu qu'il me face à moi indigne la grâce d'estre blamé e avoir mauvais bruit pour son nom. Je n'ay pas oublié ses parolles, là où il dit : « Vous estes bienheureux quand chacun dira tous les maux du monde de vous, en mentant, à cause de moi. Ejouisséz-vous-en e égayés, car vous en serés bien récompensés au ciel. » Vray êt que je ne suis pas encore venu jusques à m'en égayer, comme je devroi. Mais pour le moins je suis (la merci Dieu) venu jusques à m'en soucier fort peu e espère que Dieu achevera en brief en moy ce qu'il a commencé. Voilà pourquoy, quant à ma persone, je ne me soucy guère de répondre aux medisances des medisans, attendant que la vérité même découvre à la fin le tout.

Quant à votre persone aussi, je pense bien qu'il ne m'êt ja nécessaire de vous tenir long propos, pour pardevers vous défendre ma cause, veu que vous estes l'un de ceux qui m'ayans veu e ouj ont veu tout le contraire de ce qu'ils avoint paravant entendu. Autant en dije de autres qui me connoissent.

Par quoy il reste si je veux répondre, que je ne le face ni pour moy ni pour ceux qui me connoissent.

Quant à ceux qui ne me connoissent et qui ont ouï dire que je suis hérétique, il m'est fort aisé de leur répondre, s'ils se veulent contenter de raison. Je leur respond en général que si, sans m'avoir ouï, ils croyent à mes ennemis, quelques grands personnages qu'ils soyent, ils pourront aussi bien être trompés, que les juifs qui croyoint aux scribes et farrisiens (qui étoint bien aussi grands personnages que ceux-ci) lesquels appeloint Jésuchrist Samaritein e endiablé e finablement le firent pendre. C'êt un plus que trop grand aveuglissement que de croire, sans avoir ouï partie, aux grands personnages, veu que la vérité a depuis le commencement du monde toujours été persécutée des grands et renommés : e que la vérité même prononce de sa propre bouche que ce qui êt haut e excellent devant les hommes êt abomination devant Dieu (Luc, 16). Et malheur à vous quand chacun dira bien de vous, car ainsi foisoient leurs pères aux faux prophètes (Luc, 6).

Mais s'ils veulent être tant raisonnables que de m'écouter, je leur respond que Jésuchrist nous a apprins que au fruict on connoit l'arbre. Qu'on prenne garde à ma vie, si elle êt selon la doctrine de Christ, ou non. Non pas que je ne soye foible e pécheur comm'un autre; mais en ma faiblesse et povreté j'espère qu'on trouvera quelque accreinte de Dieu.

Or sai-je bien qu'ont accoutumé de dire mes médisans : c'êt qu'il ne faut pas regarder à la vie, mais à la doctrine, et que ma vie êt hypocrisie.

Voire il s'en êt trouvé qui ont dit que c'êt le propre des hérétiques que de bien vivre, e d'autres qui ont dit en ma présence, parlant de la vie de gens qui sont tenus pour hérétiques, laquelle eux-mêmes confessoint être irreprenable, que c'êt hypocrisie et que le diable ha en eus grande puissance.

Sur quoi je leur respond qu'ils sont en danger de tomber au blasfème des Juifs, qui attribuoint à Beelzebub les miracles que le Seigneur faisoit par le doit de Dieu e que c'êt trop audacieusement fait, voire c'êt se metre au siège de Dieu que d'oser juger du dedens du cueur sans voir le fruit par dehors. Ils ont mal apprins de l'apôtre qui dit : « ne jugés rien devant le temps jusque à tant que le Seigneur vienne qui metra au jour les choses cachées en ténèbres e découvrira les conseils des cueurs. » Un diable ne chasse point l'autre : l'esprit de Satan ne chasse point les fruits de la chair ni n'amène les fruits de l'esprit de Dieu. Je ne puis croire que un homme qui a les fruicts de l'esprit racontés par saint Paul aux Galates (5) ne soit de Dieu, pour le moins en cela.

Outre plus, je leur répond que c'êt grand honte à eux qui veulent condamner les autres, de vivre en telle sorte que leur vie soit pire que celle de ceux qu'ils condamnent. Que ne les surmontent-ils en piété e charité? Serait-il dit que l'esprit des hérétiques ait plus de vertu que celui des chrétiens?

Je confesse bien que ce n'êt pas assez de bien vivre, ains faut aussi avoir bonne e saine doctrine, e qu'il y a bien des gens craignans Dieu e de bonne vie qui sont en des grands [erreurs], mais aussi faut-il qu'on me confesse que qui craint Dieu e meine bonne vie il ha bonne doctrine pour le moins en ce qu'il êt de bonne vie, car la vie êt un fruit de la doctrine. Quant aux erreurs, si on veut condamner tous ceux qui errent je ne sai qui ne sera condamné. Bien souvent ceux qui condamnent le plus les autres sont ceux qui errent le plus.

E vela qu'il ma semblé bon de dire touchant ma vie, non pour me louer; car s'il y a du bien, il êt de Dieu; s'il y a du mal, il êt de moi, mais pour respondre aux médisans.

Quant à la doctrine, il y a, entre les autres, deux principaux points pour lesquels ils me haïssent mutuellement.

L'un est que j'estime que Dieu veut que tous les hommes soyent sauvés e qu'il n'a créé nulli pour le damner e que qui êt damné il en êt lui-même (j'entend l'homme) la première e seule cause [1].

L'autre point êt que je ne suis point d'avis qu'on doive persécuter un homme pour sa foy.

De ces deux points vous me pardonerés si pour le présent je ne tiens pas long propos, comme par la grace de Dieu je pourroi bien faire. Tant seulement pour toute dispute et conclusion, je vous pren, sur le premier point, a témoin votre propre conscience de tout homme qui a quelque jugement naturel, a scavoir si vous voudrés bien engendrés un enfant affin de le bruler tout vif. Que si nous qui sommes pécheurs néanmoins ne e voudrions faire en sorte quelconque, combien moins Dieu [2]!

Pensés-y set fois.

Quant au second point, qui êt de persécution, il me semble que mes enemis devraient déjà bien estre souls du sang qui êt journellement épandu selon la loy qu'ils ont publiée. Mais j'entend bien que c'êt : ils diront ce n'êt pas leur intention qu'on doive persécuter leurs frères, mais seulement ceux qui ne s'acordent à eux. C'est bien dit. Metre le feu en la ville, puis dire : « Je n'entend point que ce feu doive bruler ma maison ou celles de mes amis, mais seulement celle de mon ennemi ». Ou bailler du vin à un malade, puis dire : « Je n'entend point que ce vin doive venir au membre apostume, mais seulement aux autres ». Il vau-

1. Voir ci-dessus, p. 192 et suiv. — C'est aussi la doctrine arminienne.
2. Voir ci-dessus, p. 178.

droit mieux n'en bailler point. Pareillement vaudroit-il mieux ne faire point de loy pour punir les hérétiques [de peur que les chrétiens] n'y soyent les premiers prins, comme nous voyons toujours être avenu.

Vela, en bref, quant aux deux points pour lesquels mes ennemis me haïssent si dépiteusement. Le Seigneur jugera en sa venue tant des uns que des autres e montrera qui êt le mauvais serviteur qui bat ses compagnons au lieu de leur bailler à manger. J'espère que je serai plustôt trouvé entre les batus qu'entre les batteurs. Les batus auront bientôt rendu conte. Quant aux batteurs, je m'en rapporte à eux. Chacun portera son fardeau.

Il y peut avoir autres points touchant lesquels ils médisent de moy. Si vous me les envoyés j'y répondray, si Dieu le permet. Pour le présent, monsieur mon frère, puisque vous désirés si grandement d'avoir confession de ma foy, je la vous vai faire tout ouvertement e sans feintise.

Je croi en Dieu le père tout puissant créateur du ciel et de la terre, e en Jésuchrist son seul fils notre seigneur, qui fut conceu du saint esperit, naquit de la vierge Marie, souffrit sous Ponce-Pilate, fut crucifié mort e enseveli, descendit en enfer, au troisième jour rescuscita de mort à vie, monta au ciel, êt assis à la dextre du Père e de là viendra juger les vifs e les morts. Je croy au saint esperit, la sainte église universelle, la communion des saints, le pardon de péchés, la résurrexion de la chair, la vie éternelle.

Vela ma foi, en laquelle je vi e veux vivre, e jusqu'à la mort je n'en veus point d'autre. Que si je mens, Dieu me punisse. Si je di vray, Dieu me maintiene contre les embuches de mes ennemis e garde mon ame de mal e encombrier.

Vela, monsieur mon frère, qu'il m'a semblé bon pour le présent de respondre à votre requête. Ce mois décembre l'an 1557

Il y eut ces ans passés un mien ami qui m'écrivit aussi touchant certains points dont on m'acusoit auquel je repondis aussi; e comme la dite response touche ce que vous demandés, je la vous envoye quant et quant [celle] ci-dessus écrite, priant Dieu qu'il vous doint ce que je désire à moimême par son fis Jésuchrist notre Seigneur. Amen.

Votre frère,
SÉBASTIAN CHATEILLON.

Responce de Sebastian Chateillon aux lettres d'un sien ami prédicant qui lui mandoit ce qu'on disoit de lui. [Suit *in extenso* le texte que nous avons donné ci-dessus à sa date, n° XLVI.]

Envoyé à Jehan Arguier.

LXII

Lettre de la veuve de Michel Chatillon.

Lyon, 25 janvier 1558.

Autographe : Bibl. de Bâle, G², I, 23 (31ᵉ lettre du n° 69).

[Voir l'analyse dans notre chapitre XVII, p. 109.]

La lettre contient quelques autres détails : « Du temps qu'il a demeuré en prison, j'ai emprunté 21 escus à votre cosin maître Guillaume [sans doute Constantin] et dix escus de M. Lechattelut. — Maître Jehan se recommande bien. Aussi la Jane votre gniesse [1], fille de Genette votre sœur : je la tien toujours à la maison aveque nous et ne luy faict point pis que quant son oncle estoyt vivant. Vos parents et amis voient touts leurs jours comme elle est tra[it]ée.

« Il vous plaira de nous rescriere de vous novelle comme vous pourte de par dela vous et vot fame et tous vous enfans et amys et s'il vous plait vous me recomanderés à M. le medesin votre bon ami sans oblier sa fame. Mon frere, je désireroie il vous plairoy de me venir voir, et en se faisant vous me fairiés grand plaisir si vous avez affaire quelque chose de par de ca mandez le moy, et je le fairai de bien bon cueur. Dieu soyt avec vous.

« Escript a Lyon le vingt-cinquième jour du moys de janvier 1558 par toute votre sœur. »

Anie Boybet,
relaise [2] de feu
Michel Chatillon.

Suscription : A mon beu f^re M. Cebastian Chatillion soit donnee. Basle.

LXIII

Lettre à Gerlach [3].

... février 1558.

Copie de la main de Nathanael (comme nous l'apprennent ces mots en marge : *Nathanael Castalio hæc scripsit*). — Bibliothèque de l'Église des Remontrants à Rotterdam, ms. in-folio, n° 505, f. 1.

Sebastianus Castalio Gerlaco [4], *Groningæ ludimagistro*, S.

Petiit a me *Nicolaus* [5], is qui tibi has redditurus est, homo et tibi notus

1. (Nièce). Voir ci-dessus, chap. xxii, p. 272.
2. Veuve.
3. Nous croyons intéressant de donner *in extenso* le texte de cette lettre inédite. C'est la seule à notre connaissance où Castellion semble laisser courir sa plume et ne pas écrire avec la rapidité fébrile qui donnerait à ses billets une allure sèche si l'on ne devinait la chaleur contenue qui les anime. Le second alinéa exprime très bien la pensée constante de Castellion sur le caractère de la foi et ses appels incessants à la volonté, à l'effort moral qui est pour lui toute la foi.
4. *Gerlach, Gerlacus*, quelquefois *Garlacus*, directeur de l'école ou du collège de Groningue, fut avec son collègue Regnerus Prædinius le principal introducteur de la Réforme dans cette ville. (Consulter *Verhandeling over Regnerus Prædinius*, door J.-J. Diest-Lorgion, Groningue, 1862, in-8.) Chacune des deux églises paroissiales de Groningue, Saint-Martin et Sainte-Marie (Ecclesia S. Mariae ad amnem Adictum). possédait une école publique. Le célèbre *Regnerus Prædinius*, successeur de Nic. Lecdorp, fut le recteur de l'école Saint-Martin, de 1546 à 1559. A cette époque *Gerlach* (*Gerlacus Verrutius*), fils de l'organiste, était recteur de l'autre école, appelée der Aa school, — *schola amnica*. Ces deux hommes ne se bornaient pas à enseigner la rhétorique, la dialectique et les mathématiques : ils découvraient l'ignorance et la corruption du clergé et se réclamaient de la Bible comme seule autorité religieuse. C'est ainsi qu'ils ont ainsi profondément modifié l'éclat religieux de la ville de Groningue à cette époque. Gerlach mourut en 1558. Peut-être n'a-t-il pas même pu répondre à cette lettre. (D'après les notes obligeamment communiquées par M. le pasteur N. Weiss et par M. Boeles, de Groningue.)
5. Il s'agit évidemment de Nicolas Blesdyk, et l'on remarquera la vivacité d'accent de cette phrase relative à l'amitié de ces deux hommes. A cette époque, Blesdyk avait déjà rompu avec les Joristes et publié quelques brochures contre eux, mais leur secret n'était pas encore découvert (voir ci-dessus, p. 147).

et mihi nunquam moritura (nisi forte alteruter a veritate nostri conjunctrice defuerit, quod omen Deus avertat!) amicitia conjunctus, ut sibi ad te (ad quem profecturus esset) literas darem, et cur peteret causam dixit hanc, quod tu homo esses veræ religionis et pietatis jamdiu constans amator. Ego vero, cui nihil antiquius est quam cum ejusdem mecum studii sociis colloqui, facile adduci me passus sum ut absentem te literis salutarem, quem præsentem verbis salutaturus essem si liceret. Salve igitur, mi Gerlace, et me tibi perpetuum amicum atque fratrem, si pius es, accipe... in Domino qui te in eodem accipio atque amplector in perpetuum.

Sed quid scribam? quid, nisi hoc ipsum quod dicerem præsenti, nimirum ut pergas vel potius ut pergamus constantissime in pietatis studio neque nos ulla unquam ab instituto cursu vel retardari vel avocari patiamur. Id autem faciemus si veritatem nec leviter amabimus nec obiter colemus, sed in eam assidue summaque ope dies et noctes incumbemus. Scis quanta sit avarorum in cumulandis divitiis vel diligentia vel perseverantia. Nullus illos casus, nulla rerum prosperitas, nullum infortunium remorari potest, non morbus, non ipsa denique mors, quin ad extremum halitum perseverent infatigabiles, tantum potest amor nummorum. Quod si est regnum Dei simile abditi thesauri, ut profecto est, quæramus id ut abditum thesaurum perseverantissime et quanto id ab aliis magis negligi videbimus, tanto majorem in id operam navemus. Nulla nos aliorum vel socordia atque tarditas vel discordia atque perfidia socordes tardosque reddat aut ad discordian perfidiamve pertrahat. Non est enim nostra fides in hominibus fundata, si modo vere fidentes sumus, ut si illi labefactati defecerint, nos continuo quasi subruto fundamento in eandem cum illis ruinam ferri debeamus. Saxum no[bis]... [1] ac fundamentum est firma, invicta, immota veritas... viventis Dei filius cui potestas omnis et in cœlo et in terra data est qui sedulo neve constanter invocatus tam... potest non exorari quam veritas non potest non esse.... Sed hæc tibi nota esse confido. Vale. Basileæ... februarii anno 1558.

LXIV

Lettre à Théodore de Bèze.

16 juin 1558

Copie de la main de Nathanael Castellion (dans les manuscrits de la Bibliothèque des Remontrants à Rotterdam, n° 506) avec quelques corrections autographes et ces notes *in fine*, de la main de Castellion : « *Missa fuit hæc epistola* ».

Imprimée : *Nouveau Testament grec* de J.-J. Wetstein, t. I, p. 149; — *Opp. Calv.*, XVII, 211.

[C'est la lettre où il lui propose de faire publier en regard leurs observations et critiques mutuelles sur la traduction du N. T.; il termine en faisant appel à ses sentiments de charité et de modération chrétienne.]

1. Quelques mots manquent, le bord de la page étant usé.

LXV

Lettre de George Argentier.

Turin, 4 août 1558.

Autographe : Bibl. de Bâle, K.-A., C. I, 2, f° 301.

[Sur la vente de ses livres par Pierre Perna[1]; prière de l'informer du résultat par Antoine Vincent. « Plura scribere non possum, quoniam ad iter Cherium sum accinctus cum fratre, qui te pariter mecum salutat. »]

LXVI

Lettre de Guillaume Constantin.

Lyon, 7 août 1558.

Autographe : Bibl. de Bâle, G², I, 23 (16e lettre du n° 69).

[Il se recommande aux prières de son cousin pour que « Dieu le fortifie ». Il est si difficile de « détruire sa perverse nature »!

Il donne des nouvelles de sa nièce l'orpheline, « qui est fort bien quant au corps, mais non quand à l'ensegnement. — Ne vous sorais quonter le desordre qui est en seste ville de la conversation du peuple. Le Seigneur Dieu vous volle fortifier de plus en plus.

De lion, le 7 jours de aoust 1558 par vostre obeisang

GUILLAUME CONSTANTIN. »]

Suscription : A Monsr Quastaleon a Balle.

LXVII

Lettre de Guillaume Constantin.

Lyon, 17 août 1558.

Autographe : Bibl. de Bâle, G², I, 23 (17e lettre du n° 69).

Mon quosin, Antoine le charetier est arrivé en bonne santé du cors et de l'âme comme je croys. Je luy ay donné vostre niece pour la vous mener. Je la luy ay recommandé tant comme il m'a esté possible.... La femme de feu vostre frère en a este fort marrie.

Le bruit a este fort grand que vous estie mort enragier. Vous aurez sovenanse de prie[r] pour eux qui se rejoyssent de telle chose : le Seigneur les volle enluminer!...

Antoine est fort marry de l'homme que luy donnites pour luy tenir companie, qui fus retenus prisonnier à Paerne pour set [ce] qu[il] avait

1. Voir ci-dessus, p. 91, note 3.

laise l'état de menistre saieus [lisez : sans leur] dire adieu, et aussi sa femme et ses enfans, que n'etoys pas bien faict à luy, se me semble [1].

Je ay bonne esperance vous alle[r] voer si plais à Dieu pour y demores quelque temps. — Il vous plairat fere mes recommandations à vostre femme et à vous enfans et à tous vous amys. Le Segneur vous fortifiet de plus en plus.

De vostre maison de Lion, le 17 jours de aoust 1558 par vostre obeisang

GUILLAUME CONSTANTIN.

LXVIII

Lettre de [maître Jean...?]

Lyon, 20 août 1558.

Autographe : Bibl. de Bâle, G², I, 123 (2e lettre du n° 69).
Imprimé : *Opp. Calv.*, XVII, 297.

S. Frère et ami, nous vous remercions du soin que vous avez de nous en nous avertissant de notre devoir, si nous ne voulons estre accablés avec la multitude. [Suivent des réflexions pieuses et les reproches qu'il s'adresse à lui-même).] Mais quoy? Tant plus haut on est monté en tant plus grand danger est-on s'il avenoit de tomber.

Que n'ay-je ces dangers continuellement devant les yeux?

Je fèroye merveille, car je le fay bien en dangers corporels. Je voy bien qu'il ne tient qu'à moi que je ne viens à bout de tout l'affaire : il y a en moi une pusillanimité qui gaste tout, laquelle ostée, il n'y aurait affexion si enraciné que le Sr par son fils J.-C. ne desracinast. Mais ceste lascheté fait que je ne m'oppose pas vaillamment à l'encontre des assauts, tellement que je ne me puis vanter que de la connoissance, qui n'est autre chose qu'une attente de plus grande condamnation [2]....

Je vous écrivi ces jours passez par un compositeur nommé Jaques, je crois qu'aurez reçuz mes lettres. Nous avons parlé à la vefve pour avoir la fille [3], laquelle Antoine a prise en charge de vous la rendre si Dieu le permet.

Quant à la translation des D. [4] sacrez vous luy en devriez écrir à part : car d'elle elle n'a pas le moyen de les imprimer quand bien elle le voudroit et pourroit acheter. Si nous les avions, nous savons qui les prendra.

A Dieu le 20 d'aoust 1558.

Suscription : A Monsieur Bastian de Chateillon, à Bâle.

1. Nous ne savons de qui il s'agit.
2. Nous reproduisons ce passage caractéristique parce qu'il montre une fois de plus chez un autre correspondant la tendance prédominante du groupe qu'inspire Castellion : la foi est une affaire de « *vaillance* » morale.
3. Jeanne, l'orpheline que Constantin disait (lettres précédentes) avoir remise au messager ordinaire de Bâle à Lyon, Antoine.
4. D. suivi du mot *sacrez* qui a été barré ensuite. S'agissait-il en effet d'une traduction des D [*ialogues sacrés*]? Ou bien l'auteur s'est-il aperçu qu'il commettait une confusion et

LXIX

Lettre d'Isaac Tregouet [1].

Francfort, 16 septembre 1558.

Autographe : Bibl. de Bâle, K.-A, C. I, 2, t. II, f. 303.
Imprimée : *Opp. Calv.*, XVII, 340, où l'on a cependant omis le post-scriptum, que nous rétablissons ci-dessous d'après le ms.

[Il envoie trois renseignements à son ancien professeur : 1° Guillaume (Houbraque), le collègue de Perrucel de la Rivière à Francfort, a fait tout un sermon contre Castellion et *Martinus Bellius* (détail des griefs de doctrine). Perrucel demande si Castellion ne devrait pas écrire pour se justifier [2]. — 2° Copie d'un passage de la lettre de Calvin à Eustache du Quesnoy se plaignant de Hubert Languet qui a recommandé Castellion à Melanchton [3]. — 3° « Librum hic vidi qui brevi in luce prodibit cui titulum fecit author *Leges et judicia veterum christianorum de coercitione hæreticorum*, qui si prodeat, Di boni! quo se vertent nostri cum suis ignibus [4]? »

P. S. De rebus tuis fac nos quam poteris brevissime certiores, par pari relaturos.

Binas hic a te accepi literas.

His scriptis, oravit me plurimum vir et genere et ingenio nobilis, nobis familiariter notus, ut darem operam ut in ejus manus veniret una ex tuis *Annotationibus* [5], quod officium ei denegare nec potui nec debui. Spero enim eam non ipsi sibi sed et aliis profuturam, itaque te oro atque obsecro ut unam in modum fasciculi litterarum complices et sigillo obsignes probè, tradasque ei (D. ex (?) *Sylvestris* Thomæ, ut spero) qui has

que le nouvel écrit intitulé aussi *Dialogues*, était un recueil de dialogues théologiques comme ceux qui furent publiés plus tard sous le titre *Dialogi quatuor* (Bibliographie, n° 31)? Nous inclinons pour la première hypothèse, bien que nous ne comprenions pas très bien la traduction projetée (en français sans doute) des *Dialogorum sacrorum*. Mais nous savons d'autre part que Jean Hérold se proposait de les traduire en allemand, sans doute avec texte latin en regard.

1. On trouve dans l'*Album Academiæ Vitebergensis*, p. 355 (Lipsiæ, 1841, in-4) comme immatriculés à l'Université de Wittenberg en février 1559 :
Le 20 « Johannes Buxerius ex minore Britannia Galliæ;
Le 21 « Elias Tarsilius natus ex minore Britannia Galliæ;
Le 23 « Isaacus vom Tregüet ex minore Britannia Galliæ ».
Le premier au moins de ces trois jeunes gens avait précédemment étudié à Bâle, il est immatriculé en 1556 sous ce nom : « Joannes Buxerius, *Metensis* ». Comment cette dernière désignation peut-elle s'accorder avec celle de Breton? nous l'ignorons. Que les deux familles De la Boyssière et Tregouet soient de vieilles familles du pays de Nantes, les archives départementales de la Loire-Inférieure en font foi surabondamment pour les XVIe et XVIIe siècles. M. Alfred Rébilliau, professeur à la Faculté des lettres de Reims, a bien voulu vérifier le fait. Malheureusement nous ne savons rien de plus sur ces trois jeunes gens, cousins peut-être, que ce que nous apprennent les lettres.

2. Il ne paraît pas qu'aucune suite ait été donnée à ce projet.

3. Voir ci-dessus, p. 116 et suiv.

4. Nous ne connaissons pas cet écrit. — Cf. une brochure analogue dont nous parlons t. I, p. 410, note 2.

5. Il s'agit presque certainement de ces exemplaires manuscrits qui circulaient clandestinement des *Annotationes in Rom., IX*, supprimées de la Bible (voir ci-dessus, p. 57).

tibi reddet, non indicato tamen ei quid sit : neque enim vult ipse innotescere, nec sciri sibi ullo cum C.[1] quicquam fuisse negotii, quod iterum rogo. Fasciculo autem hoc tantum inscribendum curabis : *à Nantes.*

LXX

Lettre de Justus Velsius.

Francfort, 24 septembre 1558.

Autographe : Bibl. de Bâle, K.-A, C. I, 2, t. II, f. 312-313.

[Longue lettre latine, où il le remercie de lui avoir, en ami véritable, fait part de ses critiques. Castellion lui a exprimé la crainte que sa véhémence excessive ne parût un désir de se venger. Il répond : « Scito, frater in Christo amicissime, me nullum hostem hominem habere, sed cum vitiis, flagitiis et peccatis omne mihi certamen esse et quæ sic scribo ad alios instituendos ea me non nisi animo ab externis omnibus sevocato et in se penitus collecto et mentis acie a corporis et oculorum et omnium sensuum consuetudine abducta et ad Deum sublata (ὅπερ ἐν πνεύματι γίνεσθαι sacræ vocant literæ) scribere; nec quicquam ea de re dubitare quin et recta et Deo sint placentia. » Quant au reproche d'obscurité dans le langage, l'obscurité est inévitable au dire de Clément d'Alexandrie, « ut indigni a dignis discernantur » : elle provoque l'effort intellectuel de ceux qui en sont capables, et rebute les autres.

« De vita mea quod scribis, optarim quidem me ita mortuum penitus esse ut dicere cum Paulo possem « vivit in me Christus », sed multum me ab hujusmodi perfectione abesse video, eo licet tendam....

« Hæc de me. De te autem quid audio? Indignis te a Beza tractari modis, sed hoc ne te moveat. Brevi finis erit ἀποστασίας. Ipsa suis viribus corruet. In epicureo et ambitioso præcipiti et lubrico opinatore Melanchthone — qui mihi posthac tanquam ethnicus et publicanus (ut ipse scripsi) futurus est, — quod spei reponas nihil est. Ut ipse Dominum et veritatem ejus abjecit, ita et ipsum repulit Dominus. Certa et comperta loquor. Quæ mihi cum eo evenerunt, antequam fierent Christi ostendit spiritus; et quæ mundo, Germaniæ autem partim impendent, scio et doleo. Et tam propinquum malum homines non videre miror. Coloniæ omnia sunt turbata, sed nihil id est præ iis quæ impendent.... »

Il lui cite plusieurs passages des épîtres d'Ignace dont il transcrit le texte grec, lui conseille de se défier des séducteurs, et ajoute : « Hæc, quum propter alios qui nostro hoc calamitoso tempore falsa et perniciosa serunt dogmata, admoneo, tum propter Cœlium Sec. Curionem, qui κατα τὴν ἐνέργειαν τοῦ Σατανᾶ, duos *De amplitudine regni Dei* dialogos conscripsit, quibus (post Davidis Georgii pestilentissima et blasphemiæ in Deum et Christum ejus plena scripta) perniciosius nihil extare puto. Nescio quid hominem huc adegerit ut eruditione sua, præstantissimo Dei dono, adversus Deum abuti vellet. Liberet nos Deus ab hujusmodi furoribus,

1. Par *C* faut-il entendre C[astalione] ou C[alvino]?

ego certe juxta Joannis præceptum, τοιούτους οὐκ εἰς τὴν οἰκίαν λαμβάνω, οὐδὲ χαίρειν αὐτοῦς λέγω... [1].

Iterum Vale. 8 Cal. octobre, a° 1558, tui amantissimus.

JUSTUS VELSIUS.

P. S. — Après une nouvelle longue citation des épitres d'Ignace, il en fait application au récent colloque de Worms et se plaint des « pseudevangelici » qui compromettent l'Église (quod ante colloquium cœptum iis futurum significavi scriptis communibus ad ipsos literis) : egregio suo processu adversarios suos non solum in se, sed in omnes pios armarunt. Pudet me certe hujusmodi monstra sanctissimum Christiani hominis nomen nobiscum commune habere.... Il prévoit qu'ainsi se réalisera le mot de Luther, « Caïphas forte vaticinans » :

Pestis eram vivus : moriens ero mors tua, Papa!]

LXXI

Lettre de Jean Colinet [2].

[Lausanne ou Yverdon?], 4 novembre 1558.

Autographe : Bibl. de Bâle, K.-A., C. I, 2, p. 314.

Joannes Colinaeus Seb. Castalioni S.

Quæ hic aguntur et bene et male, hi duo tibi quam scribere possim copiosius enarrabunt : unus Odinus est (Oudin), alter Petrus Lausannensis bibliopola; hic quam suaviter quamque humaniter tractatus fuerit a Sorbonæ magistris [3]; tibi exponet. *Magnus* magna semper molitur jamque suis artibus effecit ut per totam Franciam nulli ad Evangelium prædicandum admittantur, nisi ab eo missi : tanta est vis Bestiæ! Deinde is brevi missurus esse dicitur suæ doctrinæ confirmatorem, eum scilicet qui te tam sæpe carpit in suis *annotationibus* [4]. Qui confirmator admonebit exhortabiturque ecclesias ut alieni a fide, charitate et sanctimoniâ esse perstent in eâ doctrinâ de Prædestinatione et Reprobatione in quâ ab eo *Magno* et voce et libris ins[tru]endi sint, utque doceant suos liberos et eos qui futuri sunt de suo grege eam ipsam de Reprobatione doctrinam; qui si aliter facient a senioribus, quos ipse per ecclesiam ordinabit, excommunicabuntur. Hæc audivi ab homine qui nec calidus est nec frigidus [5].

Tuam *Defensionem* [6] perlegerunt multi, et jam sunt non pauci qui me-

1. Curieux exemple de l'intolérance farouche qui peut coexister avec l'hétérodoxie la plus avérée. Un hérétique trouve toujours un plus hérétique à anathématiser. C'est sur ce fait tant de fois constaté que se fondait Castellion pour dire que l'esprit de tolérance peut s'allier à toutes les doctrines et qu'il dépend non pas du degré d'orthodoxie, mais du degré de charité.

2. Voir t. I, 309; et ci-dessus, p. 62 et 130. Cf. ci-après, p. 444, le dernier paragraphe de la lettre de Jean Dubois.

3. Très vraisemblablement : les calvinistes. — De l'histoire même de ce libraire de Lausanne, nous ne savons rien.

4. Théodore de Bèze.

5. Sauf l'exagération et la passion, le renseignement était exact : c'est l'heure où s'organise en France à l'aide des confessions de foi la forte discipline calviniste.

6. Il s'agit du manuscrit de la *Defensio ad authorem libri Calumniæ nebulonis* (voir ci-dessus, p. 124) que Castellion avait voulu intituler *Harpago*.

lius de te quam antea sentiunt. Si vis nos illius *Defensionis* exemplum ad Joannem Ribittum et ad Viretum mittamus, etiam ad Cal. [1], hoc mihi per hos nuncios significabis. Desideramus libellos quos *de Libero Arbitrio, etc.*, diceris confecisse [2]. Vale, salutabis fratris mei Joannis nomine et meo, imprimis medicum [3].

Datum pridie nonas novembris 1558. Commendamus nos tuis et fidelium precibus. Ægrotavi graviter duos pene menses, nunc convalesco. Est Deo gratia. Vale et salve.

Fama est te venturum Lausannam ut græcum doceas : amici gaudent, adversarii dolent [4].

LXXII

Lettre de Larcher (Arguerius) à Castellion.

[Cortaillod], 5 novembre 1558.

Autographe : Bâle, G², I, 23 (4ᵉ lettre du n° 69).
Impr. dans *Opp. Calv.*, XVII, p. 367.

[Il lui annonce la mort d'un de ses élèves, Guillaume Aubert ; et ajoute : Le présent porteur vous dira que... de Bèze a prins congé de Messieurs de Berne et qu'on bruit de vous pour luy devoir succéder. Certes si les dits seigneurs vous demandoyent, je vous conseillerois de ne le refuser pas, moyennant quilz vous promissent de vous faire laisser en paix à ceux que scavez ; aultrement ne vous scaurais conseiller de l'accepter, car vous seriez en une continuelle guerre ·....]

Ce 5 de novembre 1558.

Vostre frere en Christ,
I. Arguerius

Suscription : A maistre Sebastien Castalion à Bâle.

LXXIII

Lettre d'Enguilbert Chapitre [5]

Lyon, 8 novembre 1558.

Autographe : Bibl. de Bâle, G², I, 23 (62ᵉ lettre du n° 69).

Monsieur, depuis mon département de Basle (qui estoit à mon retour de Francfort) suis esté toujours en bonne prospérité.... Par la présente je

1. Lisez *Cal*[*vinum*]. Sur la suite donnée, voir ci-dessus, p. 131.
2. Voir ci-dessus la note 2 de la page 131, à rapprocher de la note finale sur la lettre LXVIII.
3. Jean Bauhin.
4. Première allusion à cette négociation bientôt après abandonnée, mais reprise en 1562 (voir les lettres de Zerchintes et ci-dessus chap. xxi, p. 248).
5. Le nom d'Enguilbert Chapitre figure dans une liste de protestants que le maréchal de Saint-André fit décréter de prise de corps le 11 août 1562, quelques jours après la prise de la ville de Poitiers.
« Cette liste se trouve dans le journal, encore inédit, de Simon Jalais, qui y figure lui-même avec les protestants de Poitiers les plus marquants ou les plus compromis.
« Une première rédaction, faite au moment même, contient le nom de « Jehan du Liège,

vous averti que ma demeurance est pour ce jourduy à Poictiers, là où est Monsieur de Lavaut [1]. Lequel me bailla une pere de lettres pour vous faire tenir seurement, desquelles lettres me suis bien volu efforcer à ce faire pour l'amour de M. de Lavault lequelt est bien mon amy....

Vous prierai faire passage de vos nouvelles et adresser vos lettres *à Lion au Sr Godefroy Beringen à l'enseigne de la Foy, en rue Mercière pour faire tenir à Enguilbert Chapitre, marchant libraire à Poictiers*, qui est moy. La suscription sera intitulée ency [ainsi] et bien empaquetée, et dedans cera les aultres lettres et ency par ce moyen receverez nouvelles l'ung l'aultre en assurance.... Que le porteur à qui baillerés vous lettres à Basle soit bien seur pour les aporter dans Lion, quar depuis Lion jusque à Poictiers ceront tenue ceurement....

A Lion ce 8 de novembre 1558.

Le tout vostre humble serviteur et amy,

ENGUILBERT CHAPITRE,
librayre à Poictiers.

LXXIV

Jehan Du Bois à S. Castellio.

14 novembre 1558, d'Yverdon.

Autographe : Bibl. de Bâle, G², I, 23 (21e lettre du n° 69).

Maistre Sebastien, aiant trouvé ce messager qui sen alloit demeurer par dela et qui y a deja demeuré assavoir à Fribour en Briscot ou auprès, je vous ay bien voulu ecrire, il est de Genève, il vous dira des nouvelles que c'est qu'on y fait et qu'on i dit. Combien que vous n'ettes pas curieux de scavoir des nouvelles de ce monde. Les mellieures quon vous scauroit dire est quant on dit que l'homme se change, qui [qu'il] devient mellieur, qui ne vit plus mais que Christ vit en lui, que tâche de plaire au Seigneur jour et nuit, qui ne fait plus sa volonté, qui renonce du tout à icelle. Je scai que cela vous plait plus que toutes choses qu'on vous scauroit rapporter. En cela est votre plaisir. Nous sommes au chemin, il n'y a que de le bien tenir, de cheminer rondement en besongne, de veiller jour et nuict a toutes heures, d'être sur ses gardes : car les ennemis sont à leguet ils veille [nt] pour nous surprendre. Job dit que la vie de l'homme êt une bataille tout continuelle. Erasme dit en ses... [?] : « *in bello nunquam remittendæ sunt excubiæ. Ita adversum vitia semper* « *dimicandum est.* » C'êt en quoi nous nous devons appliquer, mais bien

libraire, imprimeur ». Deux ou trois jours après, Jalais refit sa liste pour la compléter, et dans cette nouvelle rédaction on trouve : « Jehan de Marnef, dict du Liège » ; et « Enguilbert Chapitre » sans indication de profession. — Il est probable que Chapitre avait, comme Jalais, quitté la ville. Ceux qui y étaient restés avaient été massacrés. » (Note due à une communication obligeante du savant historien du protestantisme en Poitou, M. Lièvre, bibliothécaire de la ville de Poitiers.) — On trouve dans les archives de la Vienne (série G, n° 630) trois actes de 1538, 1539 et 1545 pour la vente d'une maison à « Hilaire Chappitre marchand libraire, demeurant à Poitiers, rue Notre-Dame-la-petite. » (Note de M. Richard, archiviste départemental.)

1. Sur M. de Lavau, voir ci-dessus, chap. XXI, p. 248.

peu en i a qui i travaillent. Ceux qui travaillent à battre le vieil homme sont asseurés que par la foi de Christ que les surmonteront et vaincront, car il n'êt pas si fort qu'on ne le puisse bien vaincre [1]. Je parle de ceux qui travaillent après. Le Seigneur nous face la grace de vaincre nos ennemis, je dy les pechés qui nous font guerres mortelles. Jésus est venu pour les oter, si ne tient en nous : il ne demande sinon que nous lui obéissons en tout et par tout : il est plus pret et prompt de nous bien faire que nous ne sommes de lui demander. Il ne demande sinon que nous lui demandons ce dont nous avons défaut.

Quant au reste, ce messager est le neveu de Guichard P...? le maréchal de Rive, il me semble bon fis. Vous l'advertirés s'il vous plaît à se conduyre sagement. Nous nous portons bien grâce au Seigneur. M. Jehan Colinet vous saleue, lequel vous écrivit dernièrement par un nommé Odin et M. Pierre le libraire. Nous nous recommandons à vos bonnes prières... Salués le médecin, votre femme, ensemble tous ceux qui aiment J.-C. A Dieu.

D'Yverdon ce 14 de novembre 1558.

Votre frère et disciple,
JEHAN DU BOIS.

Le père de votre feu femme ma autrefois dit que [il] désireroit de scavoir vos nouvelles; il sebai [s'ébahit] que ne lui avez écrit depuis votre departement, je m'oubliay vous le dire quand je fus dernièrement vers vous.

LXXV

Lettre à Élisabeth, Reine d'Angleterre.

Bâle, 7 janvier 1559.

Autographe : Bibl. de l'Église des Remontrants à Rotterdam, ms. 505.

Ayant entendu comment par la grâce de Dieu, vous aviés été élue reine d'Angleterre, je m'en suis entre plusieurs autres [2] réjoui en moy même. E cela pour deux causes. Premièrement pour ce que votre règne (comme l'on espère [3]) sera un refuge tant aus povres Anglois vos sujets qui étoient ou sont encore ca e la bannis de leur païs pour avoir constamment maintenu la vérité évangélique qu'à autres [4] qui par avanture pour la meme cause se retireront dessous votre sauvegarde [5]. Secondement pour ce que la ditte vérité [6], selon que nous espérons e desirons [7], sera sous votre regne e par votre moyen (qui parmi toutes aversités e tempêtes avés toujours tenu bon) sera di-je franchement publiée à la louange de Dieu e avancement de son règne.

1. Toujours le même ton; toujours le même sens attaché à la *foi*, c'est-à-dire à l'énergie, à la vigilance morale.
2. *Grandement*, supprimé.
3. Il y avait d'abord *comme nous espérons tous*.
4. *Etrangers*, supprimé.
5. Au lieu de *par devers vous*.
6. *Evangelique*, supprimé.
7. Au lieu de *si notre espérance n'est vaine*.

Or êt-ce que gens qui ont maniement e gouvernement de grands affaires comme vous e principalement femmes ont bien besoin de bon conseil. Car d'autant que l'état êt plus haut, d'autant y êt la faute plus dangereuse. Tout ainsi comme d'un navire : d'autant qu'il êt plus gros, d'autant en êt la perte plus grande. Pour cette cause m'a il semblé bon (d'autant que j'aime le bien publique e principallement de l'église de Christ) de vous écrire un conseil fort nécessaire e de grande importance. Peut-être qu'autres que moi le vous auront déjà baillé ou que Dieu même le vous aura mis en l'entendement. Mais pour ce que je n'en suis pas asseuré, le plus sur êt de l'écrire, affin que si vous ne l'avés, l'ayés, e si vous l'avés, le suiviés tant plus constamment. Bon conseil ne vaut que mieux d'être mis en avant par plusieurs.

Vous savés, reine, le desir e eclandre qui par ci-devant s'êt levé en votre royaume, e en avés vous même [1] beaucoup souffert. Les causes de tant de maus ont été entre les autres que l'on a es affaires spirituels usé de glaive charnel, e voulu vaincre le mal par le mal, ce qui a été aussi mal à propos comme qui voudrait eteindre le feu a tout de l'huile. Donque si ceus la en ce faisant ont failli, il vous faut selon la reigle de medecine qui dit que les maladies sont guaries par leur contraire, faire tout autrement, c'êt-à-dire vaincre vos aversaires e les ennemis de vérité par amour, douceur, bonté, patience, en pardonnant e faisant bien à ceus qui vous souhaitent e pourchassent la mort.

Je n'enten pas ici qu'on ne doive faire justice des brigans, traîtres e autres malfaiteurs, car je sai bien que le glaive êt baillé de Dieu aux princes e gens de justice pour punir tels gens, pour la conservation des innocents. Mon intencion êt que vous n'usiés point de vengeance pour votre personne particulière e qu'en matière de la foi vous n'usiés point du baton duquel ont usé et usent encore les ennemis de la vérité, j'entend du bâton de persécution e violence. Car par tels moyens on ne peut non plus bâtir l'église qu'une muraille à coups de canon. La spirituelle maison de Christ ne veut être batie ou maintenue par engins ou armes corporelles, comme bien le montre saint Paul [(2 Cor. 10) en marge] les armes de notre guerroyer ne sont pas charnelles, ains ont puissance divine pour abbattre les forteresses, e en abbattons les pensées et toute hautesse qui s'éleve contre la connoissance de Dieu, e contraignons tout entendement à obéir à Christ : e sommes prêts de faire vengeance de toute désobéissance.

Vela les armes de Christ e des siens, reine Elisabet, en matière de foi, touchant lesquelles j'auroi beaucoup à écrire; mais je m'en deporte pour le présent, espérant que si vous pensés bien e humblement audit passage de saint Paul, vous y trouverés résolucion de cete matière. Par quoi je vous prie e conseille de par notre Sauveur Jesuchrist de faire tout au contraire de ce qu'ont fait e font les ennemis de l'Evangile. E ce faisant, vous serés ensuivante Christ e il vous benira e fera la grâce de gouverner saintement et paisiblement votre royaume à la louange du nom de Dieu e avancement de nos églises.

Vela, reine, le conseil que j'avoi à vous donner, lequel je vous prie humblement prendre en gré e en faire votre profit car il n'est pas de moi, mais du père des lumières duquel vient tout bien.

1. *Comme je crois*, supprimé.

Il reste maintenant un point qui êt pour moi, duquel je n'étoi pas délibéré de vous écrire, voire je n'eusse osé ni de ceci ni d'autres choses addresser letres à une si grande reine, moi qui suis des plus petis, n'eut été que madame Dorothée de Staffort[1] e Elisabeth madamoiselle Sands[2] (l'honnêteté desquelles vous conoissez mieux que moi, qui de leur grâce vous doivent présenter mes letres e humbles recommandations e outre cela tenir propos de bouche touchant cette affaire) m'ont tellement parlé de votre humanité que j'ai prins hardiesse de le faire, me faisant fort que la prendriés à la bonne part.

L'affaire est telle. Quand le feu roi Edouard étoit en vie, je lui envoyai une Bible de ma translation latine à lui dediée : laquelle fut vers lui tant bien venue qu'il ordonna que quelque argent (pas ne sai combien) me deut etre envoyé comme j'entendi lors par letres de feu Jehan Checus, son précepteur e depuis l'oui de bouche par deça. Avint sur ces entrefaites que le roi alla de vie à trepas e s'en ensuivit comme vous savés un grand changement au royaume qui fut cause que sa volonté ne fut point exécutée. Maintenant, voyant que par votre règne les affaires sont de rechef tellement changés de mal en bien que les tristes en sont réjouis, les povres enrichis et les bannis rappellés, de sorte qu'il semble que ce soit un beau temps venu après la tempête, j'ai pensé que ce beau tems me pourroit comme les autres réjouir en ma povreté e aider à nourrir mon ménage, e par cete cause ai-je été tant hardi que de vous en écrire. Ma requête êt que la volonté de ce gentil roi Edouard (laquelle par l'iniquité du tems qui suivit son trépas fut empeschée d'être exécutée), soit par l'équité e noblesse de votre règne selon votre bon plaisir mise en effet, tout ainsi que vous voudriés que le vôtre le fût en tel cas. Si vous le faites, vous ferés (come je croi) chose à Dieu plaisante, à vous bienséante e au royaume d'Angleterre honorable. E je prie Dieu qu'il vous doint sagesse divine pour gouverner son peuple à la louange de son saint nom par Jesuchrist son fis notre Sauveur. Adieu.

De Bâle, le 7 de janvier l'an 1559.

Votre serviteur,
SEBASTIAN CHATEILLON.

1 Dorothée, fille de Henry, lord Stafford (fils du duc de Buckingham, mort en 1521), avait épouse un gentilhomme nommé William Stafford of Grafton, Esq. En 1555, les Stafford sont réfugiés à Genève (*Opp. Calv.*, XV, 828). Calvin est le parrain de leur dernier enfant, Jean. Le père meurt en 1556. La mère sur les conseils de son beau-frère Robert Stafford veut quitter Genève avec ses enfants. Calvin s'oppose à ce que son filleul, âgé de cinq mois, soit emmené « rière la papisterie », il veut tenir le « serment et promesse solennelle qu'il fit d'instruyre à l'évangile ledit enfant ». L'affaire vient devant le Conseil, qui entend contradictoirement Calvin et Robert : celui-ci « dit qu'il est bien esbahy que des ministres qui font ainsi les zélateurs ne vont en France là où il y a des tropeaux qu'ils laissent brusler : requesrant ne contraindre point la mère à laisser ses enfans ». Après de longs et vifs débats, le Conseil, sur l'acquiescement même de Calvin, consent à laisser partir la veuve et les enfants, après que celle-ci eut promis « par serment solempnel sur les Escritures » de « non aller à la papisterie, ains en une ville conforme à la parole de Dieu comme est ceste cité » (24 août 1556. *Opp. Calv.*, XXI, 640 et 645).

2. Probablement Sandys. Cette Élisabeth est sans doute un membre de la famille de lord Sandys, une parente de l'archevèque d'York, Edwin Sandys.

LXXVI

Lettre de Benedictus Aretius.

Berne, 28 janvier 1559.

Autographe : Bibl. de Bâle, K.-A, C. I, 2, t. II, f. 319[1].

[« Benedictus Aretius, græcæ linguæ professor », remercie son collègue du bon accueil qu'il en avait reçu a Bâle au mois de septembre précédent, des lettres qu'il lui a données « ad D. Wolffium, Augustæ »; demande à garder une place dans son amitié; « nostri Lausannenses varia ut audio spargunt etiam apud exteras ecclesias, qua parte injuriam sane faciunt clementissimo magistratui. Velim igitur ad me perscribas quæ judicia sint vestrorum hominum de ea controversia » (allusion à la destitution qui venait d'être prononcée contre Viret, et appréciation absolument conforme à celle du pasteur Haller, de Zerchintes, etc. — Cf. *Opp. Calv.*, XVII, 463; Ruchat, VI, 256-273). Il lui demande de lui procurer avec la remise la dernière édition de sa Bible latine.]

LXXVII

Lettre de Guillaume Constantin.

Lyon, 1er février 1559.

Autographe : Bibl. de Bâle, G2, I, 23 (18e lettre du no 69).

[Billet à son cousin pour s'excuser de ne pas l'aller voir. « Je vous dirai de bouche ce que je ne vous ouse escrire pour en avoer vostre consoer (conseil). » Salutations].

LXXVIII

Lettre de Guillaume Constantin.

Lyon [1ers mois de] 1559.

Autographe : Bibl. de Bâle, G', I, 23 (19e lettre du no 69).

A Monsr Castaleo a Balle.

S. Mon Quosin, je ai rescut vostre lettre qui ma for rejoys du boun avertisement que vous me faite... [il se recommande à ses prières].... Je suis maris que vous ne resutte la lettre que je vous ays envoer a lautre foyre, mais Dieu n'a pas vollut par quelque raison que nous quonoitron quelque jours, car je vous escrivois choses que par aventure ne eusen pas estes bonne pour lavansement de la piétée.... Si plaict à Dieu, je vous yres voer se etez (cet été) au plus loin.

... 1559, par

Votre obeissang
GUILLE CONSTANTIN.

1. Cette lettre vient d'être imprimée dans les *Mittheilungen der naturforschenden Gesellschafft in Bern*, 1889, p. 225, par M. le Dr J.-H. Graf, auteur d'une étude sur Marti (Aretius), p. 25-50 de la première livraison de sa *Geschichte der Mathematik and der Naturwissenschaft in bernischen Landen*, 1888.

Quant à vous *dialougue*[s], la Dive (?) Anie le mat donne, je [les] voleois vendre, mais neul ne le veul acheter. A l'autre foire je vous escrivois que elle ne le voloit pas donner, mais elle le me envoat a seste foire, nous le vous envoon par Antoine ou Huguot le vous porterat.

LXXIX

Lettre aux frères de la Boyssière et à Isaac de Tregouet.

Bâle, 1er septembre 1559.

Autographe : Paris, Bibliothèque Nationale, fonds latin, n° 8588.
(Voir ci-après le fac-similé, p. 488.)

Nostræ res hactenus sic se habent. Ædes emi, et magnum æs alienum contraxi, sed sine fœnore idque ea conditione ut bona fide solvam cum primum potero.

Harpagonem cum appendice [1]. ad authorem illum ante complures menses misi, et illum [perquam iracundè] [2] simul ac nomen meum vidit tabellario gravissimè iratum fuisse audivi. Responsi nihil accepi. Eos nescio quid scripti adversum me aut jam emisisse, aut nunc moliri, mihi relatum est [3]. Quid sit, expecto. — Cæterum quominus meam *Defensionem de translatione Novi Testamenti* itemque *Harpagonem* cuivis ostendatis non recuso, modo ne curetis imprimenda. Ego id aliquando, volente Deo, curabo. Sed occasionem adhuc expecto, quæ expectatio facit ut pene citius pariant elephanti [4].

De Davidis Georgii negocio quin audiveritis non dubito, et prodibit hisce nundinis libellus ea de re [5], quem ego nondum vidi, et ad vos per librarios perlatum iri omnino mihi persuadeo. Itaque plura non scribo.

A Geneva in Galliam Gallos multos reverti audimus, sive quod Genevæ annonæ charitas est, sive quod futuram in Gallia religionis libertatem nonnulli sperant [6].

Quod ad me attinet, hactenus quietus fui, et mihi sive in quiete sive in turbis adfuturum eum qui hactenus adfuit, Deum, spero.

Este pii, Deum habentes ob oculos, cui reddituri sumus aliquando vitæ suæ quisque rationem. Patri cum scribetis, salutem a me scribitote et Olivario [7] dicitote : Melanthoni quoque (si faciendum videbitur) et Langueto nostro, cui has literas legetis, ne mihi eadem bis scribenda sint. Valete. 1 calendas septembris 1559.

1. Voir ci-dessus, p. 128-131.
2. Mots effacés dans le manuscrit.
3. Il ne peut être question ici du dernier écrit de Théod. de Bèze : *Réponse à certains sycophantes*, que Castellion devait connaître depuis les derniers mois de 1558. Le même bruit est mentionné par Larcher, lettre du 1er juin 1561.
4. De ces deux écrits qu'il avait dessein de publier, le premier seulement fut imprimé de son vivant : *S. C. Defensio translationum* (voir notre bibliographie, n° 12). Le second ne fut édité que par Fauste Socin en 1578 (Bibliographie, n° 31).
5. C'est la relation officielle : *Historia basiliensis*, voir ci-dessus, p. 131, note.
6. Nous n'avons pas trouvé de trace de ce mouvement de retour en France.
7. Olivier, un de leurs parents ou amis, qui étudiait aussi à Wittemberg.

LXXX

Lettre de Jacques Paquelon.

Genève, 9 décembre 1559.

Autographe : Bibl. de Bâle, G², I, 23 (21e lettre du n° 69).

« Mon tres chier et honnoré frere, à voustre bonne grace moy recommande, aussy fet ma mère mon frère Jehan Felyx ma seur Claude mon frere Daniel lequieus (lesquels) se pourtent fort bien tous de par deça [1]. »

[Il lui renvoie par Claude Doulz cinq écus que Castellion avoit avancés pour l'apprentissage d'un jeune Claude. — Suivent sur la dot de sa sœur Huguine (première femme de Castellion) des détails que nous avons reproduits (t. I, p. 182, note 1).]

« Syl i a chose que puisse pour vous par de dessa, je le feray daussi bon ceur que je me recommande a vostre b. grace.

De Genesve le 9 de décembre.

Par celuy quy est voustre bon frere à james,

JACQUES PAQUELLON. »

Suscription : La presente soyt donné a mon beaufrere M. Sebastien Chatillon a Balle.

LXXXI

Lettre de Michel Chatillon.

[Genève], 9 décembre 1559.

Autographe : Bibl. de Bâle, G² I, 23 (13e lettre du n° 69).

S. Mon honcle, je me suis enqueste de vous afaires, tellement qu'il i a desja 13 ou 14 ans que le notaire que resceut voustre lestre de mariage trespasa. Je ne say si ung poura avoyr le doubble de linstrument sans aller par devant la Seguorie. Je y ferai ma diligence; mandes moi combien le mariage monte; quant aux iritiers il ni en a plus, que la seur qui tien le bien, car Pière est mort : quant aux austres, comme Jacques [2] et les austres, ilz nen ont rien affaire, car ce n'êt pas tous dune mère; mesme ilz dizent quil ni a plus que 50 ffl. quun sien honcle luy avoyt donnés. Mandés moy comme vous en voulez faire, et je my emploieray de tout mon pouvoir. Quant à la procure, il me semble que vous en fites une à mon honcle Monect [3] et que i en a assez d'une.... Le Seigneur mavoyt donné une fille, laquelle il a prinse, et m'a donné un beau filz maintenant. Ma femme salue bien vostre femme ma tante et a la Jenne

1. Le père était mort depuis le mois de mars 1558.
2. C'est le signataire de la lettre qui précède.
3. Monet Chatillon, maréchal, reçu bourgeois de Genève en 1562.

vostre nièce et tous ceux de la maison. Le présent porteur vous pourra dire des affaires plus amplement.

A Dieu ce 9 de décembre 1559.

Vostre nepveu,
MICHEL CHATILLION.

Suscription : A Monsieur Sebastien Chatillion soyt donnée a Bâle.

LXXXII

Lettre de François Perrucel de la Rivière.

Francfort, 20 décembre [1559].

Autographe : Bâle, G² I, 23 (2ᵉ lettre du nº 69).

Grace et paix par J.-C.

Monsʳ. et tres cher frere, aiant ceste tant bonne opportunité je n'ay voulu faillir vous escrire ce mot pour vous prier de ces trois choses : la première que priez l'Éternel N. Dieu pour moy et ceste assemblée à ce qu'il réunisse aultant les cueurs ensemble et avec moy leur pasteur com[me] on a tasché et tasche on encore (et non sans effect helas) de les en diviser. Vous m'escriviez un jour qu'estiez joyeux d'ouir que j'avoie paix ycy, et aussi certes me sembloit-il que j'y avoie paix, mais toutefois on a bien vu depuis que ceulx que je honoroie et aymoie me mectoient des lacs. Mais Dieu, mon Dieu, scayt que j'ai tousjours marché rondement avec eux et en simplicité de cueur. Priez donc, M. et frère, à Dieu qu'il me rende la premiere liesse de mon cueur et ne me destitue de son libre et franc espoir, afin que pour jamais ne soie consiome en bien.

Le second de quoy je vous prie est que vouliez regarder les deux escris que vous montrera le porteur, car je suis accusé hérétique pour avoir ainsi traicté le lieu de Saint Mathieu : *Si tu offres ton don, etc.*, comme porte le premier escript, et renverseur d'église pour avoir respondu négativement à la première des quatre questions du second escript, et prophanateur de la Sainte cène du Seigneur pour avoir respondu à la deuxième question affirmativement et à la troisième négativement. Et de rechef heretique pour avoir respondu négativement à la quatrième question, adjoustant toutefois cecy : « supposé que ces bons là qui communiquent à la cène avec les meschants ne consentent point à leur meschanceté et soient de telle qualité qu'ilz ne puissent empescher ces meschants-là de communier ». Puis, quand aurez le tout considéré, écrivez m'en vostre advis. Mais surtout je vous prie que communiquiez ces choses à tous les doctes de vostre ville et faictes signer leur advis par aultant de scavans que pourrez. (L'escrit des doctes de vostre ville, ne le signez pas au commun escript, car il seroit suspect de faveur pour la licence que tous disent que nous avons ensemble [1].) Ja deux villes ont respondu, Wittembergue et Eldebergue, et tous [ont] soubscrit à ma déclaration du lieu de Saint Math. et respondu aux quatre questions comme

1. Cette phrase est ajoutée en marge.

moy; pourtant nostre Senat desire encore ladvis de vostre ville et de Suric. Je vous prie donc que faciez ceste diligence pour moy.

Le tiers dont je vous prie est que recevrez ce jeusne estudient amiablement pour layder de vostre credit en son entreprise qui est de profiter en la Sainte langue comme il a ja très bien profité es aultres ainsi que experimenterez; pour ceste fin il va a Suric, mais s'il trouvoit moïens en vostre ville il s'y arresteroit. Vous verrez donc si le pourrez ayder de moyen. Car il est pauvre et de pauvres parens, mais bons. Je vous prie donc, Monsr et cher frère, si avés moïen en vostre ville de lui fayre aider à sa fin, que le faciez.

Mais cependant faictes devoir que de Suric j'aye aussi le mesme que je désire de vostre ville. Vous voiez combien la charité que je scay que portez à ceux qui veulent craindre et aymer Dieu m'enhardit vers vous et si scay que le prenés de bonne part.

L'esprit de Dieu conduise tousjours les vostres. Amen.

De Francfort ce 20 de décembre.

Votre frère : DE LA RIVIÈRE.

Suscription : A Monsieur Maistre Sebastien Castalio, professeur à Basle[1].

LXXXIII

Lettre à Boniface Amerbach.

Bâle, S. d. [2].

Autographe : Bibl. de Bâle, K.-A, C. I, 2, t. I, f. 115.

Sebastianus Castellio D[i]. Bonifacio Amerbachio S.

Hic adolescentulus, jam aliquandiu Dei et tua benignitate sustentatus, hæret adhuc in luto. Quæso te, per Dei misericordiam, ut ei in longum, si fieri sine tuo incommodo potest, prospiciatur. Spero bene collocatum iri beneficium. Ignosce meæ vel audaciæ vel inverecundiæ. Impellit hujus egestas et discendi studium. Vale.

LXXXIV

Lettre de Castellion à Gaspar Hervage [3].

26 février 1560.

Copie de la main de Nathanael. — Biblioth. des Remontrants à Rotterdam, ms. 505, f. 20 et 21.

Accepi literas tuas, mi Gaspare, in quibus animi tui candorem et sinceritatem agnovi, qui absentis famam adversus obtrectationes tueri susti-

1. Au dos de cette lettre, de la main de Castellion :

Se servare potest nemo, sed perdere quivis.

Ce vers résume la doctrine qu'il a développée dans ses *Dialogi IV*, dans son écrit *Adv. Borrhæum*, etc.; voir ci-dessus, p. 191 et 204.

2. Nous plaçons ce billet vers 1559, par simple conjecture d'après la place qu'il occupait dans le recueil de Bâle.

3. Gaspar Hervagius (Herwagen) était le fils de l'imprimeur Jean Hervage et de Gertrude Lachner, veuve de Jean Froben. On ne sait pas la date de sa naissance. Il avait étudié à Bâle et en France, en dernier lieu à Poitiers d'où il revint doctor utriusque juris. Il fut nommé professeur de droit à l'Université de Bâle en 1565. C'est probablement à Poitiers que cette lettre lui est adressée, il était à cette époque encore tout jeune étudiant.

nueris. [Il le remercie, en l'assurant qu'il s'inquiète peu de ces attaques et compte sur Dieu seul] :

Sed hoc tibi prædico, mi Hervagi. Si me aut quemquam istis [1] invisum defendere perrexeris, periculum est ne in istorum odium incurras. Habent quoddam pietatis studium, sed in eis scientiam desidero, Deumque precor ut eam conferat eis. — Quod ad istum *de Villeroche* [2] attinet, cujus tu scriptum mihi misisti, equidem partim memini eorum quæ narrat, sed magnam partem oblivioni tradidi. Verum meræ mentis et sententiæ (contra quam certe non sum loquutus : amo enim veritatem) memini. Itaque tibi ad ejus scriptum, mi Hervagi, paucis respondebo.

Ac *primum*, in universum, quod ad hominem attinet, puto eum non calumniari scientem, sed quum ad hominem suspectum ipse suspiciosus venisset, quædam mea dicta paulo sinistrius accepisse.... [Lui-même dit de moi : « Combien que je l'épiasse de fort près ». Cette disposition à « l'épiement » fait aisément prendre en mauvaise part ce que l'on entend : ils ont un verre noir, à travers lequel ils me voient toujours en noir]....

[*Second point* : sur les sciences humaines : il n'est pas exact que j'aie dit qu'il fallait en faire fi [3]. Ce sont des dons de Dieu. Je me borne à rappeler qu'il faut faire passer la religion avant les lettres, tandis qu'on fait souvent l'inverse; c'est contre cet abus que je m'élève en répétant le mot de Saint Paul : De Dei lege dies noctesque cogitandum.]

[*Troisième point* : De la perfection. J'ai bien dû dire quelque chose comme ce qu'il me reproche : « urit enim me justus dolor tam parum Christi potestati aut certe voluntati tribui! » — Quand il ajoute que moi-même je n'en suis pas à ce point de perfection que je recommande, « hoc nihil aut parum ad rem » : je ne suis qu'un pauvre pécheur comme les autres, mais je crois à la réalité des promesses de Dieu. — Il me reproche de ne pas considérer la convoitise elle-même comme un péché. On peut discuter là-dessus; je dis simplement : « Tentari non est peccatum, sed tentationi succumbere ».]

[Dans son récit de notre entretien, il y a des parties exactes, mais exagérées. « Non enim dixi : « tous les jours conditions riches et fort avantageuses me sont présentées [4] ». Dixi, quod verum est : *non semel*.

1. Aux Calvinistes.

2. Pierre Villeroche, pasteur français d'humeur remuante dont nous ne savons pas bien l'histoire bien qu'elle ait occupé le Synode et Calvin. Il avait d'abord eu la confiance de Calvin qui le chargeait de défendre les intérêts des protestants auprès du roi de Navarre; il était alors à Nérac (1558); il fut ensuite pasteur à Bergerac, où il se trouvait peut-être encore à l'époque où est écrite cette lettre : il est évident qu'il a eu peut-être pendant un voyage à Bâle un entretien avec Castellion dont les doctrines ont inquiété son orthodoxie calviniste alors entière. Quelque temps après, soit pour des questions de doctrine, soit à propos d'un riche mariage, il fut déposé par le synode provincial (mars 1561). On remarquera que Castellion joint l'exemple au précepte par la mansuétude de cette réponse.

3. C'est la même accusation, que nous avons vue reparaître à maintes reprises et toujours avec les mêmes exagérations, depuis le mot de Théodore de Bèze : « Et de faict, nous avons entendu que l'un des principaux de vostre ligue a accoustumé de dire : que les chrestiens ne doyvent lire que la Bible seulement ». Sur quoi Bèze ne manque pas de lui reprocher d'avoir accepté une chaire de grec. Castellion avait répondu : « Voire! comme si les cordonniers faisoyent tous les jours des souliers pour eux et non plutôt pour les autres! » (*Tr. de l'auth. de magistrat*, p. 183). — Voir ci-dessus, p. 88.

4. En français dans le texte, quoique toute la lettre soit en latin.

— Que j'aie attaqué violemment Calvin, non. J'ai dit qu'il ne peut souffrir la contradiction.]

[Sur le baptême des enfants, l'heure avancée ne nous a permis de développer, il n'a sans doute pas compris. Je le faisais juge lui-même, lui demandant s'il trouverait bon qu'on le condamnât pour s'être abstenu d'un acte quelconque que sa conscience à tort ou à raison lui interdirait. Relire mon *Annotation* sur 1 Cor. VIII.]

[En écrivant, il me revient à la mémoire ce que j'avais dit de Calvin, à propos de son écrit *Calumniæ nebulonis* : « Calvinum in me scripsisse quorum vel scortum pudere deberet ». Villeroche lui-même convenait qu'il s'y trouve des injures de la dernière grossièreté.]

Hoc obiter dicam : me respondisse ad illum libellum, et Calvino responsionem meam mea manu subsignatam (non enim impressa est) misisse [1]. Et responsio aliquando, volente Deo, videbitur a multis quæ jam (ob aliquam causam) multis visa est. Sed ego non propero [2]. Nam qui credit non properat : Deus omnia deteget.

Quod ad istum *Villeroche* attinet, ego ab eo non abhorreo, sicuti nec a cæteris qui a me magis errore quam judicio abhorrent. Itaque eum meo nomine salutabis. Si credit in Christum, meus frater est, velit nolit. Et nos copulabit aliquando charitas. Sin pergent odisse me, non ambulabunt via Christi; nam qui odit fratrem suum homicida est.

Vale, mi Gaspare : gere te prudenter, et irritabiles irritari noli, nisi justa magnaque de causa. Deum tibi propitium precor.

Die 26 februarii anno 1560.

LXXXV

Lettre de Jean Polier [3].

Tolède, 15 mars 1560.

Autographe : Bibl. de Bâle, C^a I, 23 (29e lettre du n° 69).
Imprimée : Jules Bonnet. *Nouv. Réc.*, p. 305; *Opp. Calv.*, XVIII, 28.

Monsr. Je suis contrainct de vous escrire que vous recevez plus de content[ement] en une heure dedans la closture de vostre vigne [4] que je ne scaurois fère en dix ans en tous les royaumes d'Espaigne... combien vous estes encore plus heureux ayant de superhabondance une boutique si bien garnye laquelle jestime plus que une des naves qui retournent tous les ans du Pérou ou des Indes chargees d'or.... Summa summatim — les rages et cruailles ont partout la vogue. On brulle les luthérains en Espagne tout aussi qu'en France. Jen ay veu depescher a Vallendolyd quatorze pour un coup, entre lesquelz y avoit quatre belles et fort jeunes filles. Jai veu pareillement bruler les mores mahométistes obstinés en

1. Confirmation du récit que nous avons déjà trouvé, lettre LXXIX, 2e alinéa. Voir ci-dessus, p. 131.
2. Cf. ci-dessus lettre LXXIX, 2e alinéa.
3. Nous ne savons rien du signataire, pas même sa nationalité. Il semble voyager en Espagne et avoir laissé sa famille à Bâle.
4. *Vigne*? Ce serait plutôt *jardin*. Même doute sur la propriété du terme *boutique*. Veut-il parler de sa *bibliothèque*?

leur opinion ryans au suplice et se mocquant de notre religion. Notre Sr veueille pourveoir a tous les maulx qui sont aujourd'hui au monde.... Et me ferez ce bien de me fère entendre de vos nouvelles vous suppliant et madame vostre femme aussi de visiter quelques foys nostre petite famille....

De Tolède ce 15 de mars 1560.

Vostre bien humble serviteur,
JEHAN POLIER.

Suscription : Monsr Castalio professeur de la langue grecque a l'Université de Basle.

LXXXVI

Lettre de Jean Polier.

Tolède, 11 août 1560.

Autogr. : Bibl. de Bâle, G², I, 23 (30e l. du no 69); impr. : Jules Bonnet, *ibid.*, p. 306.

[Il le remercie de sa « petite lettre, grande toutefois en substance et doctrine », de son « bon conseil, tel que tous les sages de deça n'en pourroient donner un meilleur » et qui lui « a servi de coups d'éperon » ; enfin « des bons offices que faistes en l'endroict de ma femme ».]

De Tolède ce XI d'aoust 1560 vostre meilleur serviteur et ami,
JEAN POLIER.

LXXXVII

Lettre de Perrucel de la Rivière.

Francfort, 20 septembre 1560.

Autogr. : Bibl. de Bâle, G², I, 23 (26e lettre du no 69).

Reverendo ac clarissimo viro Dno Sebastiano Castalioni.

Grâce et paix par J.-C.

Monsr et tres aymé frère, aiant finalement, par un singulier benefice de Dieu, eu sentence par l'authorité du senat de ceste ville sur toutes et chacune les oppositions produites contre moy, je vous envoie la sentence qui en a este prononcée et le décret fait 8 jours apres, afin que comme je masseure quavez eu dueil de mon mal, vous avez aussi joye du bien que Dieu ma faict, afin aussi quen rendies grasses à Dieu avec moy et ensemble le prions qu'il me donne de bien user de ce bénéfice et me preserver que je ne vienne plus en telz désastres. Car certes mieux me vaudroit demeurer en quelque trou sombre, attendant la venue du filz de Dieu, que de vivre en telles tempestes. Or je vous remercie affectueusement de la peine et soin qu'avez eu de moy et pour moy de me faire avoir l'advis de l'église et escole de Suric. Je vous prie en vouloir nommement rescrire en vostre nom et au mien remerciement à Monsr et père Me Bernardin Ochin lequel jay sceu avoir à vostre requeste sollicité le tout. Loué soit Dieu qui par ces bons là a prouvu ce que les aultres par leur autorité (par laquelle toutes fois ils pouvaient beaucoup de bien fayre) ont grandement tasché dempescher.

Je salue de bon cueur toute votre famille. Dieu vous conserve longuement prospere à son Eglise. Amen. De votre maison à Francfort le 20 de septembre 1560.

Vostre humble serviteur et frère François Perrucel
dict de la Rivière.

LXXXVIII

Lettre de Jean Larcher.

[Cortaillod], 1er juin 1561.

Autographe : Bibl. de Bâle, G2 I, 23 (5e lettre du n° 69).
Imprimée : *Opp. Calv.*, XVIII, 499.

[Il envoie des oignons de safran; — nouvelles de France : nouvel édit « par lequel le roi commande que les maisons où se tiendront les assemblées des Huguenaux soient rasées jusqu'aux fondements ». — Préparatifs de guerre de MM. de Berne — Demande « le livre de Heshusius et Nicolas Gallus contre lesquels Calvin a escrit ». — « J'ai fort cerché un livre qu'on disoit avoir été escrit contre vous. » Il salue le médecin [1], Regné [2], Siméon Clerc [3].]

LXXXIX

Nicolaus Blesdykius transiselanus.

.....? [4] 2 juin 1561.

Autogr. : Bibl. de Bâle, K. A, C. I, 3, f° 331.

Salve in Christo, amice charissime! — Hæsi per octo dies in Ha [?...] [5], invitus quidem, sed non tamen otiosus. Interim hic... acciderunt inexpectata. Nam (sive ex Velsiano negocio, sive aliis de causis hoc factum sit) magistratus urbe migrare jussit quosdam propter diversam religionem, et idem facturus dicitur omnibus qui Augustanam confessionem admittere nolunt. Idem mandatum fuit publicatum a Cæsare Ferdinando in die Pentecostes in Valle Leberano.

Magna est opinionum et factionum varietas in hoc terræ tractu. Concordes quidem sunt omnes in insectatione concionatorum, sed discordes admodum inter sese. Alter alteri est non solum haereticus sed blas-

1. Jean Bauhin.
2. Peut-être un des pensionnaires de Castellion; car nous ne pensons pas qu'il faille songer à Regner Prædinius.
3. Peut-être un autre pensionnaire.
4. Peut-être Duysbourg, ou une autre ville du Palatinat, sur le Rhin.
5. Le bord de la page est déchiré.

phemus propter opiniones nescio quales. Talis est inter eos synchretismus ad expugnandum adversarios versutos et potentes! Neque ulla illis probatur mediocritas aut pacifica ratio, sed alii in alios confidentissime vociferantur et verbosissime declamitant. Itaque nihil non est extremum quod ab istis non profertur. Hujusmodi permulta me vehementer alienant a factionum societate.

Intellexi ex Michaele Franciscum [1] a magistratu Francfordiensi conjectum in carceres et amotum officio concionandi. Igitur non multum præsidii in ejus commendatione fortassis futurum est.

Delatum est ad Elizabetam [2] a te impeditum fuisse ne liber *De spirituali medicina* typis oporinianis excussus sit. Sed ego negavi constanter a te illud factum esse, affirmans (id quod res est) te ferre posse ut quidvis talium libellorum excuderetur, sed summo studio a magistratu cautum esse ne quicquam a typographis excudatur non prius a censoribus mature visum et examinatum.

Dominica die proxima ante Pentecostem cœptum est hic concionari in magno templo, quæ res magnam lætitiam attulit populo.

Sexcenti viri, una cum bombardis aliquot, magnis diebus duobus hæserant ante portam hujus urbis profecturi quamprimum Montebelgardum versus. Omnia sunt sinistrarum opinionum de ejus belli causa et eventu plena.

[Ici des détails obscurs sur le « tabellarius » qui a eu des difficultés et paraît devoir en éprouver d'autres (comme anabaptiste ou pour quelque autre opinion malséante?). Personne ne voudra le loger.] Fortassis *Oporinus*, verus Pandocheus et receptor omnium eruditorum sine ullo suspicione illi hoc in re prospicere poterit, si Petrus Mechlinensis [3], vetus ejus receptor, renuerit prætare hoc officiolum.

[Il recommande à ses amis de visiter et de consoler sa femme et ses enfants pendant son absence.]

Raptim, 2 junii anno 1561.

NICOLAUS BL.

Hoc die, volente Deo, navis ibit [4].

XC

Lettre de Michel Chatillon.

Genève, 20 juin 1561.

Autographe : Bibl. de Bâle, G² I, 23 (14ᵉ lettre, nº 69).
Imprimée : *Opp. Calv.*, XVII, 523.

[Salutations de famille. — Suit le récit de la querelle de Jean Eyssautier (le fils du pasteur Mathieu Eyssautier, alors en Provence) avec deux Français à la Fusterie, à Genève.] « Les deux franscoys disoyent que vous

1. Perrucel de la Rivière. Voir ci-dessus, lettres LXXXII et LXXXVII.
2. S'agit-il de la reine Élisabeth ou d'Élisabeth Sandys ?
3. Pierre de Malines (voir ci-dessus, p. 150). Il semble donc bien s'agir encore de quelqu'un de l'entourage de David Joris.
4. Sans doute le bateau qui remontait le Rhin et devait emporter cette lettre.

estes hereticque. Lequel Jean répondit et dit que non, qu'il avoit esté avec vous ung an et qu'il n'avoit vu en vous que chose crestienne, et que vous estiés aussi homme de bien que personne de Genève. Lesquels franscoys suivoi[ent] Jean de pas à pas et luy vouloyent faire redire son propos et luy disoyent : « N'as-tu pas dit qu'il estoyt plus homme de « bien que personne de Genève? » Lors Jean dit : « Non, je ne l'ay pas « dit ». Quelques jours après ces deux franscoys menèrent M. Raimon [1] vers Jan et firent venir Jan et sa mère au Consistoyre là où ils furent fort bien interrogués de beaucoup de poins par deux foys et mesme les remirent pour estre davantage interrogué en la maison de M. le marquis et leur voulient faire croyre que vous estes le plus meschant diable denfert : ce que ne voulons croire et avons toujours maintenu votre droit. » [Mais les ministres insistent, disent qu'ils trouveront des preuves et] « quilz feront qu'elle croye que vous estes le plus meschant diable d'enfert. Pourquoy, ma tente Janne et moi aussi vous mandons que vous vous donnies garde de Satan le grand tentateur, quil ne vous tente point. Et sommes bien marri que ne parlames davantage ensemble. Nous ne croions nullement que soyes tel que le monde vous dit estre. »

XCI

Lettre de Thomas Lafarge.

Lyon, S. d. [fin 1561].

Autogr. : Bibl. de Bâle, G[1] I, 23 (22e lettre du n° 69).

Monsr, jai differé jusques astheure [lisez : à cette heure] de vous escrire, et ce à mon grand desadvantage seullement, car se plustost je vous eusse escrit plustost aussi eussies contenté mon esprit par quelque vostre lettre pleine de chrestienne instruction. Tant je m'asseure bien de vostre privauté envers moi, de laquelle me donnastes un asses certain tesmoignage par de là, tant en vostre maison qu'avec Messieurs Bouin et Blesdic. Despuis je n'ai pas eu trop aisée commodité de vous escrire et attirer à moi de vos lettres. Toutesfois souvent j'ai ramentu à part moi les bons et divins chrestiens que vous touts me communiquastes. Toutesfois non pas si bien que je devais : Dieu tout puissant au nom de son très aimé fils me face la grace d'y mieus entendre.

Au reste je suis bien aise quand je puis renconter quelcun de vos escrits soient imprimés ou non. — Mesmement je desireroye fort de veoir tout à loisir votre *Revue sur le Nouveau Testament* [2], laquelle me communiquastes a Basle : je n'eus pas l'opportunité seullement de la savourer. Je pense bien que ce n'est pas où gyt le fondement de nostre salut quen telles disputes. Toutes fois me semblent elles pouvoir esclaircir l'entendement du chrétien, moiennant quil les prenne à edification et non pas à curiosité. Ce que je vous en escris cest principalement pour sca-

1. Merlin.
2. Il désigne ainsi évidemment la *S. C. Defensio suarum translationum Bibliorum et maxime Novi Fœderis*, qui ne fut imprimée qu'en mars 1562. Cette lettre se place donc vraisemblablement à la fin de 1561.

voir de certain si cette vostre *Revue* s'imprime à Basle, ainsi comme j'en ai ouy quelque bruict, afin que ne soions frustrés de l'attente qu'en aurions. Toutes fois j'en remets le tout à vostre discretion et non pas à mon désir. Cependant je prierai le Seigneur que vous face la grâce de persévérer et advancer au chemin lequel aves desja tres bien fraié et moi d'y entrer et continuer jusques à la fin, me recommandant tousjours a vos bonnes prières et celles de vos amis, lesquels aussi je n'oublierai aus miennes, tant qu'il plaira a Dieu m'en donner la souvenance et loisir.

De Lyon, par le tout vostre
Thomas Lafarge,

Autrement dit Fargeus comme je vous le dis à Basle, vous me le demandant.

Aussi je recommande à vos prières Monsr Cappel [1] (duquel aujourd'hui j'ai reçu nouvelles à ma grande joie) affin que Dieu lui inspire la voie hors du monde et de soi-mesmes.

Suscription : A Monsieur Sebastien Chastillon, lecteur en grec à Basle.

XCII

Lettre de Christophe Carleil.

[D'Angleterre?], 29 avril 1562.

Autogr. : Bibl. de Bâle, C. I, 2, f° 323, 324.

Sebastio Castalioni Christophorus. Carleilus anglus s. d. p. [2].

Artus unius corporis omnes sumus. Quid de eo fiet qui ab hoc corpore alterum avellit? Num humanus qui Christianum a se putat alienum? Num Deo natus qui fratrem quem videt et quocum intercesserat necessitudo *raca* appellat? An æquum falso eum furti arguere cujus manus semperfuere abstinentes [3]? *Joannes Balæus* [4] indicat quam inhumanè facit contraque officium boni viri. In altero simiolo [5], qui in te invehitur, tum majorem in judicando equitatem, tum in reprehendendo modes-

1. Rien ne prouve rigoureusement qu'il s'agisse ici du jurisconsulte Jacques Cappel, sieur du Tilloy, le père du grand hébraïsant Louis Cappel. Mais ce serait une singulière coïncidence si une phrase qui s'applique si justement à sa situation indécise et à ses longues hésitations ne se rapportait pas à lui. (Voir *France protestante*, 2° édition, III, 720.)

2. En tête de la Bible latine de Castellion, parmi les *Judicia doctorum virorum*, on a imprimé un extrait de cette lettre sous le titre : *ex literis Christophori Carleili angli*. Cet extrait commence par la dernière phrase du premier alinéa : *In altero*, etc. (le mot *simiolo* a été supprimé). Puis vient la première phrase du troisième alinéa ci-après : *Legi quidem tua*; enfin les deux alinéas qui suivent en entier, contenant les témoignages de Jean Cheke et de Martin Bucer.

3. Allusion à l'accusation de vol et à l'histoire de la gaffe que nous avons racontée, t. I, p. 248, t. II, p. 523.

4. Lisez : *Calvinus*.

5. Théodore de Bèze, qu'il nomme ainsi parce que pour la seconde fois il répète comme un singe les attaques de Calvin.

tiam desiderassem : convicia dedecent christianum et immanitas hominem.

Legi *Bellii* farraginem et quæ colliguntur ejusdem generis; legi etiam quæ rescripserant odiosoris [1]. Neque in ea re nefarios eorum conatus quemquam pium aut eruditum ferre æquo animo posse, cum αἵρεσις [2] ejus generis non sit flagitiorum quæ supremo supplicio sanciantur neque in moribus vitium exsistat, sed in doctrina. Si opiniosos omnes (quis enim non opinatur?) mactarent, et qui in rebus maximis errant (quis enim est qui non errat et hallucinatur?), profecto nec illi ipsi qui sibi tantopere assentiuntur nec antiquissimi quique impune aufugerent ab eorum incendiis.

Legi quidem tua omnia studiose et quotidie lego, inde uberrimum et salutarem percipio fructum. Animadverteram quædam in Antiquiori Fœdere, dum hebræa cum tuis latinis conjungerem, quæ ad te mittenda statueram, sed ecce subito (tum enim Caleti degebam) oppidum a Gallis capitur, eo nos non modo quæ in adversariis sed etiam quæ in capsulis erant amisimus.

Johannem Checum latine, græce et hebraice perbene scientem equestris ordinis virum, nonnunquam sum adortus et reperi semper tua legentem Biblia. Percontabar de tua in interpretando fide et eloquentia : tum ille ridendo, ut erat affabilis : « mehercule », inquit, « majorem percipio « fructum in legendo Castalionem quam in evolvendis omnium scriptorum « commentariis. Oratio facilis est, explicata, dilucida, suavis, concinna et « diserta; verba pura et latina et quæ propius naturam notationemque « græcæ hebraicæque locutionis attingunt ».

Martinum Bucerum audivi explanantem Psalm. 119 et quum omnia exposuisset quæ græci, latini et hebræi doctores de ea quam tractavit sententia præclare scripsissent, monuit audiendum Castalionem, « *qui*, « inquit, *ut est tum pius tum eruditus ita de Hebræis tum genuine tum* « *diserte convertit in hunc modum* ». Atque hoc fecit me præsente et hortatore in Academia Cantabrigiensi [3].

Audivi multos verba tua ut profana aspernari, ut Beza in « *genios* » et « *oracula* », quum verbo posteriori usus sit Africæ lumen et ornamentum b. Augustinus his verbis : « Simeon vir sanctus et divinis oraculis commendatus ». (Aug. Comm. 4, p. 748, ex impress. Froben, lib. 17.)

Amisi duos libellos quum Caletum caperetur, quorum alter inscribitur *Majorum fiducia*, alter *Christum nec animo nec corpore inferos lustrasse* [4].

Suscription : Eruditissimo viro Seb. Castalioni hæ dentur literæ Basileæ.

1. Allusion évidente aux deux traités sur la punition des hérétiques, celui de Calvin et celui de Bèze.

2. En marge : « αἵρεσις nunc in vitio, nunc in laude ponitur ».

3. Ici s'arrête l'extrait cité en tête de la Bible latine. Dans la dernière phrase, on a supprimé les mots *et hortatore*, et imprimé par erreur *gravius* au lieu de *genuine*.

4. Nous avons en vain cherché jusqu'ici ces deux opuscules.

XCIII

Lettre de Larcher.

[Cortaillod], 5 juin 1562.

Autogr. : Bibl. de Bâle, G² I, 23 (6e lettre du n° 69).
Imprimée : *Opp. Calv.*, XIX, 430.

[Il demande des nouvelles des enfans de Tristan et « de celuy de Iverdun que je vous recommanday l'aultre jour ».]

« Nos gens ont donné congé aux prestres et moines de Lyon, Vienne, Valence, Romans, Coste Saint-André, Grenoble, Tours, Bordeaux, Rouen et en plusieurs autres lieux. Ils ont tué devant Villefranche du Lyonnais environ deux mille hommes à cause de quelques fascheries quilz avoient faictes à ceux de Lyon. Ils en ont autant tué à Challon sur Sone, mais ilz y sont demeurez environ deux cens. Le prince de Condé a une fort puissante armée. C'est une chose horrible de considerer lestat auquel est à present le royaume de France : tout est en armes et sang ; voila comment il est conduit [1]. Dieu y veuille pourvoir par sa grâce. »

XCIV

Lettre de Humanus Cæsareus [2].

Dordrecht, 17 juillet et 4 août 1562.

Autographe : Bibl. de Bâle, K. A., C. I. 2, t. II, f° 320.

Humanus Cæsareus Sebast. Castellioni S.

Postquam a te discessissem, variis statim agitatus sum tentationibus, quæ eo mihi molestiores fuere quod tuo auxilio et paternis consolationibus (quibus animum meum defatigatum atque dejectum subinde reficere atque erigere solebas) destitutus essem. Sed ecce miram Dei providentiam atque misericordiam. Dum Argentinæ in foro oberro, casu indici in vetulam, quæ schedas quasdam abjectas librosque laceratos abruptosque venum exposuerat. Ibi reperi, uno volumine compactos, sequentes libellos aut, si mavis, tractatus, germanicos omnes :

Primum, catechismum præcipuorum quorumdam articulorum christianæ fidei ;

2° De exercitio et cultura conscientiæ pro adeptione augmentoque fidei vitæque salutiferæ ;

3° De christiano prælio atque militia nobilitateque Dei di[?] ;

4° Confessionem Sancti Sacramenti corporis et sanguinis Christi ;

5° De oratione meditatio atque expositio Psalmi XXV, quo pacto psalmos in universum intelligere oporteat, et recte quis discat orare.

Ejusdem auctoris omnes, nimirum Casp. Swenckf.

Animaverteram quidem antea a literatis quam plurimis eundem errores

1. Ces appréciations de Larcher ne paraissent pas différer beaucoup de celles de Zerchintes (voir ci-dessus lettres XXIII et XXIV) et de Castellion (lettre XCVII).

2. M. Sepp pensait qu'il fallait lire Hermann, mais le texte porte incontestablement à plusieurs reprises (ici et n° CI) Humanus. Nous n'avons rien pu découvrir sur ce Cæsareus, peut-être un « de Keyser » quelconque. Faudrait-il le rapprocher de cet « Henricus Cæsarius » qui fut recteur de l'école latine de Bommel et plus tard pasteur à Dordrecht (1577) et à Utrecht (1589)? (Van der Aa, *Biogr. Woord.*)

multos in theolog[ia] invexisse; quæ causa fuit cur minus legendum putarem; verum, cum ex *Bellio* didicissem pios scriptores propemodum omnes atque etiam solos, imo ipsum etiam Evangelium hoc hominum genus odisse, adeo ut quicumque pie doceat, vivat aut scribat illis sit plerumque exosus, aut quicumque, sit exosus idem ut plurimum, pie vivat, doceat aut scribat, hac ratione impulsus eo magis eumdem legendum judicavi, tum etiam ut omnia probarem, quod bonum esset, tenerem. Mirum autem quantam ex scriptis illis consolationem perceperim, præsertim ex libello *De christiano prælio*, ubi docet qua ratione militi christiano cum Sathana, mundo atque carne cumque universis Christi hostibus assidue pugnandum, item quo pacto Adam vetus discernendus sit a nova creatura, quo pacto lex ab Evangelio, littera a spiritu sit dijudicanda: atque, ut semel dicam, summopere placuit. Verum, ne fortassis, mea me fallat φιλαυτία, rogatum te cupio si quos errores in eodem animadverteris, eos ne graveris filio fratrique indicare, ne incautus decipiar. Equidem nullos animadverti, quos ex professo atque adeo demonstrative doceat. Nam parum aut nihil præter verum Dei cultum, eumdem scilicet quem Christianus quilibet circa officium Deo impendere debet, tractat.

Cum secundo Rheno ad Duysburgum pervenissem, casu appulit ad scapham qua vehebamur quidam mihi ignotus. Is quum tuî mentionem semel atque iterum fecisset, dixi me aliquoties coram te audiisse. Quo audito, mirum in modum gavisi sumus quod in alterutrum incidissemus. Idem, nominis mei adhuc ignarus, rogavit nossemne quemdam *Humanum Cæsareum*; quem quum me esse intellexisset, geminum percepimus gaudium atque in vesperam usque religiosum colloquium habuimus. Quum autem nomen illius percontarer, respondit se nominari *Nicolaum Transiselanum* [1]. Hæc volui nescius ne esses.

In itinere pios perpaucos inveni, literatorum, rhetorum, battologorum magna passim turba, omnia disputationibus perturbantium, quorum nugas pius quisque facillime derideat.

De rerum mearum statu, tum etiam de rebus novis intelliges ex literis D. Nicolai Clavo [2]. Hic eadem repetere temporis angustia non patitur, quum hoc ipso quasi momento navis Antuerpiam versus pergat. Scribam proximis nundinis per Oporinum, ut promisi, statimque per eundem pauculos daleros, 10 aut 12, quos studiis tuis destinavi, ut commodius religioni christianæ prodesse possis, ad te mittere, quod modo æque commode non licet. Hæc non sine causa præmoneo. Spero fore ut aliquando præsentes coram colloquamur. Vale, frater charissime.

1562, Augusti 4. Dordraci. Miseram has literas Antuerpiam ut opera Rovelascorum ad te possent perferri. Verum nescio quo malo id minus successerit. Idcirco jam secundo eas Antuerpiam misi, ut per magistrum cursorum curentur; quod si minus successerit, scribam proximis nundinis Francofurtiis per Oporinum. Vale, charissime frater.

Vidi hic volumen quoddam cui titulus *speculum justitiæ* [3], authore quodam H. N. In eo mira continebantur. Nescio an tu videris.

1. D'Overissel. Il s'agit de Nicolas Blesdyk (voir lettres LXXXIX et XCVI).
2. L'auteur avait d'abord écrit *Clave*.
3. *Spiegel der Gerechtigkeit*, par Hendrik Niclaes, imprimé par son disciple Plantin. Le seul exemplaire connu se trouve à la Biblioth. de Leyde (voir Van der Aa, *Biograph. Woordenb. der Nederlanden*, XIII, 183). Sur cet ouvrage, consulter Ch. Sepp., *Verboden lectuur* (*Indices librorum prohibitorum*), 1888, in-8.

XCV

Lettre de J. Larcher (Arguerius) à Castellion.

5 octobre 1562.

Autographe : Bâle, G² I, 23 (7e lettre du n° 69).
Imprimée : *Opp. Calv.*, XIX, 551.

S. Tres chier frere, jay receu le livre que m'avez envoyé de quoy je vous remercie grandement [1]. Vous m'avez fort esjouy des nouvelles que m'avez escriptes : du filz que Dieu vous a donné [2] et de ce que n'allez pas à Lausanne. Pour ma part j'en feusse esté bien joyeux pour ce que nous feussions veus plus souvent mais ayant considéré les grandes commodités qu'avez à Basle, a scavoir qu'estes en paix, que y avez de grans amys, que y avez ja ung peu de bien et moyen d'en avoir davantage par la bénédiction de Dieu, je juge que c'est vostre grand bien d'y demeurer. Car estant à Lausanne à grande difficulté vous eussent laissé en repos ceux que scavez.

[Il recommande le fils d'un de ses collègues, jeune étudiant nommé Esaïe Besson.] Item vous prie si vous enseignez aulcuns privément en grec, que permettiez qu'il soit de vos auditeurs.

S'il plaist à mon Dieu me donner vie et santé et à mon filz Nicolas, je le vous ameneray incontinent après Pasques s'il vous plaist me le nourrir. — [Salutationes pour Oporin, Bauhin, etc.]

XCVI

Lettre de Nicolas Blesdik.

[Du Palatinat?], 22 octobre 1562.

Autographe : Bibl. de Bâle, K. A., C. I. 2, t. 2, f° 325.

Nicolaus Blesdychius Seb. Castalioni, S.

Quia aliqua; licet non magna, ad te scribendi offertur occasio, nolo eam intermittere.

[Dans sa dernière lettre à Jean Bauhin, il avait mis un mot pour Oporin, le priant de ne pas faire connaître le nom de l'auteur d'un livre qu'il avait à imprimer : le livre ne paraissant pas, l'auteur le prie de presser Oporin, « propterea quod liber expetatur a multis in Belgia, ubi negotium de novis Episcopis ditionibus imponendis valde urgetur a crudelibus theologis et Hispanis, et acriter obsistitur a Nobilitate et Civitatibus ». Il prie son ami d'en parler à Oporin.]

Nos jam per aliquot menses anxie expectavimus ut audiremus quem eventum sortiretur tantus et tam operosus bellicus apparatus, et annon

1. Probablement, suivant les éditeurs de Calvin, la *Defensio suarum translationum*.
2. Frédéric.

alicubi effulgeret pacis spes. Sed in hisce locis procul a. Gallia semotis, deinde etiam subobscuris, nihil audimus prorsus quid ibi agitur rerum. [Un jeune noble anglais, venu ici pour apprendre l'allemand, dit que le roi d'Espagne machine contre l'Angleterre, que d'autre part les Anglais ont déjà occupé plusieurs villes de Normandie.]

Novi præterea quod scribam non habeo, nisi quod passim in hisce locis sæviatur in Anabaptistas, quod sane novum non est nostro quidem sæculo, licet pia et erudita vetustas hoc ignorarit. Sed dabit fortassis Deus aliquando et istis malis finem.

Vale, frater et compater charissime. Salutat te tuamque familiam uxor mea, Doctor Luwichius. Saluta amicos nominatim, rurales deinde et Brud. Aquæ renatæ [1].

« Dum hæc scribo, rursus perferuntur literæ Bruxellis Brabantiæ ad quemdam, quibus significatur tres exercitus sub Condeto militantes recta contendere Lutetiam, unum ex Germanis et Sarmatis conflatum, secundum ex Anglis, tertium ex Vaschonibus; ad hæc Anglos quatuor naves hispanicas cepisse, omnesque Hispanos in mare projecisse propter duos Anglos in Hispanis admodum crudeliter extinctos. Vide quomodo sanguis sanguinem elicit, quemadmodum abyssus abyssum vocat juxta Psalmistæ testimonium. Deus comprimat Satanam adeo furenter grassantem in imbecillem humanam naturam!

XCVII

Lettre à Nicolas Blesdyk.

Bâle, 23 novembre 1562.

Imprimée, à la fin du *Contra libellum Calvini*, édition de 1612; — Bertius, *Epist. belg.* Centuria I, p. 364; — *Opp. Calv.*, XIX, 587.

... [2] Quod istic sic passim sævitur in Anabaptistas, doleo; et persequutoribus sanam mentem opto, — non quod erroribus faveam Anabaptistarum, sed quod et ipsi persequutores et erroribus non minus, credo, gravibus et sceleribus laborant gravissimis et, si neutrum esset, quovis Anabaptistarum errore gravius quod homines ob religionem interficiunt et putant interficiendos....

Et tu, frater, cave, per Deum te quæso, cave ne te vel imprudens ulla persequutionis societate contamines. Non ego de sententia tua loquor, quam ab istis persequutionibus abhorrere mihi persuasum est, sed de eventu qui, vel invito te, consequitur tuas cum Anabaptistis disputationes. Audivi enim eos a te, in gratiam Principis advocato, refelli, deinde, quum refutati tamen in sententia perseverent, puniri. Si ita est, malim te in ipsis principum erroribus et peccatis castigandis et refellendis occupari,... eisque hoc primum omnium persuadere non esse homines ob religionem interficiendos,... sanctius esset Deoque acceptius te tuo peri-

1. Nous n'avons pas déchiffré cette désignation.
2. Le commencement de la lettre (dont nous n'avons pas retrouvé l'autographe) traitait de la commission faite auprès d'Oporin, comme le montre la réponse de Blesdyk ci-après.

culo principibus refellendis operam dare quam ex tuto disputantem miserorum miseriam augere....

Hæc a me benevole amiceque dici non dubitas. Movet me et illorum miseria et tuum periculum. Scis quid sæpe, audiente me, dixeris : « Ne nos inducas in tentationem! » Callidus est Satan et paulatim trahit quoscumque potest in societatem sanguinis.... Denique, ut officii nostri quid sit sciamus, sic cogitemus : « Quid faceret Jesus, si hic esset? » Et statim responsum in animis nostris audiemus.

De Gallia nihil nisi meros furores audimus. Rhotomagum captum esse fama est, et utrinque cecidisse plurimos et expugnata urbe ita esse sævitum in oppidanos ut matres quo hostium manus evitarent seque suosque natos in flumen demergerent [1]. Denique tota Gallia nihil miserius cogitari potest. Væ autoribus! Væ sanguinariis! Væ incendiariis et principum instigatoribus! Hi sunt fructus doctrinæ de persequendis hæreticis! — Amarunt sanguinem, et sanguinem, o juste judex cœlestis, eis dedisti! Sed finem faciam, nam nihil proficio : tantum justissimum meum dolorem in fidelissimi optimique amici sinum effundo. XXII novembre 1562.

XCVIII

Lettre de Nicolas Blesdyk.

Duisbourg, 31 janvier 1563.

Autographe : Bâle, K. A., C. I. 2, t. II, f. 326-327.

Literæ tuæ, scriptæ 25 nov. [2], mihi perlatæ fuerunt 29 januar. ex quibus dum intelligo te cum familia tua bene valere, gaudeo.... [Suivent les détails sur la démarche à faire auprès d'Oporin, pour tâcher de retrouver le manuscrit égaré.]

Venio nunc ad Anabaptistas, quorum calamitatem tu pie deprecaris optasque eorum interfectoribus meliorem mentem. Quod certe tecum facio toto ex animo. Quod etiam mones ut « caveam ne vel imprudens « ulla persecutionis societate me contaminem », pro hac tua erga me pia cura et sancta sollicitudine tibi gratias ago immensas. Neque enim res est exigui periculi se alienæ crudelitatis societate polluere, quum nulla peccata atrocioribus pœnis soleant a Deo vindicari. Et quam facilis et lubricus hic fuerit lapsus! Sed quia occasio offertur, declarabo tibi quem in finem et quomodo a nobis cum Anabaptistis actum sit, et quomodo agendum cum illis putemus, ut inde tanto certius judicium tuum formare tuamque sententiam proximis literis ad nos aperire possis.

Non ignorare te puto, præter veteres leges, etiam nostro tempore in aliquot Comitiis et Comitiorum recessibus [3] capitalem pœnam constitutam esse in anabaptisticæ sectæ defensores et sectatores. Cui constitutioni insistunt consiliarii Principis [4] et urgent executionem tanquam æquam,

1. Voir les extraits des mémoires contemporains dans Aguesse, *Histoire du protestantisme en France*, 1886, in-8, t. II, chap. XII.
2. C'est bien la réponse à la précédente, du 23 ou 25 novembre.
3. Les recès des Diètes impériales.
4. De l'électeur palatin Frédéric III.

justam et tranquillitati reipublicæ conservandæ necessariam. Princeps idem sentit, in hac parte, quod consiliarii. Sed tamen, magis ingenio quam judicio, remoratur pœnæ executionem, neque in reis revocandis parcit sumptibus; ad quam rem eum etiam adhortantur moderatiores et meliores quique in aula, sperantes futurum ut amicis et frequentioribus congressibus et sententiarum collationibus et disputationibus, necnon diuturna carcerum vexatione, ad aliquam paucorum dogmatum moderatam retractationem perducti, eripiantur faucibus illorum Consiliariorum qui impios statim post primam actionem exquisitis suppliciorum cruciatibus extinctos cupiunt, qui etiam hoc principis et aliorum lenius consilium improbant et ceu anabaptisticæ contagionis fomentum traducunt. Optimi tamen quique probant et in principe commendant quod, dum a se impetrari non sinit ut ii qui in factione anabaptistica pertinaciter persistunt impune dimittantur, tamen concedat tempus et locum deliberandi, disputandi et conferendi cum iis qui moderatione utuntur, si vel hac via pœnæ eximantur qui alia ratione servari nequeunt.

Eodem fere modo agitur Coloniae. Senatus, superstitione pontificia fascinatus, urget pœnam. Vicecomensis [1] (cujus partes sunt nomine archiepiscopi et Electoris exequi id quod a Senatu judicatum est) differt pœnæ capitalis executionem et cum captivis congredi et conferre permittit quos intelligit utcumque esse instructos, ad eorum rationes solvendas et confutandas, neque requirit nisi unius articuli (nimirum *rebaptismi*) modestam et fere dilatam retractationem, ad cætera errata omnia dissimulaturum se promittens, quo salvo suo honore et juramento, illorum vitæ consulere possit. Et facit hæc fere inscio vel certe invito frementeque Senatu.

Tu autem, frater, videris [sentire] non disputandum esse cum anabaptistis ex magistratus vel consensu vel voluntate, sed prius eam magistratûs refutandam esse sententiam aut opinionem quod liceat religionis nomine homines persequi, tum demum cum fructu et sine anabaptistarum simul ac principum periculo licere disputare cum anabaptistis, etc. Testatus sum ego liberius, et multis et validis argumentis ostendi in ipso Principis consistorio pœnam illam capitalem quæ ob hæretica dogmata inferatur hominibus alias honeste et quiete viventibus pugnare cum charitate christiana, cum moribus ecclesiasticis et exemplis meliorum et eruditiorum [2].

Et hanc vocem sonamus publice et privatim omni loco et more, urgemus et instamus opportunis et importunis modis, non quidem ut quidvis docendi libertas concedatur, sed ut mala ob quæ Deus sectas immittit auferantur.... [Détail des réformes morales nécessaires.] Tu autem sentire videris nostras disputationes officere tam principibus quam Anabaptistis, dum hi non revocantur ab errore et illi in persecutione confirmatiores redduntur.... Sed hoc tuum judicium natum videtur ex rei ignorantia. Nam latet te fortassis apud Summum Magistratum jam certo destinatos esse pœnæ Anabaptistas; et eos qui summa valent authoritate in consilio principum (et sine quorum judicio et voluntate Princeps in ea re nihil facit) improbare nostras collationes tanquam inutiles atque etiam

1. Sur ces attributions de ce comte ou vicomte, cf. ci-dessus la note de la lettre LIII.
2. En marge : *Modus noster in revocandis principibus et magistratibus a persecutione et crudelitate.*

perniciosas; sed quia Principem et inferiores judices [1] vident abhorrere ab intrepida et nimia festinatione, et crudelitas per se multis est invisa; non audent multum obstrepere dilationi pœnæ. Inferiores autem judices (quales sunt satrapæ et præfecti apud nos et vicecomes Coloniæ, quique nostris collationibus intersunt) decreverunt facere in ea causa quidquid consiliarii ex Principis authoritate et mandato jusserint. Et fieri potest ut dum ex nostra evidentiore et efficaciore anabaptisticorum errorum refutatione anabaptistica imperitia et pertinacia magis patefiat, ipsi postea in exequendis pœnis fiant securiores. Sed si hoc fit, non fit ex nostro vitio vel etiam ex nostris disputationibus proprie, dum libero admonemus, testamur et proclamamus : quibus in rebus erretur utrinque; quodnam sit utriusque, hoc est tam actoris quam rei officium. Et inter disputandum, admonendum, nonnunquam et acrius ferimus et pungimus actores quam reos. Quod sane actores, hoc est judices inferiores, per me fieri patienter tulerunt, sperantes fore ut hac ratione Anabaptistæ, in quibusdam erroribus nonnihil flexi, a pœna capitali liberari possint. Sed superiori magistratui et iis quorum nutu geruntur omnia decretum est de Anabaptistis sumere pœnam, si in factionis defensione pertinaces steterint. Et cum hoc decretum refigi non possit, succurrendum sane est miseris hominibus iis mediis quibus eorum et vitæ et saluti occurri posse spes est, si non magna, certe aliqua. Aliquibus enim hac via consultum fuit; ea autem quam tu urgere videris, nemini. Neque enim minus difficile judicibus persuaderetur nullam omnino exercendam esse in tam multas, tam varias tamque petulantes factiones quam Hollandis et Phrysiis persuaderetur maris inundationi non opponendos esse aggeres.

[Il aborde ensuite un autre point : d'autres personnes compatissantes ont suggéré aux ministres, pour sauver plus aisément les anabaptistes, de faire semblant d'être battus ou de céder à leurs arguments. Blesdyk montre le danger de cette supercherie, qui, indigne d'abord de la sincérité et de la gravité du pasteur, ne ferait qu'aggraver le péril de l'anabaptiste : il s'entêterait d'autant plus dans son idée et se ferait bien vite remettre en prison. — D'autres disent qu'il vaudrait mieux laisser aux Anabaptistes leurs croyances telles quelles, vraies ou fausses, plutôt que de les amener à une rétractation après laquelle ils ne croient plus à rien et perdent tout sentiment religieux. Blesdyk ne pense pas que la peur de troubler dans sa foi un juif ou un papiste doive nous empêcher d'essayer de les éclairer. Ils n'en seront pas plus enclins à se jeter dans le désordre parce qu'on leur aura fait connaître la vérité.]

Quare, dum hæc omnia ad hunc modum perpendo dumque, ex tuo consilio, in mea conscientia apud Deum quid veri officii sit inquiro et mecum tacitus cogito quid hic faceret Jesus Christus : utrique parti veritatem ostenderet et falsas opiniones refutaret, præpostera judicia condemnaret et ubi utramque partem simul juvare non posset et in altera servanda spes esset, huic opem ferre propter alterius contumaciam non omitteret. Ita quidem ego judico atque ita etiam sentiunt optimi quique hic apud nos, *quorum tamen nemo est qui non improbet atque etiam detestetur injustam principum asperitatem deprecetur que capitales Anabaptistarum*

1. Renseignement intéressant à recueillir pour l'histoire des mœurs et des idées. Le même phénomène avait été souvent constaté en France et était le principal argument invoqué pour prouver la nécessité d'établir un tribunal spécial, celui de l'Inquisition.

pœnas.... Neque mihi hæc eo dicuntur quasi meo statuto et facto excusationem et patrocinium quæram (quum illam provinciam tunc temporis subierim non tam mea voluntate quam aliorum doctorum et pastorum adhortatu, et multos labores maxima cum animi mei molestia confecerim, et posthac non ita facile ad illam functionem iterum sum accersendus), sed quod mediam veritatis viam tenendam et in alterum extremum deflexionem mihi tibique vitandam esse viderem. Tu interim hanc meam responsionem boni consule : quæ in ea desideres mihi proximis tuis literis ostendere non graveris.

Scripsi hæc Duysburgi, 31 janvier 1563.

Saluto amicos omnes tam rurales quam urbanos Salutat te tuamque familiam uxor mea et Joannes Liwichius. Vale.

XCIX

Lettre à Humanus Cæsareus.

Bâle, 14 mars 1563.

(D'après le n° CI ci-après.)

C

Lettre de Gaspar Haberius.

Dusseldorf, 24 mars 1563.

Autographe : Bibl. de Bâle, K. A., C. I. 2, f° 330.

Gratiam, misericordiam, pacem à Deo patre et Christo Jesu Domino nostro.

Tantam in te esse caritatem tui libri docent ut omnino supervacaneum videatur me ad te devinciendum pluribus argumentis uti. Si enim cum tuo adversario *Beza*, qui te multis malis effecit, in gratiam redire cupis, modo tecum caritate contenderit et mentem quæserit meliorem, te in tuam amicitiam me recepturum plane confido. Nam in hoc omnem meam operam, diligentiam, mentem denique totam pono ut tecum et cum omnibus Christiani nominis studiosis omnia confessa fidei in sacris literis prodita et a sanctis recepta capita animo, lingua, vita, quantum per Dei misericordiam in ejus filio Christo licet, profitear. Quare breviter quid velim declarabo, ne præclarum illud tempus in meis incultis literis legendis sine fruge consumas. A te itaque, vir doctissime, majorem in modum peto primum ut me in tuorum intimorum numerum referas, deinde mihi per literas vel a puero (si tibi otium non fuerit) scriptas, significes : quæ scripta tibi falso attribuantur; — quid de Casparis Suencfeldii scriptis sentias, — qualem fidem in tua *Defensione*, fol. 185 (ubi similitudinem *Bezæ* in declarando opere Dei ineptam esse demonstras) et quomodo breviter definienda, — num tibi, ne sacra tractes, interdictum (ut mihi quidam affirmavit) sit; — postremo ut tres libros *De imitatione Christi*, si per tempus et valetudinem firmam id fieri potest, in latinum sermonem purum et ad puerorum captum accommodatum transferas, vel ex latino (quem tibi mitto) vel ex germanica versione (hæc enim plurimis, quod quædam immutata sunt, — imprimis exempla a monachorum vita petita, — magis placet) quam apud vos fortasse nostris exemplaribus correctiorem nanciseris. Eosdem eleganti aliqua præfatione fontem et originem bonorum operum demonstrante, ut *Theologiam Germanicam*, — hanc te convertisse M. *Jacob Leichius*, dilectus meus (quod ad communem fidem attinet) pater, mihi narravit, et stylus ipse declarat, ornes. Idem nomen videtur *Joannis Theophili*, quod tuum hominibus sectariis et mundanis ac carnalibus invidiosum sit, præponas. Ubi ab evangelica veritate discedunt, corrigas, et aliqua obscuriora illustres, nisi hoc ab alio præstitum fuerit, aut librum ad veram pietatem docendam pueros his magis accommodatum vel ipse præ manibus habeas vel ab alio hujusmodi latino sermone conscriptum scias. Hi enim libri, ut mihi videtur, non tam obscuri sunt quam *Theologia Germanica*, atque ideo prius pueris proponi possunt, et deinde *Theologia Germanica* addatur. Equidem hunc laborem subire non recusarem, si cum fructu a me præstari posset, præsertim cum meæ fidei pueri quidam, dum hic hebraicæ linguæ fundamenta doceo, commissi sint, quos quum in bonis literis tum in vera fide, caritate et spe informatos et exercitatos cupio; quod, quantum ad externam disciplinam attinet, per hujusmodi libellos et tuos *Dialogos* (fortunante gratia Sancti Spiritus) apte fieri posse mihi persuadeo. Sed quam parum et ingenio et hujus linguæ eruditione valeam, ex his literis, ni fallor, facile colliges [1]. Homines vero hujus ætatis puritatis linguæ quam sint studiosi, et impure scripta, etiam saluberrima, fastidiant, te non præterit. Te itaque, vir ornatissime, pro singulari tuo in omnes veræ pietatis amantes studio oro atque obtestor ne graveris hanc operam in vinea Christi excolenda collocare, meque de his certiorem primo quoque tempore facere scribendo Coloniam vel ad *Sudermannum* [2] vel M[agistrum] *Jacobum* [3], sincerum tuum amicum. Deus enim hunc laborem procul dubio large tibi compensabit. Equidem, quacunque in re possum, tibi et tuis omnibus gratificabor. Vale, tuamque valetudinem cura quam diligen-

1. On y voit tout au moins qu'il n'était pas en état de donner des modèles de style vif ou de construction simple.

2. *Sudermann*. C'était une famille fort considérée à Cologne, qui fournit à cette ville de nombreux magistrats, conseillers et bourgmestres. Ainsi, en 1551, Velsius dédiait un commentaire sur un des ouvrages d'Aristote à Hermann Sudermann, bourgmestre pour la quatrième fois (Sepp. *Kerkhist. Studien*, p. 115). Le fils de celui-ci, Édouard, fut décapité en 1581 pour avoir porté les armes en faveur de l'évêque Truschsess, devenu protestant et déposé. — Il ne peut en tout cas être question ici du Hollandais Daniel Sudermann, poète et disciple de Schwenckfeld, qui n'était à ce moment qu'un enfant, étant né en 1550 (note de M. Bernus). Le Sudermann dont il s'agit ici est évidemment le même dont parlent fréquemment les lettres de Cassander à Nydbruck, le même aussi au sujet de qui le jurisconsulte Joachim Hopper écrit à Cassander : « Ista occasione notitiam et, ut spero, amicitiam mihi conciliasti *Sudermanni*, hominis quantum ex parva hac consuetudine deprehendere potui, et doctissimi et modestissimi, et mira morum suavitate ». (Hopperus Cassandro, Bruxelle, 12 octobre 1562, dans Bertius : *Epist. Belg. ad Belg.*)

3. Magister Jacobus, c'est-à-dire Jacob Leichius, de Cochem sur la Moselle (Prusse rhénane), professeur de grec à l'Université de Cologne et en même temps recteur du collegium cucanum sive Tricoronatum, s'était déclaré évangélique en 1554 (en même temps que son collègue Velsius), fut destitué le 4 juillet 1556 et remplacé en 1557 par les Jésuites. Leichius resta néanmoins à Cologne, y fonda une école privée et persévéra dans cette tâche ainsi que dans sa foi jusqu'à sa mort (1584). — Voir von Bianco, *Gesch. der Univ. Köln*, I, 293 et 872; Enne, *Gesch. der Stadt. Köln*, IV, 691, 791 (note de M. Bernus).

tissime; et mei, ut ego tui, in assiduis tuis precibus mentionem fac. Raptim et subito, Dusseldorpii [1], IX Calend. aprilis, anno a Christo nato MDLXIII.

T. D. Studiosissimus,

CASPAR HABERIUS [2] ALTHENA..... [3].

Suscription : Singulari et pietate et eruditione viro D. Seb. Castellioni, græcæ linguæ in clara Basiliensi Academia professori doctissimo [4].

CI

Lettre de Humanus Cæsareus.

[Des Pays-Bas], 4 juin 1563.

Autographe : Bibl. de Bâle, K. A., C. I. 2, t. 2, f° 322.

S. P. Amicissime Castellio. Scripsi ad te 21 martii Dordraco, et rursus 27 martii ex Antuerpia ejusdem fere argumenti; verum posteriores puto te non accepisse, quum nihil rescripseris. Literas tuas, Basileæ 14 martii scriptas, Dordraci 3 maii accepi. Cæterum de libello cui titulus « *Conseil à la France désolée* » nihil accepi, verum intellexi eum hic a consilariis quibusdam et hujus provinciæ primoribus lectum esse. Nomen etiam auctoris plurimis, ne dicam omnibus compertum est. Theologis improbatur, putantibus hæreticis nullam ob causam, ne conscientiæ quidem, parcendum, sed omnia vi peragenda. Utinam mortales semel de rebus divinis desisterent contendere et ante seipsos explorarent! Mirum est eos cælestia velle dijudicare, qui vix terrena et naturalia intelligunt, imo ne intelligunt quidem. Tanta est scientiarum et literarum temeritas, ut quilibet peccatis demersus mediis in tenebris, earum fiducià, divina tractare (quod minime a Deo exigitur) audeat. Cæterum verbo Dei simpliciter obedire (quod ante omnia exigitur), pœnitentiam et correctionem peccatorum agere et, Christi exemplo, peccato primum mori et hoc modo promissum Spiritum Sanctum expectare omnes negligunt, imo (quod dolendum) contemnunt.

Statueram hic priorum literarum mearum argumenta paucis perstringere; verum, quum etiamnum dubius sim perventuræne sint hæ literæ ad tuas manus, satius judicavi primo ejus rei periculum facere. Cupio igitur ut quamprimum hoc me scrupulo leves.

1. *Dusseldorf*. Sous l'influence d'un excellent recteur, Jean Monheim (mort en 1564), humaniste de mérite, devenu peu à peu adhérent très ferme des doctrines réformées (qu'il exprimait en 1560 dans un catéchisme remarquable), l'école de Dusseldorf, créée en 1545, avait acquis une très grande importance, et réunissait jusqu'à 1 800 élèves. C'est là qu'étudia, entre autres, Gaspard Coolhaes, un des précurseurs d'Arminius. — On voit par cette lettre que l'hébreu était officiellement enseigné à l'école de Dusselforf, suivant l'exemple donné par quelques pédagogues célèbres de l'époque : Trotzendorf au gymnase de Goldberg, en Silésie, Fagius dans son école d'Isny, en Souabe, et Michel Néander à Ilfeld. Haberius avait eu sans doute l'occasion d'apprendre cette langue soit à Cologne, avec Jean Isaac, soit à Bâle avec Cellarius (Borrhée) ou avec Lepusculus (note de M. Bernus).

2. Nous n'avons rien trouvé concernant ce Haber ou Haab.

3. Althenariensis, d'Altenahr, près de Coblentz; peut-être Althenaviensis, d'Altenau.

4. On lit dans un angle de la lettre de la main de Castellion, ces mots : *Fiat tibi sicut credidisti*. On sait qu'en effet le livre demandé à Castellion par cette lettre paraissait en juin 1563. (Voir bibliographie, n° 18.)

Rerum novarum hic habemus Anglos cum Gallis ob Hablenovum, civitatem maritimam, belligerare jamque Ringravium cum suis ab Anglis fusum fugatumque. Ingens hic passim miles, incerto satis auctore, conscribitur; quamobrem varii varia dictitant, verum omnium animi de rerum catastrophe sunt soliciti. Vale.

TUUS HUM. ŒCONOMICUS [1] CÆSAREUS.

Has curavi deferendas ad Casparem Helletium [2], Ravelasci [3] procuratorem, quo fidelius tibi tradantur; poteris secure per eumdem rescribere : rationem enim inii quo pacto sine aliquo periculo tuas accepturus sim. Iterum vale.

De *Velsii* cum Anglicis concionatoribus ministris controversia [4] mira conscriberem, nisi putarem Calvinistas omnes jam ante ista comperta habere. Vale.

CII

Lettre de Larcher à Castellion.

25 juin 1563.

Autographe : Bâle, G². I, 23 (8e lettre du n° 69).
Imprimée (sous la date du 26 juin) : *Opp. Calv.*, XX, 46.

[Il annonce son arrivée et son installation comme pasteur à Héricourt [5]. — « Je vous prie que nous veniez voir ces jours caniculiers et que ameniez Nicolas, en faisant par jour deux lieues, et je soutiendray les frais d'iceluy, car sa mère désire le voir. » — Recommandations paternelles à cet enfant : « Je vous prie de prendre garde s'il sera nay [6] aux lettres et s'il profite et continue d'aller à l'escole. » — P.-S. « Je vous prie de m'apporter ou envoyer *Balduinus* contre *Cal* [7]. — « Le tout vostre, I. Arguerius [8]. »]

1. Épithète qui désigne peut-être un emploi ecclésiastique ou civil, mais qui ne nous a pas permis de rien apprendre de plus sur le personnage.

2. Ce Gaspard Helletz ou Hilletz (*Helletius*) fut le parrain de Gaspard Bauhin, deuxième fils de Jean, et lui légua sa bibliothèque, avec toute sa fortune, sauf un legs en faveur des étudiants pauvres de l'Université de Bâle. (Hess, *Études sur les Bauhin* (en allem.), dans les *Beiträge der Vaterl. Gesch. v. Basel*, 1860, p. 115, d'après le manuscrit de Beck, *die Gelehrte Basel, sub voce Gaspar Bauhinus*.)

3. *Ravelasci.* — Balthasar *Ravalasca* (en allemand : *Rabolast* et aussi Ravelast), réfugié milanais, d'abord établi à Zurich, puis à Bâle, où il devint bourgeois, y faisait le commerce en gros de la laine et du riz; il était en même temps représentant à Bâle de la puissante maison d'expédition Sylvestre, d'Anvers, office dans lequel il fut supplanté en 1573 par André Ruff; Ravalasca fit faillite en 1577. (Voir Ferd. Meyer, *Die evangelische Gemeinde in Locarno*, vol. II, p. 302 suiv. et 307. — Geering, *Handel und Industrie der Stadt Basel*, p. 400, 413, 437 et 452.) — Note de M. Bernus.

4. Le trouble que Velsius causa en 1562 dans la congrégation flamande de Londres, trouble dont il est parlé ici, est raconté en détail dans *Geschiedenissen... der Nederduytche Natie ende Gemeynten wonende in Engeland*, publiés par J.-J. Stan Toorenenbergen, dans : *Werken der Marnix-Vereeniging*, série III, Deel 1, Utrecht, 1873, p. 57 et suiv. (Note de M. Bernus.)

5. La régence de Montbéliard y commençait l'établissement de la réforme : Arguerius prenait la place du curé.

6. Né pour *natus ad*.

7. S'agit-il déjà de la *Responsio altera ad J. Calvinum*, qui venait de paraître à Paris, in-8? ou du premier écrit : *Ad leges de famosis libellis et de calumniatoribus commentarius*, Paris, 1562, in-4? ou des deux écrits?

8. C'est la dernière lettre d'Arguerius à Castellion : la pièce suivante (9e lettre du recueil

CIII

Lettre de Nicolas Blesdyk.

Frentzheim in der Pfalz (?) [1], [printemps ou été] 1563.

Autographe : Bibl. de Bâle, K. A., C. I., f° 332.

Nicolaus B. Transiselanus suo S. Castalioni.

Ad tuas literas, colendissime D^ne et frater, scriptas 1562, 25 novemb., respondi postea in februario 1563, idque satis fusè. Petii etiam ut proximis tuis literis significares si quid in meis literis desiderares, sed hactenus nullum literarum apiculum ex te accepi. Cum tamen ex *Bauhini* literis visus sum mihi intelligere te respondisse, cogitavi affinium [2] emissarios literas suppressisse, quum tamen fieri potuerit ut nihil aut responderis aut illis perferendum commiseris. Quidquid de ea re fuerit, cupio tamen de ea re tuam sententiam scire, si oblata occasio fuerit.

Scis me jam aliquot annis cogitasse atque etiam me quodammodo præparasse muneri concionatorio. Illud ut tanto citius in hisce terris subirem, me aliqua ex parte coegit necessitas fovendi familiam, præsertim quum gallici illi tumultus diutius perseverarent, neque ulla certa pacis spes affulgeret, et mora nostri Principis in religione instauranda molesta esset. In hoc munere me non usque adeo infeliciter versari judicant pii et docti viri, imo et divinitus me huc directum fuisse aliqui autumant, licet ego mihi quam minime satisfaciam. Suffectus sum cuidam, ob Lutheranismum pertinacius defensum, summoto [3]. Populus mire corruptus est, tum opinionibus tum moribus. Dum contentiosis dogmatibus vel relictis vel præteritis vel parcius attactis perpetuo et diligenter versor circa vitæ et morum resipiscentiam, pro eo aliis habeor *papista*, aliis *anabaptista*. Vulgus tamen me concionantem attentissime audit, licet ita balbutiam ut me mei ipsius sæpenumero pudeat. Spero tamen mihi posthac omnia faciliora futura.

Magnus numerus Zwitzeranorum in hisce partibus degit, et singulis fere quatuordecim diebus suos cœtus habent nocturnos nec hoc dissimulant, sed confluunt quacunque volunt. Divisa est factio in duas familias, ob dissentionem de asperitate excommunicationis alicubi semel usurpata. Primarius doctor partis excommunicatæ vocatur *Tibaldus*, homo populariter disertus, alias in doctrina admodum confusus. Vulgus passim adhuc papizat et maledicit suo principi, abominatur novos doctores. In summa est maxima passim rerum confusio [4]. Deus tranquillet fluctuatos. Amen.

n° 69) est adressée « à mon très honoré seigneur monsieur le médecin Jehan Bauchin »; pour lui recommander le neveu du ministre de Montbéliard qui va étudier à Bâle. « M. Pierre et moy avons dernièrement mangé et bu ensemble : il y a quelque commencement de paix et amitié. » (7 octobre 1565.)

1. Nippold, *Zeitsch. f. hist. Theol.*, 1864, p. 621. Il doit s'agir de Freinsheim, près de Durckheim (Palatinat bavarois), presque en face de Mannheim. (Est-ce du nom de ce village qu'est tiré celui de Freinshemius?)

2. Sans doute les autres fils et gendres de David Joris.

3. On sait que le calvinisme avait remplacé le luthéranisme dans le Palatinat avec l'électeur Frédéric III.

4. Autant de points d'histoire ecclésiastique locale à éclaircir.

Non vacat nunc pluribus tecum agere. Duo autem a te peto : primum, ut cum vicinis piis apud Deum vestris precibus mihi adsitis, quo meum ministerium... meis auditoribus felic[1]....

Suscription : Ornatissimo viro D^no^ S. Castalioni ordinario græcæ linguæ in Achademia Basil. professori, amico et charissimo. Basileæ.
Seconde suscription au-dessous : Den ersamen und frommen Gasparn Hilletz[2] des Heren Dienern zur hant zu uberantworten den hochgeleerten Heren Sebastian Castalion, Basel.

CIV

Lettre de Larcher (Arguerius).

S. l.; S. d.[3].

Autographe : Bâle, G² I. 23 (3e lettre du n° 69).
Imprimée : *Opp. Calv.*, XX, 586.

[Il prie Castellion de recommander à Pierre Toussaint un candidat « au ministère ou à l'escole ». — Il lui demande en communication le Palladius, *de Prædestinatione*[4]. — Allusion à mots couverts aux événements de Genève, peut-être de Berne ou de France : « ils ont faict depuis que je ne vous vy une grande brassée, de laquelle la fin a esté de leur confusion; il est à craindre qu'il leur adviendra ce brief encore pis. Ces jours passés ceux de Genève ont mis en quartiers un poure personnage qui avait mangé le lard[5]. »]

CV

Lettre de Laurent Montdesir à Jean Bauhin.

(Lyon?), s. d.

Autographe : Bibl. Bâle, ms. G², I. 20a, — ancien n° 67.

Monsr. Il y a asses long temps que, par nostre bon frere et amy le sire Iheroesme Des Go.[6], jay receu vos lettres. Vous merciant premiere-

1. Il manque quelques lignes, le dernier tiers de la feuille ayant été coupé.
2. Voir la note de la lettre n° XCIX.
3. La lettre est postérieure à 1555, puisqu'il y est question de l'écrit de Palladius. Les éditeurs de Calvin supposent qu'elle est antérieure à 1562, ce qui semble vraisemblable, puisqu'à cette époque Larcher était en relation avec P. Toussaint et n'avait pas besoin d'un intermédiaire pour lui recommander quelqu'un.
4. Petrus Palladius (1503-1560), le premier évêque de l'église luthérienne de Sélande, avait écrit nombre de petits livres (la plupart en danois) pour faire connaître les doctrines de la nouvelle église. Un de ces petits traités est le *Tractatus brevis de articulo Prædestinationis*, imprimé à Copenhague, 1554, petit in-8, 24 ff. — Opuscule rarissime, dont il existe un exemplaire à la Bibliothèque royale de Copenhague (d'après une note de M. le directeur de cette bibliothèque).
5. M. Théophile Dufour conjecture que le fait auquel se rapporte cette allusion pourrait être l'exécution de P. Panchaud, dit Arnollet (Am. Roget, VII, 33), qui eut lieu le 21 décembre 1563 : on ne « mettait en quartiers » que les traîtres.
6. Le mot semble abrégé à dessein : « Des Go... », « Des Gouttes ». Nul doute qu'il ne s'agisse du Lyonnais Jérôme Des Gouttes, qui était lié avec Castellion et Bauhin. Des Gouttes avait passé à Genève, venant de Lyon, en mai 1562; peut-être est-ce dans le même voyage qu'il alla à Bâle et en rapporta les lettres mentionnées au commencement de celle-ci; cela fixerait approximativement la date de cette lettre de Montdésir. [Voir *Opp. Calv.*, XVII, 569 (cf. XX, 168); et XIX, 409.]

ment des bonnes admonitions et sallutaires conseilz que me donnez par icelles. Le Seigneur me fasse la grace de les sy bien engraver en mon cueur que je ne cesse de les practicquer de jour en jour. Je y treuve de la rebellion, toutesfoys jay esperance en celuy qui conforte les désoullaz ennuiés et travaillés pour les pechés et qui guerit toutes maladies de l'âme, qu'il me donera victoire contre mes ennemys; jentends contre les domesticques et ceulx de notre maison, contre lesquelz je sens plus avoir affaire. Je vous prie, et ce avec toute affection, au nom du fils de Dieu, voulloir continuer et voulloir souvent avoir souvenence de moy en voz prieres, desirant que j'eusse le moien de vous veoir plus souvent pour me consoller en Dieu avec vous; ce sera quand il luy plairra. Il y en ha icy, en notre petict trouppeau, quelsques ungs en la place desquelz pour le présent je me contenterois d'estre, et cheinynent tellement en la présence de Dieu que j'ay honte de ma vie; je scay quil ne tient en eulx que je ne soye comme eulx, car ils desirent mon salut comme le leur, mais il tient seullement à ma mauvaise et plus que corrompue nature, de laquelle je prie le Seigneur men voulloir bientost delivrer et despouiller, et men investir dune aultre bonne et tendante à l'image de son filz.

Monsr, quand à ce que me mandez vous avoir, par mes preceddentes, escript « que mon estude estoit de me soubsmeetre du tout à la voullunté du Seigneur, d'où disois n'en venir guieres faulte »; vous me faictes response làdessus que desireriez qu'ainsi fust, et qu'avons làdessus à nous guarder de nous flatter et decepvoir en l'amour de nous mesmes, laquelle aveugle tous hommes, sy quil n'en a poinct ung qui ne pence que ses voies ne soient bonnes. Je vous mercie bien fort le bon admonnestement que me donnez sur ce, car je ne pence poinct avoir une plus grand idolle, ny plus dangereux, cautelleux et ruzé esprict en mon cueur, ne que tant et tant a meurtri ma paouvre ame, que celluy là; et appercoys, non pas tant que je desirerois, que cest celluy sur lequel je doibs plus avoir loeil et faire bon guet. Toutesfois, quand je vous ay escripct « quil ne venoit guieres faulte (de se soubzmectre) à la voullunté du Seigneur », je n'entendois pas de la faulte qui vient de l'homme, laquelle vient plus que souvent, mais j'entendois que la faulte ne venoit de Dieu, lequel ne confont poinct ceulx qui ont esperance en luy.

Monsr, pour que le porteur senva pardela, qui vous advertira myeulx de bouche de notre pouvre estat, auquel sommez pardeça, que ne le vous puis mander, et aussi de l'inconvenient quest survenu a S[ire] Nicolle Cane [1], duquel nous n'esperons guieres bonne yssue quand au corps, si nest que Dieu y mecte sa main. Je ne feray la lettre plus longue, seullement vous prieray, et ce avec toute laffection que je puis, voulloir souvent prier pour moy, saichant que jen ay grand besoingt pour les dangiers entre lesquelz je versse journellement. Je prie le Seigneur qu'il veuille avoir mercy de ma paouvre ame et me doner force et puissance de journellement renoncer a ce qui plus mempesche daller a luy. Je nescripcts a S[ire] *Sébastien Cast.* [2] : pour la haste du porteur; s'il veoit la présente, et il trouvera mes... [?] le priant de bien bon cueur avoir

1. « Nicolaus Caneus, Picardus, d[r] medicus » (Matr. Univ. Bâle, 1556-57).
2. Sic.

souvenance de moy en ses prieres. Le Seigneur soit avec nous, ainsi soit-il.

Vre [meilleur] [1] filz.

LAUREN MONTDESIR [2].

Suscription : A Monsr S. [Sire] Jehan Bauhin demeurant a Basle.

CVI

Lettre de Mathias Gisbertus [3].

S. l.; s. d.

Autographe : Bibl. de Bâle, K. A., C. I, 2, f° 296, 297.

Mathias Gisbertus, Flander, Seb. Castalioni S. D.

Velim meæ audaciæ ignoscas, dilecte Castalio, quod ad te, omnis expers eruditionis, scribam, mihi ne de facie quidem cognitum. Atqui, causa cognita, facile mihi culpam, si qua commissa foret, condonabis. Christi enim amore adductus non potui non ad te mittere literas, adeo ut te præsentem convenire sæpe optaverim. Satis enim mihi tua perspecta est animi integritas ut nihil sit quod extimescam, etiamsi tecum liberius apertâque fronte ut ex Deo, in Dei conspectum, de Christi negocio egerim, tum quod eamdem rem Lugduni anno 1559 (nisi me memoria fallit) cum tuis discipulis tractaverim (nempe M. *Joanne Picardo* et quodam *Guilielmo* [4] aquæ distillatore) et in paucis dissentiamus, tum quod ex tuis scriptis quæ penes me habeo intelligam te a lupis voracibus alienum alioque spiritu percitum quam multi hac tempestate sunt....

[Il va tâcher de convaincre Castellion, sûr que l'un comme l'autre sera heureux de se rendre à la vérité.

Il approuve Castellion d'avoir écrit (Préface de la Bible) que le vrai sens des Saintes Écritures ne peut se saisir que par le cœur sous l'influence du même Esprit qui les a inspirés. Mais le difficile est de discerner la vraie Église chrétienne. La plupart de ceux qui s'appellent chrétiens ne le sont que nominalement et dogmatiquement, mais non pratiquement : ils nous reprochent de vouloir nous sauver par les œuvres dès que nous rappelons qu'il faut être chrétien par la vie. D'autre part, peut-on accorder que quiconque craint Dieu et pratique la justice est agréable à Dieu, à quelque secte qu'il se rattache? Pas absolument, car ces derniers mots impliqueraient l'indifférence absolue, la confusion de Christ et Bélial. Peut-on, sous prétexte de tendre à la perfection pure, négliger tous les moyens extérieurs, les sacrements? Christ et les apôtres ne les auraient pas institués s'ils n'avaient aucune valeur. Passages de l'Écriture à l'appui.]

Jam liberius tecum agere lubet, amice Castalio, de spe æternæ vitæ, quod te ab iis dissentire intelligam qui nos occidendos esse (quos Mundus doctique passim *Anabaptistas* immerito nominant) et scriptis prodiderunt et ore clamitant.

1. Mot barré.

2. Personnage qui nous est absolument inconnu. La seule mention de ce nom que nous avons trouvée est celle d'une famille protestante du XVIIe siècle, de Soissons, alliée aux De Brosse (*France prot.*, 2e éd., III, 198).

3. Y aurait-il quelque rapport entre ce « Mathias Gisbertus Flander » et le « Gisberg, Gueldrois », exclu pour cause de mauvaise doctrine de l'Église française de Francfort? (*Opp. Calv.*, XVI, 211.)

Quamvis male audiamus, amice Castalio, apud homines omnes et præcipue apud doctos, ut jam sint tempora, non tamen nos nostra redarguit conscientia, sumusque nobis bene conscii apud Deum nostrum, qui scrutator est cordium et renum, judex nostrarum cogitationum, coram quo nos oportet nostræ fidei vitæque rationes reddere. Scit, inquam, pater D. N. J. C. nos nullam rem aliam quærere aut postulare quam ejus sempiternam gloriam nostrarumque animarum salutem idque tantum per gratiam J.-C., qui salvator est omnium credentium.

Satis mihi constat multos multa de nobis dicere et scribere, eaque varie, nam hallucinantur, nec revera sciunt quid credamus quive homines simus, an ex Dei instituto vivamus an contra. Neque hoc te lateat velim nos nullam unquam habuisse nec habere communionem cum seductoribus illis propter quos Evangelium male audit, qui in Germania passim seditiones excitârunt et doctrinam Evangelio contrariam docuerunt, ut est de rege, armis, conjugio et multis aliis execrandis facinoribus : absit! Deus nos servet ab omni malo.

Quamobrem paucis dicam quid sentiam de Christi ecclesia quæ promissionem habeat atque nostræ fidei totiusque vitæ rationem tanquam in tabella depingam....

[Ici un très long développement dont voici seulement le sommaire :

L'Église éternelle est celle que Dieu même a constituée en la composant des anges, d'Adam et Eve dans le Paradis et, depuis, de tous ceux qui sont régénérés, *renati* (qui omnes per J.-C. sunt coadunati). Il y a sept préceptes ou signes distinctifs de la vraie Église. (Elle a en propre : la vraie doctrine et les vrais ministres de la Parole de Dieu; les vrais sacrements (cène et baptême); — le lavement des pieds, c.-à-d. la soumission mutuelle; — l'excommunication évangélique ou exclusion des membres indignes; — l'amour mutuel, la charité signe de la foi; — l'observation pratique des commandements de J.-C.; — la souffrance, la constance à endurer la persécution.)

Quant à la personne de J.-C., voici ma confession de foi : longue suite de formules expliquant celle-ci : *Totus Christus verus Dei filius.* Totus Christus est filius Dei naturalis et idem ille est Mariæ filius supernaturalis, etc.]

Roga Deum omnipotentem ut tibi intellectum det.

CVII

Lettre de Bernardino Ochino.

Autographe : Bibl. de Bâle, K. A., C. I. 2, t. 11, f° 298.
Imprimée : voir ci-dessus, t. I, p. 228, note 2.

CVIII

Lettre de Jean de [Colligny?]

Paris, 20 août... (?).

Autographe : Bibl. de Bâle, G² I, 23 (1re lettre du n° 69).

A M. Cast. Sebastien.

Tres cher frere. Je ne vous tiendray pas long propos par ce mot de lettre. Seullement vous prieray je d'avoir souvenance de moi. Vous scavez les perils ou sont ceulx qui conversent parmy le monde. J'espere en Dieu qu'un jour Il me fera la grace de me donner les moyens de me desvelopper de tant d'affaires mondaines afin d'avoir ma conscience plus libre et moins empeschee de fere son devoir. Pour cella prierez vous Dieu pour moy.

Après que le petit personnage à qui vous parlastes chez le med.[1] fut de retour icy, j'entendis beaucoup de choses qu'il disoit de vous vous aurez vu par ses propres lettres dont on vous a envoyé coppie[2] ce qu'il en disoit. Je vous supplie mandez nous comment alla l'affaire. Car je m'asseure qu'il ne rapportoit pas au vray ce que vous lui distes et mesme qu'il les rapportoit d'une sorte si peu belle que je ne pouvoys croire que ce fut vous a qui il avoyt parlé. Or pour scavoir ses calomnies vous ne faudrez s'il vous plaist a nous fere entendre letout. Me recommandant sur ce a vous et a toute votre famille alaquelle je desire prospérité. A Dieu lequell vous veuille remplir de son sainct esprict.

De Paris le VIII d'aoust.

Votre bon amy et frere,
JEHAN DE COLLIGNY[3].

CIX

Fragment d'une lettre communiqué à Castellion.

Copie, peut-être de la main de Georges Argentier (?) :
Bibl. de Bâle, K. A., C. I. 2, t. II, f. 300.

... Utinam Castalio in sua *Annotatione* in Joannem, C. VI, plenius expressisset dum scilicet ait : « Caro quidem nihil prodest, non enim « comedetur, etc. ». Spero Castalionem sensisse de manducatione per fidem et per confidentiam in passione Christi, non tamen abnegasse illud magnificentissimum sacramentum Eucharistiæ[4]. Sed ut hoc ipse testatum relinquat, imprimis cautio es....

Luteciæ, 3 idus Martii.

1. Il s'agit donc d'un petit « personnage » venu de Paris et qui eut une conférence avec Castellion chez le médecin, c'est-à-dire chez Bauhin et par conséquent à Bâle, à moins qu'il ne s'agisse du voyage de Lyon (lettre LX).

2. S'agirait-il de Villeroche? voir la lettre LXXXIV. S'agirait-il de lettres dont ci-dessous un fragment, CIX?

3. Signature très douteuse. M. Baum, qui avait vu ce manuscrit, avait cru pouvoir lire Jean de Collogne; mais les lecteurs d'autographes du XVIe siècle les plus exercés que nous avons consultés penchent pour Jean de Colligny, peut-être d'Holtigny, ou de Polligny.

4. L'espoir du correspondant (luthérien, catholique ou crypto-évangélique?) ne paraît pas avoir été rempli. Le passage qu'il cite (Annot. sur le chap. VI, v. 62 de l'Ev. de Jean) exclut par son silence même toute tentative d'accommodation au sens de la présence réelle dans le sacrement. Et bien plus nettement encore le dernier chapitre du *De arte dubitandi*, qui, traitant *de Cœna Domini*, dissipe à cet égard toute illusion. (Voir ci-dessus, p. 224.)

III. — PIÈCES INÉDITES

CX

Fragment inédit du « Contra libellum Calvini ».

Bibliothèque de l'Université de Bâle, K.-A., C. IV, 7.

.... Præterea quod dicunt *pastores et lectores*, intelligendum videtur de omnibus, cum dixerit Calvinus *uno omnes consensu scripsisse*. Sic igitur cogitemus omnes omnium illarum ecclesiarum pastores et lectores eadem scripsisse quæ Tigurinos, atque hanc illorum concordiam admiremur qui in hominis necem tam concorditer conspiraverint, cum sint in aliis tam discordes [1].

Non ego hæc malevolè scribo : nam si in hominis salutem conspirassent, etiamsi in doctrinam alioqui dissentirent inter sese, facile ferre possem, et eorum clementiæ faverem. Nunc, cum nonnisi in necem aliorum conspirarent, ipsi inter se tam discordes quam ignis et aqua, videtur ad simplicium et maxime magistratuum utilitatem pertinere si detegerentur, quemadmodum utile fuisset scribarum et pharisiorum dissidia detegi qui in [2] eorum qui ab ipsis dissentiebant mortem conspirabant et ad eos tollendos magistratum concorditer incitabant.

Principio Bernenses a Genevensibus quantum dissideant videamus. Fuit quidam Lausannæ concionator nomine [3]... qui de prædestinatione semper contra docuit quam Calvinus. Is, ab aliis pastoribus accusatus Bernæ absens, evocatus est a magistratu ad causam dicendam, quam ita egit ut Bernensis magistratus ejus doctrinam approbaverit, eique jusserit ut in eà doctrinâ strenue pergeret, et insuper omnibus conciona-

1. Ici s'arrête le texte imprimé (art. 154). Tout ce qui suit jusqu'à *cætera quæ deinde* est entouré dans le manuscrit d'une ligne à l'encre dont notre photographie montre seulement la partie horizontale : elle se continue verticalement le long de la marge des deux pages suivantes. Tout le fragment ainsi entouré n'a pas été imprimé dans le *Contra libellum Calvini*. Il ne figurait sans doute pas dans la copie d'après laquelle on a fait l'impression.

2. Il y avait d'abord *Christi*, qui a été effacé.

3. Le nom est resté en blanc, mais il a été écrit en marge *Saintpaul*. Il s'agit du pasteur *Sampaulinus* (*France protestante*, 1re éd., t. IX, 95-98 et *Opp. Calv.*, XIV et XV.)

toribus edixerit ut de prædestinatione nihil docerent nisi quod qui bene egerint servabuntur, qui vero male damnabuntur (in quo mihi videtur magistratus ille prudenter decrevisse). Cæterum an illud de consilio ministrorum Bernensium decretum sit nescio. Verum sive ministri consuluerunt : dissident a Calvino in re gravi; sive magistratus id invitis ministris decrevit : dissidet magistratus a ministris, et in eo consentit cum Serveto.

Jam vero illud quale est quod Bernenses Calvini catechismum in suis finibus legi vetuerunt? Qualis est hæc concordia?

Taceo quod quos ejiciunt Genevenses eos fere admittunt Bernenses, et contra.

Cum Basiliensibus vero quomodo conveniant, Bernenses ipsi viderint. Fuit Bernæ summus concionator Sulcerus. Is, quia cum Zwinglii de cœna opinione (quæ Bernæ tenetur) consentire noluit, pulsus est ex urbe, et a Basiliensibus admissus, agit nunc Basileæ summum concionatorem. Item factum est et Thomæ Grynæo, qui Berna, eadem de causa ejectus, profitetur Basileæ litteras.

Tiguri vero Theodorus Bibliander, ejus urbis theologiæ professor primarius, de prædestinatione consentit cum Serveto, ut supra ostendimus, itemque de persecutione ipse et Conradus Pellicanus plane contra sentiunt quam Calvinus.

Quod idem audivi sentire Hallerum Bernensem concionatorem primarium, quem mihi narravit quidam dixisse Servetum non debere interfici, sed ejus libros propter insignem eruditionem publicari. Sed de Hallero fides esto penes eum qui mihi dixit. De illis quidem dubium non est, quippe cum extant eorum scripta [1].

De Schafusia nihil dico : ea enim ecclesia sequi solet auctoritatem Tigurinæ.

Basileæ quidem tres sunt professores, quos Calviniani palam habent pro Servetanis, videlicet Martinus Cellarius sive Borraus, theologiæ professor summus, et Cælius Secundus, et Sebastianus Castalio, humanarum litterarum professores. Atque hi posteriores duo contra persecutionem scripserunt, ut supra diximus, et in eo a Calvino prorsum dissentiunt. Borraus vero ad Servetum, ante impressum ejus librum (miserat enim librum manu scriptum Servetus Borrao, ut de eo judicaret, antequam imprimeretur) amice rescripsit : se in eo quædam probare, ita ut nonnulla annotaverat, quædam improbare, nonnulla etiam non intelligere. Eumdem Borraum multis in rebus cum Serveto sentire facile intelligeret qui ejus librum *De operibus Dei* diligenter legerit. De persecutione vero, multis dixit se non sentire quemquam esse persequendum propter fidem, neque unquam in mortem Serveti consensisse, quin Domino gratias agere quod nunquam sententiam contra quemquam tulerit. Quin etiam domi suæ diu aluit Joannem Leonardum pedemontanum, quem Calvinus adeo hæreticum putat, ut ei cœnam interdixerit et eum cruce dignum pronuntiaverit.

Hæ sunt et aliæ plures, sed tectiores inter eos discordiæ, quos tamen Calvinus scripsit « omnes uno consensu » totum Serveti librum tanquam detestabile monstrum damnasse, et ea de Serveto Genevensibus consuluisse quæ supra ostendimus.

1. Tout ce passage concernant Haller est entouré et barré dans le manuscrit.

Quod si verum est, possit aliquis existimare concordiam hanc nihil aliud esse quam Herodis et Pilati amicitiam. Et si illi qui de persecutione contra quam Calvinus senserunt, videlicet Bibliander, Pellicanus, Borraus, Castalio, Cælius, tamen de Serveto tollendo consilium dederunt (quemadmodum dedisse innuit epistola Tigurinorum quam pastores et electores scripserunt : cum cæteras ecclesias nihil ab illis diversum continere, sed ex uno consensu eadem pronuntiasse scribat Calvinus) si illi, inquam, eadem censuerunt, sunt homines scelerati et impii qui aliud verbis et scriptis publicis, aliud privatis literis censuerunt. Sin non consenserunt, sed res per paucos transacta est, usus est Calvinus arte plane Calviniana. Solent enim duo aut tres præcipui convenire et de rebus statuere; quod illi statuerunt, id ab omnibus statutum dicitur, etiam si cæteri sæpe nesciant quid actum sit, — quanquam, licet omnes consentiant, magna tamen sæpe pars metu facit, sicuti Genevæ factum esse credo, cum concionatores omnes in mortem Serveti consenserunt.

Cætera quæ deinde contra Servetum disputat Calvinus, omitto.

CXI

Fragment inédit relatif aux premières poursuites de 1557.

Copie du XVIe siècle. Bibl. de Bâle. Liasse non classée, contenant les papiers de David Joris et le manuscrit des *Dialogi IV* de Castellion.

N. B. Ce passage, supprimé à l'impression par Fauste Socin, se trouvait au commencement du Traité *de Prædestinatione,* immédiatement après les mots : « *volo nec possum* » et avant ceux-ci : « *Hæ mihi causæ duæ fuerunt non scribendi* » (p. 255 de l'édition de Gouda, 1613). C'était le développement de la seconde de ses deux raisons de ne pas écrire, qu'il venait de résumer en citant une fois de plus le vers fameux :

Pellitur e medio sapientia, vi geritur res.

Quod autem hoc manifestum sit, tute nosti, qui de hoc eodem argumento [1] positiones quasdam disputandas quum publice posuisses, et ego ad eam disputationem vocatus, ac propemodum coactus venissem, ac tu me sub finem, hora jam transacta et tintinnabulis cœtum jam ad prandium (ut tute scis) vocantibus, dicere si quid haberem jussisses, ego multum recusans (tum aliis de causis, tum quia jam præterierat hora, et erant 49 positiones ad disputandum propositæ, de quibus vix multis diebus, nedum vix quarta horæ parte, satis ut res postulabat disputari potuisset), ego, non tam disputandi, quam declinandi causa, tandem paucula dixi. Cumque ibi extitisset quidam, qui me blasphemiæ ob quoddam incusasset, ego insidias, et ante suspectas habens, et tunc (tum ex illius verbis, tum ex eo, quod præteritis aliquot, quos ordo ante

1. C'est-à-dire au sujet de la prédestination.

me dicere jubebat, ad me longo saltu transcursum erat) manifeste perspiciens, disputationem abrupi. Postea apud senatum blasphemiæ graviter accusatus fui : et nisi vos omnes qui interfueratis, et quibus erat innocentia mea notissima, eam apud senatum constanter testati fuissetis, quid futurum fuisset tute nosti. Hæc res quas in animo meo cogitationes gignere potuerit, tute, mî Borrhæe, facile potes conjicere, et an verum sit superius dictum, quod « tollatur de medio sapientia et vi res geratur ». Ponuntur positiones, sed eædem plerumque jam impressæ et irrevocabiles, nullam certe unquam vidi revocari. Contradicere cuivis licet : sed non nisi ea conditione ut tandem assentiatur, seque non serio, sed dumtaxat disputandi gratia contradixisse dicat. Sin aliquis nimis serio contradicit, imponitur silentium : et est ad manum magistratus, cujus gladium, quænam cervix tam dura est quæ non reformidet? Ista ratione vos semper estis invicti : sed quam vera, quamque justa et christiana aut evangelica sit ista victoria vos videritis. Mihi illud persuasissimum est, si quis vos interroget, an sic agi vobiscum ab aliis velitis, vestras conscientias esse æstuaturas, quarum certe rationem habere debetis neque committere ut onus aliquod ex hac vita in illam æternam domum portetis, quod illic deponere non sit integrum. Nam alia longe res erit quum coram judice Deo, semota humanitate, reddenda erit dictorum factorumque nostrorum ratio, ubi tu non, ut Basileæ, autoritate me superes, sed æquato omnium periculo sola loquatur veritas. Sed de his hactenus [1].

CXII

Fragment inédit du dialogue « de Electione ».

(Même copie, même liasse.)

Ce passage se plaçait (p. 80 de l'édition de Gouda, 1613) à la suite de la phrase : « *Quid quod dicit Paulus... nos fuisse ascitos et in eorum locum suffectos, sicuti successit Esao Jacobus, Eli Samuel, Saulo David* »; ici s'arrête le texte imprimé; le manuscrit ajoutait : « *Judæ Mathias* » [2] et continuait ainsi :

Nam et de Juda Iscariota, quoniam ejus est obiter facta mentio, hac videmus eum fuisse electum, sic enim de eo scriptum est : « *Nonne ego vos duodecim elegi?* »

L. — Sed dicunt Judam non ad salutem, sed ad apostolatum electum fuisse.

F. — Quasi vero non plus sit ad apostolatum, quam ad salutem eligi. Non enim quicumque ad salutem, iidem etiam ad apostolatum eliguntur; sed ad apostolatum quicumque eliguntur iidem certe ad salutem etiam eliguntur. Apparet hoc ex eorum officio. Quod est enim officium apostoli?

L. — Adducere homines ad Christum.

1. P. 112 b, — 113 a, du manuscrit de Bâle.
2. Voir ci-dessus, p. 192 et 318, et la préface des *Dialogi IV*, p. 14 et 15.

F. — Quo modo vero adducet qui non erit ipsemet in Christo? Nonne apostoli officium est dicere : « *Imitatores mei estote, sicut ego sum Christi?* » Quo modo adduces alterum ad cognitionem musicæ, nisi sis ipse musicus? Quid quod dicit : « *Vos estis sal terræ* »? Quæso te, ad quid utile est sal fatuum?

L. — Ad nihil, nisi ut projiciatur et conculcetur.

F. — Erat igitur electus Judas ut esset sal bonum et utile; neque enim ad nullam utilitatem eligebat Christus suos. Jam vero quid putas esse sal fatuum?

L. — Marcidum et virium expers, id quod ibi accidere audio ubi fit sal. Sub dio enim derelictum, vires amittit, ut jam nihil salis, nisi formam habeat; quale piper est quod vires amisit.

F. — Jam in apostolo quid putas vocari « *sal fatuum* »?

L. — Insipidam et sine viribus orationem, hoc est ex animi sensu, et abundantia non proficiscentem. Sunt enim vires orationis in spiritu et animo loquentis, ut qui non sentit quæ dicis, is aut non moveat auditorem, aut certe nonnisi leviter et ad tempus moveat; quales sunt histriones qui lachrymas etiam interdum excutiunt, sed plane histrionicas, quas nullus deinde sequatur verus affectus. Hoc vidit etiam gentilis poeta, dum dixit :

> ..... Si vis me flere, dolendum est
> Primum ipsi tibi, tua tunc me infortunia lædent.

Item alter :

> ...verum non nocte paratum
> Plorabit, qui me valet incurvasse querela.

F. — Recte dicis, Ludovice. Atque ista de causa vocavit Christus scribas et Phariseos hypocritas, hoc est histriones (hoc enim sonat græcum verbum *hypocrita*), quoniam perfunctorie, et non ex animi sensu loquerentur, et agerent.

Quæ si vera sunt, apparet Judam electum fuisse ut Christo vere crederet, et de eo ex animi sui sensu et abundantia loqueretur, et porro Dei spiritum haberet, et servaretur. Nemo enim potest dicere Deum Jesum (scilicet ita sentiens) nisi ex spiritu sancto. Idem dico de eo quod eodem in loco dixit Jesus : « *vos estis lux mundi* »; id certe non de hypocritis dicit. Sed hoc magis etiam patet ex promisso præmio : « *Vos qui me secuti estis, inquit, sedebitis in duodecim tribunalibus, judicantes duodecim tribus Israelitarum.* » Hic certe promittitur hoc etiam Judæ qui erat unus ex duodecim.

Quamquam si fateremur etiam eum dumtaxat ad apostolatum fuisse electum, ne sic quidem pervenit ad id ad munus, quod fuit electus. Fuit enim electus ad id munus, quod postea subiit suffectus in ejus locum Matthias, hoc est ad testandam Christi resurrectionem electus, et tamen ad id non pervenisset.

Denique quæcumque fuerit ejus sors, quum dicatur ex ea excidisse, efficitur ut possit aliquis ex sorte sua excidere [1].

1. P. 54 et 55 du manuscrit.

CXIII

Copie de la main de Boniface Amerbach, *Bibl. de l'Univ. de Bâle*, liasse A. λ. III, 16[1].

Castalionis excusatio[2]

Sebastiani Castalionis antwurt uff ettliche articul so im von den hochgelerten und erwürdigen Rectore und den anderen furnemsten herren der hohen schul zu Basell sindt fürgehalten worden.

Ich han vernommen / man habe mich vor minen gnedigen herren verclagt / von wegen der nechsten gehaltnen disputation / wie das ich in derselbigen das ansehen und würde des heiligen apostel Pauli heige verlesteret und znütte gemacht. Diewil ich aber uff solche anclag bin angefordert und geheissen / ich solle mich derselbigen verantwurten / so thun ich das uff das einfaltigest mitt kurzen worten also.

Zum aller ersten / was ich in derselbigen disputation geredt oder gehandelt hab / ist min beger / man wölle die hören / die selbs darbey zu gegen gewesen seindt.

Zum andren so vil die zwen articul antrifft / von welcher wegen ich mich verantwurten soll / so thun ich dasselbig hie / und gib antwurt gleich wie in der obgemelten disputation.

Uff den ersten articul von der achtung des heiligen apostels Pauli / halt ich und bekenn hie / wie allwegen / den heiligen Paulum für ein apostel und diener Jesu Christi unsers herren. Auch das alle seine epistlen nitt uß eigener witz oder vernunfft / sonder uß kraft und angäbung des heligen geist seigen geschrieben / welche ich so groß und heilig acht / das ich nach der lehr so darinn begriffen / begären ze leben / auch dieselbigen zu bekennen biß in todt bereittet.

Bin auch gar nitt der meinung / weder yetz noch vormals / das er nitt einhellenglich mit dem propheten Malachia / oder anderen Propheten / mit stimme / sonders ich bekenne / das er in allen dingen gantz und gar mitt aller prophetischer und apostolischer lehr glichgesinnet seige. So aber ettwan sy ungleicher meinung geachtet mechten werden / so sy es on zweiffel nitt ihr schuld / sonder unsers mißverstandts.

Zum anderen articul / von der er wöllung[3] Gottes und verschupfung.

So beken ich noch yetz / wie dazumal / das die frommen und gotseligen / als die rechte kinder gottes / allein uß lauterer güte gnad und barmhertzigkeitt des himmelischen vatters / on iren verdienst und gnugthun / durch Jesum Christum erhalten und zu gnaden uffgenommen werden / das hab ich bitzhar glaupt und bekent: glaub und bekenn es noch heuttigs tags / wie es in der bekantnuß unserer kilchen zu Basell heiter wurt ußdruckt mit diesen worten.

1. C'est encore à M. le docteur L. Sieber que nous devons la communication de ce manuscrit. M. Mæhly avait déjà publié le texte allemand (p. 109), mais sans la date et sans les notes d'Amerbach.

2. Ce titre est écrit au dos du manuscrit, de la main d'Amerbach.

3. Erwählung.

Das gott vor und ehe die welt erſchaffen/alle die erwelt habe/ die er mitt dem erb ewiger ſalikeit wil begaben.

So vil aber die gotloſen und böſen andrifft/ das dieſelbigen on und vor irer ſundt von Got dem herren gehaſſen[1] und verſtoſſen ſeien/ſo ich daſſelbig nitt faſſen/beger das ich in diſem gedulbet werde um Chriſti willen. Dan ſo iemant anders haltet/den wil ich nitt verdammen. Ich underſtand auch gar nitt die kilchen[2] zu verwirren/ſonders bin geſinnet mit iren als ein recht glid und kindt: der chriſtenlichen kilchen einhellenglich zläben/mitt yederman (als Chriſten wol anſtadt) zufriden und rüwen ze ſein. Beger auch allwegen nach meinem vermugen/und ſo vil der herr gnad gipt/den nutz und wolfart der kilchen gottes/und eerlichen ſtatt Baſell/ze furderen.

Exhibit. Othmari nempe 16. Novembr.

A° 1557.

Consuli Bernh. Meiero per Sultzer et Amerb.
iussu et mandato Rectoris et Seniorum[3].

CXIV

(Original aux archives de Bâle, Recueil des pièces de procédure, p. 219-224.)

Acte d'accusation contre Castellion par Adam de Bodenstein.

Edel/Geſtreng/fromm/fürſichtig/Erſam/Weys/gnedig und günſtig mein Herren/

Als ich inn meiner narung und beruof allerlei weg reiſen muos/dragend ſich wie gwonlich wandleren bſchicht allerlei gſprech zuo/etwan von lieben verſtendigen zuo erhebung unſers lieben vatterlandes/och etwan von ihenigen ſo vilicht nit ſo gar gern den wolſtandt loblicher eidgnoſchaft als aber mir einwoner ſehent. Alſo under anderen iſt mir dieſer reiß begegnet/als ſolte e. gn. respublica ſchier verdechtlich zuo ſein/ein gymnaſium der irrigen unbeſtendigen libertinorum (welchen ſecten nie kein böſere oder ketzerſche meins/verſtands geweſen)/ und ſolte ſolches verdacht biß ein uhrſach ſein/dieweil büecher inn ofnem druckh ann e. gn. ſ. e. w. und auch die würdigen predicanten bſchriben/in welchem ſchreiben e. gn. ſchutz und ſchirmverwanten cleglich dargeben und hervürzogen wird/dermaßen das es wol zuo beduren/und aber über ſemlichs doch keine correction bei derſelbigen perſon beſchicht/ſo werdent argumenten herfürzogen alſo/das mir und iedem e. gn. getrüwen die zuohören/ aus chriſtlicher und ſchuldiger pflicht billich zuo hertzen ghen

1. fortassis verhaſſet. *(Note d'Amerbach en marge.)*
2. kilken, ita habet autographum. *(Idem).*
3. L'original de la main de Castellion se trouve aux Archives de Bâle, St. 75, B. 2, n° 215, mais rendu en grande partie illisible, comme tout le volume, qui a subi de graves avaries dans une inondation.

sollen und e. gn. eroffnet werden/io allenthalben e. gn. guots christlichs vätterlichs regiment rhiemen/und was e. gn. auch gmainer statt zuo unstatten gedieen welt abwenden so vil müglich. Derhalben gn. herren ich gedacht/es mechtent semliche ding nit so clar wie sie ann ihnen selbs seind vür e. gn. oren gelangt sein/sonders dieweil der actor sich rechtens zuo sein erpeüt dem anclagten/und also dieweil ich gar wol weis wie e. gn. mit sonderbarer neigung hertzlich gern wurt die ehre unsers lieben gottes auch seines heiligen worts zuobefürderen/christliche zucht/liebe und einhelligkeit ermeren/und daß bös zuostraffen/so hab ichs nit underlaßen kenden aus pflicht/billicher zuochöung auch großer anmuot/so ich erstlich in e. gn. als dann gmeine statt Basel/das ich mein liebs vatterland erkenn und darinn adoptirt bin undertheniglich setzen/und hab e. gn. disen handel wie ich ihne gehört und auch selbs gläsen/in kürtze offenbaren wellen/das dannocht e. gn. hieraußer etwas denken kann/es mechte mit der zeit e. gn. etwas aufwachsen/das nicht guot dät wo es nit von e. gn. hohe weyßheit damit euch got begabet abghept würde. Und hatt dise meinung.

Beza ein glerter prediger unserer religion/und zuostimmer euer meiner gn. Herren confeßion/hatt vor jaren ein buoch geschriben/darinnen er Castellionem so inn eurer gnaden Statt ann den Seinen seshaft höchlich une unleidenlich schmecht/und als er sein rede zuo e. gn. richtet/spricht er : O ihr fürsichtigen Rätt der statt Basel/und ihr berhiemten regenten der schuol/wie lang wellent ihr semlichen unrat bei euch erhalten? Als aber Beza befunden das Castellio nicht corrigirt worden/hatt er diß 63. iar abermalen und das ann die hern predicanten so inn meiner herren e. gn. statt geschriben/also.

Castellio glaubt nit die erbsindt.[1]/und redt Beza weiter: Ihr brüeder sehent doch vür euch was großes wird/aber ich befilchs gott dem herren/welchem und auch e. gn. als meiner frommen fürgsetzen oberkait ich mer schuldig dann den neydlern/ und den haimlich ufrüerischen.

Ich clag niemants hiermit ane/schreib allein was ich hör und liß inn offnem druck das e. gn. weyslich und guot gerücht verringeren (e. gn. doch ohne schuld und wißen) mag. Darbei glowbt ich gar kümmerlich das Castellio solchen articulis schuldig/wann nit deß loos uf ihne geworffen würde/er solte das schandlich buoch polygamiæ transferirt haben/welches titul ist oder eingang: Ein drost und sterkung der mannen und weyber/und ist selbigen gantzen dialogi intent/das es probir ein ietlicher mann (ausgenommen die köninge und kirchendiener) derffe vil weyber haben. Wo der handel also und er doran schuldig were/wer mirs dann leyt/nicht so seer vür ihne Castellionem/als von wegen mütterei und großen ungehorsamen widerwertigkeit so sich durch solche mittel/zuoglaßne drukte schriften in mechtiger gfar und unrue erheben mechten/nebend dem das kein wonder/gott sandte solcher spöttigen leüten halben/die ihren fräflen freyen willen auch inn dem so vom herren

1. En marge : « *originale peccatum* ».

zum höchisten verpotten erzeigend/eint gantz landt unruowe. Mir sindt nit imm alten testament/sondern sind genampßet Christen/welchen Christus einem ieden seinen eignen und einigen gmahel verordnet/und ob sich yemants vergriff weiters/der thuoet wider unsers Christi gepott/är sei geistlich oder weltlich/hoch oder nider/und ist zuostraffen/wil gschweigen das recht sein solt wann einer fier fünf oder mer weyber zur ehe nemmen solt.

Wil derhalben gemelts buochs inhalt auch ein weinig e. gn./dieweils inn ihrer gn. statt gedrukt worden/entwerffen und hatt dise meinung.

Es ist ein dialogus zwaier underredung und disputation/welches ein tail Polygamus midt seinem scherpffisten und cluogsten sinne bewärd/das ein oberkait so verbeüd mer denn ein ehweib zuohaben auf einer zeit/wider gott und die natur handle/und sos nicht deß magistrats oder der gewonhait und breüch halben gstattet werd/so sei es nur aus mentschlichem und nit göttlichem gsatz verbotten./Darwider disputirt Ochinus/aber es ist der recht author dises dialogi/und halt uf seiner seiten immerdar widerparth doch mit weichen (cedit alteri) und nachgeben/gibt dem Polygamo die beste waffen inn die hand/dardurch Polygamus küen und fräfel wirdt/sagt es mögi einer wol ein ander ehweyb haimlich haben/und so yemants weyb ehbrüchigk/möge der mann haimlich wider willen und gebott deß magistrats ein andere nemmen. Und gebraucht sich im selbigen büechli solcher schandtsucht und unfletiger argumenten/das heßlich vor euern gnaden gnedigen ohren zuoeroffnen. Jedoch/dieweil der namm Basel uf solchem gedrukten buoch stheet/und mirs vom grundt meiner seel wee thuott/das dermaßen üppige vermalediete sachen sollent in unserm vatterlandt ausgehen und erschallen/kann ich e. gn. dennocht eins zum wenigsten viehist argument onvürgetragen nicht laßen.

Polygamus spricht: sich zuo/ein han hat vil hennen/ein wider vil schaff/ein stier vil küe/und also durchaus ists bei allen anderen tieren so dem mentschen nutzparlich. Dieweil dann gott zuo nutz der mentschen einen hanen vil hüner geordnet/so hatt er gwißlch vil ehr geordnet das ein mann vil weiber zuo ermerung der mentschen die dann gott so hoch werd und lieb hatt haben sell etc. Welche wort und weydsprich gnedig herren wann sie gleichwol imme Ulenspiegel oder Rollwagen buoch gschriben und gedrukt/will gschweigen das sie mit großem ernst publicirt inn solcher ehrenstatt imm drukh ausghen solten/wurdent eben gnuog heßlich stheen/die uhrsachen gedenk e. gn. s. e. w. selbs/ja wiewol ich erfaren/eb ich aus meiner g. herren statt Basel gereist/das einer der inn seinem muot beredt er wiße wil solchs schreiben mit ernst und gyftigem gmüet bschirmen gwelt/auch haiter gsagt zuo mir/weniger sei es unrecht wann sein weyb schwanger das er ein ander weyb freyete/weder bei seiner frau schlaffte so die selbige zeit nicht mer empfahen kenn etc. und mir als ich gsehen das inn eüer meiner gn. herren statt semlich gottlose leüt wee gethan mer dann ich sagen wil/so hette ich dennocht noch zur zeit gschwigen/verhoft e. gn. s. e. w. wurde solcher hendel sonsten durch

~~[illegible]~~ et veritatem non ferro, sed
omnibus asserendis praescriptis, tam non homines consider[illegible].
Qui ~~[illegible]~~ fidem suam non nisi ferro tueri possumus: tolli
eis ferrum, non magis stabimus ~~[illegible]~~ quam viribus
sive ~~[illegible]~~ statuimus.

Tiguri.

Vestrae amplitudinis deditissimi

Pastores et Lectores, Ministri
ecclesiae Tigurinae.

Va

Si haec Tigurinorum epistola nihil ab aliis diversum
continet (quod videlicet scripsit Calvinus) intelligendum est etiam aliarum ecclesiarum pastores
et ministros eadem et scripsisse et consensisse,
atque hanc opinionem tacite relinquit Calvinus
in animis lectorum, sed id ita aperte facit, ut
tamen negare possit si arguatur. Praeterea
quod ~~[illegible]~~ dicit Pastores et Lectores, intelligendum
videtur de omnibus, non dixit Calvinus unus
omnes consensu scripsisse. Sic igitur cogitemus,
omnes omnium illarum ecclesiarum pastores et
lectores eadem scripsisse quae Tigurinos, atque
hanc illorum concordiam admiramur, qui in ipsa [illegible]
tam concorditer conspiraverint, cum sint
in aliis tam discordes. Non ergo haec [illegible] scribo:

Sebastianus Castalio Johanni et Eliae [illegible] et
Ioanni Tregoneto S.

Nostras res Bartolomaeus scire habebat. Aedes enim, et magnum aes alienum contraxi, sed sine foenore, idque ea conditione ut bona fide solvam cum primum potero. Harpagonem cum appendice ad authorem illum ante complures menses ~~misi~~ misi, et illum, ~~[illegible]~~ simul ac nomen meum vidit, tabellario gravissime iratum fuisse audivi. Responsi nihil accepi. Eos nescio quid scripti adversum me aiunt iam emisisse, aut nunc moliri, nisi relatum est. quid sit, exspecto. — Caeterum quoniam meam defensionem de translatione novi testamenti, ~~et~~ itemque Harpagonem, nimis ostentatis, non vereor, modo ne curetis imprimenda. Ego id aliquando, volente deo, curabo. Sed orationem alteram exspecto, quae exspectatio facit ut per otium parare differam.

De Davidis Georgii negotio quae audiveritis, non dubito, etiam prodibit historia [illegible] libellis [illegible], quem ego nondum vidi, [illegible] ad vos per librarios perlatum iri, omnino mihi persuadeo. itaque plura non scribo.

A Geneva in Galliam Gallos multos venisse audimus, sive quod Genevae annona charior est, sive quod futuram in Gallia religionis libertatem nonnulli sperant. Quod ad me attinet, ~~[illegible]~~ Bartolomaeus quietus sum, et mihi sive in quiete, sive in turbis, adfuturum eum qui hactenus adfuit Deum, spero. Estote pii, deum habentes ob oculos, in ~~[illegible]~~ ut aliquando vitae suae quisque rationem. Patri vestro et fratribus, salutem a me scribitote, et [illegible] dicitote: Melanthonem quoque (si faciendum videbitur) et Tregoneto nostro, cum has literas legeritis, ne mihi eaedem bis scribendae sint. Valete [illegible] Calendis Septembris. 1559.

~~Deo~~ nam si in hominibus pateret conspirasse, etiam si in doctrina aliquam dissensionem inter se, facile ferre possem, et cum clementia ferrem. Nunc cum negemus in verbo aliorum conspirare, ipsi aliquando inter se tam discordes quam ignis et aqua, videtur ~~esse~~ ad simpliciores ~~videtur potius esse si detegantur~~ et maxime magistratum videlicet pertinere, si detegantur. quemadmodum videre fuisse scribant de Pelagianis dissidia detegi, qui in ~~Christi~~ eum qui ab ipsis dissentiebant, mortem conspirabant, et ad eos tollendos ~~magistratum~~ concorditer incitabant.

+ Principio Bernenses a Genevensibus quantum dissideant, videamus. Fuit quidam Lausannae concionator, nomine

[illegible]

qui de ~~aeterna~~ praedestinatione scripsit contra doctrinam quam Calvinus. Is ab aliis pastoribus accusatus ~~absens~~ Bernae absens, evocatusque a magistratu ad causam dicendam: quam ita egit, ut Bernensis magistratus eius doctrinam approbaverit, eiusque iusserit ut in ea doctrina strenue pergeret: et insuper omnibus concionatoribus edixerit, ut de praedestinatione nihil aliud docerent, nisi quod qui bene egerint, servabuntur: qui vero male, damnabuntur: in quo mihi videtur magistratus andere bericht/obs gscheben weis ich nit. Aber auf gesterigen tag da ich von ehrlichen lieben leüten gehört/das sie bewunderet e. e. w. gedultigkait solcher personen und drük/vermeint ich aus dorechter doch getrewer meinung e. e. w. were deß villicht nit wißendt/dann sonsten wurdi deß alles gepürlich abgschaft ia gar nit gstattet. Und als mir ein vürnemer deß rhats zuo Strasburg anzeigt/das gmelter ersamer rhaat auf eingebrachtem bericht selbige büecher nit nur zuo Basel gedrukt wegen der polygamia/sonders das auch imm vilgmelten buoch de trinitate den juden vil mer zuolesteren unsern Meßiam argumenten vürgstelt/erkant und befelch geben/so vil der gstalt büecher zuo Strasburg einzuosamlen und verbrennen. Und als ich mich ließ hören welte dennocht wie einem getreüen burger zuogehörig disen wichtigen handel e. gn. s. e. w. undertheniglich eroffnen/ungezweiflet e. gn. wurde/wans sich wie gemelt imm werkh befunde zuosein/gnedigs und vätterlichs einsehen thuon/antwurth mir ein vürnemer mann so zu zeiten deß iars der obersten nicht geringst/wann er ein Basler und so wolt ers seiner frommen oberkait auch anzeigen/damit demnocht ihnen nicht zuo ruck dergstalt böse handel vürgiengent/die gott nach der erbarkhait gesellig. Wie wol gn. herren ich denselbigen dialogum von göttlicher dreifaltigkait nicht geläsen/dann mich deß teüfels buoch von vil weyber zuo nemmen gar erlegt/unlustig und müet gemacht/so sols doch nummer meins bedenkens auch etwann einem inn e. gn. meiner gn. herren statt zuoläsen worden sein/das e. gn. s. e. w. wol deßen bericht entpfahen kann. Und warlich warlich gn. ihr mein herren es ist ein zeit vorhanden welche gebüret semliche lystige mentschen/die haimlich doch ernstlich ann vilen enden und orten understhond der frommen oberkait ins schwärd zuogreiffen/welchs durch fleyßig aufmerken deß magistrats und frommen vürgsetzten der kirchen wol noch zur zeit kann abgelähnet werden. Dieweil dann aus solchen schreiben ier meine gn. herren und deren statt/land/auch freindtschaft/christliche liebe und guote althergebrachte pündt/verschraiet/ vercleinert und liquidirt schandt diser Castellio eüerer gotsferchtigen oberkait und christlichen statt/die eüch befolhen/zuofüegen werd/sol dann also dir du unverschampter ketzer nachgeben werden inn diser christlichen statt solchs nit allein zuoglauben/sonders auch zuoreden und zuoschreiben etc./der du Castellio bist der ketzer/ehbrecher und bottschleger beschirmer/als soltent sie ungestraffet bleiben/und ich sagen/becreftigs und ruoffen dich aus/du seüst ein unreiner papist/lestherer gottes gnade/und unwirdig das dich ein christliche kirch bei ihnen enthaltet. Ich bitten die vorstender der kilchen zuo Basel umb gottes worts willen/dieweil biß anher sie mit ihrer gedultigkeit nichts bei dir verfangen/das si doch hinfürter dich erkennen und nach deinem verdienst straffen wellind/weder das sie deins gespensts betrogen solche grüwel noch lenger mit ergernuß der kirchen tragind. Ich kan nit anderst aus deinem schreiben mercken/dann das dich bedücht/die oberkait solle sich keins wegs geistlicher sachen undernemmen/das ich gar nicht zuogedulden erachten/derwegen eüch vorstender christlicher gmain abermalen bei dem nammen Chriſti bitten/wellint doch bedenken/was ihr inn euerem innerlichen eingeweid vür ein unnatürlich ding ernerent[1]. Höreſtu Caſtellio was ich ſagen: du halteſt und ſchreibſt vom worth gottes gleiches faals als die unreineſte widertöwffer/und vermeineſt ich thiee dir gewaldt oder etwar innen unrecht/ſo wil ich dir DES RECHTENS SEIN wo es nötig etc.

Diß ſind gn. herren Beze entliche worth ſo ich aus dem latiniſchen verdolmetſcht &

Nun gn. ihr meine herren/dieweil Beza e. gn. vor fier iaren/itzund die kirchendiener alſo in offnem druk angeredt/aber Caſtellio unangſehen das Beza imme deß rechtens zuoſein bewilligt/auch über ſolchen zank offentlich zuo Baſel gweſt/ſich nicht gebürlich ſolcher ſchmachwort entſchlecht/ſo ehrletzlich inn geiſtlichem und weltlichem wird angmaſt/dennocht uf meiner herren univerſiteet der iugend zuo leſen verordnet/ſo bringts warlich kein guoten ruoff als ihrs meine gn. herren beßer dann ich erwegen megend. Und iſt war/das ich meiner privat perſon halber mein lebenlang die zeit ſo ich Caſtaleonem kendt/alweg vür ein ſtillen fridlichen frommen mann gehalten/demnach aber anzeigte convitia Beza im buoch ſo iſt Responsio Bezæ ad defensiones Sebastiani & ausgeüſt/und ſichs clarlich berüempt beizuobringen/wers ein großer ſchimpf einer chriſtlichen ſtatt der iugend einen ſchuolmeiſter vürſthendigen/ſo ausgebe es were das peccatum originale/anerporne erbſünd/nit bei uns/und wolte beſchirmen/die oberkait ſolte nicht macht haben zuo reden und handeln inn gaiſtlichen ſachen/dieweil doch alle potestas a deo. Das hab ich dannocht aus ehrgemelter ſchuldiger pflicht / trew und gehorſame e. ſ. e. w. hohen titul da iederman guothertziger ſagt die HOCHWYSEN hern zuo Baſel zuo ehrn und guotem nicht verhalten gwelt/die mag nun nach ihren altem gewonten loblichen brauch die ſach ordnen wie es ieren gn. gefelt. Ich weis wol das mirs bei vilen neyd und uffatz gebären liquidirt werden däten/auch ich e. gn. getrüwer burger ſein ſoll/und abhortirt würd von verſtendigen/weyſen und auch hochgelerten e. gn. deß anzuozeigen/und auch ichs ſelbs nit allein gehörd/ſonders gläſen/allein ausgenomen deß de trinitate/bin ich guoter zuoverſicht/werdi bei eüer gn. ſ. e. w. mein ſchreiben vätterlich und gnedig verſtanden/dann ich e. g. ſ. e. w. zuo dienen getrüw und gehorſam bereit bin/thuon hiemidt e. gn. ſampt und ſonders dem holen alten ewigen gott durch Chriſtum jheſum inn ſein barmhertzigkait befählen.

Datum Straſpurg montags nechſts vor Martini & 1563[2].

E. gn. ſ. e. w.

unbertheniger getrüwer

Adam von Bodenſtein

Doctor.

1. En marge se trouvent, en regard des quatre phrases qui précèdent, des renvois aux « folios 23, 50, 113, 170, 171 et 192 » de la *Responsio Bezæ*.

2. La pièce est adressée au Sénat de Bâle. « Par les mots *senatus basiliensis* il faut

CXV

Introduction du « De arte dubitandi ».

(Manuscrit autographe, Bibliothèque de l'église des Remontrants à Rotterdam, n° 505, f° 57.)

Aggredior artem scribere qua quis possit in mediis dissensionum fluctibus, quibus hodie ecclesia verberatur, ita consistere itaque veritatem cognitam exploratamque habere ut in fidei officiique sui gradu tanquam scopulus permaneat immotus.

Titulum libro feci : *Ars dubitandi et confidendi, ignorandi et sciendi*, propterea quod in eo potissimum docetur de quibusnam rebus dubitandum sit aut confidendum, et quid ignorare liceat quidve scire oporteat. Titulum hunc mirabitur credo non nemo, quasi ridiculum sit artem tradere dubitandi aut ignorandi, quum hæc non arte tradi, sed natura homini inesse videantur. Verum si totum opus perlegerit et diu circumspecte consideraverit, comperiet profecto hæc interdum et esse necessaria et homini persuaderi sine magna arte non posse. Usque adeo in eo sæpe pertinaciter peccant homines quod confidunt ubi dubitandum est, dubitant ubi confidendum, et ea ignorant quæ scire debent, et scire se volunt aut putant quæ et ignorant et ignorare nulla suæ salutis jactura possunt! Docuit aliquando Paulus si quis sibi sapiens videtur, eum stultum fieri oportere ut fiat sapiens; quæ res (videlicet, stultum fieri) si facilis esset, et sine arte fieri posset, nos haud tam multos hodie videremus stultos sapientes.

Illud addam, quam ego artem trado eam esse hujusmodi ut ea facile carere possint qui Christo simpliciter credunt ejusque præceptis minime curiosi obediunt. Sed quia non omnes tales sunt, et cupiunt etiam paulo duriores ad veritatem, si fieri potest, pertrahi (quandoquidem et Christus non solum ad faciles, verum etiam ad difficiles morbos curandos venit) dabimus operam ut veritatem quam fieri poterit evidentissime demonstremus.

Incipiemus autem ab iis quæ cunctis gentibus manifesta sunt quæque ne ab iis quidem qui sacras literas vel ignorant vel repudiant negari poterunt. Quibus deinde positis, sacras literas illorum testimonio confirmabimus atque ita conjuncta religione christiana cum natura et ratione eaque comprobata, tum demum in religione christiana toti erimus, et in ejus controversiis quid sequendum sit demonstrabimus, si modo permiserit Deus sine cujus ope ne cogitare quidem quidquam possumus.

Ades, lector, non malevolo animo neque sinistris suspicionibus occupato : sententiam nostram tanquam in senatu dicimus, non oraculum a quo dissentire sit nefas, effamur.

entendre le *Petit Conseil*, c'est-à-dire le gouvernement. Il se composait des quatre *Häupterer* (*Consules*) et de soixante députés (savoir quinze pour chacune des quatre corporations ou *Zünfte*). Ce Conseil était divisé en deux sections qui à tour de rôle prenaient pour une année le gouvernement : la section au pouvoir s'appelait la nouvelle section, l'autre le vieux conseil (*alte Rath*). A la tête de chacune des sections du Conseil étaient les deux *Consules* (*Oberstzunftmeister*), c'est-à-dire le bourgmestre et le syndic ou maître juré d'une corporation, qui alternaient comme les sections elles-mêmes. Les actes du gouvernement commencent toujours ainsi : *Wir Bürgermeister und Rath der Stadt Basel.* » Note de M. le Dr Louis Sieber.)

CXVI

Éloge de la raison.

(Même manuscrit 505 de Rotterdam, f° 92, cap. 25.)

... Patiantur idem a nobis in aliis quoque locis si quos sub rationis aut sensûs judicium cadere ostenderimus. Neve nobis ratione præditis denegent quod sibi ratione præditis arrogant. Nam ratio est ipsa, ut ita loquar, Dei filia, quæ et ante literas et ceremonias omnes atque adeo ante orbem conditum fuit et post literas et ceremonias omnes atque adeo post mutatum novatumque hujus mundi statum superfutura est, neque magis quam ipsemet Deus aboleri potest. Ratio, inquam, est æternus quidam sermo Dei longe tum literis tum ceremoniis et antiquior et certior, secundum quam Deus suos et ante literas et ceremonias docuit et post easdem ita docebit ut sint vere divinitus docti. Secundum hanc et Abel et Henochus et Noha et Abrahamus cæterique multi ante Mosis literas vixerunt et, iisdem antiquatis, multi et hactenus et deinceps victuri sunt. Denique secundum hanc ipse Jesus Christus, viventis Dei filius, qui græco sermone *Logos* dicitur hoc est *ratio* aut *sermo*, quod idem est (nam ratio est quasi quædam interior et æterna semperque loquens veritatis oratio atque sermo) et vixit ipse et alios docuit et literas ceremoniasque quibus plus quam rationis tribuebant Judœi refutavit. Ita, et die sabbati semper operatus est, et Judœos idem sine crimine facere ostendit, quum etiam die sabbati pecora ex fossis attollerent et adamarent. Et quidem cur fieri liceat ratione, non literis ostendit : nam legis literæ citra ullam exceptionem ullum opus die sabbati fieri vetabant. Sed ratio judicabat non hominem propter sabbatum, sed sabbatum propter hominem esse conditum. Itaque hac ratione Christus literas refellit. Itemque, in eo quod Davidis factum allegat (qui contra Legis præceptum de panibus illis appositiis comederet) rationem sequitur, non literas... Idem dico de illo ad samar. verbo : « adorabunt Deum in spiritu et veritate »... Nam illud dictum nullis literis sed tantum hac ratione confirmat : « Deus enim est spiritus et tales, hoc est spirituales postulat cultores. » Qua quidem una ratione quiquid est ceremoniarum prostravit, et homines a literis ad rationem adducit.

CXVII

Pro Sebastiano Castellione adversus Genevensis ecclesiæ præcipuos ministros defensio.

Manuscrit de la main de Cælius Secundus Curio : Bibliothèque de l'église des Remontrants à Rotterdam, ms. n° 506, cahier de 24 pages.)

[Le titre est complété par ces mots : *In qua permulta, quæ cognosci interest Ecclesiæ, deteguntur et quidam loci Scripturæ accurate explicantur.*]

Patronus Castellionis christianis fratribus, Salutem!

Prima mihi cura est, fratres in Christo charissimi, in hac mea justissima Seb. Castellionis defensione prudentiam ac temperantiam... adhibere, etc.

Après avoir longuement démontré le droit de défendre l'accusé et s'être plaint de la violence des attaques, des injures et des calomnies, l'auteur fait l'historique des publications calvinistes depuis les *Calumniæ nebulonis*. « Ad eos libellos respondit Castellio, scripto libello hoc titulo » (le reste de la ligne en blanc et en marge le titre abréviatif *Harpago*) [1]. « Sed enim libellum non publicavit, tantum paucis ejus copiam fecit et nominatim ipsi Calvino manuscriptum et sua manu subsignatum misit. » Il rappelle ensuite le N. T. de Bèze, 1557, et ses annotations critiques : « Ad eas *reprehensiones* respondit Castellio, sed responsionem suam tunc non edidit. De ea quidem ad ipsum Bezam ea scripsit quæ ad calcem *Defensionis* Castellionis publicatæ anno 1561 videre licet [2]. » — Il en vient à la Préface du Nouveau Testament de Genève de 1559, qu'il reproduit *in extenso*, puis à la *Comédie du Papc malade* dont il analyse la scène relative à Castellion [3], il cite la mention imprimée en lettres capitales entre l'argument et le prologue [4]; il explique la légitime indignation de Castellion [5] et ajoute : « Igitur anno 1561, permissu Censorum Basiliensis Academiæ *Defensionem* publicavit in qua tamen ad capitalia illa crimina (*quód id Censores illo tempore propter seditionem Gallicam non esse faciendum et Castellioni infamiam potius quamvis injustam ferendam esse existimabant* [6]) non respondit ». Il relève les reprochés adressés par Bèze (dans sa *Responsio* de 1563) aux Censeurs qui ont autorisé la Défense de Castellion; il se répand en longs développements oratoires : « En sacram urbem! O sæculum, o mores! » et aborde enfin l'examen point par point des divers griefs.

On accuse Castellion d'abord d'ambition : reproche absurde, il a toujours fui les honneurs : « Quin imo quum aliquando de eo in aliquam dignitatem in Academia Basiliensi cooptando ageretur, is se hoc præsentiæ amicum.... » Ici se termine brusquement le cahier (p. 24) et nous ne saurions rien de tout le reste de cette apologie s'il ne se trouvait dans le *Journal helvétique* de 1776 (qui avait publié au mois d'avril un article sur la *Vie de Castellion*, par Fuessli) une lettre d'un érudit anonyme, adressant, dit-il, aux éditeurs, « pour servir de supplément » à l'ouvrage de Fuesli, l'analyse d'un « manuscrit apologétique de Castellion que j'ai vu dans la Bibliothèque des Remontrants à Amsterdam ». Il donne le titre de ce manuscrit qui est littéralement celui que nous avons reproduit; il résume

1. Voir ci-dessus, p. 128 et 448.
2. Voir ci-dessus lettre n° LXIV. Mais la citation qu'en fait Castellion dans sa *Defensio*, p. 221, ne contient que la seconde moitié du texte, commençant à : « Consulo tibi ut abstineas a maledictis ».
3. Voir ci-dessus, p. 254.
4. Il cite le texte latin. Le texte français est identique :

AVX IEVX HIERAPOLITENSES,
AV GRAND THEATRE NOVVELLE
MENT SACRE AVX SAINCTES
ET SERIEVRES (sic) MVSES, EN LA
PRESENCE DES ILLVSTRES
MODERATEVRS.DE L'ANTIQVE
VENEGE, ET DES FIDELES
LEGATS DV GRAND ROY CATHO
LIQVE, ENVIRONNEZ D'VNE
SAINCTE COVRONNE VIRILE.

5. En donnant le détail que nous avons reproduit note 1 de la page 255.
6. Confirmation de nos conjectures de la page 267.

les réflexions de l'auteur sur la *Comédie* de Badius, puis sur le reproche d'ambition : « On prouve, dit-il, qu'il n'est rien moins que cela par sa conduite, par sa manière de vivre et surtout par le refus d'un poste honorable qu'on voulait lui donner dans l'Université de Bâle ». L'apologie continuait, d'après l'auteur de cette analyse, en examinant successivement les autres accusations ou insinuations de Badius : Castellion a commis le péché contre le Saint-Esprit, c'est-à-dire qu'il a attaqué la prédestination ; — reproche d'ivrognerie : tout le monde sait qu'il ne buvait pas de vin ; — reproche de « plume vénale » : il fait des traductions qui l'aident à nourrir sa femme et ses huit enfants ; — reproche d'être vendu au pape : pure et flagrante absurdité.

A partir de là, le « manuscrit apologétique » (que le correspondant du *Journal helvétique* suppose avoir été rédigé par Castellion lui-même) contenait deux parties distinctes : une réponse à Calvin et une réponse à Théodore de Bèze.

Dans la réponse à Calvin ou du moins à la préface du N. T. de 1559, l'analyse relève cinq points : 1° Il a été « poussé à traduire la Bible par l'esprit malin » ; réponse : « Il a été peu récompensé de ses travaux puisque la traduction latine qui lui a coûté cinq ans de travail ne lui a valu que 70 rixdalers pour la 1re édition et 30 pour la 2e. Un autre libraire lui donna pour la française un florin de Bâle par semaine pendant deux ans, mais il en avait employé trois. Un autre détail biographique que relève l'analyste, toujours d'après le manuscrit, c'est « qu'il avait demeuré chez Viret en 1542, que c'est là où il avait projeté sa version, qu'il y avait été encouragé par Calvin et Viret, que ce dernier l'y avait souvent aidé, qu'il avait approuvé les morceaux qu'il lui en avait lus et tout son plan. L'an 1550, Castellion passant à Lausanne [1] fut extrêmement loué par le même Viret et par ses amis au sujet du Pentateuque (qu'il appelle *Moses suus*). J. Viret lui avait même demandé le reste de sa version encore manuscrite pour en faire usage dans l'explication de Job, qui faisait alors la matière de ses sermons. » — 2° Reproche d'ignorance : témoignages en sens contraire de Carleil, d'Humford, de Melanchthon ; meilleure preuve encore : les emprunts que lui ont faits les traducteurs genevois. — 3° Accusation de « s'être joué de la religion en traduisant la Bible : il en appelle à son ouvrage même ». — 4° Reproche d'ingratitude envers Calvin : c'est tout le récit qui a trouvé place dans la *Seb. Cast. defensio ad authorem libri calumniæ nebulonis*, éd. de Gouda 1613, p. 360 [2]. — 5° Reproche d'opiniâtreté sur les deux opinions (prédestination et supplice des hérétiques) : il soutient son sentiment, tout en se déclarant prêt à se corriger si on lui démontrait son erreur.

Réponse à Bèze : 1° ses représentations à Bèze sur le *Passavant* ; 2° défense du magistrat de Bâle qui a autorisé sa justification ; 3° démonstration du droit qu'il a de repousser la calomnie. « Le reste de l'ouvrage, dit l'auteur de la lettre, roule sur des points théologiques. Telles sont les questions : « s'il est permis de faire mourir les hérétiques, si le premier mouvement physique de la convoitise est un péché ; il dispute ensuite sur la prédestination, sur la persévérance des saints, etc., etc. [3] ».

1. Nous ne savons rien sur ce voyage auquel se rapporte peut-être la note énigmatique de Ribit à cette même date.

2. Voir ci-dessus, t. I, p. 116 et suiv.

3. *Nouveau Journal helvétique*, mai 1776, p. 79-90.

Nous avons cru devoir reproduire les parties principales de cette analyse pour faciliter des recherches qui seront sans doute plus heureuses que les nôtres. Ni M. Rogge ni aucun des savants hollandais que nous avons consultés n'a pu nous expliquer la disparition de ce manuscrit, qui appartenait en 1776 à la bibliothèque des Remontrants à Amsterdam et qui ne se retrouve plus aujourd'hui ni à la bibliothèque de l'Université d'Amsterdam (où le fonds des Remontrants a été transféré), ni à Rotterdam, ni à Leyde.

CXVIII

Dénonciation contre le traité de Fide.

Autogr. British Museum, Lansdowne mss., vol. 33, art. 84.

Sir Francis Knollys to the Lords Burghley and Leicester, to search for the printes of Castalio's Book freewill men and Family of love compared; Danger of Jesuits, 29 sept. 1581.

My very good Ll. your hablenes and redynes to do good in theise peryllous dayes of trayterous practises, bothe agaynst God and agaynst hir majestye, dothe bolden me to presume to remember your Lordships; that by your good meanes order may be taken, that the towe awthors and favorors ofthe settyng forthe of *Castalio* his booke, with the abusers of the bisshop of London in that behalfe, maye be dylygently examyned and bowlted owte; that the hypocrysye herein used beyng knone, the pestilent doctryne therof may be the more sowndlye suppressed : for it semeth to me that these free wyll men, or anabaptisticall sectaries doe folowe the same scoope that the deified men of the *famylye of love* do followe, savyng that the same perfection that the *famylye of love* doe pretend to obtayne by the vertue of *love*, the same perfection do *Castalio* his sectaries pretend to obtayne by the vertue of *faythe*. But it is not by faythe in belevyng to be saved by the merytes of Chryste, but by a fathe in belevyng that everye man is hable to fulfyll the laws of god, and that the cawse whye men do not fulfyll the lawe is the wante of this *Castalio* his beleeffe : Nowe bothe these sectes do serve the turms of the papistes, as all free wyll men and Justiciaries or Justifiers of theym selffes doe; yet this dyfference is betwene the papistes and these sectaries; do meane towchyng theyre practises here in *Yngland*; for these sectaries are more hypocrytycall, and woll sooner denye theyre doctryne and assertions to avoyde punyshment, then the papistes woll, But the papistes secrete practises by these *Jesuytes*, in goyng from howse to howse to withdrawe men from the obedyence of hir majestye unto the obedience of the falce Catholyke churche of Roome, hathe and wolle indanger hir majesties parson and state more than all the sectes of the worlde, yf no exeqution shall followe upon the trayterous practisors that are for the same apprehended or at the least, yf exeqution shall not followe uppon solche of theym as woll not openly and playnly recante.

Thus desyryng your LLps that are the two headdes of the tuo Universities of *Yngland*, to pardon my boldnes herein, bycawse I that am an unworthie parson and halffe an abjecte, doe expecte great good thyngs at your LLps handes, which hathe ymboldened me hereunto, and so I take my leave of your LLps. At London goyng into my countrye to the qwarter sessyons at Oxford the 29 of september 1581.

Your good LLps to command *F. Knollys.*

Adresse : lo the Right honorable and his very good LL. the L. Tresorer of Yngland, and to the Erle of Leiseyter gyve theise.

CXIX

Lettres d'interdiction du traité de Fide.

British Museum, Egerton mss., vol. 1693, f. 113 (autogr.).

To Robert Beale Esq., Clerk of the council to the Queen Elisabeth.

After our verie hartie commendacions unto your L. We have uf late seen a certain pamphlet published in printe under your name directed to all scholeres, as well within the Diocesse of London as elswhere, that they should cause a certaine dialogue latelie printed in the Latin and Englishe tongue by your licence *De vera fide* by Thomas Purfoote to be taught in evdie of their Scholes : uppon knowledge wher of we could not but signifie unto your L. that we mavile not a litle that you should so muche overshwte your selfe as to prescribe anie suche thinge to be red or taught in anie Schole of your owne authoritie, seinge we have not hitherto knowen anie suche thinge don by anie Bischopp in this realme unles the same were warranted by commandement from her Majestie in respect of her prerogative or els so appointe by Acte of Parlament Besides we are to let your L understande that we are not ignorant uppon what colour sœver you have suffered the said booke to be published in a disguised name, that the same was first made by *Castalio* and printed with his name in the prete of beyonde the seas and thought at the first meete to be suppressed, for that it containeth no sounde doctrines : and we thincke that your L. could not but knowe so muche, and also before that time you understoode with what blemishes of unsound doctrine he hathe ben openlie charged by sondrie learned men wherof he never cleared himself. So as to recommende thes book of such asuspected author in respecte of the latin phrase semeth to us verie strange. And therfore we must thincke that your L. did not before the grantinge therof sufficientlie consider of the matter beinge of so great importance or els lightlie outpasse the due consideration therof uppon some private respecte towards some of your servants or the printer. Nevertheles foras much as it is not our dueties to wincke at suche thinges whenas they are come to our knowledge : We have for the causes before declared, thought good to signifie so muche unto your to require you uppon the receipt herofe not onelie to use more circumspection in the grantinge forthe of anie suche writngtes hereafter : but also to revoke that which you have latelie made and is extant in printe for the teachinge of that booke in scholes. Otherwise we shall have instranse to doe the same ourselves, which atthis present in respecte of your credit, we have forborne : trustinge that you will not uppon the receipt hereof faile to doe so muche as is required. And so bidd you hartely farewell from Greenwiche.

CXX

Lettre de Jean-Jacques Grynée.

Bâle, 2 juillet 1600.

Autographe : Biblioth. de Bâle. K-A, manuscripta et impressa ecclesiastica, 1598-1630, t. III, p. 100.

....[De Castalione, quod quæris, cognomen illi fuit non a fonte poetico, sed a natali apud Allobroges Comopoli. Quum junior esset, in sacro ministerio collega Genevæ b[eatæ] m[emoriæ] Calvini fuit. Peste tum grassante, quum sortito illi obtigisset munus infectos adeundi, humani aliquid passus [1] discessit [2] et ad nos rediit [3]. Hac fuit ἀφορμὰ simultatis quam cum Genevensibus exercere cœpit, semper εἰρωνεύων; susurrones autem ab utraque parte inflammarunt animos etiam fabellis sparsis quibus scis et bonos interdum affici nimium.

Sed αἴτιον offensæ D^{ni} Calvini fuit quod hic, ut tu quoque pro tuâ prudentiâ dabis, proprietatem ecclesiastici sermonis nimio latinitatis studio ductus neglexisset, et quod de prædestinatione liberoque hominis arbitrio φιλοσοφικώτερον quam ferat fidei regula, voce et scriptis privatis, maxime inter juniores aut etiam pontificiis opinionibus nonnihil imbutos, rhetoricaretur et dissimulanter nigro sale respergeret Christi servos in primâ contra Antechristos acie stantes. Est quibusdam non insuavis ludus pastores Ecclesiarum exercere εἰρωνείαις. Memini autem et a nostra ecclesiæ theologis Castalionem eo nomine sæpius fuisse admonitum et repressum, quum non ita memorem esse viderent ejus quod gravissime dixit Augustinus : « Hæc tu, si potes, apprehende, si non potes relinque « valentioribus, scripturas autem sequere. »

Epitaphium Castalionis opinor extare in *Basileæ descriptione* Urstisianâ. Saxum cui fuit insculptum, quum minus firmum esset, fractum fuit quum sepulcrum iterum apertum fuisset [4].

Filium reliquit Castalio Fridericum, Oratoriæ apud nos doctorem.

Fuit illius vita inculpata, fides et dexteritas in docendâ linguâ græcâ eximia. Usus sum eo præceptore ante 48 annos. Obiit anno Dei 1563 mense decembri. Hoc habebat ut ruri interdum accederet cœtus anabaptistarum et inde deflecteret ad patrem meum Thomam qui vocatus a Marchione Badensi Rœtelum commigrârat. Ego etiam eo nomine ejus memoriâ delector quod is in postremo nostro congressu de temperantiâ eruditè mecum contulit....

1. On voit que la légende mise en circulation par les Calvinistes après la mort de Castellion avait fini par se répandre. Nous avons élucidé ce point t. I, p. 185-192.
2. Grynée a mitigé la version calviniste, il ne parle ni d'expulsion ni de révocation.
3. Est-ce une allusion à ce fait que Castellion paraît avoir été un moment l'hôte ou le pensionnaire de Simon Grynée, en quittant Strasbourg, avant d'être appelé à Genève.
4. Voir ci-dessus, p. 264, note 3.

FIN DU TOME SECOND

INDEX ALPHABÉTIQUE

1. Guillaume Lindanus, dans son *Discours* ou *Histoire tragique des troubles*, distingue les « sectes » issues du faux Evangile de Luther en « trois bandes », il place dans la seconde : « les *Bellians*, de Bellius, de Montfort (ainsi que dit Bèze) : il a, contre la doctrine de Calvin, escrit qu'il ne falloit point faire mourir les hérétiques » (p. 68 de la trad. fr. de Benoist, Paris, 1566, in-8).

C

1. La bibliothèque Mazarine possède de lui : *Historiæ sacræ de Jesu Christi..... nativitate, passione, resurrectione..... omnia ex N. T. carmine elegiaco conversa.....* authore Paulo Cherlero, Elsterburgensi *artium et S. Theologiæ Studioso.* — Basileæ, Oporin, avril 1564, in-8 de 262 pages, suivi de nombreux témoignages élogieux de ses maîtres, notamment de Jean Sturm.

2. Sur ce Chéron, précepteur de David Kleberg, fils du « bon Allemand » de Lyon, consulter une lettre de M. Bernus (*Bull. de la Soc. d'Hist. du protest. fr.*, 1890, p. 387). M. Bernus a bien voulu me communiquer, trop tard pour que j'aie pu en faire usage dans le chapitre sur David Joris, deux passages des lettres manuscrites de Chéron à Rod. Gwalther. Chéron retournant de Zurich à Lyon s'était trouvé à Bâle en mai 1559. Il avait assisté à la scène de l'exhumation et de l'exécution posthume, et il y avait vu Castellion : « *Castalionem* vidi, quem primo intuitu arbitratus sum — ita attonitus et pallidus erat — aut nuper ex Orco eductum aut ex nubibus, ut solent ranunculi, temere delapsum. Basilienses, — famæ suæ Scolæ consulentes, — in libera custodia civitate dimiserunt » (renseignement que nous n'avons vu confirmer par aucun autre témoignage contemporain). « Medicum quemdam qui familiariter cum Davide decennio egerat de sua fide interrogarunt » (il s'agit évidemment de Bauhin). « Non ita adhuc cum vinctis actum. » (4 idus maii 1559, date évidemment erronée : peut-être faut-il lire *junii* au lieu de *maii*.)

3. Voir sur « Coornhert, champion de la liberté de conscience », une monographie intéressante de M. Moorrees et une étude toute récente dans la revue « *de Tijdspiegel* », nov. 1891. — On peut rapprocher du *Contra libellum Calvini* son petit écrit publié sous ce titre : *Defensio processûs de non occidendis hæreticis contra tria capita libri IV Politicorum Justi Lipsii....* Gouda, 1591, in-8, 88 p.

D

E

1. Cf. Herminjard, VII, 443.

2. Voir à Vienne dans la Correspondance de Nydbruck le récit de la mort de Dryander et de sa femme, lettre signée J. S. (Jean Sturm).

1. « Quant à *Samuel Lefebure* ou *Sébastien Foncelet*, sera déclaré aux églises à ce qu'on s'en donne garde comme d'un anabaptiste et *Castalioniste* et qu'on priera M. de Bouillon escrire à M. de Lalande, où ledit Foncelet est, de s'en donner garde et le révéler..... » (*Actes et faicts du synode de la province de France tenu à la Ferté soubs Jouarre le 27 avril 1564;* manuscrit communiqué par M. le pasteur N. Weiss.)

I

J

K

1. Cette lettre de Fr. Knollys que je croyais inédite a été déjà reproduite deux fois, d'après un renseignement que me fournit M. Bernus : 1° dans les *Annales of Reformation... in the church of England* de John Strype, Oxford, 1824, in-8, vol. III, sect. I, p. 99, et 2° dans l'ouvrage de Thomas Wright, *Queen Elizabeth and her times*, London, 1838, in-8, v. II, p. 152.

L

M

1. Nombreuses lettres aux Blaarer ayant trait à son activité pédagogique, à ses publications (*ad scholæ negotiolum pertinentia*), 1535-1550, dans les vol. III et VII des mss de la Bibliothèque de Saint-Gall.
2. On pourrait songer à Hieronymus Linck (*Lyncius* de Glatz), auteur de drames Mais d'après Jöcher (t. IV), il parait évident qu'il s'agit de Hieronymus Wolf (de Mulhausen), élève de Mélanchthon et auteur de poésies latines.
3. Probablement le même que *Leichius*.
4. Peut-être « l'Escossois », disciple de Castellion, dont il est parlé, II, p. 112.

N

1. Baudouin invoque en outre avec énergie d'autres témoignages non équivoques de Musculus contre la répression des hérétiques (*Responsio altera ad Calvinum*, 1562, p. 73 et 78).

O

P

1. Cf. Léon Feugère, *Caractères et Portraits littéraires du* XVIe *siècle*, p. 210 à 214.

Q

R

S

1. M. Christie pense qu'il s'agit d'une nièce du fameux évêque Edwin Sandys. Ce ne peut être sa femme puisqu'elle mourut pendant leur exil à Strasbourg, avant 1559. C'était sans doute une des filles de son frère Christophe.

T

1. « Egbertus Schatter, phrysius », matricule de l'Université de Bâle, 1556-57.
2. Probablement, d'après M. Eugène Müntz, le graveur Jean-Christophe Sysang (1703-1754). Il ne peut donc être l'auteur du portrait en tête de la Bible de 1697; mais il paraît s'en être inspiré.
3. Très lié aussi avec Zerchintes, qui l'appelle *amicus incomparabilis* (*opp. Calv.*, XV, 19). — Peut-être parent de Joannes Ravisius Textor.

1. Il est possible que ce soit la même personne dont la fille devenue catholique publia en 1595 le petit volume intitulé : *Le verger fertile des vertus plein de toute diversité de fruits et fleurs..... composé par défuncte Madame du Verger, augmenté et amplifié par Philippe du Verger, sa fille, femme d'un procureur de la Cour; dédié au peuple de France.* Paris, Franç. Jacquin, 1595, petit in-8. (Biblioth. Mazarin.)

TABLE DES MATIÈRES

DU TOME SECOND

PRÉFACE V

PRINCIPAUX OUVRAGES CONSULTÉS XVII

CHAPITRE XIII

LES AUTEURS DU « DE HÆRETICIS ». L' « ANTI-BELLIUS » DE THÉODORE DE BÈZE

I. Lieu d'impression du *de Hæreticis*. — II-VI. Auteurs : 1° Castellion. — 2° Lelio Socin. — 3° Celio Secundo Curione. — 4° Martin Borrhée. — VII. Rôle du marquis d'Oria, Bernardino Bonifazio. — VIII. Analyse sommaire de la réponse de Théodore de Bèze : *Traité de l'autorité du magistrat* (1554) 1

CHAPITRE XIV

'ORGANISATION DE LA RÉSISTANCE. LE « CONTRA LIBELLUM CALVINI » (1554)

I. Le « livre des blasmes » adressé au conseil de Genève, remis par P. Vandel. — II. Le *Contra libellum Calvini* : analyse et extraits..... 29

CHAPITRE XV

NOUVELLE CAMPAGNE CONTRE CALVIN. LE 16 MAI. DÉFAITE FINALE (1555)

I. L'*annotation sur l'Épître aux Romains* supprimée par la censure (juillet 1554). — II. Changement de tactique des adversaires de Calvin; ils passent à l'offensive : Bolsec, M. de Falais, Zébédée, Jean Colinet. III. Berne. Instances de Calvin pour obtenir le désaveu ou l'expulsion de ses adversaires. Son échec. L'Amiable Prononciation du 3 avril. — — IV. Revanche de Calvin. La bagarre du 16 mai (1555). Ses suites. Procédure. Défaite du parti des Libertins. Exécution de Fr.-Dan. Berthelier 56

CHAPITRE XVI

CASTELLION PROFESSEUR A L'UNIVERSITÉ

(1553-1563)

I. Castellion lecteur de grec à l'Université de Bâle. — II. Ses éditions d'Homère. — III. Ses éditions des historiens grecs. — IV. Ses cours et ses élèves. — V. Ses relations à Bâle. — VI. Sa correspondance... 78

CHAPITRE XVII

PREMIÈRES POURSUITES. ÉCHEC DES CALVINISTES. APPUI DE MÉLANCHTHON

(1557-1559)

I. Castellion demande en vain l'autorisation de publier la *Defensio suarum translationum* en réponse aux *Annotationes* de Bèze (1557). Deux écrits contre la prédestination attribués à Castellion. — II. Voyage de Bèze et de Farel à Bâle (septembre); Castellion cité devant le Conseil pour ses propos contre la prédestination et défendu par ses collègues (novembre 1557). — III. Lettre de Mélanchthon à Castellion (novembre 1557); effet qu'elle produit. — IV. Calvin publie son traité *Calumniæ nebulonis* (janvier 1558) en réponse aux nouveaux *Articles sur la prédestination,* qu'il attribue encore à Castellion. Apologie de Castellion, *Harpago, sive defensio ad authorem libri « Calumniæ nebulonis »* (mai 1558). — V. Nouvel écrit de Th. de Bèze : *Ad sycophantarum calumnias responsio* (août 1558).. 103

CHAPITRE XVIII

CASTELLION, DAVID GEORGES ET BLESDYK

(1545-1563)

I. Jean de Bruges au château de Binningen (1544-1556). — II. Divulgation graduelle du secret : Jean de Bruges était David Georges (Joris). — III. Nicolas Blesdyk, son gendre, se détache peu à peu de lui et revient à l'orthodoxie; scission dans la secte. — IV. Indiscrétions de Henri Schor. Emprisonnement des Davidiens (13 mars 1559). Instruction et procédure. Rapport d'Acronius. — V. Avis de l'Université (26 avril 1559). — VI. Exécution posthume de l'hérésiarque (13 mai). Réintégration publique, après amende honorable, de ses partisans. — VII. Inquiétude de Zurkinden pour Castellion; il n'est pas impliqué dans les poursuites. — VIII. Caractère et but principal de ses relations avec David Joris. Les deux lettres de David Joris; son intervention dans l'affaire de Servet. — IX. Relation de Castellion avec Blesdyk........ 133

CHAPITRE XIX

CASTELLION THÉOLOGIEN ET MORALISTE

I. Critique de la prédestination. — II. Philosophie de la liberté. — III. La vraie « justification par la foi ». Conséquences morales et religieuses.. 166

CHAPITRE XX

LE « CONSEIL A LA FRANCE DÉSOLÉE »

(1562)

Poursuites à Genève contre le neveu et le beau-frère de Castellion pour avoir fait circuler le *Conseil à la France désolée.* — Analyse sommaire de l'ouvrage. — Ses rapports avec l'*Exhortation aux princes et seigneurs du Conseil privé* d'Étienne Pasquier (1561)................... 225

CHAPITRE XXI

DERNIÈRES ANNÉES. NOUVELLES POURSUITES. MORT DE CASTELLION

(1560-1563)

Relations étendues de Castellion en Suisse, en Allemagne, en France. — Son influence dans le pays de Montbéliard : Pierre Toussaint, Jean Larcher. — Le Nouveau Testament de Genève (1558) le dénonce comme « l'instrument choisi de Satan ». — *La Comédie du pape malade* (1561). Castellion obtient la permission de publier son écrit *Defensio suarum translationum* (1562). — Bèze publie la *Responsio ad defensiones* (1563), dont Adam de Bodeinstein tire une dénonciation en règle (9 novembre 1563). — Apologie de Castellion devant le Conseil (24 novembre). — Ochino banni de Zurich. — Mort de Castellion (29 décembre 1563).. 243

CHAPITRE XXII

LA FAMILLE DE CASTELLION

Absence de documents autres que le testament de Castellion. — Noms de ses enfants. — Leurs parrains. — Les deux tuteurs désignés. — Basile Amerbach, tuteur effectif. — Frédéric Castellion (1562-1613).... 269

CHAPITRE XXIII

INFLUENCE POSTHUME

Historique très sommaire des publications posthumes et de leur influence immédiate jusqu'à 1613. — I. Influence de Castellion pédagogue : *les Dialogues sacrés.* — II. Influence de Castellion traducteur de la Bible : appréciations de Conrad Gesner, de De Thou; rééditions de la fin du XVIIe siècle. — III. Influence de Castellion théologien libéral : tolérance dans l'État et dans l'Église. — IV. Publications qui précèdent et amènent celle de ses œuvres posthumes : les *Stratagemata Satanæ* d'Acontius (1565). — V. Le débat *De hæreticis coercendis* dans les Grisons ; Synodes de Coire, Églinus et Gantner. — VI. Dans la Valteline : Scipio Lentulus et les disciples de Camillo Renato. Rescrit du 27 juin 1570 : polémiques. — VII. Ecrit de Mino Celsi de Sienne, *In hæreticis coercendis quatenus progredi liceat* : publié par Fischart en 1577. — VIII. Fauste Socin publie plusieurs des manuscrits de Castellion, 1578. — IX. Nouvelle publication des *Dialogi quatuor et tractatus quatuor* et des autres écrits en faveur de la tolérance, avec traductions néerlandaises, de 1605 à 1613, en Hollande par les soins et pour la défense des Remontrants.. 285

CONCLUSION.. 329

APPENDICE

PREMIÈRE PARTIE : BIBLIOGRAPHIE

DEUXIÈME PARTIE : CORRESPONDANCE INÉDITE

Coulommiers. — Imp. Paul BRODARD

www.ingramcontent.com/pod-product-compliance
Lightning Source LLC
Chambersburg PA
CBHW071705230426
43670CB00008B/910
9782012769236